"十二五"普通高等教育本科国家级规划教材

21世纪高等院校电子商务教育系列教材

客户关系管理

（第四版）

马刚　杨兴凯　姜明　主编

Customer Relationship Management

东北财经大学出版社
Dongbei University of Finance & Economics Press
大连

图书在版编目（CIP）数据

客户关系管理 / 马刚，杨兴凯，姜明主编．—4版．—大连：东北财经大学出版社，2018.8（2024.7重印）
（21世纪高等院校电子商务教育系列教材）
ISBN 978-7-5654-3278-1

Ⅰ．客…　Ⅱ．①马…②杨…③姜…　Ⅲ．企业管理-供销管理-高等学校-教材
Ⅳ．F274

中国版本图书馆CIP数据核字（2018）第176872号

东北财经大学出版社出版
（大连市黑石礁尖山街217号　邮政编码　116025）
网　址：http://www.dufep.cn
读者信箱：dufep@dufe.edu.cn
大连图腾彩色印刷有限公司印刷　　东北财经大学出版社发行

幅面尺寸：185mm×260mm　字数：696千字　印张：28.25　插页：1
2018年8月第4版　　2024年7月第26次印刷

责任编辑：李　彬　徐　群　　责任校对：石孟群
封面设计：冀贵收　　版式设计：钟福建

定价：52.00元

教学支持　售后服务　联系电话：（0411）84710309

如有印装质量问题，请联系营销部：（0411）84710711

第四版前言

为全面实施习近平总书记在党的二十大报告中强调的科教兴国战略，全面贯彻党的教育方针，落实立德树人的根本任务，加强教材建设和管理，针对本教材进行修订，并第四次出版。《客户关系管理》一书自2005年出版发行以来，一直受到广大读者的关注和厚爱，前后20余次印刷，发行十几万册，被百多所高校用作客户关系管理课程的教材。本书曾入选教育部普通高等教育“十一五”国家级规划教材。经过多年教学的实践，我们在此基础上结合近年来客户关系管理在理论和实践上的最新发展，特别是结合在互联网上的营销理论与实践，对本书再次进行了修订，并使之入选教育部“十二五”普通高等教育本科国家级规划教材。

客户关系管理（customer relationship management，CRM）是使企业扩大市场规模、增强核心竞争力、加速提升运营效率的一种成功的经营管理模式，是现代管理科学与现代信息技术相结合的产物，是企业为最终完成运营目标所创造并使用、由计算机软硬件集成系统来辅助实现的现代企业经营管理模式的解决方案的总和。在客户关系管理中，企业围绕客户这个中心来完成其业务流程的重组和组织结构的再造，展开系统的客户研究，全面提升客户满意度，核心思想是建立客户忠诚，最终达到提升企业运营效率的目的。

客户关系管理作为企业实现电子商务最主要的解决方案之一，越来越受到世界各国企业的重视。全球CRM市场一直处在爆炸式的快速发展中。美国《财富》杂志所评出的百强企业都早已应用了CRM，主要应用领域集中在制造、金融、电信、服务、IT、零售等行业，许多新兴企业，如Amazon、Cisco都已率先成为CRM的使用者和受益者。根据CRM Research的研究和预测，美国CRM市场目前正以44%的年增长率发展，而Meta Group公司的预测更为乐观，认为全球CRM市场将以每年50%的增长率发展。近年来，中国企业的客户关系管理在经历了一段波折后也获得了比较稳定的发展，一些中国的和外国的CRM提供商大量涌现。

虽然客户关系管理这一现代企业经营管理模式给了我们很好的启示，现在我国企业的经营者也十分清楚客户是重要的，客户是企业盈利的主体，但遗憾的是，我国很多企业的经营者并不是很清楚企业该如何赢得客户，如何识别客户，如何管理客户，如何利用CRM去打造企业的核心竞争力。这些企业的经营理念、业务流程、组织结构、企业文化都还不能适应这样的管理模式。

2007年对客户关系管理应用的网上调查显示，中国企业，特别是中小企业对客户关系管理的应用需求显现出其特殊性，比如对实施客户关系管理应用的投入都相对比较低。同时，由于中国企业对客户关系管理的理论和实施方法研究不够，真正把客户关系管理的理念融入到经营管理中的企业还不多，甚至一些企业在客户关系管理项目的实施过程中遭受失败，因此探讨中国企业的CRM发展之路是十分必要和重要的。本书的目的除作为高等院校本科生和研究生客户关系管理课程的教材外，还在于帮助那些计划实施客户关系管理解决方案的企业管理者和工程技术人员学习和掌握客户关系管理的思想、理念、技术和方法。

关于客户关系管理的定义及内涵的理解有很多，这些观点多来自于学术界和大企业的管理者，直到目前还没有形成一个统一的权威定义。但是，有一点是一致的，那就是：客户关系管理绝不仅仅是技术，而是建立在现代信息技术基础之上的一种企业经营理念和管理模式。应该说，客户关系管理的理论基础来源于西方的市场营销理论，最早产生于美国，在Gartner Group正式提出客户关系管理的概念后，获得了快速的发展。所以，本书力求从营销观、企业管理和电子商务解决方案等多角度出发，全面讲授客户关系管理的产生、发展、概念、内涵、实现技术、企业管理方法和实施方法。

经过几年的教学实践，我们坚信对上述观点的理解是正确的，偏废任何一个方面，对客户关系管理的理解和学习都是不全面的、不完整的。因此，在本书的编写过程中，编者力图使全书架构清晰，便于读者完整理解和全面掌握。全书共分四篇：第一篇原理篇，讲授客户关系管理的基本理念和基本原理，包括客户关系管理的产生、发展，客户的基本概念，关系营销理论，以及客户关系管理的基本内容、方法。第二篇系统篇，讲授作为辅助客户关系管理实施的软硬件集成系统的基本结构、系统组成和系统开发方法，包括客户关系管理系统的基本结构、主要模块功能，运营型CRM、分析型CRM、eCRM和呼叫中心的基本构成、功能、作用等，作为客户关系管理系统最核心部分的商务智能的主要技术——数据仓库和数据挖掘技术，客户关系管理系统的开发方法和集成理论。第三篇企业篇，讲授企业在实施客户关系管理过程中的理论与方法，包括企业如何选择实施客户关系管理的发展和经营战略，企业如何提高其自身的客户关系管理能力，企业实施客户关系管理的主要管理方面——业务流程的重组、组织机构的再造、核心竞争力的打造、企业文化的创新，以及作为企业电子商务三大解决方案的ERP、SCM和CRM的整合与集成。第四篇实践篇，讲授客户关系管理项目实施的系统方法，客户关系管理运行绩效分析和实施的成本分析，客户关系管理软件产品的选择和CRM主要提供商的解决方案，客户关系管理在中国主要应用领域的一些实施案例（包括成功的和失败的），以及客户关系管理在中国的发展现状和存在的机遇与问题，最后，给出了银行客户经理制的分析型客户关系管理系统的建立和实施的解决方案。此案例作为客户关系管理实施的完整案例，也是最典型的案例，希望能给读者在实施客户关系管理时提供一个参考方案。

近年来，客户关系管理在理论和实践两个方面获得了突飞猛进的发展，这反映在教育领域就是几乎所有的高校在工商管理或电子商务或公共管理或管理科学与工程等学科和专业中开设了客户关系管理课程。但是，尽管如此，客户关系管理研究在三个基本点上是没有变化的：

第一，客户关系管理的重要理论基础是关系营销理论，换句话说，营销理论发展到今天，已经进入到关系营销领域。这一概念产生于20世纪80年代，由Berrys首次提出，定义为“吸引、保护和强化客户关系”，之后获得了快速发展，取得包括一对一营销、客户价值矩阵等一系列成果，并最终产生客户关系管理。

第二，互联网技术、现代信息处理技术、CTI技术等是客户关系管理产生的技术基础，没有这些技术的产生、存在和发展，也不可能实现客户关系管理，这一点毋庸置疑。但是，说到底，客户关系管理是企业的一种商业策略，其依据客户分类来组织企业资源，培养以客户为中心的经营行为，实施以客户为中心的业务流程，并以此来实现企业利润最大化，实现提升客户满意和客户忠诚的企业战略规划。

第三，客户关系管理不仅仅是一种理论，更是一种实践，应该说，客户关系管理是企业实现现代经营管理的一种模式。所以，客户关系管理不仅要随着理论研究的发展而不断深入和扩展，同时，也作为一种企业的现代经营管理模式在实践上获得成功。因此，我们不能仅仅把客户关系管理看作企业成本输出，还要把客户关系管理看作企业一种有效的竞争策略和盈利能力。这也正是我们把本书分为四篇的初衷，最后一篇正是在上述共识基础上对客户关系管理作出理论与实践上的评价，并给出了国内外相关案例。

客户关系管理在我国也已经有十多年的发展历史了，其发展势头迅猛，从理论到实践都在不断完善。例如，CRM系统有逐渐转型成为SaaS CRM模式的趋向，这样不但很好地弥补了PC时代CRM的问题，摆脱了时间和场所的局限，而且用户还可以随时随地与公司的业务平台进行沟通，有效提高管理效率，推动企业效益增长。

这些年，客户关系管理从理论到实践都呈现出以下新的发展趋势：

1.客户关系管理与数据仓库、数据挖掘技术的融合问题

数据仓库（data warehouse，DW）和数据挖掘（data mining，DM）的概念早在客户关系管理之前就已产生，但真正引起人们普遍关注应始于该技术在各行业中的广泛应用。

实施CRM的基础是海量的客户数据分析，数据仓库正是解决此问题的比较成熟、广泛应用的技术。在CRM中，数据仓库的目标是企业决策支持，数据仓库技术在改善交易系统数据方面取得了显著成效。同时，随着数据仓库技术的应用，越来越多的企业拥有了大量的客户数据，数据挖掘技术在CRM中的应用就成为必然。在客户关系管理中，数据仓库和数据挖掘都是不可或缺的重要内容，只有这样才能真正实现技术与商业的完美结合。

2.客户关系管理与电子商务的结合问题

电子商务的发展将客户关系管理推到了一个新的高度，这也正是eCRM产生的基础。eCRM是一个把跨通信渠道、跨事务功能和跨用户的客户关系统一在一起的交互方法。在电子商务模式下客户访问企业的时间是24小时的，这一切要求电子商务企业必须有良好的客户关系管理系统提供支持。因此，客户关系管理

应用在企业电子商务应用架构中承担着关键角色，甚至客户关系管理的成功与否直接导致企业电子商务实践的成败，在电子商务模式下缺少数据仓库支持的客户关系管理难以取得成功，这也是未来发展的趋势。

3.客户关系管理与ERP、SCM的集成问题

IBM公司提出企业电子商务解决方案的组织架构，包括企业资源计划（ERP）、客户关系管理（CRM）、供应链管理（SCM）和商务智能（BI）。随着电子商务应用的不断深入，企业这些电子商务解决方案的集成问题的相关研究也引起人们的关注。CRM注重改进企业和客户关系，ERP注重企业的内部作业流程，SCM注重企业间协调和上下游的供应链关系，三者的结合将更有利于提高企业的核心竞争力。

4.客户关系管理与知识管理问题

客户关系管理包括对客户知识的管理，具体讲就是对客户知识的获取与应用。客户知识包括客户所具有的与购买产品或服务相关的知识和企业所应该有的帮助客户作出购买决定的知识，客户知识来源包括交易中的结构化数据和与客户的交互过程的非结构化数据。

有关学者把客户关系的寻求建立过程视为知识的管理过程，同时要求加强对客户相关知识的创造、传播、共享与利用。从客户资料的收集分析到通过数据挖掘寻找出有经济价值的客户，其实也正是显性知识与隐性知识的不断转化的过程。

目前，从客户关系管理系统的角度来看，在未来若干年，我们可以期待CRM系统一些新的发展：

1.系统自动化与数据实时更新

现在的CRM系统需要用户把信息录入之后才起到相关作用，但大部分CRM使用者会拖延更新系统的时间，从而导致不满意的客户选择离开。自动化系统也可以看作智能化系统，可以提高操作效率，同时，数据实时更新保障了系统操作的有效性，这样可以提高客户的满意度，进而提高企业营销业绩。

2.个性化服务与交互实时指导

在未来，服务代表可以在与每一位客户交互时使用CRM系统，该系统可以提供自动化的实时指导，使服务代表为客户提供个性化服务。例如，在销售过程中，如果客户提到某个特定的产品，服务代表通过CRM系统可以得到有关产品和客户的详细信息，以此来指导服务代表个性化的服务。

3.移动CRM

在未来，移动CRM将占据市场主流，赢得销售团队青睐。移动CRM能够非常容易地获取产品的数据，通过系统导航快速找到相关信息，为销售代表提供帮助，节省时间，更能识别他们工作中最困难的部分，帮助客户代表解决问题。

4.定制化CRM系统

随着下一代CRM系统的发展，用户可以配置选项卡和呈现屏幕，每个用户都可以使数据以自己喜好的方式呈现，量身定制个性化CRM系统。同时，下一代CRM系统可以帮助企业提高生产效率，使其能够以最有效的方式从定制屏幕上管理客户数据。

5.音频信息与文本转换更加容易

未来的CRM系统将可以把音频转换为文本，使其语言内容变得可访问，以适应各种各样的分析技术，推断客户的意图，建议最优的解决方案，追踪问题解决进展情况，评估服务代表的效率。

6.人工智能被更广泛利用

人工智能在未来20年将在各个领域获得突破性进展，利用机器来学习确定客户真正的意图并提供准确的个性化答案，这不仅是理解客户说了什么，而且是从本质上理解人的意图，并为企业提供更具前瞻性和合理性的解决方案。

本书作为客户关系管理的教科书，最主要的特点是从客户关系管理的基本理念、理论到客户关系管理的系统、技术，从企业的营销管理到企业经营的全面治理，从理论到实践，可以说汇集了企业客户关系管理的方方面面。同时，本书在各章附有丰富的案例供教学与实践参考。这次，在总结近几年教学与实践的基础上，特别是结合客户关系管理的理论与实践发展，我们对本书进行修订、再版。在本书修订的过程中，我们把客户关系管理的最新发展和成果融入其中，更新了案例，特别是融入了互联网环境下如何进行客户关系管理的最新理论与实践，也修正了以往的错误与不足，力争以一种新貌面世。

全书分为四篇16章，各章的修订分工是：第1、2章由吕成戌修订；第3、8、13、14章由姜明修订；第4、5章由杨兴凯修订；第6、7、11、12、16章由马刚修订；第9、10章由盖印修订；第15章由李彬重新编写。

借此机会，再次感谢广大读者多年以来对本书的支持和厚爱，感谢我的合作者们在本书的再版过程中所付出的努力和辛劳，也希望广大读者给予一如既往的关心和帮助，并对本书的不当之处批评指正。

马　刚

2024年7月于大连

目录

第一篇　原理篇

第二篇 系统篇

第三篇 企业篇

第四篇　实践篇

第一篇　原理篇

客户关系管理（customer relationship management，CRM）的理论基础来自西方的市场营销理论，最早产生于美国，概念由Gartner Group提出，随后得到快速发展。客户关系管理的出现和发展体现了企业管理领域的两个重要发展趋势：一个是企业的管理从以产品为中心的模式向以客户为中心的模式转变；另一个是企业管理的视角从“内视型”向“外视型”的转换。关系营销强调与客户建立长期的、真诚的、双赢的合作关系，而不是单纯的交易关系。关系营销的目的是通过提升客户价值来提高客户满意度，核心是营造客户忠诚。这些理论是指导企业客户关系管理的理论基础。

本篇从电子商务的发展带来企业经营管理变革的角度出发，运用有关管理学、经济学和现代信息技术等知识，对客户关系管理的基本原理进行了较为系统的阐述。本篇又是全书的开篇之作，起到提纲挈领、引导全书的作用，也是其他各篇的理论基础。

全篇共分四章，内容涉及客户关系管理的产生与发展，客户关系管理的相关核心概念，客户关系管理的理论基础，客户关系管理的核心思想、功能、作用等方面。第1章重点阐述了电子商务的发展对企业经营管理的影响，以及作为电子商务主要解决方案的客户关系管理对企业经营管理所具有的意义，并在此基础上介绍了客户关系管理的兴起和发展；客户关系管理的概念、内涵、发展现状和发展趋势。第2章主要介绍了客户的概念、客户的分类、客户满意度、客户忠诚度与客户价值、客户盈利能力与客户终身价值的分析方法。通过对以上知识的系统学习，加深对客户在客户关系管理体系中的重要作用的理解。第3章阐述了关系营销的产生与发展历程，关系营销的含义、特点，关系营销的市场模型，实施关系营销的过程及意义，关系营销的价值测定。第4章阐述了客户关系管理的核心思想和运作流程，客户关系管理研究的主要问题，客户关系管理的功能和作用，客户关系管理建立的基础、目的与原则。

第1章 概述

学习目标

学习本章，主要了解电子商务的发展对企业经营管理的影响，以及作为电子商务主要解决方案的客户关系管理对企业经营管理所具有的意义，并在此基础上了解客户关系管理的兴起和发展，掌握客户关系管理的概念、内涵、发展现状和发展趋势。

◆ 主要解决的问题

电子商务环境给企业带来的主要问题以及使企业产生的变革；客户关系管理的概念、内涵；客户关系管理研究的主要问题以及发展趋势。

1.1 电子商务时代企业经营管理的变革

1.1.1 网络经济与电子商务的发展

互联网的出现被认为是20世纪最具重大影响的历史事件之一。随着互联网及相关技术的日臻成熟，互联网规模的日益扩大和网络用户的迅速增加，互联网的应用也逐步深入到社会的各个方面，与社会经济的发展和人们的日常生活紧密地联系在一起。互联网技术在全球的广泛应用，标志着人类社会进入到一个崭新的时代——网络经济时代。

网络经济时代的一个最显著的特征，就是信息技术在经济领域的应用，即电子商务。电子商务是应用电子化、信息化手段和技术来进行各种交易活动，并围绕交易活动所展开的业务和管理活动的总称。电子商务的出现，对社会经济产生了巨大的影响。电子商务带来了社会经济领域里的一次重大的技术革命。通过电子商务，原有的时空分隔被打破，产品市场逐步形成全球化的趋势，世界的经济全球化进程大大加快，国际经济结构也发生了重大改变。同时，电子商务也使生产与消费更加接近，中间环节大大减少，从而降低了产品的生产成本和交易费用。

1.1.2 电子商务的发展对企业经营管理的影响

电子商务以电子化、信息化手段实现商务活动的各个环节。它包括商业信息检索与发布、电子合同签署、电子数据传输、电子货币支付以及通过网络提供各种服务的一系列过程。电子商务不仅是一种技术革命，它通过技术的辅助、引导、支持为商务活动本身带来了前所未有的根本性革命。电子商务对企业经营管理模式的影响和改变是深刻的，包括对企业经营理念、组织形式、管理机制等的影响和改变。

1）电子商务对企业经营理念的影响

企业的经营理念和思维方式，总是在一定程度上局限于所处的时代，电子商务时代的思维方式与信息技术是密不可分的，信息化社会的结构不再是等级性的，而是网络状的，它具有整体性、综合性、开放性、动态性、非线性和互补性的特征。新的思维方式必然产生新的经营理念，对企业经营者而言，确立在电子商务时代发展的经营理念是十分必要的。新的经营理念可概括为以下几个方面：

（1）追求持续创新

对一个企业来说，持续不断的创新是其生存发展的根本保障，特别是在电子商务发展的条件下，创新能力的强弱是决定企业市场地位和成长潜力的基本因素。电子商务是推动企业创新的重要力量，表现在以下五个方面：

第一，电子商务的发展促进传统企业从制度上进行改革、完善，特别是围绕电子商务发展的要求从组织机构的设置、企业员工激励制度的创立和企业中所有者、经营者、劳动者利益关系的调整等多个方面进行必要的创新。

第二，电子商务的开展要求企业不断跟踪相关技术的最新进展，及时开发和引进先进技术，只有提高自身的技术创新能力，才能在市场竞争中争取主动。

第三，电子商务迫使企业更加关注市场的变化，特别是网络市场的变化对企业生产经营活动的影响，企业必须通过各种方式进行市场创新，才有可能牢牢锁住“核心顾客”，求得生存。

第四，电子商务对企业管理人员的素质和管理水平提出了新的要求，企业应从管理思想、管理组织、管理方法、管理工具等多个角度进行创新，来适应电子商务发展的需要。

第五，电子商务要求企业具有特定的企业文化，形成平等、民主、学习、团队合作、进取的文化氛围，注重员工的利益，体现员工的价值。

在企业内部，电子商务的实施带来了一系列的变革：电子商务打破了企业生产与经营的地域限制，缩短了企业与客户的距离，使企业通过网络控制世界各地的资金、技术和人力资源成为可能；电子商务使企业的生产管理更好地借助于集成制造系统、虚拟制造等技术，提高生产效率，降低生产成本；电子商务使企业的库存管理通过网络技术和数据库的应用，能根据客户的要求随时安排供货，使库存成本显著下降，生产周期大为缩短；电子商务使企业的研究与开发更加注重市场需求的变化，使新产品的研发更具针对性，研发的成本也将明显下降；在售后服务方面，电子商务又可使服务成本下降，服务质量大为提高。这一系列的变化，都有赖于企业创新思想的不断成熟、创新范围的不断扩大、创新能力的不断提高。

（2）始终体现“以客户为中心”的经营理念

互联网在企业与顾客之间架起了一座直接沟通的桥梁，为企业更好地了解顾客的需求、满足顾客的个性化需要、提供优质的客户服务创造了极为有利的条件。由于互联网具有双向交互的特点，既可使全球各地的客户随时了解企业的各种信息，获得相应的服务，又可使企业方便地得到有关客户的地理分布、个人偏好、特殊要求等各种数据。这种双向、直接、交互的信息沟通使企业和客户双双受益。在电子商务时代，只有那些始终替顾客着想、正确把握顾客需求的企业，才能真正赢得市场机会。随着电子商务发展的不断深入，网上客户将成为所有商家共同争取的目标。因此，客户关系管理必将成为企业管理的重要内容。没有良好的客户关系管理，企业就无法争取到忠实的顾客群，也不可能取得长期、持续的发展。

戴尔电脑在短短的十余年时间内一跃成为世界500强之一的电脑供应商，极为重要的一点就是戴尔公司始终把握“以客户为中心”的经营理念。戴尔一开始就按照客户的需求来设计、生产产品，这不只是简单地了解客户想要什么，也不只是提供价格合理与高性能的产品而已，更重要的是，它能比客户自己更早知道他们的需求。戴尔通过网络的双向沟通和面对面的交流，以真心诚意的态度向客户了解各种潜在的需求，并把这些需求转变成产品。戴尔深信只要与客户建立起良好的关系，就必然能产生丰厚的回报。戴尔还认为，企业的客户是全方位的，既包括产品的使用者，也包括原材料、零部件的供应商和各类合作伙伴。

世界著名的通用电气公司（GE）体现“以客户为中心”的关键举措是引入了“跨度”的概念。“跨度”指的是客户所要求的送货日期前后的这一段时间，实际的送货时间就在这个跨度之内。如果跨度大，就说明按照指定日期交货的能力低下；如果跨度小，就说明按照指定日期交货的能力强。零跨度永远是GE追求的目标。“跨度”的衡量标准是能否在客户要求的特定时间内供货。GE每接到一个订单，必须让所有与生产这一产品相关的各道工序的员工都准确无误地牢记客户所要求的时间，让每一位员工都深知，他采取的每一个行动都会影响到整个公司的跨度指标。这样做的目标就是要从两边挤压交货的时间跨度，要做到不早不晚，尽量靠近中间那一点，即客户要求的那一天。塑料集团已经把交货时间跨度从50天缩短到了5天；飞机发动机集团的时间跨度从80天降到了5天；按揭保险公司的时间跨度从54天缩短到了1天。

体现“以客户为中心”的理念不应停留在表面上，必须以真诚的态度、务实的做法，从发现客户的需求，到适应和满足客户的需求，再到创造客户的需求。从客户需求的不断满足中，逐渐拓宽企业的生存空间。

（3）走向协作型竞争

随着电子商务的发展，企业与企业之间的竞争将变得越来越激烈，因为所有竞争者都将在同一虚拟市场中竞争，而所有的客户也将会通过网络与企业发生直接的联系。产品的规格、性能、服务，甚至外观都将一览无余地展示在网站上，客户选择商家简单到只是动动鼠标而已。在这种情况下，传统市场竞争中惯用的“价格战”“广告战”将产生消极的影响，因为稍有不慎就可能会酿成整个行业的混乱和无序，发起者往往会成为其他企业的“众矢之的”，遭到唾弃。所以，电子商务的发展，必须树立新的竞争观，变战争型的竞争为共存、共荣、共赢的协作型竞争。与此同时，企业与供应商、经销商和最终客户建立起长期的合作联盟，已成为企业持续、长期、稳定发展的重要条件。因此，在网络把生产商、供应商、经销商和竞争者连成一体后，任何一家企业都应树立起新型的、建立在合作基础上的“竞争观”，特别是要尽量与竞争对手一起找到和睦相处的共同点，发挥各自的综合优势，共同开拓和扩大市场，共享收益。

企业与自己的竞争者一起建立各种战略联盟是争取“双赢”和“群赢”的最重要的形式。战略联盟主要有以下五种：

①品牌联盟，以优势品牌作为联盟的纽带。

②新产品开发联盟，联盟各方共同分摊研发费用、共同承担研发风险。

③分销渠道联盟，共同分享彼此的分销渠道优势。

④促销联盟，通过企业间网站的相互链接以及共同实施促销方案等形式来实现。

⑤价格联盟，联盟各方通过对价格的协调统一，避免无谓的价格竞争，省却博弈的烦恼，又可阻止新竞争者的进入。

采取多种形式的联盟，是电子商务时代竞争者关系变化的重要表现。

2）电子商务对企业组织形式的影响

与传统的工业经济生产状况和技术基础相适应的金字塔型、自上而下控制的管理组织结构，因为强调专业分工、规模经济、等级分明、顺序传递，对保证工业经济发展的效率、稳定和秩序起到了极为重要的作用。但是，随着以电子商务发展为主要标志的网络经济时代的到来，这种组织结构暴露出了难以克服的问题，企业如果还继续沿用这种按职能分工、条块分割形成的金字塔型的层次结构，必然无法对外来信息作出迅速反应，也将严重阻碍企业内部信息快速、准确的传递，扼杀员工的创新精神。因此，电子商务的发展必须有新型的组织结构与其相适应。电子商务的发展对企业组织结构的影响可以体现在以下五个方面：

（1）组织结构从金字塔型向扁平型转变

在网络经济时代，金字塔型的组织结构将被扁平型的组织结构所替代，有其历史必然性，具体表现在以下三个方面：第一，由于计算机与网络技术在企业的广泛应用，使得过去必须由人工完成的工作可以部分或全部由计算机和网络所替代，如纸面文件和单据的传输、内外信息的传递等；第二，市场竞争的加剧、信息传递的高速度使得决策的速度和准确性要求大大提高，而死板的、按部门设置的、把人束缚在某一点上的组织结构是无法适应外界变化的，也无法产生决策所需要的想象力和创造力；第三，随着电子商务的深入发展，企业的竞争优势不再依靠规模来获得，过去那种“大的吃掉小的”的竞争理念将会被“快的击败慢的”的理念所取代。传统的大企业如果不改变金字塔型的组织结构，将会在以电子商务为重要手段的残酷竞争中显得束手无策。因此，组织结构从金字塔型向扁平型转变是大势所趋，是传统企业向网络化、数字化转型的必然选择。

“扁平化组织”概念的出现是西方发达国家大型企业为了降低生产经营成本，致力于组织结构缩编的结果。提出这一概念的目的是废除滋生官僚主义的等级制度，赋予一线管理人员更多参与决策的权力，从而提高管理效率，增强企业的竞争力。扁平型组织的产生使传统的管理层次和管理幅度理论不再适用。在过去，一般认为，企业的每一个管理层次最佳的管理幅度为 7~13 人，而美国通用电气公司的实践证明，借助电子商务的应用，每一个管理层次的管理幅度可增加到 100~150 人，并且管理效率与常规条件下的 7~13 人相同或更高。扁平型结构产生的前提是决策权的下放，员工被赋予更多的接受信息和自主决策的权力。只有这样，才能减少决策和行动之间的时间延迟，加快对市场和竞争动态变化的反应。电子商务的发展使得传统的大规模生产逐渐被数字化个人定制所替代，生产企业不得不面对消费者个性化、多样化的需求，企业所有的部门及人员必须充分了解、掌握各类客户信息，更直接地面对市场。因此，减少管理层次，让一线的管理人员在企业发展中发挥更重要的作用，更多地承担为公司创造和寻求新的发展机会的责任，必然是提高企业竞争力的有效举措。

（2）集中化决策向分权化决策转变

在工业经济时代，企业信息的收集与传递主要是通过众多的中层管理人员层层上报，最后在高层汇总实现的。高层管理人员利用这些信息作出决策。这种集中化的决策，一方面，因为强调“权威”的作用，使决策的正确与否直接取决于上层的决策水平，导致决策的风险大为上升；另一方面，因为中间环节的信息“滞留”导致信息失真、延期，必然会失去很多的市场机会。

电子商务的发展使企业内外信息的传递快速进行，传统的依靠垄断信息来强调“权威”的做法显然很难维持，集中化的决策越来越失去存在的基础，取而代之的是分权化的决策机制。决策权从集中化向分权化转变必然会产生众多的“授权小组”。每个授权小组通过企业的授权，围绕任务和目标自行决定其工作方式，每个授权小组及其成员通过自我设计、自我优化和自我创造，使传统的依靠“上级”作出决策的方式逐渐向依靠“团队”来进行决策的方式转变。

（3）作业程序从“串行”向“并行”转变

随着网络技术在企业内部全方位的应用，传统的“串行”式作业程序将向“并行”式转变，这也将使企业组织结构产生相应的变革。在传统的企业组织中，由于受金字塔型的组织结构的限制，加上信息传递手段的落后，企业的作业程序一般是按先后顺序进行的，即在上一道工序结束后，再转入下一道工序，这种作业方式称为“串行”。“串行”作业方式使得相关作业人员及作业流程的各个环节割裂开来，因为每一个职能部门、环节都有其相对独立的任务，往往会因为某一个环节的故障而影响整项工作的进程，也常常会出现前后环节或部门之间互相矛盾、互相指责的情况，既延长了作业时间，也增加了协调的成本。而“并行”作业是通过计算机网络的应用，把各个环节、各职能部门共同整合到网络上，围绕共同的任务同时协调运作。“并行”作业可使设计研发、采购、生产制造、财务、营销等人员通过网络实现实时沟通，共同设计产品和工艺流程，共同解决、协调作业过程中出现的各种问题。“并行”作业必须依靠“跨职能”的团队来实现，这种团队没有庞大的管理中层，依据目标和任务组建，具有相对的独立性，对提高作业效率、缩短作业时间、降低作业成本具有重要作用。

（4）管理的范围从内部延伸到外部

传统的企业管理一般只注重企业的内部因素，局限在生产、供应、销售等环节，而较少考虑外部因素。电子商务的发展使企业的边界变得越来越模糊，表现在以下四个方面：

①企业的市场空间已突破了地区、国家的限制，为全球范围内拓展业务创造了条件，使企业销售管理的区域骤然扩大。

②企业通过构建供应链，使企业从供应商的供应商到客户的客户之间建立起一条信息畅通、资源共享、共存共荣的链条，以更好地适应市场的需要，从而使企业供应链上每一节点的联系更加紧密，进一步拓展企业管理的空间。

③企业与竞争者的关系也将发生新的变化，企业既要密切关注竞争者新的动向，又要与竞争者开展各种形式的合作，做到“竞争中有合作，合作中有竞争”。

④企业通过电子商务实现客户关系管理，可以针对客户的个人需求，实现“一对一”的营销，并可通过网络让客户直接参与到企业设计、研发、生产、营销等各个环节，最大限度地满足客户的需要。随着管理范围的扩大，企业的组织结构必须随之发生相应的变化。

借助于电子商务技术而迅速兴起的“虚拟企业”，正使传统的企业概念发生新的变化：企业的地理位置已不再重要；企业的资源将越来越集中在核心能力上；企业的竞争优势将越来越表现在“整合”外部资源的能力上。因此，企业在加强内部管理的同时，必须注重外部管理能力的提高。

（5）提高了企业的“组织智商”

网络技术的应用和电子商务的发展，使原来极为稀缺的信息一下子成为“海量”的、需要花费大量注意力去处理的廉价资源。对任何一个企业来说，迅速有效地处理大量信息的能力，已成为网络经济发展时代的关键能力。美国斯坦福大学商学院 Haim Mendelson 博士等认为，信息时代必须致力于提高企业的“组织智商”，使企业能有效处理信息并快速决策。提高“组织智商”是电子商务发展对企业组织结构变革的又一新要求。提高“组织智商”可概括为五个方面：

①提高企业对外部信息的决策力。企业的经理人员通过对顾客、供应商和竞争对手的深入了解，知道企业周围的环境变化，以便及时采取相应对策，提高对外部环境的适应能力。

②构筑有效的决策架构。这种架构应尽可能把决策权下放给拥有信息的员工，让他们依据信息和相应的规则自主决策。

③建立起企业内部畅通的交流沟通渠道。企业领导应认识到内部知识传播和信息交流的重要性，致力于建立鼓励信息共享、团队合作和互相信任的企业文化。

④专注经营。企业应注重核心能力的培育，集中精力经营自己最擅长的业务，并在这些业务中开发拳头产品。

⑤构建高效、健全的商务网络。企业着力建立高效、健全的商务网络，以使自己集中力量发挥核心能力，其余问题则交给在相关领域有核心能力的合作伙伴解决。

在组织结构变革的过程中，提高企业的“组织智商”不是一蹴而就的事，需要从长计议的耐心和脚踏实地的行动。在风云变幻的电子商务时代，企业最大的错误莫过于无所作为。

3）电子商务对企业管理机制的影响

电子商务在全球范围内的迅速发展，对世界各国的企业来说，既提供了前所未有的机遇，也带来了极为严峻的挑战。电子商务对现代企业管理机制的影响是极为深远的，也是不可逆转的，这在以下几个方面表现得尤为明显：

（1）电子商务对市场运作模式的影响

企业是市场竞争的主体，市场又是企业生存发展的基本条件。市场运作模式的优劣在一定程度上代表着某一时期经济发展水平的高低。工业经济时代的市场模式必须有许多中间环节，企业与消费者之间需要大量的批发商、零售商作为中介，这就决定了工业经济是“迂回经济”的特点。“迂回经济”的各个中间环节主要是依靠占用和耗费各种经济资源来维持它的生存。电子商务的出现从根本上减少了传统商务活动的中间环节，缩短了企业与用户需求之间的距离，同时也大大减少了各种经济资源的消耗，使人类进入了“直接经济”时代。“直接经济”的实质就是减少中间费用、库存和流动资金，使生产“直达”消费。传统商业活动的进行必须有大量商业中介机构的存在，因为生产者和消费者在时间和空间上存在难以克服的障碍，商业中介是连接产销双方的桥梁。电子商务的发展使产销之间的直接沟通成为可能，越来越多的企业将逐步摆脱对传统商业中介的依赖，从中节省的开支和提高的效率将使产销双方共同受益。电子商务在使企业与顾客之间的隔阂降到最低限度的同时，也使企业的商务活动变得更加透明、高效，企业只要花极小的代价即可获取尽可能多的商务信息，企业适应市场的能力大大增强。

（2）电子商务对企业营销管理的影响

电子商务对企业营销管理的影响表现较为突出的是销售渠道和促销策略的变革。

首先，传统的4Ps（product，产品；price，价格；place，渠道；promotion，促销）营销组合策略将得到进一步的发展。以往的批零方式将逐步由网络代替，消费者和采购商将更多地直接从网络上采购。人员促销的作用也变得越来越小，广告宣传更多地借助于网络这个“第四媒体”来完成。与此同时，4Cs（consumer's wants and needs，消费者的需要与愿望；cost to satisfy wants and needs，满足需要和愿望的成本；convenience to buy，方便购买；communication，沟通）营销组合变得更为现实和必要。例如，企业通过与消费者在网上进行讨论交流，可以及时了解顾客需求以及市场动态，以作为企业改进和开发产品之用，并通过网络反馈的消费需求信息，使面向消费者的活动更趋于个性化；把由于中间环节减少而降低的成本一部分让渡给消费者；通过建立网上支付途径及完善的配送渠道方便消费者购买；通过电子邮件、网上讨论组等形式使企业与消费者建立方便、快捷和有效的沟通。

其次，营销活动的运作方式也将出现新的特点。由于营销环节中的谈判、咨询、签约、履约、支付等均可通过电子商务实现，并且利用先进的计算机和网络技术可把产品的各种物理、化学特征以及各种相关信息完整、准确地展示在网站上。电子商务在使企业营销活动变得简单化、直接化的同时，也使得营销活动的知识和水平提高到了一个新的层次。

最后，企业之间的市场竞争将会变得空前激烈。电子商务超越了国家与地区的地理限制，国际市场和国内市场不再有明显的界限，国内竞争与国际竞争也不再有明显的区别，这使不同国家和地区的同类商品在互联网上展开极其激烈的竞争，商品的质量、价格、服务等各种信息将会无保留地展现给消费者，只有真正经得起市场考验、真正受市场欢迎的产品和服务才会在竞争中立于不败之地。

（3）电子商务对企业采购管理的影响

从厂家的生产流程来看，电子商务不仅极大地改变着厂家的“出口”端，而且对“入口”端也有巨大的影响。因为企业可以更大范围地取得供应商的供货信息，所以必将更有利于其找到合适的合作伙伴，购买到更合适的、物美价廉的原材料和零部组件，从而降低采购的交易费用，进而迫使企业的采购方式和组织发生相应的变化，并影响到企业与供应商的战略联盟的建立。电子化采购就是通过互联网络，借助计算机管理企业的采购业务。具体说来，首先，开展电子商务化采购的企业在网络上公布所需的产品或服务的内容，供相应的供应商选择；然后，采购企业通过电子目录了解供应商的产品信息，通过比较选择合适的供应商；最后，下订单并开展后续的采购管理工作。与原有的采购模式相比，电子商务化采购在采购要求的提出、订单的产生、商品运输以及存货管理等方面都有了重大的改变。电子商务化采购将有效降低企业的采购成本，更好地获得采购的主动权，对提高采购商品质量，优化存货管理，进一步提高采购效率，都具有十分明显的优势。

（4）电子商务对企业财务管理的影响

传统的财务管理最基本的特点是对财务信息的事后处理，并且财务信息的处理方式是单机的、封闭的。即使是会计电算化，也只不过是用电脑代替了手工处理，并没有改变信息处理的方式。电子商务的发展要求财务管理从静态的事后核算向实时动态的、参与经营过程的财务管理方向发展；从内部的、独立的职能管理向开放的及物流、信息流、资金流“三流合一”的集成管理方向发展；从传统的利润目标向企业未来价值（包括无形资产价值）的方向发展；从单机、封闭式的财务数据处理方式向联网的、集成化的财务数据处理方式发展。总之，适应电子商务发展要求的财务管理必须具有实时性、预测性、智能性和战略性的特点。因此，基于互联网的“网络财务”概念与电子商务相伴而生。“网络财务”是电子商务的重要组成部分，它基于网络计算技术，将帮助企业实现财务与业务的协同以及远程报表、报账、查账、审计等远程管理，实现实时动态会计核算与在线财务管理，实现集团型企业对分支机构的集中式财务管理，支持电子单据与电子货币，改变财务信息的获取与利用方式，财务数据将从传统的纸质页面数据、电算化初步的磁盘数据发展到网页数据。传统的财务管理必然要向网络财务管理转变，财务人员也必将从繁琐的财务工作中解放出来，成为网络财务的执行者和受益者。

（5）电子商务对企业人力资源管理的影响

通过电子商务方式进行人才招聘已被越来越多的企业所认同，与此相应的人才测评、人才流动的方式也正在网上迅速发展。与传统的人才招聘、录用方式相比，电子商务方式具有十分明显的优势：

第一，可以改变过去集中时间单独招聘或通过人才市场招聘的做法，通过企业网站可全天发布用人信息，随时恭候合适人选应聘。

第二，将大大降低人才招聘的开支，提高招聘的效率。

第三，人才的招聘范围将不再受地域的限制，可扩展到全国，甚至全球范围。

第四，人才的网上测评可采用灵活多样的方法，提高测评的科学性和准确性。

第五，人才通过网上流动可以悄无声息地进行，既节省费用，又有更多的机会。

与此同时，在企业内部，员工之间的直接交流和沟通比过去更加方便，信息、知识、资源共享以后，员工之间相互信任、相互学习、相互交流的气氛会不断浓厚。实施电子化人力资源管理后，企业将成为员工学习知识、发展自我、实现人生价值的地方，而不应成为不容差错和失误、束缚个人自由发展的流水生产线。

综上所述，基于互联网经济平台的电子商务活动为企业带来了由内而外的深刻变化，给企业经营管理带来如下突破：

①交易费用大大降低。

传统经济中生产者和消费者处于不对称地位。商品要经过多次流通，借助各种中介才能完成交易，通常要付出极高的交易费用。如果交易活动借助于电子商务来进行，消费者和生产者将直接交易，可以避免流通的无序和过多的中介层次，从而使交易费用大大降低、经济活动效率大大提高。

②市场时空无限延伸。

“全天候”运行的市场将真正出现，经济活动中由于时空间隔造成的成本将大幅度降低。“7天×24小时”的电子商务运营模式将为全球资本市场和商品市场带来巨大的挑战和机遇。

③经济活动加速运行。

信息的高速传递将带动经济运行速度加快。假设某种经济活动完全借助于互联网进行，那么其运营速度将加快到光速极限。即使商务活动只是部分地依赖于电子商务网络，其速度也将大幅度提高。

④客户的地位更为突出。

电子商务时代是一个以客户为导向的时代。在这个竞争日益激烈的社会，企业仅靠产品的质量已经难以留住客户。企业必须利用信息技术，通过对客户的追踪、管理和服务，留住老客户，吸引新客户。针对客户的不同需求提供更为个性化的系列服务已成为企业生存的根本法则。谁能拥有客户，并能和客户建立且保持一种长期、良好的合作关系，赢得客户信任，给客户提供满意服务，谁就能通过为客户服务的最优化来实现企业利润的最大化。

1.1.3 客户关系管理的应运而生

管理大师彼得·德鲁克在其著作《知识社会的兴起》一书中指出，100多年来，人类经历过的三次革命——工业革命、生产革命和管理革命，都是由知识意义的根本转变驱动的。随着网络经济的形成和发展，需要新型企业管理模式、管理理论和实践与之相适应。

为适应新的市场竞争，企业需要建立完善的电子商务解决方案，以达到大幅度增进客户满意度、有效降低经营成本、显著提高经营管理效益等目的，进而提高企业适应市场、满足市场和开拓市场的能力。客户关系管理（CRM）正是企业电子化经营管理解决方案中最重要的组成部分。客户关系管理提供了一种能够反映企业与客户之间复杂联系的管理方法，不仅能够记录、追踪客户的信息资料和企业与客户之间的业务行为，而且能够分析这些信息，为企业的决策提供依据，从而适应网络经济时代消费者需求的特点和电子商务对企业经营管理所提出的要求。

综合来看，客户关系管理的发展历程大致分为以下四个阶段：

（1）萌芽阶段：1975—1985年

这一时期，客户关系管理尚处于萌芽阶段。最早发展客户关系管理的国家是美国，其在1980年年初便提出了所谓的“接触管理（contact management）”，专门收集、整理客户与公司联系的所有信息，但这种理论仅仅局限于对客户信息的收集；随后到1985年，巴巴拉·本德·杰克逊提出的“关系营销”的概念才让客户关系管理理论的研究有了更进一步的转变。

（2）深入阶段：1985—1996年

这一时期对客户关系管理有了更深刻的探讨。到1990年，“接触管理”演变成以电话服务中心支持资料分析的“客户关怀（customer care）”。随后于1996年又发展为综合客服、销售职能的呼叫中心（call center）。在理论研究方面，代表文章有Benson P.Shapiro的《保持顾客》和John J.Sviokla的《寻找客户》，文章涉及的内容比较宽泛，包括客户满意度、客户价值和客户关系维持等。

（3）应用阶段：1996—2002年

这一时期，客户关系管理的研究成果得到了进一步提升，已逐步向实用化方向迈进。1998年后，电子商务的兴起让客户关系管理的发展有了飞跃性的进步。这一阶段，众多知名公司和专家积极提出了客户关系管理系统及理念，如Hurwitz Group、Carlson Marketing Group等组织相继提出了各自的客户关系管理理念。客户关系管理的研究在这一时期更加侧重于实务研究，并依托客户关系管理的基础理论，致力于重点探讨并制定企业客户关系管理方面的实施策略。

（4）平稳阶段：从2002年到目前

相比前三个阶段，这个阶段的客户关系管理的研究比较平稳，企业有机会而且有义务把传统的市场和销售实践转移到实时的商业环境中。大量的调查和行业分析家都明确了这样一个事实：新经济形势迫使公司首先考虑的不是产品或渠道，而是客户，特别是首先考虑新的保证客户满意和响应的方法，即建立和维持客户关系是取得竞争优势的最重要的、唯一的基础。企业由以产品为中心转变为以客户为中心是网络化经济和电子商务对传统商业模式变革的直接结果。随着研究的逐步深入，各种新的理念得到证实或者实施，如证明公司绩效与客户价值的相关性；又如客户价值应用中引入人工智能技术；在客户终生价值的研究上同样也有了明显的进步，并把研究成果应用到了分配企业资源和鉴别筛选企业重点客户上。

1.1.4 客户关系管理为企业带来的优势

经济全球化趋势和电子商务的快速发展正以前所未有的广度和深度改变着企业传统的业务运作方式。一般地，企业可以通过两种方式保持竞争优势：一是在能够发挥自身优势的业务领域以超过竞争对手的速度增长；二是要比竞争对手提供更好的优质客户服务，而提供优质服务的前提是实施客户关系管理。根据对那些成功地实施客户关系管理的企业的调查表明，每个销售员的销售额增加51%，顾客的满意度增加20%，销售和服务的成本降低21%，销售周期减少1/3，利润增加20%。

来自北美和欧洲的权威机构提供的统计数据表明，全球500强企业在5年内大约流失了50%的客户。企业争取一个新客户的成本是维护一个老客户成本的5倍。维护5%的客户有可能会为企业带来100%的利润。在企业的所有客户中，大约有50%的客户没有为企业带来利润。根据对一些公司CEO的问卷调查的统计分析，可以看出他们最关心的话题是企业如何才能留住客户，以及如何增加客户对企业的忠诚度。这也是客户关系管理如此受重视的原因所在。

归纳起来，客户关系管理为企业带来的竞争优势主要包括降低销售及服务成本、增加盈利、巩固客户关系、提高客户满意度、改进信息提交方式、加快信息提交速度、简化客户服务过程等，具体可以归纳为以下几个方面：

1）全面提升企业的核心竞争能力

进入新经济时代，竞争的基础和竞争优势的本质已经发生了变化，这主要是因为在信息时代地理和环境不再具有以往的意义，规模和权力也不再确保市场份额。技术发展和全球化趋势减弱甚至消除了许多过去妨碍经济增长的障碍。人们可以在全球范围内建立人与人以及人与信息之间的连接，这不仅使客户可以随时、随地寻找到能够满足其需求的最佳服务供应商，而且消除了现存市场和机遇固有的防卫壁垒。

在市场中获胜所需的条件组合，如土地、人力、资本、信息等，可以很快被竞争对手复制。那么，如何才能保持业务领先呢？可以采用的一个方法就是比竞争对手提供更好的客户服务。优质的服务可以促使客户回头购买更多的产品或服务，同时不太会在意价格的高低(尽管对价格很在意，也会首先考虑选择他们喜欢的公司)。这可以通过建立以忠诚度为目标的持续不断的关系来实现，整个业务也将从每位客户未来不断的采购中获益。当业务超越了最初的客户交流，开始专注于长期的关系，并通过在公司范围内实施“以客户为本”战略来强化这一关系时，优质服务就成了客户关系管理。

有效实施客户关系管理战略，企业可以从深入收集客户数据并加以有效实施、分类着手。针对客户的需求将信息分类，企业可以设计出更能满足客户需求的产品和服务，并以客户喜爱的方式提供给他们。

企业可以通过客户交流和市场研究等多种途径收集数据，将其按照可用的方式组合在一起，然后通过数据挖掘（data mining）或数据归档（data profiling）等分析技术协助发现及更好地了解客户的类型和趋势。在这个过程中，电话集成技术为客户交流提供了记录工具，并提供了一个将分析后的数据在正确的时间显示出来的手段。

此外，企业应该弄清楚所有可以直接与客户接触的方式，如个人接触以及通过电话、Web或电子邮件接触等。企业每天都拥有成千上万个这样的交流机会。采用客户关系管理意味着通过技术的应用将这些交流从简单的活动变为对双方都有用的经验。反过来，这种转换将使企业的业务代表持续提供卓越的客户服务，从而为企业建立起战略性竞争优势。

客户关系管理并不仅仅针对第一次接触或优质服务，它针对的是整个接触的生命周期以及如何处理这些接触。企业采取客户关系管理方式可以使其从竞争中脱颖而出。退一步讲，从价格、服务和客户知识等方面展开全面的竞争要优于单纯的价格竞争。进一步讲，有效利用客户关系管理甚至可以按照企业的意图改变整个竞争格局。

2）提升客户关系管理水平

在电子商务时代，企业从大规模的生产体系转向灵活敏捷的竞争体系，要满足用户在丰富客户价值、通过合作提高竞争力、建立适应变化的组织、充分利用人员与信息的杠杆作用方面的需要，最终帮助企业造就一个获利稳定的经营基础。

客户关系管理把上述抽象的认识具体化，使之成为可供操作的平台、自动运转的“机器”，给客户关系管理工作以强有力的支持。

（1）客户研究与客户挖掘

客户研究要求供应商深刻理解顾客做什么、想什么和应该做什么。客户关系管理支持用户描述其经营范围、经营网络、业务流程。三者的变化意味着需求的变革，以及客户服务的扩展和升级，在这一点上反应不准确、不迅速就会失去客户。

客户挖掘过程是把潜在客户培养为现实客户，并进一步变为支持者的过程。客户关系管理提供对潜在客户的数据采集和需求验证，对可能客户的简介编制和定位选择，对支持者的地位、作用及喜好、动机进行描述。

（2）客户响应与交易记录

在电子商务环境下，为了与用户进行实时通信，企业必须造就一个以现代通信基础设施为依托的客户接待前台。在处理各类信息的接收、发送与记录的基础上，客户关系管理注重支持客户要求、服务跟踪和客户查询。前台系统通过把客户要求分配给相关部门并跟踪服务回应；客户通过网络用户的数据系统查询自己的交易数据，这样做可以降低用户的响应成本，并有利于实现数据系统与客户一体化，进而增进忠诚度。

例如，从1999年10月起，T牌汽车运用最新工作流程计算机化技术，引进“客户抱怨跟踪系统”，以实现“客户第一”的理念。借助这个系统，公司可以轻易地查询客户历史资料、疑难处理经验库，并以电子化流程掌握客户投诉案件的处理进度、客户投诉问题的交叉分析等，以确保每一位客户的需要能够被快速充分地满足，并提供产品及服务改善的方向，不断增强企业的竞争优势。

（3）客户服务追踪与客户评价

客户服务追踪、客户反馈和善后管理是联系在一起的。客户关系管理提供用户主动追踪服务，支持用户接收、处理客户反馈数据，其善后工作管理包括维护预约和派遣、备件管理、服务收费及欠款催收等。

3）重塑企业营销功能

企业实施客户关系管理就是要全面重塑企业营销功能。这种重塑要求企业所处的竞争环境发生结构性变化：企业正在从一个市场产品量大和服务标准化、寿命周期长、信息含量小、在一次性交易中交换的竞争环境向新的全球竞争的环境转变，在这一新的竞争环境中，产品和服务个性化、寿命周期短、信息含量大、客户基础不断变化。

企业经营从以生产设备为支点变为以顾客为支点，营销变为企业活动的首要因素。飞速发展的计算机网络、日益开放的全球技术经济市场使企业不可能再固守一隅以求得生存。在这样的环境中，客户、竞争、品牌成了密不可分的要素，捕捉销售机会和迎合顾客需求的准确性和速度决定企业的生存，企业需要一个信息畅通、行动协调、反应灵活的客户关系管理系统。

4）提升销售业绩

通过整理和分析客户的历史交易资料，强化与客户的关系，以增加客户再次光顾的次数或购买数量，通过确认顾客、吸引顾客和保留顾客来提高获利率。例如，在与客户洽谈汽车保险续约时，如果发现客户资料中没有人寿保险的记录，或许可以尝试推销人寿保险；又如，银行或信用卡公司经常寄送产品目录或旅游信息给客户。这些都是常见的行销手段。

客户关系管理的运用直接关系到企业的销售业绩，它可以重新整合企业的用户信息资源，使以往“各自为战”的销售人员、市场推广人员、电话服务人员、售后维修人员等开始真正地协调合作，成为围绕着“满足客户需求”这一核心宗旨的强大团队。客户关系管理的实施成果经得起销售额、用户满意度、用户忠诚度、市场份额等硬性指标的检测，它为企业新增的价值是看得见、摸得着的。因此，客户关系管理的实施将切实地改变企业的销售文化，让企业中每一个成员都切身感受到信息时代带来的机遇和挑战。

5）降低成本、提高效率

客户关系管理的运用使得团队销售的效率和准确率大大提高，服务质量的提高也使得服务时间和工作量大大降低，这些都在无形中降低了企业的运作成本。

通过实施完整的客户关系管理策略，企业允许任何人（包括内部员工、客户、供应商和合作伙伴）通过Web进行联系，并采用不同手段处理整个商业流程，这不仅极大地改善了公司内部的运作效率，也赢得了更多客户、供应商和合作伙伴的赞许，在成本控制和管理方面取得了最显著的收益。

（1）IT管理的加强和成本的降低

Oracle原来在全球分布着97个数据中心，现在减少到了17个，最新的Oracle云数据中心在2014年陆续上线后，Oracle帮助客户和合作伙伴充分利用云技术，并支持他们对本地数据储存和法规遵从的需要。这样做不仅更好地加强了信息的集中管理和资源的充分共享，而且降低了设备维护和管理人员的成本，将IT的管理集中到了几个大的中心，这样管理的效率和系统的可靠性也得到了进一步加强。仅此一项，即为公司节省了1 100万美元。另外，通过把大量内部培训课程移植到网上，节省成本250万美元。通过全球财务数据的自动合并和整合管理，每年为公司节省了350万~500万美元。

（2）企业整体效率的提高和成本的降低

Oracle通过将大量工作和日常业务处理转移到Web上，日常工作量减少了25%，业务处理更快捷，员工的工作效率明显提高。与过去的一年相比，这种自助式服务为该企业节省了240万美元的日常开支，每笔费用报告的成本从25美元减少到了10美元。预计在未来5年内，实施的电子商务战略采购管理将为该企业节省9 800万美元。

在中国，Oracle为中国银行和美的集团等许多企业实施了Oracle的客户关系管理解决方案，都取得了令对方非常满意的效果。

1.2 客户关系管理的兴起

客户关系管理作为一门新兴学科，其出现的时间并不长。但它一出现，便受到了学术界和企业界的空前重视，从事管理研究、市场营销研究和计算机软件研究的学者分别从不同的角度对客户关系管理进行了深入的探讨，IBM、SAS等许多国际大公司致力于客户关系管理软件的开发，同时也有许多企业勇为人先，投身于客户关系管理的实践中。具体来说，客户关系管理迅速兴起的原因可以归纳为以下五个方面：客户购买行为的变化、市场竞争日益加剧、企业内部管理的要求、现代信息技术的推动以及营销理论和实践的革命。

1.2.1 客户购买行为的变化是CRM兴起的需求方背景

在工业化社会，客户购买行为可分为三个阶段，见表1-1。

表1-1　**客户购买行为的三个阶段**

理性消费阶段	在工业化社会初期，当社会生产力不发达，尚不能完全满足人们的需求，而人们的收入水平也十分有限时，客户的消费行为十分理智，价格和产品质量是决定这一阶段人们消费行为的主要因素。这一阶段人们的价值选择标准是“好”与“差”
感性消费阶段	随着社会生产力的逐步提高，人们的物质生活水平提高很快，客户的消费选择标准不再仅仅聚焦于产品价格和质量，而是转而注重产品的品牌、外观设计和能够提供的便利，有时人们之所以消费仅仅是因为“喜欢”。因此，在这一阶段，产品和企业的形象，以及产品能够为客户提供的便利都是决定客户购买行为的主要因素。这一阶段，人们的价值选择标准是“喜欢”与“不喜欢”
情感消费阶段	进入这一阶段，产品的价格、质量、品牌、便利性等都不再是人们选择产品时考虑的首要因素，企业产品所提供的附加利益，如售后服务、推销员的态度，以及企业在长期的交易活动中同客户建立起来的相互信任和企业对客户个性化需求的满足程度等都成为影响客户购买决策的主要因素。这一阶段，人们的价值选择标准是“满意”与“不满意”

从以上分析中可以看出，在情感消费阶段，由于人们的消费观念向外在化、个性化的方向发展，精神消费和心理消费的程度越来越高。这就迫切需要企业与客户之间以更多的交流来相互实现各自的需要与利益，从而促使了营销方式的变革。

此外，互联网技术还使客户的选择权空前加大了。互联网为人们提供了一个全新的、快速的、可实时交互的（包括声音、文字、图像、电脑文件等信息载体）、跨地域的信息交流平台。人类首次可以足不出户就获得分布在全球各地的多媒体信息，还可以利用个人计算机对这些信息进行有效存储、处理和分析。毫无疑问，信息是我们日常生活中唯一可依靠的决策数据。从图1-1中可以看出，客户和厂商的权利平衡随时间的推移逐渐向客户方向转移，而互联网的产生则使曲线产生了加速度的突变。

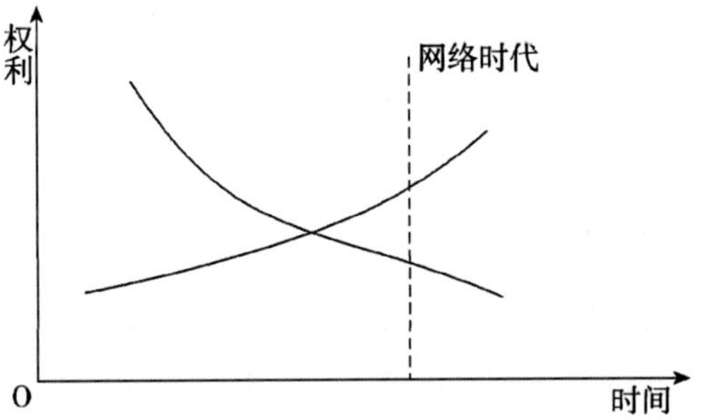

图1-1 客户和厂商的权利转移示意图

造成这个现象的主要原因如下：购买者可以获得更多的相关信息；客户很容易比较不同厂商所提供的有关价格和服务条款；更换厂商所带来的损失大大降低；客户的期望值大幅度提升。

因此，如今的企业面对的是更聪明、更主动的客户群体。应该指出的是，企业在对互联网这种新技术的消化和吸收方面明显滞后于个人。企业如果不及时作出适当的战略性调整，最终将离客户越来越远，从而被淘汰出局。

1.2.2 日益激烈的市场竞争使CRM成为企业的必然选择

另一个催生客户关系管理的宏观经济环境是20世纪80年代以来日益激烈的市场竞争。新的竞争环境迫使企业想方设法保持和扩大自己的市场份额。企业竞争环境的变化体现在以下几个方面：

（1）竞争的全球化

随着世界经济一体化的发展，一个企业仅仅在国内市场具有竞争力肯定是不够的，必须在国内、国际市场同时具有竞争力。当全球的竞争者都被放在同一个起跑线时，结果自然是强者更强，弱者出局。企业已经不能再指望过多地得到地方和国家的保护。各国资源将在全球范围内按效益最大化的原则被重新分配。面对这种激烈的竞争，每个企业、个人都得对自己的竞争能力进行重新审视，利用一切可以利用的手段来增强自身的实力是企业生存的唯一途径。

（2）竞争力从产品转向服务

在当今快速发展和高度竞争的市场空间中，信息、技术以及生产技术的快速普及使得产品的生命周期大大缩短，新产品层出不穷，产品本身的优劣差距缩小。单纯依靠产品已经不足以使一个企业获得很多的优势。如何让客户在堆积如山的商品中选中自己企业的产品？最好的办法就是注入情感因素，与客户建立长期关系，通过关系纽带去说服客户购买。这样，竞争力从产品转向服务就成为必然的选择，如何从情感上“笼络”客户成为企业在新经济条件下必须磨炼的生存技巧。

（3）企业对客户的争夺战日趋白热化

随着竞争的加剧，越来越多的企业意识到客户资源在企业竞争优势形成中的突出作用，企业对客户的争夺战日趋白热化。要想增加客户为企业创造的价值，可以通过三条途径，即开发潜在客户、优化现有客户的价值和挽留有价值的客户。美国哈佛商学院在1990年对客户整个生命周期内服务于客户的成本和收益进行了分析，并得出结论：各个行业在早期为赢得顾客所付出的高成本使企业无法盈利，但随着服务于老客户的成本不断下降，老客户的购买额不断上升，这些客户关系带来了巨大的收益，回头客每增加5%，利润就会根据行业不同而增加25%~95%。这些研究成果使客户关系在市场竞争中的优势作用得到了肯定，也使企业认识到必须以科学手段对客户关系进行有效的管理。因此，客户关系管理成为企业竞争优势的必然选择。

1.2.3 企业内部管理的需求是CRM兴起的原始动力

目前，企业内部的众多低效率、内耗式的业务活动，充分说明了企业内部业务需求是客户关系管理快速发展的原始动力。这主要表现在以下几个方面：

首先，客户信息零散分割导致客户服务效率低下。在企业内部围绕客户的信息分散在各个模块中，如客户主文件管理、客户地址管理、客户交易文件和客户设备合同管理、客户服务请求管理、应收账款管理等都由不同的模块管理。在公司，谁也没有办法对整个客户的情况有一个完整的了解。每个人只负责客户管理的一部分，公司越大，功能划分就越细，整个信息链就越无法有效存储和表示，这样就导致了企业内部很多重复的、内耗式的无效劳动。

其次，由于企业内部没有一个有效地采集、存储、处理和输出客户信息并能经常更新的管理系统，销售人员获得可用性、准确性、完整性方面都符合要求的基础信息有限。营销经理由于得到的信息不完整，甚至信息错误等原因，使得其营销活动的针对性和成功率大打折扣。另外，销售人员花费在一般性事务上的时间过多。相对于企业其他部门（如财务部门），销售部门人员对电脑的使用明显落后：一是因为市场上可供销售人员使用的专业软件不多；二是因为销售人员还没有真正意识到技术的重要性，他们在时间管理、潜在客户管理等方面往往还处于原始状态。

最后，销售人员在从事销售活动的过程中，通常自己掌握各种客户资料，他们一般把这些资料看成是自己的重要资产，如果其他人员想要他们手中的资料，他们是不太情愿交出的。这对企业的发展是不利的，而且销售人员一旦离开，就“带走了一大笔业务”，在新的销售人员加入公司后，对客户的了解又得从头做起，从而形成某种信息断层。很明显，从企业内部的实际需求来看，为了解决这些客户信息分散、客户信息不一致等问题，迫切需要一个能够整合多个客户服务部门的前台系统，以减少内部资源的浪费，提高企业前台的工作效率。

1.2.4 现代信息技术的发展是CRM兴起的技术保障

技术的进步是客户关系管理兴起并得到飞速发展的一个主要因素。众所周知，20世纪90年代是信息系统领域发生巨变的年代，在客户关系管理领域也引入了许多革新性的新技术。多个技术领域的结合，如数据仓库、联机分析处理、数据挖掘和其他互补技术等，使得营销人员可以从大量繁杂的顾客数据中找出有用的信息，分析顾客特征和偏好，预测顾客需求和行为，从而积累丰富的顾客知识。同时，技术的进步为企业更有效地管理内部流程创造了条件。流程设计技术使得企业可以很方便地设计自动化处理系统，提高生产力和职员的反应能力，同时提供更高水平的服务。

此外，随着聚类分组算法的日趋精炼，企业也逐渐认识到分组工具的重要性。一些企业将这些工具引入自己的系统，在IT专家和营销部门的通力合作下，建立起适合自己特定要求的顾客细分模型。这种高度定制化的顾客细分模型也就成了各个企业的核心机密，同时也是企业核心能力的重要组成部分。

因此，可以说，正是因为现代信息技术的飞速发展，才使得客户关系管理成为现实，在短短的几年内成为企业管理应用系统关注的一个焦点。现代信息技术对客户关系管理的发展起到了最强的推动作用。

1.2.5 营销理论和实践的革命是CRM兴起的理论基础

如果说市场竞争环境的变化是CRM产生的外部推动力，信息技术为CRM提供了实施的可能性，那么营销理论和实践的革命则是CRM创新的思想源泉。近百年来，营销学作为一门操作性极强的学科，发展始终与时代同步。步入信息时代，数据库营销、关系营销和“一对一”营销等新的营销方法得到普及应用，并在与CRM的结合中实现了应用整合，优化了应用效果。

1）数据库营销（data base marketing）

数据库营销是随着时代的进步，科学技术的发展，数据库技术和市场营销有机结合后形成的。自20世纪90年代以来，数据库营销一直是一个热门话题。所谓数据库营销，就是企业搜集和积累消费者的大量信息，经过处理后预测消费者有多大可能去购买某种产品，以及利用这些信息给产品以精确定位，有针对性地制作营销信息以达到说服消费者去购买产品的目的。数据库的建立和分析，可以帮助企业准确了解用户信息，确定企业目标消费群，同时使企业促销工作具有针对性，从而提高企业营销效率。数据库营销最主要的功用在于，它可以通过数据库提供的客户资料，帮助企业识别有价值的客户，并与他们建立长期关系，为企业进一步对客户实施“一对一”营销提供科学依据，同时最大限度地延长客户生命周期，实现客户生命价值最大化。

2）关系营销（relationship marketing）

1982年，贝里（L. Berry）首次提出了“关系营销”的概念，正式揭开了理论界研究顾客关系问题的序幕。最初，他将关系营销定义为“培养、维护和强化顾客关系”，1995年，他重新将关系营销定义为“通过满足顾客的想法和需求来赢得顾客的偏爱和忠诚”。由此，我们可以看出，关系营销的本质在于通过与客户之间的双向沟通，了解并满足客户的需求，与客户建立一种相互信赖的合作关系，并通过这种关系的长期稳定发展，实现客户与企业的利益最大化。关系营销的核心在于通过与客户之间的稳定关系，提高客户忠诚度，从而实现客户价值最大化。作为20世纪90年代进入研究与运用高潮的一种新的营销理论，关系营销理论所提出的维系现有客户的重要性、与客户之间实现双赢、提高客户满意度与忠诚度、零客户背离等思想，为客户关系管理奠定了坚实的理论基石。因此，有学者指出，关系营销理论是客户关系管理的理论基础。

3）“一对一”营销（one to one marketing）

“一对一”营销最早由美国管理大师唐·佩珀斯于1990年在其名为“一对一”营销的演讲中提出，随后在他和马莎·罗杰斯博士于1993年合著的《一对一未来：一次一个顾客地建造关系》一书中完整地阐述了一对一理论体系。“一对一”营销的核心内容是客户份额，即通过与每一个客户的互动对话，为客户提供定制化的产品，目标是在同一时间向同一个客户推销最多的产品，而不是将一种产品同时推销给更多的客户。概括地说，“一对一”营销就是以不同的方式对待不同的客户。“一对一”营销鼓励企业建立客户基础，而不是追求增加市场的占有率。

典型的“一对一”营销模式分为四个步骤：第一，识别出企业的目标客户；第二，在识别出目标客户的基础上，对目标客户进行细分，按照客户可能为企业带来的价值，将客户划分为最具价值的客户、最具增长潜力的客户和无价值的客户；第三，与有价值的客户进行双向式的沟通，了解其个性化的需求；第四，针对客户的个性化需求提供个性化的产品和服务。

“一对一”营销的思想从20世纪90年代开始迅速受到了商界的推崇，再加上近年来互联网及IT技术的蓬勃发展，“一对一”的思想被赋予了实际的价值。“一对一”营销进一步受到了很多特定企业的推崇，甚至有人认为它会引发新一轮的营销革命。“一对一”营销与传统营销之间的区别见表1-2。

表1-2　“一对一”营销与传统营销之间的区别

营销方式	“一对一”营销	传统营销
营销目标	客户份额	市场份额
营销对象	个体客户	群体客户
营销组织	客户管理	产品管理
营销重点	范围经济	规模经济

从表1-2中可以看出，“一对一”营销和传统营销的最大不同在于：传统营销注重企业产品或服务在整个市场上同类产品或服务的销售中所占的比例，即其市场份额；而“一对一”营销注重企业产品或服务在某一个客户的同类消费中所占的比例，即其客户的份额。传统营销关注市场上整个客户群体的需求；“一对一”营销更为关注客户的个体需求。显然，前者注重产品的优越性，而后者除了从产品角度来满足客户之外，还更加注重客户的个性化需求，更有利于提升客户的忠诚度。“一对一”营销是对传统营销满足客户需求的一种深化，也是为了适合个性化消费的一种营销模式。

“一对一”营销理论对于客户关系管理思想形成的理论贡献在于，它们都是在深入了解客户的需求的基础上，通过与客户之间建立相互信赖的双赢关系，提高客户的重复购买率，进而提高客户忠诚度，最终实现企业和客户利益的最大化。

现代营销学中所提出的追求客户利益最大化、提高客户忠诚度等观点，构成了客户关系管理发展的理念基石，客户关系管理是现代营销观念发展的必然产物。随着买方市场的扩大，产生了以客户为导向的现代营销观念。在此观念指导下，企业的一切生产经营活动均建立在对市场、对客户的研究基础之上，注重营销战略和策略的系统化。企业在考虑满足客户需求的同时，也认真考虑兼顾客户、企业及社会的长远利益。

1.3　客户关系管理的概念与内涵

1.3.1　客户、关系与管理

在讲述什么是客户关系管理之前，有必要先对组成客户关系管理的三个名词——客户、关系与管理拆开来解释。

1）客户

对英文中的“customer”，中文有两种翻译，即“顾客”和“客户”。“顾客”主要是指传统意义上的消费者，即购买商品的人；而“客户”的意义则更为广泛，是指所有与企业有互动行为的单位或个人。“顾客”的概念仅适用于企业的销售部门和销售环节，而从营销和客户关系管理的角度来说，“客户”的概念更为准确。

客户由以下几个部分组成：

①消费者客户。他们是企业产品或服务的直接消费者，又称“最终客户”或“终端客户”。

②中间客户。中间客户购买企业的产品或服务，但他们并不是产品或服务的直接消费者，而是处于企业与消费者之间的经营者。中间客户的典型例子是经销商。

③公利客户。公利客户是代表公众利益，向企业提供资源，然后直接或间接从企业获利中收取一定比例费用的客户。公利客户的典型例子是政府、行业协会、媒体。

2）关系

英文对“relationship”这个词的定义是“a relationship is the way in which two people or groups of people behave towards each other and feel towards each other”，翻译成中文是“两个人或两组人之间彼此的行为方式以及感觉状态”。关系理解图如图1-2所示。

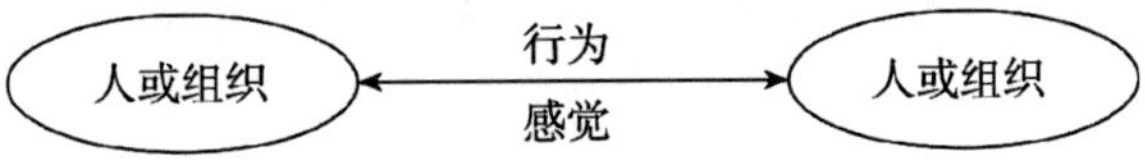

图1-2　关系理解图

按照这个定义，可以得出以下理解要点：

①关系发生在人与人之间，这样就排除了人同机器之间的关系概念。虽然你很喜欢某个事物或某个宠物，但不表明你同它有“关系”。另外，由于组织本身由人组成，因此组织同人的关系根本上还是人与人之间的关系。

②一个关系同时具有行为和感觉两种特性，对于仅有某种行为而没有感觉或只有感觉而没有适当行为的关系，应该说是“欠缺”的关系。

③关系本身是中性的，它没有说明这个关系一定是重要的、好的或坏的，这些形容词必须由你自己去判断。

④关系有一种“束缚”，即对关系双方有所约束的特性，使得想脱离关系的一方有某种程度的“逃离代价”。

按照这些论点，便可以推理出一些关于“客户关系”的理解方式：

①关系有一个生命周期，即关系建立、关系发展、关系维持、关系破裂的周期。

②企业在加强客户关系的同时，不仅要关注关系的行为特性（物质因素），也要考虑关系的另一个特点，即客户的感觉等其他非物质的情感因素。从效果上来说，后者不易控制和记录，但你的竞争对手却很难拷贝。

③关系有时间跨度，好的感觉需要慢慢积累，因此，企业要有足够的耐心建立关系。

④关系建立阶段，企业即要求建立关系的一方在开始时应主动出击，付出前期投入。关系稳固之后，企业才开始获得回报。不过这个阶段，企业最容易懈怠，以为大功告成，而忽视了维持关系的必要性。

⑤在供过于求的时代，客户一般是比较挑剔的，只要有一次让他感觉不好，就有可能导致企业的努力前功尽弃。

3）管理

英文中“management”这个词的含义是“control and organization”，即管理是对资源的控制和有效组织，以实现特定管理单位所确定的目标。对企业管理来说，管理单位就是企业。

对管理这个词可以有以下理解：管理是有目的的，不是为了管理而管理。管理的本质在于主动去控制目标实现的过程。

对客户关系管理中的管理可归纳为以下几点：

①CRM中的管理指的是对客户关系的生命周期要积极介入和控制，使这种关系能最大限度地帮助企业实现它所确定的经营目标。值得注意的是，客户管理的目标仍然是企业的经营管理目标。一个无法帮助企业实现经营目标的客户关系管理是“无效”的管理，即使客户百分之百的满意，企业也没有任何理由和兴趣去管理这种关系。

②CRM中的管理是指企业要积极地而不是消极地管理这种关系，没有关系时，要想办法“建立关系”，有关系时，应努力培养和发展这种关系，使客户和企业双方建立起良好的互利关系，并使关系永久化。

③企业要利用最大的资源去发展和维持最重要的客户关系，即区别对待具有不同“潜在回报率”的客户关系，而不是面面俱到。

④企业都有客户关系。但是，很少有企业能从战略上和具体操作上系统地实践这种管理行为，对客户关系的管理状态总是处于一知半解的“盲目”阶段。这正是客户关系管理中需要解决的企业管理的盲点。

1.3.2 客户关系管理的概念

目前，对客户关系管理的概念是众说纷纭，综合现有的CRM概念，大致上可以分为三类：

第一类概念概括为：客户关系管理是遵循客户导向的战略，对客户进行系统化的研究，通过改进对客户的服务，提高客户的忠诚度，不断争取新客户和商机；同时以强大的信息处理和技术力量确保企业业务行为的实时进行，力争为企业带来长期稳定的利润。这类概念的主要特征是从战略和理念的宏观层面对客户关系管理进行界定，但这种概念往往缺少实施方案的思考和揭示。

第二类概念概括为：客户关系管理是一种旨在改善企业与客户之间关系的新型的管理机制，它实施于企业的市场营销、销售、服务与技术等与客户相关的领域。一方面通过对业务流程的全面管理来优化资源配置，降低成本；另一方面通过提供优质的服务吸引和保持更多的客户，增加市场份额。这类概念的主要特征是从企业管理模式、经营机制的角度来对客户关系管理进行定义。

第三类概念概括为：CRM是企业通过技术投资，建立能搜集、跟踪和分析客户信息的系统，或增加客户联系渠道、客户互动以及对客户渠道和企业后台整合的功能模块。这类概念主要从微观的信息技术、软件及其应用层面对客户关系管理进行定义，但这种定义与企业的实际发展情况往往存在偏差。

上述三类关于客户关系管理的定义，就其本身而言，如果就特定问题或在特定环境下对CRM予以界定，都有它特定的价值。但是，从对客户管理进行整体、系统、完备和深入认识的要求方面来讲，它们都只涉及问题的个别部分的描述和界定。

对客户关系管理的完整定义应该包括以下几个基本要求：第一，比较全面地概括目前企业界和理论界对于客户关系管理的各种认识和思考；第二，比较系统地反映出客户关系管理的思想、方法和应用等各个层面的内容；第三，比较科学地界定客户关系管理的应用价值。

在这些要求的基础上，本书对客户关系管理的定义是：客户关系管理是企业为提高核心竞争力，达到竞争制胜、快速成长的目的，树立以客户为中心的发展战略，并在此基础上开展的包括判断、选择、争取、发展和保持客户所需实施的全部商业过程，是企业以客户关系为重点，通过开展系统化的客户研究，优化企业组织体系和业务流程，提高客户满意度和忠诚度，提高企业效率和利润水平的工作实践，也是企业在不断改进与客户关系相关的全部业务流程，最终实现电子化、自动化运营目标的过程中，所创造并使用的先进信息技术、软硬件和优化的管理方法、解决方案的总和。

1.3.3　客户关系管理的内涵

根据以上对客户关系管理的定义，可以将其理解为理念、机制、技术三个层面。正确的理念、机制是客户关系管理实施的指导，技术是客户关系管理系统成功实施的手段和方法。三者构成客户关系管理稳固的“铁三角”，如图1-3所示。

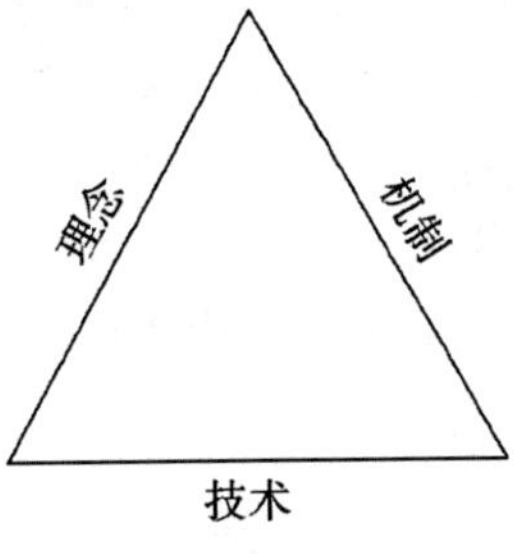

图1-3　客户关系管理的“铁三角”

①客户关系管理是一种先进的经营管理理念。作为一种管理理念，CRM起源于关系营销学，产生和发展在美国。近几十年来，关系营销学的理论和方法极大地推动了西方国家工商业的发展，深刻地影响着企业经营观念以及人们的生活方式。客户关系管理以客户为中心，视客户为企业最重要的资源，通过深入的客户分析，不断发现客户需求，并通过企业完善的服务，使客户的需求得到最充分的满足，以此来建立和巩固企业与客户长期的关系，确保企业的可持续发展等，这些都是该理念的核心所在。

②客户关系管理是一种旨在改善企业与客户之间关系的新兴管理机制，主要集中在市场营销、销售实现、客户服务和决策分析等企业与客户发生关系的业务领域。它一方面通过企业对业务流程的全面管理来优化资源配置，降低企业成本，缩短销售周期；另一方面通过提

供更快捷、周到和优质的服务来吸引和保持更多的客户，增加市场份额。

③客户关系管理是一整套解决方案。在实践中，客户关系管理是一种专门的管理软件和技术。它集合了很多当今最新的科技技术，包括Internet和电子商务、多媒体技术、数据仓库和数据挖掘、专家系统和人工智能、呼叫中心等。客户关系管理软件将当今先进的信息化技术与企业经营管理模式、营销理论紧密地结合起来，为企业的销售、客户服务以及营销决策提供了一个集成化的解决方案。客户关系管理系统作为企业面向客户的信息管理平台，为企业经营活动的开展提供支持和保障。

1.4 客户关系管理的研究现状与发展趋势

1.4.1 客户关系管理的研究现状

回顾客户关系管理的提出及发展过程，国内外学者和软件企业做了大量工作，相关的研究分析主要从以下角度展开：

1）基于CRM为管理理念的研究

这种观点把CRM定义为一种管理理念，并在此基础上展开研究。CRM的核心思想是将企业的客户（包括最终客户、分销商和合作伙伴）视为最重要的企业资产，通过完善的客户服务和深入的客户分析来满足客户的个性化需求，提高客户的满意度和忠诚度，进而保证客户终生价值和企业利润增长的实现。这方面学者往往从组织结构、企业文化、战略管理、核心竞争力等角度来研究CRM。

客户关系管理是由Gartner Group在美国首先提出的。最早Gartner Group认为，客户关系管理是为企业提供全方位的管理视角，赋予企业更完善的客户交流能力，最大化客户收益率；商业战略家和演讲家弗列德·威尔斯马在《客户联盟》一书中通过对大量国际上享有盛名企业的调查和细致研究，全面阐述了被这些成功企业大量运用并被证明是行之有效的新型商业运作模式——客户联盟，同时对客户关系管理及客户联盟的概念及关系进行了深入的阐述；罗杰·卡特怀特在《掌握顾客关系》一书中指出：使顾客满意已不再是最终目标，只有让顾客感到愉悦才能带来回头客的生意，而这才是最重要的；品牌创建、发展和管理方面最杰出的世界顶级专家保罗·唐波拉和马丁·特鲁特在《与客户亲密接触：通过客户关系管理实现品牌价值最大化》一书中，讨论了品牌建设中的CRM原理，说明了要想品牌获得成功，必须彻底转向以客户为中心，进行“结构思维的变化”，建立严格以客户为中心的公司，将所有精力放在客户身上，并给员工授权为客户提供好的服务。

国外先进管理理念的传入和信息时代的到来，为我国客户关系管理研究奠定了理论基础和技术支持。CRM是在关系营销、业务流程重组（BPR）等基础上发展起来的，综合运用数据库、网络、图形图像、媒体、人工智能等技术，整合先进的管理思想、业务流程及信息技术于一体，构筑出现实信息平台的一种管理系统。陈旭研究了CRM的内涵和管理思想，分析了CRM的主要功能，辨析了CRM与SCM和ERP的关系，讨论了CRM的发展趋势；成栋、宋远方在研究当前各种客户关系管理理论的基础上提出了客户关系管理的理论框架体系，以澄清客户关系管理与其他管理理论的关系；安实等人分析了CRM价值创造机理，指出目前对客户关系管理的应用研究忽视了CRM项目的理念基础和人的因素。

2）基于CRM为管理机制的研究

将CRM视为管理机制的研究主要从以下两个方面展开：一方面，CRM要求以“客户为中心”来搭建新型企业管理系统，追求信息共享，完善客户需求快速响应机制，优化以客户服务为核心的工作流程；另一方面，贯彻和落实CRM理念和观念，使企业与客户保持一种卓有成效的“一对一”关系，建立客户驱动的产品/服务设计和向客户提供更快捷、更周到的优质服务，以吸引和保持更多的客户资源，因而是一套运行方法体系。

德国杜塞尔多夫市格弗罗伊及合伙人企业管理顾问公司总裁格弗罗伊（埃德加·K.格弗罗伊）在《唯一干扰人的是顾客：以顾客关系网络替代营销》一书中介绍了与顾客建立关系网络的完整途径，并首次提出将人际关系与电脑网络连接在一起；Schmid等人认为，管理企业客户的所有接触点都可以归类为营销、销售和服务这三种前台业务流程的某一种；Ganesh等人对客户群进行了研究，指出在满意和忠诚行为方面因为不满意而变更供应商的客户与其他客户有着显著的不同；Push探讨了通过感情传染程序捕捉客户感情的方法；Lemon等人提出了动态CRM的概念，采用了期望的将来使用价值和预期遗憾两个指标，将将来的考虑与服务保留决策结合起来；Mentzer等人阐述了对九种物流服务质量组成的经验性支持，通过四个客户群描述了它们的线性、有效性和可靠性；Homburg等人侧重从提供服务的次数、被服务客户数、服务被强调的程度三个维度，以及外部环境、内部组织特点资源条件、客户特性三个方面的先行条件，研究了面向客户的分销商的战略决策。

国内研究CRM较具代表性的机构CRCC（CRM Research Center of China）对客户关系管理理念、模式及应用方法进行了整合和创新，结合中国企业实际，率先创造性地提出了“中国客户关系管理方法论（China CRM Methodology）”，设计出了适宜中国的CRM生态体系及“全流程先进管理”框架下的“三层制”客户关系管理架构，提出了中国企业应用CRM的“双e主导”结构，为各企业提供了中立、完整的CRM应用方法，以及清晰、准确的CRM主要行业需求、产品方案和应用案例方面的科学建议；王炳雪在研究我国企业实施CRM的过程中，发现在观念、技术和方法等方面存在问题，这些问题对CRM作用的发挥与CRM推广存在影响，进一步提出正确的实施程序，即在一位高层领导的负责下，进行需求分析，合理规范，从实际出发选取软件，分步实现，并引入有效的监理机制。路晓伟、张欣欣、蒋馥认为客户关系发展具有阶段性和周期性，可以对客户关系发展的阶段进行定义，并构造客户在各个阶段状态之间转移的马尔可夫过程模型，应运用合理的客户关系管理手段，尽可能降低从客户关系发展的各个中间阶段转移到破裂期的可能性，从而保留客户，尽可能减少客户资源的流失。

3）基于CRM为管理软件和技术的研究

另外，许多研究认为CRM也是信息技术、软硬件系统集成的管理办法和解决方案的总和。这方面研究主要可以划分为两个方面：一方面，如何利用数据仓库、数据挖掘等技术来发现、建立、优化客户关系，强调知识发现；另一方面，如何利用信息技术构建CRM系统，强调CRM系统首先是一种管理信息系统。由此，CRM系统同企业现有应用系统，如供应链管理（SCM）、企业资源计划（ERP）的整合、应用外包等问题成为人们关注的焦点。

CRM将最佳的商业实践与数据挖掘、工作流、呼叫中心、企业应用集成等信息技术紧密结合在一起，为企业的销售、客户服务和决策支持等领域提供了一个智能化的解决方案，使企业有一个基于电子商务的面向商户的系统，从而顺利地实现由传统企业模式到以电子商务为基础的现代化企业模式的转化。Reinllold Rapp博士指出：CRM是一套管理软件和技术；Winer归纳了CRM的结构框架，认为CRM应该至少包括客户行为数据库、对上述数据库的分析、客户选择、客户捕捉、关系营销、私人交流和CRM项目成功与否的评判标准七个组成部分；目前，在这个领域内比较全面的当属Ronald S.Swift和William G.Zikmund等人的观点，他们认为数据仓库和数据挖掘都是CRM中不可或缺的重要内容，没有二者的结合应用，CRM系统就不可能发挥其全部功效；著名的管理咨询公司Yankee Group指出，尽管CRM与ERP通过不同途径去实现客户的价值，但能把企业前台管理与后台管理完全融合在一起的公司将最终取得成功。

李显君提出构建客户智能平台、客户交互平台和相关的企业生产平台；凌云峰、万晓介绍了基于ERP的CRM的基本原理，在此基础上引入三种当前流行的三层B/S开发模式，并且比较这三种开发模式的利弊，从而提出适合CRM的开发模式；韩光臣、王军强、孙树栋针对制造企业客户关系管理（CRM）与企业资源计划（ERP）系统信息集成问题，提出了一种CRM与ERP系统信息集成模型，并利用XML表述数据，实现了基于XML的CRM与ERP的信息共享，使企业能够充分利用内部资源与外部资源，实现利润最大化的目的；桂良军、薛恒新、黄作明比较了BPR、ERP、SCM与CRM，并进一步提出几者有效集成的方法。在这些研究的基础上，又有西方学者提出EPM（企业绩效管理）将成为未来企业管理的主要发展方向。

综上所述，国内外CRM理论及系统在企业和学术界广泛受到重视，实践较多，取得了一些成就：构建了CRM管理思想、管理机制和技术手段三位合一的系统理论框架。既有理念的指导，又有软硬技术的支持。客户关系管理（CRM）是一种以客户为中心的管理思想、经营管理策略，它以信息技术为手段，并对工作流程进行重组，以赋予企业更完善的客户交流能力，最大化客户的收益率。客户关系管理包括一个组织机构判断、选择、争取、发展和保持其客户所要实施的全部过程。CRM的产品表现为一套管理软件和技术，但它更是一种管理思想的反映。CRM管理的核心是客户资源。客户资源是客户关系管理的基本对象。对于客户关系的研究，包括客户满意、客户忠诚、客户抱怨等。

1.4.2 客户关系管理的发展趋势

最近几年，客户关系管理的概念已经渗透到了各个领域、各个角落。实施客户关系管理可以提高客户满意度、维持较高的客户保持率，对客户收益和潜在收益产生积极的影响，这些利益对企业来说都有很大的诱惑力。根据调查，在接受调查的企业中，2/3以上的企业期望在未来5年内改变其客户关系的管理模式，3/4以上的企业计划集成“面对客户”的信息管理系统及组织的其他部分。因此，无论从技术还是从市场方面，CRM都具有很大的发展空间。

1）从技术方面来看客户关系管理的发展趋势

CRM的广泛运用还必须建立在与企业新的管理思想充分整合的基础上。近年来，供应链管理（SCM）、企业资源计划（ERP）等新的管理理念和思想不断提出，许多企业都将SCM能力视为一种重要的竞争资源，ERP系统所反映的系统化管理思想也得到了越来越多企业的认可。在这种形势下，CRM只有与SCM、ERP充分整合，才会增加企业的核心竞争力，为企业有效利用自身资源，在市场竞争中取胜奠定良好的基础。从技术方面来看，未来CRM的发展趋势主要体现在以下几个方面：

（1）客户关系管理与数据仓库、数据挖掘技术的融合

随着数据仓库技术的应用，越来越多的企业拥有了大量的客户数据，当这些数据的规模成为“海量”数据时，数据挖掘技术在CRM中的应用就成为必然。如果说过去是因为企业掌握的客户数据太少而对客户行为无从把握，今天则是由于企业获得的客户数据太多而使企业无所适从。很显然，在今天浩如烟海的数据中淘金，仅靠人力是无法做到的。数据挖掘就是从客户数据的“矿山”中挖掘出潜在的、尚不为人知的趋势或模式，从而使企业能更好地进行客户关系管理。数据挖掘能帮助销售人员更准确地定位销售活动，并使活动紧密结合现有客户和潜在客户的需求、愿望和状态。数据挖掘软件能自动从庞大的数据库中找出好的预测客户购买行为的模式。统计、邻近、聚类、决策树、神经元网络、规则归纳等数据挖掘技术能在客户盈利能力分析、客户获取、客户保持、客户细分、交叉营销等方面体现出重大的商业价值。

在客户关系管理中，数据挖掘正起着导向作用，只有应用数据挖掘技术，大企业才能将客户数据库的大量数据转变成描述客户特征的一些图像。数据仓库和数据挖掘都是CRM中不可或缺的重要内容，没有二者的结合应用，CRM系统就不可能发挥其全部功效。

（2）客户关系管理与电子商务的结合

电子商务的发展将客户关系管理推到了一个新的高度，Forrester研究所把基于Internet平台和电子商务战略下的客户关系管理系统称为“电子客户关系管理”或“eCRM”。Forrester研究所认为，eCRM是一种把跨通信渠道、跨事务功能和跨用户的客户关系统一在一起的网络中心方法。从表面上来看，电子商务与客户关系管理并没有必然联系，二者似乎是两个不同层面的问题，但电子商务与传统的商务模式有着诸多不同，电子商务是建立在现代信息技术之上的“非接触经济”，交易双方越是“非接触”，客户关系管理就越显得重要。在电子商务环境下，企业的客户不再以地理位置为界限，客户数量远远大于传统商务模式下的规模。在电子商务模式下，客户访问企业的时间是24小时的，客户不再以某一地区的日出日落为作息时间。空前的客户规模和即时对客户行为作出反应，这一切要求电子商务企业必须有良好的客户关系管理系统提供支持。因此，客户关系管理应用在企业电子商务应用架构中承担着关键角色，即客户关系管理的成功与否直接决定企业电子商务实践的成败。客户关系管理与电子商务整合可以实现快捷性、廉价性、普及性、可塑性、自动记录、低边际成本、个性化等优势。

（3）客户关系管理与ERP、SCM的集成

随着CRM理论的逐渐成熟及在商业中的应用日渐广泛，关于CRM与ERP、SCM集成问题的相关研究也引起人们的关注。CRM注重改进企业和客户关系，ERP注重企业的内部作业流程，SCM注重企业间协调和上下游的供应链关系，三者的结合将更有利于提高企业的核心竞争力。

①CRM与ERP的集成问题。在CRM诞生之前，很多北美大中型企业已实施了ERP，而且，正是在独立依靠ERP已无法取得独特竞争优势的大背景下，CRM才在这些国家盛行起来。Alex Berson等人认为，CRM与ERP的相互渗透十分重要，任何资源分配最终都将成为重要的约束条件融入CRM系统，进而优化客户的利润。著名的管理咨询公司Yankee Group指出，尽管CRM与ERP通过不同途径去实现客户的价值，但能把企业前台管理与后台管理完全融合在一起的公司将最终取得成功。

②CRM与SCM的集成问题。CRM与SCM的集成范围一般包括销售管理、采购管理、客

户管理等方面，能使企业更有效地管理供应链，从而实现成本的节约和服务的改善，进而使大规模定制成为可能，实现需求和供应链上资源的最优化配置，获得长久的竞争优势。CRM与SCM的整合，能真正实现企业实时响应客户的需求，能为企业提供创造高附加值的方法和途径。

2）从市场方面来看客户关系管理的发展趋势

目前的CRM市场是一个约为20亿美元的大市场，而且这一市场每年正在以50%的速度持续增长。互联网时代，企业对大数据分析的应用，将进一步带动商务智能（BI）分析及客户关系管理应用的市场需求。对欧美300多家大型企业的调查研究结果显示，约有60%的企业熟悉CRM技术，约有28%的企业正在开发CRM项目，约有12%的企业正在使用CRM系统，越来越多的企业认识到客户关系管理的重要性。

从20世纪90年代开始，CRM逐渐进入中国企业管理者的视线。现在，已经有越来越多的企业开始应用CRM系统。可以说，客户关系管理系统的概念已经被大众认知。作为一种崭新的管理和营销策略，CRM概念自2000年以来在国内掀起了一次次热潮，之后CRM成为国内应用系统的热点。它伴随着企业信息化实施和改造，从根本上改变企业的管理理念，提高企业的经营绩效，同时也为电子商务的全面启动打下坚实的基础。现在CRM系统作为一种新型的管理理念已经被很多行业企业应用。尽管CRM在中国市场已经获得了一些阶段性的发展，但是其发展到成熟阶段仍然还需要一定的过程，CRM还要经过一个市场培育期。近年来，国外CRM软件厂商加大了开拓我国市场的力度，形成了Siebel、Oracle、Turbo等著名国外CRM品牌与用友、金蝶、联成互动、创智、星际网络等国内CRM品牌竞争的局面。严酷的市场环境和技术力量的不足，也使得本土厂商的发展不会顺利。但也应该看到，CRM本身还处于一个动态的发展过程中，这为肯于下力气搞创新的厂商提供了大量的机会。决定未来CRM市场发展的关键因素很多。从软件厂商来看：①CRM软件厂商需要进一步提升产品的功能水平和应用能力，尤其是产品的分析能力，以及与其他主流应用系统的集成能力；②CRM厂商应该深入开发服务行业的CRM应用，并且进一步关注中低端企业的CRM应用。从用户角度来看：①用户应该进一步提升对CRM的理解；②用户应该加大分析型的CRM投资；③用户应该详细确定需求，制定投资目标；④用户应该加强对数据的管理。从项目实施来看：①CRM项目实施的方法论和流程需要进一步规范；②CRM项目推进需要更多专业化的CRM实施咨询公司的出现。

根据大中华区客户关系管理组织的研究报告，可以推断未来中国CRM市场将呈现出以下三大主要发展趋势：

①中国市场还会保持几年市场培育阶段。在近期内，中国大量的中小企业需要集ERP和CRM功能于一体的电子商务解决方案。

②在中小企业市场，将以价格竞争为主。不幸的是，这会使得CRM市场像其他中国产品市场一样只注重价格，而不注重服务，将不利于CRM理念在CRM产品本身上的实践。

③各提供商将对已有功能进一步强化，功能扩展行动将得以继续，但本土型厂商开发灵活丰富的客户化工具及业务流程设计工具将有很大的难度。

总之，我国的CRM市场正在迅速发展和壮大，其中孕育了较大的商机，已经成为投资商、软件开发厂商和用户共同关注的对象，CRM的市场前景将十分广阔。

本章小结

电子商务的发展使企业的经营理念、组织结构和管理机制都发生了深刻的变化，这些变化对企业管理模式的变革提出了需求，客户关系管理应运而生。客户关系管理的实施使得企业将发展重点由内向外转变，改变了企业的经营模式，加强了企业管理流程再造与资源整合。

本书对客户关系管理的定义是：客户关系管理是企业为提高核心竞争力，达到竞争制胜、快速成长的目的，树立以客户为中心的发展战略，并在此基础上开展的包括判断、选择、争取、发展和保持客户所需实施的全部商业过程，是企业以客户关系为重点，通过开展系统化的客户研究，优化企业组织体系和业务流程，提高客户满意度和忠诚度，提高企业效率和利润水平的工作实践，也是企业在不断改进与客户关系相关的全部业务流程，最终实现电子化、自动化运营目标的过程中，所创造并使用的先进信息技术、软硬件和优化的管理方法、解决方案的总和。

客户关系管理是一种先进的经营管理理念，是一种旨在改善企业与客户之间关系的新兴管理机制，是一整套解决方案。在实践中，客户关系管理是一种专门的管理软件和技术。客户关系管理系统作为企业面向客户的信息管理平台，为企业经营活动的开展提供支持和保障。

复习思考题

1.1　论述电子商务的发展对企业经营管理的影响。

1.2　什么是客户关系管理？客户关系管理的内涵是什么？

1.3　简述客户关系管理的发展趋势。

技能实训题

1.1　客户关系管理为企业带来了哪些优势？

1.2　客户关系管理迅速兴起的原因是什么？

第2章

客户

学习目标

学习本章，要掌握客户的定义；了解客户与消费者的区别，以及客户的分类；重点要求掌握客户满意度、客户忠诚度与客户价值；学习和掌握客户盈利能力与客户终身价值的分析方法。通过对以上知识的系统学习，加深对客户在客户关系管理体系中的重要作用的理解。

◆ 主要解决的问题

客户分类方法以及如何进行客户分类；客户满意度的度量以及如何提高客户的满意度；客户忠诚度的度量以及如何提高客户的忠诚度；怎样定义、判断客户的价值，如何提升客户价值。

2.1 客户的概念

2.1.1 对“客户”的重新认识

对大多数中国企业来说，对“客户”的理解还处于比较模糊的阶段，有必要对“客户”的概念进行重新认识。

对企业而言，客户是对本企业产品和服务有特定需求的群体，它是企业生产经营活动得以维持的根本保证。客户资源是企业生存、发展的战略资源，它的价值体现在“所有客户未来为企业带来的收入之和，扣除产品、服务以及营销的成本，加上满意的客户向其他潜在客户推荐而带来的利润”。

传统的观点认为，客户（customer）和消费者（consumer）是同一概念，二者的含义可以不加区分。但对企业来说，客户和消费者应该是加以区别的，它们之间的差别表现在以下几个方面：

①客户是针对某一特定细分市场而言的，他们的需求具有一定的共性。比如，某电脑公司把客户分成金融客户、工商企业客户、教育客户、政府客户等，而消费者则是针对个体而言的，他们处于比较分散的状态。

②客户的需求相对较为复杂，要求较高，购买数额也较大，而且交易过程延续的时间比较长。比如，客户购买了电脑以后，涉及维修、耗材的供应、重复购买等问题。而消费者与企业的关系一般是短期的，也不需要长期、复杂的服务。

③客户注重与企业的感情沟通，需要企业安排专职人员负责和处理他们的事务，而且需要企业对客户的基本情况有深入的了解。而消费者与企业的关系相对比较简单，即使企业知道消费者是谁，也不一定与其发生进一步的联系。

④客户是分层次的，不同层次的客户需要企业采取不同的客户策略。而消费者则可看成一个整体，并不需要进行严格区分。

2.1.2 客户资源

1）客户的资源属性

传统观念将企业的资源限定为各种生产要素，如土地、资本、劳动力等，而这些生产要素都属于企业的可控因素。管理的任务就是将企业的人、财、物等各种生产要素进行合理的配置，以充分利用这些资源，达到产出和利润的最大化。尽管企业也认识到客户的重要性，但仅仅是把客户视为企业实现经营目标的外在条件，属于不可控因素而被排除在企业的资源范畴之外。

随着科学技术的发展和市场竞争的日益激烈，企业的营销管理理念由以企业为中心转向以客户为中心，企业对客户的看法也发生了根本性的转变。企业越来越认识到客户不仅是企业的营销对象，而且是企业的重要资源，其重要性已远远超出企业内部的各种生产资源。将客户视为企业的主要资源，这是因为：

①现代企业的竞争优势已不仅仅体现在产品上，还体现在市场上，谁能获得更大的市场

份额，谁就能在竞争中占据优势和主动。

②对市场份额的争夺实质上是对客户的争夺，而是否拥有客户取决于企业与客户的关系状况，归根结底取决于客户对企业所提供的产品和服务的满意程度。

③客户的满意程度最终取决于企业自身的努力，只要企业能够充分地了解客户的需求，更好地满足客户的需求，就有可能使客户的满意程度不断提高。而客户的满意程度越高，企业的市场竞争力就越强，市场占有率就越大，企业的盈利也就越丰厚。

因此，客户对企业来说不再是一个外在的不可控因素，而是企业实现其经营目标的一种可控的重要资源。只要企业充分重视对客户的发现、开发和保持，与客户建立起长期、稳定和互利的建设性伙伴关系，就能够从客户身上获得持久的利润并实现其利润的最大化。

2）客户资源与一般资源的区别

将客户作为企业可以加以开发和利用的重要资源，是企业在认识上的一个重要进步。正是在这种观念的指导下，越来越多的企业开始重视对客户的管理，以提高客户对本企业的满意度和忠诚度，增加客户的价值。

然而，严格来说，“客户资源”并不符合一般意义上的资源的定义。虽然客户对企业来说在某些方面具有一般资源所共有的一些特征，如它是由企业过去的经营活动所获得的，在某种程度上具有可用货币衡量的价值，通过与现有的企业资源相结合可以为企业带来收益等，但是企业对客户不能像对其他资源一样拥有控制权和所有权。因此，对于客户这种资源，企业不可以通过获得一般资源的途径而拥有。也正因如此，对客户资源的管理也不同于对一般资源的管理。企业只有通过维持和强化与客户的关系，培养客户的忠诚，才能使客户真正成为对企业有用的资源，为企业的发展作出贡献。

2.1.3 客户的分类

按照不同的标准，可把客户分成不同的类型。

1）按客户重要性分类

在客户关系管理中，企业常常按照客户的重要性进行分类。如采用ABC分类法进行划分，可把客户分成贵宾型客户、重要型客户和普通型客户三种，见表2-1。

表2-1 用ABC分类法对客户进行划分

客户类型	客户名称	客户数量比例	客户为企业创造的利润比例
A	贵宾型	5%	50%
B	重要型	15%	30%
C	普通型	80%	20%

表2-1所列的数字为参考值，不同行业、不同企业的数值各不相同。比如，在银行业中，贵宾型客户的数量可能只占到客户数量的1%，但为银行创造的利润可能超过50%；而有些企业，如宾馆的贵宾型客户的数量可能远大于5%，但为宾馆创造的利润可能会小于50%。

表2-1较好地体现了营销学中的“80/20”法则，即企业80%的收益来自20%的客户。当然，在80%的普通型客户中，还可以进行进一步划分。有人认为，其中有30%的客户是不能为企业创造利润的，但同样消耗着企业许多资源。因此，有人建议把“80/20”法则改

为“80/20/30”法则，即在80%的普通客户中找出其中30%不能为企业创造价值的客户，采取相应措施，使其要么向重要型客户转变，要么中止与企业的交易。例如，有的银行对交易量很小的散客，采取提高手续费的形式促使其到其他银行办理业务。

根据以上的分析可以看出，企业要想获得最大程度的利润，就必须对不同的客户采取不同的策略。事实上，许多企业已经开始意识到通过价值区分来对客户进行分类管理，如金融服务、旅游、电信和零售等行业尤为明显，这些行业中已有很多企业正在运用复杂的数据模型技术来了解如何更有效地分配销售、市场和服务资源，以巩固企业与最重要客户的关系。例如，戴尔公司拥有基于客户重要性的在线信息政策。公司将客户分为所有客户层、注册客户层、签约客户层和白金客户层四个层次。客户收到的信息数量因客户级别而异。越重要的客户收到的信息越全面，得到的服务也越广泛，价格也更优惠。戴尔公司的所有客户层得到的信息比较广泛，保证在线质量，其中包括产品细节、订购配置一台特殊计算机的能力、报价清单、一般的技术支持、用户论坛以及其他与公司有关的信息。从注册用户开始，公司提供附加的个性化信息。注册用户可以要求对有关信息进行跟踪，即当新的特定信息出现时，就自动发出一个电子邮件，或根据客户定制的在线新闻稿件，提供基于Internet的信息。签约客户的采购历史都得以保存，他们可以查询这些历史资料，了解累计的销售额，建立习惯链接，享有定制化的服务和特殊折扣。以戴尔的大型客户之一——大型数据库软件供应商甲骨文（Oracle）公司为例，只要甲骨文公司一有新进人员报到，戴尔很快就会把该员工所需规格的计算机准备好，这样新员工很快就可以上网工作了。目前，白金客户得到的服务最具个性化，公司采用18种语言，在36个国家设立了客户网站，白金客户可以在线与产品设计者一起讨论，保证新产品能够充分满足客户的需求。通过向不同层次的客户提供不同层次的信息和不同级别的服务，使公司的活动能够反映客户个人的特殊需求和希望。客户与公司之间方便、灵活的互动帮助戴尔公司建立并不断加深与客户的关系，使公司从拥有的相对固定的客户群中获得利益的最大化和关系的持久发展。

2）按客户忠诚度划分

按照客户对企业的忠诚度来划分，可把客户分成潜在客户、新客户、常客户、老客户和忠诚客户等。潜在客户是指对企业的产品和服务有需求，但尚未开始与企业进行交易，需要企业花大力气争取的客户；新客户是指那些刚开始与企业开展交易，但对产品和服务还缺乏全面了解的客户；常客户是指经常与企业发生交易的客户，尽管这些客户还与其他企业发生交易，但与本企业的交易数量相对较高；老客户是指与企业交易有较长的历史，对企业的产品和服务有较深入的了解，但同时还与其他企业有交易往来；忠诚客户是指对企业高度信任，并与企业建立起了长期、稳定关系的客户，他们基本就在本企业消费。

不同客户对企业利润的贡献有较大的差别，其创造的利润分布如图2-1所示。

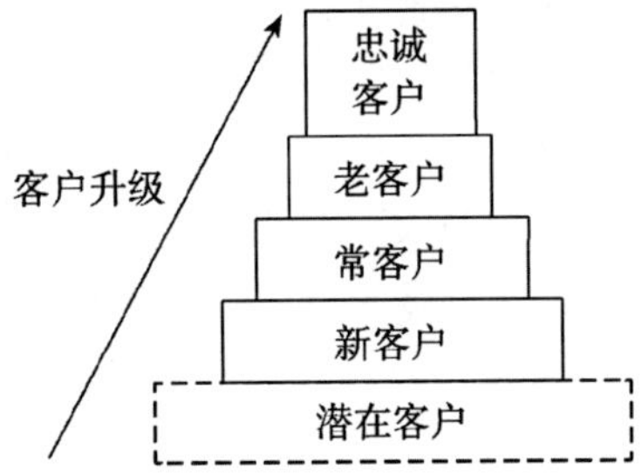

图2-1 不同客户创造的利润分布图

一般来说，客户的忠诚度与客户和企业交易的时间长短及次数的多少相关，只有忠诚的客户才能长时间、高频率地与企业发生交易。客户的忠诚度是不断发生变化的，只要企业对客户的服务得法，能赢得客户的信任，潜在客户就可以变成新客户，新客户可以变成常客户，常客户可以变成老客户，老客户可以转化成忠诚客户。反过来也是如此，如果企业不注意提高客户服务水平，随意损害客户的利益，就有可能使新客户、常客户、老客户和忠诚客户中止与企业的交易，弃企业而去。

2.2 客户满意

2.2.1 客户满意的概念

客户满意（customer satisfaction）是20世纪80年代中后期出现的一种经营思想，其基本内容是：企业的整个经营活动要以客户满意度为指针，要从客户的角度、用客户的观点而不是企业自身的利益和观点来分析客户的需求，尽可能全面尊重和维护客户的利益。从消费者价值选择的角度来看，早期消费者遵循理性消费的观念，不但重视产品的价格，更看重产品的质量，“物美价廉”反映出消费者价值选择的标准是“好”和“差”。后来，消费者的价值选择更多受到感觉的影响，开始注重产品的形象、品牌、设计和使用的方便性、新颖性，其价值选择的标准发展为“喜欢”和“不喜欢”。目前，消费者越来越重视产品所带来的感情和心灵上的充实或满足，因而更着意追求购买与消费过程中的满足感，其价值选择的标准演变为“满意”与“不满意”。

客户满意是客户对某种产品或服务可感知的实际体验与他们对产品或服务的期望值之间的比较。满意度是对客户满意程度的度量。由此可见，客户的满意度是由客户对产品或服务的期望值与客户对购买的产品或服务所感知的实际体验两个因素决定的。

从上面的定义可以看出，客户满意是指客户通过对一个产品或服务的可感知的效果，与他的期望值相比较后形成的愉悦或失望的感觉状态。它是一种客户心理反应，而不是一种客户行为。

从理论上说，客户满意可分为三种类型：不满意、一般满意和高度满意。如果可感知效果低于期望值，就会引起客户的不满意；如果可感知效果与期望值相等或者略高于期望值，客户就会感到一般满意；如果可感知效果远超过期望值，客户就会感到高度满意。可以用图2-2来表示这种关系，假设客户对产品或服务的期望值为Q_0，客户对产品或服务所感知的实际体验为Q_1，则客户可感知效果与期望值比较的结果为不满意、一般满意或者高度满意。

对企业来说，不满意的客户下次将不会再购买企业的产品，一般满意的客户一旦发现有更好或更便宜的产品后也会很快地更换品牌，只有高度满意的客户才有可能成为企业的忠诚客户。因此，现代企业把追求客户的高度满意作为自己的经营目标，以培养客户对品牌的高度忠诚度。营销学泰斗菲利普·科特勒甚至认为“市场营销就是指在可盈利的情况下创造客户满意”。

客户满意度不仅决定了客户自己的行为，他还会将自己的感受向其他人传播，从而影响到他人的行为。研究表明，如果客户不满意，他会将其不满告诉22个人，除非独家经营，否

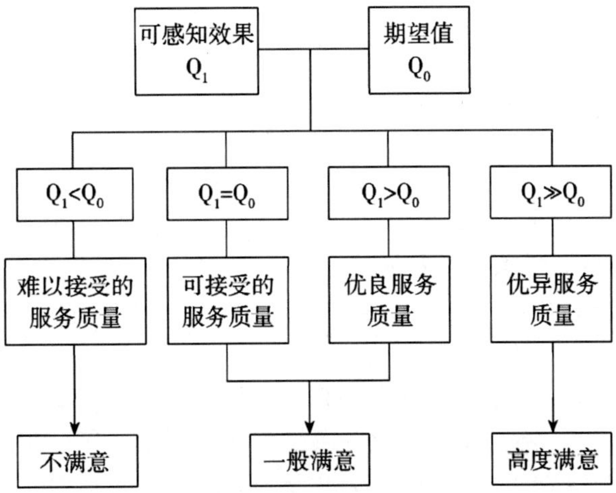

图2-2 客户满意的类型

则他不会重复购买；如果客户满意，他会将满意告诉8个人，但该客户未必会重复购买，因为竞争者有更好、更便宜的产品；如果客户高度满意，他会将高度满意告诉10个人以上，并肯定会重复购买，即使该产品与竞争者相比并没有什么优势。随着客户满意度的增加和时间的推移，客户推荐将给企业带来更多的利润，同时因宣传、推销方面的成本的减少也将带来利润的增加，而这二者加起来要远远超出其给企业创造的基本利润。因此，有人形容“1个满意的客户胜过10个推销员”。这也是企业为何要将客户满意度作为营销管理的核心内容的一个主要原因。

2.2.2 影响客户满意的因素分析

影响客户满意的因素是多方面的，涉及企业形象、产品、营销与服务体系、企业与客户的沟通以及客户关怀等各种因素。其中任何一个方面给客户创造了更多的价值，都有可能增加客户的满意度；反之，上述任何一个方面客户价值的减少或缺乏，都将降低客户的满意度。根据“木桶原理”，一个木桶所能装水的最大限度，由其最短的一块木板所决定。同样，一个企业能够得到的最大的客户满意度，由其工作和服务效率最差的一个环节或部门所决定。也就是说，企业要达到客户的高度满意，必须使所有的环节和部门都能够为客户创造超出其期望值的价值。

影响客户满意的因素可归结为以下五个方面：

1）企业因素

企业是产品与服务的提供者，其规模、效益、形象、品牌和公众舆论等在内部或外部表现的东西都影响消费者的判断。如果企业给消费者一个很恶劣的形象，很难想象消费者会考虑选择其产品。

2）产品因素

产品因素包含四个层次的内容：首先是产品与竞争者同类产品在功能、质量、价格方面的比较。如果有明显优势或个性化较强，则容易获得客户满意。其次是产品的消费属性。客户对高价值、耐用消费品要求比较苛刻，因此这类产品难以取得客户满意，但一旦客户满意，客户忠诚度将会很高。客户对价格低廉、一次性使用的产品要求较低。再次是产品包含服务的多少。如果产品包含的服务较多，则难以取得客户满意，而不含服务的产品只要主要指标基本合适，客户就容易满意。如果企业的产品与其他厂家的产品差不多，客户很容易转向他处。最后是产品的外在因素，如包装、运输、配件等。如果产品设计得细致，有利于客户使用并能体现其地位，就会使客户满意。

3）营销与服务体系

企业的营销与服务体系是否有效、简洁，是否能为客户带来方便，售后服务时间长短，服务人员的态度、响应时间，投诉与咨询的便捷性等都会影响客户满意度。同时，经销商作为中间客户，有其自身的特殊利益与处境。企业通过分销政策、良好服务赢得经销商的信赖，提高其满意度，能使经销商主动向消费者推荐产品，解决消费者一般性的问题。

4）沟通因素

厂商与客户的良好沟通是提高客户满意度的重要因素。在很多情况下，客户对产品性能不了解，造成使用不当，需要厂商提供咨询服务；客户因为质量、服务中存在的问题要向厂商投诉，如果与厂商联系缺乏必要的渠道或渠道不畅，则容易使客户不满意。

5）客户关怀

客户关怀是指不论客户是否咨询、投诉，企业都主动与客户联系，对产品、服务等方面可能存在的问题主动向客户征求意见，帮助客户解决以前并未提出的问题，倾听客户的抱怨、建议。通常客户关怀能大幅度提高客户满意度。但是，客户关怀不能太频繁，否则会造成客户反感，适得其反。

2.2.3 客户满意度测评指标体系的建立

客户满意指标（customer satisfaction index，CSI）是由设在美国密歇根大学商学院的国家质量研究中心和美国质量协会共同发起并研究的一个经济类指数。过去几年的研究显示，ACSI（美国客户满意指标）与道·琼斯指数有着明显的一致性，但它比道·琼斯指数更具前瞻性。迄今为止，共有包括韩国、中国台湾、欧盟在内的22个国家和地区设立了自己的研究机构，并开始逐步推出全部或部分行业的客户满意指标。

客户满意指标体系具有以下几个方面的用途：

①测定企业过去与目前经营管理水平的变化，分析竞争对手与本企业之间的差距。

②了解客户的想法，发现客户的潜在要求，明确客户的需要、需求和期望。

③检查企业的期望，以达到客户满意并提高客户满意度，有利于制定新的质量或服务改进措施，以及新的经营发展战略与目标。

④明确为达到客户满意，企业在今后应该做什么，是否应该转变经营战略或经营方向，从而紧随市场的变化而变化。

⑤增强企业的市场竞争能力和企业盈利能力。

一般地，建立客户满意指标体系主要可以分为四个步骤：

1）提出问题

进行客户满意指标体系建设的第一步，就是要明确影响客户满意的因素有哪些，同时还必须考虑如何获得这些因素并将其量化，即包括对下面几个问题的回答：

①影响购买和使用的客户满意的因素有哪些？

②在这些满意因素中，哪些因素能成为满意指标？

③每一个满意指标对购买和使用的影响程度如何？

④上述数据可以从哪些渠道获得？

⑤应该采用何种方式采集数据？

⑥采集数据时应注意哪些问题？

2）采集数据

由于构建客户满意指标体系基本上是一个基于客户调查的过程，故对调查方法的选择将直接影响最终结果的客观性与科学性。除了二手资料收集外，还有三种常用的数据收集方法：抽样问卷调查、深度访谈和焦点访谈。在获得所需要的数据后，需要对收集的数据进行归类整理、统计分析，从而找出研究对象和被研究对象的相关性。

3）建立行业客户满意因素体系

通过分析、整理收集到的二手资料和内部（外部）访谈所获得的信息，建立客户满意因素体系表，对各类指标的属性进行充分分解，初步建立起客户满意因素集合，为下一步展开数据收集工作提供调研目标。行业客户满意因素体系包括的因素很广，往往包含一些不重要的“噪声因素”，同时还存在一些因素具有相同内涵的现象，需要从中遴选出适合特定企业的因素组成客户满意指标体系。

4）建立企业客户满意指标体系

在建立企业客户满意指标体系的过程中，首先，在行业客户满意因素体系中剔除与其他因素高度相关的因素，使剩余的因素保持相对独立。比如，有两个客户满意因素，分别是“货品种类是否齐全”和“是否能够购买到您需要的货品”，这两个指标的相关程度较高，只能选择一个作为满意指标。其次，还要在行业客户满意因素体系中剔除对客户满意指标影响较小的因素，这些因素对客户满意指标有一定的影响，但是影响程度微乎其微，为了避免它们对其他重要因素的干扰，同时也从成本角度考虑，将它们剔除，仅保留与客户满意指标有较强相关性的因素作为满意指标。例如，对于耐用消费品，售后服务是一个非常重要的因素，而对于快速消费品，售后服务的重要程度又变得非常小。

剔除不需要的因素后，将剩余的因素按照行业客户满意因素体系的框架归纳起来，同一级按照权重的不同排定次序，就初步形成了客户满意指标体系。在一个完整的客户满意指标体系中，一般还包括一些辅助指标和相对指标。辅助指标包括客户的行为意向等，如客户重复购买倾向、客户忠诚度等；相对指标一般指横向对比指标，如主要竞争对手的满意度、行业领导者的满意度等。加上特定的辅助指标和相对指标后，就形成了一个完善的客户满意指标（CSI）体系。

2.2.4 制订客户满意度调研方案及设计问卷

1）制订调研方案

在确认调查对象和建立评价指标后，就需要制订详细的调研方案。调研方案包括调研目的、调研内容、调研对象、样本规模和配额、研究方法、调研频率、调研执行时间、调研费用预算以及报告的撰写和提交时间等。

在确定研究方式上，定量调研可以采取的方式包括书面的（现场发放、邮寄、网上下载打印、发传真等）和电子的（网上调查、电子邮件、电话调查等）。填写人员可以是客户，也可以是企业营销人员或专业调查公司。根据客户数量的多少，可以选择适合的问卷调查形式，最常采用的调查方法有：

①现场发放问卷调查。在客户比较集中的场合，如展览会、新闻发布会、客户座谈会等，向客户发放问卷，现场回收。这种方式快速，如果辅之以小礼品，问卷回收比例会较

高，同时具有宣传效果。但是要注意识别现有客户和潜在客户，否则调查信息的准确性不高。

②邮寄问卷调查。采用邮寄式调查将比个人拦截更有机会使被调查者填完篇幅较长的问卷。人们发现在家或办公室里更有时间，如果客户对你的企业感兴趣，就会花时间协助你完成调查。向客户邮寄问卷的同时可以配合慰问信、感谢信或小礼品。邮寄问卷调查数据比较准确，但费用较高，周期长，一般一年最多进行1~2次。

③电话调查。电话调查适合于客户群比较固定或重复购买率高的产品，其好处是企业可以直接倾听客户的问题，速度快，能体现客户关怀，效果较好。其不利之处在于可能干扰客户工作或生活，造成其反感。因此，电话调查一定要简洁明了，问题的形式有利于回答。如果客户数量较少，则可以由企业营销人员直接联系客户；如果客户数量多，则可以采用抽样方式，或委托专业调查公司，或双方合作进行。

④网上问卷调查。网上问卷调查具有节省费用、快速等特点，特别是在门户网站上开展的调查很容易引起公众对企业的关注。网上调查只对网民客户有效，结论有失偏颇。

2）设计问卷

在问卷调查中，牵扯到测量指标的量化过程。客户满意度测评的本质是一个定量分析的过程，即用数字去反映客户对测量对象的态度。客户满意度测评了解的是客户对产品、服务或企业的看法和态度等，对这类问题的测量一般采用“李克特量表”。

该量表的设计包括两步：第一步是“赋值”，根据设定的规则，对不同的态度特性赋予不同的数值；第二步是“定位”，将这些数字排列或组成一个序列，根据受访者的不同态度，将其在这一序列上进行定位。之所以将测量指标量化（数字化），一是因为数字便于统计分析，二是数字使态度测量活动本身变得容易。表2-2为客户对某产品质量满意度的测评表。

表2-2 **客户对某产品质量满意度的测评表**

测评指数	非常满意	较满意	一般	较不满意	非常不满意
产品外观	□	□	□	□	□
质量稳定性	□	□	□	□	□
使用性能	□	□	□	□	□
安全性	□	□	□	□	□

注：请在□内画√。

为了获取更多、更全面的信息，问卷可采用结构式和非结构式相结合的方法，即在调研问卷中同时使用开放题和封闭题。

调研问卷一般包括三部分：第一部分是有关客户的基本情况，如性别、年龄、教育水平、职业、家庭月收入等有关社会人口特征的问题，以了解消费者特征；第二部分是有关客户购买行为特征的问题，如何时购买、何地购买、购买何物、如何购买等问题；第三部分为主体问题，以指标评价体系为基础设计不同类型的态度测量问题。被访者在5级李克特量表上表明他们的赞同程度，从“非常满意”到“非常不满意”。主体问题部分还可以设计相应的开放题以期更深入地了解客户对行业的评价，以弥补封闭题不详细的缺陷。

2.2.5 客户满意度调查方案的实施

在此阶段，企业可以通过本企业的营销人员或者专业的调研公司按照调研方案中的时间进度、调查方式来实施调研。当调研现场执行结束后，经过数据的录入处理，最后由调研公司的研究员撰写调研报告。调研报告包括技术报告、数据报告、分析报告及分析报告附件。

①技术报告。抽样是保证客户满意度研究结果具有代表性的关键。此部分将详述如何定义调查对象、其代表性如何、样本框如何构成、采用何种抽样方法、具体的抽样步骤以及抽样中可能存在的偏差等。访问是保证结果真实性的关键。此部分还将详述访员的遴选、培训、督导中遇到的问题、实施进程，并向客户说明如何对调查进行复核。

②数据报告。将通过频数和百分比列表、图形、简单文字等说明本次调查的主要结果。

③分析报告。将通过显著性分析、相关分析、聚类分析等统计方法对调查结果中的内在关系进行分析，用文字和图形来说明分析结果，采取的研究模型有因素贡献度分析模型、提高满意度行动原则模型和满意度比较模型等。分析报告还应包含结论与建议，研究人员根据数据报告、数据分析、文案研究、个人经验给出本次满意度研究的结论与建议，这些可能会对决策者有直接的意义。

④分析报告附件。它包括项目计划书、问卷、开放题统计结果、二手资料及其他对调查报告中的观点有说明意义的材料。

2.2.6 客户满意度战略的制定与实施

测定客户满意度是为了改善对客户的产品与服务提供及客户体验。一个企业的资源有限，不可能将任何影响客户满意度的问题全部立刻解决，通常应当分出轻重缓急，在一段时间内重点解决那些影响重大的问题。

通过客户对因素重要性和满意度的评价，能够区分出四种类型的因素：

①亟须改进的因素。对客户是重要的，满意度评价是较低的。

②应该继续保持的因素（优势的因素）。对客户是重要的，满意度评价是较高的。

③不占优先地位的因素。对客户是不重要的，满意度评价是较低的。

④锦上添花的因素。对客户是不重要的，满意度评价是较高的。

1）客户满意度战略的制定

通过上述分析，可以制定相应的客户满意度战略框架，该框架可以区分为四个区域，如图2-3所示。

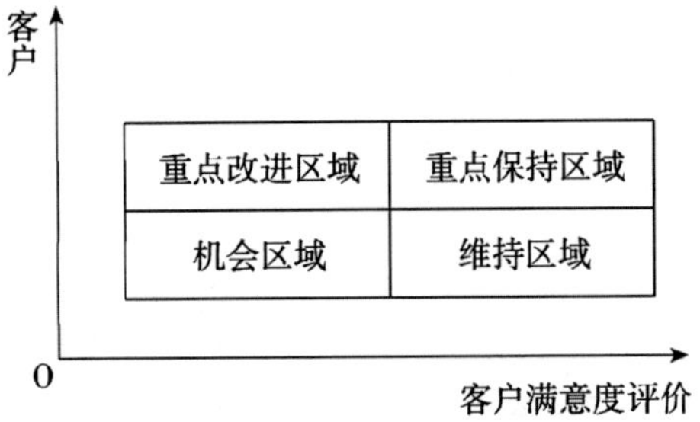

图2-3 客户满意度战略框架示意图

①重点改进区域。客户对亟须改进的因素期望过高，而企业在这些方面的表现比较差，

如果问题不能得到解决，就会导致客户的流失。这些因素是企业提高客户满意度的切入点，必须重点改进。

②重点保持区域。客户对优势的因素期望较高，而企业在这些方面的表现也非常好，企业要继续保持并发展这些优势因素。

③机会区域。不占优先地位的因素，是目前客户和企业都忽略的区域，客户期望较低，企业在这些方面的表现比较差，但是它可以挖掘出提升客户满意度的机会点。

④维持区域。锦上添花的因素，对决定整体客户满意度重要程度较低，企业在这些方面的表现也比较好，但它对企业的实际意义不大，不需要花太大的精力，只要维持现状就可以了。

2）客户满意度战略的实施

根据上述战略目标框架，企业就可以制订并实施相应的客户满意计划，从而和客户建立长期稳定的合作关系。企业可以采用PDCA的思想和方法实施客户满意计划，“PDCA”循环是质量管理专家戴明博士提出的概念，所以又称“戴明环”，P、D、C、A四个英文字母所代表的意义如下：

P（plan）——计划，确定工作目标，制订实现目标的方法、计划。

D（do）——执行，执行计划。

C（check）——检查，检查计划实际执行的效果，比较和目标的差距。

A（action）——处理，包括两个内容：总结成功的经验，并予以标准化以巩固成绩；对于没有解决的问题，查明原因，其解决的方法也就成为下一个PDCA循环的内容。如此周而复始，不断推进工作的进展。

PDCA在质量管理中得到了广泛的应用，成为“质量改进”的一个不可缺少的工具，其实PDCA是对持续改进、螺旋式上升工作的一种科学的总结，可以广泛地应用于企业管理工作中，包括客户关系管理。如果前面“建立客户满意度的测评指标体系”可以作为PDCA环中的P，那么“客户满意度调研方案的制订与实施”作为实现这个目标的重要方法就成为D的主要内容。

PDCA在客户关系管理中不断循环的结果是：从微观水平方向上体现企业客户关系“维持—改善—维持”的持续改进过程；从宏观垂直方向上体现企业客户关系的螺旋式上升过程。客户关系管理的PDCA循环如图2-4所示。

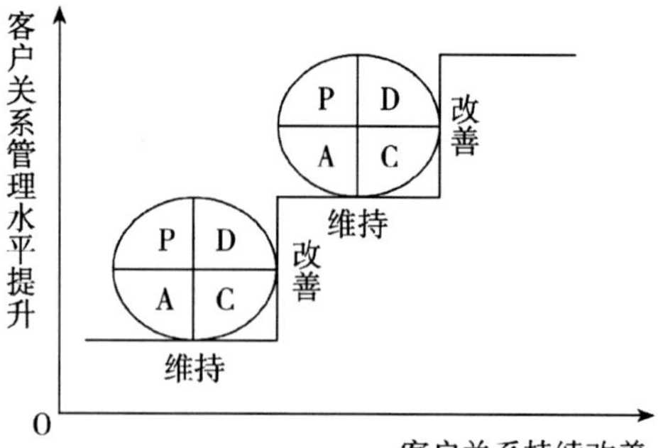

图2-4 客户关系管理的PDCA循环

2.3 客户忠诚

客户忠诚被认为是企业取得长期利润增长的途径。因为取得新客户的成本是非常高的，包括广告、销售、开创新业务及客户学习过程的成本，而保留客户的成本仅包括维系服务的成本和沟通成本，这种成本呈不断下降的趋势。通过保留客户不断地购买产品并将产品推荐给其他人，促进企业收入的增长，且客户的价值随着时间的推移而不断增长。据估计，企业争取一个新客户的成本是保留一个老客户的5倍，留住5%的客户有可能会为企业带来100%的利润。因此，企业要不断提高自身的服务效率，完善服务方式，通过让客户满意逐步培养客户的忠诚，从而为企业带来新的收益。

2.3.1 客户忠诚的概念

客户忠诚（customer loyalty）是指客户对某一特定产品或服务产生了好感，形成了偏爱，进而重复购买的一种行为趋向，客户忠诚实际上是一种客户行为的持续性。客户忠诚度是指客户忠诚于企业的程度。客户忠诚表现为两种形式：一种是客户忠诚于企业的意愿；另一种是客户忠诚于企业的行为。一般的企业往往容易将此两种形式混淆起来，其实这二者具有本质的区别，前者对于企业来说本身并不产生直接的价值，而后者对企业来说则非常具有价值。道理很简单，客户只有意愿，却没有行动，对于企业来说没有意义。企业要做的是：推动客户从“意愿”向“行为”转化；通过交叉销售和追加销售等途径进一步提升客户与企业的交易频度。

产生客户忠诚的因素主要包括以下四点：

①产品和服务的特性。企业长期提供的是价格合理、质量可靠、合乎客户使用要求的产品和服务，已经赢得了客户的高度认同。

②避免购买风险。当客户面临众多新的选择时，往往会选择自己熟悉的品牌和企业，以降低购买风险。因此，一个企业要从竞争对手那里夺得一个对方的长期客户是十分困难的。

③降低客户的相关购买成本。客户要寻找一个新厂商，必须花费相当多的时间、精力和金钱，为了降低这方面的代价，客户宁愿选择熟悉的厂商与其进行长期合作。

④符合客户的心理因素。客户对某一品牌或某一企业的产品和服务忠诚，可能是为了体现自身的价值，或是认同对方的价值观，也可能是因为对企业的承诺放心等。比如，客户购买“金利来”服装可能为了体现身价，而购买“海尔”家电可能是对公司“全心全意为客户服务”的价值观认同。

客户忠诚度可以采用多种指标进行评价。客户忠诚度可以从以下几个方面进行衡量：

（1）客户重复购买的次数

在一段时间之内，客户对某一种产品重复购买的次数越多，说明客户对该产品的忠诚度越高；反之，客户对该产品的忠诚度则越低。对于产品多元化的企业而言，客户重复性地购买同一品牌或企业的不同产品，也是一种忠诚度高的表现。

（2）客户购买量占其对该产品总需求的比例

这个比例越高，表明客户的忠诚度越高。

（3）客户对企业产品或品牌的关心程度

客户通过购买或非购买的形式，对企业的商品和品牌予以关注的次数、渠道和信息越多，其忠诚度也就越高。必须指出的是，客户的关心程度与购买次数并不完全相同。例如，一些品牌的专卖店，客户可能会经常光顾，但是并不一定每次都会购买商品。

（4）客户购买时的挑选时间

一般而言，客户挑选产品所用的时间越短，表明其忠诚度越高。

（5）客户对产品价格的敏感程度

客户对价格的敏感程度越低，忠诚度越高。客户对产品价格的敏感程度可以通过侧面来了解，如在公司价格调整以后，客户购买量的变化、其他反应等。此外，在运用这一标准时，需要结合产品的供求状况、产品对于人们的必需程度，以及产品市场的竞争程度等因素综合考察。

（6）客户对竞争产品的态度

人们对某一品牌态度的变化，大多是通过与竞争产品的比较而产生的，如果客户对竞争产品表现出越来越多的偏好，表明客户对本企业的忠诚度下降。

（7）客户对产品质量事故的承受能力

客户对产品或品牌的忠诚度越高，对出现的质量事故也就越宽容。

（8）客户对产品的认同度

客户对产品的认同度是通过向身边的人士推荐产品或间接地评价产品表现出来的。如果客户经常向身边的人士推荐产品，或在间接的评价中表示认同，则表明忠诚度较高。

客户忠诚度的衡量标准非常丰富，这里无法穷举，上面列举的各种因素其重要程度也不一样，企业可以根据实际情况选择适合的因素给以不同的权值，设计适合自己的指标体系，采取相应的客户忠诚度的解决方案。

客户忠诚是企业发展、受益，并最终盈利的关键原因所在。一般来说，客户忠诚给企业带来的效应，主要表现在以下几个方面：

①销售量上升。忠诚客户都是良性消费者，不会刻意追求价格上的折扣。

②加强竞争地位。忠诚客户会排斥企业竞争对手的产品，让企业在市场上的地位变得更加稳固。

③减少营销费用。忠诚客户常常会以口碑进行推荐，给企业带来新客户，从而降低吸引新客户的成本。

④有利于新产品的推广。忠诚客户会很乐意尝试企业的新业务并向周围的人介绍，有利于企业拓展新业务。

2.3.2 提高客户忠诚度的要点

忠诚客户所带来的收益是长期并具有累计效果的。一个企业的忠诚客户越多，客户对企业保持忠诚的时间越久，客户为企业创造的价值就越大，企业所获得的利益也就越多。因此，现代企业不仅要使客户满意，还要努力培养客户的忠诚度，使更多的满意客户进一步升级为忠诚客户。

（1）选择培养目标

并不是所有的客户都能发展为忠诚客户，因此，企业在培养忠诚客户之前，必须首先确定自己培养的对象，通过对客户资料的分析，寻找那些最具有潜力成为忠诚客户的客户群。

（2）提供特色服务

客户的忠诚主要是建立在非常满意因素的基础上的，因此，企业除了要提供高质量的产品和无可挑剔的基本服务外，还要选择最吸引客户的方式，提供与众不同的特色服务，以增加客户的价值。

（3）加强与客户的沟通

企业要保证畅通的沟通渠道，让客户发表自己的意见和建议，在客户需要的时候随时与之交流，以及时了解客户的需求，不断增进与客户的情感。通过与客户进行交流而获得的信息将成为企业宝贵的资产，为企业的经营注入活力。

（4）妥善处理客户抱怨

任何企业都难免出现不尽如人意的地方，因此客户抱怨随时都有可能发生。客户的抱怨会对企业产生负面影响，因而要尽力避免客户抱怨的发生。但是，在客户抱怨已经发生的情况下，企业应当认真听取客户的抱怨，真诚地接受客户的批评，并全力帮助客户解决所遇到的问题。实践证明，客户的抱怨如果能够得到妥善的处理，反而更容易使其成为忠诚客户。因此，企业应该把客户抱怨的妥善处理作为企业建立客户忠诚的一个重要途径。

2.3.3　客户满意陷阱与客户忠诚

1）客户满意陷阱的含义

客户满意陷阱最早是由Hart和Johnson在对客户满意与客户忠诚之间的关系研究中发现的。他们通过对施乐公司的实证研究发现，客户满意与客户忠诚之间的关系是正相关关系，但却不一定是线性相关。其中存在所谓的“质量不敏感区（zone of indifference）”，在质量不敏感区内，客户满意与客户忠诚关系曲线上出现一段较为平缓的线段，即客户的满意水平的提高并没有使客户忠诚度得到相应的提高。后来，有些学者将这一现象称为“顾客满意陷阱”。

大量的研究表明，客户满意度与客户忠诚度之间存在关系曲线，如图2-5所示。

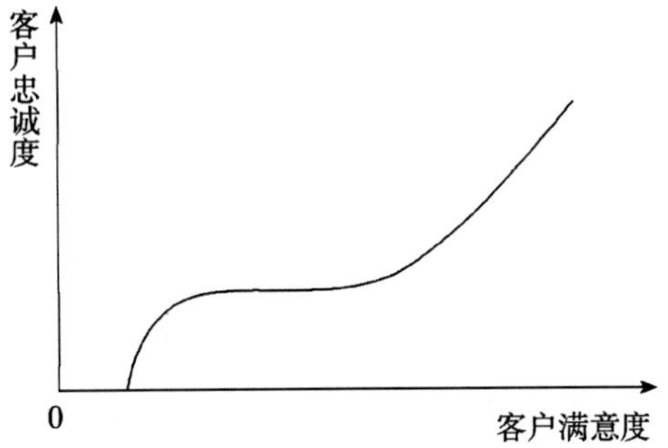

图2-5　客户满意度与客户忠诚度的关系曲线

从图2-5中可以看出，客户满意度与客户忠诚度关系曲线上有一段较为平缓，即客户满意水平的提高并没有使忠诚度得到相应的提高，直到客户满意持续了较长的时间后，客户的满意度和客户的忠诚度才呈现出近似线性的特征，客户忠诚度会随着客户满意水平的提高而迅速形成。客户感知理论认为前一阶段客户的感知为基本满意，而后一阶段客户的感知为超级满意（也称完全满意），只有超级满意才会产生客户忠诚；如果客户不能持续地感觉满意，他就会发生购买转移，这就形成了客户满意陷阱。也就是说，只有持续的客户满意才能形成超级满意，最终形成客户忠诚。

2）客户满意陷阱形成的原因

（1）基于双因素理论的分析

双因素理论是赫茨伯格于1959年提出的，他认为影响人的需求与行为的因素分为两类：保健因素和激励因素。保健因素和环境有关，得不到满足就会产生不满，得到了满足也不能对员工产生激励；激励因素和工作本身有关，得不到满足不会产生不满，得到了满足就能起到激励作用。虽然双因素理论研究的是激励员工的因素，但是它对人类心理的分析，同样适用于激励客户。

由于客户的期望是由基本期望和潜在期望两部分组成的，因此客户满意存在两种类型：基本期望得到满足而导致的满意和潜在期望得到满足而导致的满意。基本期望是指客户认为理应从产品和服务中得到的基本需要，属于保健因素；潜在期望是指超出基本期望的客户并未意识到而又确实存在的需要，属于激励因素。客户经多次购买，多次感到愉悦之后，逐步形成客户忠诚。那些感到满意却流失的客户很可能只是对基本期望的满意，并没有在潜在期望上感到满意，这就是客户满意陷阱的成因。这种理论认为只有在满足了客户基本期望的基础上，再关注客户潜在期望的满足才能解决客户满意陷阱问题。

（2）基于竞争因素的分析

双因素理论在分析客户满意陷阱形成的原因时，仅仅是从自己企业出发，并没有考虑竞争因素。处于竞争环境中的企业不仅要使客户的潜在期望得到满足，而且要比竞争者更能令客户满意才能留住客户，才能真正消除客户满意陷阱。因为不管是基本满意，还是完全满意，实际上都是客户依比较而言的，所以企业必须站在竞争的层面上，从客户让渡价值最大化的方向去解决客户满意陷阱问题，以维系客户忠诚。

3）解决客户满意陷阱问题的方法

客户满意陷阱的成因是比较复杂的，但客户满意陷阱的产生从根本上来说是因为竞争的存在。有了竞争，客户就有比较；有了比较，就有可能发生客户忠诚的转移。因为客户从根本上来说是忠诚于利益的，而不是忠诚于企业的，所以在竞争的市场环境下，企业要解决客户满意陷阱问题，维系客户的长期忠诚，就不能仅从自己的角度去考虑客户期望的满足，还要从竞争的角度去考虑，要比竞争对手提供更大的客户让渡价值以令客户更为满意，并提高客户转移成本以锁定客户，同时以更好的关系营销去维系客户的情感。

（1）提供更大的客户让渡价值

一般地，客户会选择购买那些提供最大客户让渡价值的企业的产品或服务。沃尔玛的客户忠诚是因为它提供了更大的客户让渡价值；可口可乐的客户忠诚也是因为它提供了更大的客户让渡价值。它们不仅是令客户满意，而且是比竞争对手更令客户满意。客户让渡价值最大化可从两个方面来实现：

①提高总客户价值。企业可向客户提供优秀品质、适需性能的产品，甚至于满足个性化的需求，使客户充分认可企业产品或服务的价值；通过充满人情味的情感沟通和个性化服务，使客户倍感企业服务价值的存在；通过增强员工素质，使客户增强对企业产品或服务质量的信心；通过建设具有良好社会形象和较高知名度的品牌将使客户享受到其带来的利益，好的品牌形象可带给客户荣誉、地位与愉悦。

②降低总客户成本。企业可运用现代生产技术和管理技术，提高制造效率，降低产品成本，让客户享受到物美价廉的实惠，如沃尔玛的“天天平价”；可通过降低客户的试用成

本，加强信息传播和售后服务，建设品牌形象，拓宽分销网络，降低客户在决策、购买和使用产品过程中感知的精神成本、时间成本和体力成本。

（2）提高客户转移成本，锁定客户忠诚

对于解决客户满意陷阱，除了提供传统意义上的客户让渡价值外，还可以通过提高客户转移成本来锁定客户。客户从一种品牌向另一种品牌转移所付出的成本大致包含四个方面的内容：

①沉淀成本。它是指在第一阶段交易活动中所发生的不可回收的成本，它只有在交易关系继续的情况下才有价值，如果发生转移，它就会失去价值。例如，当购买联通定制手机的客户要转移到中国移动时，这个手机就成了沉淀成本。

②交易成本。它是指寻找新的交易者进行新交易所需付出的成本。它包括搜索新对象所付出的时间、精力和金钱成本，以及保证交易落实（结束旧交易、组织新交易）的种种费用。

③转移的折扣损失与合同损失。它是指预期收益的损失（原有商家提供的折扣利益）或预期损失的发生（合同违约金或罚金）。

④心理成本。它是指情感因素导致的成本感受。比如，改变习惯与偏好的情感成本，对选择新品牌所带来的未知风险的感知等。

当客户转移后获得的客户让渡价值差额大于客户转移成本时，客户可能会考虑转移。而新厂商要抢客户，要么必须提供更多的客户总价值，这意味着它将获取更少的客户利益；要么降低客户总成本，这意味着它将可能牺牲产品质量或研发效率更高的技术。而如果客户转移成本越大，新厂商要介入的难度就越大，阻止竞争者进入的目的便可达到。以较大的客户让渡价值吸引客户，再通过较高的客户转移成本锁定客户，这是微软公司的成功经验。微软公司前期对其 Windows 和 Office 软件盗版行为的放纵（提供很高的顾客让渡价值），使广大用户形成了对其产品的使用习惯与依赖，并付出了很大的学习成本（增加客户转移成本），最终形成事实上的垄断（对客户的锁定）。

2.4 客户价值

2.4.1 客户价值概述

在营销领域，客户价值（customer value）已经成为一个非常时髦的术语。许多企业也将客户价值视为一种基本的战略导向。企业界普遍认为，增加客户价值是实现利润增长和提高企业总体价值的关键。但是，对于价值概念的理解，目前营销界和学术界存在多种不同的看法，有些看法之间甚至存在严重的抵触，很可能引起战略应用上的误区。因此，有必要对客户价值的内涵进行深入的探讨，澄清不同的观点，以便更好地指导企业战略的制定和实施。

1）客户价值的定义

由于目前对客户价值的看法过于分散，因此很难找出一个合理的定义将所有的观念囊括在一起。为了探索对客户价值的看法，许多学者做了大量的实证研究，如加德尔、雷启斯、伍德罗夫、熊曼、克里蒙和约瑟曼等。伍德罗夫归纳总结了这些实证结果，从客户的角度对客户价值（customer-driven concept of customer value）定义如下：

客户价值是客户对产品属性、属性效能以及使用结果（对实现客户日标和初衷的促进或阻碍）的感知偏好和评价。

这个定义不仅综合考虑了客户的期望价值和实现价值，而且强调价值来源于客户感知、偏好和评价，同时也将产品与使用环境和相应的客户感知效果紧密地联系起来，抓住和反映了客户价值的本质。

2）客户价值的方向定位

目前，在使用客户价值的概念时，主要有两个方向：企业为客户创造或提供的价值和客户为企业创造的价值。显然两个价值的内涵是截然相反的，因此，要理解客户价值的内涵，首先必须搞清楚客户价值的方向定位，即客户价值到底是对谁的价值——是企业为客户创造的价值，还是客户为企业创造的价值。不同方向的价值定义带来的营销策略可能完全不同。如果混淆向客户传送的价值和从客户那里获得的价值，可能会导致决策的失误。

在大多数学者，如克里斯托弗、格朗鲁斯、赫斯凯特、尼尔森、门罗、伍德罗夫等的研究中，客户价值更多地被认为是企业为客户创造的价值，即客户对企业提供的产品与服务给他带来的价值的判断。与此相对应，将“客户为企业带来的价值”归结为“关系价值”，即“企业维持与客户的关系，能够为企业带来的价值”。客户价值和客户关系价值从不同角度对客户价值进行描述，共同构成客户关系管理的两大价值支柱。

3）客户价值与客户关系价值的联系

向客户传送的价值与从客户那里获得的价值事实上是一对矛盾统一体。向客户传送超凡的价值无疑可以带来经营上的成功，但必须同时考虑这种价值传送活动是否有利可图，能否为企业带来满意的经济效益。如果一味地追求“所有客户100%的满意”，可能会适得其反。一是因为这仅仅是一种理念层次上的目标，根本不可能达到，也不可能真正为内部员工所接受；二是要实现这种目标，就意味着必须向所有的客户提供高质量的服务，而不考虑该客户是否能给公司带来价值回报，此举无疑会大幅度增加企业的成本。因此，要增加为客户创造的价值，势必带来产品或服务提供成本的增加，从而减少企业能从客户处获得的价值。但是，两个方向的价值之间又存在统一性。为客户创造的价值越多，越可能增强客户的满意度，从而提高客户忠诚度，实现客户挽留。因此，从长期来看，为客户创造价值有利于增加客户为企业创造的价值。

在客户关系管理中，价值一直被视为十分重要的因素。如果某个企业能够向客户提供超凡的价值，无疑也就拥有了新的差别化竞争优势。再则，通过增加核心产品或服务的价值，无疑能够提高客户满意度，赢得客户忠诚。

2.4.2 有关客户价值的讨论

1）客户价值的层次模型

为了说明客户价值的本质内涵，伍德罗夫还提出了一个客户价值的层次模型，如图2-6所示。

客户价值的层次模型表明了客户对期望价值的感知方式。在最底层，客户将产品看作特定属性和属性效能的结合体。在购买和使用产品时，客户根据特定产品属性对实现期望结果的贡献，形成一种期望和偏好，反映在客户价值上就是使用和拥有价值。同时，客户也根据

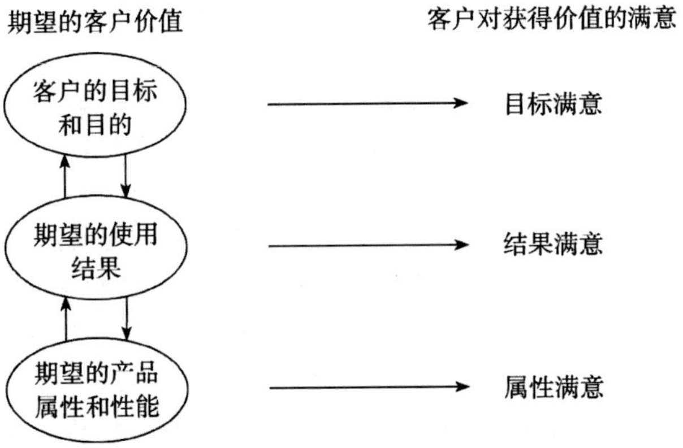

图2-6　客户价值的层次模型

产品属性对实现自身目标和目的的贡献，形成对特定使用结果的期望。此外，客户的使用情形在评估过程和期望形成过程中都发挥着重要作用。如果使用情形发生变化，产品属性、结果和目标之间的联系同样会发生变化。例如，就互联网服务而言，工作使用中所形成的价值层次结构完全不同于家庭娱乐使用。

2）客户价值与客户满意度

（1）客户价值与客户满意度之间的关系

从客户价值的定义中，我们不难发现，客户价值与客户满意度之间存在很强的内在联系。二者都是对产品的评估性进行判断，都十分看重使用情形。二者在含义上存在一定的重叠，图2-7反映了客户价值与客户满意度之间的关系。

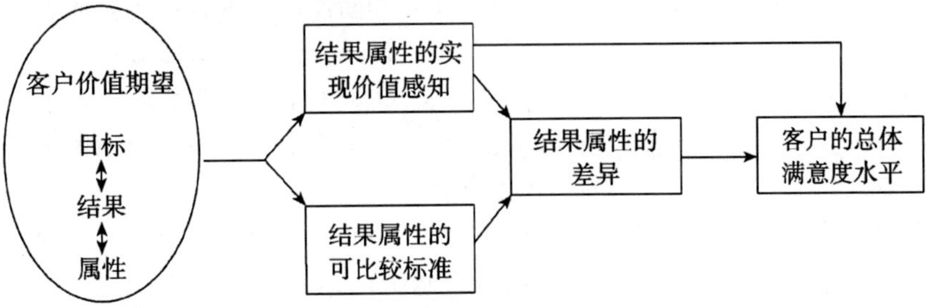

图2-7　客户价值与客户满意度之间的关系

客户的总体满意度水平是客户对产品的使用经历的总体评价。研究表明，“在购买行为发生之前，客户的价值感知直接影响着购买意图或重复购买意图的形成”，而“在购买行为发生之后，由于客户拥有大量的消费经验，客户的效用评价对未来行为意图的影响将部分或全部通过客户满意程度来传递”。

客户在进行评价时，先根据过去的或现在的经验，明确自己期望的价值。从客户价值层次模型中，我们不难看出，期望价值是由对一些特定、可衡量维度的偏好组成的，如产品属性、属性效能和与特定使用情形的目标紧密联系的结果。反过来，期望价值指导客户形成对特定使用情形下产品效能的感知，即评价在这些属性上的使用经历、属性效能和结果。实现价值可能会直接形成一个总体满意水平，或者与相应的标准进行比较，形成感知差异，从另一个角度影响总体满意水平。

在客户的期望价值层次模型的每一个层次上，都可以产生一个满意度水平，而总体满意程度取决于客户对不同层次上的满意程度的权衡和积累。因此，客户可能会对产品属性、属性效能、使用结果和目标实现程度等形成不同的满意度水平。

（2）客户让渡价值

从以上分析可以看出，客户价值与客户满意度之间存在直接的联系。但是，要说明客户满意度是由什么决定的，还需要借助于科特勒提出的客户让渡价值的概念。

客户让渡价值（customer delivered value）是指客户总价值与客户总成本之间的差额。其中，客户总价值（total customer value）是指客户购买产品或服务时所获得或期望获得的利益总和，包括产品价值、服务价值、消费活动的价值和潜在价值等；客户总成本（total customer cost）是指客户为购买该产品或服务消耗的货币成本、时间成本、精神成本和体力成本等。

客户总是希望获得的购买总价值最高而购买总成本最低，也就是说，客户将从那些他们认为提供最高客户让渡价值的企业购买产品或服务。因此，企业只有实现了客户的让渡价值，并使客户让渡价值不断增值，才能赢得最大限度的市场份额，并使客户的满意度得到不断提高。

3）客户价值与竞争优势

根据客户价值的定义和内涵，如果客户从某种产品或服务中获得的收益大于所支付的成本，则客户会认为该产品或服务是能够为其创造价值的。如果某个供应商为客户创造的价值远远高于竞争对手为客户创造的价值，无疑可以赢得大量客户，从而为自己营造超凡的竞争优势。换句话说，如果企业能够创造非凡的客户价值，就拥有了维持长期收益的基础，这就是客户价值对形成竞争优势的意义所在。

根据德易和温斯利的观点，“为客户创造并传递超凡的价值是实现卓越绩效的基础”。如前文所述，产生客户价值的来源很多，如产品质量和新产品开发技能等，而客户价值所带来的企业绩效却主要表现在客户满意和销售增长上。高质量的产品或服务以及不断创新的开发技能，无疑可以推动客户满意度的不断升级，促进客户对企业的忠诚，有效地实现客户挽留，减少客户流失。因此，许多企业不断地测评客户满意度，监控客户挽留水平，以此客观地评价本企业的业绩，有效地管理自己的业务。

此外，超凡的客户价值还可以为企业带来比竞争对手更快的销售增长，因此，相对的销售增长也可以用于评价企业的客户价值的创造水平。如果企业创造的客户价值高于竞争对手，则销售增长的速度必然会快于竞争对手；反之亦然。因此，客户价值逐渐成为理论界和企业界关注的焦点，基于客户价值的竞争优势也逐渐成为一些先进企业的竞争利器。

2.4.3 客户价值分析

客户价值分析就是在理解客户价值内涵的基础上，动态地监控客户价值的发展趋势，为更好地实现客户价值管理提供有效的信息支持。在有关客户价值分析的研究中，最著名的莫过于盖尔所提出的客户价值分析工具，该模型首次出现在盖尔的《管理顾客价值》一书中，之后频频被引用，几乎成了客户价值分析的标准。在本节中，将重点讨论盖尔的客户价值分析模型。

在《管理顾客价值》一书中，盖尔提出了七种客户价值分析工具，包括市场感知质量水平、市场感知价格水平、客户价值图、得失（win/lost）分析、客户价值分析对照图（head-to-head area chart）、关键事件表和What/Who矩阵。其中，尤为重要的是前三种客户价值分析工具，直接与当今普遍接受的客户价值内涵相吻合。因此，本节将结合有关方面的研究发展动态，重点描述前三种分析工具。

1）市场感知质量水平

通过对客户价值内涵的探讨，我们知道感知质量水平对形成感知价值的重要性。在盖尔的客户价值分析模型中，市场感知质量分析同样是客户价值分析的核心。

根据盖尔提出的模型，对市场感知质量水平的测量主要有三个步骤：

第一步，采用小组调查（focus group）或其他形式，召集目标市场的客户（既包括本企业的客户，也包括竞争对手的客户），要求他们列出除价格以外的其他影响购买决策的重要质量因素。

第二步，确定不同质量属性在客户决策中的权重。最简单的方法就是让客户根据各质量因素在决策中的重要性打分，然后再汇集不同客户的看法，形成一套统一的权重。

第三步，选择那些对本企业和对其竞争对手都十分了解的客户（既包括本企业的客户，也包括竞争对手的客户），征询他们对本企业和竞争对手在各质量属性上的评价。然后，用客户对本企业每一个属性的评分除以竞争对手相应的得分，得到本企业在各属性上的业绩比率。最后，根据各属性的权重，算出所有质量属性的加权平均值，就可以获得一个总体的市场感知质量水平。

事实上，在某个行业中，每个企业往往都有自己的特色，通常在某个质量水平上处于领先，因此，市场感知质量水平在很大程度上将取决于不同的评价标准和权重体系，即由客户的感知偏好决定权重水平。以高档汽车为例，宝马在驾驶性能上首屈一指，而凯迪拉克却宽敞、舒适，雷克萨斯的故障率十分低。如果客户看重驾驶性能，则在决策时将赋予其较高的权重。因此，不同的目标客户群对质量的感知方式和标准是不同的。客户关系管理的一个重要目的就是区分具有不同感知偏好和特性的客户群，针对不同的客户群采用定制化的策略，全面地满足其要求，实现客户价值的最大化。

2）市场感知价格水平

市场感知价格水平主要用于评估客户对获得某种产品或服务的一种感知付出。在盖尔的模型中，市场感知价格水平也是客户价值分析的重要工具之一。事实上，市场感知价格水平的测评与市场感知质量水平的测评相似，唯一的不同之处是让客户列出影响成本感知的因素，而不是影响质量感知的因素。在获得成本感知因素的基础上，要求客户分别列出不同因素的权重，并评价竞争对手在每一个价格因素上的感知水平。

在某些价格构成要素十分清晰的行业，可能无须评价市场感知的价格水平，但是在大多数行业，评价市场感知价格水平十分重要。表2-3以豪华汽车为例，阐明了如何测评市场感知价格水平。

表2-3中，市场对品牌A的价格满意度是8.3，而对其他品牌的满意度是7.0，因此，相对其他品牌而言，品牌A更具竞争性（价格竞争力指数为1.18），而相对价格比率为0.85，即在消费者的心目中，品牌A的价格水平低于其他品牌。

通常，质量领先的供应商所提供的产品往往价格较高（溢价）。如果感知的溢价水平大于实际的溢价水平，则质量领先者必须采取措施让客户明白——实际的价格差距并非他们所想象的那么大。

不过，对企业而言，最重要的是确保产品的高质量。如果一个企业的产品具有较高的市场感知质量水平，即使价格较高，也足以为客户创造领先的价值水平。

表2-3　　以豪华汽车为例测评市场感知价格水平

价格满意属性	权重	满意度	
		品牌A	其他品牌
购买价格	60	9	7
赠品折价	20	6	6
转售价格	10	9	8
供款率	10	7	7
价格满意度		8.3	7.0
价格竞争力指数		1.18	
相对价格比率		0.85	

3）客户价值图

客户价值图是盖尔的客户价值分析模型中最为直观的工具，它清楚地描述了客户在选择供应商时的决策因素。客户价值图的绘制是在测评市场感知质量水平和市场感知价格水平的基础上进行的。图2-8是以豪华汽车为例，根据收集的相关数据绘制的客户价值图。

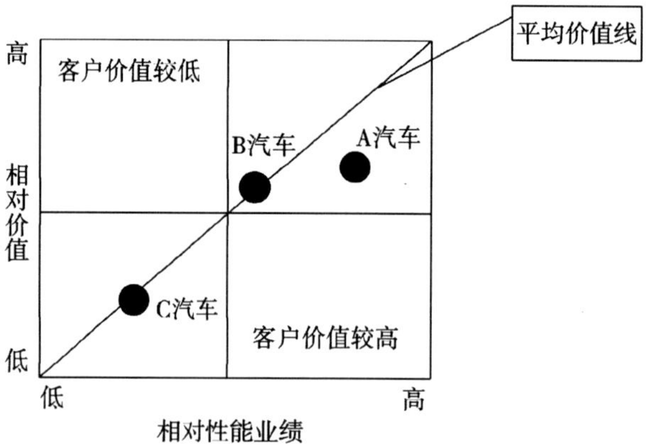

图2-8　以豪华汽车为例的客户价值图

客户价值图是一种功能非常强大的工具。通过绘制客户价值图，企业可以清楚地了解自己及竞争对手的市场定位，有效地制定客户价值战略，为客户创造更大的感知价值，扩大企业的销售量。当企业处于平均价值线右下方时，往往具有较高的客户感知价值，因此更容易获得市场份额。如果某个品牌或产品处于左下象限，则意味着低质低价，右下象限意味着低价高质，右上象限意味着高质高价，而左上象限意味着高价低质。

在图2-8中，尽管客户认为A汽车的价格高于其他品牌（如B和C汽车）的价格，但同样认为其在性能业绩方面优于其他品牌。换句话说，客户对A汽车的感知质量高于其他品牌，因此，A汽车被放在平均价值线的下方和客户价值图的右上象限（高质高价），表明其为客户创造的价值高于其他品牌。

此外，客户价值图不仅可以用于比较不同企业之间的感知价值水平，还可以用于比较同一企业内部不同产品或服务的价值定位。在一个企业内部的业务组合中，某些业务可能获得了大量的价格溢水（premium），但是缺乏高感知质量的支撑；而其他业务可能具有较高的市场感知质量，本可以获得较高的价格溢水，但实际的市场价格偏低。客户价值图可以给高层管理者一个总体的业务组合描述，使其可以据此调整和修正业务组合战略，实现客户价值最大化与企业利润最大化之间的均衡。

盖尔的前三种工具由于使用简单和内涵明了，在客户价值分析中得到了广泛的应用，几乎成了客户价值分析的标准。事实上，其他四种分析工具在客户价值分析中同样十分重要，但是由于操作上较为复杂，因而企业较少采用。不过，通过“得失分析”，企业可以了解客户选择或放弃本企业产品或服务的原因，找出客户的价值感知因素，分析自己的产品或服务相对于竞争对手的优势和不足，从而更有针对性地改善为客户创造的价值。而客户价值分析对照图则是用图形的方式来描述本企业在哪些价值因素上比竞争对手做得好，哪些方面做得差，据此调配企业的资源，以改善业绩提高客户感知价值。

2.4.4 客户价值管理

客户价值管理的根本目的是使企业的经营理念、能力、过程及组织结构与客户感知的价值因素相适应，以向客户传递最大化的价值。换句话说，客户价值管理就是向客户准确地提供其需要的产品或服务。目前，由于基于产品和价格的差别化竞争优势越来越微弱，因此如何吸引客户和如何实现持续成长也就成为各大企业面临的主要问题。基于客户价值创造的竞争优势越来越受到企业界和学术界的重视，越来越多的企业采用客户价值管理方法来识别自己所能创造的价值，而这种价值不仅体现在产品上，还体现在过程和服务上。企业必须调整和营造自身的能力，以期在每一次的客户接触过程中为客户创造其需要的价值。总之，如果一个企业希望成功地开展客户关系管理，吸引忠诚的客户，并依靠客户价值来延续成长态势，客户价值管理至关重要。

关于客户价值管理的内涵，汤普森和斯通给出了一个精辟的定义：客户价值管理是为了获得具有盈利性的战略竞争地位、实现企业能力（如过程、组织结构）和价值链之间协调统一的一套系统方法，其目的在于确保当前的或未来的目标客户能够从企业提供的服务、过程或关系中获得最大化的利益满足。

理解客户价值管理的内涵，必须把握以下几个方面的内容：

1）客户导向型过程

在客户价值管理中，过程的概念十分重要。过程由一系列跨越不同职能部门的活动构成，其目的在于产生预期的结果、产品或服务。比如，过程可能是处理客户的订单或者开发新产品。在过程跨越不同部门时，常常会发生各个部门闭关自守，置企业整体利益和客户利益于不顾的情形。因此，客户价值管理必须系统地管理企业内部的业务流程，消除各部门之间的界限和壁垒。在当今激烈竞争的环境中，经营管理者必须确保企业的每一个过程都是“客户导向型”的，并能不断地根据客户的需求变化作出调整。

2）战略性任务

客户价值管理是战略性的任务，而不仅仅是涉及营销的局部问题。客户价值管理必须应用在战略层次上，考虑客户价值创造和传递过程中的方方面面。客户价值管理不仅仅是营销或客户管理，而是通过企业许多跨部门业务流程的整合，确保企业的产品或服务提供能力与通过营销渠道所作出的承诺相一致。反过来，企业的市场承诺、业务流程和能力也必须与客户的期望结果或价值相符，以驱动目标顾客的行为和忠诚。在客户关系管理中，客户价值管理对于培养客户的忠诚、实现客户挽留意义十分重大。因此，可以说，客户价值管理是客户关系管理中的核心任务之一。

3）盈利性

通过为客户创造超凡的价值，实现客户价值管理的最终目的，即本企业利润的最大化。客户价值管理对企业盈利性的贡献主要通过以下渠道完成：采用客户价值管理，企业可以更有效地为客户创造价值，实现企业目标；通过价值传递，提高客户愿意支付的价格，拉大收入与成本之间的差距，从而增加通过产品或服务提供而实现的利润；通常获得价值满足的客户更容易表现出忠诚度，有助于客户挽留的实现，从而减少企业获取客户的成本和因客户流失而引起的损失。

4）竞争性

在竞争性环境中，企业之间就目标客户的争夺日趋白热化。从某种意义上讲，竞争的成败取决于各企业客户价值管理的效率和有效性。采用客户价值管理，可以确保企业正确地投入和配置适当的资源和能力，以最大化地发挥效率，吸引和获取新客户，挽留老客户，进而发展稳固的客户关系。越是在竞争的环境中，越能体现差别化客户价值管理的竞争优势。

5）整合能力

整合能力指的是如何整合企业的过程、组织结构和基础设施，以有效地向目标市场传递超凡的价值。通常，产品或服务的提供依靠跨部门的协作，因此，整合能力必须能够涵盖整个企业的经营范围——所有的职能部门、所有的地域和所有的产品或服务，以使企业的价值创造活动满足客户的价值需求。

6）价值链

客户价值管理可能会跨越传统的企业边界。任何企业都只是价值链上的一个环节，接受上游企业的输出，实现价值增值后，再传递给下游企业，直到最终消费者。而客户需求的传递方向刚好相反，需求在传递过程中，不断地分解为价值链上各个企业的目标和任务以及对上游企业的产品或服务的需求。在以往，由于协调和沟通上的困难，要优化和管理跨企业价值链中的客户关系并非一件容易的事。随着企业外联网（extranet）等信息系统的发展，优化和管理跨企业价值链也变得越来越简单和容易。

采用客户价值管理，必须实现与价值链上其他参与者的紧密合作，以向下一个环节的客户传递产品或服务。此外，客户价值管理也有利于帮助企业理解和优化与各种客户、供应商的关系，如前向的企业与供应商之间的关系，后向的企业与最终客户之间的关系。

7）满足客户当前或未来的需求

客户价值管理的主要驱动因素是客户的利益需求。客户价值管理不同于传统的市场研究方法，不仅要重视现有产品、服务、过程和关系的特性，还要探测目标市场的价值特性，以满足客户未来的需求。

由此可见，客户价值管理是一系列“以客户为中心”的管理活动，通过对客户需求和偏好的分析和理解来调整和安排企业的业务流程，以有效地为客户提供能满足其需求的产品或服务，提高客户的感知价值，赢得客户的忠诚，最终营造持续的竞争优势。

2.5 客户的盈利能力与客户终身价值

2.5.1 客户盈利能力分析

1）客户盈利能力的计算

客户的盈利能力是指在单位时间内企业从某个客户身上获取盈利的数额。客户盈利能力的计算需要大量的估计和判断，通过客户盈利能力的计算，企业能更清晰地了解盈利机会。

客户的盈利能力等于企业从某个客户购买产品或服务所获得的收益减去企业为吸引该客户所支出的接触成本。其中，企业从某个客户购买产品或服务所获得的收益等于客户购买产品或服务的单位价格与客户在单位时间内购买的数量的乘积；接触成本包括市场营销、管理、仓储、客户服务等相关方面发生的所有成本。用公式表示即为：

$$R=PQ-C$$

式中：R表示单位时间客户的盈利能力；P表示客户购买产品或服务的单位价格；Q表示客户在单位时间内购买的数量；C表示企业为吸引该客户所支出的接触成本。

2）客户盈利能力分析的实施

客户盈利能力分析是一种工具，有助于企业发现基于客户的机会。企业在汇总数据时常常需要依赖准确的估计和判断。下面列举的指导原则可以使分析客户盈利能力的价值最大化。

①抽样调查。在评估客户盈利能力之前，对小部分客户进行抽样调查。这些客户可随机选择，通常包括16位客户。计算其收益和成本以确定客户盈利额及纯利润。然后调查客户，了解当前满意度和未来购买倾向。这些信息对评估忠诚度和未来价值至关重要。抽样调查有三个目的：确定是否展开大规模客户分析；找出盈利性的主要决定因素；寻找获得最大收益的便利途径。

②简单化。在许多情况下，企业不必调整接触成本的每个细节。确认客户盈利的主要决定因素，更容易收集数据，提高对分析的理解。

③合作。将客户盈利能力分析的责任划分给各个部门的管理者，因为客户盈利能力的增加往往要求各个部门通力合作和资源重组。

2.5.2 客户终身价值分析

1）客户终身价值理论

客户关系管理首先提倡的是保持现有客户，实现现有客户的重复购买是企业追求的首要目标，其次才是开拓新市场，吸引新客户。许多企业提出了“一次交易，终身客户”的观念。

客户的终身价值对企业的意义可以通过一组数字反映出来：对北欧航空公司来说，每位商务旅行者20年的价值是48万美元；对凯迪拉克公司而言，每位客户30年的价值是33.2万美元；对于万宝路来讲，每位烟民30年的价值是2.5万美元；对于里兹酒店来说，每位客户20年的价值是14.4万美元；AT&T公司每位客户30年的价值是7.2万美元；可口可乐公司每位客户50年的价值是1.1万美元。

客户终身价值是测量客户关系管理方案成败的关键因素。但是，到目前为止，大多数企业均没有客户终身价值的资料。其中一个重要的原因是，影响客户终身价值的因素非常复杂，而且很多因素的影响目前还缺少较好的量化方法。本节主要分析客户终身价值的组成、影响因素和影响方式，为企业更好地管理客户关系提供一个理论基础。

2）客户终身价值的组成

客户终身价值（customer lifetime value，CLV）是企业与客户在关系维系期间各时间段盈利能力的总和，即企业从客户（个人、家庭或中间商）那里获得的贡献的折现净值。用公式表示即为：

$$CLV=CLV_1+CLV_2+CLV_3+CLV_4+CLV_5+CLV_6$$

式中：CLV表示一个客户终身给企业带来收入的净现值；CLV_1表示客户初期购买给企业带来的收益；CLV_2表示若干时间内客户重复购买以及由于客户提高支出分配为企业带来的收益；CLV_3表示交叉销售带来的收益，即客户在长期内倾向于使用一个企业的更多种产品或服务；CLV_4表示由于企业和客户在长期内更有效地相互配合，使服务成本降低、提高营销效率所带来的收益；CLV_5表示客户向朋友或家人推荐企业的产品或服务给企业带来的收益，即推荐收益；CLV_6表示忠诚客户对价格敏感度降低，不是等到降价或不停讨价还价才购买所获得的收益。

3）影响客户终身价值的因素分析

①贴现率。客户终身价值的简单计算公式如下：

$$CLV=\frac{R}{1+r}\cdot t$$

式中：CLV表示一个客户终身给企业带来收入的净现值；R表示单位时间内客户的盈利能力；r表示贴现率；t表示客户关系的生命周期（年数）。

客户的终身价值与贴现率成反比。贴现率越高，客户的终身价值越小。当贴现率高时，客户在未来一段时间内对企业的贡献在客户终身价值中的比例下降，此时企业应更注重当前的销售状况。

②客户关系的生命周期。客户的终身价值与客户关系的生命周期成正比，客户忠诚的年数越长，客户终身价值中的CLV_2和CLV_3就越大，则CLV就越大。

③产品被提及率。推荐效益是指由客户口碑宣传所带来的效益。产品被提及率与客户终身价值中的CLV_5有密切的关系。如果产品被客户正面提及，则产生正值的推荐收益，会使客户终身价值增大；如果产品被客户负面提及，则推荐收益是负值，会使客户终身价值减少。

④客户收入的变化。当客户的收入增加时，一般用于消费的开支会增加，这会对客户终身价值的几个方面产生影响。随着收入的增加，有可能增加重复购买及交叉销售，使得CLV_2和CLV_3增加。因此，一般客户的终身价值与客户的收入成正比。

⑤客户关系的维系成本。客户关系的维系成本对客户终身价值的影响非常复杂。单纯从维系成本来看，它是客户终身价值的减少项目，即客户关系维系成本的增加会减少客户终身价值。但是，客户关系的维系成本适当增加，对客户的购买行为可能有很大的影响，如提高客户的支出分配，增加客户重复购买率，客户更愿意向其他人推荐等，这些都会增加客户终身价值。因此，客户维系成本维持在一个适当的水平是很重要的。如果维系一个客户的平均

成本比获取一个新客户的成本少，则说明这个水平是适当的，有必要提高客户维系率，增加客户终身价值。

⑥其他因素。影响客户终身价值的还有一些其他因素，如市场内新竞争者的进入以及竞争者的退出都有可能影响客户终身价值。一般较有实力的新进入者，可能使某个企业的客户终身价值降低；而竞争者的退出则有可能使某个企业的客户终身价值提高。此外，竞争者的行为也可能影响企业的客户终身价值。

总之，影响客户终身价值的因素众多，非常复杂。通过全面了解客户终身价值的组成，以及分析哪些因素对客户终身价值有影响及其影响方式，可以帮助企业更加科学地选择合适的方法提高客户终身价值、增加客户资产。

本章小结

对于企业而言，客户是其生存、发展的战略资源，它是企业生产经营活动得以维持的根本保证。按照不同的标准可以将客户分成不同的类型，企业经营的重要作用就是根据客户的价值分类，找到最有价值的客户，对客户关系进行深入有效的研究。

客户满意是客户对某种产品或服务可感知的实际体验与他们对产品或服务的期望值之间的比较。客户满意度是对客户满意程度的度量。对客户满意度进行调查与评价，以便企业提高客户满意度。客户忠诚是指客户对某一特定产品或服务产生了好感，形成了偏好，进而重复购买的一种行为趋向，客户忠诚实际上是一种客户行为的持续性。客户忠诚度是指客户忠诚于企业的程度。客户满意与客户忠诚之间存在十分密切的关系，只有提高客户满意才能加强客户忠诚。

客户价值已经成为一个十分重要的概念，只有增加客户价值，提高客户满意度，培养客户忠诚度，建立稳定、互利、长期的客户关系，才能为企业带来比竞争对手更快的销售增长。

对客户的盈利能力和客户终身价值进行分析，能确定其给企业带来的预期收益，以便企业留住盈利客户，剔除给企业带来亏损的客户。只有这样，企业才能在激烈的竞争中立足和发展。

复习思考题

2.1　什么是客户？客户与消费者的区别是什么？

2.2　简述客户满意度和客户忠诚度的关系。

2.3　客户价值与客户满意度、企业竞争力之间的关系是什么？

技能实训题

2.1 如何进行客户盈利能力的计算？

2.2 如何进行客户终身价值的计算？影响客户终身价值的因素有哪些？

第 3 章

关系营销

学习目标
主要解决的问题

学习目标

了解关系营销的产生与发展历程；能够区分关系营销与传统营销的不同；理解并掌握关系营销与客户关系管理的联系。

◆ 主要解决的问题

什么是关系营销；关系营销的特征及目标；关系营销的意义以及如何实施关系营销。

3.1 关系营销的产生与发展

管理大师彼得·德鲁克（Peter Drucker）曾说过，管理的目标在于创造客户。如果管理的目标是创造客户，那么客户关系就是企业生存和发展的生命线。客户关系管理不仅仅要创造新的客户，还要维持老客户，提高客户的满意度和忠诚度，提升客户的价值和利润。它所蕴含的资源和商机，将为企业提供一个崭新而又广阔的利润空间。随着市场经济的发展，客户关系逐渐受到广泛的重视，并成为关系营销这种新的营销模式生长的客观基础。客户关系管理也成为关系营销的一种手段和方法。

3.1.1 关系营销理论的产生背景

1）企业管理理念的转变

（1）以产品为中心

企业经营理念随着市场环境的改变而不断改进。以前，企业所面对的是卖方市场，需求巨大、供给不足。企业只要能生产出产品，就不愁卖不出去。提高产品质量是管理的中心，这时的企业管理基本上是以产品为中心的产值理论。

（2）以销售为中心

随着技术的进步，商品逐渐丰富，竞争的出现迫使企业提高经营管理水平和生产效率。管理者逐渐认识到企业所面临的问题已不再是扩大生产规模，而是产品销售。企业不再把目光投向如何生产出更多的产品，而是以如何将产品卖出去为目标。由此，产品中心论被销售中心论所代替，企业把重心转向销售环节。

（3）以利润为中心

为了生存和发展，企业一方面提高产品质量，另一方面强化销售。但是，产品成本和销售费用的提高却造成利润大幅下降。这时企业管理的重心开始转向以利润为中心的成本管理。而成本是不能无限压缩的，当在一定质量保证的前提下成本的挖掘已经到了极限时，成本压缩必然以产品质量的下降或提供给客户价值的降低为代价，其结果必然是被市场所抛弃。

（4）以客户为中心

企业从内部挖掘转向争取客户，转向企业的市场营销、销售和客户服务等部门的管理。企业的客户意识开始加强，客户地位逐渐提高，“客户就是上帝”成为企业的口号。

客户真正掌握市场主动权是在互联网时代到来之际。如果客户对企业的产品或服务不满意，只要轻轻点击鼠标就可以作出新的决定。由此可见，在竞争日趋激烈的今天，影响企业生存和发展的因素不再是企业本身的产品，而是客户对你的产品是否满意。企业只有从客户的角度出发，以客户为中心，为客户创造更多的价值，建立长久稳定的客户关系，才有可能生存发展下去，并成为行业中的佼佼者。

随着管理理念的不断变化，企业由关注内部管理向内外兼顾转化。“以产品为中心”转向“以客户为中心”，企业的主要活动也由扩大生产规模转向客户关系管理。同时，企业投入大量的人力、物力和财力，不断地改变企业利润下降的局面，达到提升客户满意度的目标。事实上，“客户中心论”就是以客户的需求为中心，通过不断地提高客户满意度来获取利润，最终实现企业与客户的“双赢”。总体来说，企业管理理念的变化主要经历了以下四个过程，见表3-1。

表3-1 **企业管理理念的演变过程**

项　目	产生背景	管理焦点	核心活动
产值中心论	卖方市场，产品供不应求	产值（量）	扩大生产规模
销售中心论	经济危机，产品大量积压	销售额	促销，质量控制
利润中心论	竞争激烈，实际利润下降	利润	成本管理
客户中心论	客户不满，销量滑坡	客户满意	客户关系管理

2）营销观念的转变

市场营销不仅是一门与时俱进的科学，而且注重实践与应用。随着竞争的加剧和科学技术的进步，营销理论不断地推陈出新，营销观念也在发生变化。著名的营销学家菲利普·科特勒在其著作《市场营销学》中把营销观念分为五个层次，即生产观念、产品观念、推销观念、市场营销观念和社会营销观念。

（1）生产观念

生产观念是指导销售者最古老的理念之一，产生于20世纪20年代初期。生产观念不是从消费者需求出发，而是从企业生产出发，主要表现是“我生产什么，就卖什么”。它的营销重心在于大量生产，力求产品标准化，通过降低制造和分销成本，以产品的低价格销售来吸引消费者。因为生产观念坚持认为，消费者会喜欢那些随处可以买到的、价格低廉的产品。因此，生产观念导向组织的管理部门总是把注意力集中在改进生产和销售效率方面。例如，美国皮尔斯堡面粉公司在20世纪20年代，一直运用生产观念指导企业的经营。当时，这家公司提出的口号是“本公司旨在制造面粉”。美国汽车大王亨利·福特曾傲慢地宣称：“不管客户需要什么颜色的汽车，我只有一种黑色的。”很显然，生产观念是一种重生产、轻市场的商业哲学。

（2）产品观念

产品观念认为，消费者欢迎那些质量最优、性能最好、特点最多的产品。因此，企业应该致力于生产优质产品，并不断对其产品进行改进，使之逐步完善，达到扩大销售额，获得更多利润的目标。产品观念的产生源于20世纪30年代的经济危机和机械化大生产的普及时期。由于生产率提高，产品大量生产，出现供过于求的现象。企业认识到其严重性，开始实施质量管理并控制产品数量，以确保利润的增长。“销售中心论”在这一时期影响着产品观念的发展。当企业发明一项新产品时，产品观念就应运而生。这时，企业最有可能导致“市场营销近视”，即不适当地把注意力放在产品上，而不是放在市场需要上，在市场营销管理中缺乏远见，只看到自己的产品质量好，看不到市场需求在变化，致使企业经营陷入困境。例如，铁路管理部门曾经认为，客户需要的是火车而不是运输，所以就忽视了来自日益增长的飞机、公共汽车、卡车和小汽车的竞争。

（3）推销观念

推销观念产生于20世纪30年代末期，其指导思想是“利润中心论”。推销观念认为消费者是被动的，需要企业派出大量的推销人员，运用各种推销手段去说服客户购买企业的产品。推销观念和前两种观念一样，也是建立在“以产定销”基础上的，而不是以满足消费者真正的需求为目标。在推销观念的压力下，很多企业开始重视推销工作，纷纷成立推销机构，组建推销队伍，培训推销人员。

（4）市场营销观念

市场营销观念形成于20世纪50年代，其指导思想是“客户中心论”。该观念认为，实现企业诸多目标的关键在于正确确定目标市场的需要和欲望，以消费者为中心，并且比竞争对手更有效地生产和销售目标市场所期望的产品。市场营销观念从明确的市场出发，以客户需求为中心，协调所有营销客户的活动，并通过创造性活动来满足客户需要，从而获取丰厚的利润。它要求企业的一切活动都围绕满足客户的需求来进行，以市场需求作为企业经营的出发点。

推销观念和市场营销观念有着根本的区别：推销观念注重卖方需要，市场营销观念则注重买方需要；推销观念以卖主需求为出发点，考虑如何把产品变成现金，而市场营销观念则考虑如何通过制造、销售产品以及提供与最终消费产品相关的服务来满足顾客的需要。市场营销观念的产生，是市场营销哲学的一次质的飞跃和革命，它不仅改变了传统的旧观念的逻辑思维方式，而且在经营策略和方法上也有很大突破。

（5）社会营销观念

社会营销观念认为，组织应该确定目标市场的需要、欲望和利益。然后，以一种能够改变消费者和社会福利的方式向客户提供更高的价值。自20世纪70年代以来，环境不断遭到破坏，资源日益短缺，人口爆炸性增长，通货膨胀席卷全球，新的社会问题不断涌现，要求企业顾及消费者整体与长远利益。市场营销学界提出了一系列的新观念，如人类观念（human concept）、理智消费观念（intelligent consumption concept）、生态准则观念（ecological imperative concept）。其共同点是，认为企业生产经营不仅要考虑消费者需要，而且要考虑消费者和整个社会的长远利益，这就是社会营销观念。

前三种营销观念都是以企业自身为出发点，没有考虑消费者的需求。随着社会经济的不断发展，消费者开始向市场提出了更高的要求，卖方市场开始向买方市场转变。企业越来越感觉到客户的重要性。因此，企业的营销观念开始发生了质的变化，由生产和产品导向转向客户导向。

3）关系营销理论及其产生背景

（1）关系营销理论

近年来，随着全球经济一体化和市场竞争激烈化的不断加深，传统的市场营销理念受到了严重的冲击，特别是20世纪80年代后，西方的营销专家、学者突破了传统的市场营销理论的桎梏，积极研究和探索出了适应当代企业竞争要求的新的营销理论——关系营销理论，并成为21世纪企业营销的指导思想。

所谓关系营销，是指为了使企业与客户、分销商、零售商及供应商建立一种长期、信任、互惠的关系，企业必须向这些个体及组织承诺和提供优质的产品、良好的服务以及适当的价格，从而与这些个体和组织建立并保持一种长期的经济、技术和社会的关系纽带。企业通过营销关系的建立形成了一个营销网络，将企业、供应商、分销商和客户等网络成员联系在一起，并形成牢固和互相依赖的商业关系。此时，市场营销的功能也就发生了变化，从过去使每次交易的利润最大化转变为使网络成员长期利益最大化，在此基础上满足客户的需要，使企业与供应商、分销商互惠互利、共同发展。

（2）关系营销理论的产生

关系营销理论的产生具有较为深刻的时代背景和根源，是人类文明发展的必然要求。

①社会经济迅速发展。随着市场经济的繁荣和发展，物质产品的不断丰富，市场已由原来的卖方市场转向买方市场。企业之间的竞争日益激烈，竞争手段也更加多样化。同时，先进科学技术的应用使产品之间的差异减小，企业很难再通过产品、渠道和促销等传统营销手段取得竞争优势。而且企业之间营销活动的效果相互抵消，传统营销活动的效果越来越不明显。这些促使企业与客户保持良好的关系，以形成稳定市场，同时企业与客户之间的交流也因为竞争的加剧而变得更加迫切。

②信息技术发展。信息技术的发展使得人与人之间的空间距离相对缩短，企业之间、企业与客户之间的依赖性、相关性也越来越强，彼此之间的交流和协作更加便利。作为企业，对这种时代特征不可视而不见，尤其是在营销策略方面，要处理好这种“互动关系”，形成持续发展的基础和动力，达成企业战略目标。

3.1.2 关系营销理论的发展及重要学派

任何理论的发展都是以核心概念的提出为基础的。关系营销的概念是在1983年由美国从事服务营销研究的学者Berry提出并给予定义的。概念正式提出后，关系营销很快成为营销学领域的一个研究热点。营销学理论的发展过程，主要分为以下几个阶段：

20世纪80年代，关系营销主要是站在某一产业的角度来探讨如何建立与客户的长期关系。Berry在1983年不仅明确提出了关系营销概念，而且从服务业的角度提出发展关系营销的五种战略。这五种战略分别是核心服务战略、关系专门化战略、服务提升战略、关系定价战略和内部营销战略。Berry是最早明确提出获得新客户的成本要高于保持和发展现有客户关系成本的学者。这一理念的提出为关系营销的发展打下了坚实的基础。Theodore Levitt从产业营销的角度出发，于1983年提出了供应商与客户关系的真正价值应该在销售工作完成后得到增加的思想。1985年，Jackson通过对产业市场上企业采购情况的案例搜集，对转换成本进行了详细的讨论。Jackson作为最早对关系营销和交易营销的特点进行系统比较的学者之一，他坚持认为，为了达到对客户行为的管理目标，企业应分析客户的转换成本。20世纪90年代初，许多有影响力的理论在关系营销领域不断出现。这些理论不仅扩展了关系营销的适应范围，而且对关系营销理论的发展作出了贡献。

20世纪末，企业组织结构向网络化转变。随着战略营销联盟等企业合作形式的推广以及计算机信息技术的迅速普及，关系营销研究吸引了众多学者的研究兴趣，呈现出学派纷呈的繁荣景象。从总体上来看，目前国际上比较有代表性的关系营销理论主要有以下几种：

1）英澳学派的六市场模型

英澳学派的理论把对企业营销有影响的因素划分为六个市场，即客户市场（已有的和潜在的客户）、供应商市场（要成为供应商的伙伴而不是对手）、分销商市场（协助企业销售其产品或劳务）、竞争者市场（寻求资源共享或优势互补）、相关利益者市场（财务分析人员、记者、政府）、内部市场（组织及其员工）。企业实施关系营销战略必须开发和促进与六个市场的关系。

2）投入-信任理论

美国学者摩根和亨特将影响企业营销成功的关系分为四组共十种合伙关系，即供应商合伙关系（产品供应商、服务供应商）、隐性合伙关系（竞争者、非营利组织、政府）、购买者合伙关系（最终客户、直接客户）、内部合伙关系（职能部门、员工、业务单位）。关系营销是直接指向建立、发展和维持成功交换关系的所有的营销活动。

3）顾木森的30R理论

瑞典学者顾木森认为，关系营销就是从关系、网络和交互的角度看营销。他把企业面临的关系分为市场关系和非市场关系两大类共30种关系。市场关系主要包括客户与供应商、分销渠道、客户与服务提供者等17种关系；非市场关系主要包括人际和社会网络、大众媒体、内部客户、所有者等13种关系，其中，客户关系是核心。

4）格鲁路斯的价值、交互和对话过程理论

芬兰学者格鲁路斯把关系营销看成是包含了价值、交互和对话的过程，即为客户创造价值是关系营销的目的，交互过程是关系营销的表现形式，对话过程则是关系营销的沟通层面。他认为，关系营销是指为了满足企业和相关利益者的目标而进行的识别、建立、维持、促进并在必要时终止的过程。它通过相互交换和履行承诺实现。

5）科特勒的全面营销理论

1991年科特勒提出全面营销概念，认为只对客户展开营销是不够的，企业必须进行全方位的营销。科特勒识别出企业环境中十个重要营销对象，包括直接环境中的供应商、分销商、最终用户和员工，间接环境中的金融机构、政府媒体、联盟者、竞争者和公众。全面营销就是对这十个方面展开营销。

3.2 关系营销概述

3.2.1 关系营销的含义

自从“关系营销”概念提出以来，许多学者从各个方面对其展开研究。营销学家库特将众多针对关系营销的研究成果划分为三大流派：一是建立在克里斯托弗、佩恩等研究基础上，强调将质量管理、服务营销理念和客户关系经济学紧密联系在一起的英澳流派；二是以格鲁路斯为代表的建立在工业营销的互动网络原理、服务营销理念和客户关系经济学相结合的基础上的北欧流派；三是以白瑞为代表的主张在企业内部就买卖双方的关系进行强化教育，并相应地提高企业在这方面的经营管理水平的北美流派。无论是英澳流派，还是北欧流派或北美流派，都围绕着解释关系营销概念而展开讨论。其中较有代表性的观点如下：

①白瑞（L.Berry）从建立重视客户关系的企业文化，将会对企业进行的外部营销活动产生积极的影响，企业保持老客户比吸引新客户的营销效率更高的现象出发，认为关系营销的实质就是要保持和改善现有客户。

②格鲁路斯（Gronroos）在白瑞的关系营销的概念基础上，分别在1990年和1996年先后提出并发展了关系营销的定义。格鲁路斯认为，关系营销是为了满足企业和相关利益者的目标而进行的识别、建立、维持、促进同消费者的关系，并在必要时终止关系的过程。这只有通过交换和承诺才能实现。

③顾木森（Gummesson）从企业竞争网络化的角度对关系营销进行定义。顾木森认为，

全球的竞争是在企业网络之间进行的，而不再是单个企业之间的竞争。关系营销就是把营销看作关系、网络和互动。

④塞斯（Sheth）和帕维提亚（Parvatiyar）强调合作的重要性，提出关系营销是通过合作来与选定的客户、供应商、竞争者为创造价值而建立密切的互动关系的导向。合作是关系营销的手段，价值创造是关系营销的目的。

⑤摩根（Morgan）和亨特（Hunt）从经济交换与社会交换的差异来认识关系营销。他们认为，关系营销是旨在建立、发展和维持成功交换关系的所有营销活动。

目前，综合不同学者对“关系营销”的定义，我们可以得出对“关系营销”的三种理解：第一，关系营销是一种买卖之间依赖关系的营销方式；第二，关系营销是识别、建立、维护和巩固企业与客户及其他利益相关者的关系的活动，并通过企业的努力，以成熟的交换及履行承诺的方式，使活动涉及各方面的目标在关系营销活动中实现；第三，关系营销是在个人和群体交换产品和价值的同时，创造双方更加亲密的相互依赖关系，用以满足社会需要和消费者欲望的管理过程。

总体来讲，关系营销是由一系列的社会活动组成的一个过程。在这个过程中，为了达到共同的营销目标，利益各方相互交流，并形成一种既稳定又相互信任的关系。从实践的角度来看，关系营销已经完全突破了企业与消费者之间的这层关系，并向供应商、中间商以及其他与企业有直接、间接联系的社会团体、政府职能部门及个人方面延伸。

3.2.2 关系营销的发展基础

关系营销是由“大市场营销”的概念衍生发展而来的。1984年，菲利普·科特勒提出了所谓的“大市场营销”概念，目的在于解决国际市场的进入壁垒问题。对于传统的市场营销理论而言，企业外部环境是被当作“不可控因素”来对待的，其暗含的假设是：当企业在国际市场营销中面临各种贸易壁垒和舆论障碍时，就只得听天由命。因为传统的4Ps组合策略，在贸易保护主义日益盛行的今天，已不足以打开封闭的市场。要想打开封闭的市场，企业除了需要运用产品、价格、分销及促销四大营销策略外，还必须有效运用政治权力和公共关系这两种营销工具。这种策略思想被称为“大市场营销”。

虽然关系营销来自科特勒的“大市场营销”，但是它的产生和发展同时也大量来自对其他科学理论的借鉴、对传统营销理念的拓展和信息技术的驱动。

1）关系营销是对其他科学理论的广泛借鉴

这种借鉴主要来自系统论、协同学的役使原理和广告传播学的理论精髓。

（1）关系营销对系统论的借鉴

系统论把社会、组织及其他事物都看作一个个的系统，而这些系统又是由若干子系统构成的。整个系统的运转依赖于这些子系统及其构成要素间的相互依赖和作用。从系统论的观点来看，企业是一个由子系统组成的，并与其所处环境有可确认的边界的系统。研究者和管理者需要了解子系统内部、子系统之间以及企业与环境之间的关系。其作用就是要确定关系的模式或各变量之间的结构，并采取有效措施以保证系统的有效运行，企业营销就需要处理和管理好上述各种关系。

（2）关系营销对协同学的借鉴

协同学认为，在系统中要素子系统之间的相互作用导致系统性质的改变。每一个系统的运动都有两种趋向：一种是导致系统瓦解的重要原因，即自发地倾向无序的运动，另一种是子系统之间的关联引起的协调、合作运动，这也就是系统自发走向有序的重要原因。役使原理表明，无序就意味着杂乱无章，存在大量不同的可能性。占据主导地位的序参数迫使其他因素和状态纳入它的轨道，从而使一切事物有条不紊地组织起来。而协同本身是一种自组织能力，这种组织能力是以信息联系为基础，通过反馈控制来实现的。当系统与环境进行物质、能量、信息交换时，自组织能力体现在控制与调整环境系统内各子系统，使之协同运作，保持系统的和谐有序运转。协同学的这一原理对于研究企业内部及企业与外部环境之间的关系具有重要意义。实际上，协同正是关系营销所要追求的利益。因为系统虽具有自组织能力，但如何减少无序的状态和无序状态保持的时间，对于关系营销来说无疑是一个具有实践意义的课题。

（3）关系营销对广告、传播学的借鉴

传播是关系双方借以交换信息的符号传递过程。在此过程中，使信息的发送者和接收者的认识趋于一致是传播的最终目的。传统营销中，广告等大众传播方式（单向传播方式）是企业与消费者进行沟通的主要渠道。通过这一方式能够实现沟通目标，主要是因为厂商控制着大部分的产品信息，依靠这些有限的信息也可以进行决策。现代传播将是一种双向沟通，企业与客户之间的信息交换将经历如下过程：第一步，企业要了解客户所拥有的信息形态和信息内容；第二步，通过某种渠道和方式明确客户对信息的需要；第三步，以适当的方式传递信息。整合营销传播就是对传统营销理论和传播学的抽象和升华。在这个概念中，广告、促销、公共关系、直销，以及媒体计划等一切营销活动构成传播的全部含义，并用一致的信息与客户沟通，即“用同一种声音说话”。从这个意义上说，传播就等于营销，营销的过程也就是传播的过程。

2）关系营销是对传统营销理念的有力拓展

传统的市场营销理论认为企业营销是一个利用内部可控因素来影响外部环境的过程。对内部可控因素的总结是4Ps组合，即产品、价格、分销、促销策略。营销活动的核心在于制定并实施有效的市场营销组合策略。但实践证明，传统的营销理念很难再有效地帮助企业获得经营优势，因为任何一个企业都不可能独立地提供营运过程中所有必要的资源，而必须通过银行获得资金、从社会招聘人员、与科研机构进行交易或合作、通过经销商分销产品、与广告公司联合进行促销和媒体沟通。不仅如此，企业还必须被同行企业、社区公众、媒体、政府、消费者组织、环境保护团体等所接受。因此，企业与这些环境因素联系密切，构成了保障企业生存与发展的事业共同体，而共同体中的伙伴建立适当的关系就形成一张巨型的网络。对于大多数企业来说，企业的成功正是因为充分利用了这种网络资源。这样，对企业资源的认识，就从企业“边界”以内扩展到了企业“边界”以外，即包括所有与企业生存和发展具有关联的组织、群体和个人，以及由这些“节点”及其相互间的互动关系所构成的整个网络。而这些关系是否稳定，以及是否能给网络的成员带来利益的增长，即达到“多赢”的结果，则依赖于有效的关系管理，包括利益的共享、通过“感情投资”在伙伴间建立亲密的关系等。

3）信息技术是关系营销发展的驱动力

现代信息技术的发展为各种营销伙伴关系的建立、维护和发展提供了低成本、高效率的沟通工具，它提供了关系营销所必需的基本技术条件。此外，从客户角度来看，信息技术的发展，使得客户得到更多的信息，并对其获得的产品或服务进行比较，从而使客户变得越来越挑剔。

3.2.3 关系营销的特征及目标

关系营销是一种旨在建立和管理企业各种关系的营销理论。它将企业置于社会经济大环境中来考察，把企业看作一个与客户、供应商、竞争者、政府及其他公众互动作用的过程。

1）关系营销的本质特征

（1）沟通的双向性

在关系营销中，沟通应该是双向的而非单向的。社会学认为，关系是信息和情感交流的有机渠道，良好的关系使渠道畅通，恶化的关系使渠道阻滞，中断的关系则使渠道堵塞。交流可以由企业开始，也可以由营销对象开始。广泛的信息交流和信息共享，才能使企业赢得各个相关利益者的支持和合作。

（2）战略的协同性

在竞争日益激烈的市场上，明智的营销管理者强调与利益相关者建立长期的、互信互利的关系。这可以是一方自主地调整自己的行为，也可以是关系双方都调整自己的行为。关系双方可以相互学习，相互取长补短，协同行动去实现对双方都有益的共同目标。在企业与客户、分销商、供应商，甚至竞争者建立长期的、彼此信任的关系时，可以有以下两种选择：一是顺从。在这种关系中，关系双方中的一方自愿或自主地调整自己的行为，按照对方的要求行事。二是顺应。除包含顺从的含义外，顺应还包括关系的主客体两方为保持这种良好的关系各自修改、调整自己的目标、行为、态度等，以适应对方的要求，创造合作基础上的共同发展，共同获得长期利润。

（3）营销的互利性

关系营销是建立在双方利益互补的基础上的。假如没有各自利益的满足与实现，双方就不会建立良好的关系。既然如此，就要求交易双方互相了解对方的利益，寻求利益的契合点，并努力使利益得到共同实现。

（4）反馈的及时性

关系营销要求建立专门的管理机构，用以追踪利益相关者的态度。关系营销应具备一个反馈的渠道，它的主要任务就是连接关系双方。企业通过此渠道了解环境的动态变化，根据合作方提供的信息，改进产品和技术。信息的及时反馈，使得关系营销更具有动态的应变性，有利于发现新的市场，有助于挖掘潜在客户。

（5）利益的长期性

发展关系营销的目的是希望将买卖双方长期地联系在一起，因此企业在保证盈利的条件下，要兼顾客户和网络中其他成员的利益，而且必须实现整个网络长期利益的最大化，不能只为了短期的、局部的利益而损害了长远的、全局的利益。

2）关系营销的目标及核心

关系营销实际上是一个双赢的策略。企业和客户之间是相互依存的关系，它们之间存在共同的利益。一方面，客户支付价值获得使用价值；另一方面，企业让渡产品使用价值获得利润。企业通过为客户创造价值来实现自己的价值，而客户通过向企业付出价值实现了产品的使用价值。由此可以清楚地看出，企业与客户之间是一种合作的、双赢的关系。

关系营销的核心就是保持客户。通过加强与客户的联系，与客户长期保持关系，并在此基础上开展营销活动，为客户提供高度满意的产品和服务，实现企业的营销目标。企业通过建立关系营销网络，使其成员之间建立了稳固、相互依赖的商业关系。关系营销的目的在于减少每次交易的成本和时间，把客户的购买行为转变为习惯性的动作，建立客户的忠诚度，从而取得企业长期稳定的发展。此时，企业和客户都得到了满足，也就达到了双赢的效果。

关系营销的目标是客户忠诚。很多研究者把客户忠诚与客户保留混为一谈，其实二者之间相差甚远。客户保留是指客户重复的光顾，只是一种行为。而客户忠诚涉及行为和态度两个方面的因素。客户忠诚的前提是客户满意，而客户满意的关键条件是客户价值的提升，客户价值的提升在于发掘客户的真实需求并加以满足，而关系营销能将以上过程关联起来并加以实现。何尔曼·迪勒认为，关系营销的目标就是客户忠诚而不是客户保留。因为如果不忠诚的客户有了其他选择，他们就会离开。通过实施关系营销，培养客户忠诚，不仅可以给企业带来丰厚的利润，还可以节约成本，提高利润率。

3.2.4 关系营销与传统营销

关系营销与传统营销观念相比，最根本的区别在于：传统营销观念是一种短期的概念，其核心是商品交换；而关系营销的核心是“关系”，指在双方之间建立一种联系，这则是一个长期的概念。

关系营销特别适合于生产者市场。它的主要内容是对客户进行科学的管理，而方法则灵活多样。比如，可以借助计算机建立客户数据库，使企业准确了解客户的有关信息，使产品得以准确定位，同时使企业促销工作更具针对性，从而提高营销效率。运用数据库与客户保持紧密联系，无须借助大众传媒，比较隐秘，不易引起竞争对手的注意。此外，还可通过建立客户俱乐部、客户信用卡、会员卡制度及对关键客户专门设立关系经理等方式进行客户管理。

1）关系营销与交易营销

交易营销是着眼于产品或服务的实际交易过程的营销理念，而关系营销更加注重同客户建立并保持长期的联系。德国汉诺威大学的索斯顿·亨尼格梭罗和尤苏·拉汉森认为，关系营销是对传统营销方式的重新看待。其实质是通过建立与维持同现有客户及利益相关者的关系而获利。它与传统的只注重与客户的单次交易的交易营销有很大的不同。在交易营销中，销售完成后互动关系即告终止，而关系营销认为销售是长期商务关系的开始。二者具体区别如下：

①以产品交易为导向的传统营销理论认为，市场是由同质的、无关紧要的个体客户组成的。关系营销认为，市场中的每个客户的需求、愿望和购买能力存在很大的差异，每个客户对企业的价值也是不同的。

②交易营销认为，市场中交易双方的主动性不同，即“积极的卖方”和“消极的买方”，买卖双方是各自独立的。市场营销就是卖方的单方行为，卖方用产品、价格、促销等营销组合手段刺激客户购买。关系营销则认为，市场并不都是由“积极的卖方”和“消极的买方”组成的。在有些情况下，具有特定需求的买方也在努力寻找合适的供应商。买卖双方是互动的关系，关键在于发现买卖双方合适的价值结合点。

③交易营销认为，交易活动是由具体的单个事件组成的，并且各个交易活动之间没有任何影响。关系营销则认为，供求双方的交易是一个连续不间断的过程，前一次的交易往往对以后的交易活动产生影响。

④交易营销的产品主要是指产品的实体价值，而关系营销认为产品的价值不仅包括实体价值，还包括附加在实体产品之上的服务。比如，与供应商交易过程中愉悦的心情、与产品

相关的咨询以及技术服务的支持等。

⑤交易营销完全依靠市场价格机制发挥作用，而关系营销却以“关系”作为研究的核心。关系营销认为，客户在交易中不仅要得到经济价值，还要追求经济价值以外的其他价值，客户是有限理性的“社会人”，关系营销要考虑客户在心理上以及情感上的满足。

⑥交易营销的价值源于产品交易活动完成后价值在供应商、客户、分销商等价值链上的分配。关系营销则认为，价值是供应商和客户在交易的沟通过程中共同创造的，是一种值得重视的新的价值。客户购买产品不仅考虑产品价格的高低，还要考虑其他因素，如供货的稳定性等。与交易营销相比，企业在与客户、供应商、分销商、竞争者相互的合作过程中，由于资源相互依赖、共同开发、信息共享、组织学习等因素，关系营销更关注价值的重新创造和客户的利益。

⑦交易营销与关系营销的区别，见表3-2。

表3-2 **交易营销与关系营销的区别**

交易营销	关系营销
关注一次性的交易	关注客户保持
较少强调客户服务	高度重视客户服务
有限的客户承诺	高度的客户承诺
适度的客户联系	高度的客户联系
质量是生产部门所关心的	质量是所有部门所关心的

由此分析可知，两种不同的营销方式在具体行业应用中的作用有所不同：第一，当服务在产品交易中的作用越来越突出时，关系营销更优于交易营销；第二，在大宗产品、设备、专业服务等领域，我们已经看到关系营销比交易营销更适用；第三，在消费品行业，关系营销更多地适用于与经销商的合作，而与终端消费者的合作更多的是交易营销。

2）关系营销与服务营销

服务营销作为20世纪80年代营销思想发展的主流之一，与关系营销的共同之处在于：强调关系在企业营销活动中的重要性。然而，服务营销和关系营销对于关系在营销中的地位及范畴的理解是有本质区别的，主要表现见表3-3。

表3-3 **服务营销与关系营销的区别**

服务营销	关系营销
把关系看成是与其他因素并列的一个营销变量	把关系看成是营销活动的核心
主要强调与客户建立良好关系	客户关系与公众关系并重
主要通过客户服务来建立关系	服务只是手段之一
没有突破传统的4Ps的模式	建立除产品之外的其他关系

3）关系营销与庸俗营销

这里所说的庸俗营销主要表现为“拉关系，走后门”，认为关系营销就是通过“拉关系，走后门”来进行的营销活动。事实上，这是一种错误的观点，关系营销与庸俗营销有着本质的区别，主要表现见表3-4。

表3-4 **庸俗营销与关系营销的区别**

庸俗营销	关系营销
市场经济不发达的产物	市场经济高度发达的产物
透明度较低并且经常是一些违法行为	通过客户服务、客户参与及客户组织等手段来进行，透明度较高
只是一种暂时的合作关系	建立兼顾双方利益的稳定的长期合作关系
很容易造成资源的极大浪费，助长社会的腐败之风，并且经常损害他人的利益	有利于整个社会的进步，可以减少交易成本，实现资源的优化配置，不损害第三者和社会的利益

3.2.5 关系营销中的关系

传统的交易营销主要涉及企业和外部客户的关系，而关系营销中的"关系"却非常广泛。关系营销是建立在客户、关联企业、政府和公众三个层面基础上的，它要求企业在进行经营活动时，必须处理好与这三者的关系。

1）建立、保持并加强同客户的良好关系

客户是企业生存和发展的基础。企业离开了客户，其营销活动就成了无源之水、无本之木。市场竞争的实质就是争夺客户。要想同客户建立并保持良好的关系，必须做到：首先，真正树立以客户为中心的观念，一切从客户出发，并将此观念贯穿于企业生产经营全过程。其次，切实关心客户利益，提高客户满意度。消费者在购物后会衍生出许多问题。为此，许多企业设立了服务热线电话，客户只要拨通热线电话，就可以得到与企业产品有关的一切服务。最后，重视情感在客户作出购物决策时的影响作用。飞速发展的技术使人们之间沟通的机会减少，但人们却迫切希望进行交流，追求高技术与高情感的平衡。企业在经营中要注意到客户的这种情感因素，并给予重视。平安保险公司对投保客户每人赠送一张消费优惠卡，持卡购物消费一律实行优惠。这种富有人情味的情感营销手段，既使客户感到了温情，又使企业增加了保额。外部客户固然重要，内部客户也不可忽视，因为只有内部客户满意，才有可能使产品和服务质量提高，进而满足外部客户的需求。

2）与关联企业合作，共同开发市场

在传统市场营销中，企业与企业之间是竞争关系，企业为在竞争中取胜，往往不择手段。这种方式既不利于社会经济的发展，又易使竞争双方两败俱伤。关系营销理论认为，企业之间存在合作的可能，通过关联企业的合作，将更有利于实现企业的预期目标。

（1）企业合作有利于巩固已有的市场地位

当今市场，细分化的趋势越来越明显，竞争日趋激烈，通过合作，可增强企业对市场的适应能力。

（2）企业合作有利于企业开辟新市场

企业要想进入一个新市场，往往会受到许多条件的制约。但若在新市场中寻找一个合作伙伴，许多难题将迎刃而解。

（3）企业合作有利于多角化经营

企业不可能对所有领域里的经营活动都十分熟悉，在陌生的领域，企业将要承担很大的风险。通过与关联企业合作，可以大大降低风险。

(4) 企业合作有利于减少无益的竞争

同行业竞争容易导致许多恶果，如企业亏损剧增，行业效益下降，而企业间的合作可使这种不良竞争减少到最低程度。

3）与政府及公众团体协调一致

企业是社会的一个组成部分，其活动必然要受到政府有关规定的影响和制约。在处理与政府的关系时，企业应该采取积极的态度，自觉遵守国家的法规，协助研究国家所面临的各种问题的解决方法和途径。关系营销理论认为，如果企业能与政府积极合作，树立共存共荣的思想，那么政府就会制定出调节营销活动合理化、避免相互矛盾、帮助营销人员创造和分配价值的政策。

3.2.6 关系营销的市场模型

关系营销又称顾问式营销，是指企业在盈利的基础上，建立、维持和促进与客户和其他伙伴之间的关系，以实现参与各方的目标，从而形成一种兼顾各方利益的长期关系。关系营销的市场模型概括了关系营销的市场活动范围。企业如果想在本行业立于不败之地，就必须了解六大市场并处理好它们之间的关系。关系营销的六市场模型如图3-1所示。

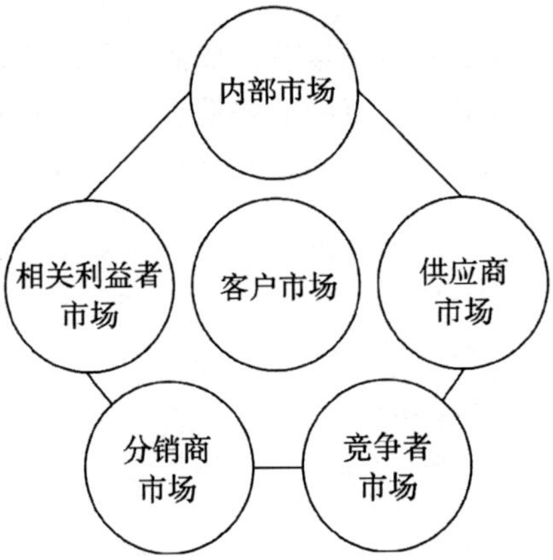

图3-1 关系营销的六市场模型

1）客户市场

客户市场是六市场模型的核心。客户是企业存在和发展的基础，市场竞争的实质是对客户的争夺。最新的研究表明，企业在争取新客户的同时，还必须重视留住老客户，培育和发展客户忠诚。企业可以通过数据库营销、发展会员关系等多种形式，更好地满足客户需求，增加客户信任，密切双方关系。

2）供应商市场

任何一个企业都不可能独自解决自己生产中需要的所有资源。在现实的资源交换过程中，资源的构成是多方面的，至少包含了人、财、物、技术、信息等方面。与供应商的关系决定了企业所能获得的资源数量、质量及获得的速度。企业必须与供应商结成紧密的合作关系，进行必要的资源采购。另外，企业在市场上的声誉也部分地来自与供应商所形成的关系。

3）内部市场

内部营销起源于这样一个观念，即把员工看作企业的内部市场。任何企业要想让外部客户满意，首先得让内部员工满意。唯有工作满意的员工，才能以更高的效率和效益为外部客户提供更加优质的服务，并最终让外部客户感到满意。内部市场不只是企业营销部门的营销人员和直接为外部客户提供服务的其他服务人员，它包括企业的所有员工。在为客户创造价值的生产过程中，任何一个环节的低效率或低质量都可能会影响最终所提供的客户价值。

4）竞争者市场

在竞争者市场上，企业营销活动的主要目的是争取与那些拥有与自己具有互补性资源竞争者的协作，实现知识的转移、资源的共享。企业与竞争者结成各种形式的战略联盟，通过与竞争者进行研发、原料采购、生产、销售渠道等方面的合作，相互分担、降低费用和风险，增强经营能力。种种迹象表明，现代竞争已发展为“协作竞争”，在竞争中实现“双赢”的结果才是最理想的战略选择。

5）分销商市场

在分销商市场上，零售商和批发商的支持对于产品的成功至关重要。销售渠道对现代企业来说无异于生命线。随着营销竞争的加剧，掌握了销售的通路就等于占领了市场。优秀的分销商是企业竞争优势的重要组成部分，通过与分销商的合作，利用它们的人力、物力、财力，企业可以用最小的成本实现市场的获取，完成产品的流通，并抑制竞争者产品的进入。

6）相关利益者市场

金融机构、新闻媒体、政府、社区，以及诸如消费者权益保护组织、环保组织等各种各样的社会团体，它们与企业都存在千丝万缕的联系，对于企业的生存和发展都会产生重要的影响。因此，企业有必要把它们作为一个市场来对待，并制定以公共关系为主要手段的营销策略。

3.3 关系营销的实施

3.3.1 关系营销的原则与实施对象

1）关系营销的原则

关系营销以系统论为基础，将企业置身于社会经济的大环境中来考察企业的市场营销活动。企业在实施关系营销的过程中应遵循以下三点原则：

（1）主动沟通

在关系营销中，各关系方都应主动与其他关系方接触和联系，相互沟通消息并了解情况，形成制度或以合同形式定期或不定期会晤。同时，相互交流各关系方的需求和利益变化情况，主动为关系方服务或为关系方解决困难和问题，增强合作。

（2）承诺信任

在关系营销中，各关系方相互之间都应作出一系列书面或口头承诺，并履行诺言，付诸实践，这样才能赢得关系方的信任。

（3）互利互惠

交易双方之间有利益上的互补是关系营销的基础。如果没有各自利益的实现和满足，那么交易双方就不会建立良好的关系。关系是建立在互利的基础上的，这就要求双方互相了解对方的利益，寻找双方利益的共同点，并努力使双方的利益共同得到实现。真正的关系营销是使关系双方互利互惠，并取得共赢。

关系营销作为一种营销方法和手段，其最终的目的是不断地追求企业利润最大化。因此，企业应在考虑市场竞争环境和自身实际的基础上，选择合适的关系营销策略。这不仅要通过营销资源整合以及高性价比的产品和服务来维系与客户的持久关系，还要处理好与社会组织、公众及政府职能部门的关系。如此才能显示出关系营销蓬勃的生命力和美好的应用前景。随着经济体制改革的深化以及营销理论和实践的不断发展，关系营销将会得到广泛应用。

2）关系营销实施的对象

关系营销将企业的经营活动扩展到一个更广泛、更深远的领域，使企业营销活动从单纯的交易行为转变为与消费者、供应商、竞争者及政府机构等各方面编织的关系网络，企业营销的功能也因此从过去使每次交易的利润最大化转变为谋求网络成员利益的最大化。企业正是通过谋求与网络成员的互惠互利，尤其是通过最大限度地满足消费者的需求来获得自身的发展。比如，许多公司就是由国有资产投资公司及相关的消费企业共同出资筹建的，形成具有政府支持、上下游企业共同受益、共谋发展的利益共同体，通过利益并存实现多方共赢的目的，以保持永久的生存发展。

3.3.2 关系营销实施的主要途径

现代市场营销的发展表明，关系营销的实质是对客户及其他利益群体关系的管理。关系营销的宗旨是从客户利益出发，努力维持和发展良好的客户关系。因此，关系营销的重心是建立和发展营销网络、培养客户忠诚、降低客户转移率。从营销理论和实践来看，关系营销的实施途径包括以下七个方面：

1）提高客户忠诚度

传统的交易营销重视短期利益，而忽视了客户的满意度。“货物售出，概不负责”，是交易营销的典型做法。这种做法的重要特征是重视发展新客户，忽视老客户，根本谈不上培养客户忠诚。而关系营销关注一次性交易的同时，更重视老客户，它的优势包括：

（1）维持老客户，能带来大量销售额

营销大师菲利普·科特勒在《市场营销学》一书中提到著名的“80/20”法则，即80%的销售额来源于20%的企业忠诚客户。

（2）维持老客户的成本大大低于吸引新客户的成本

传统营销人员发展了新客户，却丢掉了老客户，这是不经济的。

（3）忠诚客户有很强的示范效应

忠诚客户是指对某一品牌或厂商具有某种偏爱，能长期重复购买其产品的客户。他们对同一企业提供的延伸产品和其他新产品也乐于接受，对竞争者的营销努力采取漠视或抵制的态度。忠诚客户对其他消费者还有很强的示范效应，是同类消费群体的意见领袖。实践证明，一个满意的客户会引发8笔潜在的生意；一个不满意的客户会影响25个人的购买意愿。因此，怎样防止客户流失，进行“反叛离管理”就成为关系营销管理的重要内容之一。

2）适当增加客户让渡价值

客户让渡价值是客户总价值与客户总成本之间的差额。客户总价值是指客户购买某一产品与服务所期望获得的一组利益。它包括产品价值、服务价值、人员价值和形象价值等。客户总成本是指客户为购买某一产品与服务所付出的时间、精神、体力以及所支付的货币资金等，它们构成体力成本、时间成本、精神成本和货币成本等。客户在选购产品时，往往从价值与成本两个方面进行比较分析，从中选择出价值最高、成本最低，即“客户让渡价值”最大的产品作为优先选择的对象。在现代市场经济条件下，企业能否维持已有的客户群，关键在于它为消费者提供的“客户让渡价值”有多少。

为了提高“客户让渡价值”，企业应考虑以下三个方面的问题：第一，要求企业深入细致分析各个因素，寻找降低成本、增加客户总价值的途径，从而用较低的生产成本和市场营销费用为客户提供具有更多“客户让渡价值”的产品；第二，不同的客户群对产品价值的期待与对各项成本重视程度不同，企业应根据不同客户群的需求特点，有针对性地设计和增加客户总价值，降低客户总成本，以提高产品的实用价值；第三，企业在争夺客户，追求“客户让渡价值”最大化时，往往导致成本增加，利润减少。因此，在市场营销实践中，企业应适度增加“客户让渡价值”，以确保“客户让渡价值”所带来的利益超过因此而增加的成本费用。

3）提升企业-客户关系层次

企业与客户之间的关系可分为依次递进的三个层次，即财务层次、关系层次和结构层次。企业选择的关系营销层次越高，其获得的潜在收益和提高竞争力的可能性越大。

（1）财务层次

财务层次是指企业与客户之间，建立以商品为媒介的财务利益层次上的关系。传统交易营销中的“银货两讫”，就是这种财务关系的体现。建立在这一层次上的营销，通常采用价格优惠、有奖销售、折扣等手段，刺激客户购买本企业的产品或服务。在企业与客户的交往中，财务利益是最基本的行为动因。在金钱之外，人们之间的关系显得比较冷漠。

（2）关系层次

关系层次，也称社会层次，指购销双方在财务层次基础上，建立起相互了解、相互信任的社会联系，并形成友好合作关系。在这个层次上，企业不仅重视传统的营销工作，更重视交往营销，主动与客户联系，了解其需求和愿望，并想方设法满足客户的需要。关系层次上的营销体现了相互了解、信任和默契，但各企业的做法不尽相同，不易被竞争对手模仿，比财务层次上的营销前进了一步。

（3）结构层次

结构层次是关系营销的最高层次。结构层次是指企业利用资本、资源、技术等要素组合，精心设计企业的生产、销售、服务体系，提供个性化产品和服务，使客户得到更多的消费利益和“客户让渡价值”。结构层次以客户需要为导向，主动设计、调整企业的经营结构和治理结构，最大限度地满足客户需要，提高客户的满意程度。同时，结构层次也提高了企业的技术壁垒，增加了客户转移的成本和难度，客户改变供应商将造成客户总成本提高，优质服务的丧失，因而使客户自愿维持与企业的合作关系。

这三个层次对企业来说都是不可缺少的，有时可选择以其中的一个为主，有时也可以几个兼而有之。问题的关键是企业的营销人员要树立层次结构的思想，在使用某一层次时，尽可能提升层次结构。

4）建立垂直营销系统

如何处理营销者与渠道之间的关系，这也是关系营销的重要方面。传统营销渠道系统是一个高度分离的组织网络。在此网络系统中，制造商、批发商、零售商态度疏远，为了自身的利益在市场上讨价还价，互不相让，竞争激烈，结果往往导致协作关系的破裂。要改善企业渠道之间的关系，必须建立垂直市场营销系统。垂直市场营销系统是一个实行专业化管理和集中计划的组织网络。在此网络系统中，各个成员为了提高经济效益，都不同程度地采取一体化经营和联合经营，分销商、供应商、代理商联合在一起，成为利益共同体，即组成一荣俱荣、一损俱损的垂直营销系统。企业要注意的是，垂直市场营销系统不仅要兼顾合作者的利益，还应当考虑消费者的利益。

5）建立柔性生产体系

传统营销通常被称为"大众营销"，生产厂商的每一种产品都要满足成千上万消费者的需要（需求的共同性），生产的重点是大规模生产。随着生产技术的进步，消费信息的迅速传播，人民生活水平的提高，消费者的消费差异化、个性化显著增强。新型网络经济加剧了这种趋势，消费者轻点鼠标就能随心所欲地向供应商订购商品，消费者的转移随时都会发生。与此同时，市场细分的规模越来越小，有时小到"一对一"的地步。为了适应这种形势的需要，企业就要根据消费者的不同需要，设计并生产具有差异性、个性化的产品，即建立柔性生产体系（flexible manufacturing system）。这是一种既能适应"多品种、小批量"订货的要求，又能保持大批量流水作业的先进生产体系，即大规模个性化生产。现在汽车和一些家用电器都采用了柔性生产体系。

6）建立既有竞争又有合作的同行关系

竞争关系与合作关系都是企业要面对的关系，是关系营销的又一重要方面。怎样处理与同行的关系？怎样面对竞争者？企业有两种典型的态度：一种认为竞争者是敌人，必须赶尽杀绝，这是一种"树敌"的竞争；另一种认为同行提供的产品和服务既有相同之处，也有差异之处，既在同一市场上争夺，也为竞争对手带来商机。他们或实行"错位"经营，或采取自信合作的态度，通过合作取得"双赢"，这是"不树敌"的竞争。

7）建立客户关系管理系统，防止客户流失

客户关系管理（CRM）为企业提供全方位的视角，赋予企业更完善的客户交流能力，帮助企业取得最大化的客户收益率。建立CRM系统，就是通过对企业和客户的有关信息进行搜集、储存、传输，以便企业主管人员能全面准确地了解客户关系状况，采取相应的营销措施，维持老客户，开发新客户，使企业从客户那里获得最大的利益。"流失"是指客户不再购买企业的产品或服务，终止与企业的业务往来。为了防止客户流失，企业应建立客户关系管理系统，做好客户信息收集工作，制订客户关系营销计划或沟通策略。根据每一个客户的不同情况提出不同的解决方案，维持良好的客户关系。客户关系管理系统的建立是关系营销取得成效的基础。

客户关系管理概念的出现已经引起了各国企业的关注。随着电脑信息技术的飞速发展，企业可以较为方便地掌握和处理大量与客户相关的资料，这一飞跃性的技术突破也同时改变了许多行业的营销手段。客户关系管理是关系营销的一个平台。关系营销通过客户关系管理可以更加有效地发挥作用。

3.3.3 关系营销实施的意义

关系营销把对客户的保持看作企业的重要任务，它希望通过客户关系管理，最大限度地满足客户的需求，使企业能够获得客户的支持，从而维系客户群，获得高额利润，促进企业的发展。关系营销与传统交易营销相比，有它自身的优势。一般而言，对于关系营销来说，保持一个客户的费用远远低于争取一个客户的费用。国内外大量市场研究结果表明，客户的忠诚度每提高5%，企业的利润就增加25%。而企业争取一个新客户所花的成本是留住一个老客户的6倍。企业不仅节约了开发新客户所需要的广告和促销费用，而且随着客户对企业产品的信任度和忠诚度的增强，还可诱发客户对相关产品的购买。因此，关系营销为企业长期稳定的发展奠定了良好的基础，它将取代传统交易营销，成为现代企业营销的趋势。随着全球经济一体化的形成，一方面，企业间的竞争范围扩大，不再只局限于局部范围内，而是在全球范围内同竞争者展开竞争；另一方面，竞争对手也增多了。

随着企业应用技术能力的提高和市场信息实时化的增强，市场准入障碍不断弱化，行业的渗透性逐渐变强。企业将在全球范围内同更多的消费者、竞争者、供应商，以及它们所处地区或国家的相关政府机构打交道，并受相关地区或国家法律制度的约束和新闻媒体等机构的影响。因而，企业应当有效地开展关系营销，理顺同这些日益增多的、复杂的对象间的关系，保持企业成长的良性发展环境。

目前，企业间的竞争不再是单个企业间的竞争，而是由企业组成的供应链网络之间的竞争。这就要求同一价值链内的不同企业构建密切的、长期的合作伙伴关系。市场竞争的胜利者是具有良好网络的企业，而不实施关系营销是无法构建良好网络的。21世纪是知识经济时代，同时也是科技飞速发展的时代，科技的进步必定推动社会经济的快速发展，消费需求将由原来的数量消费、质量消费向个性消费、感性消费转变。这使得原来那种统一的、单一需求的大市场不复存在，市场将细分到单个消费者，并要求企业实施多品种、小批量策略，按订单组织生产。而且，这种个性化的消费需求，因大多数人喜欢追求产品的新颖性，不仅增加了市场预测的不确定因素，而且加大了新产品开发的难度。同时，科技的迅速发展，加速了产品的更新换代速度，致使产品的生命周期缩短。因此，企业只有以快制快，及时捕捉消费者需求变化动态，用最快的速度推出新产品或新服务，才能在新经济条件下寻找到立足点。

3.4 关系营销的价值测定

关系营销为客户创造和传递的价值一般用“让渡价值”来衡量。企业自身从关系营销中得到的利益，可以结合客户盈余能力、客户保留成本、客户流失成本等指标来衡量。

3.4.1 客户盈余能力

关系营销是一个建立、发展并保留同客户的关系的过程。关系营销的核心原则是为企业创造真正的客户。这里所说的“真正的客户”是从两个方面而言的：首先，这些“真正的客户”认为他们自身得到了有价值的服务，并且愿意与企业建立和保持长期、稳定的关系；其次，企业把他们看作最有利可图的客户。“真正的客户”除了愿意为企业提供的便利支付高价外，还将该企业介绍给他人，义务宣传其产品和服务。管理者通过数据分析发现20%~40%的客户也许是无盈利的，因此有必要对企业的客户进行分析。对许多企业来说，不同的客户为企业带来的利润是有明显差别的。例如，最大的客户一般要求周到细致的服务和最大程度的折扣，而这往往降低了企业的利润水平；中等规模的客户接受良好的服务，并且几乎能按全价付款，在大多数的情况下，企业认为中等规模的客户是最具盈利能力的；最小的客户也能按全价付款，并且只接纳最低程度的服务，但是最小客户的交易费用降低了企业的利润。因此，可以得出结论，大部分可盈利客户并不是企业的最大客户或最小客户，而是一些中等规模的客户。这里的盈利能力的概念强调了客户的终身价值，而不是指一次特定交易的利润。影响客户盈利能力的因素有很多，包括需求规模的大小、客户的讨价还价能力、客户的价格敏感度、客户的地理位置和集中度等。

3.4.2　客户保留成本和客户流失成本

由于吸引新客户的成本高于保留老客户的成本，而且老客户的盈利能力一般也高于新客户，因此关系营销的最终目的就是要通过关系的建立和发展留住老客户。科特勒曾提出以下四个步骤来进行是否采取保留策略的决策：

①测定客户的保留率。客户保留率即发生重复购买的客户比率。

②识别造成客户流失的原因，并且计算不同原因造成的流失客户比率。

③估计由于不必要的客户流失而引起的企业利润的损失。这一利润就是客户生命周期利润的总和。

④决策，即企业维系客户的成本只要小于损失的利润，企业就应支付降低客户流失率的费用。

小知识3-1

“圣米高”关系营销的成功

目前，马狮百货集团（以下简称“马狮百货”）是英国最大且盈利能力最强的跨国零售集团，以每平方英尺销售额计算，伦敦的马狮百货每年都比世界上任何零售商赚取更多的利润。马狮百货在世界各地有200多家连锁店，“圣米高”牌子货品在30多个国家出售，出口货品数量在英国零售商中居首位。在与供应商的关系上，马狮百货尽可能地为其提供帮助。如果马狮百货从某个供应商处采购的货品比批发商处更便宜，其节约的资金部分，马狮百货将转让给供应商，作为改善货品品质的投入。在与内部员工的关系上，马狮百货向来把员工作为最重要的资产，同时也深信，这些资产是成功压倒竞争对手的关键因素。因此，马狮百货把建立与员工的相互信赖关系，激发员工的工作热情和潜力作为管理的重要任务。

《今日管理》的总编罗伯特·海勒曾评论说：“从没有企业能像马狮百货那样，令顾客、供应商及竞争对手都心悦诚服。在英国和美国都难找到一种品牌像‘圣米高’那样家喻户晓，备受推崇。”这句话正是对马狮百货在关系营销上取得成功的一个生动写照。

资料来源：根据百度文库信息整理。

本章小结

关系营销的产生具有较为深刻的时代背景和根源，是人类文明发展的必然要求。著名的营销学家菲利普·科特勒把营销观念分为五个层次，即生产观念、产品观念、推销观念、营销观念和社会营销观念。关系营销就是在此基础上形成和发展起来的。

关系营销是指为了使企业与客户、分销商、零售商及供应商建立一种长期、信任、互惠的关系，企业必须向这些个体及组织承诺和提供优质的产品、良好的服务以及适当的价格，从而与这些个体和组织建立并保持一种长期的经济、技术和社会的关系纽带。

关系营销与传统营销观念相比，最根本的区别在于，传统营销观念是一种短期的概念，其核心是商品交换。而关系营销的核心是关系，是指在双方之间建立一种联系，这是一个长期的概念。

现代市场营销的发展表明，关系营销的实质是对客户及其他利益群体关系的管理。关系营销的宗旨是从客户利益出发，努力维持和发展良好的客户关系。

关系营销为客户创造和传递的价值一般用“让渡价值”来衡量。企业自身从关系营销中得到的利益，可以结合客户盈余能力、客户保留成本、客户流失成本等指标来进行衡量。

复习思考题

3.1 概述关系营销理论产生的背景及发展过程。
3.2 什么是关系营销？关系营销的本质特征有哪些？
3.3 关系营销与传统的交易营销的异同点有哪些？

技能实训题

3.1 联想是如何实施关系营销的？它采取了哪些具体措施？
3.2 结合联想成功案例，比较分析关系营销的优势以及未来发展趋势。

第4章

客户关系管理理论

学习目标

了解客户关系管理的核心思想和运作流程；知晓客户关系管理研究的主要问题；了解客户关系管理建立的基础、目的与原则。

◆ 主要解决的问题

客户关系管理的基本理念；客户关系管理的基本流程；客户关系管理的主要内容。

4.1 客户关系管理的理念基石

网络经济触发了人类社会全方位的深刻变革，互联网带来的不仅是一种手段，它还带来了企业组织结构、工作流程的重组以及整个社会管理思想的变革。客户关系管理无论理解为一种管理模式，还是理解为人机交互系统，都是建立在一套现代化的管理思想和管理理念基础上的。

4.1.1 客户关系管理与现代营销理论

客户关系管理是在互联网应用达到一定程度之后才产生的。它的提出和广泛宣传同信息技术、互联网技术的发展密切相关。作为一个企业长期的客户维系战略，与同样以满足客户需求和实现企业经营目标为宗旨的现代营销理论有什么关系呢？美国营销协会（American Marketing Association）对营销的定义是这样描述的：营销是企业计划和执行4Ps（产品/服务、价格、促销、渠道）策略的一个商业过程，旨在赢得满足客户又能实现企业经营目标的成功交易。

仔细分析这个营销概念，就会发现它同CRM所包含的商业理念没有任何冲突，甚至可以说，CRM的理念是营销理论框架下的一个子论点。实际上，营销理论中“关系营销”的概念几乎就是CRM的概念。

1）CRM中的营销论点

CRM的经营理念不是一个单独出现的“新的理论”，可以说，CRM概念的产生同技术和时代背景是分不开的。除了关系营销概念以外，在分析CRM时，其他类似的营销论点也经常被提及。

①“80/20”法则，即企业80%的利润是从20%的客户中获得的。

②整合营销信息渠道的论点，即企业通过各种传播媒介向客户、分销商、供应商，以及任何其他关系对象，如政府、公众等发出的信息必须是统一的和一致的。

③“一对一”营销思想，即企业要尽最大的努力满足每个客户独特的个性化需求。

④企业获得一个新客户的投入是留住一个老客户的N倍。

⑤一个满意的客户可以向N个人宣传企业的好处；一个不满意的客户会迫不及待地向N+M个人讲述他的“痛苦经历”。

⑥客户周期理论可以归纳为三段论：新客户获得、关系加强、永久保持，如图4-1所示。

2）计算机技术对营销理论的充实

CRM的关键在于如何实现CRM的经营理念，计算机技术在很多情况下是实现这个理念的前提，反过来，技术也会对营销理论进行充实和补充，主要体现在以下两个方面：

①CRM的互联网应用已经超越了原来营销理论的单一“互联网营销”的使用范畴，成为新时代的另一种销售、服务、营销、信息采集与传送等业务领域的全天候的客户互动渠道。

②企业的市场营销策略与技术条件密切相关，其实施的成败将在很大程度上取决于CRM应

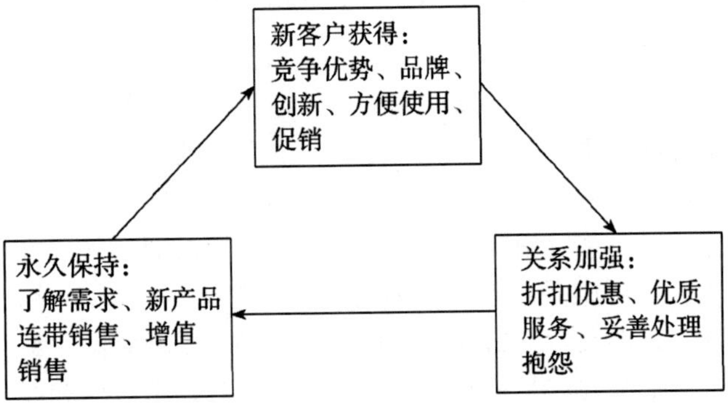

图4-1　客户周期三段论

用系统在企业中的实施状况，即技术将反过来直接影响企业的营销策略。一个对技术不甚了解的营销经理将不能适应新的形势。

4.1.2　客户关系管理的理念变革

我们所处的市场正在发生着巨大的变化。从客户的观点来看，市场营销是企业整体的活动，企业的所有活动都是为了实现客户满意和企业价值。在新的市场环境下，企业的经营正发生着潜移默化的变化。

1）从以产品为中心到以客户为中心

早期企业面对的是一个需求巨大而生产能力供给不足的卖方市场。在这种情况下，降低成本、提高产品产量自然成为经营管理的中心，企业管理基本是围绕着如何提高生产能力而进行的。企业不断努力的结果是生产效率不断提高、产量迅速增长，从而导致争夺市场份额的竞争变得非常激烈。面对巨大的生产能力，企业面临的问题从如何提高产量、降低成本，转向如何将产品推销出去。这个时候，销售的重要性是不言而喻的，很多企业就以销售中心论指导公司的运作。为了提高销售额，就必须在内部采取严格的库存管理，在外部强化推销观念。激烈的竞争使产品推销成本越来越高，虽然销售额节节攀高，但是利润却在不断下降，同时客户对于推销的认同感也越来越低，于是就有了销售额中心论的修正版本，也就是利润中心论。企业将管理的目标放在了以利润为中心的成本管理上。

但是，成本是不可能无限压缩的。很多企业，在一定的质量前提下，成本的压缩已经到了当前阶段的极限。如果再压缩成本，必然会带来产品质量的下降，也就是提供给客户的价值的降低。至此，每个企业都不得不认真地审视自己的经营思想。那种以自我为中心、以产品为中心的观念正受到实践的挑战，而客户的地位则被提高到了前所未有的高度，这就产生了客户中心论。

纵观企业经营思想的发展历程，我们可以看到，企业经营的注意力正在进行着从内到外、从以产品为中心到以客户为中心的转变。为了追逐更多的利益，提高生存和竞争能力，企业不得不以客户为中心，围绕着客户的需求展开企业的经营活动。

2）从交易营销到关系营销

随着社会经济的发展、技术的突飞猛进，客户需求变得多变和个性化，市场竞争日趋激烈，人们逐渐发现，在多数情况下，那些经过精心策划的市场营销组合策略在实施过程中困难重重，难以达到预期的目标。过去成功的经验往往成了今天失败的根源。于是，企业界和学术界一批颇有眼光的人士大胆地突破传统的市场营销框架的桎梏，积极寻求和创建适应当代企业竞争要求的营销理论和方法，由此关系营销脱颖而出。

关系营销将建立与发展同相关个人及组织的关系作为企业营销的关键变量，把握住了现代市场竞争的特点，使得营销的重心从注重交易转向注重关系的建立、维持和发展。关系营销的目标，是建立和发展企业同相关个人和组织的关系，使之成为一个相互依赖的事业共同体。关系营销里面的客户关系和企业以往的交易营销的不同在于，交易营销注重的是吸引新顾客和一次性的交易，而关系营销则强调和客户建立长期的稳定关系。

越来越多的企业认识到维系现有客户的重要性，现有客户代表着最佳的利润增长机会。留下来的客户意味着“客户质量”的提高。也就是说，一个满意的、愿意与企业建立长期稳定关系的客户为企业带来的利润是相当可观的。因此，可以把企业和客户的关系管理过程简化为：建立关系→维持关系→增进关系。用另外一种方式表述就是，吸引客户→留住客户→升级客户。

3）从大规模生产到大规模定制

关系营销的四个步骤是识别客户（identify）、客户细分（differerntiate）、客户互动（interact）、定制化服务（customize），如图 4-2 所示。

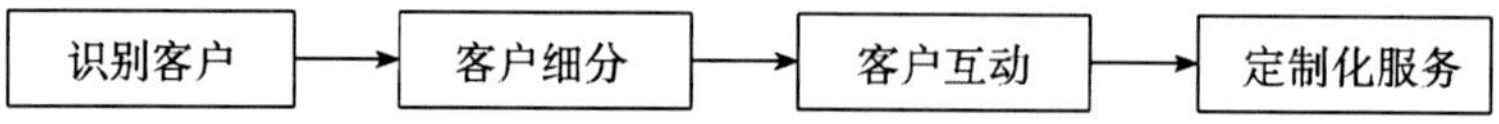

图 4-2　关系营销的四个步骤

大规模生产模式要“实现”越来越多的产品，先出产品，再入库等待客户，其结果是客户陷入对大量产品的决策之中，决策过程过长。这种模式对客户并不提供实际帮助。定制模式是应客户要求而生产，由于定制产品使用价值高，客户愿意多付费。“客户根本不想选择，他们只想得到他们想要的东西。”图 4-3 显示了生产模式的转变，纵轴表示产品从静态到动态，横轴表示工艺从静态到动态。1~4 象限依次是创新模式、持续改善模式、大规模生产模式、大规模定制模式。

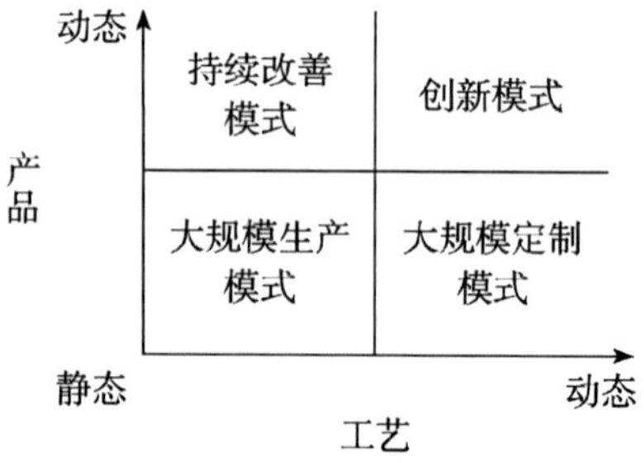

图 4-3　生产模式转变图

（1）第一次转变：“开发”

这次转变明确了产品和加工工艺，使之可以确定并重复地制造大批量、低成本的产品。相对应的是大规模生产模式，生产商高度依赖于创新机构进行新产品的开发，而创新机构又依靠大规模生产商为它们与众不同的设计提供现成的市场，这是 20 世纪美国经济成功的核心。结果产生了等级，职能部门缺少沟通。

（2）第二次转变：“连接”

这次转变产生了一系列紧密相联的、高质量的、具有较高持续改进能力的加工工艺。相对应的是持续改善模式，日本企业多采用此模式，并结合统计过程、多功能团队、TQM（total quality management）等，但这些改善使得客户要求更加苛刻。

（3）第三次转变："模块化"

这次转变使产品模块化，将紧密相联的工序分解并模块化，它能够为任何客户提供唯一的模块组合。相对应的是大规模定制模式，人和加工工艺之间是松散联系的动态网络。

（4）第四次转变："更新"

大规模定制企业也需要更新，即彻底开发出新的产品模块或加工工艺，或与企业内外组织联合，从而达到更高层次的"创新模式"。但这种创新不是"重起炉灶"，而是将新模块动态加入原有结构中，80%以上重复利用已有设计。

上述转变就是新的竞争现实所带来的不断变化的经营方式的循环转换。

4）CRM是管理科学和信息技术的结合

总的来说，我们可以这样理解CRM：CRM是一门学科，也是一种理念、一种软件和技术、一种应用系统，它侧重于与销售、营销、客户服务和支持相关的业务流程的自动化和优化。其中，最重要的两个因素是管理和信息技术。这两个因素组成了CRM的两个轮子。如果将CRM比作企业竞争的一把双刃剑，那么这把剑的一面是管理的改造，另一面则是信息系统的建设，这两个方面是紧密结合、不可分割的。在我们应用CRM系统时，也要很好地使用CRM这把双刃剑。它一方面是管理的改进，即对原有的与客户相关的企业业务运作流程进行审视，改变企业员工的行为方式，建立一种以顾客为中心的经营策略。

这把双刃剑的另一面是信息技术的运用。可能有人认为，没有信息技术的运用也可以实现客户关系管理。从理论上讲，这是可以实现的，但是这种良好的愿望与最终的结果可能会背离，这是因为人的精力是有限的，没有能力去处理太多的信息。当一个人去一个熟悉的小店吃早餐时，会受到热情的招待，因为老板知道他的口味。而在麦当劳就餐时，就没有这种待遇，虽然他每次要的都是鸡腿汉堡和咖啡，但每次都要重新讲一次。是麦当劳的员工素质、企业文化、企业管理做不到吗？不是，是因为其超出了员工所能搜集、加工和处理信息的能力范围。这就是我们为什么强调信息技术的运用。因此，如果没有信息技术的运用，那么这可能只是企业的商业策略的一种转移；如果没有信息技术的应用，那么CRM不可能落到实处。

CRM本质上是一种全新的商业战略，而不是单一的信息技术解决方案，它要求全方位地看待客户，不仅向客户提供个性化的产品，而且要根据客户的特定要求来设计企业自身的分销、物流模式，以期方便客户，提高客户满意度。这意味着没有一个全面集成、信息充分共享、对企业所有与客户相关的活动进行管理的一体化系统，CRM的思想不可能拥有战略地位，注定是落实不了的。只有为企业业务处理带来效率的提高、人工的节省、劳动强度的降低、信息的充分共享，这样CRM系统才能获得企业认可。

4.1.3 价值链理论与客户关系管理

价值链的概念是由哈佛商学院的迈克尔·波特教授提出的，他引入价值链作为分析企业竞争优势的基本工具，将企业的全部活动分解为与战略性相关的许多内容。由此得出结论：企业正是通过比竞争对手更廉价或更出色地开展这些重要的战略活动来赢得竞争优势的。也就是说，竞争者价值链之间的差异是竞争优势的关键来源。

企业为赢得竞争优势，就必须构建自己科学而先进的价值链。而企业价值链的构建，必须符合企业的客户战略并围绕基本客户关系进行，进而增进客户价值链的效益。一个企业的竞争力，归根结底是在影响客户价值链、为客户创造价值的过程中形成的。

CRM是一个复杂的系统，它是一系列对客户管理的过程以及辅助过程的集合。CRM的核心是客户价值管理。CRM的价值链如图4-4所示，它将CRM系统分解为与战略相关的各种活动，如客户分析、深入了解目标客户、发展关系网络、创造和传递客户价值、管理客户关系的基本活动和起支持作用的各种活动，其最终目标在于企业与目标客户建立一种长期的、互惠互利的关系。企业如果能够比竞争对手更好地进行这些活动，就能赢得竞争优势。

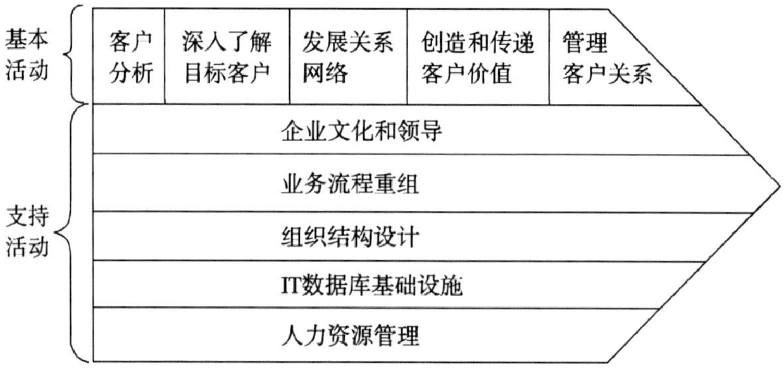

图4-4　CRM的价值链

1）CRM价值链的基本活动

（1）客户分析

对客户进行分析，关键是分析客户的终身价值（customer lifetime value，CLV）。客户终身价值是指一个新客户在未来能给企业带来利润的净现值。一个客户的价值由三个部分构成：历史价值、当前价值和潜在价值。

客户终身价值分析是之后其他步骤的基础。通过客户的终身价值分析可以决定：值得花多少资源去赢得一个新客户，值得花多少资源去保持或激活已存在的客户，哪些客户是最有盈利能力的长期客户以及他们的特征。

（2）深入了解目标客户

选择哪一种客户来进行服务是一回事，而如何更好地了解和服务他们则完全是另外一回事。企业必须有一套良好的收集或累积客户知识的数据仓库或数据库，以便进行系统的分析，深入了解所选择的客户。可以采用5W1H法进行深入的客户分析。5W1H法即寻找以下几个方面的答案：是谁（who），是什么（what，客户特征），为什么（why），什么地点（where），什么时间（when），如何进行（how）。在已有的客户数据库的基础上，进一步运用各种统计技术对客户数据进行分析，以确定客户行为。根据发掘的客户信息就能对客户实施关怀，拉近客户关系，提高客户满意度。

（3）发展关系网络

一个企业的关系网络是企业巨大的竞争优势资源。企业的关系网包括客户、员工、供应商、分销商、业主或投资合作伙伴等。良好的网络能将企业的产品和信息及时、快捷地传递给客户，并将客户反馈的信息传递给企业。企业应该积极地和客户建立关系，让客户感受到这种关系的存在并从中受益，从而达到企业和客户双赢的目的。

客户关系管理的范畴已经超出了仅仅对客户关系的管理。要成功地实施CRM战略，必须考虑与关系网络中其他成员的合作关系，通过合作能够带来很多益处。有效的网络不仅仅是操纵他们，而是意味着将价值传递给伙伴，帮助他们取得成功，通过帮助伙伴获得成功能更好地提高伙伴的忠诚度。为了成功地实施CRM，供应商、员工、拥有者或投资者，以及合作伙伴必须紧密结合起来，设法满足所选定客户群的需求。

（4）创造和传递客户价值

所谓客户价值，是指客户在购买和消费过程中所得到的全部利益。在产品差异非常细微的今天，人、流程和服务已成为构成客户价值的主要因素。创造价值的关键在于理解客户的需要，一切从客户的切身利益出发。企业赋予客户的价值越大，创造的价值就越大，盈利能力就越强。CRM可以帮助企业最大限度地利用其以客户为中心的资源，并将这些资源集中应用于客户和潜在客户的身上。

（5）管理客户关系

根据以上确定的价值观念，必须改进组织、流程、评价方式和激励机制，最终达到管理客户关系的目的。企业的业务流程要按照方便客户和便于流通的原则重新设计，还必须根据客户需要的变化和竞争对手的变化不断调整。传统的金字塔型等层次繁多的组织结构已经不适应以客户需求为导向的要求，取而代之的必然是组织结构的扁平化以及前台部门员工的适度授权。以往的前台各部门业务分离、信息不共享的局面将面临着变革，取而代之的必然是集成化的、精简的和客户导向的业务流程和共享数据库。组织中人员应享有尽可能多的自主权及更为活跃的沟通方式。

2）CRM价值链的支持活动

（1）企业文化和领导

领导的重视和企业文化的支持对一个企业的转变具有关键性作用。当企业领导带头重视时，员工的支持率会很高，而一个具有改革创新特点的企业文化氛围对项目的成功发挥着重要的作用。

（2）业务流程重组

企业的产品和服务都是经过自己的业务流程到达客户的。传统的业务流程是以产品为中心进行设计的，是为了方便产品的生产和销售，而不是方便客户，这在很大程度上阻碍了企业与客户的交流和沟通。因此，企业应对原有的流程进行彻底的转换，以客户为中心进行重新组织。

（3）组织结构设计

在传统的职能型企业组织结构中，组织关注的中心是领导，而非客户。因此，要以服务客户的流程为中心重新设计组织，尽量减少中间环节。

（4）IT数据库基础设施

数据仓库或数据库是客户关系管理项目的灵魂。它将客户行为数据和其他相关的客户数据集中起来，对客户行为进行分析，将结果传递给市场专家，专家利用这些分析结果制定准确的、有效的客户策略。当然，企业也需要建立很好的内联网络（intranet），这样才能实现企业内部各部门之间、员工之间的信息沟通、信息共享和相互协调，共同为客户提供服务。同时，外联网络的建设也要跟上时代步伐，只有建立了良好的外联网络，才能实现企业与供应商、分销商及合作伙伴之间快速的客户信息传递，及时对客户作出反应。

（5）人力资源管理

人力资源管理是客户价值链中必不可少的支持活动之一。企业中真正与客户接触的是员工，为此需将人力资源管理与客户关系管理结合起来。

4.2 客户关系管理的核心思想与运作流程

客户关系管理作为一个完整的理论，具有其独特的核心思想以及运作流程。掌握客户关系管理的核心思想和运作流程，对于深刻理解客户关系管理理论、灵活应用客户关系管理方法具有重要的意义。

4.2.1 客户关系管理的核心思想

在当前的环境下，市场竞争的焦点已经从产品的竞争转向品牌的竞争、服务的竞争和客户关系的竞争。与客户建立和保持一种长期的、良好的伙伴关系，掌握客户资源，赢得客户信任，分析客户需求，提供满意的客户服务等客户关系管理的核心思想在实践中的具体运用是企业提高市场占有率、获取最大利润的关键。客户关系管理的核心思想主要包括以下几个方面：

1）客户让渡价值是建立高质量客户关系的基础

客户让渡价值是指客户购买产品或服务的总价值与客户购买该项产品或服务付出的总成本之间的差额。客户实现购买的总价值是指客户购买产品或服务时所获得或期望获得的利益总和，包括产品价值、服务价值、消费活动价值和潜在价值等。客户购买总成本是指客户为购买该项产品或服务所消耗的货币、时间、精神和体力等成本的总和。企业只有实现了客户让渡价值的增值，才能保证客户真正满意。

2）重视客户的个性化特征，实现“一对一”营销

进入信息时代，随着竞争的不断加剧以及产品和服务的极大丰富，特别是信息工具和渠道的快速发展，客户对产品和服务的选择范围不断扩大，选择能力不断提高，同时选择欲望也日益加强，因而客户的需求都是唯一的。因此，可以将其视为细分市场，对每一位客户实行“一对一”营销。这就要求企业与每一位客户建立一种学习型关系，尤其是那些对企业最有价值的“金牌客户”。企业通过与客户的交往不断加深对客户的了解，根据客户提出的需求不断改善产品和服务，从而提高让客户满意的能力。

3）提高客户满意度，留住老客户，争取新客户

客户满意度是指客户通过对一个产品或服务可感知的效果与他的期望值相比较后，所形成的愉悦或失望的感觉状态。企业不断追求客户的高度满意，源于这样一个事实：一般情况下，满意程度较低的客户发现更好的产品后，会很快地更换产品供应商。只有那些高度满意的客户才不会更换供应商。客户的高度满意会产生一种对产品品牌的依赖和喜爱，正是这种满意度创造了客户对产品品牌的高度忠诚。

当今各行业的竞争都非常激烈，企业要获得新客户的成本正不断地上升，因此，保持原有的客户就显得越来越重要。客户可以分为三类：第一类是无价值或低价值的客户；第二类是不会轻易走掉的有价值的客户；第三类是不断地寻找更优惠的价格和更好的服务的有价值的客户。传统的市场活动是针对前两类客户的，而现代客户关系管理认为，第三类客户才是特别需要用市场手段来维护的。也就是说，企业应该提高这类客户的忠诚度。

在低度竞争的行业，客户满意程度对客户忠诚度的影响较小。因为竞争程度低，不满的

客户没有太多的选择，所以他们只得继续购买企业的产品和服务。然而，客户心里是不喜欢这家企业的产品和服务的，他们在等待机会，一旦有更好的选择出现，这批客户就会很快流失。因此，这种表面的忠诚是虚假的，有一定的欺骗性。处于低度竞争情况下的企业应居安思危，努力提高客户的满意度。而在高度竞争的行业中，完全满意的客户远比满意的客户忠诚。只要客户满意度稍稍下降一点，客户忠诚的可能性就会急剧下降。这表明，要培育客户忠诚度，企业必须尽全力使客户完全满意。

4）客户关怀贯穿营销的全过程

客户关怀的历史可以追溯到企业试图扩大其售后服务的范围。在早期，企业向客户提供售后服务是作为对其特定产品的一种支持，之后逐渐产生了把售后服务合并到完全产品包装的概念。可以说，产品由于有了售后服务才得到了增值。事实证明，那些在售后服务方面做得好的企业，其市场销售处于上升的趋势；反之，那些不注重售后服务的企业，其市场销售则处于不利的地位。

最初，客户关怀发展的领域是服务领域。由于服务的无形特点，注重客户关怀可以明显地增强服务的效果，为企业带来更多的利益。于是客户关怀不断地向实体销售领域扩展。目前，客户关怀可以说贯穿了市场营销的所有环节，即客户从购买前到购买后的客户体验的全部过程。客户关怀主要包括售前服务、产品质量、服务质量、售中服务和售后服务等几个方面，购买前的客户关怀是架设在企业与客户之间的桥梁，鼓励和促进客户购买产品或服务。购买期间的客户关怀则与企业提供的产品或服务紧紧联系在一起，包括订单的处理，都将与客户的期望相吻合，满足客户的需求。购买后的客户关怀则集中于圆满地完成产品的维护和修理的相关服务，使客户能够重复购买企业的产品或服务。

4.2.2　客户关系管理的运作流程

客户关系管理的运作作为一整套流程，主要包括环境分析、构建理念与目标、制定策略、企业流程重组、系统建立、分析信息和知识管理七个步骤，如图4-5所示。

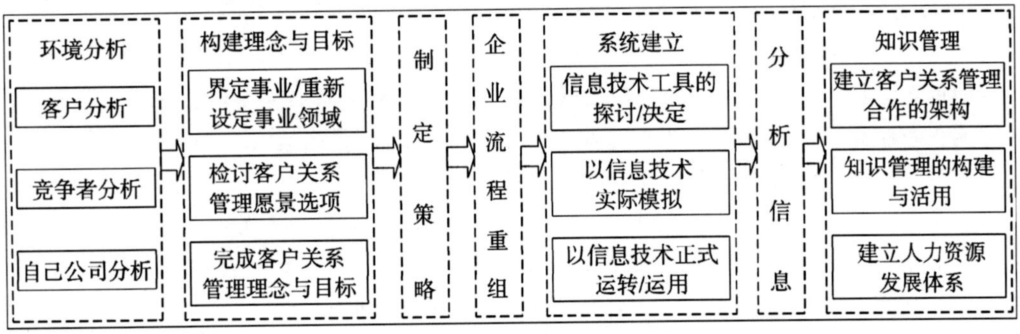

图4-5　客户关系管理的运作流程

1）环境分析

客户关系管理环境的分析是以3C为基础展开的，包括客户（customer）、竞争者（competitor）以及自己公司（company）。

首先，这一阶段是以竞争者分析为中心来进行的，包括测定基准分析、最佳执行方法分析、核心竞争力分析。在研究制定客户关系管理理念与目标或策略前，必须进行这种客观分析，以比较其他竞争公司与自己公司的状况。其次，在客户分析方面，侧重于客户分级分析或客户满意度分析。在满意度的评估上，也以核心客户的满意度为主，核心客户的不满必须优先处理。有关自己公司分析方面，在此阶段要分析公司内的信息技术问题，认清本身的需求。最后，再从3C分析的结论中，依其发现来制定假设。这个假设对之后的阶段极为重要，没有合理的假设，客户关系管理方案就不会成功。

2）构建理念与目标

构建客户关系管理理念与目标主要包括三个步骤：首先，企业要界定事业或重新设定事业领域；其次，企业通过历史数据检讨客户关系管理愿景选项；最后，完成客户关系管理理念与目标。

客户关系管理活动本身就是一种重新探讨事业本质的发起点，需要有超越以往事业范围的准备。现在虽是制造商（批发商），但今后可能直接参与零售；以往是贩卖物品，但今后也可能参与以互联网提供信息服务的新事业。如果不与供应商进行战略合作，就不能存活。这可谓事业模式革命的实现。昨日的敌人是明日的朋友，若不和竞争者联手，就可能被客户抛弃。并非以自己公司或业界为中心，而是需要倾听市场或客户的声音，在这种真诚的态度下，才有建立新事业模式的机会。

在检讨希望在哪个事业领域成为何种企业时，必须用以数字表示的定量目标（客户忠诚度、提高重复率）和以文字表达的定性目标作为参考。并不是需要立即决定，而是准备3~5个选项，经过验证多数的可能性之后，再做最后的抉择。

3）制定策略

完成了客户关系管理的愿景后，就需要有可实现的策略。

所谓策略，就是为了经常获胜，而将要做的事赋予明确的特征，以及“焦点与深化”，亦即明确地规划有限的经营资源，进行投资的基本方向策略，还强调依据基本策略，进行个别策略、计划制订和个人目标管理等一贯策略方案的重要性。

在制定客户关系管理的策略上，将交叉进行客户接触渠道分析和客户服务过程分析，以形成客户关系管理策略的各种选项。检讨选项后，再决定策略模式、事业模式，然后将其细分为作业模式与收益模式，展开行动计划。

4）企业流程重组

美国在20世纪80年代把企业流程重组引进企业，日本在20世纪90年代也跟进了当时作为所谓重组工具的企业资源计划的应用软件，并开始普及。如果说以企业资源计划为中心的企业流程重组是“重视生产力的防守型”企业流程重组，那么这一波的客户关系管理/企业流程重组就可谓“重视客户忠诚度的攻击型”企业流程重组。

企业应在以“不带给客户负担，使客户变得轻松愉快”为最优先课题的基础上，进行事业流程的重新评估，同时在这一过程中为创建能自动收集客户资料并进行客户服务过程分析，以及电话、拜访、网站等经营途径的最佳方法设定分析的架构。

5）系统建立

所谓客户关系管理系统，就是把客户关系管理策略通过信息技术工具来展开的信息系统体系，其中涉及套装软件的引进。因此，这一阶段主要以信息技术工具的商讨和决定、信息技术实际模拟和信息技术正式运转为核心。

6）分析信息

在使用客户关系管理信息时，主要任务是分析既有核心客户、非客户与前客户（核心客户）、数据挖掘的规则化与回馈化。

分析既有客户最近消费时间、消费频率和消费形态，并将其细分，进而执行核心客户的行动分析等，都是从日常收集资料开始的。有些客户资料是一定要收集的，即前客户（尤其是核心客户）及在其他公司下的非客户（特别是其他公司的核心客户）的信息。这些如果不另外调查，就无法收集。

如果仅输入日常累积的既有客户信息，就没有意义了，企业应该利用所谓的数据挖掘等技术，把堆积如山的资料变成有意义的资源，由此才能了解核心客户的喜好或想要何种一对一的服务。此外，将客户评价等信息回馈给开发团队或营业现场的服务人员，使其灵活运用在改良、提升产品性能或改善、加强服务水平等方面。

7）知识管理

客户关系管理的知识管理的三种周期化，必须在组织内流通，并作为随时查询的动态循环，不能阻塞不通。

• 建立客户关系管理合作的架构。

• 知识管理的构建与活用。

• 客户关系管理基础——人力资源管理（human resource management，HRM）以及人力资源开发（human resource development，HRD）体系（教育、评估、目标管理）。

经常发生的情况是做完问卷调查后就丢在一边，也不加以活用。问卷调查或面谈等，是和客户建立关系的手段。在进行问卷调查或面谈时，除了应对用语等需要注意之外，之后有无进行追踪，将决定企业实行客户关系管理程度的深浅。所谓“已听到意见，打算如何处置，请告知”，这是应有的双向沟通。客户不爱和只会一味地听、一味地接受、一味地说的企业打交道，因为当企业的客户关系管理理念沦为口头禅时，那就有危机了。

尽管如此，为使所有公司员工以坚定的客户关系管理态度来行动，仍需有一定程度的评估系统，最好要有独创的诱导方式。做好客户关系管理的报酬并非只是金钱，所谓做对事心情自然会变好。因此，保持着正确客户关系管理想法的员工，将会在行动或态度上表现出来，为达到此目标，管理或教育均需体系化。这并非仅依赖个人的资质，也需要组织鼓励，建立能让彼此拿出智慧、相互赞美的架构，使组织充满积极“情绪”，形成充满正面企业基因的企业文化。在知识管理阶段中，想法与执行系统将会有相乘的效果，即以平常心整合有关客户关系管理的知识，使正确的企业基因提升而形成周期，就是客户关系管理方案的最终目标。

综观以上阶段，前三个阶段并非随时必须进行的工作。但是，处在环境激变的社会中，即使隔三年才进行，也必须每年进行重新评估，最好可以建立随时都能开始作业的熟练状态。要达到这一状态，企业内部就必须建立分析客户关系管理环境、检讨企业理念、收集策略所需资料的种种架构和格式化的程序。

后四个阶段必须把与客户沟通所得的意见、要求早日转化成企业弹性的对应力与扩张性，借此带动整体效果的提升。

4.3 客户关系管理的主要内容

客户关系管理的主要内容包括客户识别、客户关系的建立、客户保持以及客户挽留，其中，客户识别是客户关系管理的基础，客户关系的建立是客户关系管理的保证，而客户保持和客户挽留都是对已建立的客户关系的维系。

4.3.1 客户识别

客户识别是客户关系管理的首要环节，只有识别出企业的潜在客户、有价值客户以及客户的需求，才能为企业的客户管理提供有价值的信息，使企业的客户关系管理更有针对性，避免因盲目的管理而产生不必要的浪费，甚至更大的损失。

1）客户识别的定义

客户识别就是通过一系列技术手段，根据大量客户的特征、购买记录等可得数据，找出谁是企业的潜在客户、客户的需求是什么、哪类客户最有价值等，并把这些客户作为企业客户关系管理实施的对象，从而为企业成功实施CRM提供保障。

客户识别是在确定好目标市场的情况下，从目标市场的客户群体中识别出对企业有意义的客户作为企业实施CRM的对象。由于目标市场客户的个性特征各不相同，不同客户与企业建立并发展客户关系的倾向也各不相同，因此他们对企业的重要性是不同的。

2）客户识别的内容

（1）识别潜在客户

潜在客户是指存在于消费者中间，可能需要产品或接受服务的人，也可以理解为潜在客户是经营性组织机构的产品或服务的可能购买者。

识别潜在客户需要遵循以下原则：

- 摒弃平均客户的观点。
- 寻找那些关注未来并对长期客户关系感兴趣的客户。
- 搜索具有持续性特征的客户。
- 对客户的评估态度具有适应性，并且能在与客户的合作问题上发挥作用。
- 认真考虑合作关系的财务前景。
- 应该知道何时需要谨慎小心。

（2）识别有价值客户

客户大致分为两类：交易型客户和关系型客户。交易型客户只关心价格，没有忠诚度可言。关系型客户更关注商品的质量和服务，愿意与供应商建立长期友好的关系，客户忠诚度高。交易型客户带来的利润非常有限，结果往往是关系型客户在给交易型客户的购买进行补贴。

识别有价值的客户实际上需要两个步骤：首先分离出交易型客户，以免他们干扰你的销售计划。其次，分析关系型客户。

我们将有价值的关系型客户分为三类，见表4-1。

表4-1 **有价值的关系型客户的种类**

客户类型	特点	营销方式
价值客户	给公司带来最大利润	进行客户关系管理营销，留住这些客户
潜力客户	带来可观利润并有可能成为最大利润来源客户	开展营销，提高本公司商品在其购买商品中的份额
失效客户	现在能够带来利润，但正在失去价值	经过分析，剔除即可

（3）识别客户的需求

“需要”是我们生活中不可缺少的东西，“需求”则是我们想要得到满足的方面。过去人们往往认为必须满足客户的需要，但在今天竞争的社会里，仅仅满足需要是不够的——为了留住客户，我们要让他们感到愉悦，因此我们必须了解他们的需求，找出满足客户需求的方法，见表4-2。

表4-2 满足客户需求的方法

方法	内容
会见头等客户	客户服务代表和其他人员定期召集重要客户举行会议，讨论客户的需求、想法和对服务的期望
意见箱、意见卡和简短问卷	将意见卡和简短问卷放在接待区、产品包装上、商品目录服务中心或客户易于接近的地方，以征求客户对产品或服务的意见
客户调查	通过邮寄、打电话和网上发布等方法对客户进行调查
客户数据库分析	通过分析客户信息了解客户需求
个人努力	客户代表通过询问客户对自己和企业的看法，得到客户反馈，以指导客户代表与客户的交往行为，以及公司对产品或服务的选择
考察竞争者	访问竞争对手以获得有关价格、产品等有价值的信息
兴趣小组	与顶级客户联合访谈，了解改进特定产品或服务的信息，参加访谈的所有成员组成一个兴趣小组
市场调研小组	为雇用他们的公司组织单独会面和团体会面，并通过电话、邮件和互联网进行调查

3）客户识别的意义

客户识别的主要工作在于通过客户的特点将客户进行分类，进而识别出目前以及将来对企业发展有价值的客户，针对这些客户进行关系的建立和维护。可以说，客户识别是客户关系管理的基础和保障，对于客户关系管理具有重要的意义。

（1）节约新客户的获取成本

新客户的获取成本大于老客户的维护成本，其主要原因是在新客户的开发过程中，客户的反馈率太低，导致获取每个客户的平均成本居高不下，客户识别能够识别出最有可能成为企业客户的潜在客户，并能够有针对性地开发新客户，避免了新客户开发中无谓的投入，用尽可能少的成本获取尽可能多的客户。

（2）缩减客户的保持费用

在现有的客户中，并不是所有客户都会同企业建立并发展长期合作关系，如果不加区别地对所有客户都进行保持努力，势必会造成客户保持成本的浪费，客户识别能够识别出较大概率同企业保持紧密关系的客户，并有区别地开展客户保持，大大缩减企业在客户保持方面的费用。

（3）提高客户关系定位的准确性

客户识别的主要作用在于能够将企业的众多客户划分为不同的类别，对客户进行精准的定位，这种定位有助于企业针对客户关系处于不同程度的客户，策划不同的营销方案，开展不同的客户保持方式，使得客户关系管理更具个性化，更有针对性。

4.3.2 客户关系的建立

客户关系的建立是客户关系管理的核心部分，也是最主要的部分，企业应通过各种方法和不同类型的客户建立合适的关系，以保证企业客户关系管理持续有效地进行，进而保证企业深入了解客户，获得更有价值的信息。

1）客户关系的定义

客户关系是指企业为达到其经营目标，主动与客户建立起的某种联系。这种联系可能是单纯的交易关系、通信联系，也可能是为客户提供一种特殊的接触机会，还可能是为双方利益而形成某种买卖合同或联盟关系。客户关系不仅仅可以为交易提供方便、节约交易成本，也可以为企业深入了解客户的需求和交流双方信息提供机会。

2）客户关系的特征

客户关系同普通的人际关系相比，具有其独特之处，主要表现在多样性、持续性、竞争性和双赢性。

（1）多样性

因客户的特点不同，客户关系也有不同的表现形式，即便是同一个客户，在不同的阶段也会表现出与企业不同的客户关系。

（2）持续性

客户关系会在一定的程度上表现出持续性，又称惯性，只要方法得当，客户会乐于同企业保持一种相对稳定的关系。

（3）竞争性

客户关系的竞争性主要表现在企业同其竞争对手对客户资源的竞争，使客户关系的稳定性在某种情况下会受到威胁，正是基于客户关系的这种竞争性，企业才需要进行客户关系管理，以保证客户关系的稳定性。

（4）双赢性

对于企业来说，良好的客户关系有助于企业了解客户信息和需求，有针对性地进行产品开发、制订生产计划、开展营销活动等，对于企业的发展具有重要的促进作用；对于客户来说，同企业建立良好的关系，有助于客户获得来自企业的更多优惠和关怀。因此，客户关系具有双赢性的特征。

3）客户关系的建立流程

（1）客户关系的类型及选择

企业在具体的经营管理实践中，建立何种类型的客户关系，必须针对其商品的特性和对客户的定位来作出抉择。著名的营销学家菲利普·科特勒在研究中把企业建立的客户关系分为五种不同的类型。

①基本型。这种关系是指企业把产品销售出去后就不再与客户接触。

②被动型。企业的销售人员在销售产品的同时，还鼓励客户在购买产品后，如果遇到问题或有意见，及时向企业反馈。

③负责型。产品销售完成后，企业及时联系客户，询问产品是否符合客户的要求，有何缺陷和不足，有何意见或建议，以帮助企业不断改进产品使之更加符合客户需求。

④能动型。产品销售完成后，企业不断联系客户，提供有关改进产品的建议和新产品的信息。

⑤伙伴型。企业不断协同客户，努力帮助客户解决问题，帮助客户成功，实现共同发展。

这五种客户关系类型之间并不具有简单的优劣对比程度或顺序，因为企业所采用的客户关系类型取决于它的产品以及客户的特征。企业可根据其客户的数量和边际利润水平，依据图4-6所示的思路，选择合适的客户关系。

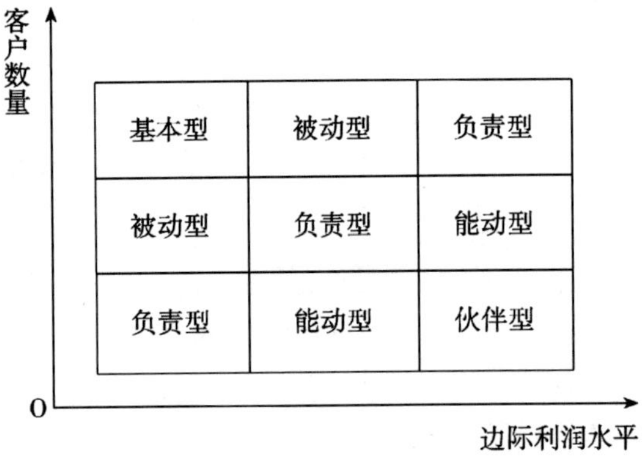

图4-6　选择客户关系类型示意图

如果企业在面对少量客户时，提供的产品或服务的边际利润水平相当高，那么它应当采用“伙伴型”的客户关系，在客户成功的同时，自己也获得丰厚的回报。如果产品或服务的边际利润水平很低，客户数量极其庞大，那么企业会倾向于采用“基本型”的客户关系，否则它可能因为售后服务的成本较高而出现亏损。因此，一般来说，企业对客户关系进行管理或改进的趋势，应当是朝着为每个客户提供满意的服务，并提高产品的边际利润水平的方向转变的。

（2）发展客户关系

要留住客户，提高客户的忠诚度，可以在正确识别客户的基础上按照以下四个步骤发展客户关系。

①对客户进行差异分析。不同客户之间的差异主要有两点：第一，客户对于公司的商业价值不同；第二，客户对于产品的需求不同。因此，对客户进行有效的差异分析，可以帮助企业区分客户、了解客户需求，进而更好地配置企业资源，改进产品和服务，牢牢抓住客户，取得最大的利润。

②与客户保持良好的接触。客户关系管理的一个主要组成部分就是降低与客户接触的成本，增加与客户接触的收效。前者可以通过开拓“自助式”接触渠道来实现，用互联网上的信息交互代替人工的重复工作。后者的实现需要更及时、充分地更新客户的信息，从而加强对于客户需求的透视深度，更精确地描述需求画面。具体地讲，也就是把与客户的每一次接触或者联系放在“上下”的环境中，对于上一次接触或者联系何时何地发生的，都应该清楚了解，从而可以在下次继续，形成一条连续不断的客户信息链。

③调整产品或服务以满足每个客户的需要。要进行有效的客户关系管理，将客户锁定在“学习型关系”之中，企业就必须因人而异提供“个性化”的产品或服务，调整点不仅仅是最终产品，还应该包括服务，如提交发票的方式、产品的包装样式等。

④提升客户关系。客户关系的进展程度与企业客户管理和服务水平紧密相关，客户关系提升的过程是营销和管理精细化和信息化的过程。由此，我们认为CRM可以通过实现客户

的忠诚度来提升客户关系。

在客户关系管理条件下，通过网络技术与客户进行互动式管理，创造并稳定客户关系，实现客户忠诚，可以通过如图4-7所示的模式来表示。

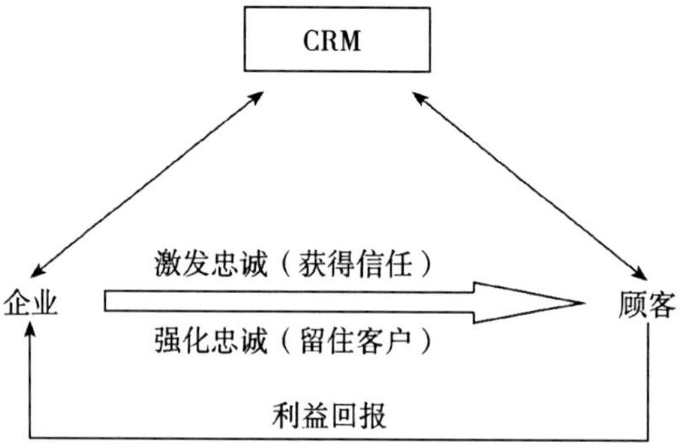

图4-7 CRM与客户关系建立

用CRM来维护客户关系，应遵循四个原则：

①给客户以亲切感并进行感情投资。

②给客户更多方便和更多选择。

③提供个性化的服务，更有效地满足客户需求。

④提供快速、有效的服务，建立快速反应机制。

4）客户关系的生命周期

客户关系的生命周期，通常指的是一个客户与企业之间从建立业务关系到业务关系终止的全过程，是一个完整的关系周期。它从动态角度研究客户关系，描述了客户关系从一个阶段向另一个阶段运动的总体特征。

客户关系的生命周期分为考察期、形成期、稳定期和退化期。下面简要介绍各阶段的特征。

（1）考察期——关系的探索和试验阶段

在这一阶段，双方考察和测试目标的相容性、对方的诚意、对方的绩效，考虑如果建立长期关系双方潜在的责任、权利和义务。双方相互了解不足、具有不确定性是考察期的基本特征，评估对方的潜在价值和降低不确定性是这一阶段的中心目标。在这一阶段，客户会下一些尝试性的订单。

（2）形成期——关系的快速发展阶段

双方关系能进入这一阶段，表明在考察期双方相互满意，并建立了一定的相互信任和交互依赖关系。在这一阶段，双方从关系中获得的回报日趋增多，交互依赖的范围和深度也日益增加。双方逐渐认识到对方有能力提供令自己满意的价值和履行其在关系中担负的职责，因此愿意承诺一种长期关系。

（3）稳定期——关系发展的最高阶段

这一阶段，双方或含蓄或明确地对持续长期关系作出了保证。这一阶段有如下特征：双方对对方提供的价值高度满意；为能长期维持稳定的关系，双方都作出了大量的有形和无形的投入；进行高水平的资源交换。因此，在这一阶段双方的交互依赖水平达到整个关系发展过程中的最高点，关系处于一种相对稳定的状态。

（4）退化期——关系发展过程中关系水平逆转阶段

关系的退化并不是总发生在稳定期后，实际上，任何一个阶段的关系都可能退化，有些关系可能永远越不过考察期，有些关系可能在形成期退化，有些关系则越过考察期、形成期而进入稳定期，并在稳定期维持较长时间后退化。引起关系退化的原因很多，如一方或双方经历了一些不满意、发现了更合适的关系伙伴、需求发生变化等。退化期的主要特征有：交易量下降，一方或双方正在考虑结束关系，甚至物色候选关系伙伴等。

4.3.3 客户保持

客户保持是指企业通过努力来巩固及进一步发展与客户长期、稳定关系的动态过程和策略。客户保持需要企业与客户相互了解、相互适应、相互沟通、相互满意、相互忠诚，这就要求企业必须在建立客户关系的基础上，与客户进行良好的沟通，让客户满意，最终实现客户忠诚。

1）客户保持的原因

客户保持所带来的不仅仅是客户的保留，之所以会保持这些客户，是因为客户对企业的满意和忠诚。事实上，客户很愿意把这种感觉告诉所认识的人，而这种“宣传”的效果绝对胜过企业花巨资拍摄广告所带来的强烈吸引。对企业而言，客户保持比吸引新客户更能够带来企业的低成本。据统计，吸引一个新客户所需要花费的成本是维护一个老客户所需成本的5~10倍。

2）影响客户保持的因素

①客户购买行为受到文化、社会环境、个人特性和心理等方面的影响。这部分因素是企业无法控制的，但是对于了解客户的个体特征有着重要的意义。一方面，来自同一类社会阶层或具有同一种心理、个性的客户往往具有相似的消费行为，企业可以通过这些因素对客户进行分类，对不同类的客户实施不同的营销策略；另一方面，企业可以将不同客户的销售结果与客户特性作对比，了解它们之间的关联。

②客户满意与客户保持有着非线性的正相关关系。企业可以从建立顺畅的沟通渠道、及时准确地为客户提供服务、提高产品的核心价值和附加价值等方面来提高客户的满意度。

③客户在考虑是否转向其他供应商时必须要考虑转移的成本。转移成本的大小直接影响客户维护。转移成本的大小受到市场竞争环境和客户建立新的客户关系的成本的影响。

④客户关系具有明显的生命周期的特征，在不同的生命周期中，客户保持具有不同的任务，一般来说，在考察期客户的转移成本较低，客户容易流失。而随着交易时间的延长，客户从稳定的交易关系中能够获得越来越多的便利，节省了转移成本，客户越来越趋于稳定，客户容易保持原有的交易关系。这使企业需要一如既往地提供令客户满意的服务或产品。

3）客户保持管理的内容

尽管越来越多的企业管理层意识到维护企业客户的重要性，但是究竟应该从哪些方面着手来实施这一理念呢？

（1）建立、管理并充分利用客户数据库

企业必须重视客户数据库的建立、管理工作，注意利用数据库来开展客户关系管理，应用数据库来分析现有客户情况，并找出客户数据与购买模式之间的联系，以及为客户提供符合他们特定需要的定制产品和相应服务，并通过各种现代通信手段与客户保持自然密切的联系，从而建立持久的合作伙伴关系。

（2）通过客户关怀提高客户的满意度与忠诚度

客户关怀应该包含在客户从购买前、购买中到购买后的客户体验的全部过程中。购买前的客户关怀活动主要是在提供有关信息的过程中沟通和交流，这些活动能为以后企业与客户建立关系打下基础。购买期间的客户关怀与企业提供的产品或服务紧密地联系在一起，包括订单的处理以及各个相关的细节都要与客户的期望相吻合，满足客户的需求。购买后的客户关怀活动，主要集中于高效地跟进和圆满地完成产品的维护和修理的相关步骤。售后的跟进和提供有效的关怀，其目的是促使客户重复购买行为，并向其周围的人多作对产品有利的宣传，形成口碑效应。

（3）利用客户投诉或抱怨，分析客户流失原因

为了留住客户，必须分析客户流失的原因，尤其是分析客户的投诉和抱怨。客户对某种产品或服务不满意时，可以说出来，也可以一走了之。如果客户拂袖而去，企业连消除他们不满的机会都没有。

投诉的客户仍给了企业弥补的机会，他们极有可能再次光临。因此，企业应该充分利用客户投诉和抱怨这一宝贵资源，不仅要及时解决客户的不满，而且应该鼓励客户提出不满意的地方，以改进企业产品的质量和重新修订服务计划。

4）客户保持的方法

（1）注重质量

长期稳定的产品质量是保持客户的根本。高质量的产品本身就是维护客户的强力凝固剂。这里的质量不仅是产品符合标准的程度，还应该是企业不断根据客户的意见和建议，开发出真正满足客户喜好的产品。因为随着社会的发展和市场竞争的加剧，客户的需求正向个性化方向发展，与众不同已成为一部分客户追求的时尚。

（2）优质服务

在激烈的市场竞争中，服务与产品质量、价格、交货期等共同构成企业的竞争优势。由于科技发展，同类产品在质量和价格方面的差距越来越小，而在服务方面的差距却越来越大，客户对服务的要求也越来越高。虽然再好的服务也不能使劣质产品成为优质产品，但优质产品会因劣质的服务而失去客户。

大多数客户的不满并不是因为产品质量本身，而是由于服务问题。客户能够用双眼观察到的质量往往比产品或服务的质量重要得多。他们往往把若干因素掺杂在一起：产品或服务的可信度和一致性、运输货物的速度与及时性、书面材料的准确度、电话咨询时对方的态度、员工的精神面貌等，这些因素都很重要，其中一些甚至非常关键。有人提出，在竞争焦点上，服务因素已经逐步取代产品质量和价格，世界经济已进入服务经济时代。

（3）品牌形象

面对日益繁荣的商品市场，客户的需求层次有了很大的提高，他们开始倾向于商品品牌的选择，偏好差异性增强，习惯于指名购买。客户品牌忠诚的建立取决于企业的产品在客户心目中的形象，只有让客户对企业有深刻的印象和强烈的好感，他们才会成为企业品牌的忠诚者。

（4）价格优惠

价格优惠不仅仅体现在低价格上，更重要的是能向客户提供他们所认同的价值，如增加客户的知识含量、改善品质、增加功能、提供灵活的付款方式和资金的融通方式等。如果客

户是中间商，生产企业通过为其承担经营风险而确保其利润也不失为一种具有吸引力的留住客户的方法。

（5）感情投资

一旦与客户建立了业务关系，就要积极寻找商品之外的关系，用这种关系来强化商品交易关系。例如，记住个人客户的生日、结婚纪念日，企业客户的厂庆纪念日等重要的日子，采取适当的方式表示祝贺。对于重要的客户，企业负责人要亲自接待和走访，并邀请他们参加本企业的重要活动，使其感受到企业所取得的成就离不开他们的全力支持。对于一般的客户可以通过建立俱乐部、联谊会等固定沟通渠道，保持并加深双方的关系。

对于以上客户保持的各种方法，企业既要认识到这五个方面都很重要，忽视任何一个方面都会造成不利的后果，同时又应该权衡这五个方面不同的侧重点。客户保持的第一层次是注重质量，第二层次是品牌形象和优质服务，在此基础上构建起价格优惠和感情投资的第三层次。

4.3.4　客户流失和客户挽留

1）客户流失

（1）客户流失的含义

客户流失是指企业的客户由于种种原因不再忠诚，而转向购买其他企业的产品或服务的现象。客户流失一般包括两种情况：客户主动选择转移到另外一个供应商，使用他们的产品或服务，我们称其为主动流失；而那些由于恶意欠款等原因被企业解除服务合同的客户则是被动流失。

客户背后有客户，流失一位重复购买的客户，不仅使企业失去这位客户可能带来的利润，还可能损失与受其影响的客户交易的机会。此外，还可能会极大地影响企业对新客户的开发。因此，当客户关系出现倒退时，企业不应该轻易放弃流失的客户，而应当重视他们，积极对待他们，尽力争取挽留他们，促使他们重新购买企业的产品和服务，与企业继续建立稳定的合作关系。

（2）客户流失的形成过程

如果已经成为公司的客户，说明以前他是认可公司产品的，积累了一定的购买经验，有一定的使用感受。通常情况下，客户在下一次购买产品时，首先会与上一次购买进行比较。如果产品性能还可以，服务也不错，即使价格高一点，客户还会重复购买。但是，如果客户第一次购买后，发现产品性能与宣传的不一样，使用过程中出现问题得不到解决，或者投诉无结果，客户就会抛弃以前的公司，而去选择其竞争对手的产品。客户流失主要集中在售后服务出现问题之后，抱怨、投诉得不到解决时。客户流失的形成过程如图4-8所示。

（3）客户流失的原因分析

客户流失的原因可能有很多，从客户价值和客户满意的角度来看，主要有以下几种：

①自然流失。由于客户的经济情况改变或发生地域上的迁徙等，将会被迫和企业断绝交易关系。这种类型的客户流失不是人为因素造成的，也是不可避免的，应该在弹性流失范围之内。

②竞争流失。由于企业竞争对手的影响而造成的流失称为竞争流失。市场上的竞争突出表现在价格战和服务战上。竞争对手采取优惠、特价、折扣等措施，或者推出功能和质量更好的产品和服务，将原来属于本企业的客户挖走。

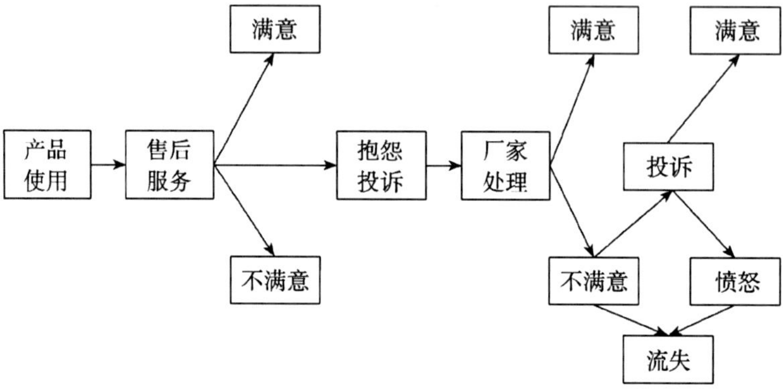

图4-8 客户流失的形成过程

③过失流失。由于企业自身工作中的过失，引起客户的不满而造成的流失称为过失流失。比如，企业形象不佳、产品性能不好、服务态度恶劣等。过失流失在客户流失总量中所占的比例最高，但企业也可在分析客户流失因素的基础上，通过采取一些有效手段来防止。

④恶意流失。一般是指企业主动放弃客户。由于企业产品技术含量提高，升级换代，目标客户群体发生改变，从而主动放弃部分原来的客户。客户的信用度低、客户有故意欺诈行为等也会导致企业放弃这部分客户。

⑤其他流失。除上述几种情况外，还有很多导致客户流失的原因。例如，由于企业员工跳槽而带走客户；由于企业对市场监控不力，市场出现混乱，客户经营企业的产品不能获利而导致客户流失等。

（4）客户流失的防范策略

①实施全面质量管理。关系营销的中心内容就是最大限度地实现客户满意。为客户提供高质量的产品和服务，是创造价值和实现客户满意的前提。而实施全面质量管理，有效控制影响质量的各个环节、各个因素，是创造优质产品和服务的关键。

②重视客户抱怨管理。客户抱怨是客户对企业产品和服务不满的反应，它表明企业经营管理中存在缺陷。客户抱怨是推动企业发展的动力，也是企业创新的源泉，企业必须妥善处理客户抱怨和投诉。

③建立内部客户体制，提升员工满意度。企业提供给客户的服务是对负责提供服务的员工的满意度的函数。员工满意度的增加会导致员工提供给客户的服务质量的增加，最终会导致客户满意度的增加。

④建立以客户为中心的组织机构。拥有忠诚客户的巨大经济效益让许多企业深刻认识到，与客户互动的最终目标并不是交易，而是建立持久、忠诚的客户关系。在这种观念下，不能仅把营销部门看成是唯一的对客户负责的部门，企业的每一个部门、每一个员工都应以客户为中心，所有工作都应建立在让客户满意的基础上。

⑤建立客户关系的评价体系。客户关系的正确评价对于防范客户流失有着很重要的作用，只有及时地对客户关系的牢固程度作出衡量，才有可能在制定防范措施时有的放矢。

2）客户挽留

（1）客户挽留的含义

运用科学的方法对将要流失的有价值的客户采取措施，争取将其留下的营销活动，即客户挽留。它将有效地延长客户生命周期，保持市场份额和运营效益。因此，客户挽留是

CRM实现的关键功能之一。

（2）客户挽留的策略

①服务第一、客户为先。优质的客户服务可以为企业带来更高的利润，并保证企业基业常青。聪明的企业不会一味通过降低和削减成本来增加收入，因为成本削减总有一个限度，聪明的企业是通过重新设计服务战略来达到目的的。服务战略包括制定全方位的客户服务解决方案、建立服务矩阵、加强服务创新和优化服务流程等方面。

企业和顾客应该是双赢关系而不仅仅是买卖关系。客户服务比推广销售和广告宣传更能增加企业营业额和利润，因此，企业想战胜竞争对手就必须学会站在客户的立场和角度去思考问题。在对客户服务的认识上，企业应该知道：因为客户服务关系到企业的长远发展，所以虽然短期内难以见到效益，但是服务应该成为持续的行为。

②关系的培育和积累。留住企业的优质客户需要与客户保持良好的关系。当前，业界普遍流行的观点是：企业成功=（能力+勤奋+机遇）×关系。该观点认为，缺少能力、机遇和勤奋中的任何一项，只要有一定的关系，同样可以成功，关系是一个人乃至企业成功的主要因素。不能仅从背景上看，还要从完善自我的角度来理解关系，积累关系的关键因素就是完善自我。一个人必须从三个方面来完善自我：真诚、尊重和重视别人以及学会问和听，只有这样，才能在交往中积累好自己的关系。

③客户关怀可以成为核心竞争力。核心竞争力是企业在很长的一段时间内形成的，是蕴涵于企业内质中的、企业独具的并支撑企业过去、现在和未来的竞争优势，能使企业长时间在竞争环境中取得主动的核心能力。现代经济其实就是客户经济，当今社会所倡导的全局观、全流程的龙头就是客户。

有些企业有自己完整的服务战略，也有很详细的服务规程，但是服务规程执行起来很困难，特别是在员工满意度、客户满意度很低时，这种矛盾其实是一个企业的服务战略如何落实的问题。实际上，很多企业都存在这样一个瓶颈，认为战略是管理层制定的，执行是基层员工去做的，这其实是战略目标分解工作没到位。把战略目标逐层分解到企业员工日常工作的每一天，这是企业管理层在制定战略时首先要有的意识。此外，就是要建立一个执行监控机制，实际上就是把战略目标分解为近期目标、远期目标、年度经营分析、月度指标分析，包括每一个人的行为规划等。

④别忽略潜在的优质客户。每个人的精力都是有限的，不可能和所有的人打交道。我们要选择重点，先设定自己的目标，然后围绕这个目标来长期、持续地投入时间和精力。但是在这一过程中，要反对那种功利的做法，不应该只重视眼前有用的客户，不重要的客户就完全忽略掉，应该对潜在的优质客户也保持持续关注和投入。

（3）客户挽留的流程

①调查原因，缓解不满。首先，企业要积极与流失客户联系，访问流失客户，诚恳表示歉意，缓解矛盾；其次，要了解流失的原因，弄清问题究竟出在哪里，并虚心听取客户的意见、看法和要求，让他们感受到企业的关心，给他们反映问题的机会。

②对症下药，争取挽留。企业要根据客户流失的原因制定相应的对策，尽力争取及早挽回流失的客户。

③对不同级别的客户的流失采取不同的态度。企业应该根据客户的重要性来分配投入挽留客户的资源，挽留的重点是那些最能产生盈利的客户，这样才能达到挽留效益的最大化。

针对下列三种不同级别的流失客户，企业应当采取的基本态度如下：

- 对重要客户要极力挽留，对主要客户也要尽力挽留。
- 对普通客户的流失和非常难避免的流失，可见机行事。
- 基本放弃对小客户的挽留努力。

④彻底放弃根本不值得挽留的流失客户。有些流失客户，如以下情况的流失客户根本不值得挽留。

- 不可能带来利润的客户。
- 无法履行合同规定的客户。
- 损害员工士气的客户。
- 声望太差，与之建立业务关系会损害企业形象的客户。

4.4 客户关系管理建立的基础、目的与原则

客户关系管理是在一定的基础上建立起来的，具有特定的目的，而要实现这些目的，在建立客户关系管理的过程中需要遵循一定的原则，可以说，基础、目的、原则是客户关系管理建立的三个必要的因素。

4.4.1 客户关系管理建立的基础

客户关系管理的建立需要特定的经济基础和技术基础，二者缺一不可，其中，经济基础是客户关系管理建立的保障，而技术基础是客户关系管理能够实施的必要支持。

1）经济基础

按照经济发展阶段理论，从经济学角度来看，人类社会的发展经历了传统的农业社会、工业社会和后工业社会三个历史阶段。在传统的农业社会中，由于生产方式落后和生产力水平低下，劳动产出除了满足人们的基本生存需要之外仅有少量剩余，因此商品交换不发达，市场发育也不甚成熟。进入工业社会，以蒸汽机发明为代表的科学技术迅速发展，机器生产代替了手工生产，生产方式的变革使生产效率大为提高，社会生产力水平实现了质的飞跃，人们生产的产品除了满足基本生活的需要之外还有大量剩余，因此商品交换成为一种普遍现象，市场发育逐渐成熟，生产者之间的竞争也逐步形成，而且这种竞争关系随着市场的日益成熟和新技术的不断涌现而日趋激烈，买方市场形成，消费者在交易中掌握了越来越多的主动权，其地位日益提升。在这种形势下，通过市场调研了解消费者需求，进而在满足需求的前提下实现企业利益最大化的市场营销理论得到了绝大多数企业的认可，并成为这一时期指导企业经营管理的主导思想之一。按照福克斯和贝尔提出的后工业时代理论，从20世纪60年代起，美国等发达国家已逐步进入后工业社会（福克斯称其为服务经济的社会）。这一时代以服务经济的迅猛发展和经济的信息化为主要特征。经济的信息化进程一方面极大地提高了各个生产领域的生产效率，另一方面又为消费者提供了更多的选择权，使企业更难以在竞争中长久地保持优势。在这种形势下，如何维系客户并与之建立一种持久的合作关系引起了人们的普遍重视。围绕这一企业关心的现实问题而展开的服务营销、客户满意、客户忠诚和客户关系管理等研究逐步深入，并成为新形势下指导企业经营管理的主导思想。因此，客户关系管理是随着社会经济的发展而发展起来的一门学科，它是社会经济发展的需要。

2）技术基础

20世纪中期电子计算机技术的发展，特别是20世纪末信息网络技术的发展，为真正意义上的客户关系管理创造了条件。现代计算机技术使信息的大量存储和自动化处理成为可能，而网络则使企业与客户的联系与沟通变得更为简便、快捷，使企业“一对一”服务的梦想真正有可能变为现实。有了计算机和信息网络技术的支持，一些企业对业务流程进行了改造，按照“以客户为中心”的管理理念重新构建了企业的管理系统。其中，客户关系管理系统则成为企业管理系统的重要组成部分，被越来越多的企业应用于经营管理实践。由此可见，没有计算机和网络发展的技术背景，客户关系管理至多也只能是一种观念和思想。而计算机及网络技术的支持，才能够使客户关系管理从观念和思想转变为一种切实可行，并行之有效的管理工具和手段。

4.4.2 客户关系管理建立的目的

企业的任何行为都有其特殊的目的，对于客户关系管理来说，其建立的目的主要在于提高企业销售收入、改善企业服务、提高客户满意度以及提高员工生产力。

1）提高企业销售收入

区别于其他侧重节流、以产品为中心的企业后端管理理念和软件（如ERP、MRP Ⅱ、财务管理），CRM应用于企业前端组织（如销售组织、服务组织、市场营销组织），主要用于开源。销售管理是CRM的核心业务组成部分。

CRM的本质是客户价值差别化管理，以及应对方法差别化管理。既然企业80%的销售收入和利润是由20%的客户创造的，那么这20%的最具价值的客户就一定要识别出来，他们对企业的生存和发展至关重要。

另一方面，CRM注意收集各种客户信息，记录并管理客户的需求差别化，使得企业“比客户自己更了解客户”。

CRM帮助企业识别客户价值的差别化和需求差别化，便于企业明确目标，采用最合适的方法对最具价值的客户和最具成长性的客户不断创收，开发一般客户和潜在客户，对低于边际成本的客户找到问题所在和原因。

2）改善企业服务、提高客户满意度

服务管理是CRM的核心业务组成部分。CRM可以改善企业的服务能力和质量，CRM强调服务是个性化的，是提高客户对企业满意度的企业整体营销中的一个环节。

CRM中的服务可以是个性化的。对购买同样产品的不同客户，服务合约和服务方式可能有所差别。例如，对某些客户，接到服务请求后，提供无偿的“下一工作日现场服务”；对某些客户，提供有偿的“远程电话/互联网即时服务”或者“4小时内抵达现场服务”。在对客户的资产提供维护服务时，可能面对本公司提供的产品，也可能面对第三方提供的产品。

由于服务的经验质量和信任质量一般很高，客户觉得在购买或接受时风险很大。这会有几种结果：服务接受者（客户）通常更加依靠口碑而不是服务组织的广告；客户会更加重视价格、人员和诸如品牌这样的物质线索来评价服务质量；当客户满意时，会对服务的提供者产生高度的忠诚。

在CRM中，服务管理是企业整体营销中的一个重要环节。CRM把营销思想不仅引入到企业的销售组织，还引入到企业的服务组织，并强调内外兼修的营销思想，同时减少了部门壁垒所带来的内耗。支撑有形服务业务的是整个无形的“店后”生产过程和组织系统。从这种复杂性来看，客户对服务的满意度不仅要求外部营销，还需要内部营销和互动营销。

这种概念最大的贡献就是“促使客服组织中的每一个人都实行市场营销”。客户评价服务质量不仅看其技术质量（如是否很快就把笔记本电脑维修好），也看其功能质量（如服务人员是否对客户表示关心、是否对维修有信心，以及是否给客户一些日常维护建议）。专业人员以及其他服务提供者必须同时传递“高度的技术”和“高度的感受”。

CRM有效避免了销售组织和服务组织之间的壁垒。销售代表在与客户的接触中，可以及时地把客户的服务请求和感受传达给客服代表，及时响应、解决问题并提高客户满意度，或者销售经理及时了解客户对服务的满意度。客服代表在与客户的接触中，迅速把新的生意机会转达给销售代表或直接受理，提升销售（up-sell）或交叉销售（cross-sell）。

3）提高员工生产力

CRM在现场销售/服务、销售/服务自动化、协同工作、客户关怀等方面，有效地提高了员工生产力。

CRM支持现场销售（field sales）和现场服务（field service）。例如，在某特定地点，客户要求销售代表在商务洽谈后当场报价、当场签订合同，或者客服人员需要现场查询以往对客户资产维护处理的细节，如果这时既无法连接Internet，又不方便找到电话线路，怎么办？CRM对解决移动办公提供了两种基本方式：一种是联网在线访问公司数据库；另一种是脱网离线操作。联网在线方式可以随时访问、操作公司数据库并交换数据，但无法适应所有场合（如在飞机飞行途中处理工作）；而脱网离线方式允许员工提前从公司数据库中下载权限允许的信息到笔记本电脑中，在现场或途中随时处理工作，回到公司或者在能够联网时上传给公司数据库、更新数据。

CRM支持销售/服务自动化。选择报价方案和自定义产品包，有助于公司员工在销售成品、销售维修部件时自动获得产品清单和当前最合适的价格。对于编写报价单/合同/服务合约Word文件这类问题，可以让CRM系统依据模板去自动生成，为员工赢得时间去处理其他更重要的工作。

CRM支持协同工作。上面提到过企业销售组织和服务组织之间可以打破部门壁垒，及时沟通。企业会依据自身管理体制和机制的需要，划分出一些不同层面的行政团队（或部门）。CRM为企业提供了高效的协同工作机制，允许相同部门或不同部门的人员根据业务需要随时动态创建协作小组。

CRM帮助员工做好个性化客户关怀。例如，在节日期间，为增进客户关系，公司安排员工给成百上千的客户寄送信函、发送电子邮件进行问候。员工可以在CRM的帮助下，为每一位客户发送“个性化”的信件。

4.4.3 客户关系管理建立的原则

客户关系管理建立的原则是保障目标达成的重要手段。一般在建立客户关系管理系统时，我们要遵循以下三条原则：

1）建立CRM的推动力是企业内部的革新需求

几乎在所有的行业中，企业的管理模式、运行模式、与供应商和客户的关系都在发生着急速的变化。即使在今天的市场上得以生存的成功企业也无时无刻不在关注着未来的市场、未来的客户以及未来的应变方法。信息技术的迅猛发展，将原来的信息不对称的状况大大改变了。客户对企业的影响力逐步增强，越来越多的企业管理者发现，要让今天的和未来的客户满意，必须将企业与客户的距离拉近，必须充分地、深刻地了解现有和潜在的客户，必须从客户的需求出发设计企业的产品、服务甚至运营流程。

实施CRM会带来企业内外部的改变。企业应用CRM系统，不应当仅仅是信息部门或销售部门内部的事情，而应当是整个企业在高层领导的直接参与指导之下的多方协同调整。在建设CRM的过程中，企业内部的高层管理者必须承担起项目负责人的角色，才能让CRM实施顺利地开展，才能完成多方面的转变。

良好的CRM实施方法是从上到下的。也就是说，在企业内部高层的支持和直接参与下，实施小组制定出CRM目标、客户价值分类的依据，并动员相关部门为整个项目投入精力和资源，实现内部和外部的转变，最后才能达到客户和企业的双赢效果。

2）建立CRM，目标必须明确

将“以客户为中心”的CRM管理理念贯彻到各个客户接触点之后，企业的绩效应当有较大的提高。各种绩效衡量指标的提高对于企业管理来说都很重要。在实施CRM之前，项目决策人需要根据企业本身的管理现状，将最需要解决的问题和最期望获得的改变排出优先顺序，以此来确定实施目标。

确立实施目标之后，企业针对这一目标的现状进行调查，确定量化指标。例如，如果实施目标定义为“提高销售业绩”，那么可以测量的指标包括但不仅限于：

- 现有的销售周期是多少天？
- 现有的销售成功率（潜在客户转为正式客户的比率）是多少？
- 在销售人员需要（潜在）客户信息时，是否能够及时地获得最新资料？
- 在销售人员离开时，企业是否能够保留客户信息？
- 销售人员对成单的估计精确率大约为多少？是否因人而异？

在实施结束，系统启用了一段时间之后，企业应以同样的量化指标来衡量实施的效果，并把效果通知到每个实施小组成员，逐步增强企业员工对CRM的理解，便于确立下一个改进目标和实施计划。

3）建立CRM不仅仅是安装软件

在企业的高层参与下确定了CRM实施目标之后，在软件实施小组的配合下，企业将开始流程优化和技术更新。

其中，流程优化能否成功，将直接关系到实施的成败。在开始实施时，有两种情况是比较常见的：一种情况是企业内部的流程没有形成明确化、规范化的步骤及文档，企业运作主要通过惯例和领导直接指示的方式进行；另一种情况是企业内部已经具备规范的流程，但是整个流程是围绕着产品和内部管理来设计的，忽略了如何对客户更亲切、让客户更方便以及给客户更好的感受等方面。这两种情况都要求企业内部的CRM项目负责人和客户关系管理系统实施小组能够紧密配合，根据CRM系统功能和特点，进行符合CRM战略目标的流程再设计。

4.5　客户关系管理的作用与功能

客户关系管理作为企业管理客户关系、收集客户信息并从客户信息中提取有价值信息的过程，无论对于企业还是客户，都具有非常重要的作用。对企业来说，客户关系管理能够使企业实现营销智能及销售自动化，提高企业效率；对客户来说，客户关系管理能够帮助客户节约购买成本和满足其潜在需求，并能使其得到无微不至的服务。

4.5.1 客户关系管理的作用

1）CRM对企业的作用

（1）营销智能（MI）

营销智能功能是指企业用发展的眼光看待客户关系。这部分功能应该是按照这样一个流程来执行的：CRM系统根据所有的历史数据，自动地进行数据分析，在此基础上，提出市场预测，并自动产生具体的营销活动建议。在营销活动结束后，CRM系统能够收集活动中的反馈资料，这些资料就成为历史数据，为实现下一轮的商务智能营销提供第一手的数据。

（2）销售自动化（SFA）

SFA主要是提高专业人员的大部分活动的自动化程度，它包含一系列功能，不仅涵盖了销售活动本身及参与销售活动的人员管理，同时也包括了随着销售活动而产生的服务管理。SFA的另一部分重要内容就是提供服务，在大多数情况下，保持客户和保持获利能力依赖于提供优质的服务。客户只需轻点鼠标或打一个电话就可以转向企业的竞争者，因此，客户服务对公司非常重要。CRM系统通过整合多种客户的联系渠道，针对客户的个性化要求，提供可靠的信息，从而提高客户满意度，培养客户忠诚度。

（3）提高效率

企业级的CRM系统通常都把产品的销售、市场、客户服务以及技术支持信息集中存放于统一的中心信息库。销售人员把账户信息装入“配置引擎”以及名为“市场销售百科全书”的可供共享的数据库中。数据库向销售人员提供了可存取产品与竞争者信息的有效手段，以使他们能够及时掌握准确的市场信息，获得更大的销售利润。有了数据库，企业不会因为某一位销售人员的离职而丢失重要的销售信息，同时，它的自动化处理过程还可以使企业的销售人员摆脱繁琐的管理事务。CRM系统的智能性及全面性，使得销售人员可以按照CRM系统设定的操作流程来追踪其广告活动，更好地针对未来的市场作出正确的抉择。销售管理人员也可以在足不出户的情况下，采用最好的销售模式，管理产品的整个销售过程，完成整个销售过程中的每一个环节。同时，CRM提供的方案还能帮助新雇员很快熟悉某一产品的销售周期，指导其按照公司整体的销售模式来进行销售工作。因此，那些采用了CRM系统的企业相对于没有采用CRM系统的企业，可以降低对某些重要销售人员的依赖性，同时也可以降低对新雇员的培训成本。

2）CRM对客户的作用

CRM的目标是客户，重点是关系管理。因此，企业一旦建立了CRM系统，就会对它的目标主体——客户产生作用，其作用具体表现在以下方面：

（1）节约购买成本

这里所指的购买成本，并不是具体指某一产品或服务的价格，而是指在购买的行为过程中所花费的成本，包括时间成本、沟通成本和机会成本。如果你是一位客户，你的供应商已经采用了CRM系统，它所有的前端工作人员，都会根据CRM信息库提供的与你要求一致的信息同你联系。你的任何一个细微的要求都不会丢失（除非CRM计算机系统全面崩溃），你将得到与你的要求及描述一致的产品或服务，甚至在某些情况下还会超过你的预期。面对你的个性化要求，你只要提出过一次（如果你不再申明更改或取消），供应商就会不折不扣地执行下去。

CRM系统的实施，使得客户减少了对供应商的“教育成本”，因为你的供应商是主动向你学习，全方位了解你的购买特征。当然，客户也不愿意因为更换供应商而再付出一次“教育成本”。形成的这种关系，正是CRM所追求的执行主体（供应商）与目标主体（客户）之间的“双赢关系”。

（2）满足潜在需求

作为CRM目标主体的客户的潜在需求，CRM系统会给予满足。供应商会根据CRM的要求，尽可能收集更多的客户信息。根据这些信息，CRM系统给供应商提出这样的建议：在什么时候，哪些客户有可能购买企业的哪些产品，用什么手段与这些客户进行联系。

如果你是一个生产企业的供应人员，你会发现你的供应商在本企业生产部门提出申购要求以前，通过你最容易得到信息的渠道给你提供了产品的报价方案。令你惊奇的是，供应商提供的产品目录及数量与生产部门提出的申购要求非常接近，甚至完全一致。这些功能的实现是因为这些供应商采用了CRM系统而满足了客户的潜在需求。当然，供应商也通过这个过程实现了销售利润。

（3）接受无微不至的关怀和服务

作为客户，当你购买了某个产品后，你可能担心产品能否完全满足你的需求，不知产品的售后服务如何。但是，当你的供应商采用了CRM系统之后，你就会感受到由此而产生的无微不至的关怀和服务。CRM系统是通过良好的服务和技术支持来保证客户的满意度及维护客户对供应商的品牌忠诚。因此，CRM在给企业带来竞争优势的同时，也使客户得到了更多的方便和益处。

总之，CRM的终极目标就是帮助企业满足客户的需求。企业除了通过产品及服务来满足客户需求之外，还可以通过CRM实现提高客户忠诚度、满意度这一目标。这也是CRM的优势之一。调查结果表明，目前客户已经不再像过去那样长期保持对某一企业的忠诚，因为客户拥有了更多的选择、更多的购买渠道。如果客户对某个供应商不满意，则可迅速转向其他供应商，而企业为此付出的代价是：发展一个新客户往往要比留住一个老客户多付出4~6倍的投入。良好的CRM不仅可以使企业更好地挽留现存的客户，还可以使企业及时追踪那些即将丢失的客户，找回已经失去的客户。

4.5.2 客户关系管理的功能

CRM主要有互动管理、营运管理、决策支持、系统整合四种功能，通过这四种功能的有效组合，基本可以满足企业对CRM功能的整体要求。

1）互动管理

随着互联网技术的发展以及电子商务的应用，客户与企业之间互动的渠道越来越多，从传统的面对面互动和电话拜访，到现在流行的E-mail、Web以及自动语音系统，可谓不胜枚举。良好的CRM可以有效地管理各个互动渠道，使互动渠道的运用更加高效。同时，通过对客户资料的分析与客户价值评价，可以依照客户的分类等级来选择、创造与客户互动的新模式，进而有效降低营运成本。此外，CRM系统还可以记录各个互动渠道获取的客户资料，方便相关人员查询，从而提升客户服务质量和企业的整体工作效率。

2）营运管理

营运管理主要包括营销管理、销售管理、客户服务与支持三大核心功能。

（1）营销管理

营销管理的核心是营销自动化。营销自动化为营销提供独特的能力，如营销活动计划的编制和执行、计划结果的分析、清单的产生和管理、市场预测等。传统的数据库营销是静态的，需要花费大量的时间对一次市场营销战役的结果作出一个分析统计的表格，在此期间可能失去很多宝贵的商业机会，而营销自动化是建立在多个营销战役交叉的基础上，能够对客户的活动及时作出反应，更好地抓住各种商机。

（2）销售管理

销售管理的核心是销售自动化，销售自动化是CRM所有功能中增长最快的一个领域，也是当前CRM应用最广泛的一种功能。它可实现移动销售、账户管理、合同管理、创新管理、销售预测、盈利分析等功能。虽然销售自动化是CRM功能中应用最广泛的，但是同时也是最困难的一个过程，这不仅是因为它的动态性，还因为销售部门的观念阻碍销售自动化的过程。

（3）客户服务与支持

客户服务与支持主要集中在售后服务方面，但也提供一些售前信息，如产品、广告等。在多数情况下，客户保持和获利能力依赖于企业提供的服务质量，因此客户服务与支持非常重要。客户服务与支持的主要功能包括现场服务、客户关怀、纠纷处理、订单跟踪、维修行为安排等。客户服务支持、销售自动化和营销自动化的有效组合，能够为企业提供更多的商机，向现有客户交叉销售更多的产品。

3）决策支持

完整的CRM强调客户资料的一致性与完整性，CRM决策功能中的数据仓库与数据挖掘技术可将客户资料进行系统的存储与管理，不仅方便CRM营运功能的执行和运用，还可以通过在线分析、数据挖掘等资料分析工具对客户、交易与产品等相关资料进行分析，切实了解客户对企业的贡献度和客户的偏好与需求，甚至预测客户未来的消费行为模式与商品结构，并将结果作为营销策略的决策依据。

4）系统整合

CRM系统只有与企业的生产、财务和物流等业务流程管理系统进行整合，才能在客户服务及资料分析方面发挥实质性的功效。整合前段和后段的资料，企业才能全面了解客户的互动及交易情况，分析出客户对企业的贡献度，并决定是否值得继续为该客户加强服务品质等。系统整合的重点是与ERP和供应链管理之间的整合，实现企业内部、外部流程的协同。

本章小结

本章介绍了客户关系管理与现代营销理论和价值链理论的关系。客户关系管理的理念变革如下：从以产品为中心到以客户为中心；从交易营销到关系营销；从大规模生产到大规模定制；CRM是管理和信息技术的结合。

客户关系管理的核心思想：客户让渡价值是建立高质量客户关系的基础；重视客户的个

性化特征，实现一对一营销；提高客户满意度，留住老客户，争取新客户；客户关怀贯穿营销的全过程。

客户关系管理的运作流程包括：环境分析、构建理念与目标、制定策略、企业流程重建、系统建立、分析信息和知识管理。

客户关系管理的作用主要分为对企业的作用和对客户的作用。对企业来说，客户关系管理可以提高效率，促使企业进行智能营销；对客户来说，客户关系管理可以节约客户的购买成本，满足客户的需求及提供无微不至的服务。客户关系管理具有客户信息管理、市场营销管理、销售管理、服务管理和客户关怀等功能。它是社会经济发展的需要，也是信息技术发展的产物。

复习思考题

4.1　客户关系管理的作用都有哪些？

4.2　客户关系管理的核心思想是什么？

技能实训题

4.1　如何在企业内部实施客户关系管理？

4.2　如何进行客户维护？

第二篇　系统篇

本篇系统地介绍了客户关系管理系统及相关知识，是客户关系管理的技术基础和核心内容。虽然我们认为客户关系管理不仅仅是技术，但是客户关系管理的实施离开了现代信息管理技术是万万不行的，这将使客户关系管理实施起来非常困难，甚至无法实现。

本篇围绕着CRM系统的理论、模型和现代信息技术，以及CRM系统的设计与实现方法的思路展开，全面系统地介绍了CRM系统从理论、技术再到实践的内容。本篇具体阐述了CRM系统的理论演变过程、CRM系统的定义、CRM系统的一般模型及功能、CRM系统的创新及发展趋势、CRM系统的分类、eCRM的概念和功能、呼叫中心及其技术在CRM系统中的应用，包括数据仓库和数据集市、多维数据库和OLAP以及数据挖掘的商务智能技术在CRM系统的应用，最后以一个中小企业的客户关系管理系统的设计与开发为例，介绍了客户关系管理系统的设计与开发流程。本篇介绍了CRM系统的基本概念、基本理论和基本技术，在全书中具有重要的地位，这部分内容可使读者全方位了解CRM系统，同时对构建CRM系统的实践具有重要指导作用，对读者全面掌握CRM的思想、技术和方法具有重要意义。

第
5
章

客户关系管理系统理论

学习目标

认识CRM系统的产生、发展和定义；了解CRM系统的特征、创新和作用；掌握CRM系统的一般模型及组成；掌握CRM系统的各项功能；了解CRM系统的发展趋势。

◆ 主要解决的问题

什么是CRM系统；CRM系统有哪些模块；各模块有什么功能；CRM系统的发展趋势是什么。

5.1 CRM系统的概念

CRM系统是基于企业对客户关系管理的需求以及管理信息技术的支撑发展起来的，能够借助软件、硬件和网络技术为企业收集、管理、分析客户信息，并将分析结果应用于客户关系管理实践中，为企业决策提供支持。

5.1.1 CRM系统的产生

1）CRM系统的理论演变

客户关系管理是一种管理理念，它来源于西方的市场营销理论。市场营销理论随着时代的发展从最初的“以产品为中心”，围绕着产品（product）、价格（price）、地点（place）、促销（promotion）的4Ps营销管理模式，向“以客户为中心”，强调并实践客户/消费者（customer/consumer）、成本（cost）、渠道（channel）、方便性（convenience）的4Cs理论模式转变；从交易营销转向关系营销，不仅强调赢得用户，而且强调长期地拥有用户；从单一销售转向建立友好合作关系；从不重视客户服务转向高度承诺。客户关系管理为实现缩减销售周期和营销成本、增加收入、寻找扩展业务所需要的新的市场和渠道，以及提高客户的价值、满意度、盈利性和忠诚度的目的，吸收了“数据库营销”“关系营销”“一对一营销”等营销管理思想的精华，并提出客户生命周期（从一个客户开始对企业进行了解或企业欲对某个客户进行开发开始，直到客户与企业的业务关系完全终止且与之相关的事宜完全处理完毕的这段时间）和客户终身价值理论（客户在其整个生命周期过程中为企业所作贡献的总和）。

2）CRM系统的产生

客户关系管理系统形成的重要原因就是它拥有现代管理信息技术的支撑。所谓现代管理信息技术，是指将现代信息技术（感测技术、通信技术、计算机技术和控制技术）综合应用到管理领域，尤其是在计算机技术和控制技术所引发的“网络革命”以及在此基础上产生的“电子商务革命”的推动下，各种智能化的管理信息技术在企业与客户交互的各个领域得到了广泛而充分的应用。例如，随着数据库技术的发展，以及数据仓库、商务智能和知识发现等技术的应用，企业收集、管理、加工和利用客户信息的质量大大提高。系统集成技术的发展，又使得企业可以将各个应用子系统在客户中心战略的总体规划下进行优化整合，实现面向客户的资源配置体系。另外，基于互联网的信息技术正逐渐成为成熟的商业手段和工具，并且也越来越多地应用于企业信息化的建设中，这使得企业的信息系统具备了适应市场客户动态变化的灵活性和开放性。

这些先进技术的发展使得客户关系管理不再停留在理论的阶段，而是有效地应用和增强企业的销售能力、营销能力、客户服务与支持能力以及对客户需求的反应能力，进而改善企业自身与客户之间的关系，使得客户服务在技术层面有了充分的保障。在这些先进的网络技术与信息技术的支持下，客户关系管理的实现成为可能，客户关系管理可以帮助企业在激烈的市场竞争中提升核心竞争力。

3）CRM系统的发展

CRM系统的体系结构经历了三个发展阶段：从主机/终端（H/T）体系结构到客户机/服

务器（C/S）体系结构，再到浏览器/服务器（B/S）体系结构。

①自20世纪80年代开始，CRM系统大多采用主机/终端体系结构。主机承担通信工作，并且进行数据处理，主机与每个终端由一条通信线路相连。

②到20世纪90年代，CRM系统大多变为两层的C/S体系结构。C/S体系结构将复杂的应用网络的用户交互界面（GUI）和业务应用处理与数据库访问以及处理相分离，服务器与客户端之间通过消息传递机制送回客户端，应用开发简单且具有较多功能的强大的前台开发工具。C/S体系结构的网络通信量低、速度快，有很强的实时处理能力，能够实现对数据库的实时处理和大批量的数据更新。因为C/S体系结构的平台一般采用适于安全性好的局域网络协议，数据的安全性有保证。

③在20世纪90年代末期，随着Internet/Intranet技术的不断发展，尤其是基于Web的信息发布和检索技术的发展，导致了整个应用系统的体系结构从C/S的主从结构向灵活的多级分布的B/S体系结构的重大演变。B/S体系结构是把C/S结构中的服务器分解为数据服务器和应用服务器，同时将原来在客户机一侧的应用程序模块与显示功能分开，将应用程序模块放到Web服务器上单独组成一层，客户机上只需安装单一的浏览器即实现显示功能。由于B/S体系结构基本上将全部计算任务转移到服务器端，客户端只简单地接收用户指令并将其发送到服务器，使系统的开放性得到了很大的改善，而且系统对将要访问系统的用户数的限制也有所放松。此外，B/S体系结构还具有易于维护、易于升级、操作简便等特点。

4）CRM系统的发展现状

进入信息技术高速发展的时代，现代技术对CRM系统的影响也逐渐体现，人工智能、云计算、物联网等技术的应用，为CRM系统注入了新鲜的血液，在从技术上改变CRM系统功能的同时，更从理念上对CRM系统进行了重塑，使人们以一个全新的视角、全新的态度面对客户关系管理。

5.1.2　CRM系统的定义

CRM系统是以对客户数据的管理为核心，客户数据库是企业重要的数据中心，记录企业在市场营销与销售过程中与客户发生的各种交互行为，以及各类有关活动的状态，提供各类数据模型，为后期的分析和决策提供支持。通俗地说，CRM系统就是利用软件、硬件和网络技术，为企业建立一个客户信息收集、管理、分析、利用的信息系统。

具体来说，一个合格的CRM系统能够做到以下内容：

①帮助记录、管理所有公司和客户打交道过程中的记录，并且能够通过分析，辨别哪些客户是值得努力的，以及这些客户都有哪些特点、哪些趋势。这对充分理解客户很有用。

②实现自动化管理，动态地跟踪客户需求、客户状态和客户订单，能够记录各种客户意见。

③CRM系统可以通过某些自动的电子渠道（如短信、E-mail、网站等）承担某些“机械化”的任务。例如，当你要向客户推销某个新产品，你可能一个人无法向很多客户进行说明，或者拜访他们，你可能希望有很多下属，按客户进行分工，按照你期望的方式、在期望的时机、采用统一的说法向客户进行说明或者拜访客户。这个时候，CRM系统可以帮助你将这些想法、方式、时机等用电子方式表达出来，并且帮助你将这些分配到你的下属那儿去，让他们按照要求执行，并通过IT系统自行将结果反馈给你。

5.1.3 CRM系统的主要特征

CRM系统是以最新的信息技术为手段，运用先进的管理思想，帮助企业最终实现以客户为中心的管理模式。一个完整的客户关系管理系统应当具有综合性、集成性、智能化和精简性、高技术等特征。

1）综合性

客户关系管理系统首先综合了大多数企业的客户服务、销售和营销行为优化和自动化的要求，其标准的营销管理和客户服务功能由支持多媒体和多渠道的联络中心处理来实现，同时支持通过现场和数据仓库提供服务。销售功能由系统为现场销售和远程销售提供客户和产品信息、管理存货和定价、接受客户报价和订单来实现。在统一的信息库下开展有效的交流管理和执行支持，使得交易处理和流程管理成为综合的业务操作方式。无论在新兴行业还是传统行业，CRM使企业拥有了畅通有效的客户交流渠道、综合面对客户的业务工具和竞争能力，从而能帮助企业顺利实现由传统企业模式向以电子商务为基础的现代企业模式的转化。

2）集成性

企业资源规划（ERP）等应用软件系统的实施给众多企业带来了内部资源的优化配置，客户关系管理（CRM）则将从根本上改革企业的管理方式和业务流程。更为重要的是，CRM在电子商务背景下，将努力实现企业级应用软件，尤其是与企业资源规划、供应链管理、集成制造和财务等系统的最终集成。CRM解决方案因其具备的强大的工作流引擎，可以确保各部门、各系统的任务都能动态协调和无缝完成。以CRM与后台ERP的集成为例，CRM的销售自动化子系统，能够及时向ERP系统传送产品数量和交货日期等信息，营销自动化和在线销售组件，可使ERP的订单与配置组件功能发挥到最大，客户可以真正实现按需要配置产品，并现场进行订购。事实上，企业经营者都明白倘若他们不能把销售和服务部门的信息和后台联系在一起，就会导致许多潜在营业额的流失。只有将CRM与ERP集成、前后端应用软件完全整合，企业才可能成为未来的赢家。而且，CRM与ERP的集成还可确保企业实现跨系统的商务智能，这将是CRM系统的又一个特点。

3）智能化和精简性

客户关系管理应用系统还具有商务智能的决策和分析能力。CRM的成熟将使得它不光能实现商业流程的自动化，而且能为管理者提供分析工具或代为决策。CRM系统中包含并深化了大量有关客户的信息，CRM通过成功的数据仓库建设和数据挖掘，对市场和客户需求展开了完善和智能的分析，并为管理者提供决策的参考。CRM的商务智能还可以改善产品定价方式、提高市场占有率、提高客户忠诚度、发现新的市场机会。一个优化的CRM系统在整合ERP系统后，其商务智能将大大增强。同时，商务智能要求对商业流程和数据采用集中管理的办法，这样可简化软件的部署、维护和升级工作；而基于Internet部署的CRM解决方案，包括通过Web浏览器可以实现用户和员工随时随地访问企业的应用程序和知识库，节省了大量的交流成本。

4）高技术

客户关系管理系统应用涉及种类繁多的信息技术，如数据仓库、网络、语音、多媒体等先进技术，同时为实现与客户的全方位交流，在方案布置中要求呼叫中心、销售平台、远端销售、移动设备以及基于Internet的电子商务站点的有机结合。这些不同的技术、不同规则的功能模块和方案要结合成为一个统一的CRM环境，就要求不同类型的资源和专门的先进技术的支持。以多媒体的企业客户联络中心为例，对CTI技术支持的呼叫中心来说，要能让Web用户通过使用Internet、在线聊天系统或视频会议系统来与它实时进行交互式的交流，它的实施要求有关人员具备呼叫中心和Web环境等方面的技术知识。此外，对CRM为企业提供的数据知识的全面解决方案来说，要通过数据挖掘、数据仓库和决策分析工具的技术支持，才能使企业理解统计数据和客户关系管理模式、购买行为等，再整合不同来源的数据并以相关的形式提供给业务管理者或客户。IT技术的影响是巨大，也是最终的。不过，技术终归是使商业目标实现的工具，除非一个企业理解了实施客户管理策略的业务驱动力和影响力，否则拥有多少专门技术都不能保证它取得成功。

5.1.4 CRM系统的创新与作用

1）传统CRM的局限性

随着信息技术的发展以及企业需求的不断提高，传统客户关系管理系统已经体现出了极大的局限性，主要表现在以下方面：

（1）技术局限性

传统的CRM系统是基于客户机/服务器（C/S）架构的系统，它受到技术的局限，一般多用于局域网，如果通过互联网远程使用，速度就会受到很大的影响，并且只能支持少量用户的远程使用，用户一多，系统将无法正常使用，甚至可能会崩溃。

（2）应用局限性

传统的CRM系统既要安装服务器端，又要安装客户端，哪个环节出了问题都可能导致系统不可用，而且升级很麻烦。同时，传统的CRM一般都是按照用户数量收费，不仅在增加用户时非常麻烦，也会大幅度增加企业的投入成本。

2）CRM系统的创新

随着世界经济和企业的不断发展，传统的CRM系统无法再满足企业高效率、低成本的发展需求，这就要求我们根据企业的不同要求不断地进行创新。

（1）功能创新

CRM系统应具备销售管理、营销管理与客户服务和呼叫中心等功能。根据企业的需求我们可以对不同的功能加以创新。

①销售管理创新：销售力量自动化。针对销售类公司，CRM系统创建了销售力量自动化（sales force automation，SFA）。SFA通过对人员权限、销售阶段、客户类别、销售区域、行动规范等业务规则和基础信息（如产品）的设置，使得销售人员在其授权范围内，对所管理的客户、联系人、机会（项目）等按统一的业务规范进行有序的管理。在销售过程中，通过具体的客户、联系人、机会关联的行动安排和行动记录，建立详细的跟踪计划并自动生成人员工作日程表（按日、周、月、年），实现了按每一个客户、每一个机会基于具体行动的人员日程、跟踪记录，并提供了丰富的统计分析与工作支持，从而实现了对销售过程基于行动的量化管理。SFA能够有效支持销售主管、销售人员对客户的管理、对销售机会的跟踪，能够有效执行销售规范、实现团队协同工作，帮助销售人员与潜在客户进行互动，将潜在客户发展为真正客户并保持其忠诚度。SFA克服了以往不能准确了解客户的具体状态与阶段，无法配置适合的手段、方法、人员，不能有效地满足客户需求的缺点。

②营销管理创新：消费积分管理。针对快速消费品行业，CRM系统增设了消费积分管

理。该系统包括了积分管理平台与积分互动门户两个系统，以积分管理为核心，实现会员办卡（会员档案管理、会员升级、会员挂失、会员存款、会员结账、会员延期），会员消费（预付费消费、会员赠送、退货、内部员工提成）和积分返点（赠送礼品、赠送代金券）等会员管理功能。快速消费品企业普遍重视对经销商资源的管理和维护，而对于数量庞大的消费者则普遍地缺乏有效联系和沟通。消费积分管理能够帮助企业有效地把握消费者更多个性化需求，了解到更多有价值的消费需求信息，从而作出更为有效的营销决策。

③客户服务创新：向客户提供主动的客户关怀。客户关怀包括两个方面：一是提醒客户享受应得的服务（主动提醒客户享受应得的服务，可避免产品的误用，保护客户利益。同时，主动提醒还会给客户留下企业诚实、可信的良好印象）；二是提供增值服务（建立在基本服务基础之上，企业“额外”提供的服务，会让客户大喜过望，有利于赢得客户高度满意并建立客户忠诚）。根据营销和服务历史向客户提供个性化的服务，在知识库的支持下向客户提供更专业化的服务和严密的客户纠纷跟踪，这些安排都成为企业改善服务的有力保证。新型的CRM系统改变了企业以往采取等客户上门，只能解决客户不满意问题的缺陷，使得企业“比客户自己更了解客户”不再成为口号。

④呼叫中心创新：基于CTI技术的呼叫中心。现代呼叫中心采用了计算机电话集成技术（computer telecommunication integration，CTI）。它将计算机的信息处理功能、数字程控交换机或带语音板的计算机的电话接入和智能分配、自动语音处理技术、互联网（Internet）技术、网络通信技术、商务智能技术与实际业务系统紧密结合在一起，将通信系统、计算机处理系统、人工业务代表、信息等资源整合成统一、高效的服务工作平台，充分利用计算机和电信通信网的先进功能，集成并与企业连为一体，是一个完整的综合信息服务系统，为用户提供系统化、智能化、个性化、人性化的服务。传统的呼叫中心仅由话务员接听，由于其不一定是专业人员，常常难以提供专业的、满意的服务。现代呼叫中心改善了与顾客的反馈信息，提高了为顾客服务的质量，在为企业带来良好经济利益的同时，也为企业树立了良好的外部形象。

（2）技术创新

针对现代企业的需求，CRM系统引入了数据挖掘技术。数据挖掘是从大量的、不完全的、有噪声的、模糊的、随机的数据中提取隐含在其中的、人们事先不知道的，但又是潜在有用的信息和知识。数据挖掘能够辨别潜在客户群，并提高市场活动的响应率，可以帮助企业从以前购买行为的信息中分析这个客户下一次购买行为的关键因素，并支持企业对已有的客户进行交叉销售（交叉销售是指企业向原有客户销售新的产品或服务的过程）。数据挖掘技术的引入改变了传统的CRM系统在产品方面不能对不同的产品进行分析，不能多角度（客户类别、地域、时间、社会因素等）了解公司产品销售情况、销售变化情况的缺点，帮助企业保持较高的客户获取和保持率，并维持企业的可盈利性，降低行销费用。

（3）应用创新

应用创新即CRM系统和ERP系统的整合。ERP系统是一个“事务处理”系统，强调准确记录企业中人、财、物各项资源的轨迹，无缝集成企业生产、库存、仓库、财务等管理末端，提高企业的“自动化”能力，从而极大地降低人力需求及差错，提高效率。而CRM的体系设计以客户关系发展和维系为目标，系统以统一的客户数据库为中心，为系统用户提供客户的统一视图和对客户的分析、预测等工具。CRM系统和ERP系统二者的有效整合可以实现资源的共享。CRM系统中的市场信息、客户信息、订单信息、产品和服务的反馈信息等通过系统的处理分析，及时地传递给ERP系统和企业实际部门，使ERP系统实现理想的订单生产模式，迅速满足客户个性化需求。同时，ERP系统中的产品信息、生产进度、库存情况和财务结算等信息也可以及时传递到CRM系统中，为客户提供整个交易过程的全程跟踪服务，提高客户满意度。CRM系统和ERP系统的整合，最终使企业的利益实现最大化、长久化，使投资回报率最高。

3）CRM系统的作用

实施客户关系管理的目标就是了解企业的客户、满足客户的要求和保持客户，建立企业与客户之间的长期、稳定关系，实现从客户更高的满足中获利。在我国实现两个根本转变的过程中，加强客户关系管理对于企业更好地满足客户需求，充分利用客户资源，提高企业经济效益和市场竞争力具有十分重要的作用。

（1）为客户提供更好的满足，实现企业承诺

企业对客户承诺的实质是使客户的利益得到最大限度的满足。在消费趋势从“大众趋同化、数量增长型”转向“多样化、个性化”的形式下，通过客户关系管理，可以实现对具体客户的具体分析和有针对性地满足，并随时收集和分析客户反应，及时调整产品或服务策略，从而大大提高为客户服务的效率和质量，使客户得到更高程度的满足。

（2）提高企业长期经济效益

尽管进行客户关系管理需要一定投入，但是却可以有效地提高企业的长期经济效益。首先，通过客户关系管理可以有效地保证客户的重复购买。其次，确保老客户可以大大节省营销费用。显然，维持关系比建立关系更容易。在市场竞争激烈的情况下，争取新客户不仅费用高，而且风险更高。最后，通过客户关系管理还可以降低服务成本。已经有很多企业注意到，企业从一些客户及其交易中获得的利润水平经常大大高于另一些客户及其交易的利润水平。具体了解从每个客户身上获利多少，分析这种差距产生的原因，对于降低成本、提高企业利润水平是十分重要的。通过对客户利润水平的分析，还可以识别盈利和亏损的客户，并根据具体情况采取相应的对策，以提高企业的长期利润水平。

（3）提高企业的市场竞争力

通过加强客户关系管理，企业从争取更多客户转向更好地满足有限的客户，不仅可以提高企业的盈利水平，还可以集中使用和合理调配企业资源，在一定客户群体中形成竞争优势，并逐渐建立良好的B2B、B2C等方面的客户关系，从而有效地提高企业的市场竞争能力。从另一个方面来看，在激烈的市场竞争中，避免失去客户的最有效措施，即关心客户和更有针对性地满足客户，加强企业与客户的长期稳定关系，不断提高客户的忠诚度。一旦企业让客户获得高度满足，并赢得很高的忠诚度，就会永远留住客户。

（4）开发利用客户资源

加强客户关系管理也是开发利用客户资源的重要途径。通过双向的信息交流，建立客户档案和开展与客户的合作等，可以从客户的反馈中获得有关产品特征、需求变动和潜在客户等方面的信息。这些来自客户的信息往往具有针对性和可靠性强的特点，与其他来源的市场信息相比，对企业营销策略具有更为重要的参考价值。通过加强客户关系管理，可以充分发挥消费者的积极性，开发他们的知识与经验资源，获得新产品开发构思和改进服务的设想，促使企业为客户提供更好的产品或服务。

5.2 CRM系统的一般模型

CRM系统以数据仓库为基础，通过与客户和市场的接触活动，实现销售管理、营销管理、客户服务等功能，进而为企业客户关系管理的实现提供一定的技术支持。

5.2.1 CRM系统的一般模型概述

集成了CRM管理思想和最新信息技术成果的CRM系统，是帮助企业最终实现以客户为中心的管理模式的重要手段。CRM系统的一般模型如图5-1所示，它反映了CRM最重要的一些特性。

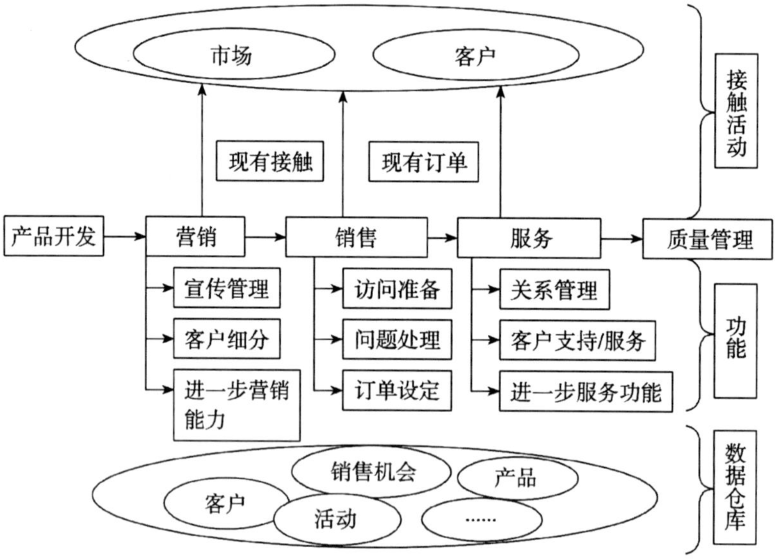

图5-1 CRM系统的一般模型

从图5-1中可以看出，这一模型阐明了目标客户、主要过程和任务功能之间的相互关系。CRM的主要过程为对营销、销售和服务这三部分业务流程的信息化。首先，在市场营销过程中，通过对客户和市场的细分，确定目标客户群，制定营销战略和营销计划。其次，销售的任务是执行营销计划，包括发现潜在客户、信息沟通、推销产品和服务、收集信息等，目标是建立销售订单，实现销售额。最后，在客户购买了企业提供的产品和服务后，还需对客户提供进一步的服务与支持，这主要是客户服务部门的工作。产品开发和质量管理过程分别处于CRM过程的两端，由CRM提供必要的支持。

在CRM系统中，各种渠道的集成是非常重要的。CRM的管理思想要求企业真正以客户为导向，满足客户多样化和个性化的需求。而要充分了解客户不断变化的需求，必然要求企业与客户之间有双向的沟通。因此，拥有丰富多样的营销渠道是实现良好沟通的必要条件。

CRM改变了企业前台业务运作方式，各部门间信息共享，密切合作。位于模型中的共享数据库作为所有CRM过程的转换接口，可以全方位地提供客户和市场信息。过去，前台各部门从自身角度去掌握企业数据。而对于CRM模型来说，建立一个相互之间联系紧密的数据库是最基本的条件。这个共享的数据库也被称为所有重要信息的“闭环”。CRM系统不仅要使相关流程实现优化和自动化，而且必须在各流程中建立统一的规则，以保证所有活动在完全相同的理解下进行。这一全方位的视角和“闭环”形成了一个关于客户以及企业组织本身的一体化蓝图，其透明性更有利于与客户之间的有效沟通。这一模型直接指出了面向客户的目标，可作为构建CRM系统核心功能的指导。

5.2.2 CRM系统的类型

在新技术和新应用的推动下，CRM市场得到快速的发展，新公司加入和现有公司以合并、联合以及推出新产品的方式重新定位，这一领域可谓日新月异，CRM解决方案呈现出多样化的发展态势。为了全面了解CRM系统，本书从以下几个角度对CRM系统进行分类：

1）按目标客户分类

根据客户的行业特征和企业规模来划分目标客户群，是大多数CRM的基本分类方式。在企业应用中，越是高端应用，行业差异越大，客户对行业化的要求也越高，因而，出现了一些专门的行业解决方案，如银行、电信、大型零售等CRM应用解决方案。而对中低端应用，则常采用基于不同应用模型的标准产品来满足不同客户群的需求。一般将CRM分为三类：以全球企业或者大型企业为目标客户的企业级CRM；以200人以上、跨地区经营的企业为目标客户的中端CRM；以200人以下企业为目标客户的中小企业CRM。

在CRM应用方面，大型企业与中小企业有很大的区别。大型企业业务规模大，各业务系统有自己跨地区的垂直机构，纵横交错的组织体系使得信息的交流与共享有一定的困难，同时在业务运作上尤其强调严格的流程管理。而中小企业在组织机构方面要轻型简洁很多，运作上更具有弹性。因此，大型企业所用的CRM软件比中小企业的CRM软件要复杂、庞大得多。

2）按系统功能分类

（1）操作型客户关系管理系统

操作型客户关系管理系统有时也称“前台”客户关系管理系统，包括与客户直接发生接触的各个方面，运用现代技术解决“以客户为中心”的一系列问题，如销售信息管理、销售信息分析、销售过程定制、销售过程监控、销售预测等功能，为各个部门的业务人员的日常工作提供客户资源共享，减少信息滞留点，为客户提供高质量的服务，通过为客户服务的自动化来改善与客户接触的流程，进而提高工作效率，使客户满意。

（2）分析型客户关系管理系统

分析型客户关系管理系统通常也称“后台”客户关系管理系统，它不需要直接同客户打交道，其作用是分析理解发生在前台的客户活动，主要是从运营型客户关系管理系统应用所产生的大量交易数据中提取有价值的各种信息，为企业的经营管理和决策提供有效的量化依据。

分析型客户关系管理系统主要面向客户数据分析，针对一定企业的业务主题，设计相应的数据库和数据集，利用各种预测模型和数据挖掘技术，对大量的交易数据进行分析，对未来的趋势作出必要的预测或寻找某种商业规律。作为一种企业决策支持工具，分析型客户关系管理系统用来指导企业的生产经营活动，提高经营决策的有效性和成功度。

（3）协作型客户关系管理系统

协作型客户关系管理系统是指企业通过各种途径、网络直接与客户互动的一种状态。协作型客户关系管理系统作为一种综合的解决方案，它基于多媒体联系中心，将多渠道的交流方式融为一体，建立统一的接入平台——交互中心，为客户和企业之间的互动提供多种渠道和联系方式，提高企业与客户的沟通能力。

在工作中，由于员工和客户要同时完成某项工作，因此他们都希望快一点解决问题。这就要求客户关系管理系统的应用必须能帮助员工快速准确地记录客户请求的内容并快速找到问题的答案。如果问题无法在线解决，协作型客户关系管理系统还必须提供智能升级处理，员工必须及时作出任务转发的决定。

5.3 CRM系统的组成

根据CRM系统的一般模型，可以将CRM系统划分为接触活动、业务功能及数据仓库功能三个组成部分。这三个功能是以技术功能为基础的，技术功能的实现可以促进各个功能的发展。

5.3.1 接触活动

CRM系统应当能使客户以各种方式与企业接触，典型的方式有呼叫中心、直接沟通、传真、移动销售（mobile sales）、电子邮件、互联网以及其他营销渠道，如金融中介或经纪人等。CRM系统还应当能够或多或少地支持不同层次的接触活动，如图5-2所示。企业必须协调这些沟通渠道，保证客户能够采取方便或其偏好的形式随时与企业交流，并且保证来自不同渠道的信息的完整性、准确性和一致性。今天，互联网已经成为企业与外界沟通的重要工具，特别是电子商务的迅速发展，促使CRM系统与互联网进一步紧密结合，发展成为基于互联网的应用模式。

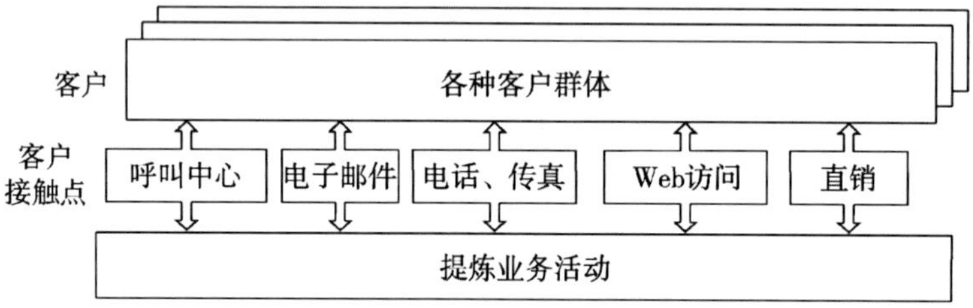

图5-2 不同层次的接触活动

在客户交互周期中的客户接触参与阶段，CRM系统主要包含以下内容：

①营销分析。它包含市场调查、营销计划、领导分析以及活动计划，并提供市场洞察力和客户特征，使营销过程更具计划性，达到最佳化。

②活动管理。保证完整营销活动的传送，包括计划、内容发展、客户界定、市场分工和联络。

③电话营销。通过各种渠道推动潜在客户的产生，包括名单目录管理，最好一个企业有多个联系人。

④电子营销。保证互联网上个性化的、大量的营销活动的实施，开始于确切、有吸引力的目标组，通过为顾客定制的内容和产品进行进一步交互。

⑤潜在客户管理。通过潜在客户资格以及从销售机会到机会管理的跟踪和传递发展潜在客户。

5.3.2　业务功能

企业中每个部门必须能够通过上述接触方式与客户进行沟通，而市场营销、销售和服务部门与客户的接触和交流最为频繁。因此，CRM系统主要针对这些部门进行支持。

然而，并不是所有的CRM产品都能覆盖所有的功能范围。一般来说，一个系统最多能够支持两至三种功能，如市场营销和销售。因此，在系统评价中，功能范围可以作为CRM系统性能评价的重要衡量标准。

CRM系统的业务功能通常包括市场管理、销售管理、客户服务与支持三个组成部分。

①市场管理的主要任务是：通过对市场和客户信息的统计和分析，发现市场机会，确定目标客户群和营销组合，科学地制定出市场和产品策略；为市场人员提供制定预算、计划、执行和控制的工具，不断完善市场计划；同时，还可管理各类市场活动（如广告、会议、展览、促销等），对市场活动进行跟踪、分析和总结以便改进工作。

②销售管理部分则使销售人员通过各种销售工具，如电话销售、移动销售、远程销售和电子商务等，方便及时地获得有关生产、库存、定价和订单处理的信息。所有与销售有关的信息都存储在共享数据库中，销售人员可随时补充或及时获取，企业也不会由于某位销售人员的离去而使销售活动受阻。另外，借助信息技术，销售部门还能自动跟踪多个复杂的销售路线，提高工作效率。

③客户服务与支持部分具有两大功能，即服务与支持。一方面，通过计算机电话集成技术（CTI）支持的呼叫中心，为客户提供每周7×24小时不间断服务，并将客户的各种信息存入共享的数据库以便及时满足客户需求；另一方面，技术人员对客户的使用情况进行跟踪，为客户提供个性化服务，并且对服务合同进行管理。

以上三种业务功能在应用中是互相结合、互相促进的关系。CRM系统的业务功能及其关系如图5-3所示。

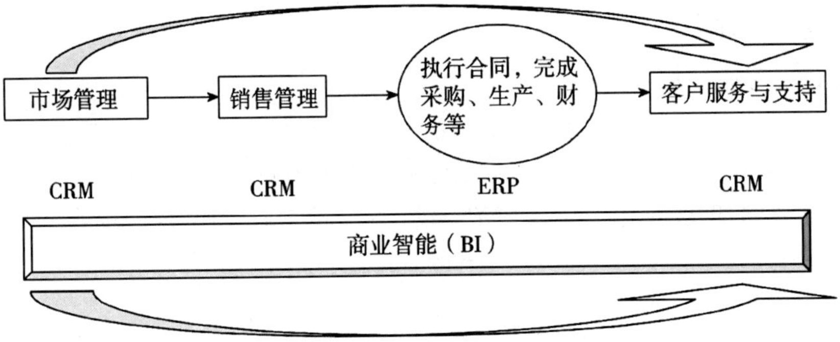

图5-3　CRM系统的业务功能及其关系

5.3.3　数据仓库功能

数据仓库在客户关系管理中起着重要的作用。首先，数据仓库将客户行为数据和其他相关的客户数据进行集成，为市场分析提供依据。其次，数据仓库将对客户行为的分析以OLAP、报表等形式传递给市场专家。市场专家利用这些分析结果，制定准确、有效的市场策略。同时，利用数据仓库、数据挖掘技术，发现增加销售、保持客户和发展潜在客户的方法，并将这些分析结果转化为市场机会。最后，数据仓库将客户的市场机会的反应行为，集中到数据仓库中，作为评价市场策略的依据。

在客户关系管理中，数据仓库主要有以下几个方面的功能：

1）保留客户

目前，公司都面临着客户流失的问题，保留客户也就成了市场竞争的一个重要内容。在客户中，并不是所有的客户都有保留的价值。因此，要通过数据仓库中的数据，分析出最具价值的客户，并针对这些客户制定相应的客户保留政策。

2）降低管理成本

对于企业来说，管理大量的客户数据也是一项工作量庞大的工作，数据仓库的应用使数据的统一、规范管理成为可能，同时提供了快速、准确的查询工具。这可以大大降低企业的管理成本。

3）分析利润的增长

数据仓库不但记录当前数据，还记录了大量的历史数据。可以通过历史趋势发现产品销售与客户关系管理的关系以及利润增长同客户关系管理的关系。分析利润增长的最终目的是促进利润增长。

4）增强竞争优势

数据仓库的应用使得企业有更强的市场适应能力。企业通过历史数据分析市场变化趋势，特别是客户需求的变化趋势，可以及时改变产品性能以适应客户需要，这有助于企业抢占先机，巩固并增强企业的竞争优势。

5）性能评估

根据客户行为分析，企业可以准确地制定市场策略和市场活动。然而，这些市场活动是否能够达到预定的目标，是评价改进市场策略的重要依据。同样，在重点客户的发现过程中，也需要对其性能进行分析，在此基础上修改重点客户信息。这些性能评估都建立在客户对市场反馈的基础上。

5.3.4 技术功能

1）对客户互动渠道进行集成的能力

对多渠道进行集成与对CRM解决方案的功能部件的集成是同等重要的。不管客户是通过Web与企业联系，或者与携带有Web功能的便携电脑的销售人员联系，还是与呼叫中心代理联系，与客户的互动都应该是无缝的、统一的、高效的。如前所述，统一的渠道还能带来内部效率的提高。

2）支持网络应用的能力

在支持企业内外的互动和业务处理方面，Web的作用越来越大，这使得CRM的网络功能越来越重要。以网络为基础的功能对一些应用（如网络自主服务、自主销售）是很重要的。一方面，网络作为电子商务渠道来讲很重要；另一方面，从基础结构的角度来看，网络也很重要。为了使客户和企业雇员都能方便地应用CRM，需要提供标准化的网络浏览器，使用户只需很少的训练或不需训练就能使用系统。另外，业务逻辑和数据维护是集中化的，这减少了系统的配置、维护和更新的工作量，从互联网系统的配置费用来讲，也可以节省很多成本。

3）建设集中的客户信息仓库的能力

CRM解决方案采用集中化的信息库，这样所有与客户接触的雇员都可获得实时的客户信息，而且可以使各业务部门和功能模块间的信息统一起来。

4）对工作流进行集成的能力

工作流是指把相关文档和工作规则自动（不需人的干预）地安排给负责特定业务流程中特定步骤的人。CRM解决方案应该能具有很强的功能，为跨部门的工作提供支持，使这些工作能动态地、无缝地完成。

目前，CRM系统在技术上仍不够成熟。根据Forrester研究公司的报告，估计目前只有10%的产品在引入前不需作相应的调整，而30%的产品则必须作出全面的修改，导致引入成本非常高，这些产品以后可能仍不能与现实相适应。软件厂商正试图通过向客户提供通用的开发工具、公共开放的接口以及对大型数据模型和组成结构的详细文档来改变上述现状。

CRM的主要目的就在于在适当的时间通过适当的渠道将合适的产品提供给合适的客户。通过CRM系统的应用，企业提高了前台业务的运作效率。客户信息可以从中央数据库完整地获取，而不依赖于销售渠道产品及客户的分析结果以及产品销售、地区销售等的预测，能够非常容易且实时地得到利用。企业可以通过CRM系统来对销售进行管理，使其能在有很多决策部门的大型组织中实现复杂的销售过程。CRM还能简化识别目标客户的工作，加强与目标客户的联系，能够更为合理地分配营销资源，提高反馈率，并加强宣传的作用，从而减少市场营销成本。

总之，CRM系统支持营销、销售和服务过程，对客户和所谓的“闭环”过程有一个全方位的视角。CRM系统的作用是由业务功能和技术功能两个方面共同决定和完成的。

5.4 CRM系统功能划分

在CRM系统中，企业之间的业务差别比较大，系统功能侧重点有所不同，但都包含基本的功能模块，一般的CRM系统功能模块可划分为销售、市场营销、服务支持、数据处理等几个模块，见表5-1。

另外，几乎所有的CRM系统都提供客户管理、联系人管理和日程管理的功能。客户管理和联系人管理是客户和联系人的档案管理，这里集中显示各个部门收集的关于客户和联系人的信息，包括客户的购买记录、合同情况；联系人的个人情况、爱好、联系记录等。日程管理完成日程安排、约会和提示等。

5.4.1 销售管理子系统

在CRM系统中，销售管理主要是对商业机遇、销售渠道等进行管理。该模块将企业所有的销售环节结合起来，形成统一的整体。销售管理模块有助于缩短企业销售周期，提高销售的成功率，同时还为销售人员提供包括企业动态、客户、产品、价格和竞争对手等大量的最新的企业信息。

销售管理子系统可以快速获取和管理日常销售信息。从机会受理、对联系人的跟踪，到预测和查看最新的渠道信息，能够为提高销售人员工作效率提供流畅、直观的工作流功能，

表5-1 **CRM的一般功能模块**

功能模块	子模块	主要功能
销售	现场销售、移动销售	使用者是那些在企业外部从事销售的人员。通过远程登录或者Internet等方式，他们上传自己的销售进展情况，并且从企业得到最新的产品、销售、库存信息，完成销售机会跟踪、配置产品、定价、报价、订单销售等工作
	常规销售	服务对象是办公地点在企业内部的销售人员，他们使用系统完成销售机会跟踪、配置产品、定价、报价、订单销售等工作
	合作伙伴管理、渠道管理	集中管理企业的各种合作伙伴，如代理商、批发商、零售商等
	自助销售	使顾客可以通过网络、电话等完成产品的购买
市场营销	市场活动管理	市场活动的设计和执行监控工具，通常的做法是把市场活动分为几个阶段，每个阶段设定相应的目标，使市场活动的效果比较明确和容易衡量
	内容管理	又称营销百科全书、知识库等，包含丰富的产品信息、市场信息、竞争对手信息、媒体信息等，为市场活动提供帮助，其他模块（如销售、支持）也可以从中受益
服务支持	来电管理	记录或者跟踪处理来自外部的呼叫请求，某些业务转移到其他功能模块处理，如客户投诉转给服务
	基于Internet的服务支持	Internet作为一种双向的、互动的媒体被越来越多的企业用来作为和外部联系、交流的纽带，因此Internet也就成为为客户提供服务的重要途径，其所提供的服务手段有客户自助服务、客户通过E-mail提出服务请求、在线的服务支持（在线文字支持、在线语音支持、在线视频支持）
	联系中心	企业和外部的联系通道，包括各种各样的联系手段，如呼叫中心、传真、E-mail、网页等。不同的呼叫请求转交不同的功能模块和部门人员处理。这是一个公共模块，为几乎所有模块服务
	现场服务支持	现场服务支持任务分派，以及为现场服务人员的服务提供支持，如提供产品、客户信息等
数据处理	数据过滤	一个数据整理工具，从大量的销售、市场反馈、客户反馈意见等数据中整理出对企业有用的数据
	数据分析	可以称作商务智能的一部分，提供灵活的查询手段，有来自销售、市场汇总数据的各种视图和分析图表，为企业决策提供帮助

同时也保证了每个客户和每个销售机会的销售小组成员之间能进行充分的沟通。另外，销售经理也能有效地协调和监督整个销售过程，从而保证销售取得最大的成功。

1）销售管理子系统的功能结构

销售管理子系统一般包含客户（销售）信息管理、订单管理、业务流程管理、动态库存调配管理、分销商信息管理、销售统计分析与决策支持等功能模块。

①客户（销售）信息管理模块负责收集客户（销售）的相关资料，帮助用户准确把握客户的情况，提高销售效率与质量。

②订单管理模块可以处理客户订单，执行报价、订单创建、联系与账户管理等业务，并提供对订单的全方位查询。

③业务流程管理模块通过在各业务部门间按照业务规则传递相关数据和信息，帮助用户管理其销售运作，保证销售订单的顺利完成。

④动态库存调配管理模块和分销商信息管理模块，均能为用户提供各种功能，支持销售活动。

⑤销售统计分析与决策支持模块通过对销售数据的多方面统计、查询，提供用户所需的信息，为决策提供帮助。

2）销售自动化

（1）销售自动化的概念

销售自动化（sales force automation，SFA）是销售管理子系统的重要组成部分。销售自动化是以自动化方法替代原有的销售过程，这个自动化方法即信息技术。强大的销售能力是任何企业获得收益的关键。网上销售在过去一段时间内一直是商界最热门的话题之一，CRM系统的应用，将通过企业业务流程的重构，增强企业的销售能力，同时实现销售力量自动化，提升销售的水平。

（2）销售自动化的主要功能

销售自动化适应了在激烈的市场竞争中销售机构提高本身管理水平的要求，可以帮助企业获得竞争优势。一般而言，它可以帮助销售部门和人员高质量地完成日程安排、联系人和客户管理、销售机会和潜在客户管理、销售预测、建议书制作与提交、定价与折扣、销售地域分配和管理，以及报销单据制作等工作。按照最常见的分类方法，SFA的主要功能将集中体现在联系人管理、销售机会管理和活动管理这三个方面。

①联系人管理功能。联系人管理功能是指SFA系统可以通过整合Web等多种渠道以及来自普通的应用办公程序的客户资料，以期达到完善客户接触资料的管理和使用功能。

②销售机会管理功能。销售机会管理功能可以帮助销售部门和销售人员跟踪产品、客户、销售定额并预测前景，收集潜在客户需求和联络资料的数据库应用系统及“市场百科全书”，管理销售机会，为销售经理和其他销售人员及时提供反馈意见，使决策过程有序化。

③ 活动管理功能。销售人员可以利用客户关系管理系统管理自己的日程表、活动计划、待处理工作，快捷地将时间和会议进行安排，快速查看待处理的工作内容，也可以将各项活动按照其重要程度排序，并附上相应的联系人、客户名称等信息，从而更好地进行客户管理。

5.4.2　市场营销管理子系统

1）市场营销管理

根据调查，市场专业人员会将80%的时间花费在开展市场活动和制定程序上，而花在制定策略、规划和分析上的时间只有20%。随着Internet等新兴市场营销渠道的出现，并与电话推销和传统的直邮方式同步使用，市场营销活动的实施和效果跟踪已越来越复杂和耗费时间。

市场营销管理子系统对客户和市场信息进行全面的分析，从而对市场进行细分，产生高质量的市场策划活动，指导销售队伍更有效地工作。通过营销管理子系统可以使市场营销专业人员能够对直接市场营销活动的有效性加以计划、执行、监视和分析。市场营销管理子系统还为销售、服务和呼叫中心等提供关键性的信息。

市场营销管理子系统是CRM系统的核心组成部分之一，用户组织中负责市场营销的人员可以利用这一模块在不断变化的竞争环境中系统地、科学地、更加有效地管理市场营销方案。它的特点在于对所有和市场营销相关的信息进行综合管理和同步运用。

市场营销管理子系统的功能结构如图5-4所示。

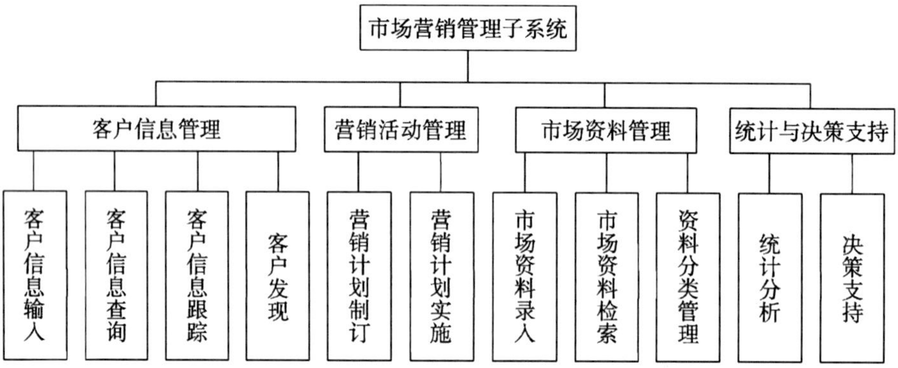

图5-4 市场营销管理子系统的功能结构

2）营销自动化

（1）营销自动化的概念

营销自动化（marketing automation，MA），又称技术辅助式营销，是营销管理子系统中的重要组成部分。其着眼点在于通过设计、执行和评估市场营销行动和相关活动的全面框架，赋予市场营销人员更强的工作能力，使其能够直接对市场营销活动的有效性加以计划、执行、监督和分析，并可以应用工作流技术，优化营销流程，使一些共同的任务和过程自动化。

MA的最终目标是，企业可以在活动、渠道和媒体间合理分配营销资源以达到收入最大化和客户关系最优化的效果。营销自动化是通过营销计划的编制、执行和结果分析，清单的产生和管理，预算和预测，资料管理，建立产品定价和竞争等信息的知识库，提供营销的百科全书，进行客户跟踪、分销管理，以达到营销活动的设计目的。

（2）营销自动化的功能

营销自动化主要实现以下功能：

①增强市场营销部门执行和管理通过多种渠道进行的多个市场营销活动的能力，包括基于Web的和传统市场的营销宣传、策划和执行。

②可对活动的有效性进行实时跟踪，并对活动效果作出分析和评估。

③帮助市场营销机构管理、调度其市场营销材料等库存宣传品及其他物资。

④实现对有需求客户的跟踪、分配和管理。

⑤把市场营销集成到销售和服务项目中去，以实现个性化营销。

5.4.3 服务管理子系统

一个成功的企业不但需要向客户提供高质量的产品，更重要的是对销售的产品提供一流的服务。在CRM系统中，服务管理模块记录客户服务信息，处理客户所购买的产品/服务的售后服务以及跟踪客户的产品/服务状况，从而使企业达到留住客户的目的，抓住对客户进行附加销售的机会。

服务管理子系统为客户服务人员提供易于使用的工具和有用的信息，以提高客户服务人员提供服务的效率，增强服务能力。服务管理模块包括客户服务与支持、关系管理和客户服务自动化等方面。

1）客户服务与支持

客户服务与支持（customer service and support，CSS）是CRM系统中的重要部分，在很多情况下，客户的保持和客户利润的贡献度依赖于提供优质的服务，客户只需轻点鼠标或打一个电话就可以转向企业的竞争者。因此，客户服务与支持对很多企业是极为重要的。在CRM系统中，客户服务与支持主要是通过呼叫中心和互联网实现的，它有助于产生客户的纵向及横向销售业务。CRM系统中的客户服务与支持可以帮助企业以更快的速度和更高的效率来满足客户的独特需求，保持和发展客户关系。它可以向服务人员提供完备的工具和信息，并支持多种与客户交流的方式，可以帮助客户服务人员更快捷、更准确地解决用户的服务咨询，同时能根据用户的背景资料和可能的需求向用户提供合适的产品或服务建议。客户服务与支持是企业业务操作流程中与客户联系最频繁的部门，对保持客户满意度至关重要。

客户服务与支持管理子系统的功能结构如图5-5所示。

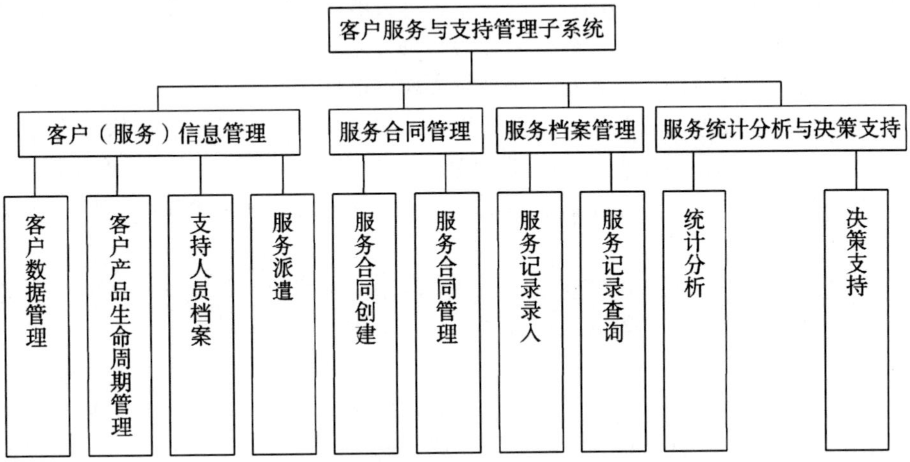

图5-5　客户服务与支持管理子系统的功能结构

①客户（服务）信息管理模块收集与客户服务相关的资料，可完成包括现场服务派遣、客户数据管理、客户产品生命周期管理、支持人员档案和地域管理等业务功能。此外，通过与ERP系统的集成，可为后勤、部件管理、采购、质量管理、成本跟踪、财务管理等提供必需的数据。

②服务合同管理模块通过帮助用户创建和管理客户服务合同，确保客户能获得应有的服务水平和质量，跟踪保修单和合同的续订日期，通过事件功能表（即根据合同制定的定期的客户拜访、产品维护日程）安排预防性的维护行动。

③服务档案管理模块使用户能够对客户的问题及解决方案进行日志式的记录，包括联系人管理、动态客户档案、任务管理以及解决关键问题的方案等，从而提高检索问题答案或解决方案的响应速度和质量。

④服务统计分析与决策支持模块能对客户服务资料进行分析和处理，使企业既能根据客

户的特点提供服务，又能对客户的价值进行评估，从而使客户的满意度和企业盈利都能得到提高。

2）关系管理

关系管理主要是合作伙伴关系管理。关系管理的主要功能包括：对企业数据库信息设置存取权限，合作伙伴通过标准的Web浏览器以密码登录的方式对客户信息、公司数据库、与渠道活动相关的文档进行存取和更新；合作伙伴可以方便地存取与销售渠道有关的销售机会信息；合作伙伴通过浏览器使用销售管理工具和销售机会管理工具，如销售方法、销售流程等，并使用预定义的和自定义的报告。

3）客户服务自动化

实现客户服务自动化，对提高客户满意度、维护客户关系至关重要。客户服务自动化可以帮助企业以更快的速度和更高的效率来满足客户的售后服务要求，以进一步保持和发展客户关系。客户服务自动化系统可以向服务人员提供完备的工具和信息，支持与客户的多种交流方式，可以帮助客户服务人员更有效、更快捷、更准确地解决客户的服务咨询，同时根据客户的背景资料和可能的需求向客户提供合适的产品和服务建议。

客户服务自动化包括以下功能模块：

① 客户自助式服务。当客户使用产品时遇到困难或产品发生使用问题和质量问题时，客户可通过Web自主服务，如FAQ、BBS等方式自主解决问题。当前应用较为广泛的人工智能技术，为客户自助式服务提供了更为丰富的解决方案。

②客户服务流程自动化。若客户不能自行解决产品问题，可通过各种渠道联系售后服务部门。从收到客户的服务请求开始，可以全程跟踪服务任务的执行过程，保证服务的及时性和服务质量，可以自动派遣服务人员，分配服务任务。引入了“一对一个性化服务”理念，能自动把客户信息、客户所买产品的交易信息等资料及时传递给相关服务人员，实现维修和服务报告的辅助生成。

③客户关怀管理。实现客户维修、服务等过程中的客户关怀，支持节日关怀，定期提醒客户进行预防性维修和保养，提高客户对服务的满意度。

④客户反馈管理。及时对服务反馈信息进行收集、整理和分析，及时响应客户反馈。

⑤建立知识库。建立标准的服务知识库，帮助服务人员及时共享服务经验，帮助维修人员进行故障诊断、技术支持，迅速提升新员工的服务水准，实现了相关服务案例分析，实现了服务问题的自动分析诊断，实现了用于在巨大的维修和售后服务知识库中进行查找的强有力的检索功能。

⑥收集信息。及时收集服务过程中的客户需求信息和潜在购买意向，及时提交给销售、营销部门，由相关人员进行跟踪、管理。

⑦提供接口。提供与客户服务中心（呼叫中心）的接口，支持采用不同的方式与客户进行交流，包括Internet、E-mail、传真、IVR（交互式语音应答）、电话等。

5.4.4 现场服务管理子系统

1）现场服务

现场服务是指对需要到客户现场提供服务的客户需求的服务管理。现场服务管理是指用以配置、派遣、调度和管理服务部门、人员和相关资源，负责完成高效率的服务与支持活动的管理活动。现场服务具有在生产部门和产品服务支持部门之间提供密切联系的功能，是

CRM系统的一个重要组成部分。CRM系统中的现场服务管理子系统正从单一的后台功能转向一个紧密整合后台和前台服务系统的企业系统。现场服务管理的应用必须与联络中心、呼叫管理系统整合起来，同时在一定程度上与销售、营销系统整合起来。其主要功能有任务建立、服务委派、服务记录、任务核销、服务统计等功能。

①任务建立。根据座席服务移交的客户服务请求建立现场服务任务，确定任务完成时间和任务要求。

②服务委派。根据现场服务任务安排执行人员，系统提供派工单、员工服务负荷统计及任务日程等功能。

③服务记录。记录现场服务任务的执行情况以及问题解决情况和客户意见。

④任务核销。检查现场服务任务完成情况，核销服务任务。

⑤服务统计。服务经理可通过服务统计功能统计分析员工服务工作状况和客户服务请求状况，以及服务请求波动规律，以便合理调配服务资源。

2）服务管理模式

根据服务方式的不同可以将服务管理分为两种模式。

（1）现场服务管理模式

现场服务管理模式是现场服务管理系统的核心，可执行CTI响应功能，其包含现场服务派遣、现有客户管理、客户关系生命周期管理、服务技师档案和地域管理等功能。此外，它与其他应用系统的集成可提供管理和运行期间服务机构所必需的功能，如集中式的人员培训、订单管理、后勤、零部件计划和管理、质量管理、成本跟踪等。

（2）移动现场服务管理模式

移动现场服务管理模式可以支持移动计算、网络计算和数据信息同步，利用无线设备可使在现场的服务技师或工程师实时访问服务、产品和客户信息。同时，企业CSS部门还能通过此系统与他们保持联系。

5.4.5　呼叫中心管理子系统

1）呼叫中心

呼叫中心（call center）子系统将销售管理与服务管理模块的功能集成起来，使一般的业务人员能够向客户提供实时的销售和服务支持。呼叫中心是基于CTI技术的一种新的综合信息服务系统，由早期的、仅以电话和接话人员组成的电话服务热线发展而来。

呼叫中心将计算机技术和电信技术融为一体，使客户能与那些对产品性能、价格行情和指南信息十分了解的服务座席进行对话。呼叫中心系统自动将客户电话接到服务座席，同时在座席计算机屏幕上显示有关呼叫人查询的相关信息。呼叫中心涉及呼叫处理、智能路由、自动语音提示、呼叫数据集成、网络及数据库等多种先进技术。呼叫中心也依靠人作为中介，沟通数据库信息并对电话另一端客户进行服务工作。尽管从技术上可以建立无需人员介入的呼叫中心，但是一般情况下呼叫中心总是建立一定量的人工服务座席。电话作为首选的通信媒体常常是企业与客户之间的第一接触点。

2）呼叫中心的主要功能

呼叫中心主要功能包括：呼入呼出电话处理；互联网回呼；呼叫中心运行管理；软电话；电话转移；路由选择；报表统计分析；管理分析工具；通过传真、电话、电子邮件、打印机等自动进行资料发送；呼入呼出调度管理。

呼叫中心作为企业与客户沟通的重要渠道之一，也是为数众多的客户乐于使用的渠道，在这一交互界面集中了大量客户的基本信息、需求信息和业务活动信息，可据此提升业务处理能力，是呼叫中心渠道的主要任务。正是这种特点，在全球CRM系统表现最佳的应用案例中，无论是产品还是解决方案，都将呼叫中心纳入到了CRM系统的整体战略框架中，作为CRM系统不可或缺的组成部分。

5.5 CRM系统的发展趋势

进入21世纪，随着全球经济一体化进程的加快和竞争的加剧，现代企业管理的重心随之从传统的生产、物流、财务等内部管理转向全面的客户关系管理，CRM系统因而成为企业的核心管理系统之一。企业的应用需求和信息技术的发展是推动CRM系统发展方向的重要因素，目前CRM系统的发展呈现出不同趋势。

5.5.1 客户关系管理的理念变革

经过多年的应用与发展，CRM管理理念的边界和内涵也处在变化与发展之中。

1）CRM关系边界的变化

这个趋势表明CRM的关系理念将不断地拓展到社会生活的各个领域，CRM中的“C”将涵盖企业的所有利益相关者，CRM将提升到企业全面关系管理的层面，转变成XRM，将客户的内涵和关系管理的边界拓展到更大的范围。另外，在公共服务、电子政务等领域将越来越关注“关系管理”的内涵。

2）CRM管理理念的变化

虽然CRM强调以客户为中心，但是就CRM的具体实践而言，企业采用CRM几乎都是以企业利益为中心，在企业和客户的“权利斗争”中，企业基本上主导着关系的发展与维持情况，企业与客户在利益上的“冲突”还是很明显的。然而，维持关系的长期稳定，只有双方进行平等互利的合作才能实现。因此，在CRM的经营理念中，企业在维护自身利益的基础上，将会越来越多地关注客户利益，同时也要更多地关注所有其他利益相关者的利益。目前，企业社会责任（CSR）在企业中的推广应用就是一个明显的事例。

3）E-CRM

传统的CRM已无法满足需求，它将逐渐演变成为一种E-CRM，以使整个供应链关系同步化。广义的E-CRM是由以下四个核心概念的开头字母组成的缩写。

E——电子商务（e-Business）：电子商务与现存的和未来的商务活动的一体化。

C——渠道管理（channel management）：进行市场营销的综合性、互动性的服务渠道管理。

R——关系（relationships）：建立在优质、高效、便捷服务基础上的真正的客户关系。

M——对企业的一体化管理（management of the total enterprise）：前台操作与后台操作的一体化。

E-CRM强调只要从事电子商务就必须将其视为一个单独的市场区隔，能持续性地及时更新客户资料，利用统计分析功能发挥网络营销的最大优势，进行一对一的营销服务，真正照顾到每一位客户的实际需要。

5.5.2　优化工作流管理与监控

1）工作流管理概念

CRM系统的另一个发展趋势是系统提供方便的工作流管理与监控。工作流（work flow）是指自动运作的业务过程的部分或整体表现为参与者对文件、信息或任务按照规程采取行动，并令其在参与者之间传递。简单地说，工作流就是一系列相互衔接、自动进行的业务活动或任务。

工作流管理（work flow management，WFM）是人与电脑共同工作的自动化协调、控制和通信，在电脑化的业务过程中，通过在网络上运行软件，使所有命令的执行都处于受控状态。在工作流管理下，工作量可以被监督、分派到不同的用户从而达成平衡。企业的业务流程因业务的差异和业务参与部门的不同往往非常复杂，而业务部门组织结构的调整、人员权限的调整和业务管理流程等的调整，都会对CRM系统的流程产生影响。传统的系统是对系统的源代码进行修改，如此不仅降低了响应的及时性，而且增加了用户对开发商的依赖性。将工作流管理的先进技术引入系统后，能实现工作流程的灵活定制和管理。

用户可以通过工作流管理模块，方便地定制工作的流转方向、流转时限，查阅人员的权限，轻松实现部门和业务流程的变更，同时提供了工作流的每一个节点的动态监控、报警的设置和管理。通过工作流监控功能，能随时跟踪监控系统中各个业务的整个流程，并设置业务处理的时限警戒线。

2）工作流管理在CRM系统中的应用

如果有一个灵活的工作流程处理机制建在CRM系统中，处理上述流程间的自动化工作，将可以把CRM系统的应用效益带入另一个崭新的天地。工作流管理本质上是对企业现有业务流程的自动化管理，这就要求企业的业务模型和业务流程作出相应的调整，以便符合工作流管理的基本准则，从而提高工作流管理的效率。提高企业的实时运作水平和对客户的响应速度需要企业内部各部门之间的高效协同工作和及时的消息传递，任何单一的应用系统必须在企业整体系统的调度下才能更高效率地运作。因此，单一的系统往往不能很好实现服务流程的自动化和实时交互性，必须通过集成其他应用系统才能提高总体应用水平和效率。工作流管理系统实际上是企业众多应用系统的操作系统，能够将企业的各个应用系统集成在一起，为提高整个企业的工作流执行和管理效率服务。

工作流管理在企业CRM系统中的应用可以分为两种不同的方式，即工作流管理应用的两种模式，它们分别是嵌入式工作流管理和自主式工作流管理。

（1）嵌入式工作流管理

嵌入式工作流管理是指企业建立整体的工作流管理系统，并在系统的流程定义工具中将各个应用系统所处理的活动进行定义。在整体工作流管理中，一旦工作流管理引擎触发到一个需要外部应用系统处理的工作或者活动，则由工作流引擎调用外部应用程序。

（2）自主式工作流管理

自主式工作流管理是指企业还没有建立整体的工作流管理系统，也就是说，企业还没有一个满足各种应用系统的“操作系统”，但各个应用系统可以通过系统之间的接口相互调用，同时系统在内部也存在一系列的协同操作或子系统，当系统内部的操作触发系统内部另外一个操作时，系统本身会自动调用系统内部的其他操作。这就相当于，一个应用系统本身也存在自己的工作流管理引擎。这种情况，正在各种应用系统建设的过程当中自觉或者不自觉地应用，而且越来越广泛。因此，在一个企业级的应用系统内部建立自己的内部工作流引擎已是一种趋势。

5.5.3 融入先进的技术

1）采用先进的软件技术架构

企业级的软件系统的体系结构经历了三个发展阶段：从主机/终端（H/T）体系结构到客户机/服务器（C/S）体系结构，再到浏览器/服务器（B/S）体系结构。

（1）早期的软件体系结构

早期的软件大多采用主机/终端体系结构，直到20世纪90年代才大都变为两层的C/S体系结构。它将复杂的应用网络的用户交互界面（GUI）和业务应用处理与数据库访问以及处理相分离，服务器与客户端之间通过消息传递机制进行对话，由客户端向服务器发出请求，服务器进行相应的处理后经传递机制送回客户端，使得其在处理复杂应用时，客户端应用程序显得"臃肿"，限制了对业务处理逻辑变化的适应和扩展能力。当访问量增大、业务处理复杂时，客户端与后台数据库服务器数据交换频繁，易造成网络瓶颈。

为解决这类问题，出现了采用三层式程序结构的趋势，将大量数据库I/O的动作集中于App Server，有效降低WAN的数据传输量，客户端不必安装数据库中间件，可简化系统的安装部署。Business Logic集中于App Server，若要修改，仅需更新服务器端的组件即可，易于维护。当前端使用者数量增加时，可扩充App Server的数量，系统扩展性好。

（2）B/S软件体系结构

Internet/Intranet技术的不断发展，尤其是基于Web的信息发布和检索技术，导致了整个应用系统的体系结构从C/S的主从结构向灵活的多级分部结构的重大演变，使其在当今以Web技术为核心的信息网络的应用中被赋予新的内涵，这就是B/S体系结构。

B/S软件体系结构，即Browser/Server（浏览器/服务器）结构，是随着Internet技术的兴起，对C/S体系结构的一种变化或者改进的结构。在B/S体系结构下，用户界面完全通过WWW浏览器实现，一部分事务逻辑在前端实现，而主要事务逻辑则在服务器端实现。B/S体系结构主要是利用不断成熟的WWW浏览器技术，结合浏览器的多种脚本语言，用通用浏览器就实现了原来需要复杂的专用软件才能实现的强大功能，并节约了开发成本，是一种全新的软件体系结构。基于B/S体系结构的软件，系统安装、修改和维护全在服务器端解决。用户在使用系统时，仅仅需要一个浏览器就可运行全部的模块，真正达到了"零客户端"，很容易在运行时自动升级。B/S体系结构还提供了异种机、异种网、异种应用服务的联机、联网、统一服务的最现实的开放性基础。

目前，CRM系统软件架构经常采用J2EE体系结构。这些年来，基于B/S体系结构的分布式应用平台得到了迅猛的发展，当前主要的分布式应用模型有CORBA模型、NET模型和J2EE模型等。其中，J2EE（Java 2 platform enterprise edition）以其良好的可移植性、可重用性、可伸缩性、可维护性和面向电子商务等诸多优点独具优势。

J2EE体系框架把绝大部分的应用逻辑和数据处理都集中在应用服务层上（应用服务层可以由几台或几十台机器组成，采用负载均衡理论，对应用逻辑进行分解）。这种体系结构提高了系统的处理效率，降低了系统的维护成本（当业务逻辑发生改变时，只需要维护应用服务器上的逻辑构件），保证了数据的安全和完整，同时还简化了体系结构设计和应用开发程序，具有良好的可扩展性，可满足各种需求，可自由选择应用服务器、开发工具、组件，并提供了灵活可靠的安全模型。

（3）面向服务的体系结构（SOA）

这两年出现了一种被誉为下一代Web服务的基础架构，这就是面向服务的体系结构SOA（service-oriented architecture）。SOA是一个组件模型，它将应用程序的不同功能单元（称为服务）通过这些服务之间定义良好的接口和契约联系起来。接口是采用中立的方式进行定义的，它独立于实现服务的硬件平台、操作系统和编程语言。这使得构建在各种各样的系统中的服务可以以一种统一和通用的方式进行交互。

SOA是按需连接资源的系统，是一种用于构建分布式系统的构架方法和理念，它的核心是依据这种方法构建的应用可以将功能作为服务交付给用户。SOA的实现可以基于Web服务，但是它也可以使用其他技术来代替。与过去的组件化模式相比，SOA的不同之处还在于：它变过去的技术组件为业务组件（又称服务），强调的是技术无关性，关注的是实现怎样的业务功能——在业务请求与响应之间随时搭建快速通道，变过去的紧耦合为松耦合，既保证系统弹性，又不失系统效率，它可以根据需求通过网络对松散耦合的粗粒度应用组件进行分布式部署、组合和使用，从而实现重复利用软件资源、快速响应市场需求变化、提高生产力等目标。

这种新型的架构是当前解决异构系统整合、应用系统集成最理想的方案。SOA可以利用现有资源，实现跨平台的整合，增加程序功能部件的重复利用，减少开发成本，加快新应用的部署，降低实施风险，促进流程的不断优化。因此，SOA成为软件技术的重大发展方向之一。

2）采用分布式技术

（1）分布式管理

由于目前企业都呈现跨地域的特点，拥有地理分散的子公司的企业，地理位置的分散造成了其业务数据的分散，总公司与各分公司处于不同的城市或城市中的不同地区，在业务上它们除了处理各自的数据，也需要彼此之间进行数据的交换和处理。CRM系统除采用B/S体系结构之外，另一种技术潮流是采用分布式数据库应用，提供分布式数据库的数据复制和同步功能，数据的分解采用使局部应用达到最大，这使得各处理机之间的相互干扰降到最低。负载在各处理机之间分担，可以避免临界瓶颈，能降低网络传输负荷，解决组织机构分散而数据需要相互联系的问题。

①分布式技术的概念。

分布式数据库系统（distributed database system，DDBS）是在集中式数据库系统成熟技术的基础上发展起来的，但它不是简单地把集中式数据库分散地实现，它具有自己的性质和特征。分布式数据库系统中的数据是物理分布在用计算机网络连接起来的各个站点上的。这些站点又称节点，它们在通信网络中连接在一起，每个节点都是一个独立的数据库系统，它们都拥有各自的数据库、中央处理机、终端，以及各自的局部数据库管理系统。每一个站点都有自动处理的能力，以完成本站点的局部应用。每个站点上的数据并不是互不相关的，它们构成一个逻辑整体，统一在分布式数据库管理系统的管理下，共同参与并完成全局应用。分布式数据库系统可以看作是一系列集中式数据库系统的联合，它们在逻辑上属于同一系统，但在物理结构上是分布式的。分布式数据库系统中的这种“分布”对用户来说是透明的，本地与远程结合的“接缝”是隐蔽的，用户几乎完全感觉不到远程与本地结合的接缝的存在，即“一个分布式系统看起来完全像一个非分布式系统”。分布式数据库系统的结构能很容易地扩展系统，在其数据库中增加一个新的节点，不影响现有系统的正常运行，易于扩展处理能力和系统规模。

②采用分布式技术的优势。

分布式数据库的结构能反映当今企业组织的信息结构，本地数据在本地维护，需要时可以存取异地数据。同时，企业内部各部门间的信息既能交流共享又能统一管理，既需要各部门的局部控制和分散管理，也要有整个组织的全局控制和高层次的协同管理。分布式数据库符合当今信息系统应用的要求，符合当今企业组织的管理思想和管理方式，尤其适合地域上相对分散而管理上相对集中的大型企业组织，便于企业向全球化扩展。

（2）远程访问

全球化的商业环境使分布在世界各地的企业各分支机构员工、合作伙伴和客户之间的联系更加紧密，许多企业都拥有大量游离在企业总部之外的远程用户和远程工作人员，他们可能是异地的销售人员、国内外出差的管理人员、在家办公的远程人员或希望接入公司信息的远程办事处、合作伙伴、客户或移动客户，他们需要一种安全有效的方法来接入企业网络并访问数据。如何安全、快捷、方便地远程访问企业内部资源成为当务之急。

①远程访问技术的概念。

CRM系统的又一趋势就是采用远程访问技术，实现跨地域存取，如采用Microsoft Windows 2000 Server的终端服务功能。终端服务的结构为传统的两层或三层式客户端/服务器结构提供了一项重大的改革。采用终端服务后，所有客户端应用程序的执行、数据处理及资料存储都会在服务器上执行，通过终端机仿真便可让同质的应用程序在异质的桌面硬件上执行。

②采用远程访问技术的方式。

远程访问技术是企业网络平台的一种有效的延伸，解决了地域局限的问题。用户不需要处于企业局域网络平台覆盖范围之内，就可灵活地利用远程访问技术接入到企业内部网络平台，访问企业网络应用。远程访问有以下三种方式：

A.架设专线。此方式通过架设光缆或租用光缆，实现总公司与分支机构的网络连接，一般适用于同城相距数公里的总部和分支机构。

B.基于PSTN。PSTN（公用电话网）是长期以来远程访问应用较为普遍的一种技术方式，此种方式投入小，也具有很好的灵活性，缺点是带宽受限制、安全性极差。

C.基于Internet的VPN。此方式利用Internet作为传输载体，采用VPN技术，实现企业网宽带远程访问，是目前最佳的解决方案。

3）融入现代呼叫中心技术和集成门户技术

（1）现代呼叫中心技术

CRM系统的另一个技术潮流是融入现代呼叫中心技术，提供电话、E-mail、传真、WAP、Web、PDA、面对面等各种各样与客户互动的灵活接入方式，并能根据呼叫接入的不同提供多种路由算法和基于经验的智能路由等功能。

现代呼叫中心是一种充分利用通信网和计算机网络的多项功能集成，与企业各业务渠道连为一体的完整的综合信息服务系统，能有效地为用户提供多种服务。呼叫中心不仅在外部为用户提供服务，也在内部协调整个企业的管理和服务。

早期的呼叫中心主要起咨询服务的作用，现代呼叫中心应用了计算机电话集成技术（CTI），使呼叫中心的功能大大加强。现代化的呼叫中心主要有以下几种：

①互联网呼叫中心（Internet call center，ICC）。

互联网呼叫中心为客户提供了一个Web站点直接进入呼叫中心的途径，使呼叫中心从传统形式上的“拨号交谈”扩展到现代形式的“点击交谈”。

②多媒体呼叫中心（multimedia call center，MCC）。

多媒体呼叫中心是基于CTI技术的传统呼叫中心与ICC的相互结合。每天它把各种通信技术集成到一起，通过语音、图像和数据的集成，信息可通过多媒体来传输。

③可视化多媒体呼叫中心（video multimedia call center，VMCC）。

可视化多媒体呼叫中心是客户和业务代表可以通过视频信号的传递面对面地进行交流的技术。

④虚拟呼叫中心。

虚拟呼叫中心，即座席人员可以在任意地点有效地工作。虚拟呼叫中心的应用可以最大限度地节省投资以及促进人力资源的充分利用。

呼叫中心作为一种不断发展的全新现代化服务方式，一直备受企业重视，是企业在竞争中出奇制胜的法宝。一个利润以亿元计的公司，可以没有后台智能商业系统，也可以没有ERP，但必有一个一拨就通的联系电话，它就是呼叫中心。当今，多渠道的呼叫中心的重要作用已经不仅体现在客户服务上，更体现在市场营销和销售策略上。

通过采用现代呼叫中心，企业客户可以按自己的交流渠道偏好与企业交流，企业也可依客户渠道偏好与客户互动，并使企业的市场、销售和服务部门建立起与客户互动的、统一的沟通界面，从而强化与客户沟通的效果。

（2）集成门户（portal）技术

门户是基于Web的应用，它为用户访问多个应用和各种信息资源提供单一的入口和统一的界面。门户具有个性化界面定制、内容聚合、单点登录、多设备支持等特点。

CRM系统在技术实现上的潮流是集成门户（portal）技术，以及交互式语音应答系统（IVR）和CTI中间件等呼叫中心技术，实现客户门户（customer portal）、伙伴门户（partner portal）和员工门户（employee portal），并能为客户、合作伙伴和员工提供灵活的交互语音应答服务，实现了呼叫中心CTI控制的全部功能，如语音导航、查询、语音信箱、传真、外拨等基础的业务服务，支持语音、传真、短信、互联网等多媒体的统一接入，具有混合排队、智能路由、负载均衡的先进体系结构设计，并结合TTS、ASR等先进的语音处理技术，提供每周7×24小时的不间断服务，能随时应答用户的呼叫并提供相应的服务。

4）采用商务智能（BI）技术

随着全球经济一体化的进程和高技术的发展，企业比以往任何时候都面临着更为复杂的生存环境。市场竞争的压力对企业决策的质量和速度都提出了更高的要求。作为管理客户资源这一企业核心资源的信息系统，CRM系统必须具备强大的数据分析和挖掘功能，为管理者作出正确的决策提供及时而准确的依据。

（1）商务智能

商务智能是指利用数据挖掘、知识发现等技术分析和挖掘结构化的、面向特定领域的、存储于数据仓库内的信息，它可以帮助用户认清发展趋势，识别数据模式，获取智能决策支持，得出结论。商务智能的范围包括客户、产品、服务和竞争者等。

商务智能系统一般由数据仓库、数据分析、数据挖掘、在线分析、数据备份和恢复等组成。商务智能系统从不同的数据源收集的数据中提取有用的数据，对数据进行清理以保证数据的正确性，将数据进行转换、重构后存入数据仓库（这时数据变为信息），然后寻找合适的查询和分析工具、数据挖掘工具、OLAP工具对信息进行处理（这时信息变为辅助决策的知识），最后将知识呈现于用户面前，转变为决策。

（2）CRM系统中的商务智能

在CRM系统中，商务智能主要是指客户智能。利用客户智能，可以收集和分析市场、销售、服务和整个企业的各类信息，增加客户的满意度和忠诚度，实现获取新客户、支持交叉销售、保持和挽留老客户、发现重点客户、支持面向特定客户的个性化服务等目标，提高盈利能力。

①商务智能的功能。

商务智能系统从企业运作的日常数据中开发出结论性的、基于事实的和具有可实施性的信息，使企业能够更快、更容易地作出更好的商业决策，使企业管理者和决策者从一种更清晰的角度看待业务数据，提高企业运转效率、增加利润并建立良好的客户关系，使企业以最短的时间发现商业机会，捕捉商业机遇。例如，何时何地进入什么样的市场，如何选择和管理大客户，以及如何选择和有效地推出商品优惠策略等。同时，通过提供决策分析，使企业更有效地实现财务分析、风险管理、诈骗检测、分销和后勤管理，以及销售状况分析等。

②商务智能的处理过程。

CRM运营系统通过多种渠道与客户互动，通过市场营销（marketing）、销售（sales）和服务（service）等业务流程的管理，将客户的各种背景信息、偏好、行为习惯、交易数据、信用状况等信息收集并整合在一起，再将这些运营数据和外来的市场数据经过整合和变换，装载到数据仓库（data warehouse）中。

CRM分析系统运用OLAP和数据挖掘（data mining）等技术从数据仓库中分析相关规律、模型和趋势，让客户信息和知识在整个企业内得到有效的流转和共享，并进一步转化为企业的战略规划、科学决策和各业务流程的辅助支持，用于提高在所有渠道上同客户交互的有效性和针对性，把合适的产品和服务，通过合适的渠道，在适当的时候，提供给合适的客户，从而实现企业利润的最大化。

5.5.4 整合其他系统

CRM系统不是一个孤立的系统，它还需要扩大与企业各种电子商务应用的交互，通过XML、Business API和组件等技术或采用集成的EAI解决方案，实现CRM系统与ERP、SCM等系统的整合和数据共享与交互。

1）CRM系统与ERP系统的整合

CRM系统仅仅是电子商务的一个子集，内容只涉及营销、销售、服务和技术支持等企业的外部资源，由于企业业务处理常常会牵涉到人、财、物的管理，这是单纯的CRM系统所不能胜任的。新经济环境要求CRM系统不仅仅要充分利用企业外部资源，还要能够与企业现有的ERP系统，包括采购、生产制造、财务、库存、销售系统相集成，消除数据与应用的不一致性，将企业内部、外部资源产生的价值组成一条增值的价值链，将客户的需求、企业的生产制造活动和供应商的制造资源进行整合。

企业的运行是连续的，而且越连贯其工作效率越高，对市场的反应就越快，就越能适应市场的需要。单独使用CRM系统或ERP系统都会阻碍企业运行的连贯性和对市场、客户需求的反应速度。单独使用CRM系统，则缺乏来自企业后台的动态信息，无法实时更新，使业务层、数据流方面存在断层，客户交易信息很难做到实时响应；单独使用ERP系统，则没有顺畅的营销、销售和服务支持网络，无法以企业现有的资源实时响应客户需求。

企业单独使用了CRM系统，或单独使用了ERP系统，或同时使用了两个单独运行的CRM系统和ERP系统，没有进行有效集成，会形成一个个“信息孤岛”“信息碎片”，严重阻碍企业管理信息化建设的步伐。企业业务的运行迫切需要将这些“信息孤岛”有效地整合在一起，CRM系统与ERP系统进行整合是管理思想发展的必然趋势，是企业信息化应用的高级阶段，是弥补两个系统功能局限性的要求。

2）CRM系统与SCM系统的整合

SCM对于产品或服务的有效性传递非常重要，但在产品差异化越来越小的今天，一个领先的制造商也许有能力在任何时间将大量产品投向市场。但是，如果不能对个别客户的独特需求作出反应，不能结合客户的需求去设计乃至在流通体系上改进产品，那么结果可能是大量产品积压在了仓库中。企业必须通过优化其流通网络与分销渠道，减少库存量，加快库存量周转来改进它们的供应链，但要做到这些，就必须实现与企业信息系统、客户数据知识，以及销售、营销和服务职能的集成。

无论是CRM系统还是SCM系统，其根本宗旨都在于降低库存、加快资金周转、提高企业的管理水平，以提高企业对市场的响应速度，企业的整体发展规划必然要求二者的最终集成。供应链管理和客户关系管理的整合，将真正实现企业实时响应客户需求，实现需求和供应链上的资源最优配置，从而全面提升企业的竞争力。

5.5.5 CRM的新模式

1）移动CRM

随着移动互联技术的广泛应用，移动CRM作为CRM的新模式，以其独特的优势，将在未来的客户关系管理领域中得到充分的发展，并逐渐成为客户关系管理的重要模式。

移动CRM是CRM系统和无线通信技术的结合，将传统CRM中的销售、营销、服务信息通过多种无线设备提供给企业相关的员工，为企业员工在无线环境下提供一个“移动办公”的条件。

（1）移动CRM的产生

①无线互联网技术的发展。

从技术上来讲，无线互联网技术使人与人通过各种无线终端之间、无线终端与计算机之间互联，推动了电子商务的发展，进而推动CRM从Internet时代的E-CRM发展到无线互联网时代的移动CRM。近年来，包括无线应用协议、移动IP、蓝牙协议、通用分组无线业务、无线局域网、第三代移动通信技术等无线互联技术的飞速发展，为移动CRM的产生提供了可能。

②企业对移动CRM的需求。

随着商业时代环境变化的速度越来越快，企业对于及时传递信息、提高工作效率、降低成本、随时联系户外员工等方面的要求日益增强，正是基于这种需求，移动CRM得以产生，并正在快速地发展。

（2）移动CRM的功能

移动CRM的主要功能包括移动营销、移动销售自动化、移动现场服务以及移动客户服务。移动CRM的功能贯穿售前、售中和售后整个过程，如图5-6所示。

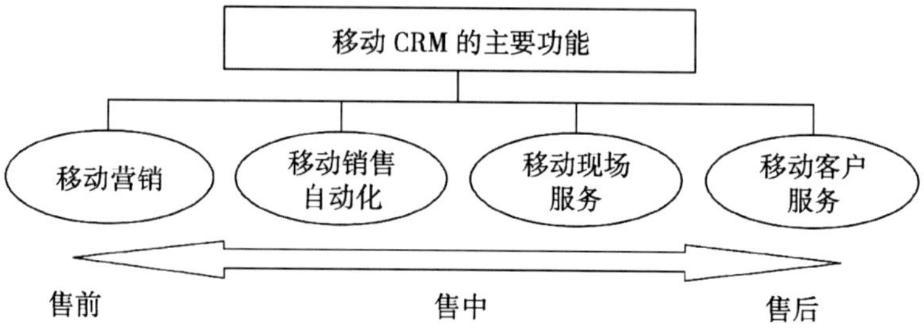

图5-6 移动CRM的功能

①移动营销。在强大的数据库支持下，利用移动通信设备这一主要传播平台，直接向目标受众定向和精准地传递个性化即时信息的营销方式。

②移动销售自动化。在传统的销售队伍自动化的基础上，引入RFID、GPRS、Web等新技术，可以有效地缩短销售周期，并辅助销售人员实时掌握市场信息，获得销售机会。

③移动现场服务。移动现场服务能够改进服务执行效率，并为有偿服务创造机会、降低现场服务成本、提高准确度、改进客户服务，使客户更加满意，开拓服务商机。

④移动客户服务。利用移动信息技术对客户进行多渠道的实时服务，帮助企业以更快的速度和更高的效率满足客户独特的需求，更好地保持和发展客户关系。

（3）移动CRM实施的关键问题

①流程转换问题。

移动CRM的应用，将促使企业业务系统由被动工作转变为主动工作，因此，在应用的同时必须伴随企业流程的转换。移动CRM是集成网络、电脑、手机、PDA等设备的CRM系统，能够将员工与企业结为一个互动的整体，实现主动提醒员工执行或完成某项任务，从而改变业务流程。同时，移动CRM能够帮助管理者将工作重点从操作转移到决策，有助于企业决策支持和商务智能的形成。

②构建完整的企业架构。

为保证企业自身的流程转变以及响应客户需求能力的提高，需要部署和建设完整的CRM体系，从内部信息和技术架构上提供有力的保障。移动CRM在应用的过程中，需要在CRM生态体系的每一部分利用新增的功能模块和设计的架构，实现CRM系统的完整功能。

2）U-CRM

无处不在的商务（ubiquitous commerce，u-commerce）是一种基于内容感知的服务，它更多地关注如何通过客户所处时间、地点等信息，识别客户在不同环境下的角色，提供更具针对性的商务服务。这种主动服务和高度定制化可以为当前的CRM发展带来很大的革新，u-commerce环境下的U-CRM应运而生。

（1）相关名词

①发布者：信息需求的发起者和最终的利用者。

②媒介机构：拥有泛网基础结构的组织。

③智慧对象：附有RFID的产品。

（2）基本过程

U-CRM的基本过程如图5-7所示。

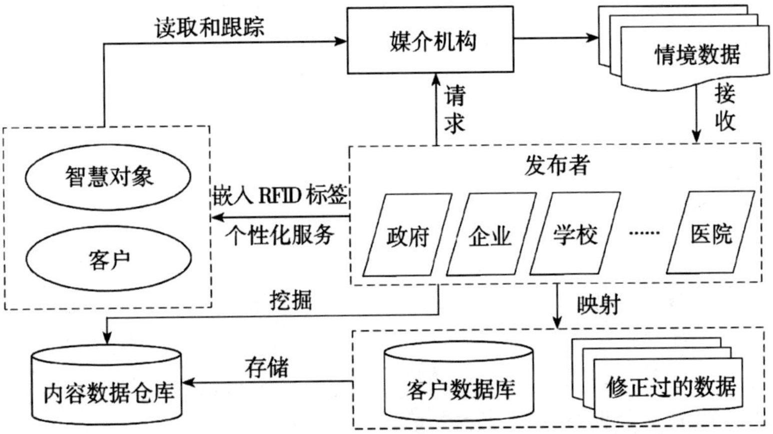

图5-7 U-CRM的基本过程

①发布者将无线射频识别标签编号嵌入信用卡、产品中，以这种方式将RFID标签和客户关联在一起。

②当客户和智慧对象一起移动时，媒介机构将持续捕捉和跟踪RFID标签。

③发布者实时或定时向媒介机构发出数据需求，媒介机构抽取所需的感知数据并进行修正后，将包含所需的情景数据修正后的信息提供给发布者。

④发布者将修正后的感知数据与客户数据库中的客户信息进行映射后，将客户的情境数据存储在内容数据仓库中。

⑤通过内容数据仓库中数据的挖掘分析，发布者可以了解到客户的行为方式，并以此为基础将高度个性化的服务实时或定期地提供给客户。

目前，对于U-CRM的研究和应用仍处于探索阶段，其功能和流程尚需进一步完善和改进，但就其应用的广泛性来说，U-CRM仍是客户关系管理的一个重要发展趋势。

本章小结

CRM系统是以对客户数据的管理为核心，客户数据库是企业重要的数据中心，记录企业在市场营销与销售过程中和客户发生的各种交互行为，以及各类有关活动的状态，提供各类数据模型，为后期的分析和决策提供支持。

CRM系统的体系结构经历了三个发展阶段：从主机/终端（H/T）体系结构到客户机/服务器（C/S）体系结构，再到浏览器/服务器（B/S）体系结构。

CRM系统是以最新的信息技术为手段，运用先进的管理思想，帮助企业最终实现以客户为中心的管理模式。因此，一个完整的客户关系管理系统应当具有综合性、集成性、智能化和精简性、高技术等特征。

CRM系统功能模块一般划分为销售、营销、客户服务、商务智能等几个部分，本章具体阐述了销售管理、市场营销管理、服务管理、现场服务管理和呼叫中心管理五个子系统。

企业的应用需求和信息技术的发展是推动CRM系统发展方向的重要因素，目前CRM系统的发展呈现出以下几种趋势：采用先进的软件技术架构；采用分布式技术；采用参数化的设定理念；提供方便的工作流管理与监控；融入现代化呼叫中心和门户技术；采用商务智能（BI）技术；CRM系统与其他系统的整合。

复习思考题

5.1 CRM系统有哪些业务功能？

5.2 客户关系管理系统经历了哪些发展阶段？其各自有什么特点？

5.3 简述客户关系管理系统的一般模型。

5.4 简述客户关系管理系统的技术功能。

5.5 简述客户关系管理系统的发展趋势。

技能实训题

5.1 CRM系统各功能模块有哪些功能？

5.2 CRM系统同其他系统如何整合？

第6章

客户关系管理系统

学习目标

掌握运营型CRM、分析型CRM和协作型CRM的概念以及功能；了解eCRM的概念、功能、应用和实施；掌握客户服务中心的概念以及客户服务中心的类型，了解客户服务中心的建设与管理。

◆ 主要解决的问题

分析型CRM应该具有的功能是什么；实施eCRM能为企业带来哪些效益；客户服务中心有哪些关键技术。

客户关系管理是企业经营管理的一种模式，但是，要有效地实现这种模式，是需要客户关系管理系统的有力支撑的。例如，在客户关系管理中需要识别有价值的客户，就需要对客户数据进行分析，挖掘出对企业真正有价值的客户，而完成这样的过程，如果没有现代的信息处理技术是无法实现的。再如，企业要经常与客户沟通，落实企业制定的营销策略和销售目标，这就需要在整个企业中共享客户信息，要求企业信息的完整性和一致性，还需要现代信息技术的支持。而客户关系管理系统正是这些技术和手段的集成体，学习和掌握客户关系管理的系统结构正是我们学习这一章的目的。客户关系管理系统是辅助企业实现客户关系管理的重要手段，企业应用需求不同，实现的辅助目标也不同，客户关系管理系统有多种不同的应用组织形式，而根据企业的规模不同，需要的客户关系管理系统的级别也不同。本章将主要介绍运营型（operational）、分析型（analytical）和协作型（collaborative）三类CRM系统以及eCRM和客户服务中心，帮助我们理解CRM系统的业务功能和应用范围。

6.1 CRM系统的分类

不同的企业对客户关系管理系统有不同的要求，不同的开发商所提供的客户关系管理系统的功能也不尽相同。目前，业界对CRM系统的分类有各种不同的标准，如以目标企业的行业特征和企业规模为标准，可分为使用不同企业规模的CRM系统和使用不同行业性质的CRM系统；按照对CRM整合应用和企业集成应用不同的要求，可以根据集成度将CRM分为CRM专项应用、CRM整合应用和CRM企业集成应用。另外，按照系统实现的技术特点和体系架构，一种基于SaaS（software as a service，软件即服务）模式的新型CRM越来越受到广泛关注，这种SaaS模式的CRM向供应商租赁部分或全部CRM软件，提供部分或全部支持性服务，满足部分或全部的客户需要。这方面的代表性平台服务有国外的Salesforce.com，国内的八百客、用友伟岸网、金蝶友商网、XtoolsCRM等。

本书按系统功能的分类方法，即按照CRM系统的功能层次的不同，把CRM系统分为运营型、分析型和协作型。

6.1.1 运营型CRM

运营型CRM（又称操作型CRM）主要用于针对企业的销售（业务部门）、市场营销（决策部门）、客户服务和支持（银行客户中心）等与客户有关的部门，使企业业务处理流程的自动化程度和效率更高，从而全面提高企业同客户的交流能力。利用运营型CRM可以实现企业的自动销售管理、时间管理、工作流的配置与管理、业务信息交换等功能，还可以将企业的市场、销售、咨询、服务、支持全部集成起来，并与企业的管理与运营紧密结合在一起，形成一个市场导向、以客户服务为中心、工作流程驱动、分析与跟踪控制的高效市场营销环境，还可以提高企业的市场反应速度、应变能力和市场竞争力。通过企业CRM集成系统，将来自核心业务系统的客户交易数据和来自其他渠道所获得的客户资料信息和服务信息有效地集成在一起，建立统一的客户信息中心。

6.1.2 分析型CRM

分析型CRM（又称战略CRM）通过分析运营型CRM的客户数据，为企业的经营决策提供可靠的量化依据。与运营型CRM不同，分析型CRM系统不直接同客户打交道，而是通过运营型CRM的前台运作对积累的客户信息资源进行提取，获得有价值的信息，利用一系列的分析方法或挖掘工具，对将来的趋势作出必要的预测或寻找某种商业规律，它是企业的决策支持工具。

分析型CRM需要用到许多先进的数据管理和数据分析工具，如数据仓库、OLAP和数据挖掘等。目前，在银行业、保险业以及零售业中利用较广，它们可以利用这种系统挖掘出重要的决策信息。

6.1.3 协作型CRM

协作型CRM是一种综合性的CRM解决方式，它将多渠道的交流方式融为一体。协作型CRM主要是对各种沟通渠道进行整合，协调各个部门之间的联系，其处理流程为：首先，利用CRM的运营功能从客户的各种“接触点”将客户的各种背景数据和行为数据收集并整合在一起，这些运营数据和外来的市场数据经过整合和变换，装载进数据仓库；其次，运用在线分析和数据挖掘等技术从数据中分析和提取相关规律、模式或趋势；最后，利用相应的动态报表系统和企业信息系统使有关客户的信息和知识在整个企业内得到有效的流转和共享。这将转变企业的战略和战术行动，可以提高同客户交互的有效性和针对性，把合适的产品服务，通过合适的渠道，在适当的时候，提供给适当的客户。

6.2 运营型CRM

6.2.1 运营型CRM的定义

运营型（operational）CRM建立在这样一种概念上：客户管理在企业成功方面起着很重要的作用，它要求所有业务流程的流线化和自动化，包括经由多渠道的客户“接触点”的整合、前台和后台运营之间的平滑的互相连接和整合。

运营型CRM，又称“前台”CRM。它与客户直接发生接触。运营型CRM是CRM系统的“躯体”，是整个CRM系统的基础，可以为分析客户和服务提供支持依据。运营型CRM主要包括销售、市场和服务三个过程的流程化、规范化、自动化和一体化。

6.2.2 运营型CRM的功能

客户关系管理初期偏重于对企业的前台管理的业务流程（包括市场、销售、服务等方面）进行重新规划和调整，以最佳的工作方法获得最好的效果。无论是销售自动化（SFA），还是利用呼叫中心的交互式客户关怀，都比较注重流程的管理。在CRM从无到有的过程中，运营型CRM对许多企业及整个软件产业起到了非常重要的作用。它使得销售、市场营销及客户服务这些前台不同的部门能够进行统一的自动化运作，有利于企业决策层进行全方位思考。

运营型CRM使企业在网络环境中能够以电子化方式完成从市场、销售到服务的全部商务过程。它主要包括以下三个方面的功能：

1）销售自动化

销售自动化（sale force automation，SFA）能够适应激烈的市场竞争中销售机构提高本身管理水平的要求，可以帮助企业获得竞争优势。一般而言，它可以帮助销售部门和人员高质量地完成日历和日程表安排、联系人和客户管理、销售机会和潜在客户管理、销售预测、建议书制作与提交、定价和折扣、销售地域分配和管理，以及报销单据制作等工作。按照最常见的分类方法，SFA的功能将集中体现在联系人管理、销售预测和机会管理三个方面，SFA将这三类不同的功能集成为销售套件。

（1）联系人管理

联系人管理具有稳定销售和市场自动化的功能，它能够将客户地址、电话等相关资料存入联系人数据库，并把举办过的活动的记录以及产品资料等整理成可检索的数据流，从而提供极易生成的联系人资料、日程表、工作计划的工具。同一销售组可以通过网络共享联系人、日程安排等数据资料进行团队销售。

（2）销售预测

销售预测功能可以帮助销售部门和人员跟踪产品、客户、销售定额及其前景，管理销售机会，在现有销售基础上分析销售工作情况和预测未来收入。销售预测软件常具有图形功能，以帮助销售经理分析销售业绩并按照一定的原则如地区、推销员或产品作出统计报告。而利用销售预测功能，企业的决策者可以及时地了解销售部门的定额完成情况，审核或预计每个销售经理将来的工作计划，并制定下一步的市场策略。

（3）机会管理

机会管理（opportunity management，OA）在一定范围内曾被某些企业的销售人员视为SFA的代名词。但实质上，由于企业的销售是一个复杂的过程，常常涉及众多部门的协调、分步完成，要经历漫长的销售周期，因此机会管理只是SFA系统的重要组成部分。机会管理系统能够跟踪计划的发展，为销售经理和其他销售人员提供反馈意见，从而制定出实现交易的策略，使销售有序化。

2）营销自动化

营销自动化（marketing automation，MA），又称技术辅助式营销，是CRM领域中比较新的功能，其着眼点在于通过设计、执行和评估市场营销行动和相关活动的全面框架，赋予市场营销人员更强的工作能力，使其能够直接对市场营销活动的有效性加以计划、执行、监视和分析，并可以应用工作流技术，优化营销流程，使一些共同的任务和过程自动化。营销自动化的最终目标是，企业可以在活动、渠道和媒体之间合理分配营销资源，以达到收入最大化和客户关系最优的效果。营销自动化能够实现以下功能：

①增强市场营销部门执行和管理通过多种渠道进行的多个市场营销活动的能力。比如，基于Web和传统的市场营销宣传、策划和执行。

②可对营销活动的有效性进行实时跟踪，并对活动效果作出分析和评估。

③帮助市场营销机构管理、调度其市场营销材料、库存的宣传品及其他物资。

④实现对有需要客户的跟踪、分配和管理。

⑤集成到销售SFA和服务CSS项目中，从而实现同具有特殊要求客户进行交互操作（个性化营销）。

3）客户服务与支持

客户关系管理的客户服务与支持（customer service and support，CSS）子系统可以帮助企业以更快的速度和更高的效率来满足客户的独特需求，负责保持和发展客户关系。它可以向服务人员提供完备的工具和信息，并支持多种与客户交流的方式，可以帮助客户服务人员更有效率、更快捷、更准确地解决用户的服务咨询，同时，能根据客户的背景资料和可能的需求向客户提供合适的产品和服务建议。CSS是企业业务操作流程中与客户联系最频繁的部门，对保持客户满意度至关重要。运营型CRM中的CSS由于与消费者的互动关系比较复杂，需要一个可扩展并且高度集成的联络中心和相关技术设施的支持，通过联络中心环境或Web部署实现自助服务。在多数情况下，由于客户忠诚度和是否能从客户身上盈利取决于企业能否提供优质的服务，因此客户服务和支持对企业来说变得十分关键，决不能低估CSS应用的重要性。

客户服务与支持的工作内容不仅集中在售后活动上，即由面向企业总部的联络中心指令并回应，同时也面向市场开展服务，如提供一些售前信息等。产品技术支持是客户服务最重要的功能之一，提供技术支持的客户代表需要与驻外的服务人员和销售团队合作。总部客户服务与驻外服务机构的合作以及客户交互操作数据的统一使用是现代CRM的一个重要特点。CSS应用还能帮助各企业将其客户服务机构由成本耗费中心转变为盈利中心。当这些应用软件与销售和营销应用软件集成为一体后，它们便能为企业创造出一些特别的机遇，企业便能通过向上销售和交叉销售的方式将额外的产品卖给客户。

除了以上三种主要功能，运营型CRM系统电子商务套件是让企业商务过程“E”化的前台，它可以帮助企业将门户站点及各种商务渠道集成在一起，开拓渠道及商务处理方式。另外，运营型CRM平台是产品的基础核心平台，能够实现产品的基础数据维护、安全控制、动态配置与工作流定制等功能。

6.2.3 运营型CRM的现状与应用

1）运营型CRM的现状

目前，市场上大多数的CRM产品关注的焦点是运营型CRM产品，主要涉及自动化管理、销售、营销以及客户服务支持等领域的与客户关系有关的业务流程处理，运营型CRM的产品占据了CRM市场大部分的份额。虽然运营型CRM解决方案能够基本保证企业业务流程的自动化处理、企业与客户间沟通以及相互协作等问题，但是随着企业的不断发展，客户信息的日趋复杂，对于一个企业的长远发展来说，如何使CRM解决方案拥有强大的业务智能和分析能力才是最重要的。

运营型CRM产品主要解决企业市场、销售、服务过程中的协作问题，并使这些过程有效集成且自动化。其主要作用是构造一个面向客户的协作环境，帮助企业的各个触角（部门与人员）发掘市场机会，并促进其转化为企业收益。其代表性厂商及产品有Siebel、SAP的mySAP.com、Oraclelli、PowerCRM、Onyx、Saleslogix、TurboCRM、联城互动MyCRM、中圣SellWell、合力金桥HollyCRM和用友iCRM等。

2）运营型CRM的应用

我们以运营型CRM在银行业的应用为例介绍运营型CRM的应用。

利用运营型CRM可以使银行实现客户数据交换、业务流程化，销售部分自动化，建立前台和后台运营之间平滑的相互连接和整合，跟踪、分析、驱动市场导向，为银行的运营提供决策支持。图6-1显示了银行运营型CRM系统的功能模块，包括客户信息管理、服务管理、销售管理、知识库管理、产品管理、业绩考核和统计报表七个子模块。

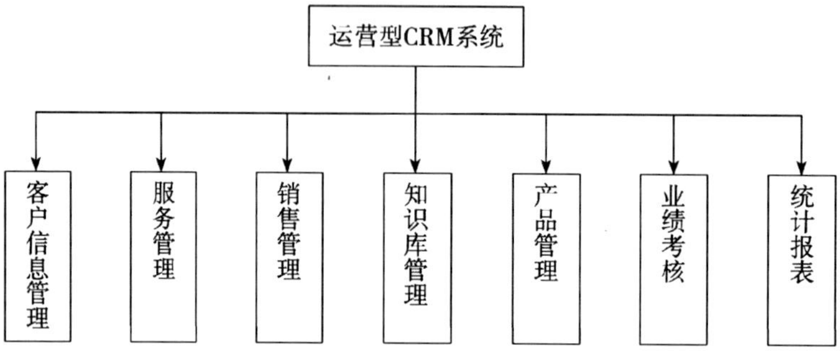

图6-1 银行运营型CRM系统的功能模块

（1）客户信息管理模块

客户信息管理的重点在于对客户信息的识别、收集、存储、管理、共享及应用。客户信息模块包括客户基本信息、客户事件信息、客户关联信息、客户签约信息、客户价值等级评定及细分、金融账户信息、联系人信息以及客户利润贡献度分析等功能子模块。

（2）服务管理模块

服务管理模块包括两类业务：一是活动管理，主要用于记录客户经理的日常活动及与客户的交互活动，并为客户经理生成和分配活动，以实现对客户经理的提醒功能。活动分为五类：通知类、与客户的交互活动、对其他客户经理的通知活动、提醒活动、日程类。二是提醒服务，包括客户提醒、提醒分类、系统自动生成的提醒、纪念日提醒、贷款到期提醒、存款到期提醒等。

（3）销售管理模块

在销售管理模块中客户营销计划是一个年度或中长期营销方案，以文本文件保存，客户营销计划方案的对象主要是与银行发展有较大关系的重点客户和集团客户。商机管理是指客户关系管理系统为客户经理提供的处理商机的全过程的机制。在该模块中，可灵活地对客户信息、活动创建的模块进行调用，实现对客户信息的查询和创建并分配的活动，系统通过对客户经理记录的商机信息进行汇总，实现对各机构的商机信息进行统计，生成商机统计报表，供管理人员对经营活动进行分析和指导。

（4）知识库管理模块

知识库是对行内、行外的信息进行全面采集、汇总和分类归并在此基础上建立的全行业知识共享平台。知识库中的信息类型分为十一类：行业指引、行业分析报告、法律或规章、信贷政策、金融同业信息、营销指引、营销案例、培训课件、产品信息、标准类信息、其他信息。

（5）产品管理模块

产品管理模块包括对产品资料的归类整理，产品服务配置分类以及产品使用反馈意见等功能，以促进产品创新。

（6）业绩考核模块

业绩考核模块针对目前银行客户经理考核基本使用的指标进行数据统计，共分为利润贡献指标、风险控制指标和专项指标三大类。各经营机构、部门可以根据需要计算考核数据，作为考核客户经理的依据。

（7）统计报表模块

统计报表模块通过报表工具实现业务报表的统计、分析和查询功能，分为固定报表功能和自由报表查询功能两类。固定报表由系统定期自动生成并保存在数据库中，客户经理、客户经理主管、各级领导等系统用户可以根据需要随时登录系统进行查看。利用报表输出功能，各用户可根据业务需要转成自己需要的类型进行保存。自由报表通过系统自带的报表工具提供更为强大的多维度、多条件组合查询功能，用户可随时登录系统自由选择查询维度和查询条件进行相关业务数据的组合查询。选定组合条件后，报表系统自动生成用户所需要的综合数据。自由报表还提供较强的图表分析功能，根据用户选定条件并生成所需要的报表后，点击相关图表生成功能键，系统自动为用户生成所需要的分析图。

3）运营型CRM的使用人员

运营型CRM应用系统是客户关系管理软件中最基本的应用模块，它为以下几种人员提供便利：

（1）销售人员

销售自动化（SFA）要求销售人员及时提供客户的详细信息。运营型CRM的销售套件为销售人员提供销售信息管理、销售过程定制、销售过程监控、销售预测、销售信息分析等强大的功能。运营型CRM的销售套件可以成为销售人员关注客户、把握机会、完成销售的有力工具，还可以帮助销售人员提高销售能力。

（2）营销人员

营销自动化（MA）是运营型CRM的主要模块，营销人员可以利用营销套件中的市场营销活动信息管理、计划预算、项目追踪、成本明细、回应管理、效果评估等功能，清楚了解所有市场营销活动的成效与投资回报。

（3）现场服务人员

客户服务支持（CSS）利用服务套件，提供自动派活工具、设备管理服务合成及保质期管理、维修管理等功能，使服务人员以最低的成本为客户提供周到、及时、准确的服务，从而帮助企业留住老客户、发展新客户。

应用运营型CRM的主要目的是加强与客户之间的联系和交流，通过有效的运作，运营型CRM将来自销售、市场营销、客户服务、技术支持等部门的信息加以汇总加工，形成企业的客户中心。

运营型CRM收集了大量的客户信息、市场活动信息和客户服务信息，并且使得销售、市场、服务一体化、规范化和流程化。但是，它并没有充分整合企业与客户有关的所有行为，客户信息采集不完整或有些信息散落在系统的各个部分。而对于大量的客户信息将如何处理，如何从数据中得到信息，从信息中得到知识，并对我们的决策和政策制定加以指导是十分重要的。因此，运营型CRM向分析型CRM的过渡势在必行。

6.3 分析型CRM

6.3.1 分析型CRM产生的原因及定义

1）分析型（analytical）CRM产生的原因

企业希望把大容量的销售、服务、市场以及业务数据进行整合，将完整的和可靠的数据转化为有用的、可靠的信息，再将信息转化为知识，进一步为整个企业提供战略上的商业决策，为客户服务和新产品的研发提供更准确的依据，提高企业的竞争能力，使其能够把有限的资源集中服务于所选择的有效益的客户群体，同这些客户保持长期和有效益的关系。而分析型CRM恰好能使这一切成为可能，它是一种处理海量的客户数据的方法。分析型CRM侧重于客户数据分析，使企业更为清晰地了解客户的类型，把握不同类型客户的准确需求，从而发挥最大潜力挖掘客户和更好地服务于客户。

建立良好的客户关系，最理想的状况是集成覆盖整个企业的CRM系统，即用运营型CRM提供多种接触手段，用分析型CRM分析数据深入了解客户，达到对不同客户区别对待的目的。而区别对待后的反馈数据又可以被运营型CRM再收集，从而往复循环，不断优化客户关系。

2）分析型CRM的定义

分析型CRM是创新和使用客户知识（在这一过程中采用数据仓库、OLAP和数据挖掘技术对客户数据进行分析，提取出有用信息），帮助企业提高优化客户关系的决策能力和整体运营能力的概念、方法、过程以及软件的集合。分析型CRM可对客户数据进行获取、存储、提取、处理、解释和产生相应报告。

分析型CRM产品通过对企业生产运营过程中产生的数据进行分析，及时掌握企业运营状况和业绩，发现企业运作过程中的问题，寻找隐藏在这些数据背后的规律等，以帮助企业管理者进一步改善业务流程，辅助决策者调整或制定新的策略。有代表性的厂商及产品有SAS、NCR Teradata CRM、SPSS、Brio和Cognos等。

6.3.2 分析型CRM的功能

分析型CRM应该具有六大支柱性功能。

1）客户行为分析

客户行为分析（analysis）功能旨在让营销人员可以完整、方便地了解客户的概括信息，通过分析与查询，掌握特定细分市场的客户行为、购买模式、属性以及人口统计资料等信息，为行销活动的展开提供方向性的指导。

此外，营销人员可以通过客户行为分析功能追踪行销活动的执行过程，从而了解这类活动的内容和随之传达的信息对客户造成的实际影响。一个良好的分析型CRM应该有能力让营销人员通过轻松的鼠标点击即可锁定特定客户群、建立新的细分市场。

2）客户建模

客户建模（modeling）功能主要依据客户的历史资料和交易模式等影响未来购买倾向的信息来构造预测模型。例如，根据客户的促销活动回应率、利润贡献度、流失可能性和风险值等信息，为每一位客户赋予适当的评分。从技术方面来看，客户建模主要是通过信息分析或者数据挖掘（data mining）等方法获得。另外，机器学习（machine learning）和神经网络（neural network）也是重要的客户建模方法。客户建模可以构成一个完整的规则库。

客户建模功能可以使企业充分利用分析型CRM的知识处理能力，帮助企业建立成熟有效的统计模型，准确识别和预测有价值的客户沟通机会。一旦这种模型得以建立，企业就可以对每一个客户进行价值评估并在适当的时机以适当的方式与这个客户进行沟通，从而创造更多的盈利机会。

3）客户沟通

客户分析的结果可以与客户建模形成的一系列适用规则相联系。当这个客户的某种行为触发了某个规则，企业就会得到提示，启动相应的沟通活动。

客户沟通（communication）功能可以集成来自企业各个层次的各种信息，包括客户行为分析和客户建模的结果，针对不同部门的不同产品，帮助企业规划和实施高度整合的行销活动。

客户沟通的另一大特色是帮助企业进行基于事件（event-based）的行销。根据客户与企业之间发生的貌似偶然的交互活动，企业可以迅速发现客户的潜在需求并作出适当的反应。

4）个性化

个性化（personalization）功能帮助企业根据不同客户的不同消费模型建立相应的沟通方式和促销内容，以非常低的成本实现真正的一对一营销。

例如，营销人员可以用鼠标点击方式建立和编辑个性化的电子邮件模版，以纯文本、HTML或其他适当的格式向客户发送促销信息。更重要的是，营销人员可以利用复杂的获利能力评估规则、条件与公式为不同的客户创建更具亲和力的沟通方式。

5）优化

每个营销人员每天应当处理多少个目标客户？每隔多长时间应该对客户依次进行例行联络？各类行销方式对各类客户的有效程度如何？对于这些问题，分析型CRM的优化（optimization）功能都可以提供答案，帮助企业建立最优的处理模式。优化功能还可以基于消息的优先级别和采取行动所需资源的就绪情况来指导和帮助营销人员提高工作效率。

6）接触管理

接触管理（interaction）功能可以帮助企业有效地实现客户联络并记录客户对促销活动的反应态度，将客户所发生的交易与互动时间转化为有意义、高获利的行销商机。例如，当接触管理模块检测到重大事件时，即刻启动特别设计的行销活动计划，针对该时间所涉及的客户提供适当的产品或服务，这种功能又被称为实时时间注入。

6.3.3　分析型CRM的四个阶段

一个典型的分析型CRM系统包括四个阶段：客户分析、市场区段、一对一的市场和事件模型。

1）客户分析

客户分析需要很多可以量化的信息，这些信息通常来自各种不同的数据源。对于这些信息必须加以整合，并以合理的方式放进客户数据仓库中，以便于对其分段或挖掘处理。一个结构良好的客户数据仓库，应能回答以下问题：

①新客户是否比现有的客户更有价值？

②最有价值的客户最为关注的是什么？

③某个年龄段或某个职业的客户是否更有价值？

④互联网技术是否有助于业务增长？如果答案是肯定的，如何做到这一步？

⑤是否吸引了客户的消费？

客户分析所需的信息，一般来自三个方面：企业与其客户的主要“接触点”（客户服务中心、Web和自动柜员机）、关键收益点（POS、电子商务、订单录入）和外部数据（客户的地域分布、生活方式等信息）。客户分析阶段所需的关键信息包括客户服务历史信息、客户市场历史信息、销售信息、收益信息、客户的地域分布数据及生活方式数据等。

为了在客户数据仓库中形成一个完整的视图，必须对这些不同的信息源加以整合与清理。在进行分析之前，必须了解信息的可用性、信息的质量、信息的整合与清洗程度是否符合向客户数据仓库提交的要求。这里的侧重点是信息的质量，而不是它的“完备”。因为，任何决策支持系统，总处在不断得到新的信息源、不断地补充新的信息并且不断地对信息实施清洗的过程中。另外，这类系统还要求根据当前的业务与市场的需要，对原有的信息持续地作出评估。

一旦完成了这个过程，则反映产品采购、收益、服务、客户地域分布及生活方式的信息就已具备。这时，就可以对客户的行为及收益率进行统计处理，并借此建立能够预测客户未来行为的种种模型。

2）市场区段

在客户数据仓库准备就绪之后，就可以对当前客户以及预期的客户群作区段分析，判断不同区段的优势与弱势。市场区段分析中常见的问题包括：

①哪些客户购买某产品而不购买其他产品？

②哪些客户对某个特定的市场活动最感兴趣？

③客户的价值是否因其地域分布和人口学特征的不同而不同？

对客户群实施区段分析时，可以利用客户数据仓库所积累的大量有用信息。对这些信息的分析与数据挖掘，有助于发现和评价各种可变因素的不同排列组合导致什么样的后果。

3）一对一的市场

在找到最具价值的市场区段后，就可以为不同区段设计并提交适合其特定需要的成套服务。有针对性的市场开拓工作，可以促使企业瞄准更有前景和更有商机的领域。如果能够使企业的产品或服务被本来可能并不需要它们的客户所接受，就可能为本企业赢得最具价值的客户。

4）事件模型

事件模型是一种技术手段，旨在帮助企业使其市场活动与处理策略准确，并最终取得成功。事件模型可以“刻画”客户的行为和客户的反应，还可以预见未来市场活动的后果。事件模型提供了一种可能，让我们能从客户生活中的某些事件（如生日、买房、买车等）中找到新的商机。事件模型有助于发现使企业利润最大化的方法，如减少促销活动的次数，提高客户对促销活动的回应率和控制业务策划的费用等。与事件模型有关的一些典型问题有：

①哪些年龄段的客户对降价处理最感兴趣？

②哪些客户更喜欢通过个人渠道购物？

③针对高收入客户的市场策略是否达到了预期的目的？

提出此类问题的目的，在于发展影响客户反应的主要因素，然后，才能将客户按照他们的特征加以标志与分类。在很多情况下，可以运用有关购买特征中新发现的知识，对各种不同的处置策略加以检验。如果这方面的工作进一步细化，必然会因这些策略的正确运用而提高客户的满意度。

6.3.4 分析型CRM的应用

我们以分析型CRM在电信行业的应用为例介绍分析型CRM的应用。

分析型CRM可以通过对客户数据进行分析等手段来了解客户，实现吸引新客户、尽量减少现有客户的流失、增加非流失客户利润的目的。分析型CRM在电信企业的具体应用如下：

1）留住现有客户

随着电信体制的改革，电信行业不再由一个运营商经营，运营商面对的是激烈的客户争夺战，既需要寻找和确认有价值的新客户，又需要吸引或保留住现有的客户。随着竞争加剧，企业获得新客户的成本不断上升，保留现有客户对电信企业来说与吸引新客户同等重要。在美国，移动通信公司每获得一个新用户的成本平均要比留住原有客户的成本高8倍以上，而且企业对原有客户较为了解，相对来说，风险要比新客户小，通过对现有客户进行分析，与可能跳网的客户进行沟通并提供特别的服务，以保留住原有客户，可以减少客户流失带来的损失。

在对原有客户进行分析的过程中，谁是重要的提供利润的客户？谁可能跳网？这是运营商了解客户价值（customer value）的核心问题，而这些只有靠分析型CRM系统来解决。例如，美国的电信公司MCI就曾通过对1.4亿个家庭的资料，包括收入、生活方式、通话记录、打给客服专线的次数等资料的分析，得到22个详细且高度机密的重要属性，并由此确认出可能跳网的客户，进而对他们提供特别费率或服务，设法留下了这些客户。MCI还定期激活该公司IBM SP/2计算机上的数据仓库，找出近期的显著变项，然后密切关注该变项的进一步变动，以便及时采取措施挽留这些客户。

2）争取新客户

电信企业的成长在保留住原有客户的同时，还需要不断地获取新的客户。新客户可以是以前没有听说过企业产品的人，或以前不需要企业产品的人，也可以是企业的竞争对手的客户。分析型CRM一般具有营销方案设计和跟踪的功能，对营销结果进行评估分析，能够帮助电信企业识别潜在的客户群。针对客户群的兴趣、消费习惯、消费倾向和消费需求，设计出有效的营销策略，提高营销活动的响应率。据统计，采用分析型CRM软件一般能提高营销活动响应率2~4倍。

3）发展新业务

电信技术的飞速发展给运营商提供了新的市场，如IP电话取代了传统的有线电话，移动电话替代了固定电话。新技术的发展加剧了运营商之间的竞争，如果运营商不能及时跟踪新技术，提供新业务（在政策允许范围内），就有可能失去用户。企业可以借助分析型CRM对客户的呼叫数量、金额、频度等信息进行分析，可以清楚地知道，应在何时何地对客户提供何种业务，如何营销。同时，在保证企业利益的情况下，还可以根据客户对新业务的反应调节新业务的价格，使新业务能够被更多客户所接受。

4）信用评价

客户的信用度应该是灵活的、可调节的，它与客户的月平均消费、过往缴费情况、收入状况、职业性质等很多因素有关。适当的信用度可以在不增加坏账的情况下，鼓励而不是限制客户的电信消费，从而增加电信企业的收益。在分析型CRM中通过准确的信用评分制度，根据基本的客户数据可以更灵活、准确地确定客户的信用度。

5）欺诈检测

欺诈行为每年可以消耗电信行业数亿元的资产，通过对已有的恶意欠费客户的特征和呼叫模式进行分析，可以确定潜在的欺诈者和他们的异常使用模式，根据欠费者的使用模式与现有客户的使用模式进行比较，以便及时发现有欠费倾向的客户，争取尽早制止其欺诈行为，减少欺诈行为带来的损失。

分析型CRM应用大量交易数据进行分析，从而对将来的市场趋势作出预测，它适合有大量客户的金融、电信、证券以及保险等行业。一般由商务智能（business intelligence）供应商提供的客户关系管理系统主要是分析型的客户关系管理系统，同时又能同运营型的客户关系管理系统进行平滑的集成和协同工作。

6.4 协作型CRM

6.4.1 协作型CRM的定义

协作型（collaborative）CRM是指企业直接与客户互动（通常通过网络）的一种状态，它能实现全方位地为客户提供交互服务和客户信息的收集，形成与多种客户交互的渠道。

协作型CRM相对于前两种CRM较难理解一些。英文中“collaborative”的意思指两个以上的人同时做一项工作，协作型CRM的参与对象也是两种不同类型的人共同完成的，即企业客户服务人员和客户共同参与。例如，支持中心人员通过电话指导客户修理设备，在修理这个活动中有员工和客户共同参与，他们之间是协作的，而运营型CRM和分析型CRM只是企业员工自己单方面的业务工具，在进行某项活动时，客户并未参与。

显然，协作型CRM有其本身的特点，由员工和客户一起完成某种任务，就要求反应快速。员工和客户由于要同时完成某项工作，都希望快一点解决问题。这种速度需要就要求CRM的应用必须能够帮助员工快速、准确地记录客户请求内容，并快速找到问题的答案。换句话说，对特定工作业务必须有知识量丰富和智能查询等特点。同时，员工本身也必须经验丰富。如果问题无法在线解决，协作型CRM还必须提供智能升级处理，员工必须及时作出任务转发的决定。

6.4.2 协作型CRM的组成

协作型CRM是一种综合性的CRM解决方式，它将多渠道的交流方式融为一体，同时采用了先进的电子技术，保证了客户关系项目的实施和运作。

协作型CRM主要是客户和企业进行交互的前端应用系统，包括了呼叫中心、Internet、E-mail、Fax等内容。协作型CRM平台的作用是交换信息和服务。借助多渠道协作以及交互式语音响应（IVR）和计算机电话集成技术（CTI），客户能够在任何时间从任何地点通过自己方便的渠道了解相应的产品和服务。不仅如此，各机构还可以利用这种交互方式收集客户和潜在客户的信息。

协作型CRM主要由呼叫中心、客户多渠道联系中心、帮助平台（help desk）以及自助服务帮助导航等功能模块组成，具有多媒体、多渠道整合能力的客户联络中心是今后协作型CRM的主要发展趋势。

6.4.3 协作型CRM的功能

协作型CRM解决方案将实现全方位地为客户交互服务和收集客户信息，实现多种客户交流渠道（如呼叫中心、面对面交流、Internet/Web、E-mail/Fax等）的集成，使各种渠道相互交融，以保证企业和客户都能得到完整、准确和一致的信息。协作型CRM的主要功能有以下几点：

1）电话接口

电话接口能提供与世界先进水平的电话系统集成的接口，主要支持Proxim、Lucent等CTI中间件。

2）电子邮件和传真接口

电子邮件和传真接口能与电子邮件和传真集成，接收和发送电子邮件和传真，能自动产生电子邮件以确认信息接受等。

3）网上互动交流

网上互动交流能进一步加强与网络服务器的集成以支持互动浏览、个性化网页、站点查询等功能。

4）呼出功能

呼出功能支持电话销售/电话市场推广，如预知拨号、持续拨号和预先拨号等功能。

6.4.4 运营型、分析型与协作型三类CRM的关系

以上我们按照系统功能和应用范围，把CRM系统分为运营型、分析型和协作型三类，如图6-2所示。这是由美国调研机构Meta Group提出的，这一分类方法已得到了业界的认可。实际上，各种CRM产品并没有严格区分为运营型、分析型、协作型，而是多种CRM应用贯穿其中。

客户与企业的互动，需要把分析型CRM与运营型CRM结合在一起。例如，网上客户先通过运营型系统，告知其要了解什么信息，运营型系统就把客户的要求传递给数据仓库，通过数据仓库来获取这些信息，然后返回客户界面。运营型CRM管理的接触点，适用于通过Web与客户交互；而数据仓库管理的接触点，适用于分析和决策。一个强大的CRM解决方案应该是把接触点的运营型CRM和分析型的后台数据仓库相结合。这也就产生了协作型的CRM。而后端和前端走向融合的关键点在于系统是开放的，只有开放的系统才能把各自的优点结合起来。

协作型CRM与客户交互共同完成任务，通过互联网、电话等交互渠道集成为业务管理，为用户提供多渠道的交互方式，包括网站、电子邮件、电话、多媒体呼叫中心和无线接入，并且这些交互渠道是相互集成的，保证所有客户在不同的渠道上得到统一的服务，有统一的体验，也使企业的各种业务运作都可“随时随地”处理。

其实我们可以用一个形象的比喻来说明这种分类：将CRM应用比作一个人，分析型应用是人的大脑，运营型应用是人的手脚，而协作型应用则有点像人的感觉器官。也就是说，在实际运作中，运营型、分析型、协作型的CRM是相互补充的关系，如图6-3所示。

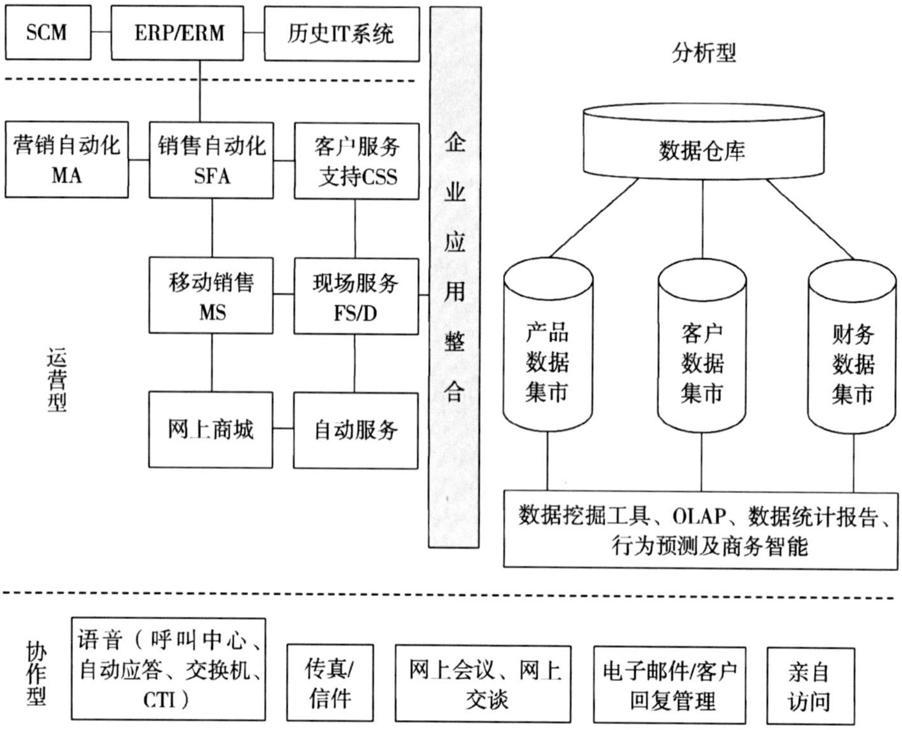

图6-2 CRM系统的分类

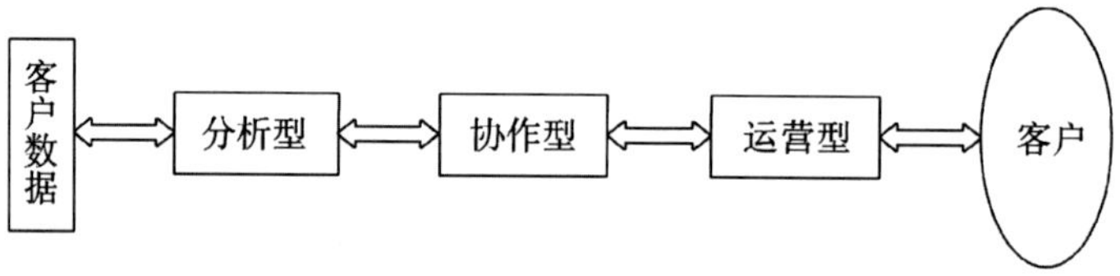

图6-3 三类CRM系统的关系

另外，需要注意的是，早期的CRM系统并没有这种分类法，只有现在所谓的运营型。这种分类是发展到一定的阶段时才由Meta Group提出来的，并且这种分类与CRM系统提供商也没有直接的关系。由于CRM领域的应用开发速度很快，这种分类方法到一定时期可能就会产生局限性和混淆，它并不是一个严肃的理论，它的产生应该和其背景联系起来。

6.5 eCRM

随着互联网的迅猛发展，企业开始越来越多地将目光转向电子商务，而大多数企业会同时使用CRM和电子商务这一独立于主要的客户关系手段之外的客户接触工具。为了给客户一个关于企业的全景印象，协调基于CRM和电子商务的购买流程越来越重要。一个整合的CRM商业策略需要包含尤其是Web在内的所有的客户接触点。因此，需要对以前的CRM产品作出重大调整。因此，CRM厂商正在致力于推出基于Web的CRM解决方案，即eCRM。

6.5.1 eCRM的概念

1）eCRM的定义

eCRM是CRM系统的电子化扩展，是CRM系统与网络技术深入结合的产物，是面向电子商务的客户关系管理系统。从应用系统的角度来界定其内涵，eCRM应当是一种以网络为中心，全面沟通客户关系渠道和业务功能，实现客户信息同步化的方案。

eCRM大致可被分为以下几个领域：

（1）e-Marketing（电子营销）

e-Marketing是指通过互联网渠道所进行的营销手段，如电子邮件、SMS（short messaging service）、在线客户引导、客户资料、网上目录以及Web个性化引擎等。

（2）e-Sales（电子销售）

e-Sales是指通过e-Commerce（电子商务）、e-Shopping（电子购物）、客户定制型商品配置以及定价系统等，提升客户购买体验。

（3）e-Service（电子服务）

e-Service是指能在互联网上为客户提供帮助服务的自助软件。这种软件越来越多地体现了尖端的人工智能和分析功能。比如，电子邮件自动回复功能、基于原因的事件识别功能、FAQ（常见问题回答）。

2）eCRM的起源

在电子商务时代，CRM具有更广泛的意义，因为网络时代消费者快速地接收大量信息，消费者偏好也不断地改变，企业就必须有相应的策略来应对这种永恒的变化。随着CRM在大量服务系统中的应用，人工服务渠道中出现了新的瓶颈，该瓶颈源于传统交流方式的局限。与此同时，基于Internet的交流渠道已经形成，这一新的交流渠道和以此为基础的应用程序有可能缓解个人服务瓶颈，并为客户及合作伙伴提供扩展CRM优势的方法。这种CRM系统的电子扩展就是电子客户关系管理——eCRM。

3）eCRM的驱动因素

在当今全球处于激烈竞争的商业环境下，客户对“产品和服务的种类、获得的时间、地点以及方式”具有了完全支配的权利。随着竞争压力的不断加剧，企业必须对客户及时地认识并迅速响应，从而保持与客户的良好关系。

在这样的背景下，我们可以看到应用eCRM主要的驱动因素包括：

①通过网络提升客户体验。

②实施自助系统用以提升服务质量，从而能在提高客户满意度和客户忠诚度的同时又降低营销成本、销售成本以及客户服务成本。

③为协作型服务质量管理数据库，整合各个渠道客户交互的方方面面，其中包括电子化渠道或其他的一些传统渠道，将这些整合的信息汇总到一个集中数据库，产生一个完整的客户观察数据库。

4）eCRM的现状

eCRM的产生和发展完全归功于网络技术的发展。企业对CRM概念的关注集中在与客户的及时交互上，而互联网为在它之上运营的电子商务提供了最好的途径，企业可以充分利用基于互联网的销售和售后服务渠道进行实时的、个性化的营销。每一个企业都明白，争得新客户，保留老客户是取得成功最基本的条件。越来越多的企业认识到客户已经成为现代企业生产、经营和管理的核心，在市场竞争中要让客户感到满意，就必须时刻关注客户的需求。同样，在电子商务环境中，企业在争取客户时能否取得竞争优势，其决定因素在于企业对客户的关怀程度和方式，而eCRM则无疑是企业通过高品质电子化服务实现对客户关怀的最重要手段。

另外，尽管eCRM应用系统的产生应归功于网络技术的发展，但是在企业对互联网的应用、在互联网上运营的电子商务方面，以及在对eCRM的关注、理解方面，并不能认为eCRM已经基于互联网的销售和售后服务渠道进行实时的、个性化的营销做好了充分的部署，互联网观念和技术必须处于eCRM系统的中心，只有真正基于互联网平台的CRM产品，在构建其客户/服务应用的根本技术上，才能够支持未来企业全面电子化运营的需要。

目前，在发达国家中，95%的企业都是通过互联网与客户进行交互。而提供eCRM解决方案的厂商分为三类：一是传统的Front-Office产品提供商，包括Siebel、Pivotal、Vantive和Clarify等厂商，它们都是较早涉足这一领域的eCRM厂商，主要提供销售部门专用的应用软件，在Front-Office阶段提高销售部门的效率；二是卖方电子商务厂商，他们可以帮助客户在网络上完成交易，代表厂商有BroadVision和OpenMarket；三是进入eCRM的传统ERP厂商，这些厂商由于看好eCRM的发展潜力，通过自行发展或并购等方式进入eCRM市场，具有代表性的厂商包括Oracle、PeopleSoft、SAP和Baan等。

5）eCRM的未来趋势——移动CRM

随着移动技术、计算机技术和移动终端技术的发展，移动客户关系管理技术已经经历了三代。

以短信为基础的第一代移动客户关系管理技术存在许多严重的缺陷，其中最严重的问题是实时性较差，查询请求不会立即得到回答。此外，由于短信信息长度的限制也使得一些查询无法得到一个完整的答案。

第二代移动客户关系管理系统采用基于WAP技术的方式，手机主要通过浏览器的方式来访问WAP网页，以实现信息的查询，部分地解决了第一代移动访问技术的问题。第二代的移动访问技术的缺陷主要表现在WAP网页访问的交互能力极差，因此，极大地限制了移动客户关系管理系统的灵活性和方便性。此外，由于WAP使用的加密认证的WTLS协议建立的安全通道必须在WAP网关上终止，形成安全隐患。这些问题也使得第二代移动客户关系管理系统难以满足用户的要求。

新一代的移动客户关系管理系统，即第三代移动客户关系管理系统融合了3G移动技术、智能移动终端、VPN、数据库同步、身份认证及Webservice等多种移动通wy、信息处理和计算机网络的最新前沿技术，以专网和无线通信技术为依托，使得系统的安全性和交互能力有了极大的提高，为客户关系管理人员提供了一种安全、快速的现代化移动执法机制。

移动CRM带给企业的应用前景是及其乐观的。对企业管理层来讲，管理者可以随时随地访问关键信息，可以对订单，发货、审批等进行持续关注，通过移动平台形成统一的、完整的管理。而针对普通的销售人员，打破了过去发邮件、打电话的瓶颈，加强了与客户沟通的机会，可随时掌控客户信息，财务信息，订货信息等，甚至能获得更多潜在客户。

具体实现功能有：

（1）销售资料移动查询

客户信息，产品价格、货源（货品、供货商），订单的实时查询，物流跟踪等在手机、平板电脑上随时操作。

（2）销售数据实时录入

销售人员在客户现场或外出途中用手机、平板电脑实现订单、销售报表、客户资料的实时录入。

（3）内部数据实时传递

销售数据、销售人员资料、各地经销代理信息、上下游供货问题、行业和产业最新资讯等各种数据实时传递。

（4）销售数据及时分析

利用现有销售的各方面数据信息进行快速高效的销售分析，结果可同步到所有相关人员，推进下一步工作开展。

（5）实时资源调度

手机、平板电脑实时监控各地销售情况和库存，随时根据市场的客观情况进行货物和配套资源的调度，达成销售配置最优化。

（6）实时进行销售计划

在手机、平板电脑上制订销售计划，上报领导，并通知下属员工，快速高效地完成计划沟通和指令下达。

6.5.2 eCRM的构成及功能

实现完整的eCRM需由企业将资源整合为一个以客户为中心的高产出环境。其核心思想在于：将各种通信手段结合起来，把客户的信息（交往记录、交易记录）加以分析整理，将客户分层，通过浏览器方式提供企业销售、服务、技术等方面的支持，帮助企业决策，开拓市场；提高企业服务质量，降低运营成本；保持老客户，发展新用户。eCRM系统构成及功能包括以下几个方面：

1）客户联系中心

客户联系中心整合多种联络与交互渠道、基于Web方式实现对通信数据、客户行为的记录，并能够通过对Mail、Chat、Callback以及Web Form的处理，追踪用户在企业网站上的所有活动。同时，确保企业即时利用Web、Mail以及Live等各种在线方式为其用户提供各种当前信息。客户联系中心为企业建立CRM方案，并且提供强大的基础接入平台。

2）工作流设计中心

工作流设计中心负责处理企业坐席和内部/外部部门在处理客户业务时产生的一系列的请求传递，以及CRM系统与企业资源规划系统（ERP）、物料需求计划系统（MRP）间的连接、配合。

3）客户应用

客户应用负责处理企业在运营中与客户实际发生的业务关系。其中，最重要的客户业务形式主要包括市场推广（marketing）、销售（sales）、客户服务（support/service）和网络交易（online trading）。

4）客户分析中心

通过企业对客户基于Web、E-mail以及Live Chat交互的往来通信、客户活动记录和客户交易记录进行分析，得出客户行为模式、客户兴趣、客户群分布等方面的统计数据，实现多种形式知识库（knowledge base）的数据分析、挖掘，形成多种报表，从而支持企业决策，完善客户关系。

5）中心控制器

中心控制器负责整个CRM平台的中心控制、任务分配与企业部门间的消息传递：基于优化算法智能任务分配机制——统一呼叫管理、工作流管理；完全基于通信协议和数据库操作——有效保证任务分配给最合适的坐席；完善的任务队列机制——在多个服务器、坐席和企业内部传递消息；灾难恢复机制——迅速处理各种可能故障；可扩展性——可按照企业需要设置参数或加以定制。

6.5.3 eCRM的应用

eCRM一般由五个功能模块组成。它的核心是数据库/数据集市和中间件。它们包括平台、数据库、数据模型、数据转移、数据提取及数据清除等功能。eCRM的核心内容有：客户智能分析模块，它包括数据开采引擎、数据统计、数据模式分析及数据存取工具；市场模块，它包括市场计划、市场组织及市场实施；服务模块，它包括客户信息管理、客户服务中心、自动销售与服务、销售记录跟踪及销售综合报告；销售模块，它包括销售预测、销售咨询、销售实施管理及销售奖励等。另外，与eCRM密切相关的还有企业员工关系管理模块和伙伴企业关系管理模块。

我们以eCRM在银行的应用为例介绍eCRM的应用。一般来讲，银行在多渠道接触客户方面总是显得很有创意。而eCRM则为银行如何更好地管理客户的整个生命周期提供了另一个全新的方式和途径，具体包括起初的客户引导阶段、兴趣注册、资料填写、网上目录、产品与服务配置、客户服务，以及通过跨产品和跨行业销售使客户关系延续等。

eCRM在银行的应用如下：

1）引导阶段

使用一个电子营销（e-Marketing）工具，银行能够确定出可运用电子邮件营销方式的目标客户群。将HTML形式的电子邮件发往目标客户，向他们介绍和推销对这类客户群最具购买潜力的产品。

2）自动填写客户信息

目标客户会收到银行的一封电子邮件，其中，银行向客户提供一个可让他们了解更多信息的网站。如果目标客户对此感兴趣，他们可能会通过网上目录浏览一些产品的信息，进行一些假设分析，如贷款计算器。在这个过程中客户就给银行提供了一些很重要的信息，如年龄、收入和潜在的交易额（如贷款数额）等。

3）兴趣登记

当目标客户比较满意某项产品时，他们便会在网上向银行登记他们的兴趣。从这一点来说，银行已经收集到未来客户的资料了。

以上的客户引导过程和客户探察过程都是通过电子方式完成的，无需任何人与人之间的实际沟通，然而却给目标客户带来了一个完全个性化的客户体验。

一旦目标客户成为潜在客户，整合的eCRM比传统CRM的优越性将更明显地表现出来。一个具有个性化特征的理财咨询顾问需要这位客户与银行交互过程中所有的信息，从而才能更有效地为此为客户提供咨询服务和建议。

4）客户服务

只要合作机会达成，客户就可能会要求从互联网获得服务。他们会要求银行通过电子邮件给其寄送账单，能通过网络进行咨询、网上支付和网上转账等。

eCRM主要强调的是CRM中的协作与实施部分。在客户通过网络或呼叫中心与银行的交互沟通过程中，eCRM主要负责收集客户的兴趣，同时eCRM也担任了一个与客户实现实时沟通的角色，从而能及时防止客户的投资损失，eCRM具有多渠道沟通功能。因此，银行可以与客户通过电话、电子邮件、SMS等多种方式进行交流。

6.5.4　eCRM的实施

eCRM系统的实施最好采取渐进的方式。它类似于其他IT系统的实施，可分为五个成熟阶段。它们是初级阶段、基本功能阶段、竞争实力阶段、高度发展阶段和最佳实践阶段。例如，在市场模块实施过程中，初始阶段的功能可包括提供市场目标；基本功能阶段的功能可包括在了解客户的基础上进行市场活动；竞争实力阶段的功能可包括实施多渠道与多层次的市场推广；高度发展阶段的功能可包括在客户整个周期内实施一对一个性化价值管理和推销；最佳实践阶段的功能可包括实现动态客户推销战略。每上升一个新阶段，企业都要注意协调CRM的其他因素，如企业业务运作、员工教育等。

1）实施eCRM的关键因素

（1）用户的角色

优秀的计算机系统设计有一个基本原则，即系统是为最终用户设计的，设计人员必须时刻牢记用户的角色。根据用户角色的不同，可以有两种备选方案：

①由内到外的eCRM，企业内部员工是主要用户。虽然很多CRM厂商扩展了传统CRM系统，向客户提供网络方案，但是很多系统只是在传统的内部系统中加上了标准的浏览器界面，这些系统主要适用于企业内部的流程作业。

②由外到内的eCRM，企业的外部客户和合作伙伴是主要用户。尽管对客户管理工作的任务替代是eCRM的一个重要优势，但是互联网自助系统应该主要关注使客户和合作伙伴的工作流程自动化和简易化，这是eCRM系统要解决的问题。

（2）内容风格

由于企业员工、合作伙伴和客户的专业知识水平不同、角色不同、观点不同，因此企业应为他们提供不同的eCRM内容风格。通常针对不同内容风格，有以下两种不同备选方案：

①执行型内容。这种类型的系统是针对具有专业水准的使用者设计的，他们受过专业训练并有一定的实践经验，对企业、产品及CRM系统的相关信息已经有了比较充分的认识。

②处理型内容。这种类型的系统主要适合于系统的自愿用户使用，他们可能对该领域的知识知之甚少，需要执行支持工具来指导他们的决策过程。处理的内容包括价格指导、产品回顾、营销策划等。

（3）功能性

企业员工、客户、合作伙伴的工作在整个客户生命周期的各个阶段都会发生变化。例如，客户所承担的任务主要有完成信息收集、选购、评估选择、采购、自助支持和向企业提供反馈等。要为客户和合作伙伴提供有意义的自动化服务，就需要有一系列应用程序提供使用者需要的综合功能。

企业在选择eCRM系统时，可以有两种方案：一种方案是购买整套eCRM技术；另一种方案更具有挑战性，是采购定制的eCRM产品套件，它包括了客户和合作伙伴在客户生命周期中每个阶段的综合性功能，然后根据自身的需求实施整个eCRM系统。

（4）eCRM系统和CRM系统的集成

客户关系管理是一种合作运动，它与其他关系一样，也存在两面性。传统CRM是在技术上将权力授予企业方的管理人员，而eCRM却将权力授予企业的客户和合作伙伴。因此，需要在这两种授权方式上进行合理、平滑的集成。

①独立运行的eCRM系统。新的软件销售商将技术和应用程序相结合，放入eCRM套件，它在设计eCRM的任何一项功能时都强调牢记客户和合作伙伴的角色。因此，eCRM套件提供的内容可能更适合于用户的风格，其功能也优于功能分离的产品。

②统一的eCRM-CRM。在评估eCRM-CRM的集成方式时，一个重要因素就是每个备选方案在不同CRM用户群体之间的实时程度。例如，当客户通过网站索要产品资料时，客户的需求是否能实时地传递给有关人员和合作伙伴，或者如果有人向企业提供了一条针对其合作伙伴的销售线索，该线索是否能立即传递给合作伙伴。只有通过eCRM系统和CRM系统的“即时”集成，才能确保即时地作出可靠的响应。

2）实施eCRM需要注意的问题

eCRM把电子邮件、电话和在线交流系统整合在一起，这样才能发挥系统的最大作用。企业应该了解客户访问网站的时间及浏览了哪些网页。企业应该认真考虑自己所要达到的目的，这样才能令整个系统相统一且富于灵活性。灵活性是eCRM方案的关键。eCRM系统必须能适应市场转变，让企业迅速进行重新配置，迎合业务模式的改变，以避免传统CRM方案的安装时间过长而未能赶上业务发展的问题。因此，采用由单一供货商提供综合方案的策略不失为一种比较好的选择，企业自身可简化eCRM的开展过程，避免系统从设计到开展期间层层的繁复程序。另外，工作流程管理是eCRM概念中不可或缺的一环，因为系统内各个部分必须有着紧密的联系，达到流程的顺畅，才能让企业透过互联网改善与客户、合作伙伴和供货商的关系，创造更大效益。

具体地讲，在实施一个eCRM系统时需要关注以下问题：

①整合效果最重要；

②实时响应是要点；

③在系统应用程序的外挂与内置之间平衡。

3）实施eCRM为企业带来的效益

eCRM能够以以下两种方式为企业带来效益：

（1）由内到外的效益。

eCRM通过为企业内部提供自助服务系统，可以自助处理服务要求，从而降低企业的运营成本。通过自助渠道来处理原来由人工渠道提供的服务（任务替代），为日常管理节省了大量的人力，可以使员工把精力集中于更具挑战性的和更高价值的服务。

（2）由外到内的效益。

除了为企业带来低成本优势外，eCRM还具有更好地满足客户的实质性需求的优势。互联网上的客户自助服务提高了服务的响应速度和服务的有效性。

eCRM的这些优势提高了客户满意程度，进而帮助企业扩大市场份额、提高获利能力。eCRM为企业带来的效益具体表现为以下几个方面：

①即时有效的客户服务，增加客户忠诚度与企业知名度。

由于eCRM建立了统一的联络中心，可以在客户要求服务的第一时间提供服务。在目前要求速度与服务品质的e时代，更可以加强客户对企业的满意度，进而提升客户忠诚度。

②统一服务平台可节省人力、物力，提高服务效率。

由统一客户服务中心设立统一标准问题库和统一客户服务号码，利用问题分组及话务分配，随时让客户找到适合回答问题的服务人员，得到满意的答复。客户服务人员之间也可以利用统一联络中心的电子公告交流信息。

③利用电话营销主动对外销售，挖掘客户的潜在价值，增加收益。

eCRM使得企业内部的客户资料可以共享，利用eCRM的PTP（product to product，产品关联性）和PTC（product to customer，产品与客户的关联性）分析，对不同需求的客户进行分组，找到特定产品的目标客户群。

④部门间可即时沟通以提高工作效率，整合企业客户关系管理及内部资源管理系统，降低管理成本。

⑤减少网上客户流失率。

通过eCRM企业可以提供即时、多样化的服务。例如，即时捕捉网页上客户要求服务的信息，将客户浏览网页的记录提供给服务专员。eCRM还可以让客户选择其最方便的联络渠道，如专员可透过PSTN或网络电话，并借由视频交谈，与客户同步浏览网页，以及与客户共用应用软件等方式，同时提供文字、语音、影像等多媒体的在线即时服务功能，与客户进行互动或网上交易，以减少网上客户流失率。

6.6 客户服务中心

CRM系统涵盖了销售、市场营销和客户服务等方面的企业活动，而客户服务可能是最关键的内容。企业提供的客户服务是能否保留满意的忠诚客户的关键。在实际应用中，CRM系统与客户服务中心的整合，能够改进客户联系过程，并将客户联系与销售、市场和服务部门紧密地联系在一起，为客户提供需要的服务。利用客户服务中心，CRM系统还可以获取客户信息，结合数据仓库技术、数据挖掘技术以及商务智能技术深入分析客户的需求，为企业的经营管理提供有效的决策支持。

6.6.1 客户服务中心概述

1）客户服务中心的定义

客户服务中心起源于早期的呼叫中心（call center），最早出现在20世纪70年代的民航业，也就是今天所说的热线电话，其最初目的就是为了更好地向乘客提供咨询服务，并受理乘客的投诉。企业通常指派若干经过培训的业务代表专门负责处理各种咨询和投诉，乘客只需拨通指定的电话就可以与业务代表直接交谈。这种服务方式可以充分利用业务代表的专长，因而在提高工作效率的同时大大提高了客户服务的质量，其应用范围也逐渐扩大到民航以外的许多领域。我们今天接触得比较多的是企业的“800”和“400”服务。由此可见，早期的客户服务中心实质上就是一种电话系统，为客户提供相关的信息和服务。

近年来，客户服务中心的发展已远远超出了传统热线电话的概念。伴随着计算机电话集成技术（computer telecommunication integration，CTI）的发展，计算机网络和通信网络融合在一起，客户服务中心不仅能处理传统的电话业务，而且能更有效地处理电子邮件、网站访问以及基于Internet的电话和视频会议。因此，可以将客户服务中心定义为一种以CTI应用为基础，将通信网和计算机网有机集成在一起，并利用现代网络技术向客户提供交互服务的综合客户服务系统。客户服务中心的基本结构如图6-4所示。

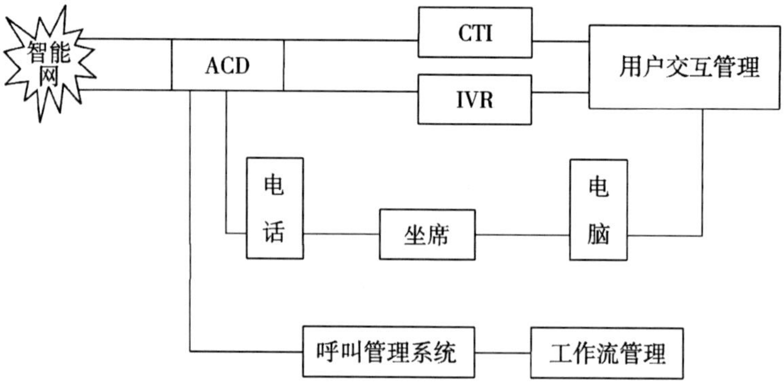

图6-4　客户服务中心的基本结构

客户服务中心利用计算机电话集成技术（CTI）将计算机技术和电信技术融为一体，使客户能与那些对产品性能、价格行情和指南信息十分了解的服务代表进行对话。互动语音应答（IVR）作为自动呼叫分配（ACD）的前端，可以通过提问获取更多有关呼叫者的信息。客户服务中心系统再利用ACD技术自动将客户电话接到服务坐席，同时在坐席计算机屏幕上显示有关呼叫人查询的相关信息。客户服务中心涉及多种先进技术，也依靠人作为中介，沟通数据库信息并对电话另一端的客户进行服务工作。尽管从技术上可以建立无需人员介入的客户服务中心，但是一般情况下客户服务中心总是设立一定量的人工服务坐席。电话作为首选的通信媒体常常是企业与客户之间的第一接触点。

2）客户服务中心的类型

客户服务中心已在产品销售、网络营销、电子商务等多个方面得到了广泛应用。按照不同的标准可以将客户服务中心分为不同类型，如按照采用的接入技术分类，主要有基于交换机的客户服务中心和基于非交换机的客户服务中心；按照呼叫类型分类，主要有呼入型客户服务中心、呼出型客户服务中心和呼入呼出型客户服务中心。这里主要介绍按照功能分类的客户服务中心类型。

按照功能分类，客户服务中心主要分为以下几种：

（1）基于Internet的客户服务中心

基于Internet的客户服务中心将客户服务中心与Internet集成在一起，可以让客户直接通过访问企业的Web站点接入客户服务中心，用点击网页按钮的方式就可以实现与业务代表的通话，使得客户服务中心从传统的“拨号交谈”扩展到新型的基于Internet的“点击交谈”。这种客户服务中心还集成了IP电话、IP传真、文本交互、网页浏览自助服务、呼叫恢复、电子邮件等众多功能，可为客户提供更为广泛的服务。它的呼叫方式主要有以下五种：

①电子邮件（E-mail）。在基于Internet的客户服务中心提供的几种接入方式中，电子邮件是客户使用最多的联系方式。客户既可以通过自己申请的免费邮箱发送邮件给客户服务中心，也可以通过上网留言的形式将信息发给客户服务中心。客户发送的信息将通过智能路由选择功能分配给最合适的业务代表进行处理。

②文字交谈（chat）。对于未配备语音设备的电脑用户，或者只想同业务代表进行实时

的文字交谈的客户，可以利用客户服务中心提供的文字交谈功能代替语音交谈。客户可以选择通过文字的形式与业务代表进行沟通，类似于网上聊天。文字交谈可以更加准确地交流相关信息，并且传递的信息量要比语言方式多。这种方式对报价单的询问、产品规格的介绍等较为有效。

③业务代表回复（call back）。客户可以选择要求客户服务中心的业务代表立即或在约定时间主动拨打电话或者发送电子邮件或短消息回复客户，客户可以在选择该项联系方式后，输入其联系方式以及回复的时间。在客户所指定的时间点上，客户服务中心将主动拨打客户指定的电话号码，或以其他途径来解答客户的问题。

④互联网电话（voice over internet phone，VoIP）。通过Internet或Intranet等互联网络来传递语音的技术最早出现在1955年，人们称这种技术为互联网电话。该技术通过语音压缩算法对语音数据进行压缩编码处理，然后把这些语音数据按TCP/IP标准打包，经过IP网络把数据包送到接收地，再把这些语音数据包串起来，经解码解压处理后恢复成原来的语音信号，从而达到由互联网传送语音的目的。客户只要通过自己的电脑拨打互联网电话就可直接与客户服务中心取得联系。客户的VoIP呼叫经过客户服务中心的智能路由选择后，即可被转移到最适合的业务代表处。

⑤网页同步（web collaboration）。网页同步浏览的功能特性包括业务代表引导的Web旅行、客户引导的Web旅行、文本传输、帮助提示、应用演示和应用共享。这些特性可以极大地增强实时的文本和语音交互，并使得业务代表可以动态地把有关内容送给客户，大大地提高了客户服务代表的效率和质量。

（2）多媒体客户服务中心

传统的客户服务中心仅限于语音与数据的集成，而人类接受的信息有70%来自视觉，因此开发语音、数据和视频集成的多媒体客户服务中心一直是很多企业努力的目标。多媒体客户服务中心开发的关键在于语音系统与交换系统的结合。以往客户服务中心交换系统与语音资源是各自独立的，它们通过普通的电话线实现相互间的连接，而且硬件板卡上的通道数较少，传输带宽也相对较窄，因而相互间传输信息十分有限。如果将交换系统和语音资源通过总线方式相连接，并增加板卡上的通道数，客户服务中心就具有更快的信号处理速度。这些改变不仅会减少成本，更为重要的是会使整个系统的综合能力和功能大大增强。交换系统和语音资源之间不仅可以传输语音，还可以快速而准确地传输数据、图象等丰富的多媒体信息，从而使传统的客户服务中心成为多媒体客户服务中心，促进多媒体业务的开展。

（3）可视化多媒体客户服务中心

可视化多媒体客户服务中心是客户业务代表可以通过视频信号的传递，面对面地进行交流的技术。这种投资相对较高的客户服务中心的服务对象是那些需要在得到服务的同时感受舒适和安全的重要客户。随着技术的进步和设备投资的降低，可视化多媒体客户服务中心将在今后占据客户服务中心市场的主导地位。

（4）虚拟客户服务中心

虚拟客户服务中心也叫分布式客户服务中心，是指在多个场点建立的、能够互连互通的客户服务中心。这种技术可以帮助企业提供高度统一的客户服务中心服务，优化和协调客户服务中心资源，提高服务水平，降低客户服务中心的运营成本。由于代理技能差异、语音差异、呼叫量的差异，以及客户所在地的变化，虚拟客户服务中心往往能够提供更好的服务。比如，企业的某个客户从上海出差去深圳，企业可以利用深圳的客户服务中心为客户提供更为周到的服务，因为当地的客户服务中心肯定比异地的客户服务中心掌握更多关于本地区的相关信息。同时，对于大型企业而言，尤其是多场所、多分支机构的企业，或由两个或多个企业合并而产生的新企业，都可能会需要对原有的多个客户服务中心进行整合，形成统一的虚拟客户服务中心环境。利用这种虚拟客户服务中心技术，同一个呼叫可以在多个客户服务中心之间自由切换。

另外，虚拟客户服务中心的虚拟性还表现在其业务代表的虚拟性上。因为这种客户服务中心可以根据业务量的大小来灵活、动态地配置呼叫业务，可以使业务代表的工作不受时空的限制。各个企业的业务代表，特别是资深的专家，可在企业、实验室甚至在家中工作，而用虚拟网络（virtual network，是指建立在交换技术的基础之上，将网络上的节点按工作性质与需求划分成若干个“逻辑工作组”，每个逻辑工作组就是一个虚拟网络）与中心相连，可以随时接收那些来自客户服务中心的重要访问。如果不利用这种虚拟网络技术，那么企业的业务代表就只有坐在客户服务中心平台前为客户提供服务，这样不利于企业利用外部的各种专家资源为客户提供服务。

3）客户服务中心的作用

CRM系统中客户服务中心的作用主要体现在以下四个方面：

（1）提高客户服务水平

客户服务中心向客户提供了一个交互式、专业化、集成式的客户服务窗口，不但能缩短客户请求的响应时间，而且由于信息技术的应用，特别是后台数据库系统的支持，使客户的问题基本上都能得到满意的解决，从而大大提高了客户满意度。客户服务中心的呼出业务可以主动与客户联系，关心客户对产品或服务的使用情况以及他们所面临的各种问题，了解他们的各种潜在和现实需求，还可以向客户介绍、推荐企业的其他产品或服务，以满足客户的其他要求。客户服务中心利用IVR（交互式语音应答）技术以及相关智能路由选择与智能回复功能可以向客户提供全方位、全天候的服务。

（2）获取客户信息

客户服务中心是一个十分高效的客户互动窗口，是CRM获取信息、了解客户需求的主要渠道。通过它可以收集客户方方面面的信息，如客户的消费偏好、对企业产品和服务的意见和建议、对竞争者产品和服务的褒扬与批评，以及客户对产品和服务的使用情况、潜在需求等。对这些信息加以收集、加工和整理，将会对企业的新产品开发和市场营销活动的实施产生极为重要的影响。因此，企业应当重视客户服务中心获取信息的功能，并利用数据仓库技术、数据挖掘技术以及商务智能技术深入分析客户的需求，为企业的经营管理提供有效的决策支持。

（3）改善内部管理

由于客户服务中心提供的服务不再局限于客户服务部门，而是立足于全局，把企业的生产、研发、销售、配送和售后服务等各个环节整合在一起，因此客户服务中心不但可以接收客户对产品和服务的意见和建议，同时也可以不断听取他们对企业有关部门存在问题的看法。另外，客户服务中心提供的管理数据和统计报表还可以使企业对各种资源的管理和使用情况作出科学的评估。这些都有利于企业内部管理问题的及时发现和进一步完善。

（4）创造利润

传统的电话热线服务中心是一个成本中心。客户服务中心作为企业提供优质客户服务的有效手段，需要企业投入不少成本，但是如果能真正深入挖掘客户服务中心的潜力，使其由被动接入电话发展为积极出击，客户服务中心完全可以主动地为企业创造丰厚的利润。例如，企业可以通过客户服务中心收集的客户信息主动地向客户推荐适用的产品，通过引导客户的潜在需求来实现销售额的增加。作为对客户服务中心提供优质服务的回报，高满意度的客户往往会免费为企业宣传，或推荐他人来购买或了解产品，从而增加更多的客户。从这个意义上讲，客户服务中心将由原来的成本中心转变为利润中心。

4）客户服务中心的关键技术

（1）自动呼叫分配（ACD）

自动呼叫分配又称排队机，主要用来处理来电呼叫。它着眼于如何充分利用业务代表包括语言、产品知识和业务经验在内的各种专业技能，以及如何将客户的需要与业务代表的技能相匹配，从而为用户提供最佳服务。在客户服务中心系统中，ACD在交换机内部或者CTI服务器上成批地处理来电呼叫，并将这些来电按规定路由传送给具有类似职责或技能的各组业务代表。各组业务代表被组成“连选组”，即按相似的技能分为若干组，如普通组、专家组，或者按其他职能进一步细分。来电则按“先进先处理”的次序分配给“最合适的业务代表”。配备有先进路由指示功能的ISDN设备的客户服务中心还可以自动识别出呼叫者的身份及呼叫目的，然后将呼叫转给最能满足呼叫者要求的业务代表。目前，ACD设备之间最主要的区别在于其条件呼叫路由选择、综合语音处理、报表和容量等方面的不同。例如，朗讯公司推出的CentreVu虚拟多址路由技术，该技术可以保证ACD系统对来电的每一次处理都是最佳的选择。此外，它还具有基于贝尔实验室专利技术的语音识别以及将标准文本和电子邮件文本转化为语音的能力。新的多址路由软件提高了网络的效率，降低了客户服务中心的运营成本。

（2）交互式语音应答（IVR）

交互式语音应答又称为自动语音应答设备，由PC机（或工控机）、电话接口卡、语音板（语音处理卡）和传真卡组成。通过IVR系统，客户可以利用音频按键电话或语音输入信息，通过录音导航从该系统中获得预先录制的数字或合成语音信息。先进的交互式语音应答系统甚至已具备了语音信箱、互联网和语音识别能力，在通常情况下，用户呼叫的处理有80%以上是无需人工干预的。

IVR可以利用存储在数据库中的信息筛选来电并选择传送路由。它也可与主计算机连接，使呼叫者得以直接访问主机数据库信息。有关的数据库应用包括账户查询、信息传播、业务代表自动筛选及传送路由选择、订单输入和交易处理等。当IVR与PBX（程控交换机）以及主机配置在一起时，来电将首先接入PBX（程控交换机），然后转到IVR系统。作为ACD系统的前端，IVR可以通过提问获取更多有关呼叫者的信息，这将有助于ACD系统准确无误地分配来电呼叫。同时，呼叫方也可以利用IVR自行完成邮件追踪、查对存款余额、订购产品、服务预约等多项程序化的工作。

（3）计算机电话集成技术（CTI）

计算机电话集成技术（CTI）是由传统的计算机电话集成演变而来的，它充分利用了计算机信息处理功能的优势和通信系统话务处理能力强的特点，通过软件、硬件接口及控制设备把电话通信和计算机信息处理集成在一起，实现对语音、传真和数据通信的相互控制和综合应用，提供增值通信。如今，传统的计算机电话集成已发展为计算机电话集成技术，但二者的技术内核是一样的。

CTI广泛应用在CRM系统最基础的信息接入环节。通过CTI，CRM系统可以更全面地收集市场情报，积累客户资料，更好地维护客户忠诚度，扩大销售。同时，由于CTI技术不仅将计算机系统和通信系统密切地结合在一起，而且也将信息通信技术与数据库技术完美结合在一起，因此产生了更快捷、高效和经济的商业运作模式，可以帮助企业在更激烈的市场竞争中立于不败之地。

（4）用户交互管理

用户交互管理实质上是提供呼叫指示、事件报告、数据库功能和呼出电话策略的应用程序。同时，它还可以提供对其他应用程序和语音连接的接口。在客户服务中心发展的初期，由于ACD和IVR对客户服务中心体系结构的影响力甚微，用户交互管理便成为即时获取企业有效数据的最有效方法。它不仅带来了技术上的支持，而且使得终端用户的操作十分灵活。

6.6.2 客户服务中心与CRM的关系

1）客户服务中心是CRM的重要组成部分

尽管从效率或成本的角度来讲，完全网络化的人机界面操作实现的交易是最迅速也是最便宜的，但是当客户把信任度、消费习惯、运输、付款、售后服务等因素进行权衡时，纯网络交易现在还略显单薄。根据IDC的调查，在线购物的消费者在购物车中选定好商品后，最后放弃完成交易的比例高达70%。据分析，这是因为一般人在购物前需要一些互动的接触。这就是为什么今天的CRM系统中仍然包含客户服务中心的主要原因。在客户关系管理的整体解决方案中，客户服务中心是一个很重要的组成部分。同时，没有CRM系统支持的客户服务中心也不能实现其真正的价值。

（1）客户服务中心是让客户感受到价值的中心

进入竞争激烈的电子商务时代，企业应更专注于创造客户的附加价值，特别是未来竞争的关键因素——服务。通过客户服务中心，企业能在产品之外向客户提供更多的附加价值。例如，个性化咨询服务、24小时不间断电话、主动联系客户等服务，这些附加价值有助于协助客户在最需要的时候解决问题，提升客户满意度。

（2）客户服务中心可以帮助CRM改善业务流程

包含现代化网络全部功能的客户服务中心，在CRM的具体实施中，可以帮助企业改进流程，实现各业务的自动化。

在销售环节，销售人员通过客户服务中心许可的任何接入手段（电话、电脑、平板电脑等）随时得到生产、库存、订单处理的有关信息，同时也可对客户资料及合同进行全面管理，随时随地与客户进行业务活动。在市场营销环节，CRM系统充分利用了客户服务中心的呼出功能，如基于Web的传统市场营销活动的策划和执行，产品及竞争对手信息的汇总，对有购买意向的客户跟踪、分配和管理等。这些功能可帮助企业实施针对性强、效率高的市场营销活动，从而争取和保留更多客户。在售后服务环节，CRM系统可以帮助企业提供有竞争力的售后支持、修理和维护服务。它允许客户通过客户服务中心选择电话、Web访问等多种方式与企业联系。

客户不论通过哪种方式与企业联系，都能在最短的时间内得到统一、完整和准确的信息。同样，企业与客户打交道的各个部门也能随时得到与客户相关的资料，真实和全方位地了解客户。

（3）客户服务中心成为“情报中心”和“互动营销中心”

客户服务中心与企业的关系越来越密切。作为企业的统一对外窗口，客户服务中心担负着客户信息采集、客户需求分析、客户价值分级、客户需求满足以及企业的客户服务、信息发布、市场调研、直接营销和形象展示等重要责任。

客户服务中心成为CRM的“情报中心”。企业利用客户服务中心可以更全面地接近市场，更敏锐地感受市场的实时变化，收集客户的抱怨与建议，作为改善产品及服务品质的重要依据，客户服务中心应定期地将客户的需求及抱怨整理集中后提供给后台的单位，作为以后进一步改善产品及服务的参照，收集客户的基本资料、偏好与关心的问题，建立客户资料数据库，作为分析市场消费倾向的依据。企业还可以通过客户服务中心的各个渠道来了解市场的动向，提早协调后台活动单位来调整活动规模。

“互动营销中心”是客户服务中心发展的必然趋势。作为企业与客户的重要接触点，客户服务中心将承担起企业营销策略的核心任务。比如，通过呼叫通路实现营销、销售、服务、内部支持和渠道管理等多种功能的有机整合。

放眼全球，我们看到许多企业已经将客户服务中心作为主要的运营手段，并取得了极大的成功。比如，美国在线（AOL）的大型客户服务中心已成为其主要的盈利支柱；戴尔利用客户服务中心对顾客进行售后服务和技术支持，完成了遍布全球的所有计算机的销售和服务。戴尔亚太区服务副总裁Chris Askew介绍说，客户服务中心可以说是整个公司的中心，它让戴尔实现了无库存生产、按订单设计、宽口径的直销渠道、快速反应的售后服务体系、高效合理的管理和激励体制，而这些都成了该公司的市场竞争法宝。戴尔采取的直销模式是要让所有的客户能够在每天24小时、每星期7天的任何时候与企业进行联系，这就需要一个迅速而有效的沟通渠道，而这非客户服务中心莫属。换句话说，戴尔把客户服务中心当作自己重要的商业基础能力之一，看作业务发展的动因。

2）CRM实现客户服务中心的真正价值

（1）CRM全面提升客户服务中心的客户管理水平

CRM提供完整的客户生命周期管理，通过对多个入口信息的采集、共享及管理，有助于实现客户服务中心对客户的全程服务、销售及市场推广，如CRM可根据客户的累计购买金额、购买潜力、信用等级等对客户进行有效的价值分析，指导客户服务中心向客户提供不同等级的服务。

（2）CRM使客户服务中心从“成本中心”转变为“利润中心”

客户服务中心的用户中包含着企业的潜在客户，CRM结合当前的销售机会生成销售线索，建立销售线索、客户、联系人和产品业务的关联关系，将客户线索分配到销售人员。待时机成熟时，潜在客户变成真正客户，对应的线索直接转化为客户信息和联系信息，最终实现企业销售，为企业创造利润。

（3）缺少CRM的客户服务中心难以实现其应有的功能

如果企业缺乏有效及时的记录，就无法全面了解客户的静态信息（如客户档案）及动态信息（如需求特征）；如果对客户缺少应有的了解，就不能对客户进行价值分级（如高级客户、一般客户等），从而不能有针对性地主动关怀客户，发掘客户价值。因此，缺少CRM的客户服务中心将导致无法为客户提供及时、准确、专业和一致性的服务，无法实现对客户的关怀，更谈不上为企业创造更多的销售机会。

3）CRM软件系统和客户服务中心系统的整合

就CRM软件系统而言，它是CRM的技术基础，最为强调的因素是客户。客户服务中心是客户联络的主要窗口，通过二者的有效整合，可以全面提升彼此的价值以及CRM的水平。CRM软件系统、客户服务中心系统和CRM之间的关系如图6-5所示。

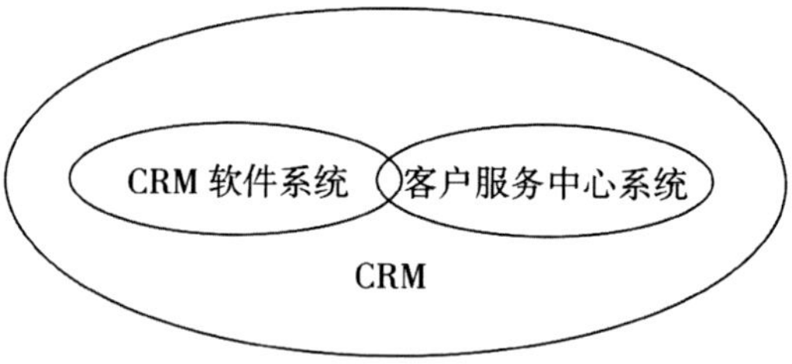

图6-5 CRM软件系统、客户服务中心系统和CRM之间的关系

在两个系统的整合方面，可以简单地通过数据接口，实现两个系统之间客户数据的交互、流转和共享。更彻底的整合应该是在整体战略指导下，通过流程的优化与再造，将客户服务中心作为重要的客户接触点，直接将客户服务中心的操作界面统一纳入CRM系统，即将客户服务中心的业务操作流程直接在CRM系统中进行。

6.6.3 客户服务中心的建设与管理

1）客户服务中心建设的模式

企业建立自己的客户服务中心系统，可以分为独建模式和外包模式两种。

（1）独建模式

独建模式是指企业自己购买硬件设备，并开发有关的业务流程软件，直接为自己的顾客服务。该种方式能够提供较大的灵活性，而且能够及时地了解用户的各种反馈信息。但是，对于许多企业来说，建设客户服务中心的投资小，而建成后保障中心的正常运转需要投入的人力、物力、财力等却令企业望而却步。此时，企业可以通过客户服务中心运营商采用外包模式来进行客户服务中心的建设。

在建立具体的客户服务中心系统时，主要有两种实现技术可供参考，即基于交换机方式和基于计算机方式。这两种方式的区别主要是在语音接续的前端处理上。前者由交换机设备完成前端的语音接续，即用户的电话接入处理能力较大，性能稳定，适于构建规模较大的客户服务中心系统，但同时成本也较高，一般的企业无法承担。后者的处理规模较小，性能不太稳定，适合于构建规模较小的系统，其优点是成本低廉，设计灵活。

（2）外包模式

外包模式是指企业把客户服务中心全权委托给专业客户服务中心运营商来管理运作，它是目前企业构建客户服务中心的一种发展趋势。在目前世界500强的企业中，有90%的企业正在利用外包客户服务中心从事商务活动。企业选择客户服务中心外包的原因包括：

第一，从管理角度来看，选择外包有利于简化企业管理体系、优化管理水平，同时便于企业集中优势，专注于企业的核心业务。客户服务中心从建设之日起就面临需求复杂的挑战，通常第三方客户服务中心服务商在某些领域具有较为丰富的运营经验，他们常常可以提出适合企业的有关客户服务中心管理的建设性意见。此外，将客户服务中心外包给专业运营商，企业不仅可以享受专业化的、具有国际水准的全面服务，而且可以引入先进的国际运营管理模式。

第二，从技术层面来看，客户服务中心的外包模式能带给企业许多益处。通过外包，企业不必追踪客户服务中心的技术发展，可以根据需要随时扩大或缩小业务代表的规模，避免了前期投入的压力。而且，采取外包模式的客户服务中心系统可以通过外包商的技术更新，保持一个相对先进的客户服务中心系统，能够满足企业和客户的发展需求。

第三，从经济的角度来看，外包客户服务中心可以按照企业的需求提供不同的阶段性客户服务中心服务，降低企业运营成本。阶段性客户服务中心服务的提供解决了大量中小型企业的实际需求，运营商通过保持客户服务中心业务的灵活性，保证话务量、坐席量的灵活调整，从而提供更经济的服务。

2）客户服务中心的管理

客户服务中心的管理是把客户服务中心由传统的成本中心转化为利润中心的关键。企业很少研究如何有效地运营和管理客户服务中心，因此，客户服务中心的实际潜能往往未能得到充分的挖掘。

（1）战略管理

对客户服务中心的管理首先是战略上的管理，即从企业文化和经营理念上认同客户服务中心，把客户服务中心融入企业资源，并作为其中重要的一部分，从企业整体的角度出发来管理客户服务中心。客户服务中心的目标是为CRM系统服务，而CRM系统又必须为企业的战略目标服务。

因此，客户服务中心的战略管理首先要根据企业的战略目标，结合CRM系统的特点，来制定客户服务中心的目标、方针和策略。只有明确了客户服务中心的目标以后，才能制定相应的客户服务中心策略，才能确定每个员工应该为这个目标做什么，以及所做的努力是否符合目标，是否能够实现目标。另外，企业要营造一种环境和氛围，使企业文化、原则和价值对客户服务中心予以认同，并建立组织统一的宗旨、方向和内部环境，使员工充分参与客户服务中心的实际运作与管理。

（2）运营管理

客户服务中心作为CRM中的一个重要功能模块，其运营管理思想应当同CRM系统的运营管理思想保持一致，即将客户的需求作为企业的出发点和归宿，通过不断增加客户让渡价值提高客户满意度，也就是将优良的客户满意度作为客户服务中心运营管理的最终目标。

客户服务中心是一个具有交互能力的通信平台，可以依据企业具体目标和客户服务中心的形式，制定不同的运营管理策略，使客户服务中心的运营与CRM的运营有机地整合在一起。具体来讲，这主要体现在两个方面：第一，客户服务中心是CRM获取客户信息的主要渠道。通过客户服务中心收集客户方方面面的信息，并利用适当的工具进行数据分析与挖掘，从而进一步改善客户服务的质量和提高市场决策的能力。第二，客户服务中心是企业拓展客户服务最有效、最直接的方式。CRM与客户服务中心结合起来展现给客户一个全方位、全天候的服务，有利于提高客户满意度，并建立良好的客户关系。

（3）人员管理

目前，在国内的整个客户服务中心产业中，普遍缺乏中高级的技术、市场和运营管理等方面的人才，无论是设备提供商、运营服务商还是自行建立客户服务中心的企业，其人员流动性都相对较高，有些企业的人员流动率甚至高达60%。造成这种人才紧缺局面的根本原因在于客户服务中心在我国还处于起步和快速发展阶段，与之相对应的各方面条件未充分成熟，在短时间内还不可能出现大量的、掌握先进技术和运营管理的人才。另外，国内也还没有建立起针对发展客户服务中心相应的教育和培训体系。

因此，对正在或者正准备开发与应用客户服务中心的企业来说，各级管理人员及业务代表的教育培训是非常重要的。通过培训，员工掌握岗位基本技能，提高个人的核心运作能力，并形成一支训练有素的工作团队。业务代表是客户服务中心最有价值的资源，他们直接联系客户，而且专业性强，是其他专业人员无法替代的。此外，企业还应该鼓励员工积极参与客户服务中心的管理，建立有效的员工激励机制，增加工作团队的凝聚力，降低客户服务中心的人员流动率，这也是降低人力成本的一种重要途径。

（4）绩效管理

客户服务中心在实际运行过程中，如何评价它的运行绩效，既关系到客户的满意度，又对客户服务中心的实际效果产生影响。在国外，现在通常用关键绩效指标（key performance indicator，KPI）对客户服务系统的运营管理进行评价。客户服务中心实施KPI管理的日的是要设定明确的服务指标，使员工清楚知道公司和客户对服务水平和质量的要求；加强管理层和一线员工对服务质量的承诺和责任；让管理层客观地评估运作的表现，而不是靠主观的感觉判断；利用客观的数据分析问题并采取纠正及预防措施，降低运营成本。

下面是一些关于客户服务中心绩效评价的主要指标：

①平均应答速度。平均应答速度等于一定时间段内的排队总时间除以应答的总电话数。如果平均应答速度太高，往往说明业务代表应答后事务处理时间没有得到控制，或对来电量缺乏准确预测，或业务代表没有按照规定的服务水平控制应答速度。

②平均排队时间。平均排队时间是指客户呼叫电话进入序列后等待业务代表回答的时间。排队时间在实现整个服务水平的总目标上是个关键因素。如果排队时间为零，意味着业务代表处于一种等待状态，这是不经济和缺乏效率的运作表现，但是如果排队时间太长，客户的满意度又会受到很大的影响。因此，应当通过运筹学的分析来调控好最佳的排队时间。

③平均持线时间。平均持线时间是业务代表让客户在线上等待的平均时间。持线时间直接影响到呼叫者的满意度，过长的持线时间表明业务代表不能很快进入所需的资料领域或系统反应延迟。同样，它也是分析培训成果及系统硬件的重要指标。

④客户问题首次解决率。客户问题首次解决率是指业务代表在客户首次呼叫时就能解决客户问题因而不需要客户再次来电或业务代表回电解决的比例。该指标通常由业务代表在应答后统计得出，它对于客户的满意度有很大的影响。同时，客户问题首次解决率也是衡量业务代表服务品质的一个重要考核指标。

⑤来电遗失率。客户呼叫接通客户服务中心后，由于排队时间太长或其他原因主动挂断电话，称为来电遗失。来电遗失数与来电接通总数之比，称为来电遗失率。

⑥实际工作率。实际工作率等于业务代表连入系统准备回答电话的实际时间除以按照计划应当回答电话的总时间，再乘以100%。按常规，每个业务代表的最佳实际工作率应该达到92%或更高。

⑦占线率。占线率等于通话时间与持线时间之和除以通话时间、持线时间以及闲置时间之和。

⑧事后处理时间。事后处理时间是指一次呼叫电话接听完后，业务代表完成与此呼叫有关的整理工作所需要的时间。

总之，客户服务中心的绩效管理者必须定期监控主要的呼叫数据并编制管理报告。在日常运作中，如果出现主要的绩效考核指标达不到规定的服务水平的情况，管理者就应该及时检查运营流程中哪一部分出现问题，并采取相应的措施加以解决。

小知识 6-1

Meta Group选Siebel为CRM应用软件市场领导者

根据Meta Group最新的一份报告，在经过了一段CRM的狂热期之后，客户关系管理市场正在逐步趋向成熟，并进入一个新阶段。CRM平台将继续成为企业优先考虑的重要应用软件，因此期望CRM市场在今年能够获得25%的增长率。

Meta Group此次评估了很多CRM软件供应商，从Siebel和PeopleSoft，到Pivotal和Chordian。“我们开发了一种市场模型，以反映软件供应商在CRM领域成功与否。”Meta Group的资深项目总监Steve Bonadio说，“这可以确定供应商的相对位置”。

Meta Group评价公司的外在指标包括公司战略、声誉、地理覆盖面、业务驱动力等。评价结果比较正常，Siebel荣登榜首，获得77分（总分为100分），PeopleSoft为59分，E.piphany为56分，SAP为52分，Onyx为52分。

资料来源：根据资讯快递整理。

本章小结

客户关系管理系统是以最新的信息技术为手段，运用先进的管理思想，通过业务流程与组织的深度变革，帮助企业最终实现以客户为中心的管理模式。根据CRM系统功能和运行方式的不同，将CRM系统分为运营型CRM、分析型CRM和协作型CRM三类。运营型CRM在企业的客户管理上起着很重要的作用，它要求所有业务流程的流线化和自动化，包括经由多渠道的客户“接触点”的整合、前台和后台运营之间的平滑的互相连接和整合。分析型CRM主要是分析运营型CRM和原有系统中获得的各种数据，进而为企业的经营和决策提供可靠的量化依据。协作型CRM主要由呼叫中心、客户多渠道联系中心、帮助平台（help desk）以及自助服务帮助导航等功能模块组成。

eCRM是CRM系统的电子化扩展，是CRM系统与网络技术深入结合的产物。它是能使客户的网上体验更具有个性化的技术与工具。CRM扩展为eCRM进一步发展了CRM的优势，为企业和客户带来更方便的交流方式，并为企业带来更多的收益。

客户服务中心是基于CTI技术的一种新的综合信息服务系统，由早期的、仅以电话和接话人员组成的电话服务热线发展而来。现代客户服务中心应该是一种充分利用通信网和计算机网络的多项功能集成，与企业各业务渠道连为一体的完整的综合信息服务系统，能有效地为用户提供多种服务。客户服务中心的关键技术包括自动呼叫分配（ACD）、计算机电话集成技术（CTI）、交互式语音应答（IVR）和用户交互管理。

复习思考题

6.1 运营型CRM的定义是什么？

6.2 分析型CRM有哪几个支柱功能？具体内容是什么？

6.3 实施eCRM为企业带来的效益有哪些？

6.4 客户服务中心的定义是什么？客户服务中心有哪些类型？

6.5 客户服务中心包含的关键技术有哪些？

6.6 呼叫中心的绩效评价指标主要有哪些？

技能实训题

6.1 运营型CRM、分析型CRM与协作型CRM三者的关系是什么？

6.2 实施eCRM需要注意的问题有哪些？

6.3 企业选择“外包”模式建立客户服务中心有哪些好处？

第

7

章

CRM系统中的商务智能技术

学习目标

掌握商务智能的定义以及客户知识与客户智能的生成；掌握数据仓库、联机分析处理和数据挖掘的基本概念；了解商务智能技术在CRM系统中的应用。

◆ 主要解决的问题

客户数据仓库的体系结构以及功能；联机分析处理对多维数据的操作方式；数据挖掘的常见算法、实施步骤以及在CRM中的应用。

在客户关系管理系统结构中，很重要的模块就是完成客户数据分析的商业功能。通过商务智能（business intelligence，BI）及其重要技术——数据仓库、OLAP（联机分析处理）、数据挖掘（data mining）等来构建具备分析功能的CRM系统，是实现客户数据分析的关键。CRM分析系统运用OLAP和数据挖掘等技术对数据仓库中的客户数据进行分析，以发现相关规律、模型和趋势，让客户信息和知识在整个企业内部得到有效的流转和共享，并进一步转化为企业的战略规划，作为科学决策的辅助支持，用于提高在各种渠道上同客户交互的有效性和针对性，把合适的产品和服务，通过合适的渠道，在合适的时间，提供给合适的客户，从而实现企业利润的最大化。本章在讲解商务智能基本概念的同时，详细介绍了商务智能中的数据仓库技术、联机分析处理和数据挖掘技术以及它们在CRM系统中的应用。

7.1 商务智能

7.1.1 商务智能的定义

商务智能是从大量的数据和信息中挖掘有用的知识，并用于决策以增加商业利润，是一个从数据到信息再到知识的处理过程。商务智能用来辅助商业活动作出快速反应，加快知识的获取速度，减少企业不确定性因素的影响。因此，商务智能能很好地满足管理层和决策层对信息知识的时间性和准确性的要求。

商务智能系统可以说是一个智能决策支持系统，它不是一种产品或服务。从某种意义上来讲，商务智能是一种概念或商业理念，它是在企业数据仓库的基础上，利用数据挖掘及其工具获取商业信息，以辅助和支持商业决策的全过程。通过商务智能技术，用户可以更充分地了解企业的产品、服务、客户以及销售趋势。目前在国外，商务智能软件与办公软件、浏览器一样已经成为企业必不可少的桌面办公软件之一。作为一门新兴的学科，商务智能在我国尚处于起步阶段，虽然在发展和应用过程中仍存在很多不足，但是正朝着实时性、标准化、集成性、实用性、大众化方向发展。商务智能是提高企业运营性能而采用的一系列概念、方法、过程和软件的集合，是一个先进技术的综合体，可以帮助企业提高决策能力和运营能力。

7.1.2 商务智能的发展

随着应用的不断深入，市场需求对BI提出了新的挑战，Internet、IT技术以及人工智能的不断发展，则为BI的不断完善提供了强大的技术支持。未来，BI有望进一步获得长足发展，从根本上改变决策方式。

近年来，人工智能始终处在一个高爆发的热潮中。从当年AlphaGo引发的全面话题，到现在人脸识别、语音识别等AI技术在手机、家电、家居等领域的落地应用。不管是微软、苹果、谷歌等国外巨头，还是阿里巴巴、百度、腾讯这些国内互联网的领军者，都在不断把开发重心放到人工智能领域。像科大讯飞等专业人工智能科技更是成为了资本领域热宠的对象。

人工智能在企业上的应用包括CRM、OA等办公系统、营销推广软件、电销机器人、在线客服系统等。人工智能何能为企业创造价值带来便捷：一是因为移动互联网时代，企业应用的需求市场开始转之所以向移动端，更强调云端处理、移动化；二是因为企业应用依托大数据、云计算、人工智能等领域的革新，开始走向智能化。企业应用市场随着需求的转变，不同应用场景下的产品更加细分，也随之孕育了更多的创业机会。

具体来说，BI未来的发展将集中于以下几点：

1）支撑技术

基于关系对象数据库的数据仓库将是未来的一个发展方向，数据仓库的平台性能将得到很大改善。数据挖掘方法和算法研究将更加深入，专门用于知识发现的数据挖掘语言有望进一步向标准化发展。基于数据仓库的数据挖掘与OLAP将实现融合和互补，从而使分析操作智能化，使挖掘操作日标化。信息可视化进程将进一步发展，以提供更优的洞察力。对非结构化数据的处理和分析，如文本挖掘和Web挖掘的能力将大大增强。

2）体系结构

BI方案的协同性和开放性将进一步提高。企业能够利用合作伙伴的数据仓库或Intranet系统中的多维数据集进行决策分析活动，并且OLAP及其他BI的应用以Web服务形式提供，以XML形式发放BI应用的分析结果都是新的发展趋势。

3）应用系统

BI系统将更具专业化和行业化的特点，笼统的BI系统渐渐成为概念，BI根据每个领域关注的重点和分析模型，提供针对具体企业进行扩展的解决方案。各种商业分析模型、数据挖掘算法将集成到BI软件和分析应用之中，从而能够集中解决不同部门的需要。同时，BI应用与企业门户、企业应用集成紧密相连，新的BI系统不再是一个孤立的应用。

7.1.3　商务智能系统的构成

商务智能系统由业务数据仓库系统、决策支持系统等部分构成。商务智能系统的数据处理循环如图7-1所示。决策支持系统（decision support system，DSS）由三个层次的内容组成：数据仓库、联机分析处理和数据挖掘。各个业务数据库的数据通过提取、清洗和转化整理之后按照不同的主题存放在数据仓库中，原先存放在多个业务系统中的反映企业局部情况的数据经过整理后转化成反映企业整体情况的信息，这样就完成了“数据→信息”的转变。存放在数据仓库中的信息通过OLAP和DM处理后，形成带有规律性的、能够对企业运营提供指导意义的知识，从而完成“信息→知识”的转变。企业的决策层可以利用OLAP和DM处理得到的知识制定相应的经营策略，并反馈到业务系统中，最终改善企业的运营。比如，超市通过分析近期畅销的商品制订近期的采购计划，确保超市采购的商品能够适销对路。

7.1.4　商务智能系统的支撑技术

商务智能技术是运用了数据仓库、OLAP、数据挖掘等技术来处理和分析数据的技术，能够帮助企业进行经营分析、战略支持和绩效管理。数据仓库技术、OLAP、数据挖掘技术是商务智能系统的三大支撑技术，其中数据仓库是商务智能的基础，OLAP与数据挖掘是商务智能系统中的数据分析工具。数据仓库的作用是为系统中的分析工具提供数据基础，

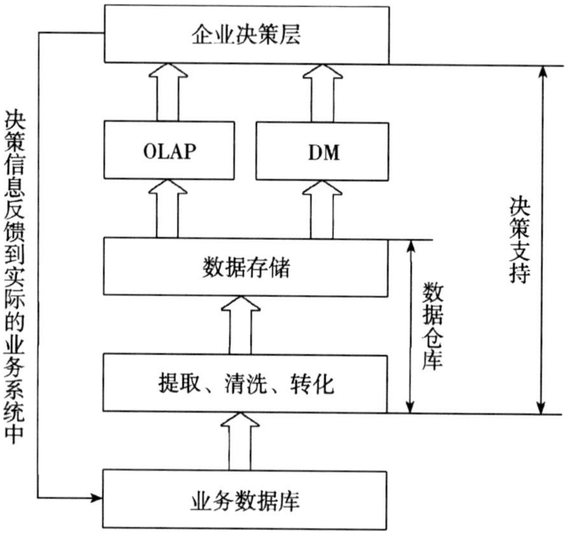

图 7-1 商务智能系统的数据处理循环

OLAP和数据挖掘的作用是要把数据仓库中的数据变成知识，为决策者提供解决问题的方案以及决策依据。

1）数据仓库技术

数据仓库是一个用于更好地支持企业或组织的决策分析处理的数据集合，其特点是面向主题、集成、相对稳定、随时间不断变化，支持管理决策的制定。数据仓库是以关系数据库、并行处理和分布式技术为基础的，具有丰富的数据采集、数据管理、数据分析和信息描述等功能。数据仓库技术的智能性是有限的，其关键技术包括数据的提取、清洗、转换、加载和维护技术。

数据仓库是商务智能解决方案的基石，是企业长期事务数据的准确汇总。数据仓库完成了数据的收集、集成、存储、管理等工作，商务智能面对的是经过加工的数据，使得商务智能更专注于信息的提取和知识的发现。通过数据仓库，商务智能系统可撷取与载入原始资料，归并各种数据源的数据，并以Web界面的形式为企业主管提供信息分析与查询功能，支持企业管理和商业决策。商务智能要充分发挥潜力，就必须和数据仓库的发展结合起来。

2）OLAP

OLAP同数据仓库密切相关，它用于支持复杂的数据库分析操作，偏重于为决策人员提供支持，可以对大数据量的信息进行快速、灵活的复杂查询处理。OLAP利用数据仓库的多维数据进行在线数据分析，生成新的信息的同时，检测商务运作的成效，并按用户的要求将复杂的分析查询结果快速返回给用户。

OLAP是在数据仓库基础上的在线应用，是商务智能中不可缺少的一部分，是商务智能中分析处理的工具之一，它从多种角度对原始数据进行分析，将其转化为用户所理解的并真实反映企业经营情况的信息，使用户对数据有更深入的了解，为决策提供依据。

3）数据挖掘技术

数据挖掘是一种决策支持过程，是一种数据分析工具，它结合了机器学习、数理逻辑、统计学、数据库技术和人工智能技术等众多领域的知识，是解决从大量信息中获取有用知识、提供决策支持的有效途径。先进的数据挖掘技术如人工神经网络、文本挖掘、Web挖掘等的出现，进一步提高了数据挖掘分析数据的能力。

随着企业数据量的急剧增大，数据理解和数据产生之间出现了越来越大的距离。数据挖掘就是为解决这一矛盾而出现的一种新型数据分析技术。数据挖掘技术的智能化程度最高，它能高度自动化地分析企业数据库或数据仓库中的数据，作出归纳性的推理，从中挖掘出潜在的模式，找出企业经营者可能忽略的信息，以便用理解和观察的形式反映给用户，帮助企业的决策者调整市场策略，减少风险，作出正确的决策。为了充分利用企业内外流动的大量商业数据，企业商务智能系统必须采用数据挖掘技术实现商务知识的发现，才能真正实现智能化。

除了上述三种技术，商务智能系统中还采用了其他一些先进技术，如可视化技术、企业信息门户技术等，它们也是商务智能系统中不可或缺的。

7.1.5 客户智能

1）客户智能的定义

客户智能是创新和使用客户知识，帮助企业提高优化客户关系的决策能力和整体运营能力的概念、方法、过程以及软件的集合。客户智能可以从以下五个方面进行理解：

①理论基础是企业对客户采取决策的指导依据，既包括企业分析和对待客户的理论和方法，也包括分别从客户和企业角度进行的价值分析。通过客户分类、客户行为分析、市场预测分析等达到决策科学化、合理化的目的。

②信息系统层面，又称客户智能系统（CI system）的物理基础，表现为具有强大决策分析功能的软件工具和面向CRM的信息系统平台。

③数据分析层面，是一系列算法、工具或模型。首先获取与所关心主题有关的高质量的数据或信息，然后自动或人工参与使用具有分析功能的算法、工具或模型，帮助企业分析信息、得出结论、形成假设、验证假设。

④知识发现层面，与数据分析层面一样，是一系列算法、工具或模型。将数据转变成信息，而后通过发现功能，将信息转变成知识，或者直接将数据转变成知识。

⑤战略层面，将信息或知识应用于提高决策能力和运营能力、企业建模等。客户智能的战略层面是利用多个数据源的信息以及应用经验和假设来提高企业决策能力的一组概念、方法和过程的集合。它通过对数据的获取、管理和分析，为贯穿企业组织的各种人员提供知识，以提高企业的战略决策和战术决策能力。

总之，客户智能的目标是将企业所掌握的信息转换成竞争优势，提高企业决策能力、决策效率、决策准确性。为完成这一目标，客户智能必须具有实现从数据分析到知识发现的算法、模型和过程，决策的主题更具有广泛的普遍性。

2）客户知识

客户知识，顾名思义，是有关客户的知识。客户知识包括客户的消费偏好、喜欢选用的接触渠道、消费特征等许多描述客户的知识。客户知识是人们通过实践认识到的、与客户有关的规律性，而客户智能是获得客户知识并使用客户知识求解问题的能力。客户智能是对企业战略决策真正有价值的事物和行动。生成客户知识的过程称为客户知识的加工处理过程，客户智能不仅包括了客户知识的生成，而且强调了客户知识在企业中的分发、使用，直到产生客户智能，如图7-2所示。

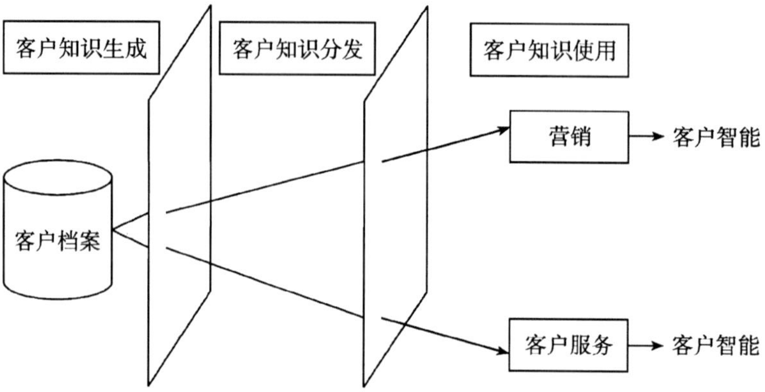

图7-2　客户知识的生成、分发、使用

（1）客户知识的生成（generation）

使用商务智能提供的OLAP分析工具、数据挖掘工具或两种工具的组合，发现存在于客户数据中的模式、规则、概念、规律的整个过程，称为客户知识的生成。相比较而言，数据挖掘工具的使用难度较大，包括确定任务、选择合适的挖掘工具（数据准备、模型训练、结果解释等），以及明确哪部分任务必须有营销专家参与，哪部分可以自动执行。

（2）客户知识的分发（distribution）

客户知识必须到达组织内每一个需要客户知识的部分，将客户知识存储于动态知识库，借助CRM的系统平台，将客户知识分发到需要的终端。

（3）客户知识的使用（using it）

将客户信息和知识投入使用是CRM的最后一个环节。许多CRM和知识发现没有成功，很大程度上在于产生的与客户有关的信息和知识不能投入使用。CRM通过营销、销售、客户服务和支持与客户打交道，客户知识通过它们的使用与集成，作用于客户。这些工作不单是一个合理的信息结构所能完成的，需要与之整合的工作流技术做支撑。

小知识7-1

商务智能：让生活更美好

根据全球技术研究和咨询公司Gartner的最新资料，2013年，全球商务智能（BI）软件收入达到138亿美元，与2012年相比，增长了7%。而在中国，BI软件收入在2013年达到了大约12亿美元，比2012年增长17.6%。到2016年，全球BI软件市场达到了171亿美元。

商务智能将从业务应用和运营性能报表工具进化到个人需要的日常用品。在这几年，我们已经看到了一些初级阶段的发展。比如，用商务智能技术避免交通拥堵，跟踪宠物，监测个人健康，或生活中其他助手功能，如高尔夫GPS监测等。总之，我们生活在商务智能扩展到普通人日常生活中的时代，商务智能已经进入我们的生活，影响我们的决定。在2015年，我们看到以下三个领域的进步：不同数据商店的兼容性更好，医疗行业的分析平台的集成会更好，消费级的客户app和严肃的医疗行业app的集成会更好。

资料来源　根据网络大数据整理所得。

7.2　数据仓库概述

随着数据库技术的广泛应用，企业拥有了越来越多的数据。为了快速、高效地使用这些数据，企业建立了企业级数据库，而企业的各个部门针对自己关心的问题，又在企业级数据库中抽取相关的数据组成部门级数据库。随着数据的逐层抽取，数据访问变得错综复杂。由于各部门分别抽取数据，针对同一问题抽取的数据也不尽相同，若它们均以自己抽取的数据进行分析，得到的结论会产生差异，甚至截然相反。可见，传统的关系型数据库无法满足分析数据、支持决策的需求。因此，一种新型的数据组织形式——分析型数据，便应运而生了。数据仓库就是在此基础上产生的。

7.2.1　数据仓库的定义、特征及相关概念

1）数据仓库的定义和特征

著名的数据仓库专家W. H. Inmon在《建立数据仓库》一书中给出的数据仓库的定义是："数据仓库（data warehouse）是一个面向主题的（subject oriented）、集成的（integrated）、非易失的（non-volatile）、随时间变化的（time variant）数据集合，用于支持管理决策。"该定义指出了数据仓库的四个特征：

（1）面向主题

在数据仓库中，所有的数据都是围绕一定的主题进行组织的。在关系型数据库中，针对同一主题的数据分布在相关的各个数据表中，而在数据仓库中，针对同一主题的数据存放在同一数据表中。数据仓库中的主题是构建数据仓库的核心与灵魂。

（2）集成性

数据仓库中的数据都要经过清洗、过滤、转换等一系列处理。它们有统一的格式、表示方式、代码含义，并用相同的单位表示，消除了源数据中结构、表示方式、含义的不一致性，从而构成一个有机的整体，数据仓库中的数据具有集成性。

（3）非易失性

对于支持决策，历史数据是非常重要的。数据仓库中的数据一旦写入，几乎就不再更改了，除非数据有错误，而对数据仓库进行的主要操作也只是数据追加。因此，数据仓库中的数据是非易失的，或者说是稳定的。

（4）时变性

由于数据仓库中的数据是只增不删的，因此它记录了从开始使用数据仓库起的所有数据。它能反映企业各个时期的信息，也可以说它反映的是企业随时间动态变化的数据。

2）数据仓库中两个重要的概念

在数据仓库中涉及两个非常重要的概念，即数据粒度和数据分割。

（1）数据粒度

数据粒度有两种形式。第一种形式的数据粒度是面向OLAP的。粒度的大小反映了数据仓库中数据的综合程度，粒度越小，数据越详细，数据量也就越大。数据粒度的相关指标，

见表7-1。

表7-1 数据粒度的相关指标

粒度级别	综合程度	数据量	数据细节（详细度）
高	高	小	低
低	低	大	高

数据粒度的划分是数据仓库设计中最重要的一项工作。在数据仓库中确立数据粒度要考虑数据仓库可接受的分析类型、可接受的数据最低粒度以及能存储的数据量。选择合适的数据粒度是一个复杂的过程，由于在数据仓库中进行的数据分析在不同方面是有不同要求的，因此一般数据仓库都选择多重粒度的结构。

第二种形式的数据粒度是面向数据挖掘的，它反映的是抽样率。在进行数据挖掘时，如果数据量很大，执行挖掘算法的代价太大，一般从数据中抽取样本进行挖掘。这就需要规定一个抽样率。抽样率的确定取决于源数据量的大小和数据挖掘的具体要求。一般来说，源数据量越大，抽样率就越低。样本数据库的抽取按照数据重要程度的不同来进行，利用数据样本数据库采集重要数据进行分析既可提高分析效率，又有助于抓住主要因素和主要矛盾。

（2）数据分割

数据分割就是将大量数据分成独立的、较小的单元进行存储，以提高数据处理的效率。在逻辑模型设计好以后，必须进行数据分割才能为物理实施提供依据。在进行分割时要考虑数据量、数据对象和粒度划分策略等几个方面。

常见的数据分割有以下几种形式：

①垂直分割，即把一个表垂直分成两个部分。垂直分割有助于把一个大表分成两个表，这两个表之间通过一个关键字段相关联。

②水平分割，即把表按行分成两个部分。水平分割的表被用来存储用户联系紧密的本地重要数据，从而减少网络查询。

③图解分割，即经过分布式系统把一个图分解成两个部分，可以从指定的服务器或在多个服务器之间建立连接而得到一个表所需要的全部数据。这种类型的分割被用来把小的、静止的表从不稳定的、越变越大的表中分割出来。

确定数据粒度以及根据粒度进行数据分割都是设计数据仓库时十分重要的环节，是成功建立数据仓库的必要保证。

7.2.2 数据仓库与数据库的区别

数据仓库与数据库在许多方面存在区别。通过对数据仓库和数据库的对比也更容易理解数据仓库。表7-2显示了数据库和数据仓库的区别。从表7-2中我们可以看到，数据库只存储当前数据，而数据仓库存放历史数据；数据库主要面向业务操作，而数据仓库面向数据分析和决策支持；数据库中的数据是动态变化、随时刷新的，而数据仓库中的数据是静态的，一般不会改变；数据库的使用频率比数据仓库的使用频率高，数据访问量少，且要求的响应时间短。

表7-2 数据库和数据仓库的区别

特性	数据库	数据仓库
数据	当前数据	历史数据
面向	业务操作	数据分析
存储	读写操作	多为只读
使用频率	高	较低
数据访问量	少	多
要求的响应时间	较短	可以很长
关注	数据输入	信息输出

7.2.3 数据仓库的体系结构

数据仓库的体系结构如图7-3所示。由于数据库和数据仓库应用的出发点不同，导致数据仓库与业务数据库系统是相互独立的，而实际上这二者之间又是密切相关的。

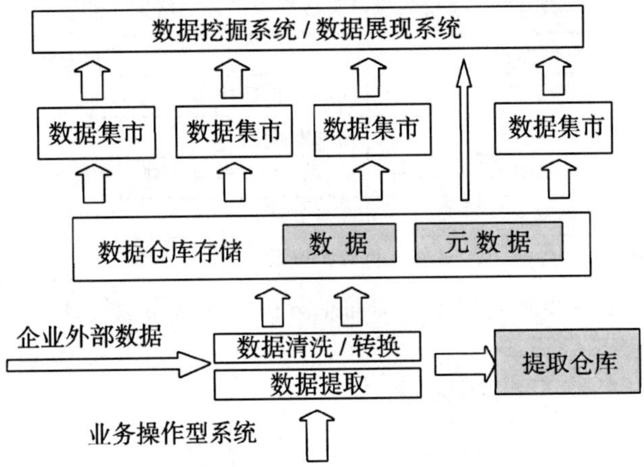

图7-3 数据仓库的体系结构图

从图7-3中可以看出，数据仓库是将业务操作型系统中的数据提取出来，辅以企业外部数据，这些数据经过清洗和转换，存储在数据仓库中。数据仓库不只存储业务数据，还存储记录数据信息的元数据。还可以从数据仓库中抽取部门型数据仓库，即数据集市。数据最终传送给数据挖掘系统或数据展现系统，以供数据分析或展现给用户。因此，数据仓库不是简单地对数据进行存储，而是对数据进行“再组织”。

7.2.4 数据仓库的设计方法与步骤

数据仓库的设计方法不同于传统数据库的设计方法。传统数据库面向操作型应用，系统设计人员能够明确了解用户需求，因此传统数据库一般采用系统生命周期法（system development life cycle，SDLC）。而数据仓库面向分析型应用，设计人员要在与用户不断沟通的基础上，逐步明确与完善系统需求，因此数据仓库设计采用CLDS（cycle life development system）方法。需求分析贯穿整个数据仓库设计过程。SDLC方法和CLDS方法的比较如图7-4所示。

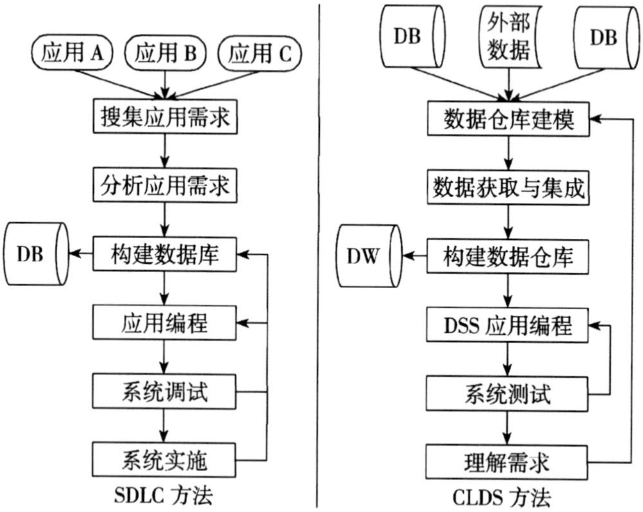

图 7-4　SDLC方法和CLDS方法的比较

数据仓库具有面向主题、集成、稳定、随时间变化等特点，用于决策分析。数据仓库设计不同于数据库设计，二者的主要区别见表 7-3。

表 7-3　数据仓库设计与数据库设计的区别

比较内容	数据库设计	数据仓库设计
面向的处理类型	面向操作型应用	面向分析型应用
应用需求	比较明确	不太明确
系统设计的目标	事务处理的并发性、安全性	保证数据有面向主题、集成稳定和随时间变化等特点
数据来源	业务操作员输入	业务系统
系统设计方法	需求驱动	数据驱动

数据仓库设计的主要步骤有四个，即需求分析、概念模型设计、逻辑模型设计和物理模型设计，如图 7-5 所示。

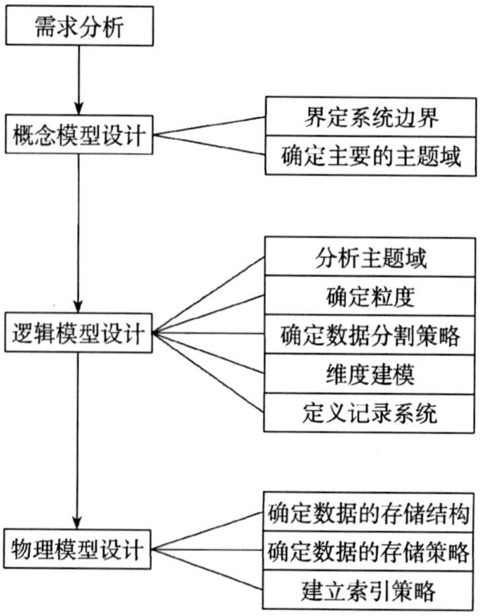

图 7-5　数据仓库设计的主要步骤

7.3　CRM系统中的数据仓库技术

7.3.1　数据仓库的用户

从数据仓库的最终用户来看，可以将用户分为信息使用者和知识挖掘者两类。

1）信息使用者

信息使用者使用数据仓库是经常性的、重复性的，他们知道要了解什么，而且只访问很少的一部分数据。事实上，信息使用者的需求是在数据仓库设计前就已经确定的，数据仓库开发人员按照用户的需求确定主题，进行数据处理，以满足此类用户对信息查询的需求。

信息使用者每次查询的也许是相同的几个指标，他们要经常性地掌握这些固定指标的信息，运用数据仓库可以快速、准确地得到他们所需要的信息。可以说，信息使用者是操作型用户。

2）知识挖掘者

知识挖掘者对数据仓库的应用就更为复杂了。他们仅需要查询数据仓库目前能够提供的信息，而且需要通过数据分析找到其中隐含的信息，用以发现更深层次的知识来指导决策。如果信息使用者想了解的是"怎么样"，那么知识挖掘者想知道的就是"为什么会这样"。因此，知识挖掘者是分析型用户。知识挖掘者在使用数据仓库时，先对数据进行概括分析，然后根据需要从数据仓库中抽取数据，对抽取出来的数据选择合适的数据挖掘算法进行建模分析，最后，根据建模分析得到的知识对数据仓库进行分类处理。

知识挖掘不同于信息使用，并不是每次都是有结果的。知识挖掘过程相对复杂，用到的数据量也相对要大。但是，知识挖掘得到的知识对企业提高竞争力、保持竞争优势有十分重要的意义。知识挖掘的应用也是数据仓库作用的真正体现。

7.3.2　CRM系统中数据仓库的功能

一个内容详尽、功能强大的客户数据仓库对于CRM系统来说是不可缺少的。在实施CRM中建立的客户数据仓库对于保持良好的客户关系、维系客户忠诚，发挥着不可替代的作用。美国1994年的一次商业调查中显示：56%的零售商和制造商拥有强大的营销数据库；85%的零售商和制造商认为在20世纪末客户数据库必不可少。

在客户关系管理环境下，客户数据仓库应当具有以下功能：

1）动态、整合的客户数据管理和查询功能

CRM的数据仓库必须是动态的、整合的数据。动态的要求是指数据仓库能够实时地提供客户的基本资料和历史交易行为等信息，并在客户每次交易完成后，能够自动补充新的信息。整合的要求是指客户数据仓库与企业其他资源和信息系统要综合、统一，各业务部门及人员可根据职能、权限的不同实施信息查询和更新功能，客户数据仓库与企业的各交易渠道和联络中心必须紧密结合等。

2）基于数据仓库支持的客户关系结构和忠诚客户识别功能

基于数据仓库支持的及时识别客户的功能是十分重要的。实施忠诚客户管理的企业需要设计一套合理的建立和保持客户关系的方式或结构。简单地说，企业要像建立雇员的提升计划一样，建立一套把新客户提升为老客户的计划和方法。例如，航空公司的里程积累计划，即客户飞行了一定的里程数，便可以获得相应的免费里程，或根据客户要求提升舱位等级等。这种方式或结构建立了一套吸引客户多次消费和提高购买量的机制。在客户发生交易行为时，能及时地识别客户的特殊身份，据此给予相应的产品和服务，从而有效地吸引客户为获得较高级别的待遇和服务而反复购买。

3）基于数据仓库支持的客户购买行为参考功能

企业运用客户数据仓库，可以使每一个服务人员在为客户提供产品和服务时，明确客户的偏好和习惯，从而提供更具有针对性的个性化服务。例如，现在各地的读者俱乐部都有定制寄送服务，它们能根据会员最后一次的选择和购买记录，以及它们最近一次与会员交流获得的有关的个人生活信息，向会员推荐不同的书籍。这样做使客户感到企业尊重、理解他们，知道他们喜欢什么，并且知道他们在什么时候对什么感兴趣。这种个性化的服务对培养客户忠诚度无疑是非常有益的。

4）基于数据仓库支持的客户流失警示功能

企业的客户数据仓库将通过对客户历史交易行为的观察和分析，发挥警示客户异常购买行为的功能。例如，在一位客户的购买周期明显变长或购买量出现显著萎缩时，就是潜在客户流失的迹象。客户数据仓库通过自动监视客户的交易资料，对客户的潜在流失现象作出警示。

5）基于Web数据仓库的信息共享功能

Web数据仓库将成为企业信息共享的基础架构。客户数据仓库应拥有可以通过浏览器使用的接口，以成为支持客户关系管理的基本架构，并且数据仓库要能够通过用户的简单点击就可以获得分析结果。用户对数据仓库的这种要求，正在改变着数据仓库的设计与实现方法。新兴的Web数据仓库已经不仅仅被单个用户独享，在多个用户之间共享已经渐成趋势，甚至是企业供应链之中的商业合作伙伴也运用Web数据仓库充当最适合于信息共享的媒介。在CRM环境下连接分散单位的数据中心将会建成，在Web数据仓库的不同部分为实际数据的描述制定基于空间模型的统一标准结构，其关键在于Web数据仓库构造之初就为其所有部分确立一致的数据元，并通过一致的数据元实现数据仓库的总线体系结构。

7.3.3 CRM系统中数据仓库的系统结构

数据仓库技术在金融、制造、商贸等行业都有着广泛的应用前景。一个体系完善、功能强大的数据仓库，对企业级CRM系统是不可或缺的，是CRM系统成功的关键。在CRM系统中，客户数据仓库的体系结构如图7-6所示。

数据主要有四个方面的来源：客户信息、客户行为、生产系统和其他相关数据。这些数据通过抽取、转换和装载形成数据仓库，并通过OLAP和报表，将客户的整体行为结果分析和企业运营分析等结果传递给数据仓库用户。

在数据仓库中，利用数据仓库的ETL（extraction transformation loading）工具，针对行为分组和寻找重点客户的需要，产生相应的数据集市（DM）。最后，将分析的结果与数据仓库结合起来，将分析结果与性能评价等传递给CRM用户。监控和调度系统负责调度行为分组系统和重点客户发现系统的运行更新。虽然数据仓库与CRM密不可分，但是CRM除了市场

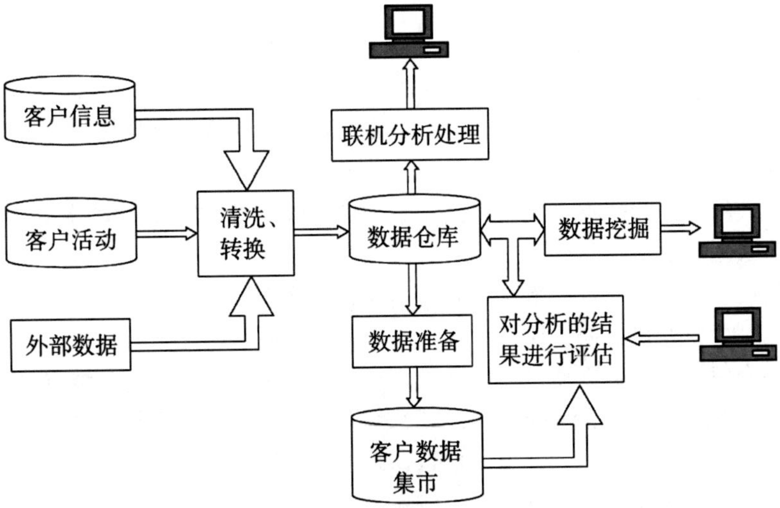

图7-6　客户数据仓库的体系结构

分析功能之外，还有销售和服务等方面的功能。不同的企业应该根据自己的实际情况，选择实现销售、服务和市场的策略。但无论如何，对于客户量巨大、市场策略对企业影响较大的企业，CRM要以数据仓库为核心。

7.3.4　CRM系统中数据仓库的设计与实施

数据仓库的建立是一个复杂的、逐步完成的过程。数据仓库的模型设计包括分析建立企业模型、概念模型设计、逻辑模型设计、物理模型设计和数据仓库生成五个步骤。

1）分析建立企业模型

企业模型是从企业的各个视点出发对企业数据需求以及数据间关系的抽象表达。通过将企业模型映射到（对应到）数据库系统，可以很快地了解现有数据库系统完成了企业模型中的哪些部分，还缺少哪些部分。然后，再将企业模型映射到数据仓库系统，发现企业需要的（或可以构造的）主题。通过这样的过程完成对企业数据需求和现有数据的了解，达到明了原有系统和需要建设的主题域间共性的目的。

2）概念模型设计

概念模型设计的主要工作是确定数据仓库的主题域及相关内容，以及界定系统边界等，即对需求范围内的业务及业务关系进行高度概括性的描述，对密切相关的业务对象进行归类，也就是划分主题。

3）逻辑模型设计

逻辑模型设计需要对概念模型中的每一个主题进行设计。逻辑模型实际上就是关系模型，它具有严格的数学基础——关系数据理论，概念简单、清晰，需要完成的任务就是将概念模型映射到关系模型中。在关系模型中，基本的概念包括关系表、元组（关系表的一行）、属性（关系表的一列）、域（属性的取值范围）、主键（能够唯一表示一个数据行的键或键的组合）等。

4）物理模型设计

数据仓库的物理模型就是逻辑模型在数据仓库中的实现模式。

在实施CRM系统的过程中，客户数据仓库占有极其重要的地位。数据仓库建设是一项有挑战性的工作，而客户数据仓库的建立不仅要遵循建立数据库的一般规律，而且要根据CRM的特征和要求特别注意以下几个方面：

（1）数据信息收集和集成

在企业中，客户数据可能存在于各个环节或部门，客户数据仓库的建立必须把这些信息集成起来。为了更进一步地了解客户身份及其需求，并且对其可能产生的需求作出预测，企业需要花费一些精力进行分析，成功地使用数据信息收集是CRM建设的重要步骤。

（2）确保数据的质量

客户数据的收集和集成要对来自不同的信息源的客户数据进行匹配、合并和整理。

（3）按规则更新客户数据，保持对已有客户的统一看法

客户数据仓库的维护是逐渐更新而不是一次性完全更新的。在客户数据仓库的数据更新中，首先识别新数据是关于新客户的还是关于数据仓库中已有客户的。如果是新客户的数据，那么就要给这个客户一个独立的标识，在数据仓库中插入一条新的记录；如果是已有客户的数据，那么就要对这些客户记录的相关信息进行更新。数据更新要求同步化是CRM数据仓库的特点之一。

（4）数据仓库统一共享，以发挥最大作用

统一共享的客户数据仓库把销售、市场营销和客户服务的所有信息连接起来。

5）数据仓库生成

这一阶段的工作是数据装载接口设计和数据装入。它解决的是从哪些地方如何进行数据抽取、数据清洗、统一数据格式以达到数据集成的日的等问题。

7.3.5 CRM系统中数据仓库的应用

CRM中数据仓库的应用主要包括三个方面：客户行为分析、重点客户发现和市场性能评估。

1）客户行为分析

客户行为分析包括整体行为分析和群体行为分析两个方面。整体行为分析用来发现企业所有客户的行为规律，如在电信企业里，发现客户的闲忙时段等。行为分组时按照客户的不同种类的行为，将客户划分成不同的群体。通过行为分组，CRM用户可以更好地理解客户，发现群体客户的行为规律。在行为分组完成后，要进行客户理解、客户行为规律发现和客户组间交叉分析等。

客户理解又称群体特征分析，通过行为分组，将具有共同特征的客户划分为同一组，这些行为特征必须与已知的资料结合在一起，才能被CRM用户利用。因此，企业需要对这些不同的行为分组客户的特征进行分析，如“哪些人具有这样的行为，是年轻人，还是老年人?”“具有这样行为的人，对于企业来说是忠诚的吗?”“具有这些行为的人，能给企业带来多少利润?”等。

行为规律发现，即发现群体客户的行为规律，可以帮助企业了解不同客户购买哪些产品、这些客户购买的高峰期是什么时候、这些客户的购买方式是什么等。通过对群体客户的行为分析，能够对企业在确定市场活动的时间、地点以及方式等方面提供科学的依据。

组间交叉分析，即通过对群体客户的特征分析、行为规律分析使企业在一定程度上了解自己的客户，如“哪些客户能够从一个行为分组跃进到另一个行为分组中?”“行为分组之间

的主要差别在哪里?”“客户从一个对企业价值较小的组，上升到对企业有较大价值组的条件是什么? 原因是什么?”等，通过这些分析使企业能够准确地制定市场策略和市场活动，从而为企业带来较大的利润。

2）重点客户发现

重点客户发现主要是发现能为企业带来潜在效益的重要客户。这些客户的主要特点包括：有价值的新客户（潜在客户）、同一客户有更多次的消费、同一客户更多地使用同一产品或服务。根据客户的这些主要特点，企业可以挖掘出这些重点客户，然后做好保持和提高这些重点客户的忠诚度工作。此外，通过数据仓库的数据清洗与集中，企业可以将客户对市场的反馈自动输入数据仓库，这个获得客户反馈的过程，称为客户行为追踪。

3）市场性能评估

根据客户行为分析，企业可以准确地制定市场策略和市场活动。然而，这些市场活动是否能够达到预定的目标，是改进市场策略和评价客户行为分组性能的重要指标。因此，在CRM中必须对行为分析和市场策略进行评估。

7.4 OLAP技术及其在CRM系统中的应用

企业建立数据仓库的目的是支持管理中的决策制定过程，OLAP作为一种多维查询和分析的工具，是数据仓库功能的自然扩展，也是数据仓库中的大容量数据得以有效利用的重要保障。随着数据仓库的发展，OLAP也得到了迅猛发展。数据仓库侧重于存储和管理面向决策主题的数据，而OLAP的一个主要特点是多维数据分析，这与数据仓库的多维数据组织正好形成相互结合、相互补充的关系。

在CRM中进行OLAP分析，企业的决策者能从多方面、多角度来观察企业的状态、分析客户的数据，使企业在提高效率、预测市场、保留客户等方面大大改进，从而提升企业的竞争优势。

7.4.1 联机分析处理的概念

1）变量

变量是分析数据时要考查的属性，即描述数据“是什么”。例如：数据“10000”本身没有意义或意义未定，它可能是一个学校的学生人数，也可能是某产品的单价，还可能是某商品的销售量等。一般情况下，变量总是一个数值度量指标，例如，“人数”、“单价”和“销售量”等都是变量。

2）维

维是人们观察数据的特定角度，是考虑问题时的一类属性，属性集合构成一个维。例如，企业管理者常常关心产品销售数据随着时间推移而产生的变化情况，这时管理者是从时间的角度来观察产品的销售，因此时间就是一个维（时间维）。

3）维的层次性

人们观察数据的某个特定角度（即某个维）还可以存在细节程度不同的各个描述方面，我们将多个描述方面称为维的层次。一个维往往具有多个层次，如描述时间维时，可以从日期、月份、季度、年等不同层次来描述，那么日期、月份、季度、年等就是时间维的层次。同样，城市、地区、国家等构成了地理维的多个层次。

4）维成员

维的一个取值称为该维的一个维成员。如果一个维是多层次的，那么该维的维成员是在不同维层次的取值的组合。例如，我们考虑时间维具有日期、月份、年这三个层次，分别在日期、月份、年上各取一个值组合起来，就得到了时间维的一个维成员，即“某年某月某日”。

5）多维数组

多维数组是维和变量的组合表示。一个多维数组可以表示为：（维1，维2，…，维n，变量）。

6）数据单元

数据单元是多维数组的取值。当多维数组的各个维都选中一个维成员，这些维成员的组合就唯一确定了一个变量的值。数据单元就可以表示为：（维1维成员，维2维成员，…，维n维成员，变量的值）。例如，我们在地区、时间和销售渠道上各取维成员“北京”、“2014年12月”和“批发”，唯一确定了变量“销售额”的一个值（假设为10 000），则该数据单元可表示为：（北京，2014年12月，批发，10 000）。

7.4.2 多维数据模型上的OLAP操作

OLAP技术的核心是多维分析。OLAP通过对多维数据进行切片、切块、钻取、聚集和旋转等方式分析数据，使用户能够从多种角度观察、分析数据仓库中的数据。下面我们具体介绍OLAP的分析方法。

1）数据切片

对多维数据集（维1，维2，维3，…，维n，变量值）在维度i上选定一个维成员，得到一个n-1维多维数据集，称这个n-1维多维数据集为原数据集在第i维上的数据切片。

2）数据切块

在多维数据立方体中，确定某些维度的取值范围，得到一个原立方体的子立方体的过程被称为数据切块。数据切块与数据切片得到的多维数组都是原多维立方体的子集，不同的是数据切片使多维立方体降低了一个维度，而数据切块得到的多维立方体与原立方体的维度是相同的。

3）数据钻取

数据钻取又称数据下钻，是由概括的数据到详细的数据的过程。数据钻取对应于维的层次，它是由维的高层次展开到低层次的一个动作。比如，我们由“年”数据下钻到“季度”数据，这无疑会增加数据细节和数据量，得到更详细的数据。数据钻取的具体操作参见图7-7中的数据钻取部分。

4）数据聚集

数据聚集又称数据上卷，是数据钻取的逆过程。数据聚集是将详细的数据聚集为较概括的数据，是一个综合数据的动作。

图7-7显示了一个数据立方体的钻取和聚集的过程。原数据立方体包含了时间（年）、城市、产品三个维度，其中a_1、a_2为产品名。钻取过程是按时间下钻，由年数据得到季度数据，从图7-7中可以看出，数据由原来的两行展为八行。聚集过程是按地区维度上卷，将城

市维上卷为国家维，即将北京、上海的城市数据统计为中国的数据，将东京、大阪的城市数据统计为日本的数据。数据聚集和数据钻取为用户提供了不同层次观察数据的方法。

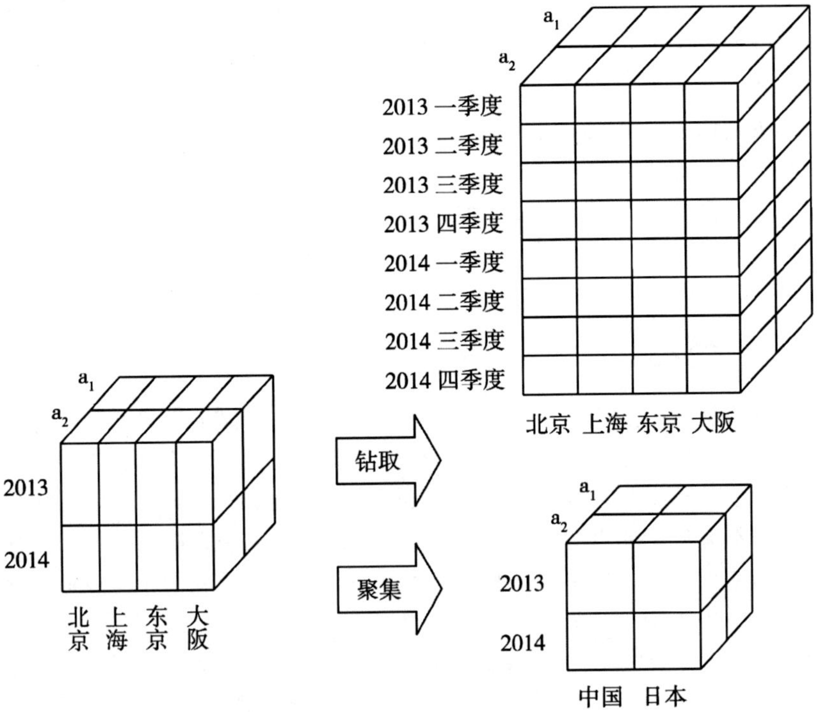

图7-7　数据钻取与聚集

5）数据旋转

数据旋转，即变换维度的位置，从转动数据的视角，给用户提供一个从不同的角度观察数据的方法。图7-8是数据旋转的一个简单示例，只体现了二维表的旋转。当数据是三维或三维以上的多维数据时，数据旋转将更有意义，每进行一次数据旋转就可以从一个新的视角观察数据。

	2013	2014
A_1	200	230
A_2	456	478
A_3	100	120

	A_1	A_2	A_3
2013	200	456	100
2014	230	478	120

图7-8　数据旋转

7.4.3 OLAP的特点

联机分析处理的用户是企业中的专业分析人员及管理决策人员，他们在分析业务经营的数据时，从不同的角度来审视业务的衡量指标是一种很自然的思考模式。比如，在分析销售数据时，可能会综合时间周期、产品类别、分销渠道、地理分布、客户群类等多种因素来衡量。虽然这些分析角度可以通过报表来反映，但是每一个分析角度都可以生成一张报表，各个分析角度的不同组合又可以生成不同的报表，使得IT人员的工作量相当大，而且往往难以跟上管理决策人员思考的步伐。

联机分析处理的主要特点是直接仿照用户的多角度思考模式，预先为用户组建多维的数据模型。一旦多维数据模型建立完成，用户便可以快速地从各个分析角度获取数据，也能动态地在各个角度之间切换或者进行多角度综合分析，具有极大的分析灵活性。这也是近年来联机分析处理被广泛关注的根本原因，它从设计理念和真正实现上都与旧的管理信息系统有着本质的区别。

7.4.4 OLAP的应用

随着数据仓库理论的发展，数据仓库系统已逐步成为新型的决策管理信息系统的解决方案。数据仓库系统的核心是联机分析处理，但数据仓库包括更为广泛的内容。从应用的角度来说，数据仓库系统除了联机分析处理外，还可以采用传统的报表，或者采用数理统计和数据挖掘等人工智能方法，涵盖的范围更广；从应用的范围来说，联机分析处理往往根据用户分析的主题进行应用分类，如销售分析、市场推广分析、客户利润率分析等，每一个分析的主题形成一个OLAP应用，而所有的OLAP应用实际上只是数据仓库系统的一部分。

下面以某家电企业为例介绍OLAP的应用。家电的多维分析涉及产品、销售数量、地区和时间四个维。所有抽查的数据都是第一季度的。负责冰箱销售的副总裁提出了以下三个问题：

2015年第一季度，冰箱在哪个地区的销售情况最好？

2015年第一季度，在冰箱畅销的地区中，哪个省份的冰箱销售量处于领先地位？

2015年第一季度，在冰箱销售领先的省份中，哪个城市的冰箱销售量最高？

要回答这三个问题，需要用到OLAP的两种多维分析方法，即数据切片/切块和数据钻取。其他分析方法还有数据旋转和数据聚集等。

图7-9显示了如何运用数据切片进行数据分析，首先使用数据切片方法来对第一个问题进行分析。在图7-9的数据立方体中，时间、地区和产品分别是三个维度，销售额是度量变量。在产品维上选定“冰箱”则形成在产品维上的数据切片，显示了冰箱在各地区和各月份的销售情况。

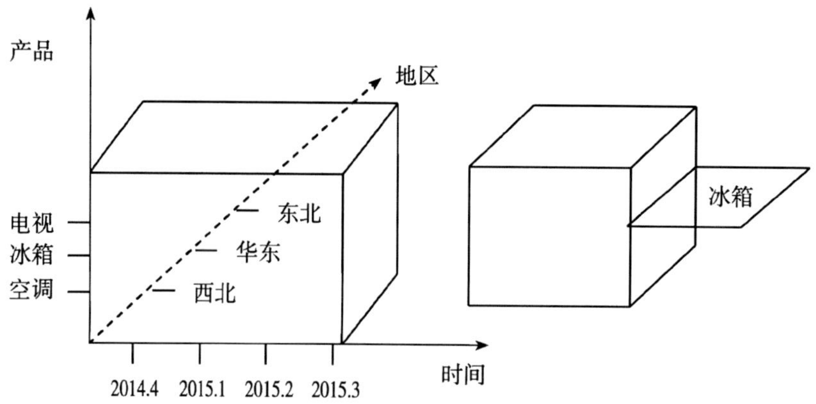

图7-9 运用数据切片进行数据分析

通过模型驱动工具查询数据仓库的数据，得到按地区划分的销售数据，见表7-4。

表7-4　**按地区划分的销售数据**　单位：台

项 目	2015年第一季度	2015年第一季度	2015年第一季度
	电视数量	冰箱数量	空调数量
西北	36 033	44 899	35 621
华东	85 935	79 954	95 526
东北	46 061	36 040	23 312

数据钻取和数据聚集会改变维的层次，变换分析的粒度，在家电企业的例子中，必须用联机分析处理工具深入到地区维中，通过数据钻取查看某地区维中更细节的数据，如图7-10所示。

	西北	华东	东北
冰箱	44 899	79 954	36 040

	西北		华东			东北	
	陕西	甘肃	山东	浙江	江苏	吉林	辽宁
冰箱	24 632	20 267	25 301	25 309	29 344	17 866	18 174

图7-10　运用数据钻取的方法进行数据分析

图7-10表示的是对地区维数据钻取的第一步，即显示了该家电企业按地区划分的各省的冰箱销售量（见表7-5）；更深一步的钻取可以显示出各城市的销售情况，见表7-6。

表7-5　**按地区和省进行划分的销售数据**　单位：台

项 目		2015年第一季度	2015年第一季度	2015年第一季度
		电视数量	冰箱数量	空调数量
西北	陕西	25 596	24 632	19 420
	甘肃	10 037	20 267	16 201
华东	山东	17 551	25 301	21 356
	浙江	27 401	25 309	36 522
	江苏	40 983	29 344	37 648
东北	吉林	17 204	17 866	11 211
	辽宁	28 857	18 174	12 101

通过OLAP得出了负责冰箱销售的副总裁所提出的三个问题的答案：

2015年第一季度，冰箱在华东地区销售情况最好。

2015年第一季度，在华东地区，江苏省的冰箱销售量处于领先地位。

2015年第一季度，江苏省南京市冰箱销售量最高。

表 7-6　**按地区、省和城市进行划分的销售数据**　单位：台

项目			2015年第一季度 电视数量	2015年第一季度 冰箱数量	2015年第一季度 空调数量
西北	陕西	西安	14 569	13 544	11 308
		咸阳	11 027	11 088	8 112
	甘肃	兰州	7 205	11 169	9 846
		天水	2 832	9 098	6 355
华东	山东	济南	8 770	12 109	10 699
		青岛	8 781	13 192	10 657
	浙江	杭州	14 571	14 025	19 326
		宁波	12 830	11 284	17 196
	江苏	南京	22 675	16 624	19 665
		苏州	18 308	12 720	17 983
东北	吉林	长春	9 003	9 413	6 847
		四平	8 201	8 453	4 364
	辽宁	沈阳	16 751	9 631	5 745
		大连	12 126	8 543	6 356

7.5　数据挖掘概述

7.5.1　数据挖掘的定义

数据挖掘（data mining）是从大量的、不完全的、有噪声的、模糊的、随机的实际应用数据中提取人们感兴趣的知识，这些知识是隐含的、事先未知的、潜在有用的信息。它是通过分析数据，发现数据内部的信息和知识的过程。随着数据仓库的广泛应用，数据挖掘的应用领域也越来越广泛。

从商业角度来讲，数据挖掘可以描述为：按企业既定业务目标，对大量的企业数据进行探索和分析，揭示隐藏的、未知的或验证已知的规律性，并进一步将其模型化的、先进的、有效的方法，以帮助企业的决策者调整市场策略，减少风险，作出正确的决策。

数据挖掘是一个交叉学科，它涉及多个学科的思想和方法，如数据库系统、数理统计学、人工智能、可视化和信息学科等。

7.5.2　数据挖掘的数据来源

数据挖掘常和数据仓库的概念同时出现，事实上，数据挖掘并不是只能在数据仓库中进行。数据挖掘的数据来源是非常广泛的，可以是关系数据库、数据仓库、事务数据库以及高级数据库等。

1）关系数据库

关系数据库中的数据是最丰富、最详细的。因此，数据挖掘可以从关系数据库中找到大量的数据。基于关系数据库中数据的特点，在进行数据挖掘之前也要对数据进行清洗和转换。数据的真实性和一致性是进行数据挖掘的前提和保证。

2）数据仓库

数据仓库中的数据已经进行了清洗和转换，数据中不存在错误和不一致的情况，因此，数据挖掘从数据仓库中获取数据后就不需要再进行这些数据处理工作了。尽管数据仓库工具对于支持数据分析是有帮助的，但是仍需要数据挖掘工具进行更深入的自动分析。数据仓库、数据挖掘和联机分析处理共同构成了系统的决策支持模块。

3）事务数据库

数据仓库的工程是巨大的，对于企业来说也是不需要的。如果只是想进行数据挖掘，没有必要专门建立数据仓库。数据挖掘可以从事务数据库中提取数据。事务数据库中的每条记录代表一个事务。在进行数据挖掘时，可以只将一个或几个事务数据库集中到数据挖掘库中进行挖掘。

4）高级数据库

随着数据库技术的不断发展，各种面向特殊应用的高级数据库系统已经出现。这些高级数据库包括了面向对象的数据库、空间数据库、时间和时间序列数据库、文本和多媒体数据库等新的数据库。这些结构更为复杂的数据库为数据挖掘提供了更加全面、更加多元化的数据，也对数据挖掘技术提出了更大的挑战。

7.5.3　数据挖掘的基本步骤

数据挖掘的基本步骤包括确定分析和预测目标、建立数据挖掘库、分析数据、建立模型、模型评估与验证和模型实施，如图7-11所示。

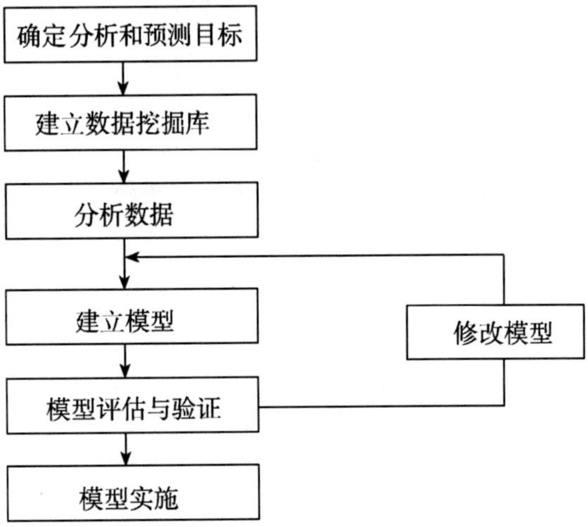

图7-11　数据挖掘的基本步骤

1）确定分析和预测目标

这是数据挖掘的第一步，确定分析和预测目标相当于需求分析，主要是明确业务目标。比如，数据挖掘的目标是找到高价值客户，根据数据挖掘得到的规则能否正确发现高价值客户，或者挖掘出来的高价值客户中有多少是真正的高价值客户，这成为评价挖掘模型的最重要的标准。

2）建立数据挖掘库

建立数据挖掘库是数据挖掘过程中较为复杂的一步。首先要进行数据收集，。对于收集到的数据，应对数据的来源、大小、存储位置和数据在使用上的限制等进行详细的记录。完成数据收集后，要对数据进行描述。比如，数据包含哪些属性、共有多少条记录、属性名称、有多少不完整的记录和不完整的记录缺少的是哪些属性等。

3）分析数据

分析数据，即对数据挖掘库中的数据进行分析。比如，计算数据的平均值、标准差等统计信息，以便发现数据的分布情况。对数据有了全面、细致的了解以后，就可以针对数据挖掘分析目标选择合适的变量和记录。

4）建立模型

建立模型是选择合适的方法和算法对数据进行分析，得到一个数据挖掘模型的过程。在建立模型时，选择正确的方法和算法是必需的。

5）模型评估与验证

为了验证模型的有效性，选择最优的模型，一般会将数据集分为两部分：一部分用于建立模型；另一部分则用于测试模型。对模型的验证主要需要考虑以下几个方面：

（1）模型的准确性

对数据挖掘模型来说，模型的准确性是最重要的。利用各种验证方式对模型进行测试的主要目的也是验证模型的准确性。

（2）模型的可理解性

模型在准确的基础上还应该容易理解，如数据挖掘人员了解不同的输入对结果的影响，预测成功或失败的原因等。同时，挖掘结果也应该具有可理解性。

（3）模型的性能

模型的性能主要是指运行的速度、输出结果的速度、实现代价、复杂度等。运用不同的算法，产生的模型的性能也是不同的。对于数据挖掘模型来说，最好的模型是在准确性和可理解性的基础上，追求模型的高性能。

6）模型实施

模型建立并通过验证以后就是具体实施了。模型的实施有两种情况：一种情况是将数据挖掘模型得到的结果提供给信息需求者或者管理者，以辅助管理者的决策分析；另一种情况是保留模型，以后每遇到类似问题就用这个模型进行分析，或者将模型用于不同的数据集（这些数据分析需要采用相同的方法）进行分析。

7.5.4 数据挖掘工具及其选择

1）数据挖掘工具

要进行数据挖掘，工具是必不可少的。目前，世界上已经有很多商业公司和研究机构开发出了各自的数据挖掘产品，而且功能和使用简易性也在日益提高，如SAS公司的

Enterprise Miner以及IBM公司的Intelligent Miner等。直接采用商业数据挖掘工具来帮助项目实施是一个很好的选择，它既节省了大量的开发费用，又节约了维护和升级的开销。

数据挖掘工具包括数据挖掘（data mining）工具和文本挖掘（text mining）工具。数据挖掘工具主要是用于进行聚类分析、关联分析、时间序列分析以及统计分析。文本挖掘工具主要应用在市场调研报告中或呼叫中心（call center）的客户抱怨定级、专利的分类、网页的分类以及电子邮件的分类等方面。一般而言，目前市场上这些数据挖掘工具又可以分成两类：企业级工具和小型工具。

2）数据挖掘工具的选择

一般来说，对数据挖掘工具的选择可从以下几点进行：

①公司的数据挖掘需求是短期行为还是长期使用。

②公司的数据挖掘经验和水平。

③公司的数据状态。

④公司的预算。在评估数据挖掘工具时，公司也要结合自身的财务预算和时间情况来决定。

⑤工具的性能。好的工具可以更有效地挖掘出准确的、高价值的信息，因此工具性能的评估也是相当重要的。

7.5.5　CRM中常用的数据挖掘算法

每一种数据挖掘方法都有多种算法来实现。现在，越来越多的人在从事数据挖掘算法的研究。如果没有挖掘算法将数据挖掘原理加以实现，那么所提出的所有方法和思想都将变得没有意义。下面将针对几种数据挖掘方法及其涉及的数据挖掘算法进行比较详细的说明。

1）关联分析（association analysis）

要了解关联规则挖掘，首先要了解两个概念，即支持度和置信度。对于关联规则A⇒B（表示如果A，那么B），支持度，即有足够多的数据可能支持这一规则；置信度，即这一规则的可信程度。

支持度和置信度的定义如下：

支持度

$$Support（A \Rightarrow B）=P（A \cup B）$$

置信度

$$Confidence（A \Rightarrow B）=P（B|A）$$

同时满足最小支持度和最小置信度的规则称为强规则。关联规则挖掘就是寻找强规则的过程。关联规则可以是单维的也可以是多维的，可以是单层的也可以是多层的，可以是布尔的也可以是量化的。下面我们介绍一种典型的关联规则挖掘算法——Apriori算法。

Apriori算法是一个关于单维、单层、布尔规则的方法，因此它也是关联规则挖掘中形式最简单的方法。Apriori算法是一个逐层迭代寻找频繁项集的方法。如果项集满足最小支持度，称为频繁项集。Apriori算法的性质是频繁项集的所有非空子集必须是频繁的。

我们用一个简单实例来介绍Apriori算法的实现方法。表7-7是一组事务数据，“ID”表示顾客号，“购买商品”表示顾客一次购买的商品名称。规定最小支持度为0.6，最小置信度为0.8。

表 7-7　事务数据

ID	购买商品
1	{K,A,D,B}
2	{D,A,C,E,B}
3	{C,A,B,E}
4	{B,A,D}

第一步，扫描每条记录，对每个项（即每种商品）出现的次数计数。

第二步，根据最小支持度确定频繁项集 L_1。

第三步，L_1与L_1连接，得到候选项集。扫描记录，对候选集中候选项计算支持度。根据最小支持度得到频繁项集 L_2。

第四步，L_2与L_2连接，得到候选项集。根据 Apriori 算法的性质去掉不符合条件的候选项，即有不频繁子集的项。然后扫描记录，对候选集中剩余候选项计算支持度。根据最小支持度得到频繁项集 L_3。

第五步，继续重复上述动作，直到所得频繁项集 L_n 为空，则频繁项集 L_{n-1} 即为最大频繁项集。

根据表 7-7 中的事务数据进行 Apriori 算法，过程如图 7-12 所示。

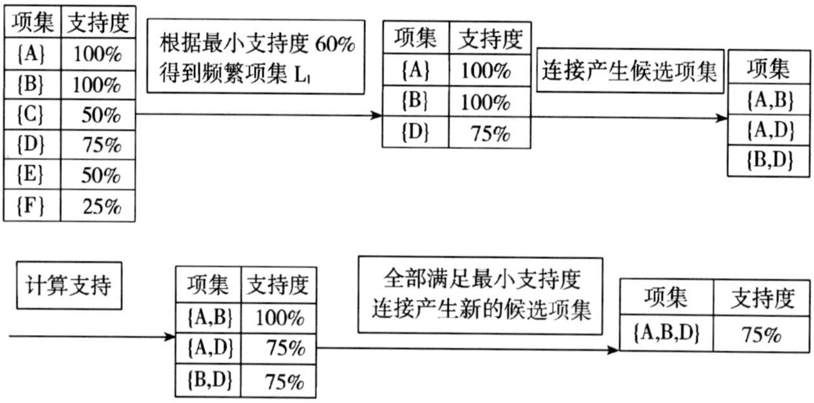

图 7-12　Apriori算法过程实例

最终得到一个包括频繁项集{A，B，D}的频繁项集的集合 $L=\bigcup_{K} L_{K}$。这就是用 Apriori 算法寻找频繁项集的过程，但关联规则挖掘的最终目的是找到强规则。以频繁项集{A，B，D}为例，列出最终得到的频繁项集{ A，B，D}可产生的关联规则，关联规则的置信度见表 7-8。

表 7-8　关联规则的置信度

规则	置信度
A^B⇒D	75%
A^D⇒B	100%
B^D⇒A	100%
A⇒B^D	75%
B⇒A^D	75%
D⇒A^B	100%

根据最小置信度0.8，可得到三个强规则：A^D⇒B、B^D⇒A和D⇒A^B。至此，完成了一个最简单的规则挖掘。

关联规则挖掘不仅可以处理单维、单层的简单模式，还可以进行多维、多层规则的挖掘，或者基于约束的复杂挖掘等。关联规则可以发现数据库中不同商品的联系，进而反映顾客的购买习惯。关联规则是目前应用十分广泛的一种方法。

2）序列模式分析（sequential pattern analysis）

序列模式分析和关联分析相似，其目的也是挖掘出数据间的联系，但序列模式分析的侧重点在于分析数据间的前后（因果）关系。以一个零售商的实例说明，如果数据挖掘系统在分析时按客户号而不是按交易号分组，并进一步将每组按时间分类，得到表7-9。

表7-9　**按时间分类表**

客户号	日期	商品号	数量（个）
甲	2015年4月3日	A	14
		B	3
	2015年4月4日	C	11
乙	2015年6月5日	C	2
		B	3
		D	13
	2015年6月8日	B	10
		D	12

在进行序列模式分析时，同样也需要由用户输入最小置信度C和最小支持度S。在此案例中，最小置信度是0.5，最小支持度也是0.5。规则“先购买了商品X的客户后购买商品Y”的置信度为C，支持度为S，则：

$$C=\frac{\text{先购买了商品X再购买商品Y的组数}}{\text{先购买了商品X的组数}}$$

$$S=\frac{\text{先购买了商品X再购买商品Y的组数}}{\text{总组数}}$$

以组（同一顾客）为基准，并且在Item1和Item2之间保持时间顺序关系，则可以得出一个最简单的序列规则（见表7-10）。如表7-10的第一行所示，客户在购买了商品A之后，必定会购买商品B，其置信度C为1，支持度S为0.5。

表7-10　**序列规则**

Item1	Item2	置信度C	支持度S
A	B	1	0.5
B	C	0.5	0.5
A，B	C	0.5	0.5
B	B	0.5	0.5
B	D	0.5	0.5
B	B，D	0.5	0.5
B，C，D	B，D	0.5	0.5

运用序列模式分析这些记录，零售商可以发现客户潜在的购物模式。例如，客户在购买

微波炉前最常购买何种商品。如果将序列模式分析法用于股市分析，则可能发现以下规律：在5天的交易日中，如果X股最多只上涨了10%，Y股的涨幅在10%~20%之间，那么Z股在下星期上涨的概率为68%。在医疗保险行业，该方法同样具有非常好的效果。保险公司利用序列模式分析法可以预测用户投保后最常采用的医疗措施，从而识别可能的欺诈行为。

3）分类分析（classification analysis）

预测模型以通过数据库中的某些数据得到其他数据为目标，若预测的变量是离散的（如批准或者否决一项情况），这类问题被称为分类（classification）；如果预测的变量是连续的（如预测盈亏情况），这类问题被称为回归（regression）。分类分析一直为人们所关注。数据挖掘广泛使用的方法有决策树、神经网络、径向基础函数（radia basis functions）等。

基于债务水平、收入水平和工作情况，可对给定用户进行信用风险分析。分类分析通过判断以上属性与已知原始数据中风险程度的关系给出预测结果。决策树是一种常见且有用的预测模式。表7-11是一个可用于判断信用风险的原始数据。客户的债务情况、收入情况、工作类型及信用风险被收集其中。图7-13显示了一个由表7-11中的原始数据生成的决策树。

表7-11 **原始数据**

客户编号	债务情况	收入情况	工作类型	信用风险
1	High	High	Self-employed	Bad
2	High	High	Salaried	Bad
3	High	Low	Salaried	Bad
4	Low	Low	Salaried	Good
5	Low	Low	Self-employed	Bad
6	Low	High	Salaried	Good
7	Low	High	Salaried	Good

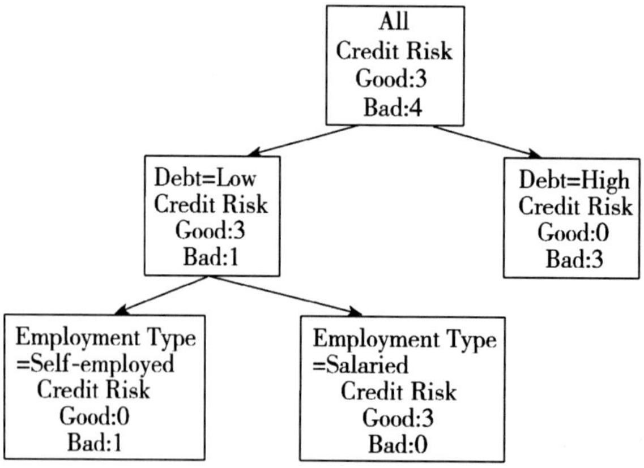

图7-13 决策树

在这个普通的例子中，一个决策树算法对于信用风险预测来说，最重要的属性是债务情况。因此，决策树中的第一个分支点设在债务情况。叶子“Debt = High”包含三条“Credit Risk = Bad”的记录而没有“Credit Risk = Good”的记录。在这个例子中，客户的高负债记录是他的信用风险大的充分条件。“Debt = Low”仍是混合的，其中有三条“Credit Risk = Good”的记录和一条“Credit Risk = Bad”的记录。在这种情况下，决策树算法将用“Employment Type”作为第二条判断条件。“Employment Type”分支得到两个叶子。它显示受雇于自己的人有较高的信用风险。当然，这只是一个理想状况下的范例，但是它演示了决策树如何利用已知的属性进行信用风险测试。事实上，对于每个信用申请者都有远远多过于此的属性，并且申请者的数量是庞大的。当一个实用问题的规模发展到如此地步，用人力去寻找判断好坏的标准将非常困难。然而，分类分析则可以判断成百的属性、数以百万的记录，以建立描述规则的决策树。

4）聚类分析

将一组对象的集合分组成为由类似的对象组成的多个类的过程称为聚类。分组后得到的相同类中的对象相似，而不同类中的对象相异。聚类分析的应用十分广泛，在商务领域，聚类可以通过顾客数据将顾客信息分组，并对顾客的购买模式进行描述；在生物领域，聚类可以通过对基因排列的分类，发现特定的基因组合导致怎样的特征或病症。同时，聚类分析也常常作为数据挖掘的第一步，对数据进行预处理，然后用其他算法对得到的数据进行进一步分析。

聚类分析主要有基于划分的方法、基于层次的方法、基于密度的方法、基于网格的方法、基于模型的方法等几种方法，还有一些算法是将几种方法结合起来应用的。

（1）相异度

相异度用以描述两个对象之间的差别。它是通过两个对象的属性值计算的。对于数值型数据，通常用距离表示相异度。相异度矩阵的表现形式为：

$$\begin{pmatrix} 0 & & & & \\ d(2,1) & 0 & & & \\ d(3,1) & d(3,2) & 0 & & \\ \vdots & \vdots & \vdots & & \\ d(n,1) & d(n,2) & \cdots & \cdots & 0 \end{pmatrix}$$

这里d（i，j）是对象i和对象j之间相异度的量化表示，通常d（i，j）>0，并且d（i，j）=d（j，i），d（i，i）=0。

（2）距离

距离最常用的距离表示方法是欧几里得距离。它的定义是：

$$\sqrt{|x_{i1}-x_{j1}|^2+|x_{i2}-x_{j2}|^2+\cdots+|x_{ip}-x_{jp}|^2}$$

其中，i＝（x_{i1}，x_{i2}，…，x_{ip}）和j＝（x_{j1}，x_{j2}，…，x_{jp}）是两个p维的对象。

（3）两个簇间的平均距离

它是两个簇中的对象两两之间的平均长度。

下面我们介绍两种简单的聚类分析算法：基于划分的聚类和基于层次的聚类。

①基于划分的聚类。基于划分的聚类的代表方法是K-平均算法和K-中心点法。

K-平均算法的思想如下：输入簇的数目K和包含n个对象的数据库。

a.任意选择K个对象作为初始的簇中心。

b.循环进行c、d。

c.根据簇中对象的平均值，将每个对象（重新）分给最类似的簇。

d.更新簇的平均值，即计算每个簇中对象的平均值。

e.直到不再发生变化。

图7-14为K-平均算法的过程示例。

在图7-14中，（a）图为输入点，以两个星型点为初始的簇中心进行聚集。（b）图为第一次聚类后的结果，图中两个星型点为簇的平均值点。（c）图为以两个簇的平均值点为簇中心，进行聚类的结果，由于至此结果不再变化，算法执行结束。（c）图中标注的两个聚类为

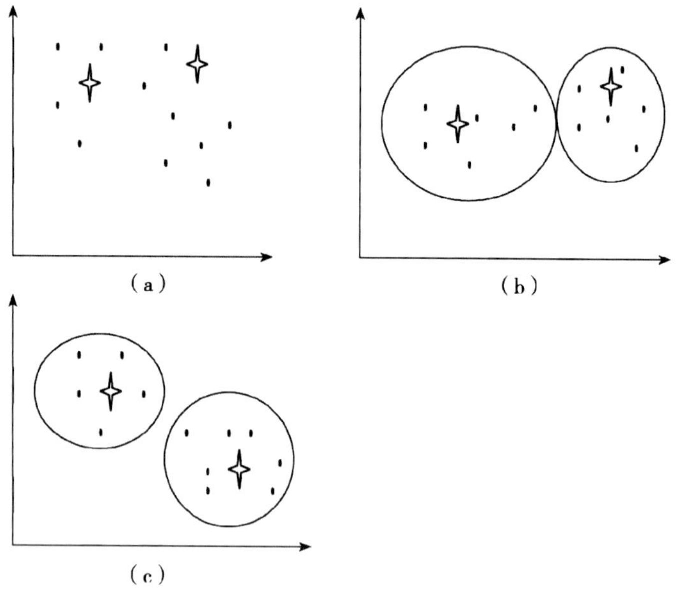

图 7-14 K-平均算法的过程示例

结果聚类。

K-平均算法基于簇中对象的平均值，输出结果是K个簇。K-平均算法的优点是实现简单，易于理解；其缺点是如果数据中存在孤立点，会影响聚类质量。

K-中心点法是对K-平均算法的一种改进，它不是采用平均值而是用代表点作为中心点进行聚类，再逐步用非中心点代替中心点找到最优解。当数据量很大时，K-中心点法的实现代价过高，进而又产生了CLARA、CLARANS等改进的划分方法。

②基于层次的聚类。基于层次的聚类分为凝聚的层次聚类和分裂的层次聚类两种。凝聚的层次聚类是对于给定的数据集合，将每个对象作为一个簇，然后根据某些准则（如平均距离最小准则）一步步合并，直至所有的对象最终合并成一个簇。分裂的层次聚类是凝聚的层次聚类的逆过程。对于给定的数据集合，将所有对象作为一个簇，然后根据某些准则一步步分裂，直至每个对象成为独立的一个簇。图 7-15 是两种层次聚类方法的示例。

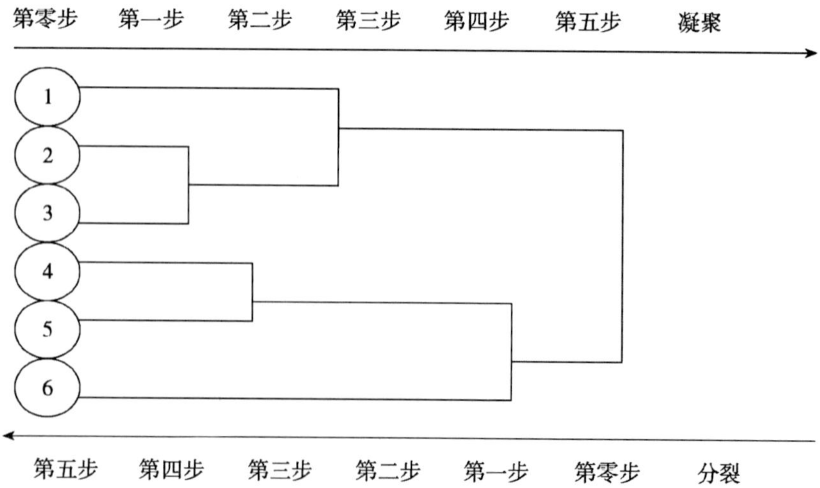

图 7-15 两种层次聚类方法的示例

基于层次的聚类分析实例：聚类分析在区域经济中的应用，原始数据见表7-12。

表7-12　**原始数据**　单位：万元

ID	区域名称	工业收入	农林牧渔业收入	种植业收入	农村经济总收入
1	朝阳区	444 368	50 693	10 541	983 053
2	丰台区	312 509	65 677	634	704 052
3	石景山区	35 903	13 769	0	158 919
4	海淀区	245 721	42 405	6 336	598 480
5	门头沟区	44 082	5 581	129	92 535
6	房山区	281 365	34 938	14 486	737 863
7	昌平	141 152	31 463	9 838	281 606
8	顺义	358 535	87 210	29 754	547 356
9	通县	334 007	28 984	9 826	497 366

根据九个区县的经济情况利用聚类分析的方法，对其数据进行深入分析，结果见表7-13至表7-18。

表7-13　**原始数据分析结果**

	1	2	3	4	5	6	7	8	9
1	0								
2	309 113.28	0							
3	920 605.78	613 494.66	0						
4	432 947.34	127 201.34	487 952.48	0					
5	977 442.94	670 535.51	67 385.395	545 924.13	0				
6	294 876.07	47 748.79	629 353.41	144 292.39	688 345.41	0			
7	764 420.12	423 929.16	162 908.91	333 879.91	214 323.51	477 350.8	0		
8	445 984.09	160 826.86	511 129.72	133 777.99	559 717.57	212 634.9	348 400.4	0	
9	498 541.08	211 215.85	451 376.13	134 947.25	498 584.37	246 307	289 398.6	82 994.07	0

表7-14　合并2、6结点所得结果

	1	（2，6）	3	4	5	7	8	9
1	0							
（2,6）	300 730.7	0						
3	920 605.78	620 820.7	0					
4	432 947.34	132 995.4	487 952.4887	0				
5	977 442.94	678 900.8	67 385.39517	545 924.1368	0			
7	764 420.12	466 539.5	162 908.9189	333 879.917	214 323.5184	0		
8	445 984.09	189 172.4	511 129.7207	133 777.9979	559 717.5766	348 400.4	0	
9	498 541.08	227 655.9	451 376.1326	134 947.2569	498 584.3724	289 398.6	82 994.07	0

表7-15　合并3、5结点所得结果

	1	（2,6）	（3,5）	4	7	8	9
1	0						
（2,6）	300 730.7	0					
（3,5）	948 851.8	649 636.1	0				
4	432 947.34	132 995.4	516 652.5	0			
7	764 420.12	466 539.5	187 354.6	333 879.917	0		
8	445 984.09	189 172.4	534 914.5	133 777.9979	348 400.4	0	
9	498 541.08	227 655.9	474 371.4	134 947.2569	289 398.6	82 994.07	0

表7-16　合并8、9结点所得结果

	1	（2，6）	（3，5）	4	7	（8，9）
1	0					
（2，6）	300 730.7	0				
（3，5）	948 851.8	649 636.1	0			
4	432 947.34	132 995.4	516 652.5	0		
7	764 420.12	466 539.5	187 354.6	333 879.917	0	
（8，9）	1 045 952.079	407 066.8	195 852.2	797 116.9	547 921.8	0

表7-17　**合并2、4、6结点所得结果**

	1	(2,4,6)	(3,5)	7	(8,9)
1	0				
(2,4,6)	1 032 021.8	0			
(3,5)	948 851.8	434 976.7	0		
7	764 420.12	520 837.4	187 354.6	0	
(8,9)	1 045 952.079	426 443.8	195 852.2	547 921.8	0

表7-18　**合并3、5、7结点所得结果**

	1	(2,4,6)	(3,5,7)	(8,9)
1	0			
(2,4,6)	1 032 021.8	0		
(3,5,7)	1 038 200.01	404 520.6	0	
(8,9)	1 045 952.079	426 443.8	441 185.4	0

表7-18的数据显示，结点1与其他簇的距离都很远，可视为孤立点，即此时聚类结束。从聚类分析的结果中可以看出，聚类大致分为四类：第一类为海淀区、丰台区、房山区；第二类为石景山区、门头沟区、昌平；第三类为顺义和通县；第四类为孤立点朝阳区。同一类中的成员有近似的经济结构或类似的经济收入比例。同时，通过聚类的顺序也能够说明，在九个区域中丰台区和房山区的产业结构和经济收入比例是最相近的。根据上述聚类结果，还可以进一步分析各区域之间的近似程度。另外，在制定政策时，对同一聚类中的区域可以给予相同或相似的扶持政策。

层次聚类的方法原理和执行都较为简单，但结点一旦凝聚或分裂就不能取消。因此，一步错误的凝聚会导致整个聚类结果质量的下降。层次聚类的方法也有许多改进算法，如BIRCH（利用层次方法的平衡迭代归约和聚类）、Chameleon（变色龙）、CURE、DBSCAN等。

对聚类分析方法的评价需要考虑以下几个方面：算法的可伸缩性，即处理大量数据的能力；处理不同类型属性的能力，因为数据属性并非都是数值型；处理孤立点的能力，好的聚类算法对孤立点应当是不敏感的；发现聚类形状的能力，聚类得到的簇应该可以是任意形状的，而有些算法是将簇的形状假设为球状的；处理高维数据的能力；聚类算法的可解释性等。

针对数据特性的不同，在进行聚类分析时应根据算法的特点选择合适的聚类算法，并没有万能的最优算法。因此，根据需要对现有算法进行改进也是一项挑战。

7.6 CRM系统中数据挖掘的应用

7.6.1 数据挖掘在客户分类中的应用

客户分类是指将所有的客户分成不同的类的过程。对客户进行分类，有利于针对不同类型的客户进行客户分析，分别制定客户服务策略。

客户分类可以采用分类的方法，也可以采用聚类的方法。分类的方法是预先给定类别，如将客户分为高价值客户和低价值客户，或者分为长期固定客户和短期偶然客户等。然后，确定对分类有影响的因素，将拥有相关属性的客户数据提取出来，选择合适的算法（如决策树、神经网络等）对数据进行处理得到分类规则。经过评估和验证后就可将规则应用在未分类客户上，对客户进行分类。聚类的方法则是一种自然聚集的方式，在数据挖掘之前并不知道客户可以分为哪几个类，只是根据要求确定分成几类（有些算法需要人为确定输出簇的数目）。将数据聚类以后，再对每个簇中的数据进行分析，归纳出相同簇中客户的相似性或共性。

比如，银行在长期的金融服务中，积累了大量的数据信息，包括对客户的服务历史、对客户的销售历史和收入，以及客户的人口统计学资料和生活方式等。银行必须将众多的信息资源综合起来，以便在数据库里建立起一个完整的客户背景。在客户背景信息中，大批客户可能在存款、贷款或使用其他金融服务上具有极高的相似性，因而形成了具有共性的客户群体。经过聚类分析，可以发现他们的共性，掌握他们的投资理念，为他们提供有针对性的服务，进而引导他们的投资行为，提高银行的综合服务水平，并且可以降低业务服务成本，取得更高的收益。通过客户细分，银行可以准确地把握现有客户的状况，采取不同的服务、推销和价格策略稳定有价值的客户，转化低价值的客户，消除没有价值的客户。

客户分类可以对客户的消费行为进行分析，也可以对顾客的消费心理进行分析。企业可以对不同行为模式的客户提供不同的产品内容，对不同消费心理的客户使用不同的促销手段等。客户分类也是其他客户分析的基础，在分类后的数据中进行挖掘更有针对性，可以得到更有意义的结果。

7.6.2 数据挖掘在客户识别和客户保留中的应用

1）数据挖掘在客户识别中的应用

识别客户是企业发现潜在客户、获取新客户的过程。新客户包括以前没听过或没使用过企业产品的人、以前不需要企业产品的人，甚至是竞争对手的客户。由于新客户的信息企业掌握的并不多，因此企业应采取一些必要的手段（如在广告宣传的同时进行问卷调查或网上调查等）来获取潜在客户的信息，这些信息应该包括地址、年龄、收入范围、职业、受教育程度和购买习惯等。

在得到这些相关信息后，企业应该通过一些小规模的实验观察潜在客户对企业产品的不同反应。根据反馈结果建立数据挖掘预测模型，找到对产品最感兴趣的客户群。挖掘结果会显示潜在客户的名单，同时可以根据潜在客户的信息分析出哪种类型的人最可能是潜在客户。得到了这样的分析结果后，在寻找潜在客户时就有了指导方向。比如，分析结果表明大多数潜在客户是年龄在25~35岁之间的外企职员，那么在下一步宣传和获取客户阶段就应该有针对性地设计广告和确定宣传地点。同时，还可以根据潜在客户的特点分析企业产品的优势。

2）数据挖掘在客户保留中的应用

客户识别是获取新客户的过程，而客户保留则是留住老客户、防止客户流失的过程。由于企业对老客户的信息掌握得比较详细，而对潜在客户的信息掌握得很少，因此对于企业来说，获取一个新客户的成本远比保留一个老客户的成本高得多。在目前开放的商业环境下，企业间竞争越来越激烈，客户保留也就成为企业面临的一个重要的难题。

在客户保留过程中，企业首先要对已经流失的客户数据进行分析，找到流失客户的行为模式，同时分析客户流失的原因。比如，一家超市的大量流失客户都居住在同一地区，那么可能的情况是，公交车线路的改变使客户选择了其他交通更便利的超市。对这种情况，该超市就应该增加一辆免费购物车，这样不但会挽留原有客户，还有可能获取新客户。另一种可能是，因为那个地区附近新开了一家超市，此时，该超市就应该在该地区发布更有吸引力的广告以达到保留客户的目的。

根据已经流失客户的特点，企业还可以预测现有客户中有流失倾向的客户。对于这些客户，企业应该及时调整服务策略，针对用户分类后得到的用户特点采取相应的措施挽留客户。挽留一个客户，竞争对手就减少了一个新客户；而流失一个客户，竞争对手就增加了一个新客户。因此，客户保留是客户关系管理中极为重要的一个部分。

在客户识别和客户保留过程中，可以运用关联分析和序列模型分析等方法进行决策分析。

7.6.3 数据挖掘在客户忠诚度分析中的应用

客户忠诚度是提高企业客户关系管理的一个重要目标。忠诚度高的客户会不断地购买企业产品或服务，不论产品或服务的质量是不是最好、价格是否有折扣。企业获得一个忠诚客户无疑会大大降低成本（广告成本、折扣成本等），同时会提高企业的竞争力（因为忠诚客户只购买本企业的产品而排斥竞争对手的产品）。

数据挖掘在客户忠诚度分析中主要是对客户持久性、牢固性和稳定性进行分析。客户持久性反映的是客户在企业连续消费的时间。客户牢固性反映的是客户受各种因素（如价格、广告宣传等）的影响程度。牢固性高的客户受各种因素的影响较小，始终购买同一企业的产品或服务，而有些顾客只在促销、打折或大规模宣传时才购买该企业的产品或服务，他们的牢固性相对较低。客户稳定性是客户消费周期和频率的表现，每隔一段时间就购买一次该企业产品的客户被认为是稳定的，而那些偶尔购买、购买时间随机的客户被认为是不稳定的。这三个指标综合起来可以反映客户的忠诚度。

比如，零售企业经常通过办理会员卡、建立顾客会员制度的方式来跟踪顾客的消费行为。通过对顾客会员卡信息进行数据挖掘，可以记录顾客的购买序列，将同一顾客在不同时期和不同营销活动中购买的商品分组为序列，对序列模式进行数据挖掘可用于分析顾客的购买趋势，从而对顾客的忠诚度进行区分。同时，企业可以预测出顾客忠诚度的变化，据此对价格、商品的种类以及销售策略加以更新和调整，以便留住老客户，吸引新客户。

对客户持久性、牢固性和稳定性的分析主要是运用时间序列模型中的趋势分析方法。趋势分析包含了趋势走向、周期走向与变化、季节性走向与变化、不规则的随机走向等方面的分析。通过趋势分析可以了解客户在过去一段时间内的消费趋势。结合数据的分析结果和预测结果就可以判断出一个客户的持久性、牢固性和稳定性，继而确定客户的忠诚度。

7.6.4 数据挖掘在客户盈利率分析中的应用

客户盈利率是一个定量评价客户价值的指标。它是根据规定的评价尺度，通过对客户数据计算得到一个确定结果的过程，因此客户盈利率的计算并不需要数据挖掘。数据挖掘技术在客户盈利率分析中的应用主要体现在"分析"。企业可以运用数据挖掘技术预测在不同的市场竞争环境和市场活动环境下客户盈利率的变化，目的是找到最合适的市场环境，使企业的客户盈利达到最优。

客户盈利率的概念否定了"给企业带来的总收入越高的客户价值越大"的观点。高价值客户是那些企业投入较少成本就可以获得高收益的客户。这个概念同时反映了提高客户忠诚度的重要意义。研究表明，一个企业80%的利润是由只占其客户总数20%的客户创造的，这部分客户就是有价值的优质客户。为了弄清谁才是有价值的客户，就需要按照客户的创利能力来划分顾客，进而改进客户关系管理。应用数据挖掘技术来解决这个客户分类问题是相当有用的。

对银行业来说，客户数量并不是越多越好，并不是所有的客户都是有价值的，即不是所有的客户都会给银行带来利润，有些客户只会增加银行的成本，而不会给银行带来利润。为了识别出最有价值的客户，银行可以选取客户为银行带来的净收入和风险值作为输入变量，分别确定收入和风险的分割值，即高、低收入和高、低风险的分界值，运用决策树方法，将客户分为四类：①低风险高收入客户，这是最有利润的客户，也是各行业争夺的对象；②高风险高收入客户，这仍是有利润的客户，但具有高风险性，可以通过提高定价，把他们转变成最有利润的客户；③低风险低收入客户，这是具有挑战性的客户，可以对其采取收取年费等措施使银行获利；④高风险低收入客户，这是最没有价值的客户，银行应该识别出这些客户，并采取措施将其从客户中排除。

对于忠诚度高的客户，企业不必花费额外的成本吸引客户，而他们给企业带来的效益是很高的（因为他们不会只选择促销产品，或在产品打折时消费）。因此，客户忠诚度越高，企业的客户盈利率就越高。数据挖掘在分析客户忠诚度的过程中也对客户盈利率的提高有一定的影响。

7.6.5 数据挖掘在个性化营销中的应用

个性化营销是面向客户的营销，也是客户关系管理的重要组成部分。个性化营销是在客户分类的基础上进行的。针对不同类型的客户，企业可以采用不同的政策和销售方式。交叉销售也是个性化营销的一种形式。交叉销售和购物篮分析不同，购物篮分析是对客户已经购买的产品进行分析，找到产品之间的联系，而交叉销售是根据客户已经购买的产品预测其将要或可能要购买的新产品。数据挖掘技术的应用目标是建立预测模型，找到适合交叉销售的商品。比如，保险公司的交叉营销策略——对已购买某险种的客户推荐其他保险产品和服务。这种策略成功的关键是要确保推销的保险险种是用户所感兴趣的，否则会造成用户的反感。有几种挖掘方法可以应用于此问题：关联规则分析能够发现客户倾向于关联购买哪些险种；聚类分析能够发现对特定产品感兴趣的用户群；神经网络、回归等方法能够预测客户购买该产品的可能性。

通过对CRM中数据挖掘的应用介绍可以看出，在CRM的各个方面几乎都要用到数据挖掘技术。CRM要求对大量的客户数据进行分析和管理，而数据挖掘技术刚好提供了这样一个分析工具。因此，数据挖掘技术的正确应用对CRM系统功能的全面实现具有重要的意义。

本章小结

数据仓库是一个面向主题的、集成的、非易失的、随时间变化的数据集合，用于支持管理决策，通过数据抽取、数据清理、数据转化等过程将源数据转化为一致性数据存储在数据仓库中。目前，数据仓库在证券业、银行业、保险业、税务等领域的贡献尤其突出。联机分析处理具有灵活的分析功能、直观的数据操作和分析结果可视化表示等优点，从而使用户对基于大量复杂数据的分析变得轻松而高效，以利于迅速作出正确判断。数据挖掘是从大量的、不完全的、有噪声的、模糊的、随机的实际应用数据中提取人们感兴趣的知识，这些知识是隐含的、事先未知的、潜在有用的信息。CRM中的客户分类、客户盈利率分析和客户识别与客户保留等功能都需要数据挖掘的应用来实现。

复习思考题

7.1 数据仓库的定义是什么？分别介绍数据仓库的四个特点。

7.2 数据仓库的功能有哪些？

7.3 数据挖掘的定义是什么？数据来源有哪些？

技能实训题

7.1 数据仓库与数据库有何区别？

7.2 简述数据挖掘与OLAP的区别。

7.3 简述商务智能系统的构成。

第 8 章

客户关系管理系统设计与开发

学习目标

本章以一个适用于中小企业的客户关系管理系统的设计与开发为例，向读者介绍客户关系管理系统的设计与开发流程。

通过本章的学习，读者应了解客户关系管理系统的设计思路和开发流程，掌握客户关系管理系统的功能模块和设计原理。

◆ 主要解决的问题

客户关系管理系统设计与开发流程；客户关系管理系统需求分析；客户关系管理系统设计方法。

8.1 客户关系管理系统开发流程概述

一个规范的软件开发流程能够加快软件开发速度、提高软件开发质量、降低项目综合成本，所以在客户关系管理系统的设计与开发过程中，应该严格遵照规范的软件开发流程。

一般来讲，在一个客户关系管理系统的设计与开发过程中应该遵照以下流程：①需求分析；②撰写《需求规格说明书》；③总体设计；④详细设计；⑤编码实现；⑥测试、试运行、上线；⑦验收；⑧日常维护；⑨下一个版本的循环开发。下面将对流程的前六个阶段做详细介绍。

8.1.1 需求分析阶段

在开发客户关系管理系统时，首先要做的就是研究客户需求，从中找出需求中模糊不清的地方，反复讨论确认。在不断的确认中，明确需求的总体认知、需求边界定义、目前技术条件下的可实现需求、用户界面等。通过项目组内讨论、与客户（直接客户、间接客户）讨论等方式不断了解客户真正的需求，从而撰写《需求规格说明书》，在取得客户认可后签字，以此作为项目开发的第一个里程碑。在项目验收时以此作为验收的主要依据。

在系统分析阶段，可以通过项目静态图、项目静态界面DEMO和系统用例图（如Rational Rose软件的用例图）等方式与客户沟通。

本阶段要完成的工作有：

①撰写项目需求分析报告。本报告主要目的是项目分析人员提出关于需求的疑难问题，为与客户进行有效、准确沟通准备必要的材料。

②画用例图。用例图主要描述系统各个不同用户类型与本系统及其他系统之间的交互过程。

③建立项目静态界面DEMO。项目静态界面DEMO使得用户在项目初期就可以看到项目上线实施后的使用界面和使用方法等。

④做必要的技术预研等。

8.1.2 撰写《需求规格说明书》阶段

撰写《需求规格说明书》的主要目的是把客户纷繁复杂的理想需求变成在一定时间段、一定技术条件下可实现的需求。不然项目会很难满足客户的理想需求，永远被客户的理想需求所限制，陷入一种非常被动的状态。

8.1.3 总体设计阶段

在完成客户关系管理系统的《需求规格说明书》后，就进入到项目总体设计的阶段。

在总体设计阶段需要完成的文档有《项目总体设计——概要设计说明书》《数据库设计报告》《项目总体开发时间表》等。

在此阶段应该建立项目的正式开发环境、项目测试环境，建立项目基本开发框架并将其导入项目管理配置工具中。

在项目的以上阶段完成后，应该进行项目总体设计和总体开发准备情况的评审工作。在专家组评审通过后本阶段才可宣告结束，这是项目的第二个里程碑。

在进行下一阶段前，项目组可以向SCCB（软件变更控制委员会）提交的资料有《需求规格说明书》、《项目总体设计概要说明书》、《项目界面设计说明书》（及界面DEMO）、《项目数据库设计说明书》和《项目总体开发时间表》等。

8.1.4 详细设计阶段

在完成客户关系管理系统总体设计和搭建完毕开发环境后，就可以进入客户关系管理系统的详细设计阶段。在项目中建议详细设计由项目编写“后台”程序的资深人员编写。主要完成每个业务模块从界面到业务实现到数据库连接操作的主要步骤和执行的SQL语句。在条件允许的情况下最好可以编写模块单元测试程序，在整个模块编码阶段完成后进行程序单元测试工作。

详细设计的目的是在不编写代码和编写少量代码的情况下，完成项目模块的模拟编程实现。在详细设计阶段可以对某个项目模块做准确的工作量统计，以此为依据，整个项目比较准确的工作量就可以被统计出来。

8.1.5 编码实现阶段

在完成客户关系管理系统设计之后进入编码实现阶段，为了提高整个项目的开发速度，编写代码时我们可以借助一些有力的开发工具来加快速度。例如，如果是用Java语言开发客户关系管理系统，那么可以使用Eclipse、IntelliJ等；如果是用C#、VB，那么可以用Visual Studio 2013；如果是开发B/S结构的客户关系管理系统，那么前端UI页面可以用Dreamweaver，美工可以使用Photoshop之类的工具。选取合适的开发工具可以帮助我们节省项目的开发时间。此外，由于软件技术的快速发展，出现了各种平台和引擎，选用适当的平台技术与引擎能更大程度地缩短开发的周期。

8.1.6 测试阶段

测试的目的是在系统发布之前找出程序的错误，包括核实每个模块是否正常运行（参考设计文档）以及核实需求是否被正确实施（参考需求文档）。本阶段要完成的工作有：

（1）测试计划

测试计划的工作主要是收集和组织测试信息，为测试工作提供指导。

（2）测试数据

测试人员在输入数据进行测试时，应尽量使用真实数据。

（3）测试报告

测试报告的工作主要是记录测试结果，详细描述问题，并提出解决办法。

（4）撰写帮助文件和用户操作手册

以上就是一个规范的客户关系管理系统设计开发流程，从下节起我们将以一个适用于中小企业的客户关系管理系统的设计与开发为例，具体分析和学习客户关系管理系统的设计与开发流程的各个阶段。

8.2 客户关系管理系统需求分析

8.2.1 市场需求分析

现行的面向中小企业的客户关系管理系统还处于起步阶段，功能模块结构不尽相同，但是其基本的需求是一样的，概括如下：

1）客户信息的分析能力

CRM有大量客户和潜在客户的信息，企业应该充分利用这些信息进行分析，使得决策者掌握的信息更加完全，从而能及时地作出决策。

2）对客户互动渠道进行集成的能力

对多渠道进行集成与CRM解决方案的功能部件的集成是同等重要的。不管客户是与企业联系还是与销售人员联系，与客户互动都应该是无缝的、统一的、高效的。统一的渠道还能带来内部效率的提高。

3）支持网络应用的能力

在支持企业内外的互动和业务处理方面，Web的作用越来越大，这使得CRM的网络功能越来越重要。例如，网络可以为电子商务渠道提供支持，通过网络还可以为客户提供在线反馈并将信息传达给企业的售后服务部门，这将为企业留住客户（尤其是距离较远的客户）。

4）建设集中的信息仓库的能力

采用集中化、实时的信息，可使各业务部门和功能模块间的信息统一起来。

5）对工作流进行集成的能力

工作流是指把相关文档和工作规则自动安排给负责特定业务流程中特定步骤的人。CRM解决方案应具有较强的工作流功能，为跨部门工作提供支持，使这些工作能动态、无缝地集成。

6）与ERP功能的集成

CRM与ERP以及财务、库存、制造、分销、物流和人力资源等连接起来，使之成为一个客户互动循环。这种集成能使企业在系统间搜集商业情报，而不是低水平的数据同步。

8.2.2 系统需求分析

CRM作为管理企业与客户关系的主要管理系统平台，不仅要处理企业与客户之间的业务，还要处理企业内部相关部门的业务。CRM中不仅包含客户的信息资料，而且涉及市场竞争对手的情报资料，还包括企业进行营销、销售及支持服务所需的各种数据。信息数据的来源是多种多样的，可以是本地数据库，也可以是异地数据库，甚至可以是E-mail、文本文件等。客户与企业、部门与部门、业务与业务、销售与市场及服务之间的复杂关系，导致CRM中的数据不论是结构、类型还是彼此之间的关联都是复杂多变的；对这种数据进行的处理也是多样化的。因此，要实现对CRM数据的及时、准确处理和有效利用，就需要：

①建立统一的信息编码系统；

②设计能够准确反映其特性的数据模型；

③划分数据库类型，在分布式数据库管理系统和网络平台基础上，设计全局共享及局部共享数据库，以支持分布式数据处理，实现各个分系统之间及其内部各功能模块之间的信息集成；

④提供强大的数据库管理系统，并在此基础上不断完善客户销售数据库、客户市场数据库、客户支持与服务数据库、企业综合信息数据库等。

由于CRM是以客户为整个管理的中心，不同于其他管理系统，其数据库管理有自己的特性，因此企业需要建构自己的CRM数据库。在构建CRM数据库时，企业应注意CRM的特性，同时也应注意CRM系统与企业其他管理系统的协调。

本系统假设针对的是中小型企业，目前针对中小型企业的客户关系管理系统一般有如下需求：

①因为是中小型企业，系统将只设系统管理员，系统管理员拥有对全部系统资料的操作权限。

②客户管理模块有基本资料的添加、修改、删除和查询功能，以及与客户相关的联系人资料的添加、修改、删除和查询功能。另外，在查询到所需信息时，系统应提供报表和打印功能，以供企业领导作出决策。

③客户销售管理模块有基本资料的添加、修改、删除和查询功能，其目标是提高客户销售数据的准确性、及时性和完整性，对客户销售进行有效管理，提供决策支持所需的数据。

④服务反馈模块有基本资料的添加、修改、删除和查询功能，其目标是：及时记录客户反馈的信息，提供有竞争力的售后支持、修理和维护服务；可以实现纠纷、出货和订单的跟踪；记录发生过的问题及其解决过程；维修人员的预约、调度和派遣；备件的管理及其他的后勤保障，从而最大限度维护好老客户。

8.2.3 组织结构分析

CRM涉及企业的销售、营销、服务与支持等直接接触的各个部门，因此如何合理地规划各个部门的工作范围与组织关系是系统建设取得成功的关键因素。为了识别正确的客户，提供正确的产品和服务，并通过正确的渠道在正确的时间安排与客户进行互动和沟通，企业各个部门必须步调一致、信息畅通，并形成一定的激励机制去完成成功所需的活动和任务。不管系统功能多么强大、设备多么先进，要想取得成功，就必须有一个好的管理模式，保证系统信息流合理、迅速。从CRM系统建设和运行的角度出发，按照了解、建立关系，互动和连结的信息流来建立企业的组织结构，每个工作角色都有相应的工作任务（如图8-1中的CRM组织结构是根据职能来划分的）。

市场经营部总经理：市场经营部总经理负责企业总体经营目标的具体执行，传达企业的经营战略，制订具体实施的方案，负责企业市场、营销、服务支持等方面的任务的组织与协调，掌握CRM系统的总体框架和流程，充分了解客户的需求和市场环境的变化，并作出具体的实施方案。

营销副总经理：营销副总经理负责企业整个营销活动及方案的具体实施，对营销活动的安排、策略的制定、营销效果进行跟踪和监督。他负责管理企业对客户进行市场调查以及所采取的营销方案和营销活动等信息，用来对客户的营销方式进行分析，包括市场调查信息管理、营销方式信息管理、营销方案信息管理、营销活动信息管理、营销人员信息管理和营销经理信息管理等。营销的目的就是把合适的产品和服务，通过合适的渠道，在合适的时间，以合适的价格，提供给合适的客户（群）。

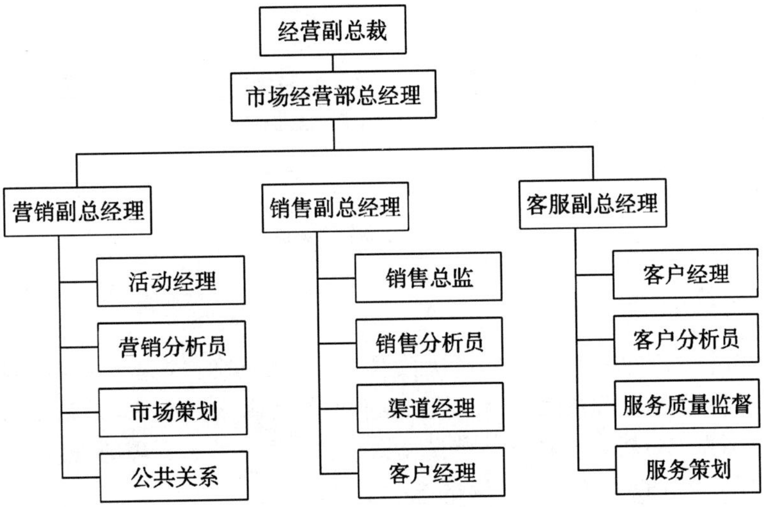

图8-1 CRM组织结构图

销售副总经理：销售副总经理管理客户销售有关的信息，包括销售合同信息管理、商机/订单信息管理、销售方式信息管理、销售活动信息管理、代理商信息管理、销售代表信息管理和销售经理信息管理等。另外，由销售副总经理制订企业的销售计划，并对销售活动进行考核。

客服副总经理：客服副总经理管理企业对客户的服务信息内容，包括投诉、故障处理、咨询、查询、客户回访、客户建议、客户关怀等服务信息和服务指标信息等，以此分析企业对客户的服务水平。客服副总经理还负责制定企业客户服务的总体方针、个性化服务的策略以及各种服务标准。

8.2.4 系统流程图

根据需求分析，可以画出客户关系管理系统流程图（如图8-2所示）和流程图符号说明（如图8-3所示）。

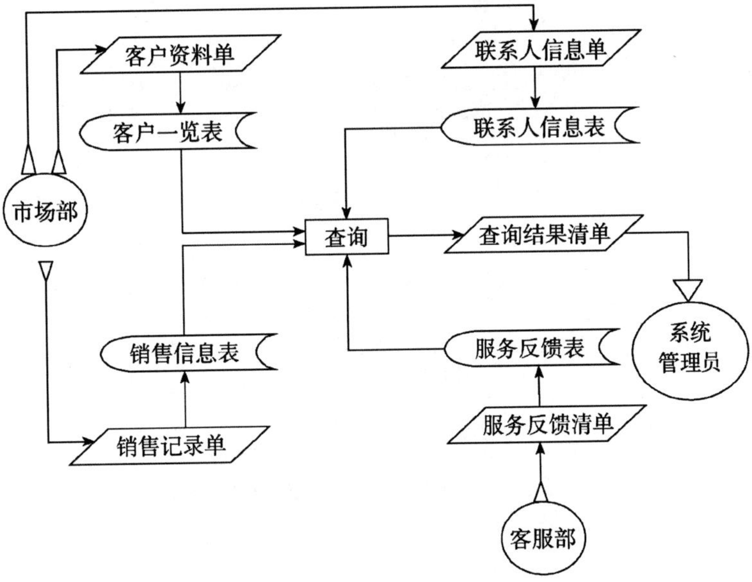

图8-2 客户关系管理系统流程图

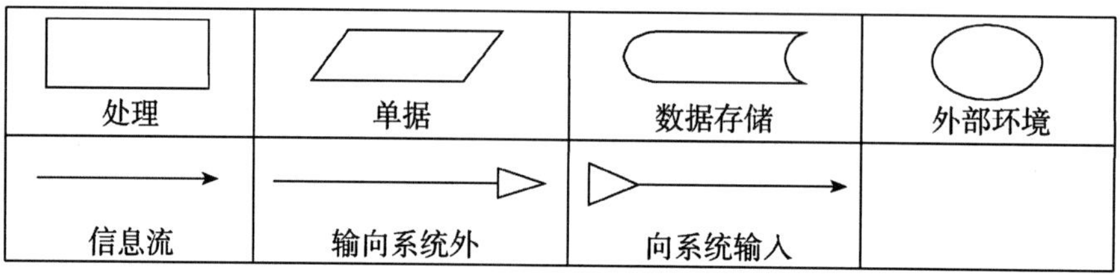

图 8-3　流程图符号说明

8.2.5　数据流程图

数据流程分析的目的是要发现和解决数据流通中的问题。这些问题有：数据流程不畅、前后数据不匹配、数据处理过程不合理等。现有的数据流程分析多是通过分层的数据流程图来实现的。根据需求分析，本系统的数据流程图（以客户信息管理的查询为例）的环境图、零层图、一层图，如图 8-4 至图 8-6 所示。

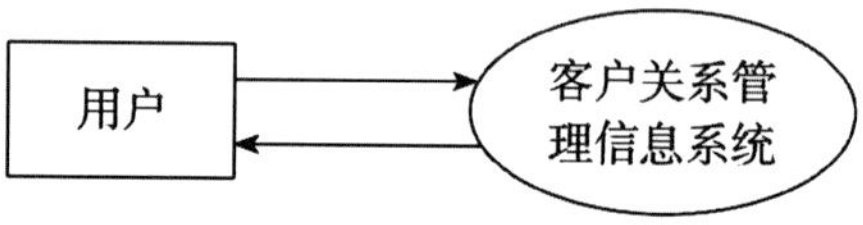

图 8-4　环境图

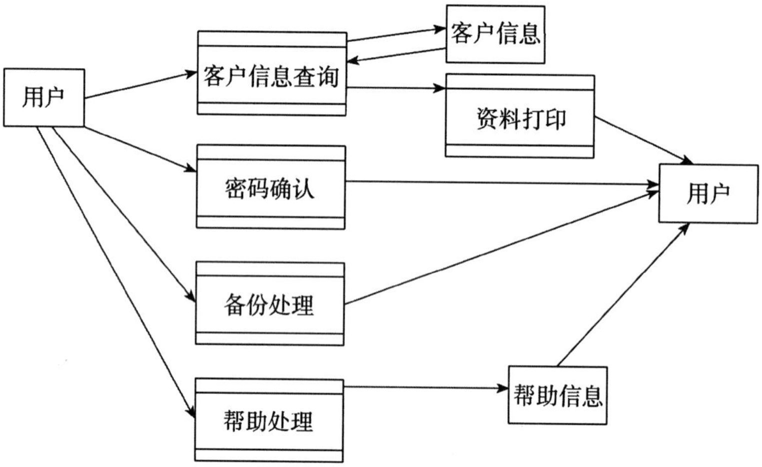

图 8-5　零层图

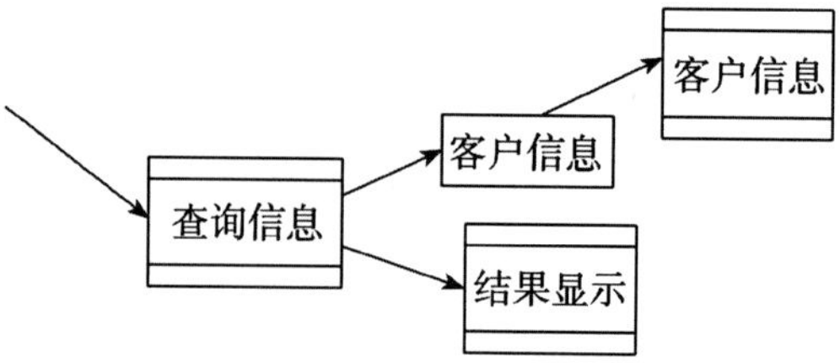

图 8-6　一层图（客户信息查询展开图）

8.2.6 数据字典（以查询客户信息系统为例）

1）数据流定义（见表8-1至表8-4）

表8-1 数据流定义1

数据流名称	查询所需数据	标识符	S1
描述	用户所要查询客户信息的相关特征信息		
数据流来源	用户	数据流去向	客户信息查询处理
数据结构			
列名	数据类型	长度	是否允许空
公司代码	Char	50	否
所在地区	Char	50	否
客户组别	Char	50	否
客户性质	Char	50	否

表8-2 数据流定义2

数据流名称	查询相关数据	标识符	S2
描述	符合查询程序要求的相关数据		
数据流来源	客户信息查询处理	数据流去向	客户信息存储
数据结构			
列名	数据类型	长度	是否允许空
公司代码	Char	50	否
所在地区	Char	50	否
客户组别	Char	50	否
客户性质	Char	50	否

表8-3 数据流定义3

数据流名称	查询相关数据	标识符	S3
描述	根据查询条件找到符合用户要求的相关信息		
数据流来源	查询处理程序	数据流去向	打印处理程序
数据结构			
列名	数据类型	长度	是否允许空
公司代码	Char	50	否
公司名称	Char	50	否

续表

列名	数据类型	长度	是否允许空
公司网站	Char	100	是
主要联系人	Char	50	否
公司电话	Char	50	否
公司传真	Char	50	是
所在地区	Char	50	否
公司地址	Char	50	否
客户性质	Char	50	否
客户组别	Char	50	否
开户银行	Char	50	是
银行账号	Char	50	是
更新时间	Datetime	8	否

表 8-4 **数据流定义 4**

数据流名称	打印信息	标识符	S4
描述	将查询结果打印出来		
数据流来源	打印处理程序	数据流去向	用户
数据结构			
列名	数据类型	长度	是否允许空
公司代码	Char	50	否
公司名称	Char	50	否
公司网站	Char	100	是
主要联系人	Char	50	否
公司电话	Char	50	否
公司传真	Char	50	是
所在地区	Char	50	否
公司地址	Char	50	否
客户性质	Char	50	否
客户组别	Char	50	否
开户银行	Char	50	是
银行账号	Char	50	是
更新时间	Datetime	8	否

2）数据存储定义（见表8-5）

表8-5 数据存储定义

名称	客户详细资料	编号	D1
流入数据流	S2	流出数据流	S3
数据存储组成			
客户信息=公司代码+公司名称+公司网站+主要联系人+公司电话+公司传真+所在地区+公司地址+客户性质+客户组别+开户银行+银行账号+更新时间			

8.3 系统设计

8.3.1 系统建设目标

CRM系统总的建设目标是建立一个统一的信息综合平台，考虑客户目前业务发展情况和相关的软硬件的发展，在系统建设过程中做到近期目标和远期目标相结合。典型的实施CRM的方案是针对销售管理和客户服务的需要而设计，是一套真正将销售管理电子化、网络化的系统，从根本上弥补企业计算机管理系统的不足。CRM项目的目的包括：及时了解并掌握接触的客户信息，实时感知客户需求，加强同客户的交流和感情的建立，从而提高客户满意度和忠诚度，通过实时的客户跟踪，对客户情况进行分析，掌握特定时间内的工作重点；根据历史数据，对目标客户进行分析，将全年的计划指标准确定位到每一个客户群，以增大计划指标实现的可能性，通过分析寻找新的切入点并进行新业务的开发，实现企业经营业绩的提升，向管理人员和销售人员提供每日销售工作的关键信息，协助其制定指导销售的关键决策，从而达到向客人提供最佳服务和获取更高利润的目标。

1）近期目标

建立企业客户关系支撑系统平台，综合企业本身的情况，近期首先应从以下几个方面启动：

①完成企业目前已有的中心数据仓库的建设，实现客户信息的整合和集成，建立CRM系统平台，从而实现对客户信息的基本管理（客户信息的管理是实现CRM系统的关键），包括客户的档案管理、忠诚度管理和信用度管理等，并初步完成企业与现有客户相关的内部信息和外部信息的综合。

②在数据仓库建设的基础上，对客户信息进行初步分析，对企业迫切需要解决的客户关系问题进行有针对性的分析，为企业管理提供依据。

③初步建立与客户交流的信息平台，及时响应客户的需求。

2）远期目标

随着企业各项业务不断开展和深入及信息系统的进一步建设，在逐步完善其目标的基础上，远期系统实现的内容有：通过近期系统建立后的反馈情况，在对客户需求进一步了解的情况下，继续完善客户关系管理平台，完成企业与现有客户相关的内部信息和外部信息的综合管理，从而实现客户综合信息管理、营销管理、销售管理和服务管理，进而完成对客户的营销分析、服务分析等功能，最终实现以客户为中心的经营理念。

8.3.2 系统设计要求

企业CRM系统设计的首要问题是，实现以客户为中心的CRM经营战略的流程化、信息化、客户识别、差异化、互动和客户化。

1）流程化

要在企业运用CRM，首先必须经过企业服务流程再造，建立一个客户信息收集和使用的标准体系。

2）信息化

信息化是指将所有客户的有关信息储存起来，建立详细的客户档案，并经常对信息进行整理、分析。

3）客户识别

以客户为中心，对于市场营销就是一个角度的不同。不再是从产品和服务角度出发去考虑市场怎么做，而是先分析、挖掘我们的潜在客户是哪些，潜在客户在不同类型条件下是怎么细分的，他们的主要特征和兴趣是什么。

4）差异化

对于意向客户，我们需要将商机跟进的过程分阶段管理，进行量化和规范化管理，对于不同阶段以及不同购买价值的客户，提供的服务是有差异的。我们要确保80%的资源分配在产生80%价值的20%客户身上，而不是一视同仁。

5）互动

与客户的交流是一个互动的过程，企业在与客户不断地互动过程中，不断分析、提炼新的客户信息并反馈到客户生命周期管理之中。

6）客户化

现在提倡的是个性化服务，千篇一律的服务只是将客户掏钱的手又放回口袋，而提供个性化服务不是一句口号就可以了，需要深入地从客户角度出发，从客户的喜怒哀乐出发，从客户的一举一动、一言一行入手，分析、挖掘客户愿意为之付出的价值点在哪里，从而将客户的生命周期持续，交叉产生不同的购买价值。

8.3.3 系统信息源

按信息的来源，可将中小企业CRM系统所需信息分为外部信息和内部信息。

1）外部信息

外部信息一般是指与企业内部经营无关但是与企业业务相关的各种信息，如市场信息等。这里就市场信息进行简单的分析，具体包括：

①市场需求信息，是与企业相关的公众购买力信息，它反映了社会购买能力，如客户的数量、收入情况、构成、分布、消费动机、潜在需求等信息。

②市场竞争信息，主要反映了市场竞争状况，包括竞争对手的基本情况和市场分布信息。

③客户信息，包括企业客户的基本情况和潜在客户的分布状况、客户的主要特点以及对客户支付能力、信用度等方面的测评信息。

④合作伙伴，包括与企业有业务联系的其他企业等。

⑤其他信息，如利用Web方式为企业的服务管理分析提供的客户调查、客户爱好，以及通过电子形式提供的客户反馈等信息。

2）内部信息

内部信息是指企业内部产生的各种信息，包括业务、财务、人员等方面的信息。

8.3.4　系统软件和开发工具及方法的选择

系统用ASP.NET作为前台的开发工具，用SQL Server作为后台数据库，通过ASP.NET的数据库控件连接SQL Server数据库对其编程以实现各种功能。ASP.NET与SQL Server有着很好的兼容性。

1）ASP.NET概述

ASP.NET是统一的Web应用程序平台，它提供了为建立和部署企业级Web应用程序所必需的服务。ASP.NET为能够面向任何浏览器或设备的更安全的、更强的可升级性、更稳定的应用程序提供了新的编程模型和基础结构。

ASP.NET是Microsoft.NET Framework的一部分，是一种可以在高度分布的互联网环境中简化应用程序开发的编程环境。.NET Framework包含公共语言运行库，它提供了各种核心服务，如内存管理、线程管理和代码安全。它也包含 . NET Framework类库，这是一个开发人员用于创建应用程序的综合的、面向对象的类型集合。

ASP.NET具有下面的优点：

①可管理性：ASP.NET使用基于文本的、分级的配置系统，简化了将设置应用于服务器环境和Web应用程序的工作。因为配置信息是以纯文本存储的，所以ASP.NET应用程序可以在没有本地管理工具的帮助下应用新的设置。配置文件的任何变化都可以自动检测到并应用于应用程序。

②安全性：ASP.NET为Web应用程序提供了默认的授权和身份验证方案。开发人员可以根据应用程序的需要很容易添加、删除或替换这些方案。

③易于部署：通过简单地将必要的文件复制到服务器上，ASP.NET应用程序可以部署到该服务器上，不需要重新启动服务器，甚至在部署或替换运行的已编译代码时也不需要重新启动服务器。

④增强性能：ASP.NET是运行在服务器上的已编译代码。与传统的Active Server Pages（ASP）不同，ASP.NET能利用早期绑定、实时（JIT）编译、本机优化和全新的缓存服务来提高性能。

⑤灵活的输出缓存：根据应用程序的需要，ASP.NET可以缓存页数据（如页的一部分或整个页）。缓存的项目可以依赖于缓存中的文件或其他项目，或者可以根据过期策略进行刷新。

⑥国际化：ASP.NET在内部使用Unicode以表示请求和响应数据。可以为每台计算机、每个目录和每页配置国际化设置。

⑦移动设备支持：ASP.NET支持任何设备上的任何浏览器。开发人员使用与用于传统的桌面浏览器相同的编程技术来处理新的移动设备。

⑧扩展性和可用性：ASP.NET被设计成可扩展的、具有特别专有的功能来提高群集的、多处理器环境的性能。此外，互联网信息服务（IIS）和ASP.NET在运行时密切监视和管理进程，以便在一个进程出现异常时，可在该位置创建新的进程使应用程序继续处理请求。

⑨跟踪和调试：ASP.NET提供了跟踪服务，该服务可在应用程序级别和页面级别调试过程中启用。可以选择查看页面的信息，或者使用应用程序级别的跟踪查看工具查看信息。在开发和应用程序处于生产状态时，ASP.NET支持使用.NET Framework调试工具进行本地和远程调试。当应用程序处于生产状态时，跟踪语句能够留在产品代码中而不会影响性能。

⑩与.NET Framework集成：因为ASP.NET是.NET Framework的一部分，整个平台的功能和灵活性对Web应用程序都是可用的。企业也可从Web上流畅地访问.NET类库以及消息和数据访问解决方案。ASP.NET是独立于语言之外的，所以开发人员能选择最适合于应用程序的语言。另外，公共语言运行库的互用性还保存了基于COM开发的现有投资。

ASP.NET启用了分布式应用程序的两个功能：Web窗体和XML Web服务。相同的配置和调试基本结构支持这两种功能。

Web窗体技术可以建立强大的基于窗体的网页。Web窗体页面使用可重复使用的内建组件或自定义组件以简化页面中的代码。

使用ASP.NET创建的XML Web服务可以远程访问服务器。使用XML Web服务，商家可以提供其数据或商业规则的可编程接口，之后可以由客户端和服务器端应用程序获得和操作。通过在客户端/服务器和服务器/服务器方案中的防火墙范围内使用标准（如XML消息处理和HTTP），XML Web服务可启用数据交换。以任何语言编写的且运行在任何操作系统上的程序都能调用XML Web服务。

2）软件环境

因为使用的是Microsoft公司推出的ASP.NET，所以目前所有Microsoft公司推出的服务器均能实现ASP.NET的强大功能，还有一些其他服务器在安装了ASP.NET组件后也能实现这个功能。

目前大型的站点都是用Microsoft Internet Information Server作为服务器（简称IIS）。本系统选择Windows Server 2012+IIS8.0。

3）数据库开发语言

本系统采用的数据库服务器是Microsoft SQL Server 2012。Microsoft SQL Server 2012是Microsoft公司推出的大型关系数据库管理系统，和Windows操作系统以及ASP.NET都有着非常良好的兼容性。下面介绍一些关于Microsoft SQL Server 2012的特性：

①数据仓库：分析服务、数据转换服务、数据开采、分析服务和索引化视图。

②电子商务：对XML支持的增强、Web数据访问、分布式分区视图、安全性、简化数据库管理和数据库复制。

③可伸缩性和可用性：同一个数据库引擎可以在不同的平台上使用。

④易于安装使用：Microsoft SQL Server 2012包括一系列管理和开发工具，这些工具可改进在多个站点上安装、部署、管理和使用Microsoft SQL Server 2012的过程。

4）硬件配置

为了使编程的开发工具ASP.NET及数据库开发工具Microsoft SQL Server 2012正常运行，建议最低配置如下：

①1.6GHz或更快的处理器，推荐2GHZ以上；

②与DirectX 9兼容的视频卡，其显示分辨率为1024 x 768或更高；

③基本内存1G，推荐8G；

④20GB可用硬盘空间。

8.3.5　系统功能设计

系统主要包括：客户信息管理、客户评级管理、客户服务管理、竞争对手分析和系统管理五大功能模块。各功能模块详细分析如下：

1）客户信息管理

整合记录企业各部门、每个人所接触的客户资料，进行统一管理，包括对客户类型的划分（体现在本系统中是客户组别和客户性质的分类）、客户基本信息、客户联系人信息、企业销售人员信息等。

客户基本信息的编辑：对客户的基本信息进行添加、修改、删除等。客户的基本信息包括客户的代码、名称、联系电话、分类等。

客户分类：对客户可以按客户性质和客户组别进行分类。按客户性质一般分为：合资企业、私人企业、独资企业和国有企业等；按客户组别一般分为：现有客户、潜在客户、历史客户、竞争者客户和互连互通客户等。在实际工作中，企业既可以按客户分类查看客户资料，也可以按客户的地域查看客户资料。

企业销售人员管理：对每个曾经跟踪某个客户的销售人员进行管理，包括销售人员的代码、姓名、所属部门、联系时间等信息。

2）客户评级管理

客户评级管理是在综合分析客户信息的基础上，对客户进行信誉度和忠诚度的评级。

3）客户服务管理

客户服务管理是对和客户相关的各种事项进行全面管理，包括客户的售后服务、建议、投诉、电话支持。同时，CRM可以集成呼叫中心（call center）技术，以快速响应客户需求。

售后服务档案管理：可以对所有的售后服务情况进行记录，记录内容包括客户代码、名称、服务时间、服务类型（保修、维修）、服务人员、服务内容记录、收费情况、备品备件使用情况、客户反馈等。

客户建议管理：可以全面记录客户建议内容、分类、客户代码、名称、客户建议相关部门名称等，并可以根据企业内部流程提交相关部门及人员进行管理。同时，对建议的处理过程进行跟踪，包括建议处理部门、处理方案、领导意见等。

客户投诉管理：记录客户投诉内容、分类、投诉对象、客户代码、名称等，并根据企业内部流程提交相关部门及人员进行管理。同时，对投诉处理过程进行跟踪，包括投诉内容判定、处理责任部门情况、处理方案、领导批示等。

4）竞争对手分析

竞争对手分析主要对竞争对手及竞争产品进行记录、分析。

竞争对手档案：对竞争对手的基本情况进行记录，包括竞争对手的代码、名称、公司背景、目前发展状况、主要的竞争领域和竞争策略等内容。记录这些信息的主要目的是将这些信息提供给企业的决策分析人员，让他们可以依据收集到的这些信息，作出更加正确的判断。

竞争产品档案：记录其他企业所提供的同类产品、近似产品和其他可替代产品，包括其主要用途、性能及价格等内容。

5）系统管理

系统管理在系统中主要指的是权限的管理。

人员组织结构管理：由系统管理员根据上级指令或者其他需要设定系统各操作人员的等级。

权限管理：根据人员等级及所属部门，设置不同人员的操作系统的权限，保证系统的安全性。

8.3.6 系统业务流程

虽然不同的行业、不同的公司在具体内部管理及业务操作上有所区别，但是基本的销售业务流程大体是一致的，均是从寻找目标客户开始，然后与客户进行交流沟通，进一步向客户销售产品，直到最后的销售分析工作。具体的销售管理基本业务流程如图 8-7 所示。

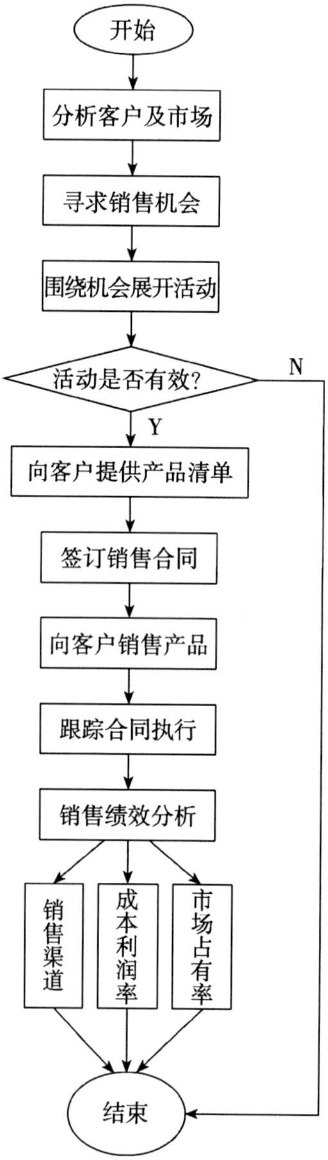

图 8-7 销售管理基本业务流程

对于一个企业来讲，除了上述的销售业务流程，为客户提供服务也是最重要的业务流程之一，服务管理基本业务流程如图8-8所示。

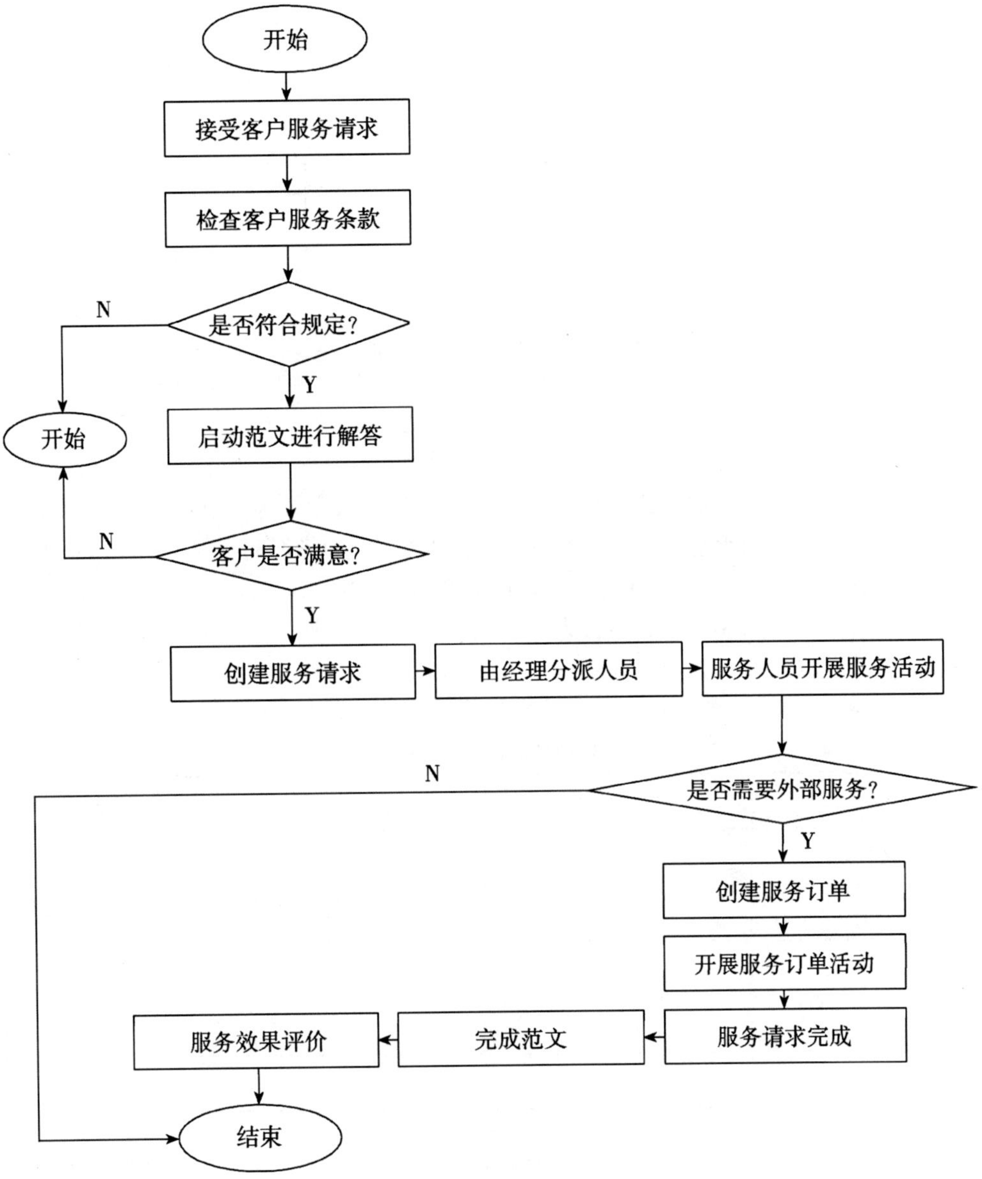

图8-8 服务管理基本业务流程

8.3.7 数据库设计

数据文件和数据库设计是系统设计的主要内容之一，它的设计质量对整个系统的功能和效率有很大的影响。因此，在设计数据库文件时，应充分考虑整个数据存储的完整性、可靠性、安全性和便于操作等方面的问题。对于数据文件的设计，主要是详细规定组成记录的每一数据项的名称、类型和字段宽度等内容。

1）实体属性关系图（E-R图）设计

E-R图提供了表示实体型、属性和联系的方法。实体-联系方法是抽象和描述现实世界的有力工具，用E-R图表示的概念模型独立于具体的DBMS所支持的数据模型，它是各种数据模型的共同基础。因此，E-R图比数据模型更一般、更抽象、更接近现实世界。因篇幅所限，在此只给出信誉度评级E-R图，如图8-9所示。

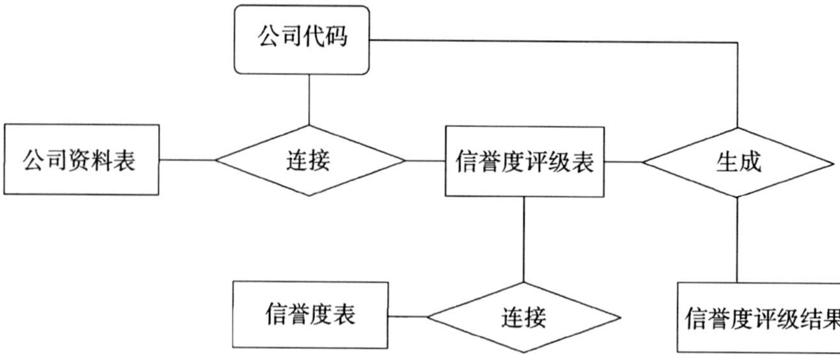

图8-9 信誉度评级E-R图

2）本系统数据库设计

本系统数据库设计包括本公司产品信息表（cptab）、公司资料表（gszltab）、竞争产品信息表（jzcptab）、竞争对手信息表（jzdstab）、客户建议信息表（khjytab）、客户投诉信息表（khtstab）、联系人资料表（lxrtab）、人员组织结构表（ryzzjgtab）、售后服务档案表（shfwdatab）、用户表（usertab）、销售人员表（xsrytab）、信誉度评级表（xydpjtab）、信誉度表（xydtab）、忠诚度评级表（zcdpjtab）（大致同信誉度评级表，略）、忠诚度表（zcdtab）（大致同信誉度表，略）。各表具体设计见表8-6至8-18（表中带*的表示主键）：

表8-6 本公司产品信息表（cptab）

列名	数据类型	长度	是否允许空
*产品代码	Char	50	否
产品名称	Char	50	否
类别	Char	50	否
型号	Char	50	否
价格	Money	8	否

表8-7 公司资料表（gszltab）

列名	数据类型	长度	是否允许空
*公司代码	Char	50	否
公司名称	Char	50	否
公司网站	Char	100	是
主要联系人	Char	50	否
公司电话	Char	50	否
公司传真	Char	50	是

续表

列名	数据类型	长度	是否允许空
所在地区	Char	50	否
公司地址	Char	50	否
客户性质	Char	50	否
客户组别	Char	50	否
开户银行	Char	50	是
银行账号	Char	50	是
更新时间	Datetime	8	否

表8-8　**竞争产品信息表（jzcptab）**

列名	数据类型	长度	是否允许空
同类产品	Char	50	是
近似产品	Char	50	是
用途	Ntext	16	是
性能	Ntext	16	是
价格	Money	8	是
所属公司代码	Char	50	是
公司名称	Char	50	是
更新时间	Datetime	8	否

表8-9　**竞争对手信息表（jzdstab）**

列名	数据类型	长度	是否允许空
*公司代码	Char	50	否
公司名称	Char	50	否
公司背景	Char	16	是
目前发展情况	Ntext	16	是
主要竞争领域	Ntext	16	是
竞争策略	Ntext	16	是
更新时间	Datetime	8	否

表 8-10　　**客户建议信息表（khjytab）**

列名	数据类型	长度	是否允许空
公司代码	Char	50	是
客户建议内容	Ntext	16	是
分类	Char	50	是
建议的相关部门	Char	50	是
处理方案简述	Ntext	16	是
领导意见	Ntext	16	是
建议时间	Datetime	8	否

表 8-11　　**客户投诉信息表（khtstab）**

列名	数据类型	长度	是否允许空
公司代码	Char	50	否
投诉内容	Ntext	16	是
分类	Char	10	是
对象	Char	10	是
时间	Datetime	8	是

表 8-12　　**联系人资料表（lxrtab）**

列名	数据类型	长度	是否允许空
*代码	Char	50	否
姓名	Char	50	否
公司名称	Char	50	否
部门	Char	50	否
职务	Char	50	否
国籍	Char	50	是
办公地址	Char	50	是
办公电话	Char	16	否
手机	Char	50	是
电子邮件	Char	50	是
家庭地址	Char	50	是
家庭电话	Char	50	是
生日	Ntext	16	是
爱好	Char	50	是
更新时间	Datetime	8	否

表8-13　人员组织结构表（ryzzjgtab）

列名	数据类型	长度	是否允许空
*代码	Char	50	否
姓名	Char	50	否
所属部门	Char	50	否
职务	Char	50	否
等级	Char	50	否
更新时间	Datetime	8	否

表8-14　售后服务档案表（shfwdatab）

列名	数据类型	长度	是否允许空
公司代码	Char	50	否
提出服务时间	Datetime	8	否
服务类型	Char	16	否
服务时间	Datetime	8	否
提供服务人员代码	Char	50	否
服务内容	Ntext	16	否
收费情况	Ntext	16	否
备品备件使用情况	Ntext	16	否
客户反馈	Ntext	16	否

表8-15　用户表（usertab）

列名	数据类型	长度	是否允许空
用户代码	Char	50	否
密码	Char	50	否
权限	Char	1	否
代码	Char	50	是

表8-16　销售人员表（xsrytab）

列名	数据类型	长度	是否允许空
*代码	Char	50	否
姓名	Char	50	否
部门	Char	50	否
联系电话	Char	50	否
联系时间	Datatime	8	否
主要负责地区	Char	50	否
主要负责产品	Char	50	否
更新时间	Datetime	8	否

表 8-17 **信誉度评级表（xydpjtab）**

列名	数据类型	长度	是否允许空
*公司代码	Char	50	否
评级时间	Datetime	8	否
a	Char	10	否
b	Char	10	否
c	Char	10	否
d	Char	10	否
e	Char	10	否
f	Char	10	是

表 8-18 **信誉度表（xydtab）**

列名	数据类型	长度	是否允许空
*公司代码	Char	50	否
信誉度	Char	50	否

8.3.8 输入输出设计

系统设计的过程和系统实施的过程恰好是相反的，并不是从输入设计到输出设计，而是从输出设计到输入设计，这是因为输出设计直接和用户需求相关联，设计的出发点应该是保证输出方便，为用户服务，正确地反映用户所需要的有用信息。

1）输出设计

输出设计的主要目的是满足用户和管理者对数据和信息的要求。输出设计要考虑的主要内容有：

①输出信息名：该输出信息的名称。

②输出功能：该输出信息能起什么作用。

③输出周期：多长时间能输出一次。

④输出的文字：英文、汉字或汉语拼音。

⑤保密要求：有或者无。

⑥输出项目名称：构成输出信息的每个数据项。

本系统中所选用的输出方式主要有三种：查询显示输出、浏览显示输出和报表打印输出。查询显示输出的信息主要是各种查询结果，这是一种对实时性要求很高的输出，输出设备是显示器。图 8-10 的查询（输入关键字代码为 0001 编号的销售人员）和图 8-11 的查询结果就是一例。

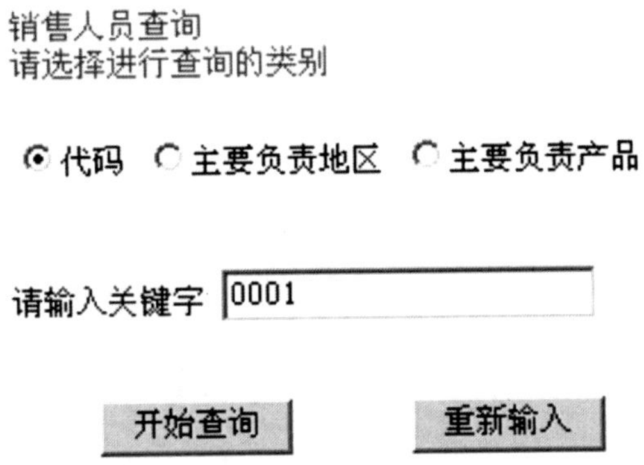

图8-10　查询（输入关键字代码为0001编号的销售人员）

目前共有1条记录，分成1页，目前您在第1页

1/1　第一页　最后一页

代码	姓名	部门	联系电话	联系时间	主要负责地区	主要负责产品	更新时间
0001	0004	销售部	0004	0004	二区	0004	2003-5-19

图8-11　显示查询结果

2）输入设计

在计算机信息系统中，输入数据的正确性决定着整个系统质量的好坏。若输入数据缺乏精确性和适时性，即使计算和处理十分正确，也不可能得到可靠的输出信息。最佳的信息系统适于最佳的输入系统。根据输出信息的要求，输入设计考虑的主要内容如下：

①输入信息名：该输入信息的名称。

②输入功能：该输入信息起什么作用。

③输入周期：多长时间输入一次。

④输入项目名：构成输入信息的每个数据项的名称。

⑤输入的文字：英文、汉字或汉语拼音。

本系统采用的输入方式主要是键盘输入，因此，友好的输入界面变得非常重要，必须保证用户在输入时操作方便、安全和高效。数据输入完成后，并不能马上进入系统，还应对其进行校验。输入数据检验是保证输入数据正确性的重要措施。通过多种措施，对全部输入数据设想其可能出现的差错，对之进行校验，对校验中查到的有错数据，考虑修改及补救的办法。

8.4　系统实施

系统实施是新系统开发工作的最后一个阶段。所谓系统实施，是指将系统设计阶段的结果在计算机上实现。将原来纸面上的、类似于设计图式的新系统方案转换成可执行的应用软件。系统实施阶段的主要任务是：

①按总体设计方案购置和安装计算机网络系统；
②建立数据库系统；
③程序设计和调试；
④整理基础数据，培训操作人员；
⑤投入切换和试运行。

8.4.1 总体系统实施

系统总体实施图如图8-12所示。

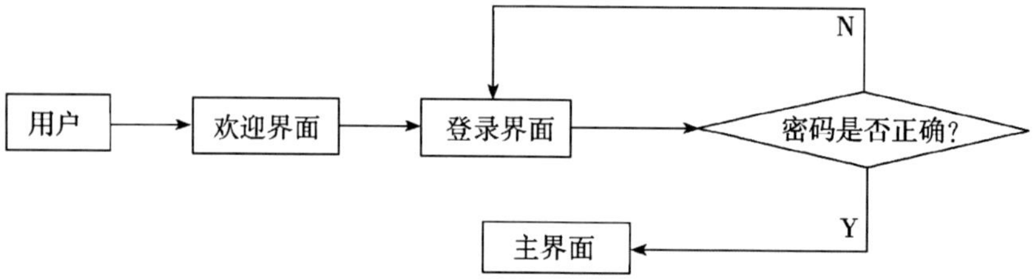

图8-12 系统总体实施图

8.4.2 用户界面设计及界面运行结果分析

1）界面设计目标

现在的软件产品不仅注重它的实用性和安全性，也逐渐看中软件产品的美观性。因此，我们在实现软件功能的同时，还应注重界面美观性的要求。为了克服大型软件的实用困难，方便各个阶层用户的使用，我们应采用流行的Windows界面，加强界面之间的互动性，重视软件使用的易操作性、易学性。本系统采用的是面向对象设计技术，追求界面的人性化和智能化设计。

2）界面设计与界面运行结果分析

本系统主要包括欢迎界面、登录界面、系统管理主界面和普通用户主界面。

（1）欢迎界面

当开始运行时，首先出现的就是欢迎界面，该界面包括了软件名称、制作方等信息，点击界面上出现的任何文字，便能进入系统登录界面。

（2）登录界面

本系统的用户分为两个部分：一类是系统管理员；另一类是普通用户。系统管理员和普通用户的权限是不同的，当输入用户名和密码后，系统内部进行控制。如果输入密码正确，则进入相应的系统，否则将显示登录错误的信息提示，如图8-13所示。

图8-13 登录错误提示

（3）系统管理主界面

系统管理主界面是本系统的系统管理界面，只有系统管理员通过登录校验后才能进入这个页面进行操作。该界面的主要功能是：系统管理员首先根据企业的需要给使用这个系统的人员在人员组织结构管理中设定等级，然后根据其等级在权限管理中设定权限。系统管理员在左边的树形结构中选择需要进行的操作，在右边的主框架中就出现了可以进行操作的界面（如图8-14所示）。

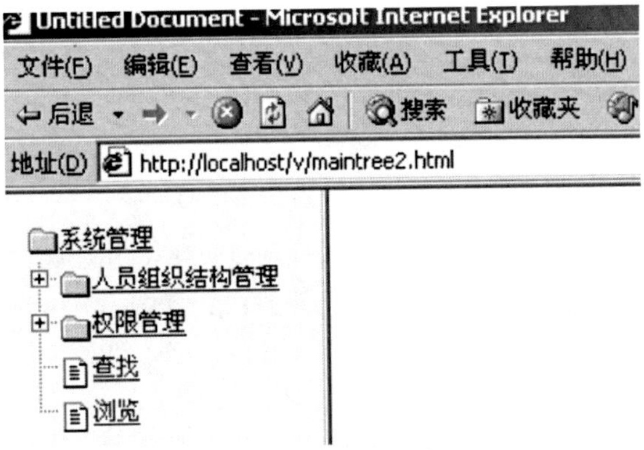

图8-14 系统管理主界面

（4）普通用户主界面

普通用户主界面是系统的重点部分，系统大部分功能是在这个界面实现的，用户通过登录校验后，通过选择左边需要进行的操作，在右边显示操作的界面（如图8-15所示）。

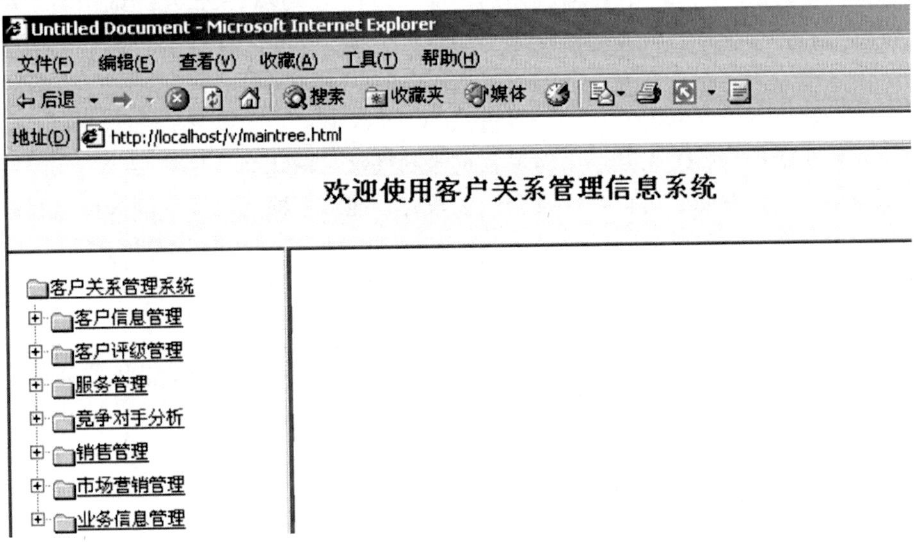

图8-15 普通用户主界面

8.5 系统测试

8.5.1 测试的作用和意义

系统测试是客户关系管理系统开发周期中一个十分重要的环节。尽管在系统开发周期的各个阶段均采取了严格的技术审查，但是仍难免会留下错误，这些错误如果没有在投入运行前的系统测试阶段被发现并纠正，问题迟早会在运行中暴露出来，到那时要纠正错误将会付出更大的代价。系统测试占用的时间、花费的人力和成本占软件开发的很大比例。统计数据表明，开发较大规模的系统，系统测试的工作量大约占整个软件开发工作量的40%~50%，而对于一些特别重要的系统，测试的工作量和成本更大，甚至超过系统开发的其他阶段的成本总和。

8.5.2 测试方法

1）测试人员

测试队伍由两位成员组成。一位成员是软件的设计者，其在测试整个过程中负责整体测试方案的制订、测试进度的掌握，以及进行软件的白盒测试。另一位成员是未参加软件开发的人员，他主要责任是进行软件的黑盒测试以及软件环境、硬件要求和极限测试工作。

2）机器测试

机器测试是指通过在计算机上直接运行被测程序来发现程序中的错误。机器测试包括黑盒测试和白盒测试。黑盒测试，也称功能测试，将软件看作黑盒子，在完全不考虑程序的内部结构和特性的情况下，研究软件的外部特性。黑盒测试根据软件的《需求规格说明书》测试用例，从程序的输入和输出特性上测试是否满足设定的功能。白盒测试，也称结构测试，将软件看作一个透明的白盒子，按照程序的内部结构和处理逻辑来选定测试用例，对软件的逻辑路径及过程进行测试，检查与测试是否相符。

8.5.3 测试内容

①软件的正常运行、关闭及退出时保存记录的提示（默认为“是“）。

②用户登录界面友好，可操作性及安全性较好，能对不同管理级别的人员进行限制，以保证数据库的安全。

③数据库的可维护性好，数据的录入、删除及更改均能顺利完成，并能实现动态更新。

④数据查询便捷，能对各种不同的查询条件进行搜索，以找到最合适的答案。

⑤数据溢出、越界均能进行非法提示，以警告用户正确使用。对用户的非正常操作提出警告。

⑥可以实现打印预览及打印功能。

⑦当数据类型填写错误时，系统能够报错。

⑧软件对操作系统的兼容性良好，可移植性强。

8.5.4 测试结果

①软件在运行、关闭及退出时保存记录的提示功能基本完成，在软件的不断启动、关闭过程中没有出现死机、程序执行效率降低等各种不良现象，功能的实现较为完善。

②用户登录界面较友好。

③数据库的可维护性良好，数据的录入能顺利完成，并能实现动态更新，删除和修改也能顺利完成。

④数据查询不够全面，只能按系统设定的少数查询条件进行搜索。

⑤数据溢出、越界基本能进行非法提示，以警告用户正确使用。对用户的非正常操作能提出警告。

⑥打印预览功能良好，但未能按查询结果进行打印输出，没有打印机，未能测试打印效果。

⑦当数据类型填写错误时，系统有报错功能；当数据输入错误时，使用者能够获知错误所在。

⑧软件对操作系统的兼容性良好。

经过反复测试，系统完成后运行添加、修改、查询、报表等功能均正常，可发布1.0版。

小知识8-1

全球CRM解决方案的领导者——Salesforce公司

Salesforce是全球按需CRM解决方案的领导者，因为它拥有业界无可比拟的客户成功率。当前，全球有29 800多家公司和646 000多个注册用户使用Salesforce的强大功能，分享客户信息，开发具有更高收益的客户关系，这其中包括了众多业界巨头，如通用电气、AMD、通用汽车、诺基亚、时代华纳、美国在线和道琼斯新闻热线等。

Salesforce由Oracle前执行官Marc Benioff创立于1999年。他首先提出由简单的网站来交付企业应用软件的理念。CRM服务商通过互联网提供软件，而企业以月租费的形式支付使用费。Salesforce就是从一种简单的服务开始的。Salesforce提供一系列的CRM和企业应用软件服务，这使客户和订户能够系统地记录、存储和使用商业数据，并帮助企业管理客户、跟踪潜在客户以及评估营销计划、提供售后服务。

该公司的CRM服务主要集中于销售自动化、营销自动化、客户服务和支持自动化。销售自动化服务使得销售人员工作更加富有效率，营销自动化服务使公司能够管理营销计划，并且客户服务和支持自动化服务使公司能在各个方面与现有的客户进行沟通互动。这些软件服务可以通过企业版、专业版和团队版来获得。Salesforce同时提供咨询和实施服务以及培训。

本章小结

本章以中小企业基于Web的客户关系管理系统的设计与开发为例，介绍了客户关系管理系统的设计与开发流程。虽然此系统并不十分完善，但是通过该系统，读者可以了解客户关系管理系统的设计思路和开发流程，基本掌握系统开发的主要步骤以及客户关系管理系统的功能模块和设计原理，从学习的角度来看非常有意义。

复习思考题

8.1　客户关系管理系统应该包括哪些基本的功能模块？

8.2　客户关系管理系统开发流程包括哪几个阶段？每个阶段分别要完成哪些工作？

技能实训题

请参考本章讲述的例子完成一个简单的客户关系管理系统的设计文档。

第三篇　企业篇

在全书的开篇我们已经讲过，客户关系管理绝不仅仅是一种技术，还是企业经营的一种管理模式。过去，很多企业在客户关系管理的实施中只是把客户关系管理的软件系统建立起来，作为企业的一层皮在运行，而并未涉及企业自身的深层管理问题，屡遭失败的原因就在于此。在这种管理模式中要取得成功，就是要围绕着客户这个中心来实施企业的改造和管理。这包括企业要确定自身的客户发展和经营战略，确定客户细分和客户分析研究，围绕客户这个中心来重新设计企业的业务流程，围绕客户这个中心来再造企业的组织机构，围绕客户这个中心来打造企业的核心竞争力，围绕客户这个中心来建设新的企业文化。

这一篇共分四章：首先，从企业进行客户战略选择开始，讲授企业如何进行客户战略决策，如何进行客户细分，如何进行客户分析和客户识别，并根据企业的客户群来提升自身的客户关系管理能力；然后，讲授企业如何围绕客户进行业务流程的重组，如何进行企业组织结构再造，如何建设企业文化，如何通过客户关系管理来打造企业的核心竞争力；最后，根据客户关系管理作为企业管理模式和电子商务解决方案之一，讲授如何处理好同另外两种企业电子商务解决方案——企业资源计划（ERP）和供应链管理（SCM）之间的关系，以及系统的整合与集成。

第9章

客户关系管理战略

学习目标

理解客户关系管理战略的内涵。能够根据客户关系管理的远景和目标相应地制定合理的客户战略。熟悉客户关系管理战略的核心活动和实施效果评价。

◆ 主要解决的问题

如何制定客户战略；如何实施CRM战略；如何评价CRM战略的实施。

9.1　客户关系管理战略概述

CRM是企业竞争取胜的法宝，它能够有效地提高企业的核心竞争力，然而CRM在实施过程中却存在一些问题，这使得实施效果与企业的期望之间存在一定的差距。企业要想成功地实施CRM，就必须将CRM的实施上升到战略高度，制定战略规划。企业选择合适的CRM战略，正确地认识客户和对待客户，更加主动地分析和预测客户的需求和想法，迅速针对客户的需求作出反应，是直接影响着企业的生存与发展。

9.1.1　CRM战略的理解

战略一词已经被广泛使用。对于大多数企业而言，提到企业战略、产品战略等比较好理解。但是，客户关系管理战略却不好让人理解。这是因为在企业界、学术界客户关系管理本身的认识还没有达成共识。因此，要理解客户关系管理战略，我们只能按照企业一般战略的框架加以认识。我们可以更加全面地将CRM理解为一种旨在理解、预测、管理和个性化客户需求的经营战略，它是一种战略的、流程的、组织的和技术的变革历程，它触及到企业内部许多独立的部门，它需要正确处理与许多理念的关系，如企业战略、供应链管理、企业资源规划等。企业要想有效地实施CRM，至少需要站在企业发展的战略高度上从以下几个方面对CRM加以理解：

1）CRM是一种管理理念

CRM的核心思想是将企业的客户（包括最终客户、分销商和合作伙伴）视为最重要的企业资产，通过完善的客户服务和深入的客户分析来满足客户的个性化需求，提高客户满意度和忠诚度，进而保证客户终身价值和企业财务收益增长的实现。CRM吸收了“数据库营销”、“关系营销”和“一对一营销”等最新管理思想的精华，通过满足客户的需求，特别是满足最有价值客户的特殊需求，以建立和保持长期稳定、互惠互利的“双赢”客户关系。

2）CRM是一种管理机制

CRM也是一种旨在改善企业与客户之间关系的新型管理机制，可以应用于企业的市场营销、销售、服务与技术支持等与客户相关的领域。它通过向企业这些部门的专业人员提供全面的个性化的客户资料，强化其跟踪服务、信息分析的能力，帮助他们与客户和生意伙伴之间建立和维护一种亲密信任的关系，为客户提供方便、快捷和周到的优质服务，提高客户满意度和忠诚度。CRM在提高服务质量的同时，还可以通过信息共享和优化业务流程来有效地降低企业经营成本。

3）CRM是一种管理软件和技术

CRM是以信息技术、软硬件系统为基础的管理方法和应用解决方案的总和。它既是帮助企业组织管理客户关系的方法和手段，又是一系列实现销售、营销和客户服务流程自动化的软件乃至软件系统。CRM将最佳的业务实践与数据仓库、数据挖掘、工作流、呼叫中心、企业应用系统集成等信息技术紧密结合在一起，为企业的销售、客户服务和决策支持等领域提供了一个智能化的解决方案。CRM集成了Internet和电子商务、多媒体技术、数据仓库和数据挖掘、专家系统和人工智能等当今最先进的信息技术。

总之，CRM是现代管理思想与信息技术相结合的一种竞争战略，它通过最佳业务实践与信息技术的融合，围绕“以客户为中心”设计和管理企业的战略、流程、组织和技术系统，并提供一个自动化的解决方案，其目的是提高客户交付价值和忠诚度，进而实现企业收入的增长与效率的提高。

9.1.2 CRM战略的分析

客户关系时代的到来，为企业的经营和发展创造了新的环境，使企业面临着更多机遇和挑战。企业在引入CRM之前，必须先明确本企业的核心业务和未来的发展方向，以及CRM在整体战略中的作用。表9-1中列出了企业在实施CRM战略之前必须明确的一些问题[①]。

表9-1 **企业实施CRM战略必须明确的问题**

<u>产业方面</u>

- 企业处于什么行业
- 产业结构的现状及未来可能发生的变化趋势
- 产业标杆和基准是怎样的
- 在产业的内、外部是否存在足以瓦解现有产业结构的战略性力量

<u>企业方面</u>

- 企业的使命、愿景和战略意图是什么
- 企业战略与客户价值是否相容
- 企业的资源和能力优势何在
- 企业的文化是否“以客户为中心”
- 是否有能力评估客户持续价值
- 是否有能力管理评估客户持续价值
- 企业的人力资源和业务流程是否能够满足客户期望
- 企业组织架构是否能够支持客户关系管理的核心流程
- 企业是否支持跨部门或跨分支机构的合作

<u>竞争方面</u>

- 竞争者具有怎样的行为和特征
- 竞争者的竞争策略如何
- 新竞争者的进入障碍及未来的发展前景
- 新竞争者是否具有某些后发优势，他们是否可以不受现有产业结构的束缚

<u>渠道方面</u>

- 不同分销渠道在当前和未来的作用如何
- 新的分销渠道存在哪些机会
- 企业产品或服务如何销售出去

<u>客户方面</u>

- 谁是企业当前或潜在的客户？企业的细分市场主要有哪些
- 是否存在市场细分、“一对一”营销和大规模定制化的机会
- 企业与客户已存在或准备建立的关系是什么
- 如何将客户沟通的结果反馈到企业经营中，并据此作出相应调整
- 企业准备采用何种信息技术平台以满足客户现在或潜在的需求

① 林建宗. 客户关系管理［M］. 北京：清华大学出版社，2011.

通过对表9-1中所列问题的回顾，企业可以对自身的状况有一个清晰的认识，有助于制定本企业当前或未来的CRM战略。我们可以根据客户服务个性化程度的高低与客户信息完整程度的高低两个维度，将企业对客户关系管理战略的选择类型分为以下四类：产品销售战略、客户营销战略、服务支持战略和个性化关系营销战略（“一对一”营销战略），如图9-1所示。

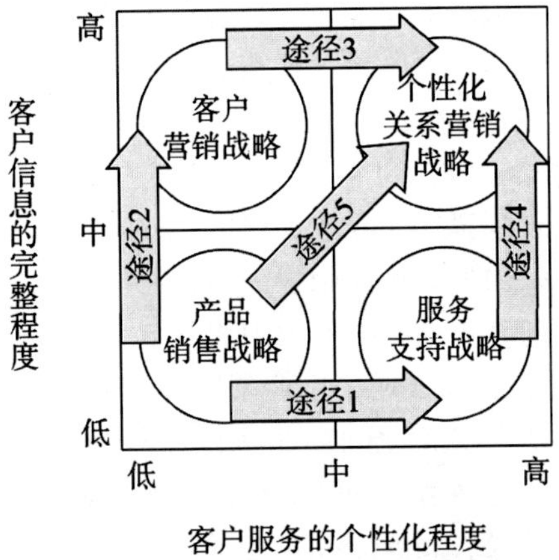

图9-1 CRM战略的分类矩阵及其转换途径

在图9-1中的CRM分类矩阵中，纵轴反映的是客户信息的完整程度，包括对客户信息的掌握量和信息分析的复杂程度；横轴反映的是客户服务的个性化程度，即企业为客户提供的产品或服务所体现的个性化或定制化程度。横轴和纵轴的交互就形成了四种基本的战略定位，每种战略定位都有其专门的特征，适合特定的商业环境。随着战略定位从左下方向右上方的调整，CRM的战略形势越来越复杂。在所有四种基本战略中，个性化关系营销战略最为复杂，它不仅要求企业收集和分析大量的客户信息，还要求企业必须具有为客户提供个性化服务的愿望和能力。下面分别讨论四种基本战略。

1）产品销售战略

产品销售战略是以产品为导向的营销战略。它从某种程度上讲，不是真正意义上的客户关系管理。它考核企业营销效果的指标主要还是依据销售数量。这种战略对客户信息的要求不高，主要为客户提供通用的产品和服务，追求规模效应，比较合适于注重销售的企业采用。由于掌握客户信息的数量和手段的局限，使这类企业的客户关系管理很难摆脱产品导向。

2）服务支持战略

服务支持战略属于基于产品战略的营销战略。相对与大多数企业单纯的产品战略，服务支持战略是向客户关系管理战略靠近的一种选择。通过实施此中战略，企业力图识别客户群中有价值的客户加以保持与挽留，并将企业的资源重点投向这些客户，企图通过提高服务与支持水平而不是主要通过深挖客户信息来改善与客户的关系，因而对客户信息的要求不高。

3）客户营销战略

客户营销战略属于客户导向的营销战略，是企业在为客户提供产品与服务时，已经把营销的中心由单纯提供产品转向重视客户的需求，并通过充分挖掘客户信息加强对需求的理解，有效区分客户价值、客户盈利能力、客户忠诚度及竞争者反应等。这种战略表明企业正在加深对客户关系管理本质的认识，同时通过实施此种战略，为企业进一步识别交叉销售和扩展销售提供机会。

4）个性化关系营销战略

个性化关系营销战略属于个性化关系营销战略，是企业客户关系管理战略中的理想形态。企业通过充分掌握的客户信息，为客户，特别是有价值的客户实施基于个性化关系营销战略。该战略体现了客户关系管理的精髓，即要通过客户关系管理的功能，识别客户的偏好和需求特征，在此基础上又要为客户制定个性化、定制化的产品和服务，最大限度地满足此类客户的需求，才能抓住那些有价值的客户，使企业效益最大化。

在迈向完全意义上的CRM过程中，不同的企业可能处于不同的战略起点，因此实现目标的途径也可能不同。图9-1还描述了从初级的CRM战略迈向完全意义上的CRM战略的各种战略途径。假设企业当前采用的是产品销售战略，则应该积极地评估当前的各项活动和策略，将所有已经实施的、面向客户的措施有效地整合起来，以寻找战略性的突破，追求更高级形式的CRM战略。采用产品销售战略的企业可以采用途径1，通过建立呼叫中心或自动应答系统等服务支持手段，加深与客户之间的关系；或者采用途径2，通过构建更为完整的数据库，有效地寻找目标客户，提高营销的针对性。一般来说，当前采用产品销售战略的企业由于自身的意愿或者能力的约束，很少采用途径5直接转向个性化关系营销战略，这些企业大多采用循序渐进的方法，先从产品销售战略转向客户销售战略或服务支持战略，然后采用途径3或途径4，最终迈向个性化关系营销战略。

9.1.3 CRM战略的内容

通过上一节的分析，我们可以认为企业要想成功实施CRM，就必须把CRM的实施上升到战略高度，为CRM的成功实施制定战略规划。CRM的实施战略应当是一种把战略、技术和人结合起来的综合方法，这种方法是以客户为向导的企业战略的一部分。CRM战略需要寻找恰当的客户并能正确地理解客户的需求。因此，一个完整有效的CRM战略必须包括以下几个主要方面：CRM的远景和目标、客户战略、CRM战略的核心活动、CRM战略的实施基础和CRM战略的评价。CRM战略的内容如图9-2所示。

CRM战略
- CRM的远景和目标
- 客户战略
- CRM战略的核心活动
  - 客户智能管理
  - 客户交易管理
  - 客户服务质量管理
  - 客户生命周期管理
- CRM战略的实施基础
  - 人力资源
  - 企业文化
  - 组织结构
  - 信息技术
- CRM战略的评价

图9-2　CRM战略的内容

1）CRM的远景和目标

CRM的远景和目标说明了企业对CRM的基本理解，是制定和实施CRM战略的准备工作，它可以帮助企业明确“以客户为中心”的价值观念，帮助企业理解目前所处的环境和未来的发展前景。如果企业脱离了实际，盲目依赖信息技术实施CRM战略，必将造成大量资金、时间和人力资源的浪费，最终导致CRM项目的失败。

2）客户战略

客户战略可以帮助企业明确：客户是谁、客户想要什么，以及我们能为客户做什么等问题。这些问题有助于确保有效地对客户关系组合进行管理，而不是简单地把客户视为营销活动的对象。一项客户战略至少应该包括客户理解、客户竞争、客户吸引力和客户管理能力四个核心要素。

3）CRM战略的核心活动

CRM的核心活动包括客户智能管理、客户交易管理、客户服务管理和客户生命周期管理。其中，客户智能管理可以帮助企业更好地利用客户资料和深入地理解客户需求；客户交易管理可以为企业与客户之间的交易提供多种渠道；客户质量管理为客户提供多种产品及相关服务，这些都是系统地发展长期客户关系，即客户生命周期管理的基础。在企业完成客户战略制定的基础上，CRM中进行的四项核心活动就可以相互融合了。

4）CRM战略的实施基础

成功实施CRM的四项核心活动需要几个必要条件，即人力资源、组织结构、信息技术和以客户为导向的企业文化，四者缺一不可。“以客户为中心”的商业模式需要企业对经营理念进行革命式的再造，根本改变企业体制，构造一个“从客户利益出发”的企业文化体系和组织结构，以及相关的人力资源和信息技术作为贯彻与执行的保障。有关CRM实施与企业变革的内容本书将在第11章和第12章详细阐述。

5）CRM战略的评价

企业在实施CRM战略的过程中不可能没有任何问题，因此需要不断地对CRM战略进行改进，以便达到预期结果；同时，由于互联网、数据挖掘、决策支持系统和专家系统等技术的不断发展及企业自身的发展需求，也不可避免地需要持续地改进和增加CRM的功能。因此，建立起相应的CRM战略实施评估与反馈机制显得至关重要。

9.2　CRM的远景和目标

9.2.1　CRM的远景

许多企业在管理客户关系时往往会碰到很多难以解决的问题：无法测度客户的价值、缺乏有关客户真实需求的洞察力，以及缺乏如何以不同方式对待具有不同相对重要性的客户的战略方法等，其结果只能使许多企业都无法把有限资源花费在最有价值的客户身上，无法实现客户价值、客户体验质量和交付成本之间的平衡，这只能意味着投资的浪费、重复的努力、不兼容的解决方案和不一致的客户体验。而CRM远景可以指导企业走向最终的理想状态，并确定相应的行动方案。如果没有根据企业当前的需求（企业竞争能力和竞争优势）、市场所要求的速度和投资合理性所需要的经营收益等因素来生成和调整CRM远景，并使它们保持高度匹配和一致，那么企业充其量只能取得有限的短期成功。

1）CRM远景的形成过程

CRM远景的形成过程并非是自上而下的，也并非是一成不变的。在形成远景之前，企业需要进行客户需求研究和经营环境分析；所制定的远景必须与企业总体战略以及各种企业资源（如人力资源、财务资源、实体资源、知识产权和竞争能力等）相一致；远景本身必须清晰、明确、现实，使得企业所有个体都知道企业的努力方向、自己的角色和贡献，共同为CRM远景的实现而努力。

（1）外部环境分析

现代企业的生产经营活动日益受到外部环境的影响。企业要制定和实施CRM战略，首先必须全面、客观地分析和把握外部环境的变化，以此为依据制定相应的战略目标和部署，从而实现战略的具体步骤。企业与其外部经营环境、其他竞争或合作的组织及公众等外部因素共同处于一个相互作用、相互联系、相互影响的动态系统之中，所有这些影响企业成败但又存在于企业外部、非企业所能控制的潜在因素或力量构成了企业的外部环境。CRM战略的外部环境分析主要是围绕三个方面来进行的，即营销方面、销售方面和服务方面。

①营销方面。

当今的营销环境正在发生着深刻的变化。一方面，产能过剩和产品同质化让客户有更多选择，也给客户带来更多的选择困惑。同时，信息的透明化和客户注意力分散导致企业与客户的沟通更加困难，企业面临着相当大的营销压力。另一方面，领先企业和专业营销机构基于CRM的理念，利用以互联网为代表的信息网络技术，进行卓有成效的营销创新，建立了体现现代市场营销新观念的营销方法体系，拓宽了许多新的营销渠道。例如，当Web2.0、P2P、宽带、流媒体、无线通信等一系列技术日趋成熟并相互融合之时，博客、RSS、即时通信、手机电视、移动电视、楼宇电视、列车电视等一系列新媒体也纷纷出现，并构成了全新的营销平台，体现了一种“新技术→新媒体→新营销”的发展趋势。因此，企业制定CRM战略时，应充分考察并研究当前营销环境的变化，特别是新的营销手段的出现。

②销售方面。

销售模式正在向多样化、自动化和知识化的方向发展。需要根据不同的渠道采取不同的客户管理策略，借助一些销售自动化工具，包括一些通信设备（如PDA、平板电脑、手机等）、网络（如Internet、Intranet等）和管理软件（如SFA等），来实现销售的统一协调管理；通过知识库、创建、编辑、管理包括产品、竞争厂商、样板客户、应用方案等与销售相关的业务经验和知识，并供销售人员查询和引用。因此，在进行销售环境分析时，应关注多种销售渠道的建立情况、销售自动化工具的应用情况、销售经验和知识的积累和使用情况等。

③服务方面。

服务方式正呈现出全方位、全天候和定制化的趋势。由于许多产品的质量出现了趋同倾向，企业之间的差异化通常来自独特设计、情感诉求、价值区分和个性化服务等因素；由于客户在年龄、文化程度、生活背景和价值观等方面存在差异，导致不同个体对统一服务方式的感知和体验也存在差异，这些都给企业服务质量控制提出了更高的要求。

（2）内部环境分析

CRM战略的制定和实施，不仅要客观地分析企业的外部环境，还要对企业自身素质和能力加以科学地剖析。对自身内部环境的分析，是企业CRM战略制定过程中的重要工作。其中，企业的内部环境是指企业能够加以识别和控制的内部因素，主要包括企业战略、组织文化、流程和组织结构、人力资源、信息环境、知识储备与研发能力、绩效管理体系、财务管理能力、采购体系、营销和销售能力等。在实践中，正是以企业内部环境为基础的独特能力，最终决定了CRM战略及其实施的效果。

2）CRM远景的内容

经过上述分析过程，企业可以通过许多方式来界定CRM远景。总体来说，CRM远景要素与关键问题见表9-2。

表9-2 CRM远景要素与关键问题

要素	关键问题
企业远景	什么是企业最重要的目标和理想的未来状态 企业对生存、成长和盈利性的投入水平如何 企业从事经营的目的是什么？企业正在从事什么业务 应该专注于一个产业，还是多样化 如果选择多样化，应该相关多样化吗
目标客户与市场	企业要想确定的目标市场是什么 谁应该是企业的客户？企业希望满足客户什么需求
地理范围	企业应该服务哪些地理区域 企业应该在地区、国家，还是国际、全球的范围内展开经营活动
主要产品与服务	企业提供的产品与服务范围是什么
核心技术	企业希望拥有什么类型的技术
竞争优势的基础	企业应该保持哪些独特能力 客户在购买产品与服务时，可以获得哪些价值
价值观	企业拥有的价值观和共享的信念是什么

9.2.2 CRM的目标

从全局角度来看，企业在实施CRM之前要明确地制定一个长远的、清晰的总体发展目标。CRM的实施是以该目标为导向进行的，明确预期目标不但有利于推进目标所规定的各项任务，而且能够对具体的实施过程起到辅助和带动作用。首先，企业在制定目标前必须依据对远景的分析，确定自身的管理模式、业务流程、组织结构等环节中的优势、劣势及存在的关键问题。同时，根据企业实际需求及未来发展方向，最终选择服务于企业总目标的CRM系统。从战略角度来看，企业的发展需要经历一个长期的多阶段的过程，为了保证CRM系统的成功实施，企业可以将总目标细分为短期的不同阶段的绩效目标，以便进行阶段性考核。从管理角度来看，企业还要建立一整套判断项目成功或失败的标准，对CRM系统的应用情况能够根据市场的不断变化有效地进行规划、评测以及有针对性地改进，从总体上把握实施周期。

CRM战略目标不是一种空洞的概念，需要能够为企业的整体业务的发展提供导向。CRM战略制定与实施的主要目的在于向客户提供超越竞争对手和客户期望的优异客户价值，实现较高的客户满意，与客户维持长期的合作关系，并设法提高客户忠诚。因而它应当具有可分解性，可以在整体指引组织的同时，分解成与各个业务流程相对应的战略目标和要求。从这种意义上来讲，CRM战略可以分为核心目标和业务目标。CRM的战略目标如图9-3所示。

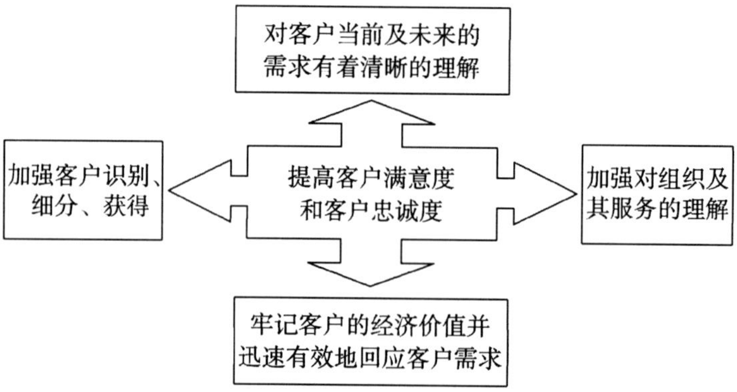

图9-3 CRM的战略目标

企业的着眼点应该在于优化客户体验，提升客户满意，以便谋求竞争优势，最大化企业利润；在成本控制的基础上，加强客户的识别、细分、不断挖掘具有价值潜力的新客户，提高现有客户的满意度，赢取客户的忠诚度和实现较高的客户挽留率。企业应牢记客户的经济价值并迅速有效地回应客户需求，客户及其需求是企业所有业务的关注点，为了寻求新的差异化竞争优势，企业必须对当前及未来的客户需求形成清晰的理解，实现经营观念从产品中心观向服务中心观的转化，对产品与服务的个性化和定制化给予前所未有的战略关注。越来越多的实践证明，企业成功的关键在于有效地提供差异化的、有价值的服务，针对不同的客户关系和个性化的客户需求提供相应的产品和服务，并在最大化客户满意度的同时实现企业利润的持续稳定增长。

在制定CRM战略目标时，企业应综合考虑多方面因素。CRM战略目标必须在方向上与企业总体战略目标保持一致；必须考虑企业未来中长期发展战略与规划，杜绝“贪大求全”的思想，遵循“总体规划、分步实施、分步受益”的原则，根据企业未来的发展方向和时间进度决定企业实施CRM相关功能模块的优先次序。

在制定CRM战略目标时，还应该遵循“技术服务于经营管理”的宗旨。未来的CRM系统实施是为企业经营管理服务的，必须考虑企业未来业务发展的战略部署，做到管理软件能够与企业发展趋势相适应，具备一定的可扩展性和灵活性。企业应该认识到，技术只是使能因素，而不是解决方案。

9.3 客户战略的制定

9.3.1 客户战略的内容

所谓客户战略，就是企业对如何建立和管理客户关系的目标及目标实现途径的整体性把握。一项客户战略至少应该包括以下四个核心要素。

1）客户理解

客户战略的中心在于把客户群分解为可以有效管理的细分客户群体，进而形成合理的客户关系组合结构。对于每一种客户细分，企业都应该考虑客户对产品和服务的需求的共性，再细分为对于每一种产品和服务的需求。

2）客户竞争

在一个竞争激烈的市场环境中，有效客户战略必须能够服务于竞争。企业竞争力应该体现在：既能保持原有的客户份额，又可以获得一些新客户；并同时能够对客户的结构进行优化，淘汰不合格的劣质客户群，赢得和挽留优质客户群。

3）客户吸引力

培育客户忠诚和建立牢固的情感纽带，形成直接吸引力，同时形成口碑式的间接吸引力是非常关键的，因为这将会是企业能够通过交叉销售和升级销售来保持和提取更大客户价值的重要因素之一，也是尽可能发掘优质客户和吸引有利可图的其他企业的优质客户的重要因素之一。

4）客户管理能力

企业的每一位员工都应该积极地为客户提供服务，而不是仅仅将其归为客户服务部门的责任对象。企业作为一个有机的整体，必须构建强大的全面客户服务和管理体系。

9.3.2 客户增长矩阵

为了便于企业将关注的焦点长久地集中在客户身上，在这里引用一个客户增长矩阵，如图9-4所示。客户增长矩阵通过图解说明了各自不同的客户战略，依靠着这些战略企业能够发展，并且建立与客户的特殊关系。

		产品/服务	
		现有的	新的
客户	现有的	客户忠实于你	客户扩充
	新的	客户获得	客户多样化

图9-4 客户增长矩阵

1）客户忠实于你的战略

首先，我们已经发现，随着客户忠实于你方面的逐渐加强，能从许多方面产生出渐增的利益率。有经验表明，忠实客户倾向于将大量的时间花在企业的身上，他们担当了推荐介绍方面的代理商，从而为企业带来了新的客户，并且最终为他们服务可能还比为新客户服务所花费的成本要少得多。这些因素结合起来提供了强大的证据，表明了企业的收益率直接与客户忠实程度相关。因此，企业应该将战略上的关注焦点集中在提高客户的回头率上，这比获得更大的市场份额更重要。

其次，如果一个企业拥有合适的客户，那么它就会获得竞争优势，同样一个客户忠实于你的战略就是获得持续竞争优势的基础。如果没能拥有合适的客户，那么则说明客户忠实于你的这种程度是不恰当的，显然在这里存在一个“匹配”关系。

2）客户扩充战略

客户扩充战略常常与客户忠实于你的战略结合在一起使用，这两个战略都涉及一个问题，那就是要维持企业已经与客户建立起来的关系。新增的产品或服务都要适合于客户群体。例如，通过零售商店提供金融服务就是从客户扩充战略中获得更大回报的一个实例。

类似这样的扩充战略已经使行业或市场的界定变得越来越模糊。以前处于不同市场范畴的企业，现在正为获得同样的客户而竞争，并且正依靠这些战略去满足客户的需求。

3）客户获得战略

为了获得更合适的客户，需要对潜在的客户进行需求分析，在有需求的地方需要应用客户获得战略。例如，当企业在迅速增长的市场中运作时，或者当快速增长有一些特殊需求时，尤其在后一种情况下，重点可能就是要获得新客户，但是这些新客户的需求类似于现有的客户。客户获得战略对于当前的客户群体是否能够招徕新客户来说具有重要的意义。对于许多企业来说，运用此战略可以通过当前客户的口碑传播，以低成本获得新客户扩大规模，而老客户的行为模式会给企业带来指导作用。

4）客户多样化战略

客户多样化战略涉及最高的风险问题，因此该战略涉及企业使用新产品和新服务来与新客户做生意谋求发展的状况。除非有特殊的机会，否则它作为企业所遵循的切实可行的战略是非常不可靠的。例如，前几年在国有军工企业向民用企业的转型中，许多企业新开发的产品已经出来了很久，可是一直没有找到合适的客户，结果造成产品大量积压，其原因是客户群体、销售渠道发生了根本变化。如果客户多样化战略在没有充分地研究透彻之前就进入实施阶段，企业不但要试着应付根本不同以往的客户，同时还要解决新产品的技术问题。

5）不同客户战略的结合

通过上述各种战略的分析，企业要建立战略，首先必须实施好“客户忠实于你”战略，然后通过忠实客户向下推荐，以及向客户提供新产品和新服务，将“客户扩充”战略及“客户获得”战略与“客户忠实于你”战略结合起来，使企业不断获得新客户，而且当前客户也变得更忠诚。其根基就在于“客户忠实于你”战略是开发发展战略的基础，这也是CRM战略的基本出发点。客户增长矩阵的要素组合如图9-5所示。

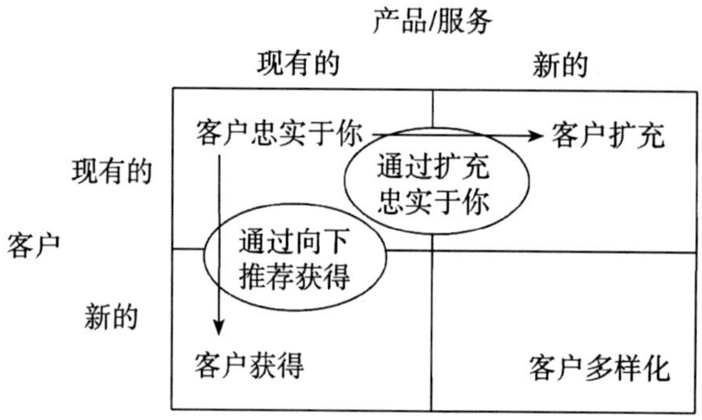

图9-5 客户增长矩阵的要素组合

我们已对CRM战略框架有了基本的认识，若对客户本身内在的认识不够，则再好的战略也会变成无的放矢。有关客户本身的分析将在第10章介绍。

9.4 CRM战略的核心活动

9.4.1 客户智能管理

客户智能是创新和使用客户知识，帮助企业提高优化客户关系的决策能力和整体运营能力的概念、方法、过程以及软件的集合。对该定义的正确理解可以结合图9-6中的客户智能体系框架从五个方面展开。

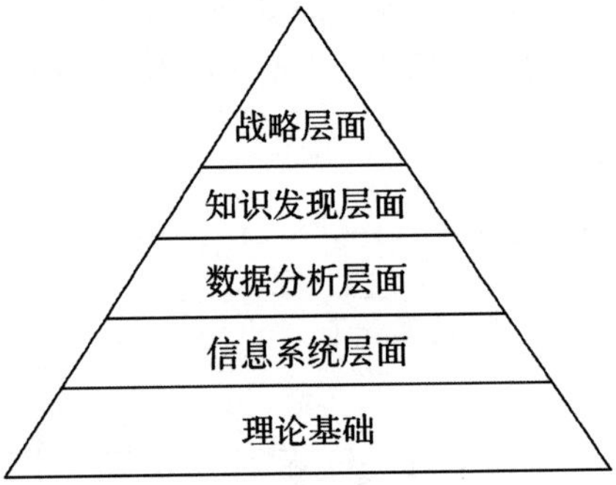

图9-6 客户智能体系框架

1）理论基础

客户智能的理论基础是企业对客户采取决策的指导依据，这既包括企业分析和对待客户的理论和方法，也包括分别从客户和企业角度进行的价值分析。通过消费行为分析、满意度分析、利益率分析等诸如此类的指标的测评与衡量，达到决策科学化、合理化的目的。

对客户价值进行分析对与客户有关的活动具有巨大的支持作用。比如，客户标识（customer identification）、客户分段（customer segmentation）、客户差异（customer differentiation）、客户满意（customer satisfaction）、客户忠诚等客户活动有了客户价值分析的支持，就会有的放矢，引导正确的客户关系。

2）信息系统层面

信息系统层面成为客户智能系统的物理基础，表现为具有强大决策分析功能的软件工程和面向特定应用领域的信息系统平台，如CRM、ERP、销售自动化、商业活动管理等。与事务型的MIS不同，客户智能系统能提供分析、趋势预测等决策分析功能。

3）数据分析层面

数据分析层面是一系列算法、工具或模型。首先获取与所关心主题有关的高质量的数据或信息，然后自动或人工参与使用具有分析功能的算法、工具或模型，帮助人们分析信息、得出结论、形成假设和验证假设。

4）知识发现层面

与数据分析层面一样，知识发现层面是一系列算法、工具或模型。将数据转变成信息，而后通过知识发现，将信息转变成知识。

5）战略层面

将信息或知识应用在提高决策能力、运营能力以及企业建模等客户智能的战略层面，利用多个数据源的信息以及应用经验和假设来提高企业决策能力的一组概念、方法和过程的集合。它通过对数据的获取、管理和分析，为贯穿企业组织的各种人员提供支持，以提高企业战略决策和战术决策能力。

客户发展战略指的是企业坚持以客户为中心的发展战略，将企业内部资源条件与外部环境因素结合起来考虑，最终目标是使得客户价值最大化。客户发展战略离不开企业其他战略类型，如目标市场战略、营销组合战略、市场竞争战略、财务战略、协作战略、组织战略、人才战略等的支持。以客户为中心的发展战略不能代替企业总体战略，但是总体战略是最具有参照价值的战略。

客户智能体系可以简单地用客户智能基础理论和基于客户智能理论的客户智能系统两个逻辑层面表示，展开的客户智能体系如图9-7所示。其中，客户价值分析所支持的客户活动的具体含义如下：

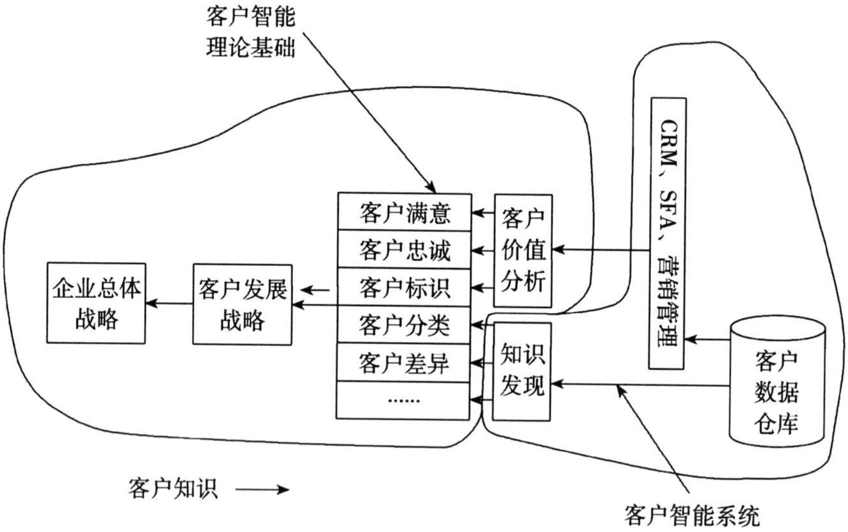

图9-7 展开的客户智能体系

（1）客户标识（identification）

客户标识又称客户认识（awareness），即知道谁是企业的客户。如果企业没有集成的客户数据，那么企业很有可能会遭遇客户认识危机。集成的客户数据是指客户的操作数据存储，它存储了集成的和经过净化的当前客户数据。企业的任何与客户打交道的员工每时每刻都会参考其中的数据，了解客户目前产品和服务的环境，以及当前的接触信息、接触结果、突发事件等。对存储当前信息的数据库的正确利用会大大提高企业对客户评价的准确性和认识能力。

（2）客户分类（segmentation）

假设企业已经认识到客户的存在，但如何知道哪些客户是使企业盈利的，哪些是不盈利的。仅依据客户当前信息的分析，很难得出令人满意的答案。企业此时需要对客户有关的历史纪录，针对不同的客户分类方式，有时采用分析技术可以实现，而当面对较深层次的分类任务时，就需要引入知识发现技术。

一个好的数据仓库环境，可以完全满足客户分类对数据的多重需求。数据仓库环境集成了与客户有关的当前和历史的数据，并在此基础上建立起面向不同分析任务的应用（数据集市）。比如，客户利润率分析，销售渠道分析，商业活动分析等，这些分析算法必须与企业的商业模式相一致。

（3）客户满意（satisfaction）

企业是否能够测量客户满意度？在企业中，客户满意是否分别与企业员工的积极性和企业实施的优惠政策有关系？如果答案是否定的，那么可以认为企业还没有建立以客户为中心的正确的环境。

这种正确的环境绝非是仅建设先进的呼叫中心等手段所能实现的，它需要一个企业的企业文化、组织结构、管理模式等整体环境的调整，以适应从以产品为中心到以客户为中心的转变；同时还包括使用知识发现技术对客户知识的正确发现和使用，了解客户对满意需要的是什么，如何改进产品使得客户更满意。

（4）客户差异（differentiation）

客户差异是指企业根据不同客户对企业的贡献的大小，实施对客户的不同价值的回报。分析的对象包括客户生命周期价值、消费行为、VIP特征等。企业需要建立相应的知识发现模型。此外，企业必须具有对知识发现结果——客户知识的快速反应能力，企业各部门能够做到基于客户知识的互动。

（5）客户忠诚（loyalty）

客户忠诚直接的表现是客户的持续购买，它反映了企业对客户不断更新的需求的有效把握。客户忠诚是对客户知识的反复有效利用的结果。客户忠诚的获得是企业在客户关系上最难达到的境界，但却是最佳的。通过持续的接触，忠诚客户数据的收集和集成为最容易和最有效的事情，但忠诚客户的保留问题仍离不开知识发现技术的支持。随着人们越来越深刻地认识到客户忠诚的重要性，知识发现技术在客户保留中的作用也会逐渐显现出来。

总之，客户智能的目标是将企业所掌握的信息转换为竞争优势，提高企业的决策能力、决策效率、决策准确性，为完成这一目标，客户智能必须具有实施数据分析到知识发现的算法、模型和过程。有关客户知识的进一步分析将在第10章介绍。

9.4.2 客户交易管理

企业各部门每次与客户的接触都是十分重要的，企业应该把握每一次与客户接触的机会。在进行客户交易管理的过程中，企业应重点考虑以下两个方面的问题：

1）全面客户接触点管理

全面客户接触点管理是指企业决定在什么时间（when）、什么地点（where）、如何（how）与客户或潜在客户接触，并达到预期沟通的目标，以及围绕客户接触过程与接触结果处理展开的管理工作。全面客户接触点管理的核心是企业如何在正确的接触点、以正确的方式向正确的客户提供正确的产品/服务。

客户接触点管理体系的规划包括：客户视角的接触点研究、客户接触点需求与客户接触转变研究、多渠道客户接触点规划与体验设计、多渠道接触点建设与投资策略、多渠道客户接触点信息整合管理、客户接触成本评估与渠道接触优化、多渠道客户接触点体验测量与绩效优化等。

2）投诉管理

投诉管理也是客户交易管理的基本组成部分。客户保持力会因不良的服务而受到破坏，但是企业从不良的服务中恢复的方式将会决定其能否留住原有的客户。全面客户接触点管理的侧重点是一般情况的客户接触行为，而投诉管理要求企业以专业的方式应对失败的状况。无论是由现场的员工来完成，还是由事后的数据分析员来完成，投诉管理都有助于促进长期的客户关系。从企业的角度来看，企业的投诉管理是一种直接反馈的工具，是持续提升整个价值链的基础。

9.4.3 客户服务质量管理

1）服务质量管理的定义

服务质量不同于产品质量，它更加难以把握，站在企业角度或站在客户角度认识的服务质量可能有所差别。从企业的角度来看，服务质量是企业在对客户的服务过程中，为使目标客户满意而提供的最低服务水平，也是企业保持这一预定服务水平的连贯性程度。从客户的角度来看，企业服务的对象是客户，服务质量的好坏最终是由客户的意见决定的，客户对服务质量的理解是基于他对该服务质量的感知，同一项服务会由于客户的不同而产生不同的感知服务质量。

美国经济学家菲根堡姆提出了“全面服务质量管理”的概念。全面服务质量管理是指由企业所有部门和全体人员参加的，以服务质量为核心，以客户忠诚为导向，从为客户服务的思想出发，综合运用现代管理手段和方法，建立完整的质量体系，通过全过程的优质服务，全面满足客户需求的质量管理活动。

2）服务质量管理的原则

企业在实施服务质量管理的过程中应遵循以下原则：

（1）以客户为关注焦点

以客户为关注焦点的原则是质量管理的核心思想。任何企业都依存于客户，企业失去了客户，就失去了存在和发展的基础。因此，企业必须时刻关注客户潜在的需求和期望及其对现有服务的满意程度，根据客户的要求和期望改进工作，以取得客户的信任，稳定地占领和扩大市场。

（2）领导作用

领导作为决策者在质量管理中起着举足轻重的作用。领导者要在充分考虑本企业和资产所有者、员工、客户、合作者、行业、社会等各相关方面的需求后制定方针，作出规划，确定具有挑战性的被员工理解的企业目标，并带领员工努力实现目标。其中的关键是通过其领导作用及所采取的各项措施，创造一个能使员工充分参与的既民主又集中，既有纪律又有自由的工作环境，只有在这种环境下，才能确保质量管理体系得以有效运行。

（3）全员参与

人是企业之本，产品和服务是人劳动的结果，加强质量管理工作需要全体员工的参与。首先，要使员工了解自身在岗位中的作用及其工作的重要性，明确目标和责任；然后，给员工创造提高知识技术和经验的机会，使他们对本职工作负有使命感，渴望参与对质量管理工作的持续改进，并努力作出贡献。

（4）持续改进

持续改进是增强企业满足客户需求的能力的循环活动。市场是变化的，客户会不断地提出新的需求，如果企业不能随之持续改进，就会失去客户，进而失去市场。任何企业的质量管理体系的充分性都是相对的，需要经过一个从不够充分到比较充分，再到很充分的持续改进的过程。此项工作在实施过程中是通过使用质量方针、目标、审核结果、数据分析、纠正和预防措施以及管理评审方针等，来促进质量管理体系的持续改进。

（5）服务定制化

企业要想在网络经济时代大显身手，必须遵循个性化战略。在个性化时代，客户是千差万别的。管理大师德鲁克在描述企业的定义时曾这样说，“企业的宗旨只有一个，这就是创造客户”。从生产者来讲，服务是否为客户欢迎，其关键是能否把企业的服务与竞争对手区别开来，让消费者一见钟情。因此，从某种意义上来说，创造客户就是创造差异。服务应当是在大规模定制的基础上，针对特定客户需求的服务体系：包括产品线的宽度、深度、产品的个性化定制、质量状况，甚至包括产品的售后服务的各个要素。

（6）沟通响应及时化

企业应该与每个客户进行对话，并让这种对话成为一种“学习的关系”。客户会说出他们需要的服务，企业则为他们提供所需的东西。客户在这种合作关系中会提供建议，并具体说明需要什么样的新服务。企业应从培养客户的忠诚度出发，全面了解客户所需，包括他们需要什么、何时需要、怎样需要，从而提供合适的、个性化的、即时的、具备竞争力的服务活动，“锁定”客户的使用习惯，建立服务品牌忠诚。

9.4.4 客户关系生命周期的管理

客户关系生命周期是指从一个客户对企业进行了解或企业对某一客户进行开发直到客户与企业的业务关系完全终止且与之相关的事宜完全处理完毕的这段时间。生命周期理论是一个十分有用的工具，将其引入客户关系的研究可以清晰地洞察客户关系发展的动态特征，不同阶段驱动客户关系发展的因素不同，同一因素在不同阶段其内涵不同，客户关系的发展是分阶段的，不同阶段客户的行为特征及其为企业创造的利润也不同。因此，客户关系生命周期理论是从动态角度研究客户关系的基础。

目前，客户关系生命周期的研究和应用已开始引起越来越多学者们的兴趣。现有的研究一般是将客户关系生命周期的阶段划分为考察期、形成期、稳定期和退化期四个阶段，简称为四阶段模型。考察期是客户关系的孕育期，形成期是客户关系的快速发展期，稳定期是客户关系的成熟期。

在具体实施过程中，企业应注意到在客户关系的不同生命周期阶段，客户的关注重点和企业的管理重点是存在差异的。表9-3在客户关系生命周期四阶段模型的基础上进一步归纳总结出各阶段的客户特征和相应的企业管理重点。

表9-3 **客户关系生命周期的管理重点**

阶段	集群特征	管理重点
初识期	信任与投入程度都相对较低，追求消费习性的一致性和心理品味追求的一致性	● 重视商品品牌的丰富性 ● 重视产品与服务的质量 ● 重视客户与企业对商品、服务或价格的价值观认知的一致性 ● 提供商品以外的免费服务等非物质利益

续表

阶段	集群特征	管理重点
矜持期	心理与行为因素的平均水平比初识期略高，该客户群在心理因素方面的得分相对高于其行为表现，从而显示出内心深处已经对企业形成高度认同，只是消费行为的表现仍趋向保守	● 重视商品品牌的丰富性 ● 重视产品与服务质量 ● 提供商品以外的免费服务等非物质利益
平稳期	在行为和心理因素方面，均明显高于初识期和矜持期的客户群，而且与企业的关系已经达到平稳状态，愿意提供建议和实际参与合作	● 重视商品品牌的丰富性 ● 重视与客户间接的互动和沟通接触机会
思异期	在行为和心理因素方面，均明显高于初识期和矜持期的客户群，而且与企业的关系已达到平稳状态，但有些客户会尝试作出改变的心理，消费行为可能有妥协倾向	● 重视与客户间接的互动和沟通接触机会 ● 防止客户转换供应商
稳固期	关系建立最长久，心里与行为因素都表现出很高的客户忠诚，是关系强度最高的阶段。客户愿意提供建议和实际参与合作，对商品和企业形成了高度的信任	● 重视商品品牌的丰富性 ● 重视人员服务 ● 重视客户与企业对商品、服务或价格的价值观认知的一致性 ● 重视与客户间接的互动和沟通接触机会 ● 提供商品以外的免费服务等非物质利益

在实践中，具体的CRM战略实施活动可以通过以下途径针对不同的客户的特点和企业管理重点加以实现：①设立呼叫中心或服务台，为客户提供服务支持，并根据客户所阐述的需求提供适当的产品；②努力识别出所有客户中值得挽留的目标客户，并将资源和能力投入到最重要的客户身上；③与客户进行一对一、个性化沟通，运用一系列数据分析来加深对客户需求的理解，通过构建更为完善的数据库，有效地寻找目标客户，提高客户管理策略的针对性；④更加注重提高数据的质量，并有效地加以管理和利用；⑤进一步识别交叉销售和升级销售的机会，尽可能提高客户盈利性；⑥建立数据平台（如数据仓库系统），并配备相应的分析工具（如数据挖掘软件）。不同的企业还可以根据自身情况以及本行业的特点实施不同的战略活动，如分析客户的购买模式，向客户推销具有更高附加值的服务；分析客户的需求和偏好，更好地支持客户挽留活动等。

9.5 CRM战略实施的评价

9.5.1 CRM战略实施评价的目的

作为CRM战略实施流程中不可或缺的重要环节和实施保证，建立有效的CRM战略评价和控制体系对企业成功实施CRM战略，达到既定战略目标意义十分重大。在企业CRM战略的实施中，对CRM战略的有效评价和控制有助于企业识别与把握CRM战略实施的重要方向，对各环节的关键活动和实施效果形成评价与控制，对组织的有效激励提供重要依据，并保证战略实施的持续改进以及战略目标的最终实现。具体来讲，对CRM战略的合理评价与

控制主要有三个作用:

1）辅助决策制定

企业实施CRM评价方法会因不同部门决策制定方式的不同而不同。企业通过对客户需求信息的收集、整理和分析，对客户进行有效细分，识别出企业的高价值客户，进而制定有针对性的营销策略和发展战略。当企业制定有关客户战略时，对CRM客户分析活动的有效评价可以协助特定的决策者制定和改善企业的竞争策略，这种有关客户的决策一般是以“如何管理客户关系”为中心，以提高客户的满意度和忠诚度为目的。

2）指导进行中的活动或策略

对CRM战略活动的评价并不是仅仅用来协助企业全面制制定决策和战略，它也可以被用来引导与客户相关的日常活动，这与影响决策制定相关，但又不同于决策制定。评价客户活动不仅有助于企业决定采用哪一种客户战略，还有助于前端员工和领导完成日常性的任务。

3）预测未来的状态

企业需要使用CRM技术来协助预测客户的需求，或者预测未来的潜在客户或市场态势。CRM技术和方法用来协助企业改进现有产品的设计，并通过与客户进一步的协作来开发新的产品。数字技术使得企业降低了与客户交互的成本，并且其交互的机制也比较容易评估。

应该看到，CRM战略是一个不断修正、逐步展开的循环过程，对组织的调整和管理转型不仅要有足够的思想准备，而且需要在CRM战略的实施中不断完善基础设施，实现流程重组和确保基础数据的准确性，并注意有可能引发的各种变化。

9.5.2 CRM战略评价的流程

CRM战略的评价应该是一个对CRM战略有效性进行持续评估的动态循环过程，同时它也是一个与CRM战略流程并行的系统工程。CRM测评模型如图9-8所示，评价的过程是在率先确定CRM的任务和目标之后设计出CRM战略框架，以便确定主要的战略因素；接下来是要找出CRM活动与所要实现的商业目标之间的内部联系。通过对这些内部联系进行分析，管理人员可以清楚怎样做才能获取更多收益、什么样的视角对于获取收益是至关重要的，然后通过收益分析来测评CRM实施的效果。这一评价过程有助于管理人员对CRM战略形成更深入的理解，可以帮助他们制定和实施合理的CRM战略，在把CRM活动转化为最终收益之前，上述过程将会不断地重复进行。

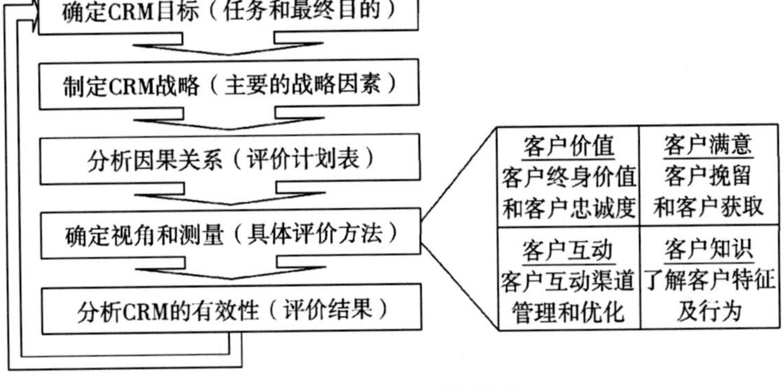

图9-8 CRM测评模型

资料来源：JONGHYEOK K，SUH E，HWANG H. A model for evaluating the effectiveness of CRM using the balanced scorecard [J]. Journal of Interactive Marketing，2003，17（2）：8.

9.5.3 CRM战略评价的关键维度

评价维度是实现CRM战略评价日标中至关重要的因素。在传统的评价体系中，主要包括四个纬度，分别是财务维度、客户维度、内部运作过程维度和创新与学习维度。这四个维度是以企业为中心的评价体系，其中财务维度强调为股东创造的价值，所涉及的财务目标往往与利益的评估相关联；客户维度强调为客户创造的价值，指标主要包括客户满意度、客户挽留率、吸引新客户数和目标市场与市场份额等；内部运作过程维度关注的焦点是提升企业作业流程的效率和效果，重视从创新到售后服务的整个流程，以及对研发过程的评价；创新与学习维度则能帮助企业识别出对当前和未来成功最为关键的因素，进而对企业的持续发展能力进行评估。

与传统评价体系相比，以客户为中心的评价维度应该更强调提升客户忠诚和客户利益，更强调增强互动渠道的有效性和追求卓越的客户资产经营方式。因此，以客户为中心的评价指标体系应包括客户知识维度、客户互动维度、客户价值维度和客户满意维度四个方面。CRM评价维度对比见表9-4。

表9-4 **CRM评价维度对比**

以企业为中心	关注焦点	以客户为中心	关注焦点
财务维度	为股东创造价值	客户知识维度	理解客户和对客户信息进行分析
客户维度	为客户创造价值	客户互动维度	增强互动渠道的有效性和追求卓越的客户资产经营方式
内部运作过程维度	提升企业作业流程的效率和效果	客户价值维度	提升客户忠诚和客户利益
创新与学习维度	通过实施持续的改善措施，保持企业的创新能力和变革能力	客户满意维度	获取商业价值

资料来源：JONGHYEOK K，SUH E，HWANG H. A model for evaluating the effectiveness of CRM using the balanced scorecard [J]. Journal of Interactive Marketing，2003，17（2）：10.

（1）客户知识维度

客户知识维度包括客户细分群体的层次和对客户数据的管理，它关注于技术上的改进、对客户需求的理解和有关客户特征的数据库，这些指标会影响与客户互动的过程，进而对客户价值和客户满意产生重要影响。

（2）客户互动维度

客户互动维度包括卓越的运营能力、有关客户服务的互动渠道管理和流程管理。在实践中，与客户接触对互动过程进行有效的管理和持续的改进，直接会对客户价值、运营效果和高质量的CRM服务产生重要影响。

（3）客户价值维度

客户价值维度包括企业从客户那里所获取的利益，如客户终身价值、客户忠诚或客户资产等。如果客户对企业的产品或服务表示满意，那么企业基本上不必担心客户离去。为了保证这种互惠关系，客户价值维度指标促使管理人员持续地寻找方法，以便赢得客户承诺和客户忠诚。

（4）客户满意维度

客户满意维度表明了客户对企业所提供产品和服务的满意水平，这是一种产品或服务能够符合客户期望从而给客户带来一种心理或非心理的满足，它在很大程度上决定了购买者将来是否能够成为企业的长期客户。

9.5.4　CRM战略实施的关键因素

企业要取得CRM战略实施的成功，必须关注以下几个方面：

1）确保战略实施过程协调一致

作为企业总体战略的一部分，CRM战略必须与其他相关战略之间保持协调一致。为了取得CRM的成功，企业应该在组织内部有效地沟通各种战略意图，确保组织的战略意图得到绝大多数员工的理解和认同。如果企业希望以客户导向作为基本经营理念，以提高客户满意度为根本目的，但是没有一套完整的战略来保证客户导向型观念，且未获得组织上下的普遍认可，即使费了多番周折，也无济于事，始终摆脱不了传统产品导向型观念的影子。因此，要实现战略过程的协调一致，必须强调各部门之间业务活动的相互配合，共同服从组织整体的客户关系战略。

2）调整组织结构——从“交易管理”转向“关系管理”

事实上，一个企业的组织结构能够在一定程度上反映该企业对客户和客户关系所持的基本理念。通过考察生产、营销、销售、采购和其他业务活动在整个企业中的地位，可以很清楚地知道企业到底崇尚什么。从CRM角度来看，客户是企业最重要的资产，能不断为企业带来收益，因此，企业的所有活动都应该围绕客户关系展开。“关系管理”不仅要为本企业的产品寻找客户，还应该投入大量的资源来维持和培养关系，以增加客户关系可能带来的价值。而关系价值的增加必须通过改善关系过程来实现，企业必须在组织结构上作出调整，促进跨部门的协作，以适应“关系管理”的需要。如果组织过于分权化，可能难以为客户提供协调一致的服务，影响服务的质量和一贯性；而过于集权化的组织则不利于发挥各部门或员工的积极主动性，也无法创造性地为客户提供服务。因此，企业应该根据自身的情形，在集权和分权之间作出权衡和选择。对于那些标准化或程序化的过程，企业应尽可能内化到组织规章或软件系统中，以形成对员工自主性的一种约束机制，在充分发挥员工积极主动性的同时，保证企业的统一形象。

3）培育有利于CRM成长的组织文化

组织文化是影响CRM成败的重要因素。通常，组织文化是一种无形的因素，是企业在长期发展和成长过程中形成的理念和价值观等。总体来讲，有两个方面的文化因素会影响CRM的效果：一是实施重大变革的能力。如果一个企业在历史上曾经经历数次失败的变革或者内部员工普遍缺乏迎接挑战的勇气，那么可能会形成一种惧怕变革的保守文化。在这样的组织文化氛围中，要想迅速引入CRM恐怕十分困难，因此，必须采用循序渐进的方法，逐渐营造一种有利于变革的文化，慢慢地将客户导向型观念灌输到每个员工的心中。二是各业务部门之间的协作意识。各部门之间是否愿意合作、是否遵守承诺、是否服从共同的战略等，均是影响CRM成败的重要因素。由于这些因素往往是无形的，企业很难对它们进行衡量和测评，因此企业必须采用一些定性的手段分析当前文化中存在的优势和劣势。在发展优势的同时，消除文化中的劣势因素，使企业的整体文化更有利于CRM战略的成长和发展。

4）建立一个集成的信息环境

对于每一位客户而言，与企业发生接触和信息交换的渠道有很多种，既有电子方式的，如电子邮件、互联网、电话等，又有非电子方式的，如信函、服务接触等。为了给客户提供一个有效的接触方式并综合地利用各种客户数据，企业应该建立一个集成的信息环境。一方面，企业可以通过该环境，获取客户数据，了解客户的想法和需求；另一方面，客户可以通过该信息环境，选择最有效的信息获取方式，实现有效的沟通。在前面我们已经谈过，CRM是基于数据的一种管理，如果没有完善的客户信息和数据，也就不可能实现真正意义上的CRM，而一个集成的信息环境无疑可以实现对各种数据的有效收集和汇总，为实现CRM奠定数据和信息的基础。

5）争取组织高层的大力支持

要成功地实现CRM，不仅需要在组织上、文化上和技术上作出重大调整，还需要调节各部门之间的活动，因此，获得组织高层人员的认同和支持是十分必要的。没有高层的支持和参与，几乎不可能实施任何跨部门的业务战略，也不可能营造有利于CRM的组织结构和文化，更不可能投入巨资来兴建集成的CRM信息技术系统。在实施CRM的过程中，至少应该有一名高层管理人员具体负责对整个过程的支持。直接支持CRM过程的高层管理人员必须满足以下三个条件：首先，高层管理人员的支持不能仅停留在面上，必须深入了解CRM的内涵和相应的运作模式；其次，高层管理人员必须能够对整个CRM过程施加积极的、正面的影响，敦促跨部门的合作；最后，高层管理人员还必须逐步采取措施，确保整个组织高层都能对CRM有一个全面的理解和认识，以进一步获得高层经理的支持。

9.6 案例分析——西蒙电气CRM战略实施

西蒙国际控股集团诞生于1916年，总部设在巴塞罗那，如今已是世界最大的专业开关制造商之一，在法国、葡萄牙、德国等都有控股公司，营销网络遍布世界55个国家和地区。

1）寻求制胜法宝

经过五年的摸索与适应，西蒙电气已经基本奠定了其在中国高档电工市场的地位。前期为了进一步优化产品设计资源、生产制造资源，西蒙公司在江苏生产基地实施ERP系统，规范了公司后台资源；然而，随着公司的快速发展，西蒙电气领导层发现，公司的发展瓶颈已经不再是资源的整合问题，而是由于客户、渠道资源激增，面对生产力严重过剩的市场环境，要想继续保持行业领跑者的地位，公司需要整合客户和渠道的信息及往来历史，同时反复挖掘利用已有的资源，因此西蒙电气在前端销售环节，需要一套具有先进管理理念，同时功能强大的管理系统——CRM，来帮助公司解决难题。

2）完善战略部署

正如西蒙中国营销总部总经理周建军先生所描述的："适时在CRM上的投入是西蒙电气的战略步骤之一。作为一个具有87年专业历史的国际品牌，西蒙电气非常看重先进科学的管理，产品的质量和安全问题早在很多年前就已经解决，因此客户对于产品以及服务的满意度成了公司追求的最大目标。"周总的描述道出了当时公司进行CRM系统规划的初衷。西蒙电气把CRM作为公司发展战略来考虑，因此在系统选型之初就十分谨慎。公司于2003年9

月开始联络当时市场上能够提供CRM解决方案的近30家厂商，准备对各个CRM厂商从资质、技术能力、案例经验、客户反馈、综合能力等方面进行考评。

在此期间，周总以及西蒙其他选型小组成员，对TurboCRM公司提出的独特的“业态理论”产生了浓厚的兴趣，西蒙电气谈出了自己的想法：“你们用业务形态来定位CRM应用的理论比较新颖，交付CRM解决方案要看业态，而不是行业，是否可以让我们实地考察一下？”随后，TurboCRM公司成员与西蒙电气的选型小组成员一行奔赴天津，他们要参观的客户是知名的制药企业——天津博福益普生制药有限公司（以下简称“博福公司”）。直到进入博福公司之前，周总的脸上一直充满疑惑：电工？制药？这两种截然不同的行业在CRM应用方面会有相似之处吗？

这种疑惑，随着博福公司CRM项目负责人对系统应用进行逐步深入的介绍，而慢慢消退：虽然西蒙电气和博福公司的产品种类迥异，但是业务开展过程以及关注的业务管理重点非常相似，都属于典型的“推广业务管理模式”，这些内容恰恰是CRM解决方案中的重点。正是基于对企业营销管理模式的独到见解，以及专业快速的响应速度，TurboCRM公司最终成为西蒙电气CRM系统平台供应商，协助西蒙电气进一步提升企业竞争力和盈利能力。西蒙电气的战略部署进一步完善了。

3）力争独占行业鳌头

西蒙电气CRM项目负责人说：“公司发展速度很快，我们希望通过CRM系统的建设，能够进一步完善企业的信息化体系，让我们的发展如虎添翼，力争独占行业鳌头。”事实确认如此，CRM系统应用初期已经为西蒙电气带来了崭新的工作模式，也为企业深化发展奠定了基础：

首先，针对西蒙电气具体的业务体系特征（营销渠道除了两个传统的电工产品的销售渠道——建筑工程和五金店的零售外，还包括新兴的大卖场、家装、超级市场等领域），通过CRM系统平台，明确不同业务线的具体流程，并且建立了清晰的员工应用系统的权限规则。不同区域的每个员工都能够在了解自身业务线范围内的数据信息的前提下，进行有序的信息共享。

其次，CRM系统提供了灵活多样的工作计划保障机制，通过邮件、手机等通信手段进行提醒，使每项工作都能在计划内按时完成，充分保障了客户服务的个性化，并提高客户服务满意度，西蒙电气的员工说：“无论在哪里，CRM系统好像就在身边，客户对我们的服务表示更加满意，CRM系统确实拉进了我们与客户之间的距离。”

此外，西蒙电气的员工对于CRM系统提供的“消息中心”似乎情有独钟，每天开机进入系统，首先查看“消息中心”。CRM的“消息中心”为西蒙电气的员工提供了一种灵活的主动信息获取机制。系统发生的任何信息变动，只要与自身相关，都会通过订阅，自动提交到自己系统的“消息中心”，起到了很好的工作协同保障作用。

西蒙电气的CRM系统应用还在不断地深化和拓展过程中，公司深信，CRM系统不仅仅能够帮助公司整合客户信息，控制销售及服务过程，CRM系统还将基于大量的客户信息及数据，进行机会的预测和挖掘。

西蒙电气已经做好了未来几年的发展规划：“要争取电工行业领先地位，首先应该转变旧的观念，采取切实行动满足客户的需求，提高客户满意度；如何理顺、处理好与客户的关系，巩固并扩大公司的市场占有率，需要电工企业来真正地尊重客户、尊重客户的价值，在开发、策划、销售、服务的全过程中贯彻以客户为本的理念，以客户需求作为决策、计划的出发点。只有这样，才会有可能在卧虎藏龙的市场竞争环境中，突破发展瓶颈，找到属于自己的那片天空!”

正基于此，西蒙电气将会继续在CRM系统应用提升的道路上不断探索，不断创新。

本章小结

企业要想成功地实施CRM，就必须将CRM上升到战略高度，制定战略规划。CRM战略直接影响企业怎么认识客户和怎样对待客户，也就是直接影响着企业的生存与发展。在进行CRM战略选择与制定时，首先企业要从战略管理上明确CRM的发展方向和目标，确定CRM对组织、技术、流程和业务模式等方面的要求，从而为CRM的实施制定长远规划和目标。一个完整有效的CRM战略必须包括以下五个方面的内容：

1）CRM的远景和目标

CRM的远景和目标明确了企业对CRM的基本理解，为CRM项目的具体实施指明了方向。CRM是一项系统工程，涉及企业内部各个不同部门和分散在不同部门的员工，没有共同的远景和目标，人心不齐，就无法到达预期的目标。企业可以通过多种方式来界定CRM的远景和目标。

2）客户战略

客户战略可以帮助企业明确“客户是谁”“客户想要什么”“我们能为客户做什么”等问题。这些问题有助于企业有效地管理客户关系，而不是简单地将客户视为营销活动的对象。一项客户战略至少应该包括客户理解、客户竞争、客户吸引力和客户管理能力四个核心要素。根据客户战略的核心要素及其要求，企业可以制定不同的客户战略。

3）CRM的核心活动

CRM的核心活动包括客户职能管理、客户交易管理、客户服务管理和客户生命周期管理。客户职能管理可以帮助企业更好地利用客户资料深入理解客户需求。客户交易管理为企业提供多种与客户交易的渠道。客户服务管理为客户提供多种服务。客户生命周期管理旨在发展与客户的长期关系。在客户战略的基础上，可以实现这四种核心活动的项目融合。

4）CRM的实施基础

战略实施就是战略转化为行为。无论战略制定得多么有效，如果不能恰当地实施，则仍不可能保证组织的成功。人力资源、组织结构、信息技术和以客户为中心的企业文化是成功实施CRM战略的必要条件。“以客户为中心”的商业模式需要企业对经营理念进行革命式的再造，根本改变企业体制，构造一个“从客户利益出发”的企业文化体系和组织结构，以及相关的人力资源和信息技术作为贯彻与执行的保障。另外，在战略实施过程中，最高管理者的领导能力固然重要，但中层和基层管理者执行计划的主动性也同样重要。

5）CRM的战略评价

战略评价就是通过评价企业的经营业绩，审视CRM战略的科学性和有效性，包括CRM战略的控制过程、实施效果、需要做哪些调整。CRM管理的实践表明，战略制定固然重要，战略实施同样重要。一个良好的战略仅是战略成功的前提，有效的战略实施才是CRM战略目标顺利完成的保证。另外，如果企业没能完善地制定出合适的CRM战略，那么在实施过程中能够克服原有的战略的不足之处，也有可能最终会使战略完善与成功。

复习思考题

9.1 简述CRM战略的内容。

9.2 简述CRM战略矩阵和客户增长矩阵。

9.3 列举CRM战略的核心活动涉及的具体内容。

技能实训题

9.1 为一个你所了解的从事电子商务的B2C企业制定CRM战略。

9.2 对一个你所熟悉的企业的CRM战略实施效果进行分析和评价。

第 10 章

客户关系管理和客户分析

学习目标

学习和掌握如何识别有价值的客户，理解和掌握客户识别矩阵；理解客户互动的概念，掌握与客户互动的管理方法；学习客户知识的概念，掌握如何管理客户知识的方法；学习和理解客户关系管理能力的概念，掌握提升客户关系管理能力的方法。

◆ 主要解决的问题

客户识别；客户互动管理；客户知识管理；客户关系管理能力的评价与提升。

在产业与市场的不同发展阶段，客户自身可能存在相当大的差异，而这种差异及由此而导致的关系行为与市场特征的差异，都需要通过具体分析才能获得。在成熟发展的市场应用阶段，这一分析过程显得尤为重要。企业应该在对所收集的客户信息进行分析的基础上，区分和识别不同客户的特征和行为，分析客户的需求和发展趋势，为满足不同市场和客户的需求而不断改善自己产品结构，完善销售和服务体系，以使企业能够在适当的时间，针对特定的客户战略，推出个性化的产品和服务。

10.1　客户分析

10.1.1　客户分析的含义

客户分析是根据客户信息数据分析客户特征，评估客户价值，从而为客户制定相应的营销策略与资源配置计划。通过合理系统的客户分析，企业可以知道不同的客户有着什么样的需求，分析客户消费特征对商务效益的关系，使运营策略得到最优的规划；更为重要的是可以发现潜在客户，从而进一步扩大商业规模，使企业得到快速的发展。

企业可以从以下几个方面对客户进行分析：

1）分析客户个性化需求

“以客户为中心”的个性化服务越来越受到重视。实施CRM的一个重要目标就是能够分析出客户的个性化需求，并对这种需求采取相应措施，同时分析不同客户对企业效益的不同影响，以便作出正确的决策。这就使得客户分析成为实施CRM时不可缺少的组成部分。

2）分析客户行为

通过客户分析，企业可以利用收集到的信息，跟踪并分析每一个客户的信息，不仅知道什么样的客户有什么样的需求，同时还能观察和分析客户行为对企业收益的影响，使企业与客户的关系及企业利润得到最优化。

3）分析有价值的信息

利用客户分析系统，企业不再只依靠经验来推测，而是利用科学的手段和方法，收集、分析和利用各种客户信息，从而轻松地获得有价值的信息，如企业的哪些产品最受欢迎、原因是什么、有哪些回头客、哪些客户是最赚钱的客户、售后服务有哪些问题等。客户分析将帮助企业充分利用其客户关系资源，在新经济时代从容自由地面对客户。

目前我国企业对客户的分析还很欠缺，分析手段较为简单，方法也不够系统和完善。虽然简单的统计方法可以在一定程度上得出分析结果，但是因为企业在发展中存在一定的不平衡性，利用简单的统计模式得出的结论容易有较大的误差，难以满足企业的特殊需求。因而企业需要更加完善、合理的客户分析方案，进一步提高客户分析的合理性、一致性，并能在潜在客户的培养和发现中提供更多的决策支持。

10.1.2　客户分析的内容

具体来说，CRM中的客户分析可以包含以下六个方面的内容：

1）商业行为分析

商业行为分析通过对客户的资金分布情况、流量情况、历史记录等方面的数据来分析客户的综合利用状况。其主要包括：

①产品分布情况。分析客户在不同地区、不同时段所购买的不同类型的产品数量，可以获取当前营销系统的状态、各个地区市场状况，以及客户的流动情况。

②消费者保持力分析。通过分析详细的交易数据，细分那些企业希望保留的客户，并将这些客户名单发布到各个分支机构以确保这些客户能够享受到最好的服务和优惠。细分标准可以是单位时间交易次数、交易金额、结账周期等指标。

③消费者损失率分析。通过分析详细的交易数据来判断客户是否准备结束商业关系，或正在转向另外一个竞争者。其目的在于对那些已经被识别结束了交易的客户进行评价，寻找他们结束交易过程的原因。

④升级/交叉销售分析。对那些即将结束交易周期或有良好贷款信用的客户，或者有其他需求的客户进行分类，便于企业识别不同的目标对象。

2）客户特征分析

①客户行为习惯分析。根据客户购买记录识别客户的价值，主要用于根据价值来对客户进行分类。

②客户产品意见分析。根据不同的客户对各种产品所提出的各种意见，以及在各种新产品或服务推出时的不同态度来确定客户对新事物的接受程度。

3）客户忠诚分析

客户忠诚是基于对企业的信任度、来往频率、服务效果、满意程度以及继续接受同一企业服务的可能性的综合评估值，可根据具体的量化指标进行量化。保留老客户要比寻求新客户更加经济，保持与客户之间的不断沟通、长期联系，维持和增强消费者的感情纽带，是企业间新的竞争手段，而且巩固这种客户忠诚度的竞争具有隐蔽性，竞争者看不到任何策略的变化。

4）客户注意力分析

①客户意见分析。根据客户所提出的意见类型、意见产品、日期、发生和解决问题的时间、销售代表和区域等指标来识别与分析一定时期内的客户意见，并指出哪些问题能够成功解决，而哪些问题不能，分析原因。

②客户咨询分析。根据客户咨询产品、服务和受理咨询的部门，以及发生和解决咨询的时间来分析一定时期内的客户咨询活动，并且跟踪这些咨询活动的执行情况。

③客户接触评价。根据企业部门、产品、时间区段来评价一定时期内各个部门主动接触客户的数量并了解客户是否在每个星期都受到多个组织单位的多种信息。

④客户满意度的分析与评价。根据产品、区域来识别一定时期内感到满意的20%的客户和感到最不满意的20%的客户，并描述这些客户的特征。

5）客户营销分析

为了对潜在的趋势和销售数据模型有比较清楚的理解，需要对整个行销过程有一个全面的观察。

6）客户收益率分析

对每一个客户的成本和收益进行分析，可以判断哪些客户是为企业带来利润的。

在CRM中，企业的生产、营销、服务及市场都是围绕客户而进行的。客户分析将成为成功实施CRM的关键、帮助企业最大限度地提高客户满意度，同时也降低了企业的运作成本，提高了企业的运作效率。接下来，本章将从与CRM战略实施密切相关的客户识别、客户互动和客户知识三个方面对客户相关信息进行深入分析和探讨。

10.2　客户识别

10.2.1　识别客户

1）客户识别的含义

客户识别是指通过一系列技术手段，根据大量客户的个性特征、购买记录等可得数据，找出谁是企业的潜在客户，客户的需求是什么，哪类客户最有价值等，并把这些客户作为企业CRM的实施对象，从而为企业成功实施CRM提供保障。

客户识别是一个全新的概念，它与传统营销理论中的客户细分与客户选择有着本质的区别。传统营销理论是以选择目标市场为着眼点，对整个客户全体按照不同因素进行细分，随后选择企业的目标市场（客户）。而客户识别是在已经确定好目标市场的情况下，从目标市场的客户群体中识别出对企业有意义的客户，作为企业实施CRM的对象。由于目标市场中客户的偏好等个性特点各不相同，不同客户与企业建立并发展客户关系的倾向也各不相同，因此他们对企业的重要性是不同的。

2）客户识别的意义

客户识别对企业实施CRM的重要意义主要体现在对企业的客户保持和客户获取上。

（1）客户识别对客户保持的影响

客户保持是企业实施CRM的主要目标之一，它对企业的利润有重要影响。对美国九类行业的调查数据表明，客户保持率增加5%，行业平均利润增加幅度为25%~85%。客户保持对公司利润的影响之所以如此巨大，是因为保持现有客户比获取新客户的成本低得多，一般可节约4成至6成。但是客户保持也是需要成本的，在现有的客户群体中，并不是所有的客户都会同企业建立并发展长期合作关系。如果不加区别地开展对所有客户的保持努力，势必会造成客户保持成本的浪费。如果事先通过客户识别的方法，识别出具有较大概率同企业保持客户关系的客户，并有区别地开展客户保持努力，就会起到事半功倍的效果，大大节省企业的客户保持成本。

（2）客户识别对新客户获取的影响

尽管CRM把重点放在客户保持上，但是由于客户关系的发展是一个动态的过程，企业还是需要获取新客户的。新客户的获取成本大大高于老客户的保持成本，其主要原因就是在新客户的开发过程中，客户的反馈率太低，导致获取每个客户的平均成本居高不下。如果企业能够有效识别最可能成为企业客户的潜在客户，并有针对性地开展新客户的获取努力，势必能够大大节省新客户的获取成本，其节省幅度比在客户保持中使用客户识别时的节省幅度还要大。这样就可以杜绝在新客户开发中无谓的投入，用尽可能少的客户获取成本获得尽可能多的客户。

10.2.2 识别潜在客户

1）潜在客户的定义

潜在客户是指存在于消费者中间，可能需要产品或接受服务的人。这个定义，也可以理解为，潜在客户是经营性组织机构的产品或服务的可能购买者。潜在客户是其存在的买点与企业卖点，即客户接触完全对位或部分对位，但尚未购买企业产品或服务的客户。这类客户数量大、分布广，但由于各种原因，他们现在并不购买企业的产品，若企业加大营销努力，则有可能使其成为企业的现实客户。

潜在客户是组织争取的对象，是客户管理关注的重点之一，及时调查、分析、研究和把握潜在客户的需求是组织应该经常进行的必不可少的活动。不断把潜在客户变为现实客户，正是组织兴旺发达的标志。潜在客户包括三个层面：①对某个地区来说，该地区可能是潜在的销售市场，该地区的组织或个人则称为潜在客户；②对某个阶层（如以收入划分的阶层、以城乡划分的阶层等）来说，该阶层的组织或个人则称为潜在客户；③对某个组织或个人来说，可能是本组织的潜在客户。一般来说，对地区性的潜在客户可能较容易开拓，而对单个的潜在客户却难以使其成为现实客户，阶层性的潜在客户可能居于两者之间。但是，组织不能只考虑自己的难易问题。况且，在当今经济全球化的时代，某个地区、某个阶层的客户对本组织来说是潜在的，而对本组织的竞争对手来说可能早已是现实客户了。因此，要求企业不断地去开拓。

2）潜在客户的转化

促进潜在客户转化为现实客户是企业客户关系管理的又一重点内容。潜在客户的转化，其实质就是市场拓展。潜在客户的转化需要一定的条件，同时也需要企业营销管理人员和客户管理人员进行一系列的促进工作。这样客户才不至于只停留在潜在位置上，而是发展成为企业实实在在的客户，为企业带来更多的经济利益，为进一步识别有价值的客户打下坚实的基础。企业在促进潜在客户向现实客户转化的过程中，可以按照以下几个要点进行：

（1）强调客户的需求和欲望

产品的品质、产品的文化品位都取决于客户的认知，真正的营销价值是客户的心智。发现潜在客户，为客户提供合适的产品，必须调查客户的内心世界。只有充分地与客户进行沟通，了解产品知识、品牌价值、产品的效用需求及其评价标准、客户的个性品位等因素，才能找准潜在客户的消费心理，获得现实客户。客户产品策略只是企业向客户传达利益的工具和载体，也就是满足客户需求与欲望的形式。企业发展产品策略必须从客户的需求与欲望出发，而不是从企业的研究与开发部门出发。市场上最成功的产品不一定是最好的产品，而是市场最需要的产品，即通常所说的适销对路。

（2）加强品牌建设

在同类产品较多的情况下，企业只有通过富含客户追求的品牌来达到目的，这是客户较高层次的需求和欲望。通过品牌力量的扩张达到市场的扩张。产品属性易复制，而品牌个性、文化价值、利益及其组合是难以复制的。品牌力量的渗透扩展，形成品牌接受力，进而形成品牌偏好、品牌忠诚，占有市场，获得竞争优势。

（3）降低客户付出成本

对于客户来说，客户付出的成本包括货币、时间，甚至还包括在客户使用产品中所带来的烦恼和不快。此外，客户一般只会购买他们认同的有价值的产品，若客户不认同，产品就买不出去。因此，企业需要分析客户的认识，根据认知价值对产品进行定价。定价的关键不是卖方的成本，而是买主对价值的认知。而认知价值是利用多种沟通手段在购买者心目中建立起来的。

（4）提供购买便利

企业生产出来的产品只有通过一定的市场营销渠道，经过物流过程才能在适当的时间、地点以适当的价值供应给广大客户。这时，企业考虑的是如何大量销售，如何降低成本。为了形成优势，企业必须不断分析市场状况和客户购买行为，如何根据客户购买方式的偏好给客户最好的服务和最大的方便。

（5）进行有效的沟通

促进潜在客户的转化要求与客户“对话”，即沟通——与客户进行信息交换。为了达到这种日的，首先，企业必须首先了解客户的媒体习惯和类型；其次，了解客户需要何种信息；最后，对客户需要进行回应。产品的多样化、个性化和生命周期缩短等特性也要求企业时刻倾听客户的声音，时刻保持与客户沟通，时刻留意客户的动向，应季、应时、应人地满足市场需求。

（6）重视与客户的接触

接触管理主要解决的问题就是，企业选择在什么时间、什么地点或什么情况下与客户进行有效沟通。此外，还要决定接触时间、接触方式、接触内容等因素对客户有什么样的重要影响。信息传达的方式和时机与所传达的内容密切相关。在接触管理过程中，企业必须考虑最能影响客户购买决策的因素以及潜在客户的信息传递因素。

（7）强化潜在客户动机

强化动机可以促使潜在客户购买本企业的产品，这是能否实现销售的关键。这一阶段企业应该考虑很多的因素，包括哪些客户在寻求资料、客户从什么渠道寻求资料、资料来源的相对重要性，以及购买者最终关注的是哪方面的产品特性等。

（8）促进客户购买

潜在客户在决策过程中，总会遇到各种阻力，包括经济的、社会的阻力，这些阻力会影响潜在客户的购买决定。因此，企业了解潜在客户可能面临的阻力，就能通过恰当的营销手段，如价格调整、产品的优良性能、广告宣传、支付形式、退换条件等来消除潜在客户购买的阻力。

（9）实现销售

企业只有使潜在客户的需要得到充分满足，并获得有力的评价，才能使潜在客户成为现实客户，并让其重复购买，从而对其他客户产生积极的影响。要实现销售，企业要有正确的销售渠道作保证，因此要研究目标客户和潜在客户的信息，以及产品在他们心目中的地位，安排售后服务活动，包括技术咨询服务、安装调试、维修服务、客户意见收集和处理工作等。

10.2.3 识别有价值的客户

实际上，并不是所有的客户都想与企业保持关系。在对有经验的营销人员的咨询和调查中发现，总存在着这样的一些客户，他们的购买决策只受价格因素的影响，若别的企业的价格较低，他们马上转移过去，有的还公开地告诉企业谁的价格低就买谁的。营销人员也发现有些客户更关心商品的质量、价值和服务，在大多情况下，他们宁愿多花些钱。

正如西北大学的保罗·王教授指出的那样，一般情况下，客户可能划分为两种类型，即交易客户（transaction buyer）和关系客户（relationship buyer）。交易客户只关心商品的价格，在购买商品之前，他们会花上几个小时的时间在网上查询价格，他们不怕等待，他们会因为买到最便宜的东西而沾沾自喜。而关系客户希望能找到一个可以依赖的供应商，他们寻找一家能够提供可靠商品的友好企业，让企业认识他们、记住他们，并能帮助他们，与他们建立一种关系，一旦他们找到了这样的供应商，他们就会一直在那里购买商品和享受服务。交易客户给企业带来的利润非常有限，企业销售给他们的商品的利润率要比关系客户低得多。因此，企业无须与所有的客户建立关系，重要的是清楚地区分出交易客户和关系客户。

识别有价值的客户实际上需要两个步骤：首先，要分离出交易客户，以免他们干扰企业的营销计划，让企业减少在与这些毫无忠诚可言，只关心价格的客户身上花费无谓的时间和金钱。目前很多优秀的数据库营销系统都能通过计算单个客户的积累销售总边际贡献和折扣百分比跟踪客户。其次，在剔除了这些价值量不大的交易客户以后，企业就可以分析剩下的关系客户。企业可以将全部的有价值的关系客户分为截然不同的三类：①给企业带来最大利润的客户；②带来可观利润并且有可能成为企业最大利润来源的客户；③现在能为企业带来利润，但正在失去价值的客户。

对于第一种客户，企业最好进行CRM营销，目标是留住这些客户。企业也许从这些客户的手中得到的是所有的生意，与这些客户进行CRM营销能保证企业不把任何有价值的客户遗留给竞争对手。

对于第二种客户，他们可以为企业带来可观的利润并有可能成为企业最大利润的来源，与这些客户进行营销同样非常重要。这类客户也许也在企业的竞争对手那里购买商品，因此针对这类客户开展营销的直接目的是提高他们在企业产品上的购买份额。

对于第三种客户，企业如果对其进行特别的关照和交流，可能会增加一些他们的购买量，但是与大量的营销开销对比，这会显得特别昂贵、不值。企业可以经过一些分析，剔除这部分客户以降低企业实施CRM的工作量和投入。

由以上分析可知，有的客户能给企业带来利润，有的则不能；有的客户相比之下可能会给企业带来更大的利润，有的客户则更具有长远的价值。CRM不是对所有客户不加区分地对待，而是不断为有价值的客户提供优厚的价值服务，并从这些客户得到卓越回报的一种有选择性的价值交换战略，如果无法评价客户价值，就谈不上建立并维系良好的客户关系。衡量客户对企业的价值的标准要看客户对企业产品消费增加的潜力及其对企业的长期价值，不同客户之间的差异主要取决于他们对企业的价值的不同。

传统的客户分类方法的依据是企业对客户的特征统计（如客户的购买量、购买的产品类型、购买频率等）。这些特征变量有助于预测客户未来的购买行为，这种划分是理解客户群的一个良好的开端，但是这是远远不够。目前，比较实际的方法是按照客户价值对客户进行分类。首先，企业可以根据不同的客户价值决定如何在客户中分配企业的有限资源，确定客户投入方案，以此来建立和维系客户关系。然后在一定资源预算的范围内根据客户的不同需求，设计和实施不同的CRM策略，保持有价值的客户在未来转化为高价值客户，而对那些不论是现在还是在将来都对企业无利可图的客户则鼓励其转向竞争对手，从而最终达到以合理成本实现最大企业总体利润的目的。

客户价值可以具体划分为两个维度，即当前价值和长期潜在价值，每个维度分为高低两档，由此可将整个客户群分成四组，细分的结果可用一个矩阵表示，称为客户价值矩阵，如图 10-1 所示。

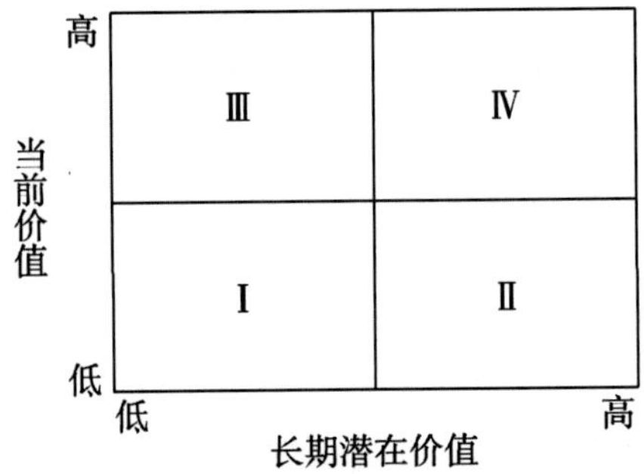

10-1　客户价值矩阵

当前价值是指客户按照目前的购买模式不变，在将来能为企业创造的价值。长期潜在价值是指企业通过采用合适的客户保持策略，使客户购买行为模式向着有利于增大企业利润的方向发展，客户未来可为企业带来的利润总和的现值。长期潜在价值是决定企业资源投入预算的最主要依据。

根据每个客户的当前价值和长期潜在价值，企业的所有客户可以分成四类。在这四类客户中，Ⅳ类客户对企业最有价值，为企业创造的利润最多，称为"白金客户"；Ⅲ类客户对企业的价值次之，也是企业的利润大户，称为"黄金客户"。虽然Ⅳ、Ⅲ两类客户的数量不多，约占企业客户总数的 20%，但是为企业创造的利润却约占企业总利润 80%，常说的"企业最有价值客户"指的就是这两类客户。Ⅱ类客户属于有价值潜力的客户，通过再造客户关系，未来有可能转化为Ⅲ类或Ⅳ类客户，但就当前来说带给企业的利润很少，称为"铁质客户"，Ⅱ、Ⅰ两类客户在数量上约占企业客户总数的 80%，但是他们为企业创造的利润只占企业总利润的 20% 左右。

企业可根据客户利润的预测，将每类客户的数量、每类客户对企业的贡献和每类客户大致的资源投入比例进行一个粗略的对照分析，企业客户资源分配如图 10-2 所示。

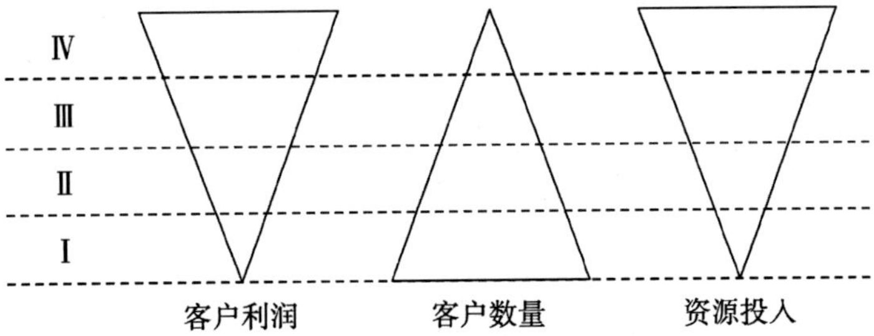

图 10-2　企业客户资源分配

10.2.4　关键客户识别与选择矩阵（KAISM）

识别潜在客户和有价值客户的方法有很多，这里介绍一种比较实用的工具——关键客户识别与选择矩阵，该矩阵是由彼得·切维顿[①]提出来的。KAISM 的主要目的和好处是：识别潜在客户并对现有客户进行分类；了解客户对企业自身的竞争优势的认知；确定对竞争者的

① 彼得·切维顿是英国 INSIGHT 市场营销与人力管理咨询公司的经理。该公司致力于为企业提供市场营销及关键客户管理领域的培训和咨询服务。

优势进行哪些研究等。

KAISM使用客户吸引力和相对优势两个因素对客户进行分析。其中，客户吸引力是指客户或者潜在客户什么地方吸引企业；相对优势是指相对于企业的竞争对手，企业有什么地方能够吸引客户。每个象限都是由一系列的因素共同决定的，其中既有定量的因素也有定性的因素，但它们都是企业所处的具体经营环境所特有的。在使用这些因素作为测量指标之前，企业必须首先明确界定它们。要想让这个矩阵在分配资源、判定优先级别和确定客户关系类型方面真正有所帮助，企业就必须在这个环节上多费一些心思。

企业可以将客户大致分为以下四种类型：关键客户、关键发展客户、维持客户、机会主义客户，如图10-3所示。将客户分为四种类型，并不意味着取此就一定要舍彼。划分客户类型主要是一种决定资源分配方式的手段。关键客户应该比维持客户得到更多的资源，但这不一定意味着关键客户更为重要，而只是说明它们是不一样的。

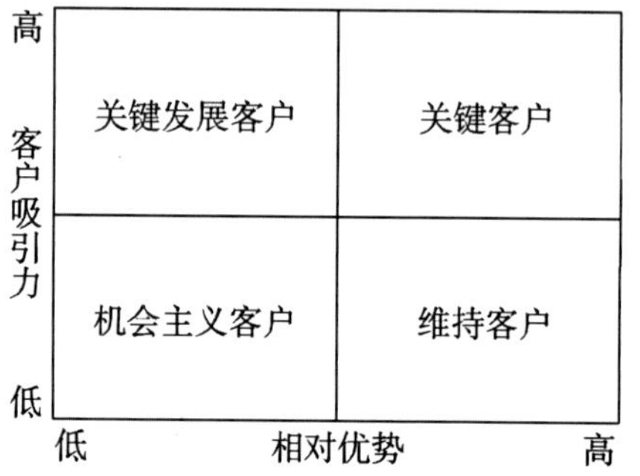

图10-3 客户类型

释放资源以投资于关键客户如图10-4所示，它显示了在这四种类型客户之间分配资源的基本原则。最有价值的资源、人力和时间应该投资于关键客户和关键发展客户。与此同时，企业也要找到一些占用资源较少的其他手段，以便对维持客户和机会主义客户进行管理和服务。如果能做到这一点，不仅可以节省大量的时间和精力用在关键发展客户和关键客户的身上，而且由于对机会主义客户和维持客户的管理效率提高，企业由此而额外获得的利润也可以投资到关键发展客户和关键客户身上。

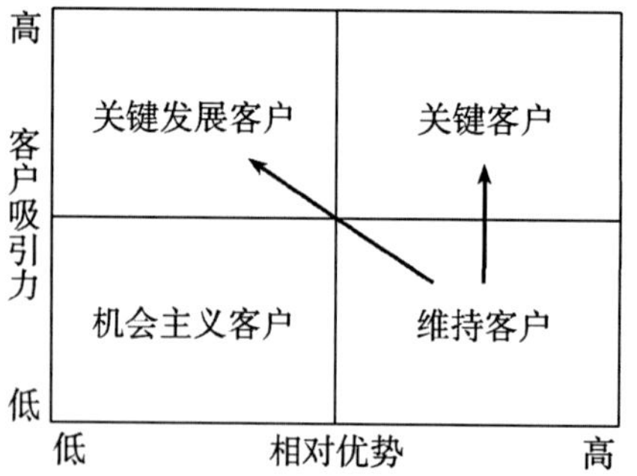

图10-4 释放资源以投资于关键客户

了解了KAISM的目的和好处之后，现在我们就来简单介绍一下，如何对这四种类型客户分别进行管理。

1）关键客户

企业与关键客户之间相互看重。在这种情况下，企业应更多地分配资源来发展这种关系。保证人力和时间的投入是最关键的。企业应该建立一个关键客户团队，专门负责了解客户的需求，并调整企业内部的业务流程以满足客户需求。

2）关键发展客户

通常会有很多客户出现在这个象限中，是那些企业积极争取但尚未获得的客户。大多数企业都是要赢取的客户多于要保持的客户。在这种情况下，企业的主要任务是探索性的研究需求和认知态度，并获准进入。这些客户同样需要投入大量的资源，但对其投资的回报速度相对较慢。

3）维持客户

这些客户必须继续保持。另外，企业对他们进行管理时要想着如何从他们身上撤出资源，投向关键客户和关键发展客户。这类客户从很多方面来看都是最难管理的，他们是很好的客户，可能多年来一直忠心耿耿，但企业还是必须作出艰难却正确的决定，即从这类客户中抽回资源和精力。

4）机会主义客户

对于这些客户，企业要根据他们的优先级别，在正确的时间、以正确的方式提供热情的服务。企业不能轻率地向他们作出无法兑现的承诺。要欢迎他们的光顾，但也要谨记自己的目标——从他们身上获取利润以发展关键客户和关键发展客户。

10.2.5 案例分析——中国航空业的客户识别分析

目前，对中国国内航空业而言，几乎所有的航空公司都推出了自己的常旅客计划（FFP）或构建了相应的大客户服务体系、呼叫中心服务平台等，通过观察、分析最近几年的国内航空公司在CRM实施上的具体表现，我们发现了不少由CRM战略生成的举措，特别是在市场细分与战略组合的关系之中。

航空市场细分与战略组合如图10-5所示。国内主要航空公司都进一步明确了市场细分与战略组合的关系，反映了以客户为中心的经营理念。有关客户分析工作已经由简单的客户开发分析转变为进一步关注客户行为与投资回报分析，此外还包括设计服务效果及促销手段的客户响应效果的分析。

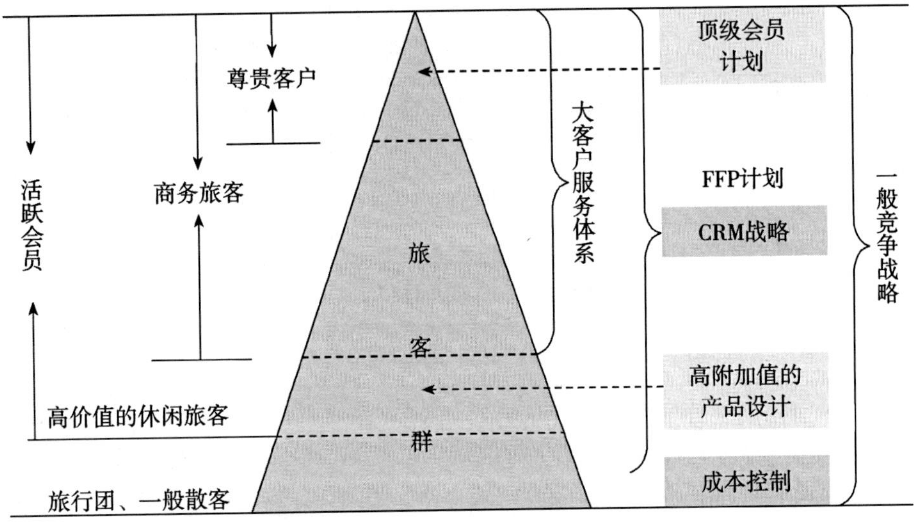

图10-5 航空市场细分与战略组合

下面就以某航空公司的会员的历史变动分析与平均投资回报分析为例加以说明。某航空公司从××年到××年各类会员历史变动模型见表10-1。该航空公司把会员分成顶级会员、高端会员、中端会员、低端会员、非盈利会员、不活跃会员和新会员七大类，并列示了从××年到××年各类会员的变动情况。例如，原有顶级会员572人，由于有新会员83人、不活跃会员40人、非盈利会员1人、低端会员12人、中端会员58人、高端会员254人的加入和老会员369人的退出，在××年共有顶级会员651人。

表10-1 **某航空公司从××年到××年各类会员历史变动模型**

	××年	顶级会员	高端会员	中端会员	低端会员	非盈利会员	不活跃会员
顶级会员	572	203	257	65	21	2	24
高端会员	14 150	254	4 713	6 057	1 759	327	1 040
中端会员	64 518	58	3 222	22 195	20 182	4 091	14 770
低端会员	90 899	12	745	10 452	24 740	6 374	48 576
非盈利会员	8 028	1	50	655	2 027	1 080	4 215
不活跃会员	616 474	40	825	7 926	22 295	6 840	578 548
新会员		83	2 142	19 731	67 783	25 595	778 905
合计		651	11 954	67 081	138 807	44 309	1 426 078

表10-2是某航空公司××年各活跃会员区间平均投资回报率分析。例如，顶级会员的平均投资回报率为81.86%，高端会员为51.02%，中端会员为29.34%，低端会员为15.03%，非盈利会员为-11.60%。

表10-2 **某航空公司××年各活跃会员区间平均投资回报率分析** 金额单位：万元

会员区间	会员数	总收益	基础运营成本	里程兑换成本	项目运营成本	投资回报率
顶级会员	651	4 427.82	2 378.46	54.16	2.16	81.86%
高端会员	11 954	29 715.34	19 238.66	398.08	39.57	51.02%
中端会员	67 081	62 691.48	47 427.43	820.06	222.07	29.34%
低端会员	138 807	40 145.02	33 916.51	523.66	459.52	15.03%
非盈利会员	44 309	9 489.11	10 448.80	139.02	146.68	-11.60%
合计	262 802	146 468.77	113 409.86	1 934.98	870	26.03%

目前，国内航空公司已经充分认识到CRM实施效果与企业长期受益的密切关系，并试图寻找那些能提高客户关系的战略决策因素，以及相应的改进措施。例如，国内某航空公司已经开始构建企业客户资产模型及其监控体系。根据当前CRM实施的各项指标评估客户资产的变化趋势，预测“假设情景”下的未来收益，以便识别出客户收入和利润的主要驱动因素，并据此调整企业的相关战略和实施策略。同时，不少航空公司在既定的CRM战略的指

导下，开始广泛利用呼叫中心，实施内部流程重组，开展“无缝隙服务”与直接渠道建设等，以便进一步控制终端市场。所有这些变化，都源于航空公司比以往任何时候更加专注于客户的实施需求和企业长期利润的最大化。或者说，航空公司比以往任何时候更能感受到战略实施的压力。

10.3 客户互动

10.3.1 客户互动的含义

为了在市场上为客户提供能够为其带来优异价值的产品和服务，企业需要充分利用信息的潜在内涵和各种互动技巧，努力在客户的购买流程中发展与客户的合作关系。在实践中，除了向客户提供定制化的产品和服务以外，“以客户为中心”的观念还应包括与客户互动的类型和风格。通过互动、对话来建立对客户的了解，知道什么时候该提供什么东西，才能让客户心甘情愿地与企业合作。相关资料积累得越多，掌握客户的精确性就越准，应对不同挑战所提出对策的有效性也就会越高，从而降低风险，提高企业利润。

实际上，客户互动的概念十分广泛，客户与企业双方的任何接触，都可以视为互动，例如，产品和服务的交换、信息的交流和业务流程的了解等都包含于其中。互动并非是当前网络经济时代的产物，在社会学领域中，互动是指人类特有的一种有意识的过程。例如，可以把互动细分成交换、竞争、合作、冲突和强制。互动一般都具有双向沟通和共同利益的特征。

10.3.2 客户互动的驱动因素

在客户互动的转变过程中，有些驱动因素无时无刻不在推动客户互动向前发展与演进。这些驱动因素包括客户角色的转变、营销观念的转变，当然也离不开在互动演进中扮演重要角色的技术因素；此外，还包括社会学与传播学理论知识的发展。这里着重对前三种驱动因素进行探讨，具体表现在以下几个方面。

1）营销环境的变化

在当今以竞争为主导的动荡环境里，营销环境的变化格外引人注目。例如，从大众消费到个性化消费，每个消费者都变得更加独一无二，此外，网络技术和互动媒体方式的发展也同样引起营销环境的巨大变化。

2）营销观念的变化

在交易营销的理念下，由于传统的消费品市场规模较大，生产者与客户建立长期的互动关系几乎是不可能的。但是，随着交易营销观念被关系营销观念所取代，企业与客户之间的互动却变得越来越频繁。

3）企业核心价值认知的改变

传统意义上讲，许多企业都以“利润最大化”为其核心价值观，是以企业为中心的，强调的是企业独立地创造价值。但网络经济的发展正促使企业的核心价值观向“客户价值最大化”转移，开始真正以客户为中心，强调的是与客户共同创造价值。

4）与信息技术相结合的营销方式的转变

由于信息技术的发展，使得企业能够做到“一对一”营销，从而彻底改变了以前面向大众市场、追求市场份额的营销模式，客户份额和客户终身价值得到了前所未有的关注。

5）信息技术推动管理方式转变

企业管理软件的引入，使得企业管理的方式发生了翻天覆地的变化，使许多先进的管理理念迅速转化为管理实践，如ERP和CRM等软件的引入。

显然，以上这些都是客户互动演进的驱动因素，正是它们的“合力”，使得客户互动不断地向前发展，使理论与实践不断产生融合。

10.3.3 客户互动与客户关系的演进

1）客户关系的纵向深化

一般而言，在交换过程的一端是单纯的交易关系，而在另一端则是长期的双向合作关系，处于中间位置的则是增值型交换关系，关系连接谱如图10-6所示。

图10-6 关系连接谱

资料来源：王永贵. 客户关系管理［M］. 北京：清华大学出版社，北京交通大学出版社，2007：202.

其中，交易型交换包括匿名服务柜台发生的交易，以及在B2B市场上持续发生的强调价格和及时交付的标准化产品交易；在关系连续谱的另一端是合作型交换，强调的是密切的信息联系、社会联系与过程联系、相互投入和对长期利益的预期；在二者之间的是增值型交换关系，企业的重心从获取客户转向挽留客户，强调的是深入理解客户需求及需求的不断变化，然后尽可能根据这些需求提供个性化的产品和服务。不过，这只是为了便于进行理解而进行的理论区分，在实践中则往往呈现出某些综合特征。

2）客户关系的横向深化

企业的营销与实践经历了一个从以前的直接销售到20世纪60年代的大众营销，80年代的目标营销、数据库营销、电话营销、直邮、互动营销、直复营销，再到当前的CRM营销的发展过程。相应地，在每个营销发展阶段中，客户关系都呈现出不同的特征。客户关系和客户互动的横向进化见表10-3。

10.3.4 客户互动的有效管理

随着客户角色的转变和竞争的加剧，企业必须与客户进行有效的互动。对于客户管理而言，客户与企业的互动并不只是简单的信息交换，它可以让企业与客户之间建立一定的联系，并由此实现有效的客户互动。一般而言，客户只愿意与具备最优秀客户互动能力的企业进行接触，因此成功的客户互动管理可以使企业获得更大的客户份额和更多的营业收入。不管是为了在合适的场所或情景与客户互动，还是为员工与客户之间的互动提供必要的信息，

表10-3　　**客户关系和客户互动的横向进化**

进化阶段	时间	主要特征	客户互动方式
直接销售	20世纪60年代以前	小商店；熟客；重视关系；增加客户了解；培养客户忠诚度和信任感	个人互动
大众营销	20世纪60年代	集中化大规模生产，大范围分销，单向媒体沟通为主，成本效益高；大众媒体促销；品牌认知和市场份额是衡量成功的重要标志	以人工为主的媒体支持互动，频率低，缺少个性化
目标营销	20世纪80年代	通过邮件或电话等信息技术手段，联系特定目标客户，与目标客户进行双向沟通；具有获得客户直接回应的潜在可能性，回应率对于营销成功十分重要	以人工为主的媒体支持互动，注重反馈
关系营销与客户关系管理	20世纪90年代至今	在维持大规模生产和分销体系的同时，发展与客户亲密的接触；客户知识和个人接触都是为了赢得客户信任感和忠诚度；客户份额是衡量成功的重要指标	以机器为主的媒体支持互动开始出现，增加了互动深度，开始对互动进行定制化

资料来源：王永贵. 客户关系管理［M］. 北京：清华大学出版社，北京交通大学出版社，2007：203

企业都有必要对客户互动加以管理。

虽然存在众多的影响客户互动的因素，但是不管通过何种互动渠道，如面对面的交流、电话、电子邮件或网站，还是其他渠道，参与互动的人、技术和流程都是客户互动中的三项关键因素。只有对这三项因素进行整合管理，才能为客户创造出令人满意的、感觉受到重视的客户互动。有效的互动管理如图10-7所示，它列出了实现有效客户互动的三个主要驱动因素及它们之间的相互作用，包括有效的员工、有效的内部流程、有效的互动管理和有效的信息技术。

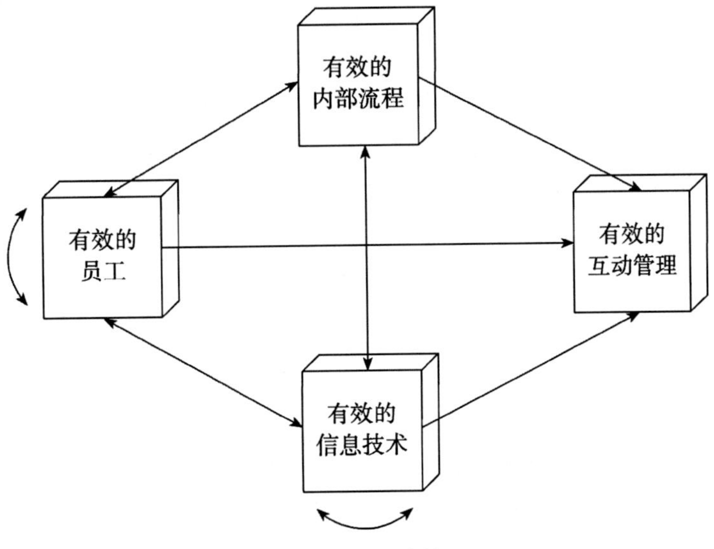

图10-7　有效的互动管理

资料来源：EVENSON A，HARKER P T，FREI F X. Effective call center management：evidence from financial services. working paper. The Wharton School，University of Pennsylvania.

1）员工的有效性

企业的人力资源实践对客户互动的效果有重要的影响。具体而言，不论员工是否被授权实时地解决客户问题，人力资源实践直接影响着员工对客户互动技术和流程的了解程度。

有效员工的衡量标准中一个重要因素就是给企业客户服务代表（Customer Service Representative，CSR）授权，这有助于员工在工作中掌握客户互动的自由度。没有被传给专家或者高级管理人员的客户互动所占的比率越高，说明对CSR的授权水平就越高。CSR的辞职会导致企业增加重新雇佣和培训的成本。此外，非接触时间也是有效员工的一个需要考虑的要素，它是指一个CSR在不与客户进行互动时，在文件处理和培训上所花费的时间。

2）流程的有效性

企业的内部流程对客户互动质量也有着强烈的影响，流程的设计与实施，应该可以最有效地利用互动过程中的每个要素。例如，如果流程设计具有感应客户态度、需求、认知变化的能力，那么企业就可以对这些改变作出反应，从而获得竞争优势。类似地，企业对变化作出反应的速度会反映出流程的柔性。

有效流程的衡量标准基本上都涉及入站和出站接触[①]。其中，入站接触与互动需求相关，而出站接触则关系到销售/电话销售以及与客户挽留相关的流程。

3）有效的技术

信息技术有为企业带来竞争优势的潜力。这些技术可以让企业调整企业行为，使之适用客户需求，还可以显著改变企业的业务流程和人事制度。正确使用技术，可以让业务流程和人事制度更富有柔性，更加快捷，更加有效。

有效技术的衡量标准常常需要考虑以下因素：信息技术的复杂性，包括信息技术使用和学习的难度；信息技术是否以客户为中心，即能用信息技术完全掌握的客户接触在整个客户接触中所占的百分比，这一比率越高，说明技术设计越能满足客户的需求。此外，企业在信息技术上投资越多，那么系统的复杂性可能就会越高；信息系统的复杂性越高，客户与企业接触时遇到的阻碍可能就越大，从而降低了客户与企业互动的驱动力，因此，管理者必须在是否进行大量投资之前作出权衡。

4）员工、信息技术、流程与互动效果的关联

企业之所以要对员工、流程、技术等进行有效的管理和改进，其最终目的就是通过这种管理和改进来提升其效率，并促使它们相互之间产生积极的作用，最终对客户互动效果产生积极的影响。表10-4概括出员工、信息技术、流程与有效的客户互动之间的联系。

10.3.5 案例分析——福特汽车公司的客户互动中心

福特汽车公司（Ford Motor Company）需要将其在北美客户中心的传统呼叫中心升级为多渠道客户互动中心。这个互动中心能够对网页上的自助服务、电子邮件、电话等多渠道上的客户请求作出回应。福特汽车公司需要定义其新的目标，同时它也需要支持网页上客户服务的技术。福特汽车公司评估了现有呼叫中心的资料，并且发现，有25%的电话代表有回复电子邮件的能力。因此，福特汽车公司对新员工在某些方面的能力进行了培训，并且引入了适应客户服务操作形式改变的教育计划。

---

① 入站（call in）是指在呼叫中心、客户接触中心、客户互动中心等客户互动系统中，系统或者CSR记录客户同自己的联系和相应的过程；而出站（call out）过程则正好与之相反，出站接触是指CSR主动联系客户，并记录其相应过程。

表10-4　　**员工、信息技术、流程与有效的客户互动之间的关联**

	有效客户互动
有效的员工	员工授权减少，企业互动效率提升，如果由高层管理者来控制客户流失的威胁，而不是由CSR来控制，那么接触的平均持续时间将会降低 具有更高水平员工的授权企业，倾向于更高水平的客户关注；允许CSR掌控更多客户问题的企业，往往有更高的客户关注水平。之所以会这么做，是因为管理人员深信：客户并不喜欢因为一个问题而被转到互动系统的其他部分 对于更高客户关注水平的企业而言，其平均劳动力耗费可能会更高；客户关注水平提高，可能会带来额外成本与收益 在客户关注水平较高的企业中，CSR的非接触时间占整个工作时间的百分比可能更高；关心客户的企业，同样关心员工的工作环境
有效的信息技术	在信息技术上投资越多的企业，客户等待的时间将趋于缩短，这说明企业在信息技术上的投资能够在一定程度上提高系统效率 信息技术越复杂，客户关注水平可能越低；由于客户与企业接触难以掌控，因此总体的客户关注水平将会降低；脱离客户的视角而引进新技术，往往会造成客户关注水平的降低 在信息技术的应用中，对客户的关注程度越高，互动系统的有效性也就越高
有效的流程	对于那些拥有更多出站接触的企业而言，其客户关注水平往往更低 对将互动管理外包的企业而言，其客户互动效果可能会变差。这一现象有两种可能的解释：一是如果为了降低成本而外包，那么对客户需求的关注水平就会被降低到第二位；二是如果因为难以对接触数量加以有效管理而采取外包，那么对客户需求的关注将会被运营性问题的需求所取代

"我们还制订了全新的培训计划，包括回复电子邮件及互联网渠道管理技术的培训，以使得这些服务人员能够更好地使用福特汽车公司的客户支持中心。同时，我们还设计了课程，对所有在福特汽车公司现有网络互动渠道上的CSR进行技能培训。"

另外，福特汽车公司还实施了两类可以使用网络的CRM软件。第一类软件是电子邮件回复软件，能够接受不同福特网站上的邮件，并且将其路由给特定技能组合的客户服务人员。这类软件还可以提供有选择的方式来获取有价值客户的信息，这些信息对于理解客户需求和偏好是必不可少的。随着与所有权人的对话渠道的增加，新的数据收集方式也可以在系统中得以实现。

第二类软件是以实用知识为基础的软件工具，为客户进入自然语言检索或者追踪相关需求的答案而提出的一系列问题。这种自助服务应用，可以为客户的相似质询提供快速的回应，从而为客户带来了低成本、易使用的电子邮件或者电话互动。

新的客户互动中心，让福特汽车公司可以掌控每年数以万计的自助服务互动和数以十万计的客户服务邮件。不仅如此，这些新的客户互动，还使得福特汽车公司更加了解客户，更能满足客户的需求，提升了客户忠诚，并将福特汽车公司的定位扩大为适用于互联网的客户互动与服务。

10.4 客户知识

10.4.1 客户知识概述

1）客户知识的含义

客户知识是企业进行商务活动所需的一类重要的商务知识，是企业知识的一个重要组成部分。Gebert等（2003）对客户知识的定义具有一定的代表性，他们把客户知识定义为：客户与企业在交易及交流过程中需要、产生或拥有的一种经验、价值、情景信息和专家洞察力的动态组合。通过客户知识的定义可以看出，客户知识蕴含在企业的CRM流程当中，它跨越了组织的界限，不仅存在于组织的各部门当中，还存在于组织外部的客户当中，既包括显性的知识，也包括隐性的知识。

客户知识的产生要经历一个动态的过程，它是从客户信息开始的。客户信息是指客户喜好、客户细分、客户需求、客户联系方式等一些客户的基本资料。收集客户信息是每个企业都在进行的工作，但这些客户信息一般都被不同的部门所有，信息往往不是连续变化的，零乱的、支离破碎的客户信息没有丝毫价值，企业在进行营销决策和销售时很难用好这些客户信息。即使是再完善和丰富的客户信息也无法直接利用，只有通过科学手段对客户信息进行去伪存真、去粗取精后，其才具有利用价值。

客户信息的积累是获取客户知识的第一步，客户信息是客户知识的原材料，只有把信息以一种有意义的形式组织在一起时，信息才会变成知识。“客户数据”、“客户信息”和“客户知识”常被混淆使用，其实它们是不同的概念，在信息的价值链上处于不同的层次。客户数据是客户信息的基础。客户信息是分散的、不连续的，具有完全的转移性。客户知识是针对特定客户的需求和问题，在信息分析的基础上提供的解决方案。

作为企业重要的资产，客户知识对企业CRM战略的制定与实施的作用越来越重要。借助客户知识，企业可以了解到客户对企业的产品或服务不断变化的需求和在购买、使用或维护产品中所积累的经验等。对客户知识进行有效的管理可以灵敏地感知客户需求的变化，更好地识别和细分客户的需求，通过对客户知识的把握，还可以识别潜在客户和新的市场机会。企业在与客户的互动交往中创建、交流和应用客户知识来增加企业价值和维持良好的客户关系。

2）客户知识的分类

从基于CRM流程的知识管理的视角出发，可以把客户知识分为三种类型，即关于客户的知识、客户需要的知识和客户拥有的知识。其中，关于客户的知识是指被企业收集来的，用于了解客户动机的知识，包括客户的历史记录、背景、需求、期望以及购买活动。客户需要的知识是指企业为了满足客户需求，使他们满意的知识，包括关于产品、市场和供应商的知识。客户拥有的知识是指客户所拥有的关于产品、供应商和市场的知识。

依据客户知识形成的过程，可将企业中的客户知识分为客户信息知识、客户操作知识和客户隐藏知识。客户信息知识主要包括：①客户自然情况，如姓名、年龄、性别等；②社会属性，如地址、职业等；③特长、信仰等。通常客户信息知识可以从客户注册信息中直接获得，不经常变动和修改。客户操作知识主要包括客户习惯、爱好、需求、个人位置信息、购买信息等。客户操作知识主要通过集合分析和数据挖掘技术（如决策树、统计、神经元网络等）从客户历史操作的数据中来获得。客户隐藏知识是在客户信息知识和客户操作知识的基础上，采用数据挖掘技术来推断和预测出关于客户的对组织有价值的知识。客户操作知识和客户隐藏知识的重要区别在于：客户操作知识用于描述客户经常性或现时性的特征，而客户隐藏知识是用于描述客户未来的特征，如未来的需求和购买趋势等。

另外，按照客户知识存在的方式，又可以将客户知识分为显性客户知识和隐性客户知识。具体地讲，显性客户知识是通过人的整理和组织，可以以文字、公式、计算机程序等形式表现出来，并可以通过正式的、系统的方式（如书本、计算机网络）加以传播，便于其他人学习。而隐性客户知识是与人结合在一起的经验性的知识，很难将其文字化或公式化，它们在本质上以人为载体，因此难以通过常规的方法收集，也很难通过常规的信息工具进行传播。有效的客户知识管理不是停留在从客户直接交流而得到的明确知识，更重要的是隐性客户知识的共享和创新。一般来说，隐性知识比显性知识更完善、更能创造价值，隐性知识的挖掘和利用能力是企业对客户知识进行有效管理的关键。

3）客户知识的特点

需要注意的一点是，作为营利性的企业，不愿意也不必要对所有的知识都进行管理，企业需要的是对能够给其带来效益和利益的知识的管理，如岗位（职位）知识、客户知识、团队知识等。从客户知识形态、价值等方面来看，客户知识具有以下几个方面的特点：

①对组织有价值：并不是所有关于客户的数据和信息都是客户知识，只有能有效为组织目标服务的部分才是客户知识。

②动态性：组织客户范围的不断变化及客户自身需求和满意度的不断变化决定了客户知识的动态性。

③边际成本递减、边际收益不减：获得一个新客户比留住一个老客户要花更多的钱，将新产品卖给老客户要比卖给新客户容易得多。

④含有推断成分：采用技术手段发掘出来的客户购买模式或潜在需求很可能与实施有偏差，需要不断的修正，由此得到的客户知识必然含有推断成分。

⑤可转化为关系资本：客户知识作为衡量客户关系的重要尺度，在组织中经过一定过程可转化为体现组织与客户关系的关系资本。

10.4.2 客户知识管理

韦兰与科尔首次完整地提出了客户知识管理（CKM）这一新概念，他们将其定义为：构建一个系统来获取客户知识，并运用客户知识以及信息技术建立更有价值的客户关系。这个定义还比较笼统，阿兰·库珀（Alan Cooper）通过进一步分析CRM流程中蕴含的客户知识，将CKM定义为：利用先进信息技术和客户互动交流，帮助客户找出问题及答案，进而适应周围环境，把客户需求过程与企业的营销过程有力地交织融合在一起，实施定制化服务。

虽然目前对CKM的含义还没有形成统一的定义，但我们可以肯定的是，客户知识是企业最重要的资源之一，CKM是基于CRM流程的基础上进行的，CKM的最终目标是提高企业CRM的能力。

我们可以粗略地将CKM分为以下几个方面的内容：

1）客户知识的获取

如前所述，客户知识的获取前提是信息的收集和处理，企业如果能保证信息处理的质量，企业的营销决策就能极大地从客户知识中获益。因此，企业应该以客户为中心改善客户信息的处理程序，此时应优先考虑的是CKM系统内各部分的一体化，因为提高人与人之间信息和知识的流动性是最大的问题，企业应尽力消除各部门和各层次组织成员之间的信息障碍，开发、收集及整合各种客户信息。

企业需要一个在各接触点上收集有关部门的各种客户信息的系统，该系统将所有信息汇集为一个连接各数据库的知识体系。企业利用信息提炼出客户知识主要有四种途径：企业可以从客户的购买行为中找到彼此之间的联系；整理客户对企业产品或服务的意见或建议，从中找出改进产品或供应链的知识；从客户数据库中寻找并分析潜在客户的属性；总结、分享各接触点在与客户打交道过程中获得的经验教训。其中，从现有数据中挖掘有用知识，是获取客户知识的一个重要途径，数据挖掘一般通过数据总结、数据分类、数据聚集和关联规则等手段来发现知识。

2）客户知识的共享

客户知识共享就是打破不同知识所有者之间的壁垒，实现知识在一定范围内的自由流动和自由使用。客户知识共享要解决如何建立和谐的共享文化和灵活有效的激励机制，促进客户在企业不同群体之间充分流动，解决客户知识生产的重复性投入问题，以最大的程度节约知识获取成本，并有利于客户知识的应用和创新。

客户知识的共享存在一些障碍。其中一个主要的原因就是知识代表着个人力量的源泉，尤其是隐性客户知识是组织成员在与客户打交道的过程中获得的经验。一方面，这是个人价值所在，不愿意与他人分享；另一方面，有些员工惧怕被认为是无能、无知的，不愿意接受或使用他人的思想成果。此外，不同专业或背景的人员之间的知识共享是CKM的根本要求，但是如果它们之间的差异太大，以致失去相互对话的基础，知识的共享便不可能发生。

企业员工同意分享知识的条件是：互惠、名声和无私的心态。其实，企业中存在一种内部的知识市场，知识在需方和供方之间进行交换，而互惠、名声和无私的心态则在其中起着支配机制的作用，信任是这一市场顺利运作的必要条件。借助CKM理念和适当的工具可以非常有效地解决客户知识的转移和共享过程中的问题，提高企业竞争能力和对市场的适应能力。

3）客户知识的创新

日本管理学家野中和竹内提出了知识转化的四种模式，即SECI模式，个人的隐性知识经过社会化、外在化、组合和内化四个阶段，可实现个人之间、个人与组织之间的知识传递，并最终产生新的隐性知识。在这个过程中，显性知识和隐性知识发生了转化，它是一个动态的、渐进的过程，实质上就是知识的创新过程，被称为“知识螺旋”。“社会化”是从隐性知识到隐性知识的转移，它通过观察、模仿和亲身实践来共享经验。“外在化”是从隐性知识到显性知识转移，它利用类比、隐喻和假设将隐性知识清楚地表述出来，倾听和会谈是推动隐性知识向显性知识转化的重要工具。“组合”是从显性知识到显性知识的转移，它将零碎的显性知识进一步系统化和复杂化，将员工头脑中的零散知识整理为组织知识。“内化”是从显性知识到隐性知识的转移，员工将系统化的显性知识运用到工作中，并创造出新的隐性知识，它意味着组织知识又转化为组织中其他成员的隐性知识。

知识创新是一个螺旋上升的过程，例如，关于客户需求的隐性知识可以通过社会化和外在化转变成为新产品的概念，这种概念化知识又可以通过组合产生系统知识，开发出新产品原型，而系统化知识又可以通过内化转化成为运营知识，进行产品的大规模生产。这样，基于经验的知识又启动了新一轮的知识创新过程。由知识创新的过程可知，企业要促进客户知识的创新，必须创造良好的环境来促进隐性客户知识和显性客户知识之间的转化。

4）客户知识的应用

将客户信息和客户知识投入使用是CKM的最后一个内容。CKM能否获得成功，很大程度上在于产生的客户信息和知识能不能投入使用。企业通过营销、销售、客户服务和支持与客户打交道，客户知识通过使用与集成，作用于客户。客户知识管理以客户的终身价值为核心内容，通过对客户的识别、交流、获取以及挽留来了解客户的业务流程。良好的CKM可以作为电子商务企业的一个显著的竞争优势，通过在与客户交往过程中创建、交流和应用知识来增加企业价值和维持竞争优势。具体来说，客户知识的运用可以帮助企业完成下列业务：

（1）提供个性化定制服务

CKM增强企业的竞争优势，并不仅仅意味着客户的规模和利润最大化，更重要的是要赢得最大的现有客户价值和客户忠诚。企业一般会根据客户的需求以及所掌握的客户知识来转变经营方式与经营内容，这意味着企业必须确认、跟踪客户信息，并与客户进行互动交流，然后根据所掌握的客户知识，向客户提供满足特定要求的产品或者服务。在企业与客户互动的过程中，每一次交流都必须增进企业满足客户当前需求与潜在需求的能力。

（2）跨越细分市场模式

企业必须根据个性化的客户体系而不再是根据传统的细分市场来定位市场、制定经营策略、把握市场变化、预测客户消费行为以及选择恰当的渠道策略等。虽然企业要利用到客户信息，但是掌握客户信息的多寡和质量不是衡量企业成功与否的标准，而是要看企业能否通过对客户知识的获取、存储和利用来提高客户忠诚、增加客户保持和提高客户关系质量。

（3）建立学习型关系

客户的忠诚很大程度上取决于在商务关系中企业与客户相互学习的强度。学习型关系能使双方在持续交往过程中所做的决断变得越来越明智。客户提出需求，或企业发现客户的需求，然后再据此改进产品或服务，这种周而复始的过程，自然会令客户热切地作出回应，在忠诚度上回馈企业。学习型关系一旦形成将十分稳定，这种关系给企业带来的直接好处就是，当竞争对手以同样方式吸引客户时，由于转换成本比较高，客户拒绝转移而继续忠诚于企业，从而帮助企业锁定了客户。与客户建立学习型关系的时间越长，客户离开的成本就越大。通过与客户保持长期的学习型关系，企业不仅可以留住客户，还能够扩大盈利空间。

10.4.3　客户知识管理的流程

罗伯特·韦兰强调，企业对客户知识进行管理时，可以通过一个有效的闭合环路将客户知识有效地引申到指定策略上，将精力集中到合适的客户和拓深有关知识上，用最恰当的方法引申出有关知识，最后，知道怎样整理、分享这些知识，并让这些知识发挥出杠杆作用。他认为“客户”、“知识”与“管理”必须在一个“封闭的环境”中紧密合作，这个“封闭的环境”指的是集中精力获取目标客户和正确的知识，并且将这些客户知识以最好的方式应用，以使客户价值最大化。客户知识管理封闭环如图10-8所示。

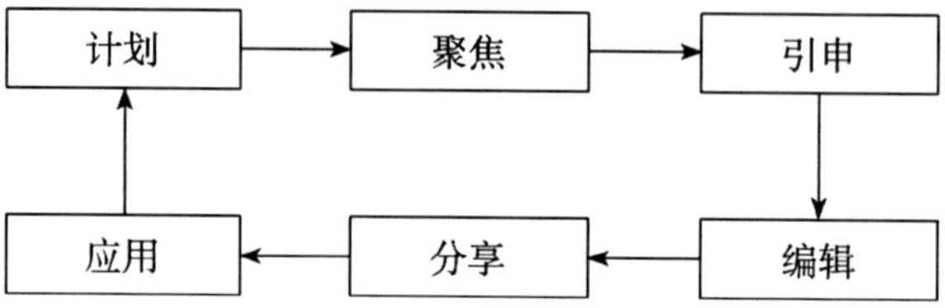

图10-8 客户知识管理封闭环

“计划”是指确立CKM的目标、短期或长期计划。“聚焦”是指在合适的层面和深度上建立知识，即客户知识的定位，根据企业的行为性质、知识的需求、客户的购买特征及获取客户知识的成本收益等因素来确定企业应该收集的客户知识的宽度和深度，并锁定目标客户。“引申”是指通过对话、观察、预测等方式来挖掘出企业营销管理所需的各项客户知识。“编辑”是指对挖掘到的客户知识进行整合、分析、归总出最更深层次的联系、规律和经验，寻找有利的营销机会。“分享”是指客户知识在企业内部员工之间的交流，促进隐性客户知识与显性客户知识之间的转化。“应用”是指企业成员运用客户知识来指导其营销管理活动实践，以期发挥客户知识的增值效益。通过客户知识的运用实施，企业可以了解前面步骤中的不妥与偏差，发现新的客户知识，从而对下一轮的CKM提供指导意见，调整CKM的计划目标。

如果在没有充分的客户知识的基础上管理客户关系，会限制传递给客户的价值量。如果拥有充分的客户知识，但是没有把它应用在正确的位置上。也就是说，如果没有让通过编辑、整理的知识在企业网络中发挥杠杆作用，企业常常会失去很好的市场机会，浪费资源。因此CKM循环上的每一个环节都不可以马虎，否则会影响到客户知识的价值发挥。而且企业应该将其所有客户的信息整合进来，以便对这些信息进行全面地分析、利用，同时也方便企业内部所有成员的使用。

CKM的闭路循环，是企业实施CKM期望达到的一个良性循环，它是一个知识不断拓深、价值不断提升的过程。它能比竞争者更快地获取、运用客户知识，并更好地服务于客户，不断交互、学习，从而构筑起一种壁垒和比较优势，从而增加客户的转换成本和竞争者的进入障碍。

客户知识管理是一个循环渐进的过程，按照客户知识存在的形式，可以将客户知识分为显性客户知识和隐性客户知识两大类，对应于这种分类方式，有两种典型的客户知识管理循环流程，分别是显性客户知识管理流程和隐性客户知识管理流程。

10.4.4 案例分析——通用电气（GE）公司的客户知识管理

GE公司的家电事业部在20世纪80年代初期建立了电话服务中心，接受客户和经销商的咨询，经过30余年的发展，GE的客户服务中心已经成为具有CRM功能的重要部门，不仅为公司更快、更有效地解决大量的客户问题，而且也创造了一个能将客户资料和信息转化为客户知识的流程。

与国内的家电企业类似，美国家电市场在20世纪80年代开始处于饱和状态，每年只有1%~3%的增长率，而且75%的销售额来自旧家电更新需求，产品寿命的延长和同质化产品的充斥，使客户对同一品牌的重复购买率不足30%。

对于GE来说，提高产品的客户价值的途径是提高客户对其6到8种主要家电产品的重复购买率，公司可以很容易地根据客户产品的使用寿命来推算客户的购买行为，而客户是否重复购买则取决于客户对产品的满意度。因此，客户知识就包含客户是用什么品牌的产品、客户对这个品牌的满意度和客户的购买意愿。比如，GE知道使用某个出厂5年的某款冰箱的客户经常询问某一新款冰箱的功能，就可以专门针对这些客户设计促销方案。

到1998年，每年打到GE公司家电咨询中心的电话已经超过300万个，80%是与产品直接相关的，18%是来自消费者，其余则来自经销商，大多数的咨询电话是关于售后服务和使用保养问题，也有很多是询问新产品功能的。

客户服务人员在简短（平均每个电话的对话时间少于4分钟）的电话交流中有机会用三种方式增加客户价值：有效地回答客户问题、增加与客户未来可能购买产品的特定信息，以及得到足以对未来产品的品质与功能有提升价值的信息。在解决客户问题时，GE可以立即改变客户满意度和客户重构比例；得到了客户对现在使用产品状况和对未来产品需求知识，GE可以借此对本身的产品进行更精确的改造，并设计更加有的放矢的营销计划；基于大量的对客户反应的积累，GE可以设计出让客户更满意的产品。

目前，GE家电事业部拥有3 500万个美国家庭的资料，相当于美国家庭数的1/3。资料库的资料已经由开始的仅由客户服务人员提供，变成由所有与客户的连接点提供，包括客户服务人员、业务人员、产品维修人员、技术工程师、经销商和市场营销人员，每一个群体不仅必须把资料汇集到CKM资料库中，还有权利使用资料库中的资料以对新产品开发和营销计划作出支持，在公司内部形成了封闭的CKM环路。充足的客户资料库成为解决客户问题的依据，因为资料库中汇集了大量的公司内部的专家的知识和各类问题处理的答案，客户服务人员可以立即为客户进行问题解答（有75%的客户问题可以马上得到解决），对于不能马上解决的，则进入公司内部给产品专家解决，解决的方法再进入资料库作为以后处理同类问题时的参考。

GE家电事业部门CKM为公司带来了巨大的价值，即时问题的解决促成了80%的重构率，客户对提供产品的企业品质有了更深一层的认识，同时封闭环路中的客户知识为业务、营销和新产品开发带来了极有价值的依据。

10.5　客户关系管理能力

10.5.1　客户关系管理能力的含义

关于客户关系管理能力，目前并没有一个明确的定义，在这方面作出比较突出贡献的是埃森哲公司和普华永道公司，它们对客户关系管理能力的研究主要是通过企业在CRM活动中的表现展开的。研究实践表明，对客户关系管理能力的界定不仅需要描述企业在客户关系管理活动中的表现，还需要借鉴企业能力和核心能力的定义。企业能力理论认为，企业能力是企业拥有的实现组织目标所需的知识和技能。能力是决定企业异质性的根本，企业是一个能力系统或能力的特殊集合。隐藏在企业资源背后的、以人为载体的，配置、开发、保护和整合资源的能力，是企业竞争优势的深层来源。再进一步地说，企业的所有能力核心和根本的部分，可以通过向外辐射，作用于企业的各种能力，进而影响企业能力的发挥和效果，这部分则被界定为核心能力。

客户关系管理能力是指企业以实施CRM为导向，在经营活动中配置、开发和整合企业内外的各种资源，主动利用、分析和管理客户信息，迅速满足客户个性化需求，从而建立、发展和提升客户关系，并形成竞争优势的知识和技能的集合。

通过对企业客户关系管理能力的界定，我们还可以认识到企业客户关系管理能力的强弱受到企业的每一个职能部门的影响，它并不仅仅与营销、销售和客户服务部门有关。首先，企业与客户的关系好坏源于企业能够为客户创造的价值的大小，而影响客户需求、创造客户价值需要所有职能部门的参与，营销、销售和客户服务部门所做的工作仅仅是企业创造和传递客户价值的一部分；其次，企业的客户关系管理能力不是一种单一的能力，而是许多种能力的集合，换句话说，企业的客户关系管理能力包括许多种子能力，而建立、保持和发展客户关系需要所有部门的参与，所以这种能力包含了企业内外部的多种资源，融合了企业的多种能力；最后，每个企业的客户关系管理能力都是异质的，如果企业的客户关系管理能力是其他企业难以模仿的，成为所有能力中的核心和根本部分，就可以影响其他能力的发挥和效果，成为企业的核心能力，为企业带来长久的竞争优势。

10.5.2 客户关系管理能力的构成

客户关系管理能力可划分为三种能力：客户洞察能力、创造和传递客户价值的能力以及管理客户关系生命周期的能力。这三种能力既密切联系又保持相对独立。

1）客户洞察能力

客户洞察能力是指企业通过各种行为特征识别客户、分析客户偏好和行为习惯并从中得到有价值的决策信息的能力。由于客户洞察过程涉及数据、对数据的分析和对分析结果的理解，因此企业的客户洞察能力受到数据资源、数据分析能力和对分析结果理解力的影响。目前，信息技术的高度发达，如数据挖掘技术就包含了各类统计分析工具，只需具备一定的统计知识，借助强大的数据挖掘技术就能轻松完成复杂的数据分析工作，故对于企业来说，关键在于理解和运用分析出来的结果，以此作为相关的决策信息。客户洞察能力与客户识别和企业客户知识管理是密切相关的。

2）创造和传递客户价值的能力

创造和传递客户价值的能力可以理解为在客户购买产品和服务的过程中，使客户价值和企业价值最大化的能力。无论是吸引客户的营销能力，还是生产和提供客户所需要的产品的能力，以及协同关系网络伙伴快速传递产品和服务的能力都属于创造和传递客户价值的能力的一部分。

创造和传递客户价值的能力首先取决于员工的观念和素质，因为员工表现直接影响企业为客户创造价值的大小和价值的实现，因而必须将员工表现和客户满意度结合起来，对员工进行再教育或再培训。创造和传递客户价值的能力要求企业的各部门之间，甚至企业和企业之间有效地协同工作，企业内各部门的协同工作能够提高为客户服务的效率，从而增加为客户提供的价值，企业间的协同工作主要指与供应商、分销商以及企业合作伙伴建立良好的合作关系。例如，企业的供应商需要理解其服务的对象，以便对客户需求变化作出快速反应，企业必须与分销商合作，形成强大的、各有所长的分销网络，及时进行信息交流、提供技术支持，及时快捷地运输产品。通过合作能够带来很多益处，如共同分担成本，将企业的产品和信息及时快捷地传递给客户，并将客户反馈的信息传递给企业，客户信息共享带来市场的扩展，新产品的共同开发所带来的风险和成本的降低等。因此，为了加强创造和传递客户价值的能力，企业应该将供应商、分销商以及其他合作伙伴紧密结合起来，更好地满足目标客户群的需求。

3）管理客户关系生命周期的能力

管理客户关系生命周期的能力可以理解为与目标客户发展和保持良好关系的能力。如果创造和传递客户价值的能力是让目标客户满意的能力，那么管理客户关系的能力就是培养目标客户忠诚的能力。为此，企业应当具备与客户充分交流的能力，追踪客户的能力，还应当根据交流和追踪的结果，针对不同客户提供个性化、情感化的服务能力。为客户提供个性化、情感化服务主要是进行客户关怀和产品关怀。

根据以上定义和分析，我们可以看到这三种能力是密切相关的，其中，客户洞察能力为提高创造和传递客户价值能力及管理客户关系生命周期能力提供了支持，创造和传递客户价值能力和管理客户关系生命周期能力的提高也为客户识别和分析收集到更多更有价值的客户数据提供了便利。同时，这三种能力的独立性则表现在它们之间不存在必然的因果关系，也没有固定的发展顺序，企业可以根据实际情况优先发展任何一种能力，其结果都能够提升企业的客户关系管理能力，获得竞争优势。例如，由于产品和服务的易于模仿和同质化现象严重，银行注重发展客户识别和分析能力，以便不断地推出新型的、满足客户需求的服务。DELL公司则由于其强大的创造和传递客户价值的能力而获得竞争优势，它为客户提供个性化的产品，通过与供应链伙伴的合作实现零库存，低廉的产品价格和迅速的配送使客户获得了更大的价值。联想公司则关注客户关系的发展和保持，它通过建立呼叫中心及时为客户解答使用电脑中遇到的各种问题，必要时迅速派遣服务人员进行维修，从而赢得客户的支持和信任。

10.5.3 客户关系管理能力的评价体系

对企业的客户关系管理能力进行评价，能够通过横向比较明确企业的客户关系管理能力水平，同时有利于进一步探讨客户关系管理水平与企业绩效的关系，推断企业在未来的竞争中的地位，从而确定提升客户关系管理能力的紧迫性和投入资源的多少，为提升客户关系管理能力奠定基础。

需要特别注意的是，评价企业客户关系管理能力不是简单地根据直觉判定，因为直觉判定不可避免地带有很强的主观性、片面性，其结果也不一定准确。企业应该通过科学的方法建立合理的指标体系，然后根据评价的要求划分评价等级、构造评语，根据一定的方法对各个指标进行评价，根据实际情况确定各个指标的权重，最后运用数学方法计算得出评价结果。由于整个流程的每一步都有科学依据和比较成熟的操作方法，得出的结论也更为科学、客观和有效。本书介绍国内学者邵兵家等人提出的一种客户关系管理能力评价体系。

1）评价体系的构建依据

在10.5.2小节中我们将客户关系管理能力划分为三种能力，即客户洞察能力、创造和传递客户价值的能力以及管理客户关系生命周期的能力。其实这种划分方法也为客户关系管理能力评价体系的构建提供了一个框架。客户关系管理能力是一种结合企业多种资源，集成多种子能力的复杂体系，将客户关系管理能力分为三个方面进行评价，不仅能够全面地反映客户关系管理能力，而且能够简化客户关系管理能力的评价，使企业能够及时发现哪一方面的能力需要改善和提升，这对于评价客户关系管理能力是一个可行的方案。

利用这一思想可以将客户关系管理能力的三个方面设计成一级指标，即客户洞察能力、创造和传递客户价值的能力、管理客户关系生命周期的能力。同时，从每一种能力所涉及的部门出发，分析客户关系管理能力受到企业哪些相关部门的影响，在三类一级指标之下，结合客户关系管理流程和所涉及的部门，分别设计下级指标，以反映出客户关系管理能力的强弱。

客户关系管理能力实际上涉及企业所有的部门，同时，企业所有的活动都应该围绕着客户展开，其中涉及的最重要的几个部门分别是现场销售、市场销售、产品开发、定制化生产、物流配送以及高层管理部门。企业可以根据自身实际情况，结合上述指标体系设置的依据，构建适合本企业的客户关系管理能力评价体系。

2）客户关系管理能力评价指标

（1）客户洞察能力指标

正如前文对客户洞察活动的描述，客户洞察主要是完成对有价值的客户的识别和对客户需求进行深入分析。邵家兵等在埃森哲公司的客户洞察能力指标体系的基础上，综合考虑了客户洞察活动的过程，同时参照了部分对 CRM 系统的评价指标，提出以下几个方面的二级指标：市场信息反馈能力、对客户的了解程度、客户信息分析能力和黄金客户的识别能力，来衡量企业的客户洞察能力。

（2）创造和传递客户价值能力指标

创造和传递客户价值的过程涉及研发、生产、销售和配送等部门，因此评价这一能力的指标构成比较复杂。邵家兵等借鉴了埃森哲的评价客户定制能力的指标，选取研发新产品的能力、定制化生产能力、员工的服务水平和品牌管理能力作为衡量创造和传递客户价值能力的部分指标。此外，考虑客户在购物的同时享受到的便利，又增加了三个指标：客户使用产品的方便性、销售渠道的多样性和交货能力。

（3）管理客户关系生命周期能力指标

几乎所有对客户关系管理的研究都认为，企业与客户的交流和互动是维系客户关系的重要手段，企业与客户交流的能力是管理客户关系生命周期能力的重要组成部分，随时随地与客户有效交流是交流的价值所在。因此，可以用交流渠道的多样性、交流的即时性和交流的有效性表示企业与客户交流的状况。同时，考虑客户需求的差异化，企业与不同的客户互动时，必须有不同的服务，因此将企业对客户关系的把握能力作为管理客户关系生命周期能力的指标。此外，关注客户变化和处理客户抱怨这两个方面的能力也是衡量管理客户关系生命周期能力的重要指标。

综上所述，将客户关系管理能力指标及其衡量标准归纳如下（见表10-5）：

表10-5 **客户关系管理能力指标及其衡量标准**

准则层	指标层	衡量标准
客户洞察能力	市场信息反馈能力	市场信息的反馈速度
	对客户的了解程度	企业根据对客户的了解作出的决策所产生的效果
	客户信息分析能力	处理客户信息的速度、准确性和有价值的分析结果占分析结果总数的比例
	黄金客户识别能力	采用了相应的措施之后，企业的黄金客户份额和销售利润是否有明显的增长

续表

准则层	指标层	衡量标准
创造和传递客户价值的能力	研发新产品的能力	开发出新产品的速度
	定制化生产能力	定制化产品和服务的宽度，完成定制化产品所需的平均时间，提供定制化产品和服务所花费的成本
	员工的服务水平	员工的服务态度、与客户情感交流的技巧、对客户情感变化的感知和反应速度，以及在服务中的创新能力
	交货能力	交货的速度和灵活性
	销售渠道的多样性	销售渠道的多少
	客户使用产品的方便性	本企业的产品是否易于操作，易于维护
	品牌管理能力	保持品牌的吸引力和美誉度；增强相关品牌系列效应；利用创新加强品牌组合
管理客户关系生命周期的能力	对客户关系的把握能力	维护客户关系的投入和取得的效果（如客户流失率的降低）之比
	对客户变化的反应能力	从发现客户变化迹象到客户真正改变的时间长短以及客户的流失速度
	处理客户抱怨的能力	解决客户抱怨的平均时间和客户对解决方案的满意程度
	交流渠道的多样性	交流渠道的多少
	交流的及时性	客户平均等待时间；客户放弃率
	交流的有效性	解答客户问题所花费的平均时间和交流人员的友好性、机敏性、见识性

资料来源：邵家兵．客户关系管理——理论与实践［M］．北京：清华大学出版社，2004：163-164.

10.5.4 影响客户关系管理能力的因素

CRM的基本活动是CRM的基石，CRM要想真正发挥作用必须依赖于CRM价值链上的基本活动，同时，这些活动也是影响客户关系管理能力的因素。影响客户关系管理能力的因素及影响方式见表10-6。

表10-6 **影响客户关系管理能力的因素及影响方式**

影响客户关系管理能力的因素	影响方式
信息技术	使相关流程实现优化和自动化，提高效率；提供多种方式与客户随时交流；实现客户信息共享
高层领导	制定合理的客户关系管理能力发展目标；协调企业的各个部门；提供足够的财务支持
企业文化	使企业员工建立起以客户为中心的价值取向；激励员工为提升客户关系不断创新；树立形象，吸引更多的潜在客户
人力资源管理	员工是否具有以客户为中心的价值观并用其指导实际行动直接影响客户的购买欲望；员工的知识结构和服务技巧影响企业为客户服务的情感化和个性化水平；企业员工的全局观影响最终的客户价值
组织设计	企业的集权程度影响员工的积极性和创造性；中间管理层的多少影响信息流动速度和真实性；各部门的整合成果影响客户服务的效率
供应链伙伴	通过企业间的协调和资源优化，降低成本，共享信息，使客户价值最大化

1）信息技术

CRM 软件信息系统不仅要使相关流程实现优化和自动化，而且必须在流程中建立统一的规则，以保证所有活动在完全相同的理解下进行。这一全方位的视角和数据库形成了一个关于客户以及企业组织本身的一体化蓝图，其透明性更有利于与客户之间的有效沟通。因此，CRM 的软件结构充分体现了以客户为中心的思想，对企业客户关系管理能力的提升具有重要作用。

2）高层领导

高层领导对客户关系管理的认识和理解越充分、越深入，对客户关系管理能力的培养就越支持、越关心。如果缺少了这样的支持者，针对提升客户关系管理能力的前期研究和规划也许会完成，会完成一些小流程的重新设计，可能会购买相关的 CRM 技术和设备，但企业针对有意义的改进的可能性很低。根据美国一项针对 226 家实施 CRM 的企业的调查，这些企业投在每一个 CRM 使用者身上的成本，平均为 10 385 美元（包括软硬件、实施、培训及技术支持）。然而，其中实施 CRM 产生显著成效的企业，投在每一个 CRM 使用者身上的成本，平均却高达 17 003 美元。不管怎么节省，CRM 要实施成功，都有一个投资门槛。此外，为提升客户关系管理能力所引起的组织变革也要支付相应的成本。因此，客户关系管理能力的发展需要高层领导的理解，以获得足够的财务支持确保其成功。

3）企业文化

企业文化是指一个组织中所有成员共享的、作为公理传承给组织新成员的一套价值观、指导信念、理解能力和思维方式。它代表了组织中不成文的、可感知的部分。每个组织成员都涉入企业文化之中，但企业文化通常不为人所关注，只有当组织试图推行一些违背组织基本文化准则和价值观的新战略或新计划时，组织成员才会切身感受到文化的力量。

以产品为中心的企业文化对客户关系管理能力的培养有阻碍作用，而以客户为中心的企业文化能够通过其导向功能和约束功能使企业员工建立起以客户为中心的价值取向，在与客户的交流过程中更多地考虑客户的利益，避免以损害客户的利益满足企业利益的短视行为，实现客户与企业的双赢。同时，以客户为中心的企业文化让客户是企业的利润和长期竞争力的源泉的观念深入人心，能够将员工团结起来，激励员工为提升客户关系和企业的长期发展不断创新。当以客户为中心的企业文化形成固定模式后，能够在社会上树立企业全心全意为客户服务的形象，从而赢得人们的信赖和好感，吸引更多的潜在客户。因此，以客户为中心的企业文化能够提升企业的客户关系管理能力。

4）人力资源管理

客户对企业的感观和客户关系的维系依赖于与客户交流的企业员工的服务质量。因为客户无论以何种方式与企业接触，都是与企业中的人员交流。企业员工的观念、技能和素质直接影响到企业为客户创造和传递的价值，以及影响企业与客户的关系。

首先，企业员工是否具有全心全意为客户服务的观念，是否把以客户为中心的企业文化转化为真心为客户付出的实际行为直接影响客户的购买欲望和企业形象。其次，企业在激烈的竞争中脱颖而出，不仅需要员工的服务态度好，热情周到，更重要的是关注客户的个性化需求和情感需求，而客户的个性化要求和情感需求的表现方式比较模糊。因此，基层人员对产品知识和企业背景知识地熟悉程度，在心理学、社会学和技术方面的素养，敏锐的洞察力和高超的服务技巧，对现场各种微妙信息的捕捉和把握以及适当的决策能力对客户关系的影响至关重要。最后，影响企业与客户关系的不只是企业营销部门的营销人员和直接为外部顾客提供服务的其他服务人员，还有企业的所有员工，在为客户创造和传递价值的过程中，任何一个环节的低效率或低质量都会影响最终的客户价值。因此，企业的每一个员工都应当具有全局观念，生产研发部门的人员也需要即时了解市场的变化和客户的需求，积极配合营销部门的要求，研制生产客户喜爱的产品。

5）组织设计

组织的集权程度、管理层次的多少和整合程度对客户关系管理能力有重大影响。过于集权容易打击员工的主创精神，因此为基层员工授予更大的权利，有利于调动他们的积极性，发挥其创造性，使他们在面对客户的个性化需求时能够采取更为灵活和多样的措施，而不必对每件小事都层层上报等待审批。这样不仅能为客户提供更为快捷、准确和个性化的服务，而且能满足了员工实现自我价值的愿望，使员工更加满足和忠诚，对员工未来的服务质量产生积极的影响，从而推动客户关系管理能力的发展。过多的管理层次使信息沟通渠道过长，造成信息失真以及由不相容日标所导致的代理成本的增加，决策者也无法对顾客的需求和市场的变化作出快速反应。压缩中间管理层，能够使信息快速流动，有利于消除高层管理者与客户之间的鸿沟，让高层管理者随时了解客户的需求和变化，及时制定应对策略，在满足客户需求的同时提高企业利润。企业的整合程度是指企业能否跨越传统的职能部门的界限，各个部门整合起来为客户服务。企业的整合程度越高，各个部门之间的合作程度越高，工作越协调，越能够有效地减少各个部门之间的摩擦。

6）供应链伙伴

随着全球经济的一体化，人们发现在全球化大市场的竞争环境下，任何一个企业都不可能在所有业务上都成为最杰出者，企业与企业之间的竞争已经不是个别企业在一定时间、一定空间，为争夺某些终端、某些顾客的一对一的单打独斗了，也不再是为了争夺市场占有率和覆盖率的竞争，而是基于产品开发设计、生产制造、配送与分销、销售与服务的跨时空的整体性竞争。因此，企业外部的供应链伙伴也对客户关系管理能力产生重大影响。

以制造业企业为例，供应链伙伴包括供应商、合作者和分销商。供应商是指企业所在供应链的上游企业。供应商供货及时，能够降低企业的库存，降低生产成本，从而为客户让渡更多的价值。供应商根据企业要求提供特殊的原材料的能力对企业为客户量身定制产品的能力和速度有重大影响。分销商是指将企业产品传递给终端消费者的供应链下游企业。随着电子商务的发展，越来越多的企业面向客户进行直销，分销商的角色发生变化，但在日前，它们仍然具有一定的地位，即使是未来，它们仍然将帮助企业将产品和服务传递到客户手中，只是业务的侧重点将发生变化。因此，分销商的能力和服务水平对客户满意度产生影响，在一定程度上延伸了企业客户管理能力。同时，分销商对客户信息的反馈是否及时、准确也会影响企业的客户关系管理能力。

10.5.5　案例分析——商业银行客户关系管理能力评价体系

商业银行客户关系管理的对象是银行与客户之间的伙伴与交易关系，它要求商业银行充分利用信息技术，围绕客户推进各个层次的业务，并针对不同的客户群体制定不同的营销与服务策略，以提高客户的满意度，从而改善商业银行与客户之间的管理，最终达到银行与客户共同价值最大化的目的。

商业银行的客户关系的实质是商业银行与客户之间通过不断的接触，并在接触的过程中积累各自的相关经验，从而使得双方发生心理和行为的变化，以达到双方的心理和行为的改变过程。因此，从这个角度分析，商业银行的客户关系管理，是商业银行与客户相互学习、相互协作的互动过程，商业银行的客户关系管理能力与客户以及银行的学习过程、学习能力以及学习方式等有着非常密切的联系。

事实上，提高商业银行的客户关系管理能力就是把商业银行建立为学习型组织。在学习型组织理论中，彼得·圣吉以系统动力学的相关研究成果为基础，认为建立学习型组织要进行以下五项修炼：进行自我超越、改善心智模式、建立共同愿景、进行团队学习、系统思考。这五项能力可以作为商业银行评价客户关系管理能力的一级指标。在具体指标体系的构建过程中，要从商业银行的实际经营状况出发，确立相应的原则，坚持指标体系的科学性、全面性、层次性和可行性等原则。商业银行客户关系管理能力的指标体系见表10-7。

表10-7 **商业银行客户关系管理能力的指标体系**

一级指标	二级指标	三级指标
自我超越能力	员工敬业精神	员工离职率（定量）
		员工责任心（定性）
		绩效考评离散程度（定量）
	员工的使命感	核心价值观（定性）
		核心目标（定性）
	银行创新意识	新产品的产值率（定量）
		发表科技论文的数量（定量）
		获得科研经费的数额（定量）
	银行诚信意识	拖欠贷款的比率（定量）
		银行对银行的评价（定性）
		客户对银行的评价（定性）
心智模式能力	移情作用能力	纠纷发生次数（定量）
		银行的凝聚力（定性）
		客户投诉次数（定量）
	抱怨处理能力	银行形象（定性）
		客户投诉处理比率（定量）
		售后服务的投入（定性）
	反向思维能力	员工的学历（定性）
		银行对待失败的态度（定性）
		员工反应的敏捷程度（定性）
	客户导向程度	高层参与营销会议频率（定量）
		客户建议的采纳次数（定量）
		对目标客户需求的态度（定性）

续表

一级指标	二级指标	三级指标
共同愿景能力	高层战略能力	高层年度考察次数（定量）
		三年净资产增长率（定量）
		银行的行业排位（定量）
	组织人格魅力	高层管理者的人格魅力（定性）
		中层管理者的人格魅力（定性）
		一般员工的人格魅力（定性）
	组织合作意识	非正式组织的发展状况（定性）
		年度纠纷发生次数（定量）
		上下级关系的状况（定性）
	信息共享能力	规章制度的完善性（定性）
		等级森严的程度（定性）
		上下级的沟通状况（定性）
团队学习能力	深度会谈状况	讨论的自由程度（定性）
		年度会谈的次数（定量）
		会谈制度完善程度（定性）
	团队发展历史	团队学习的传统（定性）
		三年团队发展速度（定量）
		初创者团队意识（定性）
	团队建设投入	高层团队建设意识（定性）
		中层团队管理执行能力（定性）
		三年团队建设平均经费（定量）
	员工素质状况	高层管理者年度自学时间（定量）
		忠诚管理者的学历（定性）
		一般员工的学习欲望（定性）
系统思考能力	流程整合能力	内部流程整合能力（定性）
		外部力量整合能力（定性）
		客户联系界面管理能力（定性）

续表

一级指标	二级指标	三级指标
系统思考能力	考核有效程度	考核的信度（定性）
		考核的效度（定性）
		考核的广度（定性）
	制度完善程度	定制化能力（定性）
		交货及时状况（定性）
		客户回访次数（定量）
	渠道合作状况	年度发生合作的次数（定量）
		合作者的评价（定性）
		合作后的利润增量（定量）

本章小结

企业应该在对所收集的客户信息进行分析的基础上，区分和识别不同客户的特征和行为，分析客户的需求和发展趋势，为满足不同市场和客户的需要而不断改善自己的产品结构，完善销售和服务体系，以使企业能够在适当的时间，针对特定的客户战略，推出个性化的产品和服务。

为了在市场上为客户提供能够为其带来优异价值的产品和服务，企业需要充分利用信息的潜在内涵和各种互动技巧，努力在客户的购买流程中发展与客户的合作关系。在实践中，除了向客户提供定制化的产品和服务以外，“以客户为中心”的观念还应包括与客户互动的类型和风格。通过互动、对话来建立对客户的了解，知道什么时候该提供什么产品或服务，才能让客户心甘情愿地与企业合作。相关资料积累得越多，掌握客户的精确性就越准，应对不同挑战所提出对策的有效性也就会越高，从而降低风险，提高企业利润。

客户知识是企业进行商务活动所需的一类重要的商务知识，是企业知识的一个重要组成部分。客户知识定义为：客户与企业在交易及交流过程中需要、产生或拥有的一种经验、价值、情景信息和专家洞察力的动态组合。通过客户知识的定义可以看出，客户知识蕴含在企业的CRM流程当中，它跨越了组织的界限，不仅存在于组织的各部门当中，还存在于组织外部的客户当中，既有显性的知识，也有隐性的知识。

客户知识管理（CKM）定义为：构建一个系统来获取客户知识，并运用客户知识以及信息技术建立更有价值的客户关系。这个定义还比较笼统，阿兰·库珀通过进一步分析CRM流程中蕴含的客户知识，将客户知识管理定义为：利用先进信息技术与客户互动交流，帮助客户找出问题及答案，进而适应周围环境，把客户需求过程与企业的营销过程有力地交织融合在一起，实施定制化服务。

客户关系管理能力是指企业以实施CRM为导向，在经营活动中配置、开发和整合企业内部、外部的各种资源，主动利用、分析和管理客户信息，迅速满足客户个性化需求，从而建立、发展和提升客户关系，并形成竞争优势的知识和技能的集合。

复习思考题

10.1　概述客户识别与选择矩阵之间的关系。

10.2　什么是客户知识？论述客户知识管理的具体内容。

10.3　简述客户关系管理能力包括哪些方面，以及如何提升客户关系管理能力。

技能实训题

10.1　福特汽车公司的客户互动中心是如何实施客户互动的？

10.2　给出一个成功案例，分析如何提升企业客户关系管理能力。

第11章

客户关系管理与企业变革

学习目标

通过客户关系管理提升企业核心竞争力；客户关系管理中的业务流程重组；客户关系管理中的组织再造；打造客户关系管理中的企业文化。

◆主要解决的问题

电子商务环境下给企业带来的主要问题以及使企业产生的变革；客户关系管理的概念、内涵；客户关系管理研究的主要问题以及发展趋势。

21世纪是知识经济时代，世界经济开始从物质经济向知识经济转型，原有的管理模式已显得力不从心，有时甚至成为社会生产力发展的障碍，因此，管理必须变革才能跟上时代发展的步伐。在物质经济形态下，企业的经营以产品为中心，品牌资产成为企业追逐的目标；而在知识经济形态下，企业的经营转变为以客户为中心，经营的核心问题也转变为“如何驾驭和提升客户资产”。也就是说，在新经济时代，企业的管理目标正在从品牌资产向客户资产转移，如图11-1所示。

旧经济	→	新经济
实物	→	服务
交易	→	关系
吸引客户	→	维系客户
以产品为中心	→	以客户为中心
品牌资产	→	客户资产

图11-1　新经济变化趋势

在充满机遇和挑战的新经济时代，企业要想成功地增加客户资产就必须引入CRM，并不断地提升客户关系管理的能力。CRM是一种旨在改善与维护企业和客户之间关系的新型管理理念和机制。它提供了一个收集、追踪和分析客户信息的系统，可以帮助企业提高客户价值和客户利润贡献度，进而增加客户资产。同时，它还可以帮助企业充分利用它的客户关系资源，拓展新的市场和业务渠道。

CRM的实施使企业关注的重心从过去的产品、生产，转向以客户为中心的核心竞争力。因此，要提升企业的核心竞争力，就必须提升企业的客户关系管理能力，也就是使企业的业务流程、组织结构、企业文化等都朝着以客户为中心、信息通畅、反应迅速的目标进行相应的转变。所以说，客户关系管理带来的企业多层面变革才是CRM帮助企业走向现代经营的真正契机，而经过变革的企业，也为实施CRM系统铺平了道路，使CRM的实施与应用水到渠成。

本章将从客户关系管理与企业变革关系的角度，讲述企业如何在新经济时代通过实施客户关系管理来影响企业变革，从而提高企业核心竞争力。

11.1　客户关系管理与企业核心竞争力

经济全球化、信息技术以及电子商务的发展不仅改变着企业的管理和运作模式，也直接影响着企业的竞争能力。如果说ERP帮助企业优化了内部的管理流程和其他内部资源，那么CRM作为一种全新的管理战略及电子商务解决方案，则使企业外部的客户资源得以合理利用，促使企业从对短期性资源优化配置能力的关注延伸到对长期性资源优化配置能力的培养上，成为推动企业发展的全新动力，从而促使企业更加关注其核心竞争力的全新打造。

11.1.1 企业核心竞争力概述

1）企业核心竞争力的概念

自1990年美国学者普拉哈拉德（Prahalad）和英国学者哈默尔（Hamel）提出企业核心竞争力的概念后，核心竞争力迅速成为企业管理理论研究的热点，一度风靡全球。一项文献研究表明，在20世纪90年代SCI、SSCI和A&HCI所收录的论文中，关键词为“核心竞争力”的论文多达176篇，且呈逐年递增的趋势。企业核心竞争力理论在20世纪90年代的企业理论和战略管理领域中可谓是异军突起。当时，美国的一批企业战略研究人员提出，必须重新认识和分析企业的核心竞争力。他们通过对许多大公司的研究、分析，得出以下结论：企业成败的关键在于是否拥有核心竞争力。

企业核心竞争力的理论最早是由美国密歇根大学商学院的普拉哈拉德教授和伦敦商学院的哈默尔教授于1990年在《哈佛商业评论》发表的论文《公司的核心竞争力》中正式提出的。这一理论很快引起了学术界和企业界的广泛关注，尽管最初关于这一理论的讨论都是定性的，但是在学术界和企业界的共同努力下，有关企业核心竞争力的模型已经逐步走向定量化，发展成为一套比较成熟的企业竞争力问题的解决方法。

所谓企业核心竞争力（core-competence），是指支撑企业可持续性竞争优势的、开发独特产品、发展特有技术和创造独特营销手段的能力，是企业在特定经营环境中的竞争能力和竞争优势的合力，是企业多方面技能和企业运行机制，如技术系统、管理系统的有机融合。

更确切地说，并不是所有的竞争优势都是企业的核心竞争力，只有把这些优势由人的管理技能以有效的方式组织起来，比竞争对手更充分发挥时，才会对企业的成功起关键性作用，才能形成核心竞争力。也可以说，核心竞争力是企业长期形成的、蕴涵于企业内质中的、企业独具的、支撑企业过去、现在和未来的竞争优势，并使企业长时间内在竞争环境中能取得主动的核心能力。它不仅仅表现为企业拥有的关键技术、产品、设备，或者企业的特有运行机制，更为重要的是将技能、资产和运作机制有机融合的企业自组织能力。

企业核心竞争力是将各种资源“在行动上组合起来并引导它们为特定的生产目标服务”的整合能力、组合能力。按表现形式的不同，可将其分为三类：核心产品、核心技术和核心能力。这三者之间关系密切，产品来自技术，技术来自能力。核心能力是指企业在经营运作中形成的一种特有的、适应市场机会的、能形成持续竞争优势的、特定的知识运作体系。它表现在市场竞争中，就是核心竞争力。这三种不同的表现形式，恰好反映了企业核心竞争力形成的基本过程，即核心技术—核心产品—市场份额—核心能力。因此，一些企业最大限度地扩展其核心产品在全球化市场中的份额，为各种客户生产核心产品，使企业获得加强核心竞争力和扩展步伐需要的收益。

2）企业核心竞争力的构成要素

从普拉哈拉德（1990）提出“核心竞争力”的概念起，技术就作为一个关键的构成要素被研究者们接受。而对核心竞争力的其他构成要素，学者们的观点则存在较大的分歧，其中一些具有代表性的构成要素理论见表11-1。

综上所述，企业核心竞争力的构成要素可以具体表述为核心技术能力、核心生产能力、战略决策能力、营销能力、组织协调能力、管理机制、管理思想或理念以及企业文化和价值观等。这些企业赖以生存和发展的关键要素既有有形的，也有无形的，既包含可以测度的“硬”能力，也包含某些“软”能力。

表11-1　**核心竞争力的一些具有代表性的构成要素理论**

代表人物	类　别	构成要素
邹海林（1999）	五要素构成论	(1) 研究开发能力；(2) 创新能力；(3) 将技术成果转化为现实生产力的能力；(4) 组织各生产要素进行有效生产的能力；(5) 应变能力
周星、张文涛（1999）	核心+辅佐能力	核心竞争力的核心是核心技术能力，并需要企业的响应能力、战略决策能力、核心的生产制造能力、市场营销能力和组织协调能力来辅佐，以获得企业的竞争优势
王秉安（2000）	两类竞争力构成论	(1) 硬核心竞争力（核心产品、核心技术和核心能力）；(2) 软核心竞争力（经营管理等）
王毅（2000）	两维系统构成论	(1) 能力；(2) 能力架构与层次
周卉萍（2000）	三要素构成论	(1) 技术和体现这一技术的新产品、新服务方式；(2) 管理文化氛围；(3) 新理论、新经验的学习率和传递率
管益忻（2000）	全要素构成论	凡企业特有的、足以胜过竞争对手的所有要素，如市场预测、人力资源开发、市场营销、经营决策、品牌战略、企业文化、制度创新等
许正良、王利政（2003）	三力结合	核心竞争力是由企业文化力、企业学习力、企业创新力有机结合构成的企业竞争优势的能量源
胡宜挺、李万明（2005）	基于大系统理论与进化论	技术（T）、管理（M）、文化（C）是核心竞争力的构成要素，并建立TCM三角模型，针对企业不同的生命周期阶段，提出核心竞争力将表现为技术优势型、管理优势型和文化优势型三种形态

①核心技术能力，包括企业的研发（R&D）能力、产品和工艺的创新能力等，是构成企业核心竞争力的中心，决定了企业能否最快、最优地将技术资源向技术优势转化。

②核心生产能力，是企业核心竞争力赖以形成的基础。

③战略决策能力，是企业对复杂多变的环境中的重要事件、机会、危机、威胁等作出正确反应以及规划未来的能力，它决定着企业核心资产的配置状况，关系到企业未来的兴盛与衰亡。

④企业的营销能力和组织协调能力，是企业核心竞争力实现的重要保证。

⑤企业文化和价值观，是企业核心竞争力形成和发展的重要条件。

企业核心竞争力的大小不仅取决于上述各项能力的强弱，而且取决于它们彼此之间的匹配程度，任何一方面的能力过于弱小，都会在很大程度上影响企业核心竞争力。

3）企业核心竞争力的“树型”理论

普拉哈拉德教授在研究核心竞争力时提出了一个非常形象的“树型”理论。他把现代化、多样化的企业视为一棵大树，“树干和主要树枝是核心产品，树叶、花朵和果实是终极产品”，“树根为维护企业的健康提供养分，维持生命，保持稳定”，是企业的“核心竞争力”。

“树型”理论把企业核心竞争力描述成一个从“核心竞争力”到“核心产品”，再到“终极产品”的发展延伸过程。同时，普拉哈拉德教授又指出，企业的核心竞争力、核心产品和最终产品之间既有区别，又密不可分。核心竞争力和最终产品之间的有形纽带称为核心产品，是一种或多种核心能力的实际体现，对核心竞争力、核心产品、最终产品进行区分至关重要，如能在三个层次上长期取得并保持领先地位，企业就可能在每一个层次都成为赢家。

4）企业核心竞争力的基本特征

对于企业核心竞争力的基本特征，普拉哈拉德（1990）认为：“首先，核心竞争力能够为企业通向广泛多样化的市场提供一个潜在的途径；其次，核心竞争力能够使最终产品为客户带来重要的价值；最后，核心竞争力应该是竞争者难以模仿的。”而资源学派学者 Jay Barney（1995）提出的能给企业带来持续竞争优势的关键资源的VRIN属性，在核心竞争力的研究领域也得到了认同和广泛接受，即价值性（valuable）、独创性（rare）、不可模仿性（inimitable）、不可替代性（nonsubstitutable）。可以看出，学者们对企业核心竞争力基本特征的认识比较趋于一致。

企业核心竞争力的基本特征如下：

（1）价值性

核心竞争力因能给客户和企业带来价值而具有价值，这种价值是具有战略性的。由核心竞争力辐射所产生的核心能力，可以让客户用更低的价格享受到所需要的根本性好处或效用，或者用同样的价格让客户享受到更多、更好的价值，即能为客户带来长期性的关键性利益，对客户最重视的价值有所贡献，为企业创造了长期的竞争主动权，最终使企业获得超过同行业平均利润水平的超额利润。

（2）独创性与不可模仿性

核心竞争力为企业所独自拥有，是企业在发展过程中长期培育和积淀而成的，蕴涵于企业文化、融合于企业内质之中，为企业创造独特的市场价值。企业的核心竞争力必须是独一无二的、高人一等的、具有特色的竞争优势。它有一种持久的作用力和特有的性质，难以被其他竞争者所模仿。比如，企业所拥有的专利、专有技术等都是核心能力的重要要素，而像企业文化这样的软要素则更是不容易被模仿的。企业专长的独创性的持久程度由它赖以存在的基础所决定，内化于整个企业组织体系中。

（3）综合性

核心竞争力以整个企业为载体，具有相互关联性和综合性，任何单项技能、专长、资源或能力要素都不会成为企业的核心竞争力。核心竞争力有别于品牌、专利等无形资产，也不局限于个别产品。它是企业“集体智慧”的结晶，是企业对不同生产技能、技术和体制整合后形成的一种综合能力。

（4）不可替代性

核心竞争力的不可替代性是企业在竞争中获得竞争优势最强有力的武器。寻找替代品和替代路径是竞争者在模仿对手不成功时的另一种尝试，这种方法使许多行业打破了垄断，如通信行业的GSM和CDMA就代替了传统的模拟信号方式。因此，核心竞争力必须具有不可替代性。

（5）动态性

核心竞争力是在企业长期的竞争和发展过程中逐渐形成的，与一定时期的产业动态、企业的资源以及企业的其他能力等变量高度相关。随着相关变量的变化，核心竞争力内部元素动态发展，导致核心竞争力动态演变，这也是一个客观必然。

（6）延展性

核心竞争力是企业的一种基础性能力，是一个坚实的“平台”，是企业其他各种能力的统领，可以支持企业向更有生命力的新领域延伸和扩展，从而使企业获得持续的发展潜力。企业核心竞争力的延展性保证了企业多元化发展战略的成功。如果缺乏延伸和扩展能力，企业就不能获取领先地位，失去的不仅仅是一种产品的市场，而是一系列的行业市场和商机。

综上所述，企业核心竞争力的基本特征可以概括为四类，即价值特征、功能特征、属性特征和时效特征。其中，价值特征，即价值性；功能特征，即延展性；属性特征，即独创性、综合性和不可替代性；时效特征，即动态性。

11.1.2 CRM：打造企业核心竞争力的利器

新经济时代，企业竞争的基础和竞争优势的本质都发生了根本性的变化，从而广泛而深刻地改变着企业的业务运作和管理模式。可以说，以往企业在市场中获胜所需的要素组合，如资源、人力、资本、信息等都可以很快被竞争对手复制。因此，在以客户为导向的新经济时代里，全面掌握客户信息，及时了解客户需求，积极建立并保持良好的客户关系，构建不易被竞争对手模仿、能为客户创造更多剩余价值的核心竞争力体系，对于企业自身来说，显得尤为重要。

CRM的引入不仅可以帮助企业在管理客户关系方面表现得更佳，而且将帮助企业更快、更好地打造企业核心竞争力。CRM是提升企业核心竞争力的利器，主要表现在以下几个方面：

（1）多元的市场延展性

良好的客户关系和高质量的客户资源，使企业得以推进交叉销售、向上销售，为企业节约了大批营销和销售费用，也为企业提供了通向多种市场的途径。

（2）高效率地为客户提供溢价服务

由于采用了新技术手段，业务处理流程的自动化程度提高了，实现了企业范围内的信息共享，企业不会因为个别经验丰富的营销人员离职而失去与其相关的客户资源，提高了企业员工的工作能力，并有效减少了培训需求，使企业内部能够更高效地运转。企业针对与客户接触的生命周期，为细分客户群提供定制服务，实施客户关怀，客户将发现与这些企业交易比在其他地方开始新的交易更容易、更舒适、成本更低，可以得到更多、更好的符合其需求的服务和利益，或者得到更多的消费者剩余，从而提高客户转换成本，构成了竞争对手的进入壁垒，达到企业与客户双赢的博弈均衡。

（3）具有高盈利能力的专有客户资产

客户是企业一项最重要的无形资产，企业的价值本质上就等于获得客户的盈利能力总和。通过客户关系管理，企业细心了解客户的需求、专注于建立长期的客户关系，并通过在企业内实施“以客户为中心”的战略来强化这一关系，强调与客户多领域的接触与沟通，维系与客户的良好关系，为客户提供全方位、个性化的产品、服务和客户关怀。这种基于客户关系和客户服务的核心竞争力因素，将在市场和绩效中得到充分的体现。优质的服务可以促使客户回头购买更多的产品或服务，企业整体业务也将从每位客户未来的购买中获益。企业对价值客户的服务越好，这些客户就越会增加购买，并口碑流传、向其他客户介绍，使企业的盈利能力增强。企业的盈利能力增强，可以进一步提高服务质量，扩大服务范围，增加服务品种，则又使这些忠诚客户扩展购买，这样企业的成长就进入一个良性循环。利用客户的忠诚以及由此产生的对价格敏感性的下降，使企业得以在一定程度上规避竞争。在市场中获胜所需的条件组合，如土地、人力、资本、信息、技术等，可以很快被竞争对手复制，但是，详细而灵活的客户信息，即有关客户及其爱好的信息和良好的客户关系本身，却很难复制。

11.1.3 CRM如何打造企业核心竞争力

从前面对核心竞争力基本特征的描述中可知，企业的核心竞争力是竞争对手难以模仿的，并且应当对最终产品中客户重视的价值作出关键贡献，从而满足市场和客户的需求，在市场上获得竞争优势。显然，企业的核心竞争力必须从客户需求的角度来定义。对不符合客户需求、不能为客户重视的价值作出关键贡献的能力，很难称为核心竞争力。而CRM正是为企业创造这种核心竞争力的理念、方法和工具。

1）CRM实现企业“以客户为中心”的主要策略

第一，CRM通过对用户信息资源的整合，在企业内部达到资源共享，从而为客户提供更快速、优质的服务，为企业吸引和保持更多的客户。

第二，通过对业务流程的重新设计，更有效地管理客户关系，降低企业成本。具体而言，企业首先要建立“以客户为中心”的流程，企业各个部门的运作都应当遵循“以客户为中心”的原则，工作流程的设计应当面向客户。

第三，要“以客户需求为中心”，即以客户需求来拉动组织变革，根据客户的需求信息进行生产或开展服务，并最大限度地满足客户的需求。企业通过CRM，可以让不同的部门共享统一的客户资料，这样当不同的部门与客户进行接触时，会作出一贯的响应，而且在向客户行销时，也不会作出各个部门之间互相矛盾的行销方案。

第四，通过不断更新客户资料，迅速响应客户的需求，从而把握市场的脉搏。总之，通过成功的CRM辅助，企业将能够把握住核心竞争力的核心。

2）CRM充实企业的核心资源，最重要的是挖掘有效客户资源，维系企业发展的生命线

企业核心竞争力的取得与企业的核心资源具有直接的关系。CRM可以实现客户数据的收集、处理、挖掘，并及时更新，还可以让企业全体员工共享统一的、实时的客户信息。

首先，在CRM系统中设计出客户建议跟踪模块、客户投诉跟踪模块、客户关怀服务模块和客户价值分析模块，可以使企业量化客户资源，不断挖掘客户的资源价值，成为推动企业发展的原动力。

其次，CRM系统支持两大营销理念：一是数据库营销，即利用数据库技术来统计、分析客户对企业的贡献，并利用数据挖掘技术对客户的购买行为进行分析，重新设计产品和服务，以获取最大利润；二是“一对一”营销，在系统中建立人文关怀流程，可以实现真正的“一对一”营销，从而降低企业营销成本、提高营销成功率，满足客户个性化需求，提高客户的满意度。数据库营销和“一对一”营销从宏观和微观两个方面为企业挖掘客户资源作出了贡献。

另外，CRM可以实现销售自动化和营销自动化，从这两个方面来看，CRM也可以充实企业的核心资源，为企业最终获得核心竞争力积累“资源”。

3）CRM提升企业的核心能力（如商业决策能力、管理能力）

CRM系统将为企业创造出先进的客户智能和决策支持，这对打造企业核心竞争力中的战略决策能力和总体规划能力起到重要的保障和促进作用。CRM能够使企业跨越系统功能

和不同的业务范围，把营销、销售、服务活动的执行、评估、调整等与相关的客户满意度、忠诚度、客户收益等密切联系起来，在提高企业整体的营销、销售和服务活动的有效性的同时，也提高了企业对其业务活动的管理水平。CRM对客户信息和数据进行有效的分析，为企业商业决策提供分析和支持，这将从根本上保障企业能投入足够且适当的资源建设其核心竞争力，提高企业商业决策的合理性和管理的科学性。

4）CRM系统将保证企业核心竞争力的持续性提高

CRM系统通过技术上的先进性保证企业核心竞争力的持续提高。CRM系统在功能方面实现了销售、营销、服务、电子商务和呼叫中心等应用的集成，其目标是持续提高企业运营和管理的自动化水平。CRM系统自身具有能动的、持续进步的能力，将保证企业不断根据其资源状况和市场竞争情况调整竞争战略，突出产品或技术优势，在拥有良好而稳定的长期客户关系的基础上不断获得成功。这些能力对于企业核心竞争力中的相关构成要素将起到持续的推动和促进作用。

5）CRM将有利于企业知识、专长的交流、积累和创新，增进知识管理，由此进一步强化企业核心竞争力

CRM使企业能够在发展过程中培育和积淀难以被其他企业所模仿和替代的知识和能力。CRM还能够提高企业专长的稳定程度，强化企业专有能力存在的基础。通过CRM内化于整个企业组织体系中，建立在系统学习的经验积累之上的企业专长，比建立在个别专利、个别技术骨干或某个出色的管理者基础上的专长，具有更好的稳定性。

6）CRM将创建企业基于Internet的管理应用框架

CRM将推动企业在Internet环境下的高速发展。企业只有通过全面的改革以及通过实施和应用CRM，才能具备在Internet环境下适应变化、不断创新、不断超越的能力，这也是Internet和网络经济赋予企业核心竞争力的新的含义。

11.1.4 CRM、知识管理与企业核心竞争力

21世纪是知识经济时代，知识管理正以其不同于传统管理方式，以更快速创造企业新竞争价值的特质，吸引着企业高层决策者的注目。知识管理（knowledge management，KM）及以网络平台为基础的CRM，作为新经济时代的管理新趋势及管理新工具，可以帮助企业完善商务平台，收集、处理更多的来自企业外部和内部的信息，并作出及时的反馈，完善企业内部数据库及客户管理系统，帮助企业始终与目标客户保持紧密联系，提供企业更具竞争力的资源。

1）知识管理的基本内涵与主要内容

知识管理的起源可以追溯到18、19世纪的工业革命以及伴随着大量生产与大规模制造而兴起的管理思想的萌芽。组织的可持续发展以及人力与智慧资本的需求导致了知识管理思想的萌芽。知识管理成为一个独立的研究领域，则是在知识作为一种生产要素的地位空前提高，以及“计算机、科学研究、电信、数字电视与网络等科学结合所导致的大量知识之成长”（Sallis and Jones，2002）的背景下产生的。

IBM Lotus公司首先提出了知识管理的定义：知识管理通过对信息和专业技能的系统开发和利用，改进和提高部门组织的创新能力、响应能力、生产力和技能素质。知识管理需要完成的主要任务包括数据和信息管理、智力资源管理、关系管理。

（1）知识管理的基本内涵

第一，知识管理的内涵是建立已有知识的知识资源系统，即对企业已有知识进行有效的

组织，将其转化为系统的知识资源，以便让更多的人更好地利用。

第二，知识管理的内涵是不断创造新的知识资源，即通过对现有知识资源的应用、学习和研究，创造新的知识资源。知识是需要不断更新的，今天专家级的知识可能就成了明天的基础知识。因此，迅捷、有效的知识创新和知识资源系统是企业维持和提高竞争力的主要途径。

第三，知识管理的内涵是共享知识资源，即在企业内部形成知识共享的文化和意识，使每个成员认识到有责任尽可能与他人分享各种专长，并通过人员、产品以及服务广泛地传播知识资源。

知识共享是知识管理中不可缺少的一个环节，而知识管理的内涵则在于通过知识共享，使企业每项业务的运行都建立在全企业的知识基础上。比尔·盖茨在《未来时速》中论述知识管理时，特别强调了共享的重要性。他指出："一家公司的高层经理们需要坚信知识共享的重要性，否则即使再努力掌握知识也会失败。"

第四，知识管理的内涵是建立科学的知识开发能力评价系统，即以科学、有效的知识开发能力评价系统激励知识的形成和共享。

第五，知识管理的内涵是实现知识的价值，即利用和挖掘知识资源以获得成功。

正如彼得·德鲁克所指出的，"公司的目标在其外部，在其客户。知识管理的实质是以知识价值为取向的管理，因此，知识管理者必须回答这样一个问题——怎样才能靠更加有效地管理和利用知识来赚钱"。

（2）知识管理的主要内容

①纵向内容。知识管理从纵向层次来看，主要包括知识获取的管理、知识利用的管理和知识创新的管理。

②横向内容。知识管理从横向层次来看，主要包括信息管理、无形资产管理、经营战略决策管理和人力资源管理。

2）知识管理与企业核心竞争力

围绕知识进行的管理是企业竞争优势的真正来源。企业的知识储备决定了企业未来发展的能力。拥有自己独特的知识管理模式和机制，是企业保持竞争优势的根源所在。通过知识的积累、交流和共享，创造一种让每位员工都能获取、共享、使用组织内部和外部的信息，以形成个人知识的环境，并支持、鼓励个人将知识应用、整合到产品和服务中去，最终提高企业创新能力和对市场的反应速度。

从知识管理的角度来看，企业核心竞争力的培养可从以下方面理解：

（1）企业核心竞争力应该是企业发展战略的重点

企业核心竞争力不论是否易于被别人所模仿，首先必须是企业本身所特别擅长的，企业可以据此进入市场，并在相当长的时期内用此来换取生存的资本。网上零售业巨子亚马逊对核心竞争力的定位是高科技产业，而不是人们通常认为的零售业，因此，在亚马逊占据主导地位的是软件工程师。亚马逊品牌的创立和令人不可思议的、高速增长的营业额都是由高科技带来的，这就是亚马逊的核心竞争力，也是亚马逊发展战略的重点。

（2）企业核心竞争力提供了企业的主要竞争优势

在近十年间，沃尔玛依靠其核心竞争力提供的主要竞争优势始终领先于竞争对手。沃尔玛是同行业中最早（1985年）采用EDI技术的企业，这项投资使得沃尔玛降低了成本，大幅度提高了资本生产率和劳动生产率。尽管信息技术并不是沃尔玛取得成功的充分条件，但是它却是沃尔玛成功的必要条件。沃尔玛的秘密在于，信息技术的投资强化了企业核心竞争力。

（3）企业核心竞争力的发展必须与时代发展相一致

2002年1月22日，由于经营情况不佳和部分供应商停止供货，拥有上百年经营历史的美国大零售商凯玛特（Kmart）向芝加哥的联邦破产法院申请破产保护，成为美国历史上寻求破产保护的最大零售商。凯玛特在20世纪60年代成为当时美国的第二大零售商。凯玛特在传统营销的方法和策略上有很多独到的地方，甚至至今仍是营销教学的范例，但是在进入20世纪80年代以后，凯玛特没有能够继续把自身的核心竞争力与时代的发展相结合，因而丧失了竞争优势。麦肯锡公司的研究发现，凯玛特与沃尔玛相比，在所有IT技术的使用上都基本上落后10年，应该说这是凯玛特衰亡的关键原因。

（4）企业文化是企业核心竞争力的主要表现

企业核心竞争力的表现形式是多种多样的。企业核心竞争力存在于人、组织机构、资产和设备等多种载体中，其对外的具体表现就是企业文化。GE的宣传口号是“让我们为生活带来美好的东西”，在这个朴实无华的口号背后是GE人对企业的自豪和对技术创新的热爱。这个观念的具体化，就是内部激励机制创造的GE人的高效率、组织机构的无边界化、低成本和全球化的协作。

（5）企业特有的知识和资源是核心竞争力的基础

企业核心竞争力的基础是企业的知识管理能力和企业“知本”的大小。在工业社会，企业的发展在很大程度上依赖于资本的运作，在今天的后工业社会和信息时代，在IT和其他高科技居于领导地位之后，企业的未来和核心竞争力完全依赖于企业“知本”的大小，谁拥有知识谁就拥有未来。企业的知识管理水平或者企业的“知本”厚度决定了企业的未来和企业的核心竞争力。

3）知识管理（KM）与CRM整合对于构建企业核心竞争力的必要性

IDC知识管理项目高级研究分析员Greg Dyer说过：“今天，企业启动知识管理项目最普遍的原因是想增加收益和利润，维持企业的关键能力和专家知识，改善客户服务。”IDC的预测报告《知识管理过程：实践方法》中的研究结果表明，企业正在通过实施KM项目来实现它们的商业目标。这类知识管理项目都强调知识共享、最佳实践和客户关系管理等的应用。IDC的预测报告说明了一个问题，即客户关系管理与知识管理息息相关。

企业中单一的资源通常不能形成企业的核心竞争优势。也就是说，企业的资源是一个体系，需要有效配合在一起才能更好地发挥作用。同样，只有将客户资源与知识资源整合在一起，才能使企业获得持续的竞争优势。因此，要提高企业的核心竞争力，需要同时提升CRM系统和KM系统的实施成效。

CRM将客户看作一项重要的企业资源，通过完善的客户服务和深入的客户分析来提高客户满意度和忠诚度，从而吸引和保留更多有价值的客户，最终提高企业利润。而完善的客户服务和深入的客户分析是建立在有效的知识管理基础上的，只有有效地对客户信息进行知识挖掘和知识积累，建立企业知识库，并在有效利用已有知识的基础上，才能更有效地提供完善的客户服务，从而提高CRM系统的实施成效。

KM则将知识作为一项重要的企业资源，通过人、流程以及技术的有机结合而有效支撑企业战略目标的实现。由于网络技术的发展，企业与企业之间、企业与客户之间、企业内部各部门之间已不再仅仅是垂直或水平的关系，而是有着全方位、全天候的联系。因此，企业知识管理不应仅仅局限于企业内部，而应在整个价值链的范围内进行。此时，价值链中的各个成员（包括企业内部员工）都成为广义上的企业客户，企业知识管理必然与对这些企业客户的管理密切相关。成功的客户关系管理可以使企业与客户之间的联系更紧密，有利于客户知识的获取，从而更有利于在整个价值链的范围内进行知识管理。因此，CRM与KM的整合可以提升KM系统的实施成效。

4）在CRM流程中整合知识管理的途径

全球很多的企业都采用客户关系管理来提高客户的满意度和忠诚度，但要保持良好的客户关系，并不是只有技术就能够实现的。企业还需要改进自己的业务流程，在客户需要相关信息的时候，企业能够以一种高效的方式向客户提供所需信息，而这些则可以通过在与客户的交互中用知识管理来实现。

已经有很多业内专家建议在客户服务中集成知识管理，将知识管理作为CRM的一个关键组成部分。Meta集团的高级分析师Tim Hickernell认为，在服务策略中应该包括知识库，企业代理和客户可以通过所有的交互点进入这一知识库。这一知识库要能够提供更为一致的客户体验，从而优化服务成本，提高客户的满意度。Gartner的研究副总裁Kathy Harris表示："最终，CRM一定需要KM来实现客户、企业员工以及合作伙伴之间的协同。"

企业可以通过以下途径，在CRM中整合知识管理：

（1）为客服定制KM

企业发现，如果能够充分利用客户服务代表的智慧，让客户服务代表熟悉企业用已有信息建成的知识库，将知识库中的知识按照所有的用户进行细分，使之个性化，并授权企业的客户可以通过网络接口获得这些知识，从而进行自助服务，那么企业就能够极大地降低运营成本，同时提高服务的效率和客户的满意度。

（2）从文化开始

知识管理通常来说都是企业层面的项目，实施知识管理的原则之一就是要在各部门中管理和共享知识。如今，所有的企业都将客户满意作为一个关键目标，因此，企业现在都选择在客户接触中心进行知识管理，而其他一些部门包括办公室、人力资源部门以及销售部门则没有进行知识管理，这并不合理。企业必须要按照每个部门的具体需要和目标，量体裁衣地实施知识管理流程和工具。

针对客户接触中心，在实施知识管理项日时，首先应该考虑企业的组织文化。企业的客户服务代表愿意使用知识库来检索解决客户问题的方案吗？企业的客户服务代表使用已有的呼叫跟踪或呼叫管理系统把案例记录下来了吗？企业的知识管理解决方案包括了客户服务代表具体的工作流程吗？企业的客户服务代表的具体目标是什么？用什么方法来衡量他们的目标是否实现了呢？在希望从知识管理中获得实实在在的回报之前，这些问题都必须回答清楚。

要想解决企业文化问题，必须要建立激励机制，奖励那些使用知识库或向系统中添加信息的人员。激励的方式可以是有形奖励，如奖金，也可以是无形奖励，如获得公众认可。知识管理的基本原则之一就是工作流和知识文献必须要成为每个员工日常工作的一部分。

（3）让客户参与

如今，知识管理不仅仅让企业内部人员使用知识库，客户也必须能够使用自助知识库。网络自助服务（电子服务或在线自助）的好处在于，如果你的客户能够快速、方便地找到自己所需的答案，而不必与呼叫中心接触，他们就会对你的企业产生更多的好感，而企业也可以通过把客户咨询业务转到网络上而降低运营成本。

Giga信息集团的董事John Ragsdale说："预算和机构的裁减冲击着许多的客户服务组织，

我从客户那里收集到很多问题都是关于怎样用更少的人去做更多的事。强大的电子服务产品（知识库、检索技术、客户网络自助服务、E-mail回复管理）是把客户问题改为自助服务、减少每个客户代表的答复时间、提高首次呼叫解决问题比率的最好方法，还可以鼓励客户更多地使用廉价的支持渠道，如网络和E-mail，而不是电话。”

在当今多变的市场环境中，改进客户服务、提高客户满意度是企业赢得竞争的关键之一。通过在客户服务中集成知识管理，企业可以让所有主要的用户——客户服务代表、客户、员工、地区代表、合作伙伴等都能够轻松获得准确、一致的信息，这样既能改进服务效率、提高客户满意度，也能降低企业的运营成本。

11.2 客户关系管理与业务流程重组

一个企业要成功地实施CRM，首先要做的一项重要工作就是企业业务流程重组。业务流程（business process）是企业输入各种资源，以客户需求为起点，创造出客户满意的产品或服务，以实现价值为终点的一系列活动。在传统的企业组织中，业务流程重组（business process reengineering，BPR）是按照劳动分工的需要而不是按照客户管理的需要来组织的。因此，客户管理流程往往是分散的、片断的，这使得企业无法有效地实现以客户为中心的经营管理活动。在CRM环境下，由于客户的概念需要从独立、分散的单个部门的层面提升到企业整体的层面，因此在企业中与客户相关的每一个业务操作和管理环节都需要重新设计整合。这意味着基于客户关系管理的业务流程重组是一场全面性的、系统性的管理变革。

11.2.1 业务流程重组概念的提出

业务流程重组这一概念来源于企业实践。20世纪后期，不少大型企业的管理者发现，企业中存在一种“大企业病”：专业分工过细，导致冗员繁多、机构臃肿、员工技能单一、程序僵化、资源闲置、重复劳动和运营效率低下，从而引发了企业运营成本高、浪费大等管理问题的出现。而企业从接受订单到交货的周期过长，以及对市场变化的反应迟缓等弊病，也使得其与技术快速发展、市场迅速变化的新形势越来越不适应，需要进行管理改革来提高效率。在此情形下，一些先进企业开始了探索。例如，美国国际商用机器公司（IBM）下属的信用公司，以往对用户的融资申请，在公司内部的“公文旅行”至少要6天到2周才能办完，而实际花在业务工作上的时间总共只有90分钟。该公司对原有业务流程进行了彻底改造，把业务时间缩短了90%，并大大提高了工作效率，使得这项业务只需45分钟就可以完成了。

企业的成功启发了学者，1993年，美国的米歇尔·哈默和詹姆斯·钱皮合作出版了《公司业务流程重组》一书，并以“管理革命的宣言书”作为该书的副标题，标志着业务流程重组理论的正式提出。在这本书中，他们阐述了BPR的定义：BPR就是对企业的业务流程进行根本性再思考和彻底性再设计，从而获得在成本、质量、服务和速度等方面业绩的显著改善。此书的问世引起了各国企业界的广泛关注，推动了一大批企业业务流程的改革。

实施CRM的业务流程是企业通过输入各种资源，以客户需求为起点，到企业创造出客户满意的产品或服务，以实现价值为终点的一系列活动。在一个企业中，业务流程决定了其运行的效率，是企业的生命线。以客户利益为中心，以员工为中心及以效率和效益为中心是实施CRM的企业整个业务流程的核心。整个业务流程都是围绕这三个目标进行的。BPR的核心是对业务流程进行根本性的再思考和彻底性的再设计，进而显著提高企业效率，提升企业价值。

BPR是一种管理思想，更是企业内部的一场管理变革，其所蕴涵的管理意义可表述为以下三点：

第一，BPR是一项战略性企业重组活动，而不仅仅是战术性的；

第二，BPR以提高客户满意度为核心，客户需求是企业实施BPR的最根本动力；

第三，信息及网络技术只是BPR的一个要素，此外还包括目标和人两大要素。

企业的使命是为客户创造价值，而为客户创造价值的是企业优异的流程。以客户为导向，意味着企业的流程优化将站在客户的角度考虑一切，尽管这样做时常会与企业的内在设置和其他需求发生冲突，但是毕竟企业价值的核心是为客户创造价值，而客户价值的实现是企业一切价值实现的源泉。业务流程的设计与实施，都将以客户的利益为根本利益，以客户的标准为根本标准；反之，成功的流程运营与流程管理也必将为企业创造最核心的价值，即BPR是以客户为导向的BPR。

11.2.2 CRM环境下企业业务流程面对的挑战

随着网络经济的发展，市场竞争日益激烈，经济向全球化扩展，与此同时，客户消费心理日渐成熟，出现了感性化、个性化、主动化的消费趋势，致使市场变数激增，变化难以预测。要想成功应对挑战并在竞争中异军突起，企业必须相应于客户关系管理，创建一套有效互动的业务流程。总的来说，CRM环境下企业传统业务流程面临的挑战包括以下几个方面：

1）交易效率的提高

在CRM环境下，现代信息技术的应用使得客户与企业之间互动的时空限制被打破，从而带来了交易效率的大幅提升，这必然会对企业的销售、营销等传统业务流程的运作效率提出更高的要求。例如，Dell采用直销模式，由客户直接向Dell发出列有所需配置详情的订单，然后由Dell“按单生产”。由于消除了中间商环节，Dell提高了交易效率，节约了大量的成本和时间，同时能够腾出更多的精力来了解客户需要。

2）客户个性化需求的满足

在CRM环境下，企业要想在这种客户需求日益多元化、个性化的市场环境下立于不败之地，满足客户完全个性化的需求成为必然。许多企业现有的业务流程是无法做到这些的，企业必须进行“客户需求导向”的业务流程重组。

3）市场竞争对业务流程的综合适应要求提高

在激烈的市场竞争中，客户需求的快速多变使得企业需要通过持续不断的变化和调整适应状态来保持竞争优势，争取更多的客户资源。这种竞争的动态性造成了企业运作的高风险性，大大地提高了企业对业务流程的综合适应能力的要求。同时，风险意味着市场回报率也极高，企业的业务流程如何才能配合上少则几十倍、几百倍，多则上千倍的投资收益，也是一个挑战。美国微软公司就是一个很好的例子，其在1968年创立时年收益仅为几百万美元，而目前其股票市值已超过2 617亿美元。

4）业务流程无限扩大

在互联网这个商务平台快速提升的大环境下，无论是虚拟的纯电子商务，还是由实体企业支撑的电子商务，都必须将焦点集中到客户身上，必须提供给客户实时的、互动的、个性化的解决方案，才能在竞争日趋激烈的全球化市场中赢得独特的竞争优势。这就要求企业尽快建立"一对一"的营销平台以及客户接触点的集成管理，实现客户信息的实时共享机制，从而有效地提高应对变幻莫测的市场需求及越来越挑剔的客户的个性化需求的能力。

5）将客户知识管理融入业务流程

在CRM环境下，客户知识管理需要与企业的业务流程重组有机交融，因为客户知识和信息的创造、共享与再利用只有与特定的业务流程密切联系，才能有效地发挥其巨大的效用。

11.2.3　CRM系统中的业务流程重组

一个完整的CRM应用系统包括业务操作管理、客户合作管理、数据分析管理和信息技术管理四个子系统。企业前端与客户相关的业务流程可以分为业务操作管理流程与客户合作管理流程两个部分。这两个流程的共性是它们都以企业的外部客户为工作中心，以达成或改进与客户的交易为目标。因此，在CRM系统的应用中，涉及企业前端业务流程的重组时，基本可以划分为业务操作管理流程的重组和客户合作管理流程的重组两个方面。下面将从这两个方面讨论CRM系统中的业务流程重组问题。

1）业务操作管理流程的重组

企业的业务操作流程主要由营销、销售和客户服务与支持流程三部分组成。CRM系统通过对业务操作流程的优化和重构，建立符合企业需要的全新功能模块，进而形成全面的企业前端业务流程闭合环路。

（1）营销流程重组

在CRM环境下，要求企业在市场营销活动中能够实现以下六个方面的功能：

①针对企业客户定位制定市场营销战略和目标；

②设计针对性强、效率高的市场推广活动；

③管理实施活动的各种渠道与方式，或对活动的进程进行调整；

④评估活动结果，最终找出效果最好的营销活动形式；

⑤获得关键客户的互动资料；

⑥对营销活动进行市场分析，提出决策参考意见。

为保证实现营销自动化，CRM在营销功能模块方面需要充分应用数据库技术，通过集成的客户信息数据库和客户机与服务器之间的交互，以满足高端决策管理、面向营销的市场分析等需求。

（2）销售流程的重组

销售流程包括报价、订货、折扣、给付差价、销售点管理等一系列活动。销售流程的优化是通过活动的集成来达到的，而集成的前提是简化，流程的简化主要是利用计算机进行业务的管理、监督和控制，将原先不必要的活动和不增值的活动（如单纯业务数据的统计、分析、整理、上报等）进行删除，通过IT技术将销售流程中的某些活动合并，从而减少活动的数目。

在销售环节上，CRM将为企业提供一个管理销售流程的全面解决方案。CRM要求销售中能够提高专业销售人员大部分活动的自动化程度。

（3）客户服务与支持流程的再造

在客户服务环节，CRM要求企业提供颇具竞争力的售后支持、上门维修和消耗品维护服务，企业则通过内部与客户打交道的各个环节，最终得到与客户相关的各种资料，真实地、全面地掌握客户需求，将资料反馈给营销和销售部门以实现更大的价值。

在CRM环境下，企业提供客户服务时由于覆盖了从与客户的初次接触到最后的服务账单，从而可以管理整个服务业务流程。

2）客户合作管理流程的重组

在CRM应用系统中，将企业与客户接触、交互与合作的业务功能独立为客户合作管理，这不仅大大提高了企业对客户管理的有效性，而且使相关业务操作流程对客户信息的共享和交流更为便捷，对客户交流渠道的协调更为综合和统一。客户合作管理流程包括企业业务信息系统、联络中心管理和Web集成管理三个部分。

（1）企业业务信息系统

企业业务信息系统是企业管理信息系统的子系统，处于企业信息系统的基层。它主要是针对企业的某项业务处理要求进行数据处理（包括数据的接收、录入、统计、汇总、更新和检索等），代替业务人员相关的重复劳动，提高信息处理、传输的效率和准确性，为决策和业务操作应用系统提供支持。在CRM系统中，包括在客户合作管理子系统中的业务信息系统专指其相关的信息功能，主要包括客户资料管理、客户跟踪管理、业务知识管理。

（2）联络中心管理

联络中心的功能实质上是企业与客户互动的窗口，除了为客户提供相应的服务和支持外，还能完成对有关客户信息的收集和分析。在现代信息技术的支撑下，联络中心的内容和功能都已超出了传统的呼叫中心的范围，但呼叫中心仍是联络中心的重要组成部分。

联络中心的目标是通过对客户接触点的综合集成形成统一的企业前端，即综合联络中心（UCC），把电话呼叫、电子邮件、互联网接触及间断联系等渠道统一起来，负责、起企业与客户接触的前端，同时可摆脱过去成本中心的包袱，转化为企业的利润中心之一。企业的客户服务人员或销售人员，在UCC的构架下，可以用单一的界面同时提供客户电话拨入或从网络上提供服务的要求，在服务人员与客户以一般电话对谈的同时，也要能够与客户同步浏览网页或线上立即传送视频文件。这类功能可以保证企业联络中心与客户互动的质量。

（3）Web集成管理

Web集成管理是指企业在互联网上推广、宣传、与客户接触等进行统一的、全方位的网络商务应用的解决方案。CRM系统要实现企业通过Web支持，销售其产品和服务并不断扩展销售和服务体系，以及将CRM与ERP等应用系统结合，改善产品的发布和生产周期。

11.2.4 企业业务流程重组的基本原则

实施业务流程重组给企业带来了机遇，同时也带来了风险，为了提高成功的概率，企业在进行业务流程重组时应遵循以下原则：

①调整组织结构；

②组织高层领导直接参与；

③充分调动员工参与的积极性；

④选择适当的重组环节；

⑤可靠有效的绩效评估；

⑥信息技术的运用；

⑦重建企业文化。

11.3 客户关系管理与企业组织再造

企业组织结构是企业为实现既定的经营目标和发展战略而确立的一种内部权力、责任、控制和协调关系的形式。企业的组织结构不能是一成不变的，而应该是随着组织内部、外部的环境以及业务流程的变化而变化的。

传统的金字塔式的组织结构已不能满足市场的需要，更难以实现以客户为中心的CRM战略的需要。因此，要实施CRM战略，企业必须对传统的组织结构进行重新调整，根据以客户为中心的CRM战略以及业务流程的需要，减少中间管理层次，扩大管理幅度，使组织结构向扁平化、网络化方向发展。只有这样，员工在为客户服务时才可能被赋予极大的权力，也只有当员工被赋予了这种权力时，才能使以客户为中心的理念落到实处，真正为客户提供满意的服务。

11.3.1 组织再造的概念及设计原则

传统的企业组织结构实际上是适应工业经济发展要求的科层制组织结构。随着网络经济的发展，传统的、垂直式的、集权式的金字塔式组织结构，逐渐不能适应信息庞大化、时机短暂化、决策复杂化的环境，并且逐渐暴露出致命的缺陷。

1）传统企业组织结构存在的问题

①管理成本居高不下；

②企业内部的信息沟通缺乏效率；

③企业组织结构无法适应外部环境的变化；

④束缚人的创造性。

上述种种因素，都迫使企业不得不从根本上去重新思考已形成习惯的一些管理理念，如长期以来企业在经营中所遵循的分工思想、等级制度、规模经营、标准化生产和官僚体制等。企业需要认识到，必须打破原有的思维定式，在组织中进行一次彻底的变革，而不再是对原有组织进行简单的调整修补，必须抛弃现有业务流程和组织结构中的陈规陋习，于是企业组织再造理论应运而生。

2）组织再造的定义

“再造”的管理思想和方法，由美国麻省理工学院教授米歇尔·哈默（Michael Hammer）于1990年首先使用。1993年哈默和管理咨询专家詹姆斯·钱皮（James Champy）在合作出版的《再造企业——工商管理革命宣言》一书中，正式提出企业“再造”的定义：为了在衡量绩效的关键指标上取得显著改善，从根本上重新思考、彻底改造业务流程，其中衡量绩效的关键指标包括产品和服务质量、顾客满意度、成本、员工工作效率等。企业组织再造强调对经营过程进行根本性的再思考和彻底性的再设计，利用先进的制造技术和信息技术及现代化的管理手段，最大限度地实现技术上的功能集成和管理上的职能集成，打破传统的职能型组织结构，建立起过程型的组织结构，扩展企业的经营目标和机会，改善服务功能与外界环境的关系，最终实现企业在质量、效率、效益等方面的巨大提高。

3）组织再造理论的基本原则和特征

第一，组织再造必须借助信息技术的力量，摆脱组织运作中陈旧的方式，从跨职能的角度来看待基本的管理过程，重新定义组织的工作任务，系统地寻求根本性的改变以达到经营管理的突破和跨越。

第二，组织再造与以前的渐进式变革理论有本质的区别。再造是组织的再生策略，它将实现企业由单一决策中心向多决策中心的发展，将全面检查和彻底更新原有的工作方式，把被分割得支离破碎的业务流程合理地“组装”起来，建立一个扁平化、富有弹性的新型组织。

第三，组织再造的关注焦点集中在客户及客户关系上，要运用结果导向和团队设置的方法，通过严格的绩效评估来确定工作过程的职能，同时也要求高层管理者的实质性参与和全体员工的投入。

第四，组织再造将创造条件让各个职能系统通过竞争实现协调，使企业可以自动地处理外界环境极不稳定的大量信息，更关注创造的主动性、适应的灵活性，力求克服复杂多变环境下不完全、不对称信息所衍生的“内部人控制”和“道德风险”等弊端，以建立开放式的组织体系为目标。

第五，组织再造以知识信息资源的共享和技术优势为依托，具有开放性、实时性、主动性、虚拟性的特点，适于实施与客户交互设计、小批量多样化生产、全程营销的经营模式。组织再造强调知识的创造、共享和应用而非知识垄断；强调高层管理者“设计师”的角色，而非“指挥家”的角色；强调分权与扁平式组织结构，而非集权与金字塔式的层级制；强调成员自我管理和自我价值实现的需要；强调组织内共享意愿和目标的建立。

总之，我们可以看到再造理论对于渴望更新经营模式的传统企业以及努力实现“在线飞行”的知识型企业的重要意义。企业再造理论也由此成为企业通过CRM系统应用来提高核心竞争力的指导思想之一。

11.3.2 CRM：实现企业组织再造与层级扩展

1）企业组织再造的实现

一个适合企业革新的组织体系和整合的业务流程的系统架构，对于CRM项目实施的全过程具有至关重要的意义。系统架构是企业在实施CRM项目时必须依据业务流程的重组首先开展的工作。在设计CRM的系统架构时，企业的结构化系统分析是企业组织再造的第一步。

结构化系统分析是在CRM项目实施中，对企业组织各部门、各项业务及其处理过程进行详细调查、了解的基础上，提出CRM系统和企业组织的新逻辑方案的工作。在这个方案的实施中，将包括对下述工作的汇总：组织结构分析、功能调查与分析、业务流程调查与分析、数据与数据流程调查与分析。通过这些调查与分析工作，将获得以下结果：

（1）对系统组织和子系统的划分结果

调查企业的现行组织结构、领导关系、物资与资金的流程、信息的流程、业务分工等情况，进行组织与功能的配比分析，征求多方意见，划分出组织系统图表。

（2）对系统业务流程分析、整理的结果

全面细致地了解整个企业基于各个职能部门的业务及流程，并对各种业务的输入、输出、处理过程，以及处理的速度、数量、现存障碍等进行详细调查，用文字和图例作出业务流程图（transaction flow diagram，TFD）。

（3）对数据及数据流程分析、整理的结果

了解企业的各类报告、报表、票据及计划、资料等系统数据，查清其来源、去向及处理方法和过程，得到完整的数据结构和数据流程图（data flow diagram，DFD）。

（4）对具体业务操作过程的管理模型和方法分析、整理的初步结果

在对企业实际上的组织体系、业务流程、管理功能和数据流程都作了详细的了解、分析并取得初步的图表等结果后，必须对CRM系统进一步开展结构化、系统化的分析，一方面能检查出原有工作的缺点和不足，另一方面能设计出新系统方案。

在众多实施CRM的企业中，思科公司（Cisco）是典型的被公认为通过应用CRM获得成功的企业。它在设计企业组织体系时，一方面，将供货商、制造商和装配商密切地联系起来，每个成员的地位平等，实现了利用先进的网络技术使各企业间的技能和知识充分交流，让业务流程衔接得既便捷又紧密，从而使各个成员都获得了传统组织中为分工协作所付出的计划、指挥、协调及监控等成本费用的大幅削减所带来的好处；另一方面，Cisco又通过系统化结构分析，将软件与网络开发部门列为企业最主要的职能部门，把企业的战略资源尽量集中在这一核心能力的开发上，而将非核心的业务以外包的方式，承包给企业的合作伙伴或其他企业，这样能降低外部交易成本和避免核心能力丧失的风险，使自己的生产能力持续提高。因此，Cisco持续竞争优势的获得，在一定程度上，应归功于实施CRM完成的以分立化、扁平化为特征的组织再造。

2）CRM再造组织的层级与可扩展性

CRM成功地实现组织再造可以提高企业决策的效率，充分调动企业员工的积极性，但在再造过程中势必因触动部分组织的局部利益而使其产生抵触。因此，再造不仅要合理规划重新设计的组织，还要考虑建立什么样的组织、如何有效地建立这些组织、如何使组织有效发挥作用等问题。在这种情况下，构建的层级组织是否具有可扩展性将成为关键。

CRM划分组织系统要考虑企业不同层级的需求。首先，企业与客户有密切联系的主要部门有市场营销、销售和客户服务部，CRM系统首先满足这些部门级的需求，提高市场决策能力，加强统一的销售管理，提高客户服务质量；其次，CRM必须将企业的市场、销售和服务协同起来，建立市场、销售和服务之间的沟通渠道，也就是满足企业部门协同级的需求；最后，CRM要与企业的相关业务系统紧密结合，以客户为中心优化生产过程，满足企业级的管理需求。

要满足企业不同层级的需求，CRM系统必须具有良好的可扩展性，企业能在不同时期根据自身的经营规模、系统状况和需求灵活地扩展CRM系统的功能。CRM系统中的企业应用系统集成（EAI）方案就是采用应用交换系统（包括数据库适配器、语言适配器和应用适配器等）、信息转换技术，确保将CRM与企业的其他IT系统结合起来。只有满足层级需求且具备良好扩展性的组织，才是CRM重组的目标。

3）客户关系管理与组织再造策略

在CRM系统架构中，如果能够实现组织再造就可以提高企业的决策效率，充分调动企业员工的积极性，从而提高客户的满意度。

（1）企业的组织再造一定要调动人才的积极性，要把人性因素考虑进去

因为重构是一个复杂的变革过程，而对变革的管理和控制则更为复杂，引导员工参与变

革、支持变革将是重中之重。如果没有员工愿意为企业发展牺牲短期利益，企业转型就不可能实现。要想赢得员工的支持和信任，就需要全面了解员工与企业组织的关系。

有的企业在组织再造和改革的过程中，可能会受到员工的抵制。这是因为管理者往往是变革的发动者，而员工则是变革的被动接受者。二者对变革的认知是不同的。因此，要想在企业内部顺利实现组织再造或推行变革，高层管理者就必须站在员工的角度，了解他们对变革的看法，并通过考察存在于员工和企业之间的个人契约的内容，来对存在于二者之间的认识分歧作出正确的判断，并想办法通过修改个人契约来消除分歧，形成新的制度平衡。个人契约的修改不仅包括个人契约中的正式维度，还包括其心理维度和社会维度。在组织再造方案中，管理者如果对员工的心理状态十分关注，往往会赢得员工对新目标和新绩效标准的全身心投入，而要想创造一种能激发员工在社会维度上对组织承诺的环境、企业宣扬的理念与管理者行为之间是否一致是关键所在，如果个人契约中的社会维度受到严重破坏，将会影响到管理层的信誉，信誉一旦失去便很难恢复。

（2）企业在调动全员的积极性时，应当充分考虑满足各类人才的需要，努力开发员工的责任心、上进心和事业心

一些企业在组织再造过程中开展了一项被称为“标杆瞄准”的工程，以在企业内部形成一种渴求改变现状的共识，实现企业的领导和组级成员间的充分有效沟通。标杆瞄准是指企业以行业中的领先企业作为标杆，通过分析比较、跟踪学习乃至模仿等一系列规范化的程序，改进绩效，赶上并超过竞争对手。调查表明：标杆瞄准是占美国国民生产总值近1/4的所有大公司一直表示在将来要继续加强的一项管理活动。追求卓越要求企业制定更完美的目标并通过努力实现它，这对于企业每个员工都有着巨大的感召力和激励作用，员工会有更高的热情去工作。企业如果营造了这样一种工作氛围，对它顺利达成组织再造的目标将有十分重要的作用。

总之，理论上组织再造追求重建管理进程，达到提高组织效率、效益和竞争力的目的，是从整体上对企业组织结构、管理体制、组织文化及其他方面进行的改革。在CRM应用实践中，组织再造为企业减少了职能循环时间，节省了开支，更好地满足顾客需求，为企业提供一种提高生产效率和利润的可行性方法。CRM的组织再造将提高企业管理现代化的程度。

11.3.3 企业组织结构发展的新趋势

1）企业组织结构的扁平化

企业组织结构的扁平化就是管理层次的减少和管理幅度的扩大，企业结构形态由标准的金字塔式向圆筒式转化。20世纪90年代初期出现的业务流程再造的潮流，其核心思想之一就是要把原来的金字塔式的组织结构扁平化，使企业的高层能够更接近生产和销售的现场，减少信息的失真，增加组织的灵活性。

2）企业组织结构的网络化

现代工业企业的组织结构由紧密型转向松散型，企业间的网络成为新的企业组织形式。企业组织结构的网络化主要体现在四个方面：

一是以技术和资本为纽带形成的企业集团化，通过组成一种新的利益共同体，使众多企业之间的联系日益紧密；

二是以契约和资本为纽带形成的经营连锁化。通过发展连锁经营和商务代理等业务，形成了一个庞大的销售网络体系，使得企业的营销组织网络化；

三是以契约和共同利益为纽带形成的企业内部组织网状化，内部网状化是实现企业组织彻底扁平化的根本途径；

四是以互联网为纽带形成的信息传递网络化。全球网络技术的蓬勃发展和计算机的广泛应用极大地降低了企业间网络的运作费用，推动了企业间网络的发展。

3）企业组织结构的无边界化

企业组织结构的无边界化，是指在组织结构上不设固定和正式的组织机构，代之以一些临时性的任务为导向的柔性组织，如矩阵制、团队组织等。组织更多地不是表现为一种有形的障碍，而是其界限越来越趋向于无形。企业再也不会用许多界限将人员、任务、工艺及地点分开，而是将精力集中于如何影响这些界限，以尽快地将信息、人才、奖励及行动落实到最需要的地方。

4）企业组织结构精炼化

企业组织结构精炼化，又被称为"企业减肥"，通过"减肥"，企业可以增强活力，降低成本，提升自身的核心竞争力。著名的惠普公司原先为促进各工作小组之间的沟通和更好地评估各项决策而设立的38个内部委员会，不仅增加了成本，还限制了创新和延缓了决策，仅仅为公司开发的第一代计算机软件起个名字，他们就用了9个委员会、近100人讨论了近7个月之久。按照交易费用经济学的原理，传统的金字塔式组织结构运行需要的巨额费用和它为企业带来的效益之间的对比，迫切要求打破这种体制。世界上资产几十亿、上百亿美元的大公司也不再直接组织生产，而开始走向委托生产之路。如欧洲电子工程巨头ABB公司将其数千种产品与服务部署在全世界50个作业区，每个作业区设一个领导小组独立运作，其生产决策与总部之间没有直接隶属关系。虽然这些公司规模小，但是其利润却惊人，是名副其实的"小巨人公司"。

5）企业组织结构非正式化

随着互联网的广泛应用和信息技术的进一步发展，组织中的员工无须在固定的时间、固定的场所去完成固定的工作，也无须面对面进行工作协商和工作汇报，只要能在规定的期限内完成规定的任务即可。

11.3.4　面向CRM的网状组织结构

良好的企业管理机制是CRM成功实施的有力保证，而组织结构与业务流程又是企业管理机制的基础。下面提到的面向CRM的网状组织结构，不同于企业联盟等形式的企业间的网状组织结构，而是适用于企业内部的网状组织结构。

1）面向CRM的网状组织结构的定义

（1）企业核心资源

企业最准确地获取客户需求的理想方法就是将客户纳入到产品设计、生产计划、营销、销售等企业运营过程中来，与企业的设计、生产、销售等职能人员协同工作，这样可以准确了解市场需求，并在设计、生产、销售、客户支持与客户服务的整个过程中做到符合客户要求，因此企业应将客户视为企业的一种资源。同时，客户是产品的购买者，是实现产品价值、使企业获取利润的最终决定者，这就决定了企业其他资源（如资金、员工等）必须围绕客户进行优化配置，即客户是企业的核心资源。

（2）企业组织结构的基本单元

不同客户对企业的重要程度是不同的，依据帕累托的80/20法则，企业80%的盈利来自

20%的客户，有80%的客户是让企业赚不到多少钱的，有的甚至让企业赔钱。因此，企业应该根据客户的重要程度实现资源的优化配置，从组织结构的角度来看，此处的资源主要是人力资源。为此，企业须根据客户价值将客户细分为不同的客户群，客户价值是客户对企业终身利润贡献的大小，是对客户重要程度的量化反映。为不同客户群分配相匹配的设计、生产、销售及客服等职能人员，这就组成了所谓的客户服务小组，如图11-2（a）所示。每个小组设一名组长，负责协调组内成员的工作及对成员进行绩效评价。

这样，客户与企业交易的整个过程包括议价、产品设计生产、营销、销售、客户服务等，都可在其所属的客户服务小组内完成。

（3）整体的网状组织结构

为实现人力资源成本的最小化，不同的企业员工可身处多个客户服务小组。这样，众多的客户服务小组以共同的企业员工为联系纽带，构成了整个企业的网状组织结构，如图11-2（b）所示。企业根据客户价值或员工业务能力的变化，还可将客户与员工在不同客户服务小组中进行调整，从而实现资源的动态优化配置，做到“最优秀的员工始终为价值最高的客户服务”。企业组织结构中的协调中心负责协调客户服务小组之间的工作，对客户及各个小组进行监督、考核与激励，同时也是企业高层与各个客户服务小组之间的信息传递纽带。

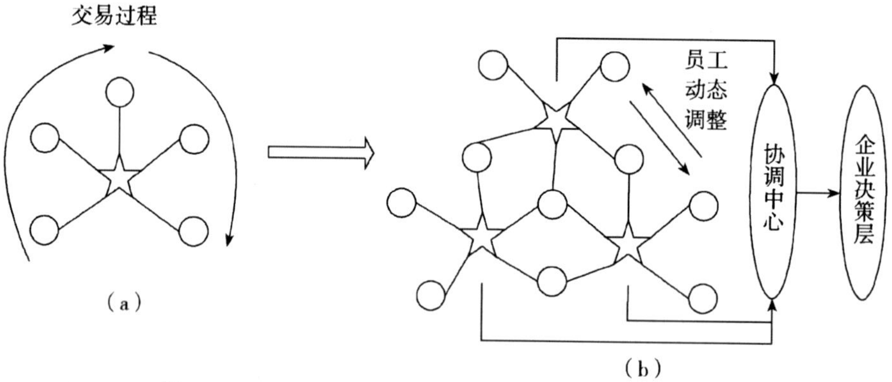

注：图中“☆”表示客户，“○”表示企业员工。

图11-2 以客户服务小组为基本单元的网状组织结构

2）面向CRM的网状组织结构的建立及特点

面向CRM的网状组织结构的建立，主要包括客户细分、确定客户群的需求特点与成立客户服务小组。

客户细分以及不同组客户需求特点的分析在第9章已详细解释，在此略过。

对于客户服务小组的组建，企业在了解了影响客户满意度的因素之后，应“投其所好”，为各组客户分配价值相匹配的其他资源（如人力资源、优惠政策等），组建客户服务小组。一般地，一级客户会要求高的价格折扣、良好的客户关怀及业务能力强的服务人员等。而对一些零级客户（使企业赔钱的客户），企业可考虑与其断绝业务关系。企业应特别重视员工与客户面对面的接触，这直接决定着服务质量与企业形象，员工具有的一定决策权更是影响着客户的满意度，因此，企业应确保为价值高的客户群配备高素质的员工，并对员工进行考核与培训，视其表现在不同的客户服务小组间进行合理调动。

面向CRM的网状组织结构适应当今客户关系时代的需要，对实现企业向“客户导向型”

转变起到良好的推动作用。该组织结构具有以下优点：

①全部业务过程均在一个客户服务小组中完成，具有稳定性，易于在长期的接触中培养客户与小组多个成员之间的感情，提高客户的忠诚度，且不会因为个别员工的离开导致客户关系的丢失。

②企业以客户服务小组为单位进行评价激励，组内员工的酬劳由组长根据业务情况确定，操作方便、公正，员工工作积极性高，乐于协作。

③由于CRM系统为实现客户信息的交流与共享提供了有利条件，能帮助客户服务小组成员之间协调工作，以取得良好的业绩，因此员工乐于使用CRM系统。

④该组织结构继承了网状组织结构的优点，缩短了信息传递路径，同时，客户服务小组的协同工作与成员的综合业务知识加快了业务处理时间，提高了市场反应能力。

但是新的组织结构也给企业带来了以下挑战：

①新的组织结构要求员工有较高的综合素质，能够胜任小组内的各项工作。

②企业需要建立有效的协调机制，将各个客户服务小组的工作与企业的整体目标有机结合起来，防止客户服务小组由于利益的驱使而与企业整体战略发生冲突。

3）应用实例

以浙江省绍兴市某大型印染企业为例，该企业主营布料染制及出口销售。其经营特点是客户数量大，且产品规格需求变动大，行业竞争激烈。企业过去采用传统组织结构，只有业务员与客户打交道，如果客户有新的需求，业务员需要先咨询打样人员看是否可以满足新需求，如果可以，再询问生产计划人员确定交付日期以及到财务部门核算产品成本，并制定价格。一套繁琐的流程下来，客户可能早已经被竞争对手抢走了。另外，由于业务员工作繁忙常常造成一些老客户的新业务不能得到及时处理，导致了部分客户的流失。为了改变现状，企业决定实施CRM，并改进现有的组织结构，在将客户细分的基础上，由业务员、打样人员、生产计划人员及财务人员组成若干客户服务小组，保证小组内部信息的及时沟通，使小组成员熟悉相互的业务。当有新需求或新客户出现时，小组可以在短时间内完成报价，小组内的任何一名成员都可以处理客户业务，从而提高了企业的市场反应能力与业务处理效率，客户满意度与忠诚度也得到了提升。同时，小组内成员与客户之间“多对一”业务关系的建立也减少了过去由于业务员的离开而导致的客户流失。

11.4　客户关系管理与企业文化建设

客户关系管理战略的实施必然会给企业带来一系列的深刻变革，尤其是CRM涉及企业重心由内向外转移，以及企业制度文化、行为文化、业务流程等方面的变化。企业能否意识到这些变化，并在人力资源、制度安排、组织结构、共同价值观等方面作出适当的调整，是企业实施CRM战略成功与否的关键。因此，在企业引进CRM系统时，首先应该培育有利于CRM实施的企业文化，然后再具体实施该系统，从而在重塑企业文化的同时，推动CRM战略的有效实施，进而提高企业的核心竞争力，建立竞争优势。因此，研究CRM战略的实施与企业文化之间的融合具有重要的意义。

11.4.1 企业文化的建设

1）企业文化的内涵与功能

（1）企业文化的内涵

从广义上讲，企业文化是社会文化的一个子系统，是一种亚文化，企业文化的核心也就是社会文化的核心，它既是了解社会文明程度的一个窗口，又是社会当代文化的生长点。从狭义上来讲，企业文化是人本管理理论的最高层次。总之，可以对企业文化进行如下定义：企业文化是企业在一定的历史条件下，在物质生产过程中形成的具有本企业特色的文化形式和行为模式，以及与之相适应的制度和组织结构，是以企业管理哲学和企业精神为核心，凝聚企业员工归属感、积极性和创造性的人本管理理论，体现了企业及其成员的价值准则、经营哲学、精神道德、共同信念和凝聚力。

企业文化是企业全体成员所接受的价值体系，包括思维方式、行为规范、心理预测和基本信念。它是一个企业区别于其他企业的特色，企业全体成员所拥有的价值观会渗透到企业的日常生产经营活动中，影响全体员工的日常工作行为，员工所体现出的工作态度、精神风貌以及经营业绩，反映出一个企业与同行业其他企业的显著差别。

企业文化有两个层面：一是表面上的可见物象和可测行为，即组织成员共同享有的有关人们穿着和行为的方式以及企业环境；二是文化中的不可见因素，主要存在于组织成员思想中的深层次价值观，这些深层次的价值观、基本信念、思维方式才是真正的企业文化。

（2）企业文化的功能

①凝聚功能。企业文化体现着强烈的“群体意识”，当其价值观被全体成员认同之后，就会形成一种黏合剂，从各方面将成员团结起来，形成强大的向心力和凝聚力。这就是企业文化的凝聚功能。

②导向功能。企业中各个员工、各个部门都有着各自的目标，而组织有组织的目标，企业文化能把员工个人目标引导到企业目标上来，形成统一的行动。

③激励功能。管理的核心是人，管理的目的是要把蕴藏在人体内的聪明智慧和才能充分挖掘出来。企业文化能够最大限度地激发员工的积极性和首创精神，使他们以主人翁的姿态，关心企业的发展，贡献自己的聪明才智。

④约束功能。企业文化对员工行为具有无形的约束力。虽然企业文化不是明文规定的硬性要求，但是它以潜移默化的方式，形成一种群体道德和行为准则的软约束（即非正式规则体系）。

⑤企业文化比较集中体现了企业的基本宗旨、经营哲学和行为准则。

2）新经济时代企业文化建设的新理念

（1）创新理念

随着知识经济、网络经济的发展，创新的重要性已被全社会所高度重视，创新的功用已得到空前强化，并已升华成为一种社会主题。企业文化的独特性将越来越表现为企业的差别化战略和企业的核心竞争力，创新成为企业的生命源泉。

（2）速度理念

企业经营活动的每一环节均依赖于决策的妥当性。当今的世界时刻处于瞬息万变之中，这意味着“一个企业的成败取决于其适应变化的能力”，即速度就是一切。传统竞争因素的制约性在不断减弱，而现时的竞争越来越体现在时间的竞争上。在确定了目标、明确了定位以后，企业的经营活动就要紧紧围绕外界环境的变化，立即调整对策，甚至在没有变化时就实施超前性措施。美国思科公司信奉的企业信条是，在未来的商场中，不再是大吃小，而是快吃慢。这一企业文化是很值得我们思考与借鉴的。

（3）虚拟理念

经济全球化的典型产物就是与信息紧密挂钩的、高智能性的、知识密集型的产品和产业，由此导致企业经营的虚拟化。谁能打动消费者将其时间或文化差异品位买下来，谁就有可能捕捉到新的商机。

（4）学习理念

在知识经济时代，学习已成为企业生命的源泉，唯有不断学习，才能够善于创造、寻求及转换知识，同时能根据新的知识与领悟而调整行为。

（5）服务理念

现代市场发展的一个重要趋势就是强化营销服务理念，实现“服务增值”，即服务竞争在市场竞争中的地位和作用越来越凸显。在国外的企业文化研究中首先使用了“服务增值”这一概念，应引起重视。

11.4.2　CRM战略与企业文化的融合

进入21世纪以后，中国大部分企业已都能认同CRM战略给企业带来的效用，并相继引进CRM软件系统加以实施运用。然而，在企业中实施CRM并不只是技术问题，它还与企业自身的管理制度、企业文化和人的素质等有很紧密的联系。在实际中，CRM的实施能否成功，关键并不是安装、调试CRM的系统或者培训如何操作CRM，而应该是CRM战略的理念如何贯彻以及思想怎样融合，也就是企业文化与CRM战略融合的问题。因为计划并实施任何一个新的系统最困难的地方就在于新系统所引起的变革需要与组织文化有效地整合，并且也只有当组织的变革与文化相融合、相统一了，新的系统才能顺利、有效地实施。因此，要在企业中成功实施并应用CRM系统，就必须对企业文化进行整合，形成与CRM理念相适应的企业文化，以此作为支撑。

1）培育“以客户为中心”的企业文化

（1）树立“客户资源是企业最重要资产”的观念

企业中应该提倡并逐渐形成把客户资源作为企业最重要资产的理念。因为随着经济的发展，市场已由卖方市场转为买方市场，这使得客户逐渐成为企业生存、发展的根本保证。失去客户就意味着企业丧失了生存的源泉，如果能保留住客户并进而获得忠诚客户，则客户资产将为企业带来长期、持久的效益。当这种独特的资产与其他资产发生利益冲突时，企业应当首先保证客户资产。

（2）追求让客户100%满意的文化

国际上一些权威机构经调查后发现，“把客户的满意度提高5个百分点，其结果是企业的利润增加1倍”；“1/2的客户离开供应商是因为供应商对他们的关怀不够”；“1个满意的客户会引发8笔潜在的生意，其中至少有1笔成交”；“1个不满意的客户会影响25个人的购买意向”。企业以前持有以实现自身利益最大化为目标和企业文化在短时间内能为企业带来收益的营销观念，但长期如此会使企业的老客户逐渐流失，致使企业的利益受损。企业应当将重点放在使客户满意上，培养与客户之间的长期伙伴关系，提高客户的满意度，进而获得忠诚的客户。忠诚的客户会自觉地重复购买企业的产品或服务，甚至会给企业做义务宣传员。这既满足了客户的需要，又给企业节约了成本、增加了利润。因此，企业在给客户带来100%满意的同时，自身也获得了很大的利润，真正实现了客户和企业的双赢。

（3）“一对一”的文化

随着社会财富的不断积累，人们的消费观念已经过渡到感性消费时代。感性消费时代最突出的一个特点就是消费者在消费时更多地是在追求心灵的满足和个性的张扬。企业要想赢得更多的客户，就必须要能够为客户提供个性化的产品和服务，实现从传统“大规模”文化向“一对一”文化的转变。“一对一”的文化关注客户的个性需求，即针对不同的客户应该提供不同的、符合个性需求的产品和服务，同时，“一对一”的文化关心的是客户的终身价值，这要求企业的服务人员不仅能识别、追踪、记录客户的个性化需求，还能与其保持长期的互动关系，这样才能达到留住客户、获得满意客户和忠诚客户的目的。

（4）“大客户”的文化

这里的“大客户”一方面指客户范围大，客户不仅包括普通消费者，还包括企业的经销商、批发商和零售商；另一方面指客户的价值大，不同的客户对企业的利润贡献存在很大差异，20%的大客户贡献了企业80%的利润。因此，企业必须要高度重视高价值客户以及具有高价值潜力的客户。据调查，现代企业57%的销售是来自12%的重要客户，而其余88%的大部分客户对企业来说是微利，甚至是无利可图的。因此，现代企业必须在庞大的客户群体中寻找最有价值的那部分客户，采取积极的营销手段，满足其特殊需求，培养与他们的长期关系。

（5）营造学习型文化

不同职能部门或同一职能部门不同岗位的员工是从不同的角度、不同的层面与客户接触的，他们对客户的了解是片面的、部分的，要想让企业真正、全面地了解客户，就要求在公司上下营造学习型文化，打造学习型组织，加强企业内部员工间及企业员工与客户间的沟通。

（6）培养“以客户为中心”的团队合作意识

企业实施CRM需对企业资源、组织机构、业务流程等全面整合与集成，这将要求企业内部从各部门的多头作战转向团队协作，因而要求培养整个企业的团队合作意识。每个部门都必须融入到从市场调研到售后服务的整个营销过程中，与客户打交道不再只是一个部门的事情，而是涉及各个部门。因此，企业中的所有部门须保持良好的交流沟通，形成“以客户为中心”的协同合作关系。

2）建立相适应的人力资源管理制度

要想在企业中成功实施CRM战略与企业文化的整合，需要实施以客户为导向的人力资源战略。企业可以从以下几个方面建立适于CRM战略实施的人力资源基础：

①改变员工的绩效考核制度与薪酬制度；

②努力消除企业内部对CRM的抵触情绪；

③加强对企业内部员工的培训；

④多开展“以客户为中心”的企业文化系列活动；

⑤对企业内部员工的管理要以人为本。

3）重视客户知识管理

客户知识管理是运用知识管理的手段深化客户关系管理的功能，是客户管理与知识管理的结合，通过将企业管理与知识资源结合在一起，达到最大限度地将在与客户沟通中所获得的知识和专业经验嵌入产品和服务中，实现一种企业的商业文化（知识）与客户之间的长期良性互动关系，保持企业的可持续性竞争优势。

4）基于客户导向的业务流程的重组

CRM战略的实施，需要对原有的工作流程进行重组，在最短的时间内进行以客户为导向的业务流程再造。删除不能实现价值增值的业务流程，将所有具有价值增值的业务流程重新组合，优化作业过程。同时，企业各个业务流程都要面向客户，满足客户需求，并追求整个业务流程的最优化。业务流程的重组使企业必须建立起以客户为中心的工作协同机制，这将导致员工之间的沟通模式从根本上改变。同时，CRM的应用将对客户进行细分，对于同一价值层次中的不同客户采用标准的价格条件和服务模式，保证不同的员工能够提供给客户相同的质量和服务。另外，CRM整合了多种与客户沟通的渠道，以迎合他们的要求。

5）改变企业组织结构

对原有的组织结构重组，由“生产导向”或“市场导向”向“客户导向”转变，将以前按产品线划分的组织结构重组转变为按客户划分的组织结构重组。“以客户为导向”的经营组织转变为“以客户为中心”的经营组织，把关注的焦点放在以客户为主的企业外部资源上，使企业的每一个部门、每一名员工都围绕着客户来协调运作。这种客户导向型企业组织是实现CRM的制度性保证。

6）进行CRM与ERP、SCM的整合

要成功实施CRM，企业就要由只注重企业内部资源的优化管理向注重全社会资源的有效利用与管理转变，即企业的管理要面向整个供应链，把客户和供应商都集成在增值链中。同时，内部资源要为外部资源服务，即把企业的市场营销、内部管理、技术支持、研发、财务这些要素统一起来围绕着以客户资源为主的企业外部资源展开，从而实现对内部资源和外部资源的综合管理。这要求企业将CRM与ERP、SCM进行整合，形成集成化系统，实现对企业内外资源的管理，并使内部资源为外部资源服务。

总之，企业要成功实施CRM战略，必须实现其与企业文化的融合，形成与CRM理念相适应的企业文化，使以客户为中心的CRM战略理念深入到整个企业。

11.5 案例分析——从惠普到汉普，CRM与管理变革同行

惠普公司是全球著名的IT公司。惠普（中国）有限公司作为中国最大的企业和家庭计算机、影像产品和服务供应商之一，一直努力向新的管理模式进军，同时利用互联网和各种衍生的电子化服务来进一步提高企业竞争力。

1）惠普的管理变革

在高端企业市场，强大的客户关系决定着谁能成为市场的领导者，而惠普原来的组织结构设计和业务运作却是以产品为中心的，有80多个产品部门，并有相应的生产部门、销售部门、服务部门、市场部门。面对这些问题的挑战，新总裁卡莉在上台之后，对原有的组织结构进行了重新设计，按顾客的性质划分部门，把销售部门分为全球客户、大型客户、中小客户三个部门，把研发部门也分为计算设备、打印设备和终端设备三个部门。这种组织结构

的重新划分，带来了企业运作模式、员工工作方式、激励机制的深刻变化。比如，原来的销售人员只需要负责一种或几种产品就可以了，而现在销售人员要对某一种类型的客户负责，对他的考核方法也发生了变化。这对销售人员来说也是很大的挑战。

经过这样的管理变革和相应的信息系统的建设，惠普做到了单点接触顾客。也就是说，客户只需要通过电话、E-mail、Internet等途径与惠普的接触中心（contact center）联系，就可以购买商品和获得服务。

2）惠普：CRM的实施与管理变革同行

惠普的案例说明，为了很好地实施CRM，应该充分利用管理变革和信息技术这把双刃剑。

一方面是进行管理的调整，以客户为中心，审视与客户相关的业务运作流程，进行管理模式的调整和业务流程的重组。

在不同的CRM项目中，这些工作所涉及的范围和力度也是不同的，但却都是必不可少的，其目标都是通过管理的改善，建立与CRM系统相适应的人的系统。值得一提的是，如果企业领导在这个问题上下不了决心或容易动摇，一会儿把CRM项目看成是管理工程，一会儿又把其看成是信息化项目，不涉及管理的调整也照样能做，那么企业在实施CRM的思路上也将是不清晰的，局面也将是混乱的。原因就是“感觉”在起作用，而不是“知识”在起作用。

反过来再看，如果企业的高层明确支持变革、强行用行政命令推行就能完成变革吗？深圳有一家民营企业，老板担心销售人员的流动会造成客户流失，2004年上半年亲自出马购买了一套知名的CRM软件。刚购买不久，作为职业经理人的销售副总就辞职了，接着老板用行政命令和严厉的处罚措施来强制销售人员使用CRM软件，结果该企业的几十名销售人员在很短时间内几乎全部辞职，其中有不少人追随早先辞职的销售副总跳槽到了同行业的另一家企业。

在这个案例里，老板的决心和权威都是不用质疑的。这家企业的失败，从表面上来看是由于变革措施激烈导致的，而从根源上来看是企业文化的失败。我们不难推测，有这么强烈的“防家贼”心态的老板，企业员工的利益和投资人的利益纷争是多么巨大。要想推动变革成功，不仅要讲威服，还要讲德服。所谓德服，是指在本质上要以人为中心来推动企业文化变革。例如，在实施CRM或对流程优化与重组时，企业不应该把“防止员工带走客户”当成主要目的，而应把“建立以客户为驱动的合理的业务流程”作为阶段目标。以此为目标的变革，将给予员工更明确的授权，降低员工的劳动强度，让员工在合理流程的协作过程中产生成就感，建立起对企业的满意和忠诚，并把这种感受积极地传递给企业的客户。

另外，企业需要利用商品化软件或采取定制开发的模式进行CRM软件系统的建设，建立一个与改进后的管理模式相适应的信息技术系统。

信息技术的运用是不可或缺的，因为进行营销体系的管理，需要搜集、处理和利用大量的信息。如果不采用专门的CRM信息系统，单靠人力是难以胜任的。没有信息技术的运用，CRM只能是企业商业策略的一种转移，难以落实到实处。

一个CRM系统的建设所经过的历程，如图11-3所示。汉普管理咨询（中国）有限公司CRM系统的实施就是按照这个路线进行的，主要从管理的调整和信息系统的建设两个方面着手。

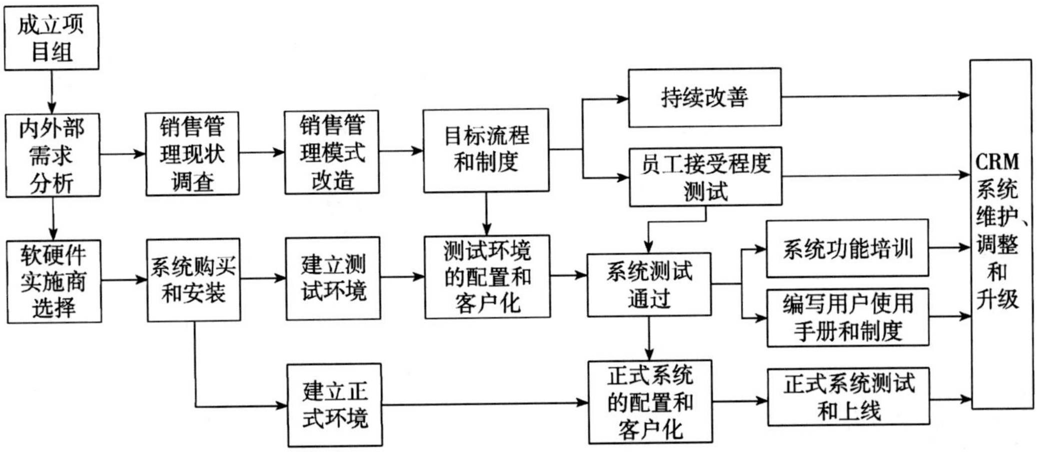

图11-3　CRM系统建设过程

3）汉普管理咨询（中国）有限公司CRM系统的实施

2006年年初，汉普进行了公司范围的组织结构调整和业务流程重组，对公司的销售、市场、客户服务、财务、人事、IT管理等方面进行了调整，形成了总部、分公司、业务线的三维管理模式。

在实施CRM时，选定的软件产品是Interact Commerce公司的Saleslogix for Sales。CRM项目的实施由Interact Commerce公司与汉普共同组成的项目组负责。

CRM系统的实施经过了四个阶段，图11-4表明了该系统当前所具有的功能和流程。

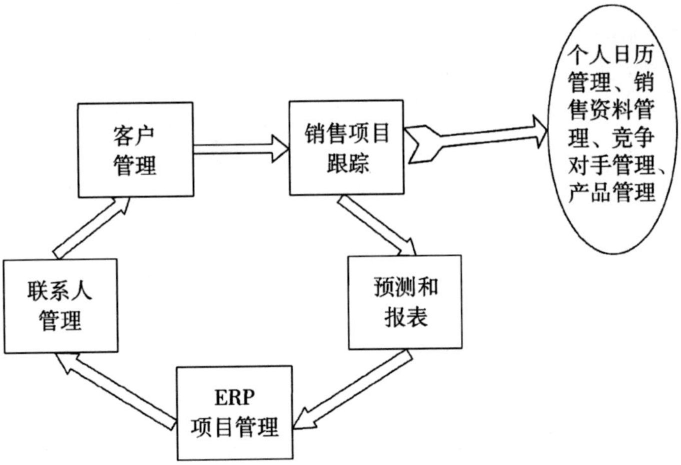

图11-4　CRM系统当前所具有的功能和流程

①项目组组建、需求分析、软硬件购买和安装、项目计划的制订。

②需求分析、系统客户化、数据准备和导入，建立测试环境并进行测试。同时，进行用户培训，搜集用户建议。

③建立正式环境，将测试环境中的数据拷贝到正式环境中，进行测试，系统上线。同时，编写系统使用手册，制定系统使用规则。

④安装和配置客户端，进行系统推广。根据用户建议，对系统进行持续改进。

系统用户主要是汉普各地分公司销售人员、总部培训部、总部市场部、总部领导。所有用户均为远程用户，通过Internet采用FTP方式与服务器进行数据同步。

在CRM系统中，每个客户端（笔记本或台式机）都有完整的应用程序，可脱离服务器、脱离Internet使用。对本机数据库进行更新后，或每隔一段时间，通过Internet与服务器进行数据同步，上传和下载最新的信息，就可以实现权限范围内的信息共享。在默认情况下，分公司和各部门内部的所有信息是完全共享的，总部领导可看到所有信息。信息录入者也可根据需要指定该部分信息在哪些用户间共享。

现在，无论何时何地，系统用户都可以随时录入和查询销售项目的进展情况。一方面，提高了用户的使用效率，使得虚拟办公成为可能；另一方面，公司形成了对客户的完整看法，可对客户的整个生命周期进行管理。

本章小结

所谓企业核心竞争力（core-competence），是指支撑企业可持续性竞争优势的、开发独特产品、发展特有技术和创造独特营销手段的能力，是企业在特定经营环境中的竞争能力和竞争优势的合力，是企业多方面技能和企业运行机制（如技术系统、管理系统）的有机融合。企业的核心竞争力必须从客户需求角度来定义。CRM正是为企业创造这种核心竞争力的理念、方法和工具。其具体表现为：

①CRM是实现企业“以客户为中心”的主要策略；

②CRM充实企业的核心资源，最重要的是挖掘有效客户资源，维系企业发展的生命线；

③CRM提升企业的核心能力，如商业决策能力和管理能力；

④CRM系统将保证企业核心竞争力的持续性提高；

⑤CRM的实施将有利于企业知识、专长的交流、积累和创新，增进知识管理，由此进一步强化核心竞争力；

⑥CRM将创建企业基于互联网络的管理应用框架。

一个完整的CRM应用系统包括业务操作管理、客户合作管理、数据分析管理和信息技术管理四个子系统。企业前端与客户相关的业务流程可以分为业务操作流程与客户合作管理流程两个部分。

一个适合企业革新的组织体系和整合的业务流程的系统架构，对于CRM项目实施的全过程具有至关重要的意义。系统架构是企业在实施CRM项目时首先必须开展的工作。再造不仅要合理规划重新设计的组织，还要考虑建立什么样的组织、如何有效地建立这些组织、如何使组织有效发挥作用等问题。在这种情况下，构建的层级组织是否具有可扩展性将成为关键。

CRM的实施能否成功，应该是CRM战略的理念如何贯彻以及与企业文化怎样融合的问题，即企业文化与CRM战略融合的问题。因为计划并实施任何一个新的系统最困难的地方就在于新系统所引起的变革需要与组织文化有效地整合，并且也只有当变革与组织的文化相融合、相统一，新的系统才能顺利、有效地实施。因此，要在企业中成功实施并应用CRM系统，就必须对企业文化进行整合，形成与CRM理念相适应的企业文化。

复习思考题

11.1　什么是企业的核心竞争力？CRM是如何打造企业的核心竞争力的？

11.2　什么是企业业务流程重组？CRM是如何实现企业业务流程重组的？

11.3　概述如何将企业文化与CRM战略融合在一起。

技能实训题

11.1　给出一个具体案例来说明通过CRM怎样打造企业的核心竞争力。

11.2　给出一个案例来说明企业文化对于企业实施CRM的重要意义。

第 12 章

CRM与ERP、SCM、BI的系统整合

学习目标

了解企业资源规划（ERP）、供应链管理（SCM）以及商务智能（BI）的概况及发展趋势；理解CRM与ERP、SCM、BI之间的关系以及各自的管理思想；掌握CRM与ERP的整合方案；理解CRM与SCM的整合方案；掌握CRM与BI的整合方案；掌握CRM、ERP、SCM、BI四者整合的方案。

◆主要解决的问题

CRM与ERP的系统整合；CRM与SCM的系统整合；CRM与BI的系统整合；实现四个解决方案的系统整合。

企业资源规划（enterprise resource planning，ERP）、客户关系管理（customer relationship management，CRM）、供应链管理（supply chain management，SCM）是借助先进的信息技术来实现某种特定的管理理念的三大电子商务解决方案。其中，ERP是利用IT技术实现对企业资源的优化配置，使得物流、信息流、资金流在企业内部畅通，从而提高企业的竞争力；CRM则主要关注企业外部利益相关者之一——客户，通过先进的IT技术收集客户的信息并分析和挖掘出客户潜在的需求，为企业留住客户，并在日益激烈的竞争中赢得主动权；SCM则关注企业外部另一个利益相关者——供应商，借助先进的信息技术实现与供应商的协同工作，从而有效地降低企业库存量和产品、服务的成本。商务智能（business intelligence，BI）则是从这些系统中获得信息，帮助客户对自己的数据进行分析，挖掘潜在的商机。

但是，由于ERP、CRM、SCM都只关注企业运营管理中的某个领域，其设计开发和实施也都是分散的，各自采用的数据标准也不同，因此使得企业内部形成了许多"信息孤岛"，严重阻碍了企业信息的交流畅通，更使得整体价值链上的信息共享难以实现。同时，ERP、CRM和SCM在功能上有重叠部分，为适应电子商务环境，需要它们相互渗透和共同提高。BI的快速发展也使得这些系统能够更好地为企业的决策提供支持。因此，整合ERP、CRM、SCM以及BI是电子商务环境下企业发展的必然趋势。

12.1　CRM与ERP的整合

企业关注的重点由提高内部效率向尊重外部客户转移，是CRM受到广泛关注的根本原因。传统的ERP着眼于企业后台的管理，提高了内部业务流程（如财务、制造、库存、人力资源等环节）的自动化程度，使员工从日常事务中得到解放，但它缺少直接面对客户的系统功能。在完成了提高内部运作效率和质量的任务之后，企业可以有更多的精力关注自身与外部利益相关者的互动。企业在处理与外部客户关系时越来越明显地感到对CRM的需求。

12.1.1　企业资源规划概述

1）ERP系统的产生及发展

信息技术在企业管理中的运用，从最初简单的数据记录、查询和汇总，发展到如今建立在全球Internet基础上的跨国家、跨企业的运行体系，粗略地可分为如下五个阶段：

（1）企业管理信息系统（management information system，MIS）阶段

企业的管理信息系统主要是记录大量原始数据，支持查询、汇总等方面的工作。

（2）物料需求计划（material require planning，MRP）阶段

企业的管理信息系统对产品构成进行管理，借助计算机的运算能力及系统对客户订单、在库物料、产品构成的管理能力，实现依据客户订单，按照产品结构清单展开物料需求计划，实现减少库存、优化库存的管理目标。该阶段包括20世纪60年代发展起来的时段式MRP（亦称为基本MRP或MRP）以及20世纪70年代的闭环式MRP。

（3）制造资源规划（manufacture resource planning，MRPⅡ）阶段

MRPⅡ是在20世纪80年代发展起来的，它是在MRP管理系统的基础上，增加了对企业生产中心、加工工时和生产能力等方面的管理，以实现使用计算机进行生产管理的功能，同时也将财务的功能囊括进来，在企业中形成以计算机为核心的闭环管理系统，这种管理系统已能动态监测到产、供、销的全部生产过程。

（4）企业资源规划（enterprise resource planning，ERP）阶段

进入20世纪90年代后，ERP的概念出现了，进一步发展了MRPⅡ的理论和方法。在这一阶段，以计算机为核心的企业级的管理系统更为成熟，系统增加了财务预测、生产能力调整、资源调度等方面的功能，配合企业实现IT管理、全面质量管理和生产资源调度管理及辅助决策的功能，成为企业进行生产管理及决策的平台和工具。

（5）电子商务时代的ERP

进入21世纪，Internet技术的成熟为企业管理信息系统增加了与客户或供应商实现信息共享和直接数据交换的能力，从而强化了企业间的联系，形成了共同发展的生存链，体现了企业为生存竞争的供应链管理思想。ERP系统相应地实现了这方面的功能，使决策者及业务部门实现跨企业的联合作战。

经过50多年的不断应用、发展和创新，ERP系统已成为企业管理的一个有效工具。它结合市场经济条件建立起来的一整套管理思想体系和先进的计算机信息技术，以合理、有效利用企业资源为目标，帮助企业以较短的生产周期和较低的成本对市场变化作出迅速反应。

2）ERP系统的概念及管理思想

（1）ERP系统的概念

ERP系统，即企业资源规划系统，是指建立在信息技术基础上，以系统化的管理思想为企业决策层及员工提供决策运行手段的管理平台。ERP系统集信息技术与先进的管理思想于一身，成为现代企业的运行模式，反映时代对企业合理调配资源、最大化创造社会财富的要求，成为企业在信息时代生存和发展的基石。

下面分别从管理思想、软件产品和管理系统三个层次给出它的定义：

①从管理思想来看，它是由美国著名的计算机技术咨询和评估集团Garter Group Inc.提出的一整套企业管理系统体系标准，其实质是在制造资源规划的基础上进一步发展而成的面向供应链（supply chain）的管理思想。

②从软件产品来看，它是综合应用客户机、服务器体系、关系数据库结构、面向对象技术、图形用户界面、第四代语言（fourth-generation language，4GL）、网络通信等信息产业成果，以ERP管理思想为灵魂的软件产品。

③从管理系统来看，它是整合了企业管理理念、业务流程、基础数据、人力和物力、计算机硬件和软件的企业资源管理系统。

（2）ERP系统的管理思想

ERP是把企业的业务流程看作一个紧密联结的供应链（如图12-1所示），将企业内部划分成几个相互协同作业的互相支持的子系统，如财务、市场营销、生产制造、服务与维护、工程技术等子系统，可对企业内部供应链上的诸多环节如订单、采购、库存、计划、生产制造、质量控制、运输、分销、服务与维护、财务、成本控制、经营风险与投资、决策支持、实验室/配方、人力资源等进行有效的管理，从管理的广度和深度上为企业提供了更丰富的功能和工具。ERP各子系统的关系如图12-2所示。

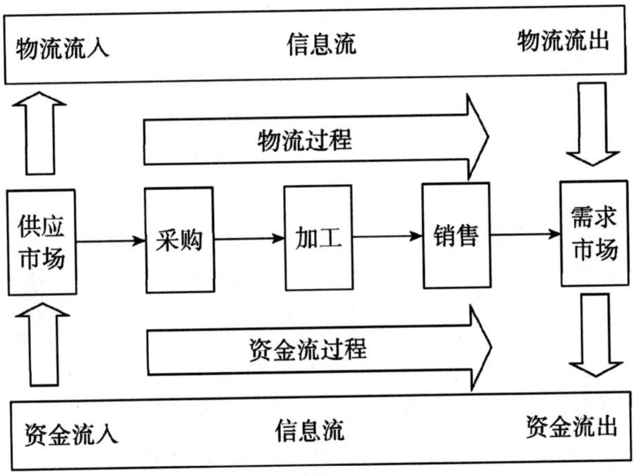

图12-1 企业供应链

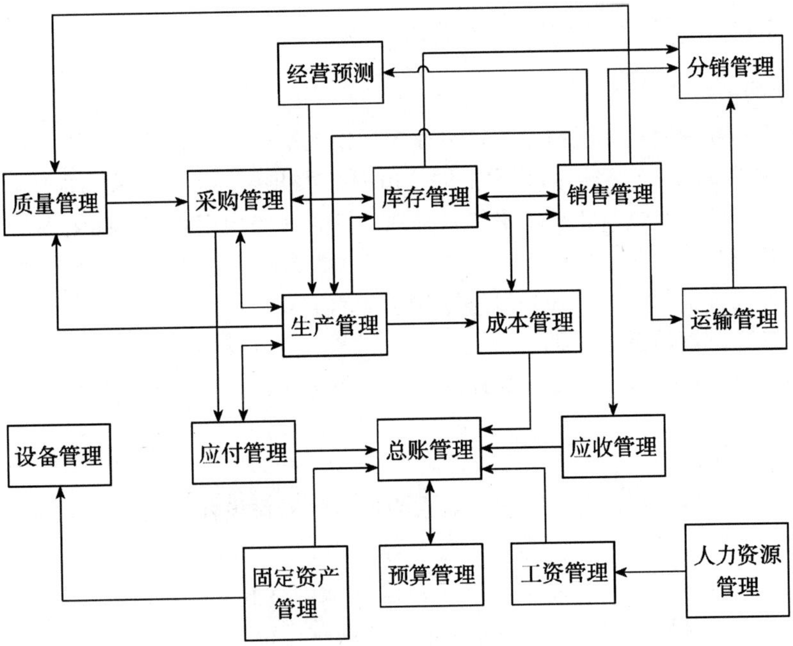

图12-2 ERP各子系统的关系

ERP的核心管理思想就是实现对整个供应链的有效管理，主要体现在以下三个方面：

①体现对整个供应链资源进行管理的思想。

现代企业的竞争已经不是单一企业与单一企业间的竞争，而是一个企业的供应链与另一个企业的供应链之间的竞争，即企业不但要依靠自己的资源，还必须把经营过程中的有关各方如供应商、制造工厂、分销网络、客户等纳入一个紧密的供应链中，这样才能在市场上获得竞争优势。ERP系统正是适应了这一市场竞争的需要，实现了对整个企业供应链管理的系统。

②体现精益生产、同步工程和敏捷制造的思想。

ERP系统支持混合型生产方式的管理，其管理思想表现在两个方面：一是“精益生产（lean production，LP）”的思想，即企业把客户、销售代理商、供应商、协作单位纳入生产体系，同它们建立起利益共享的合作伙伴关系，进而组成一个企业的供应链；二是“敏捷制造（agile manufacturing，AM）”的思想。当市场上出现了新的机会，而企业的基本合作伙伴不能满足新产品开发生产的要求时，企业组织一个由特定的供应商和销售渠道组成的短期或一次性供应链，形成“虚拟工厂”，把供应商和协作单位看成是企业的一个组成部分，运用“同步工程（SE）”组织生产，用最短的时间将新产品打入市场，时刻保持产品的高质量、多样化和灵活性，这便是“敏捷制造”的核心思想。

③体现事先计划与事中控制的思想。

ERP系统中的计划体系主要包括主生产计划、物料需求计划、能力计划、采购计划、销售执行计划、利润计划、财务预算和人力资源计划等，而且这些计划功能与价值控制功能已完全集成到了整个供应链系统中。此外，ERP系统通过定义与事务处理（transaction）相关的会计核算科目与核算方式，在事务处理发生的同时自动生成会计分录，保证了资金流与物流的同步记录和数据的一致性，从而实现了根据财务资金现状追溯资金的来龙去脉，并进一步追溯所发生的相关业务活动，便于实现事中控制和实时决策。

12.1.2 ERP的基本原理及发展趋势

1）ERP的基本原理

ERP的核心处理逻辑是根据销售订单或销售预测来确定产品（如成品、备品备件等）的独立需求，对独立需求根据产品结构文件（BOM）展开相关需求（我们需要什么），再与库存数据（我们有什么）进行比较，最终精确地制订企业的生产计划（我们还要生产什么）和采购计划（我们还要采购什么），并通过能力需求数据确定企业是否能够在确定的时间生产出或采购回确定数量的产品，并与财务等其他系统集成。

ERP的管理范围涉及企业的整个经营运作过程，包括分销、生产、库存、财务、质量、设备管理等内容。ERP系统的主线是计划，核心是财务，在整个经营运作过程中贯穿了财务成本控制的概念。

（1）计划是主线

ERP系统的计划管理体现了以客户需求为导向的运作模式。主生产计划（MPS）来源于企业的经营规划和市场需求（如合同、订单等），物料需求计划（MRP）根据MPS、物料清单（BOM）和库存信息，计算出企业需要的全部加工件和采购件的需求量与需求时间，自动生成生产计划和采购计划，以指导企业的生产经营，帮助企业解决需要生产什么和在什么时候生产，以及相关需要的物料、在何时购买等问题，从而在保证正常生产的基础上达到降低库存的目的。

（2）财务是核心

ERP系统的财务管理子系统与单一化的财务软件最大的区别就在于，其实现了与分销、生产、库存等业务管理系统的高度集成，使财务管理的控制覆盖面延伸到了企业管理的各个领域，实现了对企业产、供、销等经营环节的有效控制，提高了会计信息的准确性、实时性和一致性，为管理者的经营决策提供了及时、全面的信息支持，提高了企业对外部环境变化的快速响应能力。

（3）成本控制贯穿始终

由于实现了财务与业务的同步，ERP成本管理模块能够自动采集生产数据，自动生成相应的财务信息，实现对成本全过程的实时跟踪和控制，有利于优化生产过程，降低生产成本，从而提高企业的经济效益。

2）ERP的发展趋势

在电子商务环境下，企业对现有的ERP系统提出了新的要求：拓宽ERP的外延，使之从内部走向外部，从后台走向前台，从注重生产走向注重销售、市场和服务，并且将ERP的应用领域扩展到非制造业，把ERP带入到一个新的发展天地。

随着多年的实践和发展，ERP系统已经有了更深刻的内涵，已经成为现代企业向国际化发展的高级管理模式，主要呈现出以下发展趋势：

（1）敏捷化

21世纪的市场竞争是以客户为中心的敏捷化制造体系间的竞争，这就要求企业具有敏捷性，能够在全球范围内组织生产、快速创新和响应市场，从而赢得市场竞争。ERP支持敏捷化企业的组织形式——动态联盟，支持敏捷化企业的管理方式——以团队为核心的扁平化组织结构，支持敏捷化企业的生产方式——并行工程和协同工作。

（2）网络化

ERP通过计算机网络将企业、用户、厂商及其他商业活动涉及的职能机构集成起来，完成信息流、物流和价值流的有效转移和优化。ERP已从客户机/服务器（C/S）模式向基于Internet的浏览器/服务器（B/S）模式转变，实现业务应用与技术体系的分离。

（3）柔性化

柔性化是指适应多种生产制造方式的管理模式，支持企业对生产制造管理模式的不断调整，包括对产品和生产流程的重组，以及与之相关的企业组织结构和业务管理流程的重组。柔性化ERP包括采用开放性体系结构、面向对象的技术、可重用性和互操作技术、友好人机接口技术、企业动态建模和仿真技术等。

（4）行业化

行业化的ERP系统已经成为新的发展趋势。除了传统制造业和新兴制造业，面向金融业、通信业、高科技产业、零售业等行业的ERP产品发展迅猛，从而使ERP的应用范围大大扩展。例如，SAP公司就推出了多种行业解决方案，除了制造业，还有金融业、高科技产业、邮电与通信业、能源业、公共事业、商业与零售业、外贸行业、新闻出版业、咨询服务业，甚至医疗保健业等的解决方案。

（5）小型化

最初的ERP产品主要面向大型企业，尤其是跨国公司，但是，随着大型企业市场的逐渐饱和，ERP供应商开始把竞争的市场转向中小型企业，纷纷推出功能和结构相对简单的小型化ERP系统。例如，SAP公司推出的适用于小型企业的Business One系统。

（6）ERP与信息管理技术、电子商务技术的集成

新一代ERP一方面要实现管理思想到企业管理的集成；另一方面要实现ERP系统自身内部之间、ERP与其他应用系统之间的集成。第一方面集成的目的是解决管理思想、管理方法与管理系统之间的应用互动。第二方面的集成主要实现ERP与其他功能子系统之间的集成，包括与CRM、SCM、PDM（产品数据管理）、MES（制造执行系统）以及工作流管理系统的进一步整合，加强DW（数据仓库）和OLAP等商务智能功能。

总之，未来ERP的发展趋势是在电子商务环境下，进一步和CRM、SCM等其他企业应用系统进行整合。ERP将面向协同商务，支持企业与贸易共同体的业务伙伴、客户之间的协作，支持数字化的业务交互过程；ERP供应链管理功能将进一步加强，并通过电子商务进行企业供需协作；ERP将支持企业面向全球化市场环境，建立供应商、制造商与分销商间基于

价值链共享的新伙伴关系，并使企业在协同商务中做到过程优化、计划准确、管理协调。

12.1.3 CRM与ERP的整合

企业ERP系统中包括了从生产到销售、营销方面的管理，而CRM系统则专注于销售、营销、客户服务和支持等方面，通过管理客户满意度、客户利润率、客户忠诚度，实现最终业绩的提高。一方面，CRM的价值在于突出了销售管理、营销管理、客户服务与支持等方面的重要性，可以看成广义ERP的一部分；另一方面，CRM要求企业完整地认识整个客户生命周期，提供与客户沟通的统一平台，提高员工与客户接触的效率和客户反馈率，实现前台业务与后台业务的整合。由此，CRM与ERP交融、整合，形成无缝的闭环系统，成为企业级管理系统应用中的重要命题。

1）CRM与ERP功能交叉的模块

CRM侧重于管理企业的客户，ERP则侧重于管理企业的内部资源，同时ERP在管理企业内部资源时，必须保证企业各种资源围绕客户资源进行配置。因此，CRM与ERP在功能上存在交叉的模块，这些模块主要包括客户管理、产品管理、销售管理、工作人员管理和决策支持等。CRM与ERP功能交叉的模块既存在相同点，又存在不同点（见表12-1）。

表12-1 **CRM与ERP功能交叉的模块**

模　块	相同点	不同点	
		CRM	ERP
客户管理	都包括客户的基本信息、客户购买产品记录等	更全面一些，除相同点之外，还能通过数据仓库和挖掘工具有效整理客户信息，对客户信息进行分类，对客户消费行为进行分析和预测	只有客户基本信息、客户购买产品记录等
产品管理	都包括产品的基本信息，产品的BOM表、产品的客户化配置和报价	管理对象主要是产成品的信息	管理对象包括了产成品、在产品、原材料等所有产品的信息
销售管理	都包括合同管理、订单管理、销售费用管理、销售佣金管理	强调的是销售过程管理，讲究机会管理、时间管理和联系人管理等	强调的是销售的收入和销售结果的管理，讲究销售计划和销售成绩等
工作人员管理	都涉及企业员工的基本情况和工作安排情况	范围较小，主要对销售人员、服务人员进行管理	范围包括企业所有工作人员，对人力资源有一个非常全面的管理，如组织管理、人事管理、薪资管理、工时管理、员工发展管理、员工自助服务等
决策支持	都使用了数据仓库（DW）和联机分析处理（OLAP）功能，从而实现商务智能和决策支持	数据对象是销售数据和客户数据	数据对象是销售数据、生产数据和产品数据

从表12-1中可以看出，第一，CRM的客户管理模块比ERP的客户管理模块内容要更全面一些；第二，对于产品管理模块，CRM与ERP的管理对象不同，CRM的管理对象主要是产成品的信息，而ERP的管理对象包括产成品、在产品和原材料等所有产品的信息；第三，对于销售管理模块，CRM与ERP的应用方向不同，CRM强调销售过程的管理，而ERP强调销售收入和销售结果的管理；第四，对于工作人员管理模块，CRM与ERP管理的范围不同，CRM主要对销售、服务人员进行管理，而ERP对企业所有员工进行管理；第五，对于决策支持模块，CRM与ERP管理的数据对象不同，CRM主要管理销售数据和客户数据，而ERP主要管理销售数据、生产数据和产品数据。

此外，CRM与ERP的功能交叉之处还有工作流管理、营销管理以及客户服务和支持等部分。其中，对于工作流管理，CRM与ERP系统中都有工作流管理，其工作方式基本上是相同的；对于营销管理，ERP系统包括一些简单的市场资料和营销资料管理，而CRM则提供网上的营销管理功能，特别是支持“一对一”营销；对于客户服务和支持部分，ERP系统只提供了简单的客户投诉记录、解决情况，没有就客户服务和支持进行全面的管理，而CRM则实现了这种全面管理，尤其强调客户关怀，同时还兼做一些质量管理方面的工作。

对于CRM与ERP功能交叉的模块，企业应根据实际业务的需要进行梳理、整合，以提高其整体功能。

2）CRM与ERP整合的重点环节

正是由于CRM与ERP功能之间有联通和交叠，它们在发展中才被要求相互进行整合。通过这些交叉模块将CRM系统和ERP系统的这些交叉功能业务进行重组，开发出两个系统通用的、扩展性好的模块，是实现CRM和ERP整合的重要方面。

CRM与ERP整合的重点环节如下：

（1）客户信息管理整合

CRM与ERP系统都需要利用客户基本信息，因此二者需要首先围绕客户信息管理进行整合。CRM的客户合作管理子系统和数据分析管理子系统都将为ERP系统提供信息支持和管理职能；ERP系统则借助CRM先进而完整的客户信息管理功能，提高生产制造系统、物流供应系统的响应速度和质量，提高财务管理系统和人力资源系统的配套辅助功能。

（2）业务流程管理

CRM的业务操作管理主要集中在销售、营销和客户服务与支持三个方面，在业务流程上与ERP整合的重点是，如何提供并管理与生产制造、物流供应系统的无缝接口。核心解决原则是围绕企业业务信息的交流与共享，提高企业整体从生产到销售实现的能力。在营销、销售、客户服务和支持方面，ERP应当逐步实现对CRM相关业务操作功能的集中管理；在生产制造、产品设计、订单管理、物流配送等方面，CRM应逐步实现依靠ERP系统的相应功能完成工作。

（3）信息管理与商务智能

CRM系统实现了企业业务信息的全面搜集、传递、交流和使用，所采用的数据仓库和企业级MIS系统将保证企业信息管理以最高效率、最佳质量进行。ERP系统应当逐步把自身信息传递和交流的职能转移到CRM系统中，根据CRM系统进行信息管理和资源配置。CRM提供了完整的商业决策分析功能，集成了ERP系统内应用相对较少的OLAP等决策支持功能，因此ERP系统的辅助决策应完全交由CRM来完成。

CRM与ERP整合的过程如图12-3所示。

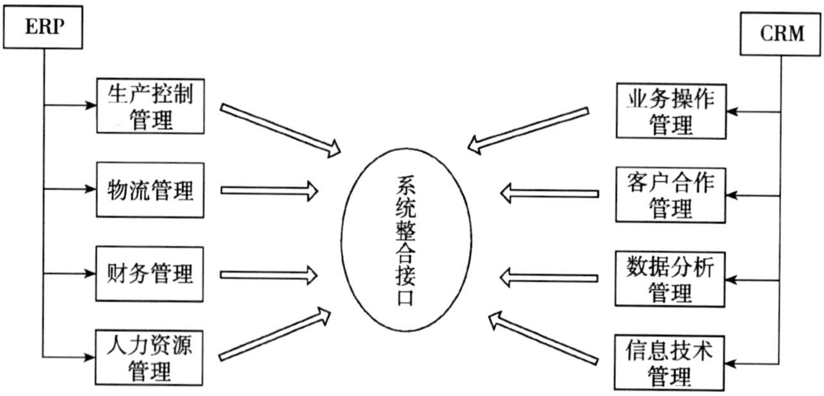

图12-3 CRM与ERP整合的过程

通过CRM与ERP的整合，可以确保CRM中业务操作管理模块的销售自动化子系统能够及时向ERP系统传送产品数量和交货日期等信息；营销自动化和在线销售组件可使ERP的订单与配置组件功能发挥到最大；客户可以真正实现按照其需要配置产品，并在现场进行订购。

3）CRM与ERP整合的方法

CRM与ERP整合采用的具体方法要视企业采用的不同系统和解决方案而定：

①如果企业在率先实施ERP系统时，选择的产品供应商已初步提供了与CRM的接口，或者该供应商日前提供了基于原ERP系统的CRM产品，则二者整合工作的难度相对较小。

②如果企业先前实施的ERP系统未提供与CRM系统的接口，在相关功能系统方面采取的是封闭式设计方案，或者该供应商目前没有提供新的ERP升级版本，也没有相应的CRM产品推出，那么二者整合工作的难度就大一些。

③如果企业尚未实施ERP，那么就可以利用实施CRM的机会，一次性进行较高层级的CRM系统建设，其中包含整合后的ERP系统。因此，企业只要进行相应的组织再造和业务流程重组工作，将原ERP的大多数功能模块稍加改造后就能成为CRM系统的有机组成部分，并且二者的无缝连接会快速实现。但是，如果企业过去实施ERP时采用的方案日前没有成套的CRM系统直接匹配。比如，企业采用的是SAP的ERP系统作为其后台构架，当时没有考虑增加接口管理的中间软件，现在准备实施CRM系统是选择了Siebel公司的产品，这时二者间的兼容、同步和整合问题就变得比较重要。解决的方法，要么进行大的舍弃及更新，即进行“二次开发”，要么有选择地采用某些“中间软件”来充当良好的接口，这些都能解决问题。CRM与ERP的整合，将使企业的管理系统围绕以客户为中心的战略，成为功能模块化的完整系统，灵活而规范地完成各项业务活动；将实现企业信息管理活动从简单的信息整理传送到智能的商业分析决策的真正转变；将完成企业前台统一的客户联系功能与后台的业务活动的同步运作；将达到企业管理系统从传统的事务处理到自动化的自我服务的转变，从而为企业提高核心竞争力、有效利用自身资源、获取更大的市场奠定基础。

4）ERP与CRM整合的方法

当前提供CRM软件的供应商可分为四类，见表12-2。

表12-2　　**提供CRM软件的供应商**

CRM供应商的种类	特点	代表商
前端办公室型	是原来的CRM供应商，以前主要提供销售专用的应用软件	Siebel、Clarify
卖方电子商务型	可让客户在网络上完成交易，而非仅能支持销售部门的软件	BroadVision、Open Market
传统ERP型	是传统ERP供应商，通过自行发展或并购策略进入CRM市场	SAP、Oracle、PeopleSoft、Baan
分析型	专长于数据仓库技术	Sybase、NCR

从ERP的角度来看，以上四类CRM供应商可简单地分成两类，传统ERP型和非传统ERP型。

（1）传统ERP型

对于传统ERP型的CRM供应商来说，所提供的CRM与ERP系统已经高度集成。如世界软件业巨头Oracle多年前就已开展了ERP系统的推广、实施工作，有许多企业也使用了Oracle的ERP解决方案，而今天的Oracle CRM，又提供了集成的CRM解决方案，系统集成的实现从技术角度来看，只要在原有的Oracle ERP和CRM运行的基础上，打开相应的集成参数就可以了。另外，像订单号码这样的数据，Oracle的CRM可以直接到ERP的订单管理模块（order management）中取得，而不需要麻烦的转接或同步更新程序。但是，在具体实施时，企业需要打开哪些集成参数，则需要对管理业务流程深入分析，视需求而定。Oracle CRM通过与ERP的集成，可进行集中式的员工定义、订单管理、采购管理、质量管理、成本管理、发票管理、后勤及部件管理等。因此，企业只要进行相应的业务流程重组和组织再造工作，就能实现CRM与ERP系统的无缝集成。

（2）非传统ERP型

非传统ERP型指的是前端办公室型、卖方电子商务型和分析型，其与CRM的整合方法主要有：

①采用中间件技术。

利用与需要整合的系统相兼容的标准中间件来构建系统间交流的桥梁，从而保持系统间数据的同步更新。这种整合可以通过两种方法来实现：一种是通过标准中间件（如IDoc）实现的整合；另一种是通过标准化的开放接口（如BAPI）提供的即时数据支持实现的整合，这种方法在实际当中应用较多，技术也较成熟。例如，国内的创智集团推出的Power CRM2000，通过它的ERP接口模块，经过简单配置后，就可实现与SAP R/3、Symix SyteLine ERP、Symix SyteCentre ERP等ERP系统的完美结合。

②利用数据同步复制技术。

在需要整合的系统的服务器之间建立数据复制的功能，使二者的数据保持同步。这种技术实现起来比较容易，技术也比较成熟。例如，Sybase提供的Replication Server和SQL Remote两种复制技术就可实现Adaptive Server、非Sybase、基于LAN和主机数据服务器之间的数据复制。

③进行二次开发。

对需要整合的系统进行修改，或在原有基础上增设模块，或对相同、相近的模块进行统一。例如，如果在CRM中销售、市场营销和服务实现了业务自动化，而ERP中的这部分功能就没有这么强，那么可用CRM覆盖ERP中的销售、市场营销和服务等模块。当然，若仍不满足要求，则可进一步对其进行修改。

综上所述，CRM与ERP的整合有两种情况：一是同构整合；二是异构整合。对于同构整合，即CRM与ERP两个系统出自同一个软件供应商，二者已经高度集成，因而从技术角度来看整合难度不大；对于异构整合，即CRM与ERP两个系统出自两个不同的软件供应商，CRM与ERP的整合方法是CRM或ERP软件供应商提供标准的中间件产品，提高软件产品的“友好度”，降低整合难度，同时也方便系统升级维护，保护企业的有效投资。

12.2 CRM与SCM的一体化

供应链管理和客户关系管理的一体化使企业可以更有效地管理供应链，在实现成本节约和服务改善的同时，能有更多的时间去关注客户及客户关系。这使得企业可以真正实现实时响应客户需求，实现需求与供应链上资源的最优化配置，从而全面提升企业的竞争能力，并将因此而拥有一个与客户关系管理集成的供应链。与供应链上的每个合作伙伴相比，它都将更具竞争性的业务运作优势。

12.2.1 供应链管理（SCM）概述

供应链是社会化大生产的产物，是重要的流通组织形式和市场营销方式。它以市场组织化程度高、经营规模化的优势，有机地联结生产和消费，对生产和流通有着直接的导向作用。

1）供应链的概念

（1）供应链的定义

供应链是围绕核心企业，通过对物流、信息流和资金流的控制，从采购原材料开始，制成中间产品以及最终产品，最后由销售网络把产品销售出去，将供应商、制造商、分销商、零售商直到最终用户连成一个整体的功能网络。

（2）供应链的层次

企业的供应链按其管理范围可分为三个层次：企业内部供应链、产业供应链或动态联盟供应链、全球网络供应链。

①企业内部供应链。

在一个企业中，不同部门作为一个个环节参与了价值增值活动。企业内部经营所有的业务单元如订单、采购、库存、计划、生产、质量、运输、市场、销售、服务等以及相应的财务活动、人事管理均可视为处于企业内部供应链中的环节。这种供应链管理要求将企业各个业务环节的“信息孤岛”连接在一起，使各种业务和信息能够实现集成和共享。

②产业供应链或动态联盟供应链。

产业供应链贯穿了整个行业从业务源头一直到终端客户市场的全部流程范围，一般其结构较为稳定，有明确的上下游供应链划分；而动态联盟供应链则较为虚拟，常常不具备产业供应链那种稳定的结构，它是一种“市场机会驱动型”的灵活的组织，它从组成到消失完全取决于市场机会的存在与否。它的优点是避免重复投资，可在短时间内形成较强的竞争能力，实现对市场需求的快速响应。它的缺点是供应链运行的最优目标和效率难以清晰定义，运作过程蕴含着较高的风险。

③全球网络供应链。

Internet、交互式Web的应用以及电子商务的出现，改变着商业模式，使得传统的供应链向着全球化的供应链转变，并形成基于Internet开放式的全球网络供应链。

在全球网络供应链中，企业的形态和边界将产生根本性改变，整个供应链的协同运作将取代传统的电子订单，供应商与客户间信息交流层次的沟通与协调将是一种交互式的、透明的协同工作。一些新型的、有益于供应链运作的代理服务商将取代传统的经销商，并出现新兴业务，如交易代理、信息检索服务等，将会有更多的商业机会等待着人们去发现。这种全球网络供应链将广泛地、彻底地影响并改变所有企业的经营运作方式，同时也将为企业带来更多的商业机会。

2）供应链管理的定义与内容

（1）供应链管理的定义

供应链管理，是对供应链中所涉及组织的集成和对物流、信息流、资金流的协同，以满足用户的需求，从而提高供应链整体竞争能力。供应链管理的内容是提供产品、服务和信息来为用户和股东增加价值，是从原材料供应商一直到最终用户的关键业务过程的集成管理，其目标是将客户所需的正确的产品（right product）能够在正确的时间（right time）、按照正确的数量（right quantity）、正确的质量（right quality）和正确的状态（right status），以正确的价格（right price）送到正确的地点（right place），并实现总成本最小。

（2）供应链管理所涉及的内容

供应链管理主要涉及四个主要领域：供应、生产作业、物流和需求（如图12-4所示）。

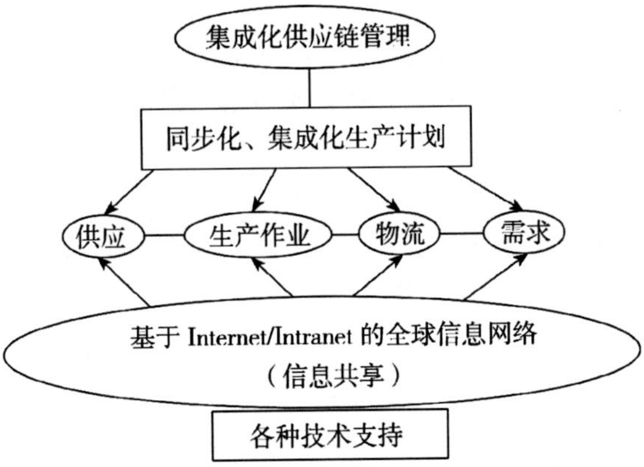

图12-4　供应链管理涉及的领域

供应链管理是以同步化、集成化生产计划为指导，以各种技术为支持，尤其以Internet/Intranet为依托，围绕供应、生产作业、物流和需求来实施的。供应链管理主要包括计划、合作、控制（从供应商到用户的物料，如零部件和成品等）和信息。供应链管理的目标在于提高用户服务水平和降低总的交易成本，并且寻求两个目标之间的平衡（这两个目标往往有冲突）。

在以上四个领域的基础上，我们可以将供应链管理细分为职能领域和辅助领域。职能领域主要包括产品工程、产品技术保证、采购、生产控制、库存控制、仓储管理、分销管理。

辅助领域主要包括客户服务、制造、设计工程、会计核算、人力资源、市场营销。

由此可见，供应链管理关心的不仅仅是物料实体在供应链中的流动，除了企业内部与企业之间的运输问题和实物分销以外，供应链管理还包括以下主要内容：

- 战略性供应商和用户合作伙伴关系管理；
- 供应链的设计（如全球节点企业、资源、设备等的评价、选择和定位）；
- 企业内部与企业之间物料供应与需求管理；
- 基于供应链管理的产品设计与制造管理，生产集成化计划、跟踪和控制；
- 基于供应链的用户服务和物流管理（如运输、库存、包装等）；
- 企业间资金流管理（如汇率、成本等问题）；
- 基于Internet/Intranet的供应链交互信息管理。

供应链管理注重总的物流成本（从原材料到最终产成品的费用）与用户服务水平之间的关系，为此要把供应链的各个职能部门有机地结合在一起，从而最大限度地发挥出供应链整体的力量，达到供应链的企业群体获益的目的。

12.2.2 电子商务下的供应链管理

1）电子供应链的定义

电子供应链是供应链发展的必然趋势，作为电子商务和供应链自然结合的产物，它有特定的定义和内容。综合供应链和电子商务以及Internet网络技术的相关知识，笔者认为电子供应链应该围绕企业核心，以Internet为平台，以电子商务为手段，通过对物流、资金流与信息流的整合和控制，从采购原材料开始，制成中间产品以及最终产品，最后由销售网络把产品送到消费者手中，将供应商、生产商、分销商、零售商，直到最终客户连成一个整体的网络结构和模式，提高供应链的效率和竞争力，使整个供应链达到成本最小化，利润最大化。

这个定义包含了以下几个方面的内容：①以核心企业为中心，通过核心企业来构建整个供应链网络；②通过互联网和电子商务来整合供应链中的物流、资金流、信息流，从而能够及时快速地响应客户需求；③电子供应链与传统的供应链一样，是一个网络结构和模式，构建电子供应链的目的在于提高整个供应链的效率和竞争实力，从而使供应链中各成员的经营成本最小化，利润最大化；④电子供应链上各节点企业都是产权相互独立的主体。

2）基于电子商务的供应链管理原理

（1）基于电子商务的供应链管理的信息技术支撑体系

供应链管理的基础是供应链上节点企业之间信息的高度集成与共享，实现这一点的关键是要有一个基于IT的良好的信息技术支撑体系。基于EDI（电子数据交换）的信息技术支撑体系曾经为供应链管理立下了汗马功劳，现在一些企业仍在应用，其被历史学家看作工业革命和汽车发明以来最重要的技术进步。Internet的出现及其飞速发展，使得基于Internet/Intranet的供应链管理信息技术支撑体系成了发展的主流和方向，以前建立的基于EDI的供应链管理信息技术支撑体系正在向这一新的体系过渡。在基于Internet/Intranet的新的供应链管理信息技术支撑体系中，供应链上每个成员企业有自己的Intranet（企业内部网），并在Intranet上建有相应的内部信息管理系统（如ERP）、电子商务交易系统，成员企业的Intranet通过Internet实现互联形成Extranet（企业外部网）。由此，供应链上的所有成员企业最大限度地共享各自的内部资源，相互之间交易的所有过程（包括询价、下订单、订单处理、支付等）全部实行电子化、网络化，自上而下，信息流、资金流、物流畅通无阻。

（2）基于电子商务的供应链管理的基本原理

供应链管理涉及的内容很多，包括生产计划与控制、库存控制、采购、销售、物流、需求预测、客户管理、伙伴管理等，但归根结底无非是信息流、物流和资金流的管理，因此可从这“三流”的运作情况来说明供应链管理的基本原理。其基本假设：信息技术支撑体系基于Internet/Intranet，供应链成员企业内部信息化程度较高，所有成员企业的Intranet通过Internet实现互联而形成Extranet，信息高度集成与共享，厂商采用分销渠道模式。这是利用电子商务实现供应链管理的理想环境。下面是对拉动需求的供应链管理中信息流、物流和资金流管理的简要描述。

①信息流（以订单运作为例）。

用户通过分销商网站进入其电子商务交易系统在线下单，由于整个供应链内信息高度透明，不仅是分销商，厂商与供应商也同时得到了这个需求信息。由于内部高度信息化，分销商订单处理实时完成，并立刻向厂商在线下单采购。与此同时，厂商实时处理完成分销商的采购订单并向其上级供应商采购零部件或原材料。

上述信息流的特点是：需求信息高度透明，供应链内上游企业同时获得了市场的真实需求信息，避免了需求信息失真导致的需求变异放大效应，使供需一致。虽然与传统供应链一样都是从下游向上游逐级下单，但是由于是通过Internet在线下单，加之供应链内成员企业内部信息化程度高，订单在各成员企业内的处理速度以及在成员企业之间的移动速度都相当快。

②物流。

物流方向与传统供应链管理没有什么不同，从供应商到厂商到分销商再到用户。不同的是物流的流动速度。信息流指挥物流，是决定物流速度的关键因素，信息的高度共享和快速流动势必带来高速物流的可能（物流的实际速度还取决于其他因素）。物流的实时性，即物料或产品在指定时刻到达指定地点，从而减少甚至消除各节点企业的库存。这是由基于Internet/Intranet的电子商务的高度信息共享和即时沟通能力带来的。

③资金流。

资金流方向与传统供应链管理也没有什么不同，从用户到分销商到厂商再到供应商。不同的是支付方式以在线支付为主，从而大大提高了订单的执行速度和交货速度。

3）电子商务环境下的供应链管理优势

基于电子商务的供应链管理是电子商务与供应链管理的有机结合，以顾客为中心，集成整个供应链过程，充分利用外部资源，实现快速反应，极大地降低库存水平。

（1）有利于保持现有客户关系和业务增长

电子商务使企业间的竞争逐渐演化为供应链之间的竞争。为吸引、保留现有客户，要求为其提供更快捷、成本更低的商务运作模式，保持与发展和客户达成的密切关系，使供应链能够提供新的业务增值，提升客户的满意度与忠诚度。而基于电子商务的供应链管理直接沟通了供应链中企业与客户间的联系，并且在开放的公共网络上可以与最终消费者进行直接对话，从而有利于满足客户的各种需求，留住现有客户。

通过实施基于电子商务的供应链管理，可以实现供应链系统内的各相关企业对产品和业务进行电子化、网络化管理。同时，供应链中各企业通过电子商务手段实现有组织、有计划的统一管理，减少流通环节，降低成本，提高效率，使供应链管理达到更高的水平，向国外先进企业供应链绩效看齐，促进各相关企业的业务发展。

（2）有利于开拓新客户和新业务

实施基于电子商务的供应链管理，不仅可以实现企业的业务重组，提高整个供应链效率，而且保留了现有客户。由于能够提供更多的功能、业务，必然会吸引新客户加入供应链，同时也带来了新业务。从本质上来讲，通过实施基于电子商务的供应链管理，无论是企业，还是客户都会从中获得利益，产生新的业务增值。

（3）有利于提高营运绩效和分享信息

实施基于电子商务的供应链管理，不仅能使供应链中各个企业降低生产成本、缩短需求响应时间和市场变化时间，还能为客户提供全面服务，使客户获得最好品质的产品和服务，同时实现最大增值，而且能为供应链中的各个企业提供完整的电子商务交易服务，实现全球市场和企业资源共享，及时供应和递送货物给客户，不断降低运营和采购成本，提高运营绩效。

基于电子商务的供应链交易涉及信息流、产品流和资金流，因而供应链中的企业借助电子商务手段可以在互联网上获取部分或全部信息，及时了解客户的需求以及供应商的供货情况，同时也便于客户网上订货并跟踪订货情况。

12.2.3 CRM与SCM的一体化

供应链管理和客户关系管理的一体化将极大地增强企业的竞争力，这已成为不争的事实。传统的企业希望进行市场的纵向集成，保持自给自足的状态，但供应链管理的发展使市场的横向联合已成为大势所趋，企业的多数生产活动均开始采取外包模式，许多企业还考虑进一步将供应链变成一个虚拟机构。但是，如果企业不能直接拥有市场需求、无法了解客户需求或无法响应客户需求，那么企业的供应链会因缺乏交流和信息沟通而呈现出僵化趋势，或者企业在供应链中只能处于无足轻重的地位。CRM和SCM的一体化则将大大提高企业的竞争能力，实现减少总体成本、提高供应链效率与灵活性以及管理系统整体性能的目标。

1）CRM与SCM的关系及其在管理思想上的整合

CRM与SCM都是企业为了充分利用内部及外部资源，提高市场竞争力与反应速度而采取的管理模式，二者有不同的关注焦点，SCM更多地关注企业的运作，而CRM则以客户作为核心。

客户是SCM与CRM共同强调的焦点。企业必须在提高客户服务水平的同时努力降低运营成本，必须在提高市场反应速度的同时给客户更多的个性化选择，对客户实际需求的绝对重视是供应链发展的原则和目标，因而供应链是从客户开始到客户结束的。为了赢得客户、赢得市场，企业的管理进入了以客户及客户满意度为中心的管理，即以客户为起点，得到市场的需求量，再制订相应的市场计划，然后进行生产，从而达到满足客户需求、提高客户满意度的目的，最终使企业生产的产品转化为利润。SCM也由以前的“推动式”转为以客户需求为原动力的“拉动式”，也就是更加重视客户。SCM的精髓就是以客户和市场需求为导向，以提高市场竞争力、客户满意度和获取最大利润为目标，以协同竞争和双赢原则为运作模式，通过运用现代企业管理思想和方法、信息技术、网络技术和集成技术，达到对整个供应链上信息流、物流、资金流、价值流和工作流的有效规划和控制，从而将客户、分销商、供应商、制造商和服务商连成一个完整的网链结构，形成一个极具竞争力的战略联盟。

SCM的信息管理系统按照过程进行供应链组织间的计划、执行与控制，以及业务处理过程中的决策支持，着重于整个供应链的优化。而要有效地完成这种优化功能离不开及时地获取全部的客户信息，并对这些信息进行深入的分析从而提炼出决策的依据。这方面正是CRM技术方案的核心功能之一。CRM构筑了SCM与外部客户沟通的平台，它在企业系统与外部客户之间树立了一个智能过滤网，同时又提供了一个统一的平台。

CRM通过对电话、互联网、传真等手段的融合，使客户可以选择自己喜欢的方式与企业进行交流，企业员工和客户的沟通更加便捷，获取信息更加方便，从而可以提升客户满意度和利润贡献率。此外，CRM对客户互动信息的搜集和加工可以帮助SCM系统提供决策依据，拓展业务模式，扩大经营活动范围，及时把握新的市场机会，占领更多的市场份额，帮助企业保留更多的老客户，并更好地吸引新客户。CRM与SCM的关系模型如图12-5所示。

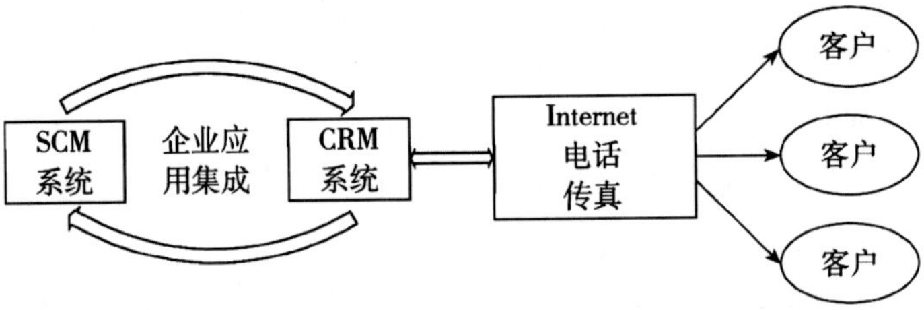

图12-5　CRM与SCM的关系模型

2）基于CRM的供应链构建原则

供应链客户关系管理的构建原则就是以客户为中心，及时响应客户需求，实现客户满意，赢得客户忠诚，提高客户价值。供应链成员企业间应注重客户关系管理，结成合作伙伴关系，再凭借一体化的供应链实现最终客户需要的最大满足。

（1）将最终客户与供应链连接起来

这意味着在供应链伙伴之间要共享交易数据，要利用发达的信息技术在供应链成员企业间构建共享的数据库。通过将客户与供应链连接起来，实现客户信息在供应链上的传递、交流，供应链就能快速响应客户需求。

（2）对供应链进行动态管理，及时反馈需求信息

在市场经济环境下，通过营销策略和信息技术掌握确切的需求，使企业供应链上的供应活动建立在可靠的需求信息的基础上。同时，动态管理可以使企业及时把握新的市场机会，发掘潜在客户，拥有更多的市场份额。

（3）全面管理企业与客户发生的各种关系

在供应链上的客户关系不仅包括生产商或分销商与最终客户的关系，还包括供应链上成员企业间的合作伙伴关系。对企业与客户间可能发生的各种关系进行全面管理，将会显著提升企业营销能力、降低营销成本、控制营销过程中可能导致客户抱怨的各种行为。

（4）与客户间保持良好的互动

企业可以选择客户喜欢的方式与客户进行双向沟通，既可方便地获取所需信息，又可使客户得到更好的服务，获得心理满足，从而留住更多的老客户，并能吸引更多的新客户。

（5）建立一种面向流程的观点

如果供应链不是围绕客户而建立的，就会限制客户关系管理带来的利益。而建立以客户为中心的供应链就必须本着一种面向流程的观点。面向流程的观点打破了以功能划分的组织边界，使得组织将精力集中在最终结果上，围绕客户而不是企业内部组织活动。

3）CRM与SCM的一体化过程

CRM与SCM的一体化过程如图12-6所示。

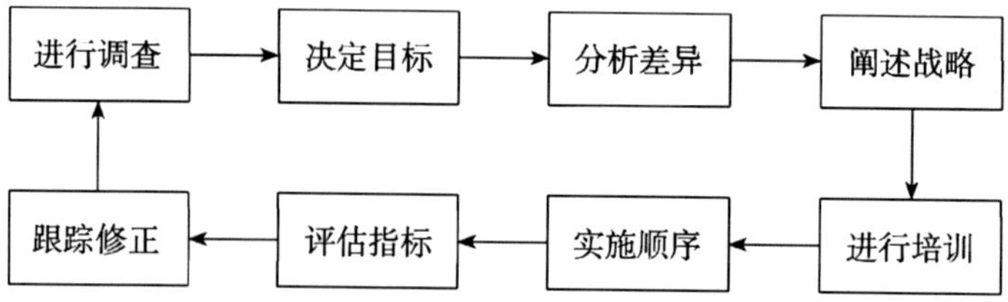

图12-6 CRM与SCM一体化过程

①进行营销和供应链的调查。企业要了解客户价值的主导者、客户需求、客户关系管理过程、供应链设施、供应链管理与客户关系管理之间的连接点和切断点。

②决定一体化管理的目标。根据企业的财政目标，企业决定一体化管理的长期和短期目标，要注意供应链管理和客户关系管理存在的目的。

③分析和确认差异。企业要分清分析目标和调查结果之间的差异，然后确认它们的优势和劣势。

④确切地阐述一体化战略。这个阶段是非常关键的。因为在这个阶段，企业将决定怎么接近一体化管理，即决定如何实行方案。企业要决定它们用什么方法来追求供应链管理和客户关系管理的最优化，同时，也要考虑一体化带来的效益。

⑤一体化初步计划和培训。根据一体化管理战略，企业可以确定实行战略的初步计划。初步计划围绕从系统一体化到新库存计划系统来开展，而且为了一体化管理的初步成功，培训是非常关键的要素。

⑥决定实施顺序。企业不仅要重视初步一体化，而且要建立逻辑上的初步一体化顺序。

⑦设立评估指标。这个阶段非常重要，因为这个阶段影响到整个一体化过程。如果企业运用不合理的评估指标，投资将不能获得良好的效果。设立评估指标是一种持续的过程，而且需要不断地改善。

⑧跟踪结果和修正目标。企业要按照规定的标准评价计划的实施结果。这种标准或者建立在企业一体化管理目标的基础上，或者是竞争者的绩效水平，或者二者皆有。根据实施的结果，企业可以再建立自己的目标。

12.3 CRM与BI的整合

CRM致力于分析顾客行为和偏好特性，有针对性地为顾客提供产品或服务，不断为客户创造价值，以留住客户和提高客户的忠诚度，并有选择性地吸引新顾客。尽管留住老客户比获取新客户的成本要低，但获取新客户一直是CRM不可或缺的一个关键所在。对潜在客户和线索客户的营销分析，涉及多因素、多维度，它对于客户群和客户群的特征，以及市场因素对各客户群的影响和反应等的分析是很需要商务智能的。BI系统会帮助企业挖掘CRM的客户资源和信息，更加深入地分析和研究客户，从而制定更好的策略以实现顾客价值最大化和企业收益最大化。

12.3.1 商务智能概述

1）商务智能的发展过程

商务智能的发展既依赖于相关技术的发展，更依赖于企业对商务智能深入的认识。商务智能在一个先关注数据搜集、存储、转移，后关注分析处理和利用的长期过程中逐渐发展起来，成为辅助企业决策的一个重要手段。它大体可分为如下几个阶段：

（1）事务处理系统（TPS）

事务处理系统是以计算机处理代替某些手工操作，进行日常业务处理、记录、汇总、综合、分类并为组织的操作层次服务的基本商务系统。事务处理系统是企业信息化的基础，系统中产生的数据构成企业庞大的数据资源库，它为高级管理人员信息系统、管理信息系统、决策支持系统、商务智能系统提供了所需的基础数据。

（2）高级管理人员信息系统（EIS）

高级管理人员信息系统是根据预先定义的查询以报表或图表的形式向使用者提供商业活动情况的相关资料。

（3）管理信息系统（MIS）

管理信息系统是一个以人为主导，利用计算机硬件、软件、网络通信设备以及其他办公设备进行信息的搜集、传输、加工、存储、更新和维护，以获得企业战略性竞争优势、提高效益和效率为目的，支持企业的高层决策、中层控制、基层运作的集成化的人机系统。

（4）决策支持系统（DSS）

决策支持系统是一个基于计算机的信息系统，以人机交互方式将数据和模型结合起来，支持决策者解决半结构化和非结构化决策问题。DSS为决策者提供分析问题、建立模型、模拟决策过程和方案的环境，调用各种信息资源和分析工具，为决策者提供决策信息和问题解决方案，帮助决策者提高决策水平和质量。

（5）商务智能系统（BI）

许多成熟技术的出现，如并行处理技术、软件上的挖掘工具等，为商务智能的产生提供了有利条件。商务智能系统的最大好处是可以得到最精确、最及时的信息帮助企业获得竞争优势。

2）商务智能的概念

商务智能（BI）这个术语由博弈论和仿生学而来，是由Gartner Group的Howard Dresner在1989年首次提出，他将商务智能定义为一类由数据仓库（或数据集市）、查询报表、数据分析、数据挖掘、数据备份和恢复等部分组成，以帮助企业决策为目的的技术及其应用。

商务智能从产生以来发展较快，但目前还不成熟，关于商务智能还没有统一的定义，人们只是从不同的角度表达了对商务智能的理解。

企业界（如IBM）认为BI是一种能力。商务智能是企业利用现代信息技术搜集、管理和分析结构化和非结构化的商务数据和信息，创造和累积商务知识和见解，改善商务决策水平，采取有效的商务行动，完善各种商务流程，提升各方面绩效，增强综合竞争力的智慧和能力。

学术界的观点是，商务智能实际上是帮助企业提高决策水平和运营能力的概念、方法、过程以及软件的集合，其主要目标是将企业所掌握的信息转换成竞争优势，提高企业决策能力、决策效率、决策准确性。

在总结有关商务智能的各种定义后，我们可以从以下几个角度阐述商务智能：

从技术角度来看，商务智能过程是企业的决策人员以企业中的数据库为基础，经由联机分析处理工具、数据挖掘工具加上决策规划人员的专业知识，从数据中获得有用的信息和知识，帮助企业获取利润。

从应用的角度来看，商务智能帮助用户对商业数据进行联机分析处理和数据挖掘，如预测发展趋势、辅助决策、客户分类、挖掘潜在客户等。

从数据角度来看，商务智能使得很多事务性的数据经过抽取、转换之后存入数据库，经过聚集、切片或者分类等操作之后形成有用的信息、规则，以帮助企业的决策者进行正确的决策。

3）商务智能的支撑技术

数据仓库技术、OLAP、数据挖掘技术是商务智能系统的三大支撑技术，其中数据仓库是商务智能的基础，OLAP与数据挖掘是商务智能系统中的数据分析工具。数据仓库的作用是为系统中的分析工具提供数据基础，OLAP和数据挖掘的作用是要把数据仓库中的数据变成知识，把潜在的知识变成可以为工作所用的知识，帮助我们在业务管理和发展上及时作出正确的判断，为决策者提供问题解决方案以及决策依据。

（1）数据仓库技术

数据仓库是一个用于更好地支持企业或组织的决策分析处理的数据集合，面向主题、集成、相对稳定、随时间不断变化，支持管理决策的制定。数据仓库是以关系数据库、并行处理和分布式技术为基础的，具有丰富的数据采集、数据管理、数据分析和信息描述能力。数据仓库的关键技术包括数据的抽取、清洗、转换、加载和维护技术。

数据仓库是商务智能解决方案的基石，是企业长期事务数据的准确汇总。数据仓库完成了数据的搜集、集成、存储、管理等工作，商务智能面对的是经过加工的数据，使得商务智能更专注于信息的提取和知识的发现。商务智能要充分发挥潜力，就必须和数据仓库的发展结合起来。

（2）OLAP

OLAP同数据仓库密切相关，它用于支持复杂的数据库分析操作，偏重给决策人员提供支持，可以对大数据量的信息进行快速、灵活的复杂查询处理。OLAP利用数据仓库的多维数据进行在线数据分析，在生成新的信息的同时，监测商务运作的成效，并按用户的要求将复杂的分析查询结果快速地反馈给用户。

OLAP是在数据仓库基础上的在线应用，是商务智能中不可缺少的一部分，是商务智能的分析处理工具之一，它从多种角度对原始数据进行分析，将其转化为用户所理解的并真实反映企业经营情况的信息，使用户对数据有更深入的了解，为决策提供依据。

（3）数据挖掘技术

数据挖掘是一种决策支持过程，是一种数据分析工具，它结合了机器学习、数理逻辑、统计学、数据库技术和人工智能技术等众多领域的知识，是解决从大量信息中获取有用知识、提供决策支持的有效途径。先进的数据挖掘技术，如人工神经网络、文本挖掘、Web挖掘的出现，进一步提高了数据挖掘技术分析数据的能力。

数据挖掘技术的智能化程度最高，它能高度自动化地分析企业数据库或数据仓库中的数据，作出归纳性的推理，从中挖掘出潜在的模式，找出企业经营者可能忽视的信息，以便于以理解和观察的形式反映给用户，帮助企业的决策者调整市场策略，减少风险，作出正确的决策。为了充分利用企业内外流动的大量商业数据，企业商务智能系统必须采用数据挖掘技术实现商务知识的发现，真正实现智能化。

除了以上三种技术，商务智能系统中还采用了一些其他的先进技术，如可视化技术、企业信息门户技术等，它们也是商务智能系统中不可或缺的。

12.3.2 商务智能发展趋势

随着竞争的加剧，人们广泛了解商务智能技术后，企业对商务智能提出了更高层次的需求：要求其能实时地支持决策，及时地适应市场变化，满足客户需求；要求其与企业已有的应用系统如SCM、CRM等无缝集成，避免重复投资；要求商务智能产品趋于标准化，使不同的商务智能产品间界面统一、信息共享等。这些要求形成了商务智能的未来发展趋势。

1）实时性

随着市场竞争日趋激烈，客户的个性化需求日益增多，企业的决策不仅需要正确性，还需要适应市场变化的及时性，满足客户需求。在这种情况下，支持实时决策已成为商务智能发展的一个方向。支持实时决策的商务智能可以减少数据滞后、分析滞后和决策滞后的现象，发现更多的商业机会。支持实时决策的商务智能体系结构如图12-7所示。

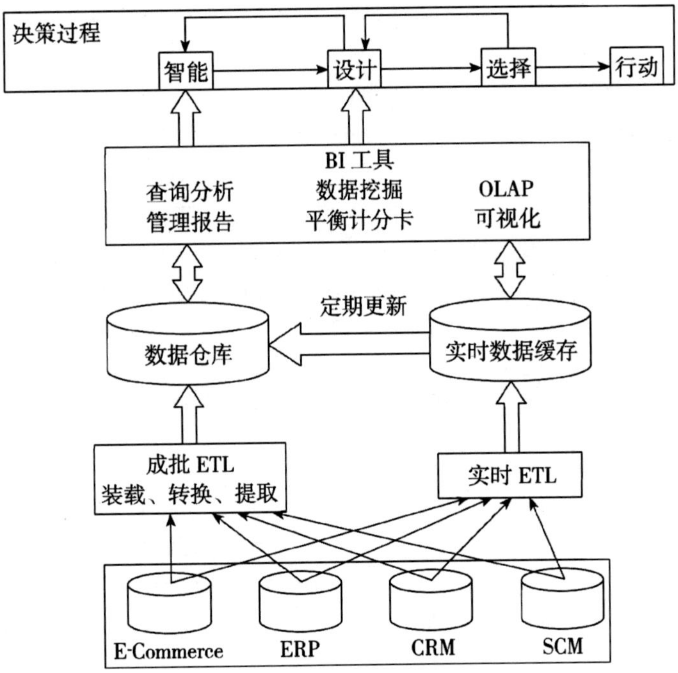

图12-7 支持实时决策的商务智能体系结构

资料来源：周瑾．支持实时决策的商务智能研究［J］．中国管理信息化，2009（3）．

支持实时决策的商务智能在传统商务智能的基础上增加了实时ETL、实时数据缓存，它更有利于企业及时发现数据背后隐藏的商机或威胁，了解企业和市场的现状，把握趋势，进行及时、有效的决策。在快速决策的需求下，实时性是商务智能发展的必然趋势之一。

2）标准化

随着企业对商务智能需求的不断提高，单一的商务智能产品很难满足用户的各种需求，使得不同部门往往使用不同商务智能产品，甚至相同部门往往使用不同商务智能产品。市场中的商务智能产品缺乏一定的标准，各自有独特的数据搜集、数据管理、数据分析以及信息展现方法等，不同产品间很难兼容。企业大多以部门为单位开展商务智能应用，每个部门使用各自的商务智能产品，具有局部的分析工具，有独特的用户范例、专用格式和元数据以及不同的数据提取与转换方法，使得部门间存在产品功能交叉、分析结果不一致、信息共享难等问题。解决这些问题要求商务智能工具和技术趋于标准化，因此迫切需要开发一套兼顾技术和体系结构，以及商务智能厂商实际状况的准则。

3）集成性

商务智能已嵌入ERP、CRM等应用系统中。目前，领先的商务智能厂商基于ERP、SCM和CRM等系统拓展商务智能市场，向客户提供整合的解决方案。可见，商务智能与其他应用系统的集成，将会成为未来商务智能发展的主流。

（1）面对服务架构（SOA）集成平台的出现，让商务智能与其他应用系统进行集成成为可能

一般的管理系统侧重于业务数据的记录与业务流程的控制，而商务智能系统则侧重于业务流程的控制与业务数据的分析。重要的是，商务智能系统要对业务数据进行分析，这其中的业务数据就来源于其他应用系统，这就为商务智能系统与其他系统的集成提供了一个很好的理由。

（2）企业在信息化投资上逐渐趋向于理性

单凭一个商务智能软件未来很难在企业中单独推广。不少软件公司纷纷把商务智能系统当作一个模块，与其他系统进行集成。

（3）将商务智能与应用系统集成，能避免重复投资，降低企业经营成本

我们都知道，商务智能系统跟ERP系统、CRM系统等之间都有重合的功能，如在业务流程控制方面都是类似的功能。若企业在上了ERP项目之后，再上商务智能系统就会出现重复性投资。

基于以上原因，商务智能系统跟其他应用系统的集成，将成为商务智能发展不可阻挡的趋势。

4）实用性

商务智能的价值在于提高决策的质量，提高企业盈利能力，降低成本并改善客户满意度。以前，商务智能一直只是重视一些高端的应用。但是，这些高端应用的很多功能很难在企业中实施，同时一些商务智能软件提供商在设计软件时忽略了企业的实际情况，因此设计出来的功能往往实用性不强，或者由于适用条件苛刻，导致能够使用的企业很少。

企业希望商务智能系统能够加强企业的绩效管理，给出商务决策的同时，监督这些决策产生的结果。目前，一些先进的商务智能解决方案已涵盖了绩效管理功能，如Business Objects（SAP）所拥有的商务智能解决方案就提供了绩效管理模块。除了加强绩效管理之外，商务智能系统还应提高处理结构化和非结构化数据的能力，加强预测分析功能。在企业对商务智能的要求不断提高的情况下，商务智能厂商要结合企业实际情况，提供一些实用的功能，充分发挥其价值。已经有软件公司把一些实用的管理模型，如员工绩效考核等工具集

成到商务智能系统中去。相信在不久的将来，会有越来越多的软件公司从实用性出发，提高商务智能系统的实用功能。

5）大众化

商务智能正朝着大众化的方向发展。商务智能不再只是高层人员的决策分析工具，它也可以帮助一线人员解决业务中出现的各种问题。商务智能的范围要从为部门的特定用户服务扩展到为整个企业的所有用户服务，让企业不同层次的员工使用商务智能，并扩展到客户、供应商和合作伙伴等外部用户，使每个用户受益，即为每个员工提供相关的、完整的、适合于角色定位的信息。

除了以上所述的趋势外，商务智能还具有关注数据质量、提高系统易用性等趋势。商务智能正处在全面发展的新阶段，借助其核心技术，无论在技术层次，还是在应用领域中商务智能都将比以往更加智能化。

12.3.3 CRM与BI的整合

1）CRM对BI的需求

（1）CRM面临的问题

实施CRM，前提是存储了大量的历史客户数据。数据在组织内的信息工厂中被处理成信息时获得了价值。借助于得到的信息，可以更进一步接近客户。由于市场竞争日趋激烈，使得获取一个新客户的成本比留住一个老客户的成本大得多，如何采取措施提高客户忠诚度，已成为企业考虑客户关系时的关键问题。客户忠诚度基于客户满意度，只有在深入了解客户特征，并通过分析与客户的历史交往过程记录，即客户数据库后，才能从中发现潜在的、与客户满意及忠诚有关的、有价值的信息。

在企业庞大的数据库中存储着客户及企业营销、服务等方面的信息，倘若没有一个具有高度商务智能的数据分析和处理系统是不可想象的。

①任何CRM系统都应该使每个人（包括销售人员、客户代表、分析人员和其他团体）很容易地得到数据。一般而言，企业的不同系统之间的数据流动很少能达到无缝连接。

②随着数据库技术的迅速发展以及数据库管理系统的广泛应用，企业中积累的数据越来越多。庞大的数据背后隐藏着许多重要的信息，人们希望能够快速有效地对其进行更高层次的分析，以便更好地利用这些数据，进行决策支持。而目前的数据库系统可以高效地实现数据的录入、查询、统计等功能，却无法发现数据中存在的、隐含的关系和规则，无法根据现有的数据预测未来的发展趋势。

在这些CRM信息组织中，信息资源实际只是完成了“从数据到信息”的转化，它还必须经过大量的人工实时处理才能被提供为决策参考。在当今数据量快速增长的背景下，这样的CRM系统实际上是无法在适当的时候向适当的人提供适当的决策参考的。“从信息到知识”这一信息组织流程的缺失或不足，直接影响了企业客户战略的实施。

（2）CRM对BI的需求

CRM将最佳的商业实践与数据挖掘、数据仓库、销售自动化，以及其他信息技术紧密结合在一起，通过充分挖掘客户的商业行为个性和规律，不断寻找和拓展客户的盈利点和盈利空间。借助CRM系统积累的多维数据并结合商务智能，可以更加科学和快速地提供高效的决策分析。

在基于商务智能的CRM中，可以利用聚类分析技术，根据客户的个人特征以及消费数据，将客户群体进行细分，即通常所讲的客户分类，并且进一步对客户差异进行相应的总结性描述。客户分类和客户差异描述已经将最初存储在客户数据仓库中的数据转化为信息并最终总结为知识。在考虑客户差异的前提下，针对不同的客户群，企业可以制定相应的营销服务策略和客户发展策略。

总之，一个企业内部的相对复杂度越高，高层管理者就越难控制其复杂的商业结构，就越需要商务智能的支持。另外，一个企业的客户数量越多，企业就越难把握客户的购买模式和行为习惯，对客户信息和市场信息的片面分析很难得到对客户真正而全面的描述，因此，对商务智能技术的需求越强烈。在基于商务智能的CRM中，商务智能可以更好地发掘知识，帮助企业留住老客户，争取新客户，了解客户的需求和期望，从而针对不同的客户提供不同的服务。

2）CRM与BI整合的实现方案

将CRM系统与BI工具集成在一起，使企业的前端和后端系统都能满足企业业务和操作需求是一件非常有挑战性的事情。从根本上讲，BI工具只有在拥有丰富数据的条件下进行分析，才能发挥最大的作用，如存储在CRM系统中的信息就非常适合BI工具的分析需求。总的来说，BI工具能够帮助企业从上到下地组织和管理客户和交易数据，改进战术和战略决策，从而促进企业发展。

为特定用途而建造的BI工具，如QlikView和Microsoft BI Analytics主要用于将信息从各种业务系统抽取出来，将它们进行合理的组织并安排到企业的“仪表板”上。“仪表板”能够提供企业关键业务的可视化信息摘要。而如果让“仪表板”发挥作用就必须将它连接到“活”的数据上，即由CRM应用产生的数据。“仪表板”实时对信息进行整合、关联，并向用户展示关键绩效指标（KPI）或关键财务指标（KFI）。KPI和KFI是衡量企业完成某个特殊目标情况的高级指标。企业管理者可以通过“仪表板”快速浏览KPI，了解企业的运营情况，并对这些指标进行深入的“钻取”和分析，从而对目前的业务和形势进行明智的预测和决策，正确引导企业向着健康的方向发展。

由于每个企业拥有的定制系统不同，因此它们在集成CRM和BI系统时面临的挑战也不同。但是，CRM-BI集成项目是有一些典型的总体目标，具体分类如下：

①搜集和整合数据：使每个人都专注于自己的任务，避免数据搜集超载。

②防止数据丢失：将数据存储在一个中心位置，为市场营销、销售和客户服务提供帮助。通过整合BI和CRM，能够捕获正确的信息并将它们添加到中心资料库。

③减少数据重复性：这是CRM与BI在应用过程中的一个共同挑战。许多企业考虑把BI工具与CRM工具集成在一起以减少数据重复性。

通过将BI工具与自己的CRM系统集成在一起，同时创建“仪表板”展示和分析财务、人力资源、合作伙伴、客户服务、管理、销售和市场营销等方面的信息，企业能够获得巨大的收益。由于每个企业在进行CRM与BI整合工作时，各自的需求有很大的不同，这种集成工作没有一个开箱即用的解决方案或现成的商业软件可用，因此工作重点就在于找到一种方法，能够快速、高效地建立“仪表板”。幸运的是，我们已经找到了这样一种方法，称为“工作的时候（RAPID）”。RAPID分别代表：review（调查）、analyze（分析）、plan（规划）、implement（实施）、deploy（部署）。

RAPID方法将速度、人、技术和过程与企业的关键业务问题结合在一起。按照RAPID方法，企业就能在短短的一个星期建立起一个工作原型，而准确性达到80%左右。

RAPID方法分解如下：

（1）调查

①目标和需求：为CRM-BI集成项目确定具体的目标。由于每个企业有不同的行业需求，因而没有一个公共的目标集。

②业务流程：弄清楚数据从哪来到哪去。

③弄清楚哪些系统是用来创建报表的以及这些系统的兼容性。

（2）分析

①现有的报表以及企业运营所需要的指标和工具：这有助于防止数据重复，确定发展的机遇，并简化数据搜集。

②用来衡量成功的指标：如果没有合适的集中和平衡性能的措施，企业将不会看到过程和功能产生的影响。

③业务流程。

（3）规划

①要确定优先次序、开发工作量和项目时间表。

②列出手头可用资源的清单：企业自身是否有足够的实力来完成项目并处理出现的问题，或者是否需要聘请第三方顾问来进行协助。

③确定保证项日成功所需要的方法和安排。

（4）实施

①工具和预先确定的过程。

②时间表和预算。

③目标和计划，确保整个企业的沟通和交流没有任何障碍。

④“仪表板”和报告功能。

（5）部署

①进度表和过程。

②员工的培训计划。

③反馈机制。

在利用RAPID方法进行CRM–BI集成的过程中，提供原型是非常重要的，原型对于最终用户是非常宝贵的，因为它能够灵活地处理出现的变化，这有助于确保BI工具能够满足用户的需要。这一过程大大提高了终端用户的使用率，为许多CRM系统的成功部署奠定了基础。

在当今复杂的商业环境下，快速全面的方法是保证CRM-BI成功整合的决定性因素，而RAPID方法正是建立在这样的基础之上的。RAPID方法使得企业能够快速、高效地完成CRM-BI的集成工作，同时赋予企业极大的灵活性，及时根据业务需求的变进行系统调整。通过集成CRM系统和BI工具，企业可以利用商务智能数据更好地进行业务决策、分析和处理。CRM-BI集成使得企业能够利用实时信息和数据，迅速作出正确的决策。成功的CRM-BI集成是很多企业发生重大变化的有力推动因素。

3）CRM与BI整合的系统结构

从整体来说，CRM与BI整合的系统结构大致可分为四层：数据源层、数据存储层、应用支持层和用户交互层，如图12-8所示。

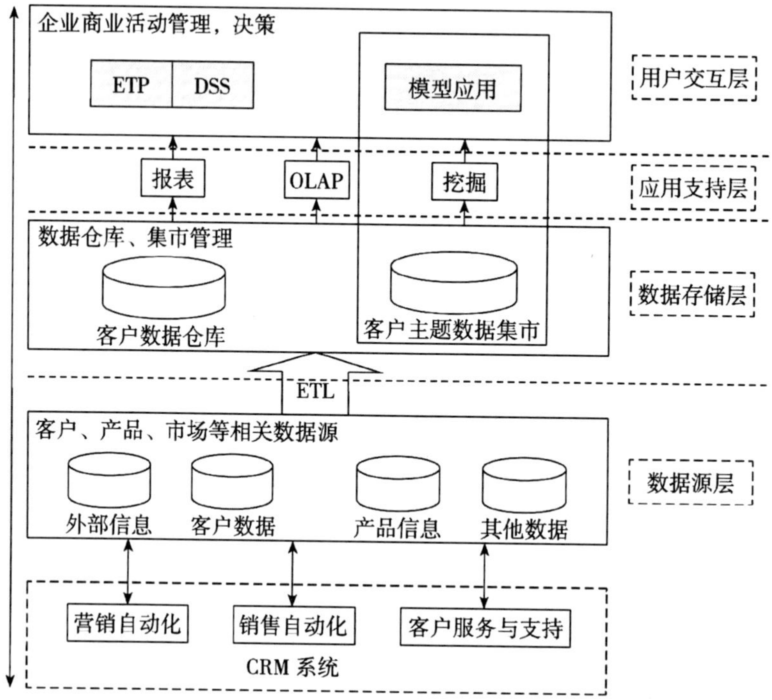

图12-8 CRM与BI整合的系统结构

(1) 数据源层

数据源层包括了从CRM系统到一些外部系统的数据源，如涉及客户交互的一些交易、客户服务系统、来自营销管理部门的客户订单数据，以及来自销售管理部门的生产数据等。

(2) 数据存储层

数据存储层是为了企业有集中统一的客户视图，从各数据源系统抽取数据，用于整合后的客户数据仓库。在客户数据仓库的基础上，还可以建立相关分析用的多个客户主题数据集市。

(3) 应用支持层

应用支持层除了支持复杂、智能化报表查询外，还支持联机分析处理（OLAP），提供数据挖掘等功能。

(4) 用户交互层

用户交互层提供分析和挖掘结果使企业管理层、决策层和其他服务人员与客户交互，形成反馈机制，从而有效地利用分析和挖掘得到的有用知识。

12.4 CRM与ERP、SCM及BI整合的实现

12.4.1 CRM与ERP、SCM及BI整合的必要性

随着信息技术的发展，CRM、ERP、SCM和BI四大解决方案在企业的信息化建设过程

中发挥着举足轻重的作用，对于提高企业的管理绩效功不可没。这四大解决方案各有侧重。ERP强调企业内部资源的优化，它是以企业内部供应链管理为核心的。CRM的价值在于突出了客户服务与支持、营销管理等方面的重要性，从改善客户关系的角度来提高电子商务环境下的企业竞争力和利润。SCM对供应链上的所有环节进行有效的管理，使供应链跨越部门与企业形成以产品或服务为核心的业务流程，它是从整个社会角度考虑供应链管理。而BI主要是从多角度分析企业ERP、SCM和CRM积累的大量业务数据，形成分析报告，用切实的数据帮助企业决策层作出经营决策。

虽然这四大解决方案各有侧重，但是所要解决的具体问题却是相互关联的一个统一体。如果CRM、ERP、SCM和BI四大系统始终处于各自为政的状态，就会在很大程度上造成信息资源的浪费和工作的重复。因此，有必要对这四大系统进行整合，使之能够协同工作，形成一个有机的整体，从而发挥更大的作用。

下面从几个主要方面来说明CRM与其他信息系统整合的必要性。

1）从各个系统本身存在的缺陷来说明CRM与其他信息系统整合的必要性

（1）CRM是一种旨在改善企业与客户之间关系的新型管理机制

利用CRM系统，通过对企业和用户之间的联系情况的记录和分析，企业能够充分理解客户的需求，设计制造更为贴近客户需求的产品，提升客户的潜在购买力。另外，通过个性化、一对一的服务给予客户更多的关怀，提高客户的满意度，保持既有客户对企业的忠诚度。

但是，目前CRM对企业内部的相关信息缺乏有效的管理。同时，从前台系统搜集的数据中挖掘出对改进客户满意度有用的信息，并将其运用到企业的生产、物流、销售和客户服务等系统中，这不是单纯的CRM所能胜任的。CRM要解决以往客户信息的不确定性，首先要将企业内部和外部所有与客户相关的资料和数据集成在同一个系统中，让所有与客户接触的一线工作人员都可以利用这些资料。同时，还要对前台工作导入流程管理的概念，每一类客户的需求都会对应规范的内部流程，但是企业进行事务的处理必然会牵涉到人、财、物的管理，单纯的CRM无法完成。

（2）目前，新的ERPⅡ系统是一种新的商业战略

它由专业化的行业应用组件构建而成，通过它可以整合和优化企业内部以及企业之间的商务、协作运营和财务运作流程。企业电子商务使ERP能集成以顾客和供应商为中心的商业流程，从而为企业开启了新的战略机会的大门。ERP能对企业资源进行合理安排，实现资源的最优化。

但是，目前ERP本身还存在许多问题，主要在于无法实时地以现有资源响应客户的需求，因而难以对现实世界的供应链提供很好的支持。虽然ERP的一些部门级系统有客户资料，但是这些资料很难对客户有全面的认识和实时的了解，也难以在统一信息的基础上面对客户，很难实时预测业务伙伴和顾客群的变化状况。现阶段，在中国虽然少数企业实现了ERP，但是仅限于企业内部资源的后台管理和控制，在企业前端缺少一个有效的互动式交易平台，从而造成企业内部与外部之间信息流、价值流和物流相互交换的脱节，使企业成为一个个的“信息孤岛”。

（3）SCM是把客户需求和企业内部的制造活动以及供应商的制造资源整合在一起，并对供应链上的所有环节进行有效的管理

在一个企业内部，从传统的供销管理模式过渡到集成化供应链管理模式，通常会经历基

础建设、智能集成、内部供应链集成、外部供应链集成和集成化供应链动态联盟五个阶段。电子商务时代的供应链系统是动态联盟的、高度集成的、高度敏捷的，同时还应该是可重构、可重用、可扩展的，以便于企业更大限度地利用外部资源。

SCM着眼于企业与供应商和客户之间供给与需求的平衡，在以最小成本满足客户需求的前提下，对从供应商到客户之间的整个渠道进行全面的管理。但是，在企业经营中，一个普遍的事实是，无论是厂商、经销商还是供应商，在其推进企业信息化过程中，宁愿投入资金、技术建立自己的供销组织和营销网络，也不愿选择公众网络平台运行相关业务。企业商务的协同必须建立在企业内部ERP基础之上，并且变原有的封闭式管理平台为价值链层面的有限开放环境，其开放性保证了供应链各个环节的信息流、物流的共享和协同，有限性保证了系统的安全和有效。事实上，SCM缺乏来自企业后台的动态信息，无法实现实时信息处理，使业务层和数据层之间出现断层，客户交易信息很难实时响应。电子商务的出现打破了原有商业模式的平行结构，把供、销、存统一地集中在一条垂直的价值链上。这种相互关联的体系要求价值链上的各环节必须做到信息共享，因为这是SCM实施的前提。

（4）BI主要的功效体现在对数据的分析、展现、预警、决策支持上

BI需要建立在一定的信息化基础平台之上，而ERP、CRM、SCM就是BI最佳的软件平台。随着信息化的深入发展，企业用户将不满足于单个的ERP、CRM、SCM信息系统的效果，企业用户希望从已有的系统中挖掘更多的数据，BI可以从这些系统中获得信息帮助企业用户对自己的数据进行分析，挖掘潜在的商机，并通过EAI系统集成，使ERP、CRM、SCM、BI之间的信息可以无缝地在各个系统中顺畅流转。

因此，在协同电子商务环境下，应整合ERP、CRM、SCM、BI，实现企业各方面资源充分调配和均衡，将资源与业务、管理相结合，减少ERP、CRM、SCM单独运行时产生的“信息孤岛”，实现信息处理由事后走向实时，提高物流、信息流运作的效率，消除中间冗余环节，从而全面提高企业的经济效益，增强企业的竞争力。

2）CRM系统与其他信息系统整合是电子商务环境下发展的必然趋势

可以说，企业实施电子商务的基础是ERP，通过ERP系统的建立和完善，解决好内部管理和信息通畅的问题，在此基础上才能顺利扩展到CRM和SCM，直到扩展为真正意义上的电子商务。这样使供应商、生产商、分销商、客户通过供应链紧密结合，在客户需求的驱动下实现物料的有效流动，使零库存成为可能，从更大程度上提高企业的效率。另外，通过实施融合BI功能的各个信息系统，可以实现尽可能地将企业的生产、经营、销售、管理以及服务等数据化，同时通过对来自各种信息源、数据仓库的信息数据进行有效的提取、分析、判断，为企业决策提供参考，从而真正将企业的信息化系统变成一种新型的生产力。因此，企业应根据各自的情况，科学地作出应用CRM、ERP、SCM和BI的决策，并制定明确、量化的应用目标。既要把应用CRM、ERP、SCM和BI与企业创新有机地结合起来，又要通过应用CRM、ERP、SCM和BI来促进企业电子商务的顺利实施。

12.4.2 CRM与ERP、SCM及BI整合的系统分析

1）整合的需求分析

随着新经济的基础——“价值链”和“过程链”的管理思想的发展、Internet/Intranet和网络计算的热潮的掀起、制造业的国际化倾向以及制造信息技术的深化，企业的收益不仅取决于企业内部流程的加速运转和自动化，还将取决于企业将这种效率传递给由它的客户以及

供应商组成的整个业务系统的能力，即把效率传递给它的整个供应链的能力。而传统的单个系统的管理思想仍达不到这种要求，存在很大的局限性。

另外，电子商务的发展、顾客需求的变化、市场观念的更新以及管理思想和营销理念的变革，迫使企业在做好内部管理的同时，还必须兼顾客户的满意度和忠诚度，兼顾与相关事业单位之间的物流、信息流和资金流的沟通与实时处理，只有这样才能取得双赢或多赢的局面。

但是，由于CRM、ERP、SCM都只关注企业运营管理中的某个领域，其设计开发和实施也都是分散的，各自采用的数据标准也不同，因而使得企业内部形成了许多的“信息孤岛”，严重地阻碍了企业信息的交流畅通，更使得整体价值链上的信息共享难以实现。因此，为适应电子商务环境下企业竞争环境和管理中心的转变，CRM、ERP、SCM的整合成为企业信息化发展的必然趋势，并且BI能在各个系统的整合中，特别是在信息流和数据流的整合中提供很好的技术支撑。

2）整合的目标要求

系统整合的目的是，通过企业信息系统的整合，实现企业运营信息流通的顺畅，提高企业运营效率，降低运营成本。为了达到这样的效果，企业必须达到以下的目标要求：

（1）工作界面的统一

各个系统有着各自的工作界面，这使企业用户在使用时增加了不少麻烦，因此，在系统整合时必须实现工作界面的整合，企业的内部员工、企业的用户和合作伙伴等企业用户都能在一个统一的界面上得到需要的信息和服务，并且利用这个界面实现信息的录入和通信工作。同时，这个统一的界面还应该具有弹性，使用户能够个性化定制自己的工作界面，增加使用的便利性。

（2）数据信息的集成

企业的后台数据库要实现整合，并保证信息流通的顺畅，从而减少信息冗余，消除“信息孤岛”。一方面，企业的数据应该实现“一次录入，全局可用”，减少员工录入工作、提高工作效率、节省存储空间，同时保证数据的一致性；另一方面，通过建立企业的数据仓库，对企业的各项运营数据进行全面的、有效的支持，帮助提高企业的运营水平。

（3）业务流程的整合

系统整合以后，应该实现企业整体运营流程的整合，提高业务流程效率，快速响应客户需求。业务流程的整合应该包括任务的自动分配、消息发送以及记录创建活动，从而实现业务流程的自动化，使业务流程的运行环环相扣，减少无用的往复环节，提高企业的运营效率。同时，由于企业的运营环境变化无常，企业的流程管理也应该具有相当的弹性，使企业流程顺应市场的需要。

（4）系统安全性

系统安全性包括最终用户身份认证、节点连接的安全认证、应用程序的安全认证、管理界面的访问权限控制、数据加密/解密功能、安全事件报警等。

3）整合的体系架构

企业的整体发展规划必然要求CRM、ERP、SCM三者的最终集成，同时BI技术的发展为三者的融合也提供了支持。在协同电子商务环境下，企业应该更新营销理念，进行基于Internet的以客户为中心的信息化建设，整合企业内外部资源，使前后端紧密连接。

从前台系统搜集的数据中挖掘出对改进客户满意度有用的信息，并将其运用到企业的生产、物流、销售和客户服务等系统中，这不是单纯的某一个系统所能胜任的。因此，必须以企业自身的ERP为基础，以SCM作为整个供应链的计划工具，突出“以客户为中心”的现代经营管理理念，借助BI为ERP系统提供所需要的决策分析。在这里，以CRM为主体，SCM、ERP、BI之间存在相互联系、互为补充的关系。CRM与SCM、ERP、BI整合的体系架构如图12-9所示。

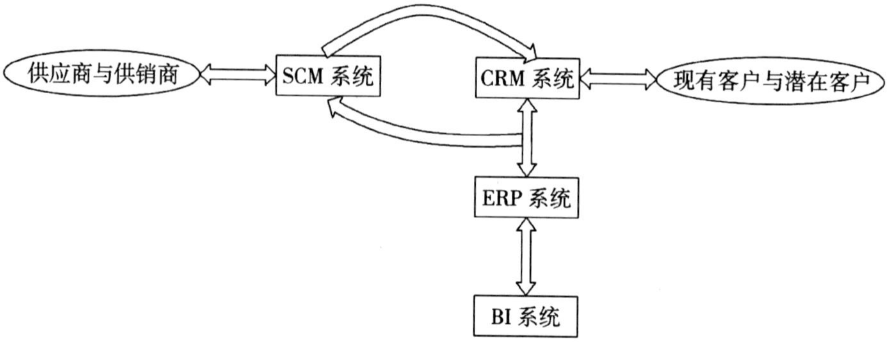

图12-9　CRM与SCM、ERP、BI整合的体系架构

大体上来讲，整合后的系统可以分为两部分：前台系统和后台系统。前台系统主要是企业通过电子商务采购平台和电子商务销售平台与供应商和客户之间进行物流、信息流和资金流的交换。后台系统主要是企业内部自身物流和信息流的交换，以及商务智能对生产、销售及客户等信息数据的挖掘分析和决策等。

12.5　案例分析——海尔集团四大方案整合

海尔集团创立于1984年，经过30多年创业、创新，从一家资不抵债、濒临倒闭的集体小厂发展成为全球家电第一品牌。目前，海尔集团旗下拥有240多家法人单位，在全球30多个国家建立本土化的设计中心、制造基地和贸易公司，集白色家电、数字及个人产品、整体厨房、节能产品、住宅、生活家电于一身，由单一的制造型企业向“产品+服务”型集团企业转变。

互联网时代世界名牌的特点之一是能够快速地满足用户个性化需求，在这个过程中，企业需要的是大规模定制而非大规模制造。海尔集团为了专注互联网机遇，解决这一挑战，力求创造互联网时代的世界名牌，积极进行ERP、CRM、SCM和BI的集成，探索实践“人单合一双赢”模式，创造出差异化、可持续的竞争优势。

1）海尔集团系统集成现状

在家电行业类其他企业不断崛起，制造技术、管理技术、信息技术不断提高的大背景下，海尔集团不断提高自身科学技术创新水平，向多产业方向发展，坚持加紧自身企业信息化融合建设步伐，在企业原有的ERP、CRM、SCM三者基础上，利用BI的决策支持功能，增强市场反应能力，增强市场竞争力。

（1）ERP子系统

海尔集团的ERP子系统提供物料管理（MM）、制造与计划（PP）、销售与订单（SD）管理，财务管理与成本管理（FI/CO），以及业务数据仓库/决策支持信息系统（BW）模块。

ERP系统实施后，可以打破海尔集团内部原有的“信息孤岛”现象，使信息同步且集成，提高了信息的实时性与准确性，加快了对供应链的响应速度。实施ERP后订单不但1天内完成“客户—商流—工厂计划—仓储—采购—供应商”的过程，而且准确率为100%。对于每笔收货业务，扫描系统能够自动检验采购订单，防止暗箱收货，财务在收货的同时自动生成入库凭证，使财务人员从繁重的记账工作中解放出来，真正地发挥财务管理与财务监督职能。

（2）CRM子系统

海尔集团CRM系统的核心思想概括为一句话，即“客户关系是树根，信息技术是树干，销售结果是树叶”。因此，CRM系统围绕一个中心，面向两类客户，提供三种服务。一个中心是以订单信息流为中心，可实现客户对订单的下达、审核、跟踪的全过程服务。两类用户分别是外部客户用户和内部业务人员用户。三种服务分别是面向外部客户的网上财务对账、费用查询等在线账务服务；面向外部客户的管理咨询、客户投诉；面向内部业务人员的库存查询、日期查询、客户进销存查询、商务智能分析等在线系统服务，以及企业文化、产品推介、促销活动等网上信息服务。海尔集团CRM系统的目标是通过搭建与客户之间的统一高效的平台向客户提供更加个性化、专业化的服务。

（3）SCM子系统

海尔集团SCM子系统作为海尔集团信息化融合的核心部分，为海尔集团带来的是显著且直观的经济效益。该解决方案能够满足海尔集团最新的业务流程，包括采用JIT原材料和制成品存货管理，以及全球贸易。海尔集团实施SCM后效果显著：实现了为订单而采购，消灭了库存，使得采购成本大幅度降低，降低了库存资金；建立了全球供应链网络；实现了三个JIT，即“即时采购”“即时配送”“即时分拨物流”；实现了快速即时反应。

（4）商务智能

海尔集团利用BI将企业的各种数据及时地转换为企业管理者感兴趣的信息，并以各种方式展现出来，帮助企业管理者进行科学决策，加强企业的竞争优势。BI在海尔集团的应用主要体现在以下几个方面：对企业的采购计划提供支持，在采购价格上进行数据分析，对供应商进行供应信用等级分析，对某种物料下一时期需求进行分析等；对市场进行预测，能够预测家电市场短期和中长期市场需求，综合考虑历史销售信息、订单信息、自己的销售库存变化等进行调整；对客户进行分析，在海尔集团，“以客户为中心”的企业策略正逐步取代“以产品为中心”的企业策略。

2）海尔集团系统集成效果

ERP、CRM、SCM和BI的协同，就是在物流、资金流、信息流、增值流、服务流上实现全方位的管理，使企业与上下游企业之间建立紧密的战略合作关系。各个系统集成之后，海尔集团在业务流程方面实现了企业内部网络和外部网络的连接，使得企业成为一个开放的而非封闭的系统。在业务流程再造的基础上，海尔集团形成了“前台一张网（即海尔集团CRM网站），后台一条链（即海尔的市场链）”的闭环系统，构筑了企业内部的ERP系统、物流配送系统、供应链系统等，形成了以订单信息流为核心的系统集成，实现了各个子系统的无缝连接，从而满足客户需求的协同服务，大大缩短了对客户需求的响应速度。

海尔集团在全球化品牌战略指导下，结合自身优劣势，紧抓发展机遇，以白色家电产业为支撑产业不断拓展新业务领域，形成了多元融合品牌格局。海尔集团积极推进内外部信息化融合进程，通过ERP、CRM、SCM和BI的集成，努力实现以市场链为纽带的业务流程重组，实现客户需求快速响应，开创订单式海尔集团e制造模式，在零距离、零库存的基础上实现了零运营资本。海尔集团作为本土化集团企业，在企业改革、企业信息化融合和企业创新等方面成为国内其他相关企业的榜样。在跨行业多领域集团企业中，海尔集团的ERP、CRM、SCM和BI集成具有代表意义。

本章小结

企业ERP系统中包括了从生产到销售、营销方面的管理，而CRM系统则专注于销售、营销、客户服务和支持等方面，通过管理客户满意度、客户利润率、客户忠诚度，实现最终业绩的提高。一方面，CRM的价值在于突出了销售管理、营销管理、客户服务与支持等方面的重要性，可以看成广义ERP的一部分；另一方面，CRM要求企业完整地认识整个客户生命周期，提供与客户沟通的统一平台，提高员工与客户接触的效率和客户反馈率，实现前台业务与后台业务的整合。由此，CRM与ERP交融、整合，形成无缝的闭环系统，成为企业级管理系统应用中的重要命题。

CRM与SCM都是企业为了充分利用内部和外部的资源，提高市场竞争力与反应速度而采取的管理模式，二者有各自不同的关注焦点，SCM更多地关注企业的运作，而CRM则以客户作为核心。供应链管理和客户关系管理的一体化将真正实现企业实时响应客户需求，实现需求和供应链上资源的最优化配置，从而全面提升企业的竞争力。因此，企业会拥有一个与客户关系管理集成的供应链，与供应链上的每个合作伙伴相比，它都有更具竞争性的业务运作优势。

CRM致力于分析顾客行为和偏好特性，有针对性地为顾客提供产品或服务，不断为客户创造价值，以留住客户和提高客户的忠诚度，并有选择性地吸引新顾客。尽管留住老客户比获取新客户的成本要低，但是获取新客户一直是CRM不可或缺的一个关键所在。BI系统会帮助企业挖掘CRM的客户资源和信息，更加深入地分析和研究客户，从而制定更好的策略以实现顾客价值最大化和企业收益最大化。

CRM、ERP、SCM和BI四大解决方案在企业的信息化建设过程中发挥着举足轻重的作用，对于提高企业的管理绩效功不可没。虽然这四大解决方案各有侧重，但是所要解决的具体问题却是相互关联的一个统一体。因此，企业有必要对这四大系统进行整合，使之能够协同工作，形成一个有机的整体，从而发挥更大的作用。

复习思考题

12.1 概述企业资源计划如何实现同客户关系管理的集成。

12.2 概述供应链管理如何实现同客户关系管理的集成。

12.3 概述商务智能如何实现同客户关系管理的集成。

12.4 说明如何实现CRM、ERP、SCM和BI的整合，以及整合后的系统架构是怎样的。

技能实训题

12.1　分析海尔集团是如何实现CRM、ERP、SCM和BI整合的。

12.2　结合海尔集团成功的案例，简述如何通过CRM、ERP、SCM和BI的整合来提升企业的核心竞争力。

第四篇　实践篇

在前面的三篇里，我们更多地从理论角度出发，了解了有关CRM的各个方面的定义以及相关技术的内容。在第四篇中，我们将从实践出发，即从一个CRM项目的实施出发，来讨论企业在现实中具体实施CRM的相关问题。这一篇在本书中具有更加现实的意义，作为一个企业，它可能不会去关心一个CRM系统是由多少理论构成的，这个系统设计又会涉及哪些技术，但是，企业一定会关心实施这样一个系统需要做些什么，涉及哪些部门，实施的步骤是怎样的，系统会给企业带来什么样的利益，存在什么样的问题和弊端等，这些才是实施CRM的企业会真正关注的问题，也是CRM系统可以真正打动企业的地方。即使一个CRM系统非常完善、功能非常强大，但是对于一个企业的组织机构、盈利模式等当前的运行情况不适合，不能够为企业带来利益，那么再好的管理模式和运行系统企业也不会使用。

为了很好地阐述企业在实施CRM项目的过程中会涉及的相关内容，本篇从企业实施CRM的实际情况出发，介绍当前比较成功的做法以及一些趋势，对企业可能会关心的问题进行着重分析。我们将这一篇分为四部分共四章，第一部分（第13章）主要涉及CRM项目实施，这一章中将一个CRM项目的实施从意义到方法、从理论到实际，做了一个比较全面的介绍。第二部分（第14章）主要涉及同企业利益直接相关的问题，包括CRM的绩效评价、成本以及效益。后两章则从案例的角度来讲述CRM的实施。第三部分（第15章）介绍了当前流行的CRM产品，概述了几个重点行业实施CRM的情况，企业实施CRM可能出现的机遇与问题。第四部分（第16章）则介绍了商业银行这个CRM思想体现最充分的行业，在客户经理制中实施分析性CRM系统的情况。

第13章

客户关系管理项目实施

学习目标

掌握CRM在实施过程中存在的问题，并了解CRM实施的意义及战略。重点掌握CRM系统成功实施的关键因素以及CRM实施方法论及一般过程，并且对实施CRM的项目管理有所了解。

◆主要解决的问题

如何解决CRM实施中存在的问题；CRM实施方法和实施过程；CRM项目管理。

13.1 CRM系统的实施概述

13.1.1 CRM系统实施的现状与存在的问题分析

市场研究公司Gartner发表的研究报告称，到2017年底全球客户关系管理（CRM）软件收入赶超数据库管理系统（DBMS），这让CRM成为所有软件市场中最大的一个细分市场。

2017年全球CRM软件收入达到395亿美元，超过DBMS软件收入的368亿美元。Gartner研究总监Julian Poulter表示："2018年CRM软件收入将继续在所有软件市场中处于领先地位，并成为发展速度最快的软件市场，增长率为16%。"Poulter说，CRM软件收入的强劲增长主要是受到了商机管理、客户声音和现场服务管理等细分市场的推动，每个细分市场都实现了超过20%的增长。

但并不是哪个企业在CRM市场抢得先机，哪个企业就可以称霸市场。因为CRM的实施历来失败率很高。英国顾问公司Butler Group曾出具一份报告指出，实施CRM的失败率高达70%。Gartner的调查研究也曾表明，在所有CRM项目中大约有55%没有达到软件用户的预期目标。贝恩管理咨询公司曾就25个流行工具的客户满意程度对451个高级主管进行了调查，结果显示CRM列于倒数第3位。而我国CRM自1999年起步，历经多年发展壮大，虽然正处于潜力巨大、前景光明的时期，但是却同样也存在实施的高失败率。

尽管现在已经有很多的企业在CRM上投入了大量的人力和物力，但是CRM具体运行的效果并不尽如人意，大多数没有给企业带来预期的收入，调查显示失败率很高，而导致这样的结果的主要原因，或者企业在实施CRM过程中主要存在的问题有以下几个方面：

1）过于注重技术，忽视了CRM的真正意义

很多企业管理者认为，CRM是以产品质量和技术为核心的。一位资深的企业管理者说："我们早就有CRM了，我们购买了CRM系统。"就是这些声称拥有了CRM的企业，依然经常会听到客户这样不满的反馈："一个大型通信厂商错误地多收了我一段时间的费用，但它的系统却不能告诉我到底是多长时间，而且没有一个代理商可以解决这个问题。""一个银行的系统不能删除在PDA中的特定信息。""一个电话投诉系统，需要按六层按钮才能进入，然后我被告知线路忙需要等待，等待结果是挂线。""一个公众服务集团的应答电话向我道歉无人接听，告诉我留言，但是我必须知道服务集团邮箱的号码，可是又没有任何地方提供这个号码，然后系统表示没有收到信箱号码，断开了与我的通话连接。"既然拥有了现代化的CRM系统，为什么我们还经常会听到客户这样的抱怨呢？

一些应用CRM的企业会抱怨："我们在CRM上花了很多钱，而它并没有很好地为我们工作。"就是这种思想使企业经营管理者忽视了企业中人的作用，从而为CRM的实施埋下失败的隐患。受这种观念的影响，目前仍有很多企业把可以顺利地实施CRM寄希望于购买一套先进的CRM软件系统，而忽略了对CRM有效性的需求比技术更重要这样一个事实。

有一家独立的CRM咨询机构GCCRM（Greater China CRM）创立于2001年，拥有来自100个国家的70 000名会员，是中国最大的客户关系管理社团。GCCRM认为，客户关系管理不仅仅是软件或技术，客户关系管理成功的关键是"客户、策略、人、流程及技术"，并

大力提倡“CRM Success Beyond Software（超越软件的成功CRM）”。它的一项调查表明：技术要素的权重仅为15%，在所有要素中最低，但由于领导级的决策人群对技术要素相当重视，从而使其实际权重变得最高。事实上，IT技术的不断升级并不意味着好的CRM体系会自动建立。在初始阶段，购买一套CRM软件的难度远比在CRM流程与管理上下功夫要低得多。

2）项目的实施缺乏统一的规划以及部门之间的合作

很多企业有过这样一个错误的观点，CRM要搞就搞大项目，从呼叫中心到市场营销、销售、服务等全都要上，而且要一次到位。从我国20世纪90年代中后期的情况来看，当时很多企业盲目崇拜、引进和实施美国的客户关系管理理论，其结果是欲速则不达，大多数企业以实施效果不理想而告终。

企业部署CRM是一项复杂的系统工程，它需要依据企业的长期发展战略有计划、分阶段实施。但实际上，多数企业在CRM系统的部署过程中，往往缺乏长期发展战略的指导，不同解决方案的实施没有进行优化排序，从而在很大程度上影响了整套CRM系统效用的发挥。因此，我们要想逐步完成一个企业级CRM项目，就应当面向整个企业，制定企业长期的CRM发展战略。要清楚最终通过CRM的实施，在多长时间使得企业达到一种什么样的效果。

企业CRM项目的实施不仅要有统一的规划，按部分、按部门循序渐进、有条不紊地进行，而且需要各个部门的通力配合。成功的CRM解决方案能够使用户建立起面向整个企业的客户联系，但不少企业的CRM战略却仅仅注重某一方面或某一部门的单一CRM需求，不能从整个企业CRM需求的角度来对这类解决方案的部署进行统一规划，导致企业CRM应用过于分散，难以获取最大收益。

虽然CRM是一项业务管理战略，但是这一战略的实施却离不开技术的支撑，这就意味着企业信息技术部门与业务部门之间必须密切合作，共同确定满足企业业务发展战略需要的技术和架构。同时，信息技术部门在部署相关技术架构时，还需要明确业务部门的需求及业务处理的优先级别。因此，如果双方缺乏必要的合作，势必会导致CRM系统不能很好地满足企业整体业务的需求，影响CRM应用的效果。

3）以企业为中心的思想，盲目实施CRM

CRM是面向最终消费者、供应商或合作伙伴等的企业战略，因此，CRM解决方案的部署应当首先从客户角度出发，而非单纯着眼于解决企业的内部问题。虽然企业内部问题的解决也是CRM应用的一个方面，并且可能会带来立竿见影的短期成效，但这却并非CRM系统部署的目标所在。例如，作为CRM解决方案组成部分之一的销售自动化系统，其部署的目标就应当是着眼于提高销售人员的效率，但许多企业在部署这类系统时却多以采集产品销售信息为重，导致销售人员根本无法将其作为提高营销效率的有力工具。因此，我们在实施CRM系统的过程中，应该广泛听取企业员工和客户的意见，确保CRM系统的部署能够有助于客户关系的改善与员工业务处理效率的提高。有条件的企业，最好在实施CRM前期、中期和后期，都能让客户参与到CRM的项目中来。

有些企业准备实施CRM，而方案的提出主要是由于企业里的营销部有人对计算机比较熟悉，看了一些关于企业信息化方面的书籍，认为企业应该上一些软件促进企业的管理工作。市场部经理觉得，CRM可以帮助他完成一些工作，便在会议上提出要实施CRM促进市场部的工作。营销部总经理听了他们的汇报也很感兴趣，决定马上选择一套软件开始实施。

企业必须清醒地认识到CRM系统并不是万能的。如果企业盲目引入CRM，不但不会产生预期的作用，可能还会使企业蒙受巨大的损失。因此，企业要想获得最大限度的利润，必须对不同客户采取不同的策略，CRM正是达到这一目的的好帮手，而在正确引入CRM项目之前，应该了解自身的业务中哪些需要改善、哪些流程需要改进，甚至管理模式和战略目标都可能需要改变。这样就要对实施CRM的目的进行确认，不能随便一说就开始选型，重要的是了解自身的需求。只有了解了自身的需求，在实施周期上才能很好地把握，否则一味地强调快，可能欲速则不达。

4）对数据的重视程度不够

CRM解决方案的核心技术就是基于不同时间、地点和需求，对企业的客户、产品、库存及交易数据进行及时、准确的处理。尽管不少企业为保证CRM解决方案能真正发挥作用，耗时数月甚至数年部署了整合多家供应商优势的解决方案，但却恰恰对作为CRM系统核心的数据的重要性认识不够。企业对如何获取所需数据、如何对数据进行处理与优化、如何保证数据质量、需要哪些方面的第三方数据等问题缺乏正确的认识与把握，从而使企业的CRM系统投资难以获取应有的回报。因此，我们也要制定确保数据质量的战略。

有效的“以客户为中心”的决策支持意味着，理解不同接触点上的每一个客户，并超出对他（她）的直觉了解，如年龄、收入、渠道偏好、销售区域等。真正的困难是，客户数据存储在企业不同技术平台上的多种系统中，发现、搜集、统一数据绝不会是轻而易举的，但绝对是至关重要的。企业往往没能集成企业内不同系统上产生的有关客户的数据，这样会造成不同的部门对客户发出不同的产品或服务信息，容易让客户曲解。因此，企业必须集成数据，让整个企业共享统一的客户数据。

CRM是对数据库的管理或是对客户信息的管理。企业经营者认为通过对客户数据的管理，就可以寻找、挖掘到客户关系管理中所需要的所有信息，这种观点忽视了客户在情感上的需求。许多企业在试图改善客户关系的时候，首先想到的是改善现有系统的性能。此时，企业忽视了一个很重要的事实，客户是需要人性化对待的。客户需要的是一种心理满足感，或者按照马斯洛的需求理论的说法，人的高层次需求包括受到关注、尊重和自我实现。而如今的客户正是有这种需求的人的群体。因此，要想真正搞好企业与客户的关系，企业需要利用各种先进技术作为辅助条件。把客户当作一种人性化、个性化的群体来看待，也可以说，CRM的实施障碍之一就在于很难给客户一种深刻的印象、良好的感觉。如果企业给客户的印象很好，那么实际上企业已经与客户建立了良好的关系，而这种良好关系的建立离不开人们之间的感情交流。因此，CRM广义的系统不仅包括实物形式的各种子系统，同时也包括无形的子系统，那就是人们之间的关系、人们之间的情感交流。企业十分需要具有人情味的CRM系统。为了建立良好的客户关系，企业在与每一个客户的每一次交流中都必须投入感情。这种感情是发自内心的，这是软件或电脑所无法取代的。

5）忽视员工技术培训

即使企业部署的CRM系统能够尽善尽美，若使用者对系统性能及使用方法了解不多，甚至一无所知，再完美的系统也形同虚设。不少企业在实施CRM战略的过程中，往往意识不到这一点，忽视了对员工相关技术的培训，认为只要CRM系统能足够完善，员工的技术培训无关紧要，而实际上CRM系统只是为企业提供了一个强大的工具，如果员工不能充分掌握并加以应用，这一工具的优势就仍不能得到充分发挥。

（1）没有让员工认识CRM的重要性

企业投入了很大的人力、物力，上了CRM项目，到真正实施应用时原先的热度却骤然下降。这与员工对CRM的认识程度是密切相关的。人对新事物总存在一种天性的抵触心理，一个典型的心态就是“我不知道CRM是什么，我就是不喜欢它”。所以，当有一天CRM出现在他（她）们台式电脑上时，对CRM的反感也就自然而然地出现了，但这并不可怕，开始的反感是必然的，一定要稳中求胜，当然这需要讲究策略。要想让CRM发挥应有的作用需要一定的行政管理技巧，一定要想方设法让员工参与进来，因为企业需要员工的付出。

（2）不同角色的员工对CRM的理解不全面

有些企业领导太过依赖CRM供应商所提供的解决方案。尽管软件良好运行会提高CRM项目的效率，但是软件在CRM成功实施上并不能够起决定性作用。CRM供应商给管理人员造成一种错觉，使他们误以为上一些软件就能解决他们的问题并且增加企业的效益。对企业来说，客户跟企业的政策、财务状况一样重要，但是对于许多营销人员来说，尽管他们也认识并且理解到客户的重要性，但是他们仍然只是把客户当作他们推销产品的对象，而不是根据客户的需求生产相应的产品。其实，营销人员更大的挑战应该是引导客户的消费需求，而不仅仅是消费者需要什么我们就生产什么。而那些从事IT行业的人员有可能认为CRM只是一个技术问题。他们觉得公司对技术的依赖越大，他们的技术就会越成熟。这就需要不同部门员工之间的沟通，真正地将CRM的理念融入日常的工作中。

（3）企业内部员工对CRM效果的期望不统一

在很多情况下，CRM项目失败并不是说它在技术上失败了，而是说它没有达到所有员工的期望。导致这种结果产生的原因在于人们对其抱有不同的期望（从某种程度来说是不正确的期望），而且，在整个公司内部对CRM项目的管理问题就很混乱。CRM的管理权通常不明晰，而管理权拥有者会倾向于本部门的解决方案。例如，如果在一个企业里营销人员的权力比较大，那么CRM就会带上营销的色彩，也许营销人员就会着重抓营销自动化解决方案，但是即使是最优秀的营销策略也会因为售后服务跟不上而惨遭“滑铁卢”。一个成功的CRM系统需要各部门员工的投入，使用户体会到这个企业是一个整体，每一个部门都可以为顾客提供优质的服务。

不管企业部署的CRM系统功能如何强大，如果没有很好地培训员工，员工对系统性能及使用方法了解不多，甚至一无所知，那么再完美的系统也会付诸东流。不少企业在实施CRM战略的过程中，容易忽视对员工相关技术的培训，或者没有把培训工作当作重要的事来抓。

13.1.2 实施CRM系统的意义

1）CRM是提升客户价值、创造企业核心竞争力的基础

随着竞争的加剧，企业之间产品的差别越来越小，加之客户的消费越来越理性化、个性化，企业从争夺“市场份额”转为争夺“客户份额”已成客观必然。以客户为中心所建立的长期优质的客户资源，是获取和保持竞争优势的一个重要途径。

企业通过实施CRM，了解客户的需求，开发渠道满足客户需求，最大化地掌握和利用客户信息，保持客户关系，创造客户忠诚，最终获得客户的长期价值，而且为企业带来继续发展和扩大的客户基础和利润来源。

企业通过实施CRM，可以节省为开发新客户而支出的获取成本；可以使得客户再次购

买的数量增多，企业对客户提供服务越来越有效，企业服务成本降低；可以使客户对价格越来越不敏感；可以保留和满足客户，吸引其他潜在客户。例如，上海大众的营销服务品牌“Techcare（大众关爱）”吸引了媒体的广泛关注。它不仅率先实现了营销与售后服务卓有成效的整合，而且开创性地将CRM融入“Techcare”服务品牌的经营中，保证了服务的周到、专业与个性化，开创了汽车服务业的先河。

2）CRM是企业适应现代竞争环境、实施可持续发展战略的要求

我们在经营管理中不断提倡“公平”，需要明确的是，这个“公平”是相对的，不是要企业以同一种方式对待所有的客户，这样的结果反而会“得罪”所有客户。企业要做到对所有客户“公平”，首先要对客户进行正确的分类，然后针对不同客户采取相应措施，从而巩固企业最重要的客户关系，以便获得更多的利润。企业盈利的另一个重要因素就是识别关键客户，即为企业创造80%利润的群体，并与其建立长久的互惠合作关系，是企业发展的长久大计。

根据80/20原则，由于企业资源的有限性，企业不可能为所有客户提供满意的服务，因此CRM的一个首要任务就是对客户进行分类、识别，找出内在价值高的客户，将有限的企业资源集中于这些高价值客户，更好地为他们提供服务，培育客户忠诚度。CRM的实施不仅重新整合了企业的用户信息资源，而且使原本各自为政的销售人员、市场推广人员、电话服务人员和售后维修人员等开始真正地协调合作，从而使企业能够更加适应竞争环境，实施可持续发展战略。

3）CRM是增强企业执行能力的重要支撑

现代企业所面临的环境的多样性和对环境的高度依赖性，决定了企业必须与外界进行适时的交流以及有效地利用信息，以此来进行战略的实施。例如，过去，清华同方电脑公司的客户服务总体上是由分散在各地的维修站来实现的，客户如果遇到问题一般通过服务手册查找最近的维修站，要么打电话、要么直接送修，然后清华同方电脑公司再定期搜集各地维修站的反馈信息，分析客户服务情况。尽管清华同方电脑公司之前也设立过十几个坐席，但是由于系统限制，很难满足业务需要。作为一家以计算机产品和外设为主要产品的制造企业，清华同方电脑公司正在将市场体系建设转向以客户为中心。依照清华同方电脑公司倡导的全程服务理念，企业必须牢牢把握住客户服务的第一节点，使呼叫中心与SAP CRM系统实现无缝整合，实时跟踪客户信息和需求的变化，使客户服务形成真正意义上的“服务请求、业务处理、主动服务”的闭环CRM流程管理。

4）有效解决“虚假客户忠诚”问题

近几年，有一件让所有企业经营者都头疼的事情：企业员工的流失带走了部分客户。这种情况在销售行业尤为严重，市场经理、客户主任，甚至是销售人员都可以轻松地把企业的客户带到竞争对手那里。企业在这一过程中不仅失去了人才也丢掉了客户，从而给企业的发展带来极大的负面影响。现在的企业很重视客户忠诚度的提高，并在这方面做了很大努力，除了在多方面给客户让渡价值外，还注意售前、售后服务质量，尽量做到无微不至。然而，让企业不能理解的是，看似忠诚的客户依然会随本企业跳槽人员跑到竞争对手那里去。这就提出了一个“虚假客户忠诚”的问题，企业做了巨大的努力建立起来的不是客户对企业的忠诚，而是客户对企业内个别人员的忠诚。

5）业务流程和组织结构的重新设计

传统的业务流程是以产品为中心进行设计的，是为了方便产品生产和销售，而不是方便

客户和服务，这在很大程度上阻碍了企业与客户的交流和沟通，而在企业传统的职能型组织结构中，组织关注的中心是领导，而非客户。当然，现在很多企业都意识到了客户的重要性，与客户建立友好的关系是企业成败的关键因素之一。但是，在传统的企业结构中，要真正和客户建立起持续、友好的个性化联系并不容易。其原因是，技术上无法达到，观念上无法想象。例如，售后维修由于时间、地点的限制，难以提供24小时的即时服务，或者某个客户的购买喜好只为单个销售人员所知，到了其他推广或售后服务人员那里就可能无法获得最恰当的选择，或者一些基本客户信息在不同部门的处理中需要不断重复，甚至发生数据丢失。更重要的是，销售人员往往仅从完成销售定额的角度出发，在销售过程中缺乏和后台支持人员的沟通，让客户在购买之后才发现服务和产品性能并不如当初销售人员描述的那样，因而有上当受骗之感。这些常见的问题都是由于企业的运作流程没有按照“以客户为中心”的宗旨去设计实施，而是各部门从自身利益出发多头出击的结果，在短期内即使可以赢得订单，却损害了与客户的长期合作关系，最后仍然要由企业花费大量的时间和金钱来修复和维护。因此，CRM作为一种全新的客户导向的营销管理模式，不仅要在技术上进行变革，更重要的是进行组织机构变革，重新设计业务流程以适应建立和维持客户关系的需要。所有的企业活动的最终目的应该都是以某种方式为客户增加价值，消除一切非增值活动。

13.1.3　CRM系统实施战略

企业部署CRM系统需要依据企业的长期发展战略有计划、分阶段实施，但实际上，多数企业在CRM系统的部署过程中，往往缺乏长期发展战略的指导，不同解决方案的应用无章可循，严重影响了CRM系统的应用效率。CRM项目不是一套系统、一套软件，而是涉及企业的经营战略、业务流程、绩效考核和人员组织等方面的改革工程，因此需要讲究战略。因为变革是需要循序渐进的，并基于一定的策略，尤其是涉及人员的变动和培训引导，只有战略正确才能有效地推动企业的CRM项目部署，而不是简单的安装培训。

实施战略作为整体性的框架，是实施战略安排的基础和方向。实施战略与期望目标紧密相关，它取决于客户需求、现有IT系统基础结构和经营组织。

总体规划、分步实施是企业实施ERP系统时经常采用的战略。而就相对规模、复杂程度都小于ERP系统的CRM系统而言，也可以一次性地全面实施，在一个组织或经营单位内同时实施整个系统的多个模块，充分利用了新系统的内在集成性的优势。当然，针对集团或跨区域性企业项目，我们可以采用滚动实施的战略，在集团公司的某个部分或单元实施部分模块，然后利用拷贝等技术推广到其他部门、地区或子公司。

（1）分阶段实施

在不完全抛弃原有系统的情况下开始分阶段实施某些模块，优势在于可以降低改革时的文化和技术风险，但是，由于必须开发与维护旧系统的接口，新系统的内在集成性不能充分利用。

（2）革命性实施

在企业所有单元同时实施整个系统的多个模块，此方法有更大的风险，需要流程适应、技术、培训以及对改革管理的支持。但是，企业也充分利用了新系统的内在集成性的优势，减少了操作者的依赖性和对接口的要求。

（3）滚动实施

基于前两个战略的混合与匹配。在企业的某个部分或单元进行试点，实施部分或者全部模块，然后利用复制等技术推广到其他部门、地区或子公司。这种实施战略适合于集团企业。

13.2 CRM系统实施成功的关键因素

13.2.1 CRM系统实施的难点问题

不可否认的是，现实中许多企业实施CRM后效果并不理想，这一点非常类似ERP产品的市场状况。毫无疑问，实施CRM本身是一项艰巨复杂的任务，面临一定的困难。其实施的难点主要体现在以下几个方面：

1）初期的投入高，投资回报不确定

目前，对于CRM的宣传普遍以国外著名公司为案例，这些公司实施一个CRM系统平均需要15万~150万美元。如此昂贵的投资，对国内多数企业来说难以承受。因此，很多企业都对CRM的实施成本抱有疑虑。

经调查发现，在CRM投入意愿上，没有企业选择大于5 000万元（人民币）的投入，选择1 000万~5 000万元投入的企业仅占5%，选择100万~1 000万元投入的企业占17%，选择小于100万元投入的企业占78%。可见，我国企业对CRM的支付意愿或能力与国外企业相比，明显偏低。

在投入程度上，我国有超过6成的企业不准备实施整体的CRM解决方案，而希望在局部开始实施。例如，有67%的企业希望从销售管理开始实施，61%的企业认为CTI（电脑电话整合式的客户中心）会成为其实施的首选。这也与国外企业有明显差别。

还有很多企业对实施CRM抱有不切实际的期望，以为实施CRM系统后不但能够改善企业的经营状况，而且能够解决企业的所有问题。CRM系统只是使企业获得了一种持续提升管理水平和盈利能力的可能，但能否转换成企业效益以及多长时间转换成企业效益则与企业的产品、团队能力有很大关系。实际上有一点永远不会变：决定结果的永远是企业中人的因素，而不是技术工具。

2）CRM应用的层次与各层次任务的难题

CRM可以分为客户沟通层次的CRM、操作层次的CRM和分析层次的CRM。

①客户沟通层次的CRM主要解决企业与客户接触渠道日趋多样化的问题。CRM在客户沟通层次可以使得客户与企业之间建立起一个统一的沟通界面，从而强化与客户沟通的效果，提升客户的满意度，为更高一层的CRM奠定基础。

②操作层次的CRM可以帮助企业实现营销、销售和服务等业务环节的流程自动化，真正达到利用IT手段提高企业的运作效率、降低运作成本的目的。在实施该层次的CRM时，如何辅以业务流程的优化乃至重整，是一个极其重要的课题。

③分析层次的CRM最终使得企业将宝贵的客户信息转变为客户知识。通过建立数据仓库、运用数据挖掘和商务智能等技术手段，对大量的客户信息进行分析，可以让运营商更好地了解客户的消费模式，并对客户进行分类，从而针对客户的实际需求，制定相应的营销战略，开发出相应的产品或服务。

在客户沟通层次上实施CRM面临的是沟通手段整合的难题，相对比较简单，只要做到渠道统一、信息共享就可以了；操作层次的CRM涉及业务流程再造或重组；分析层次的

CRM涉及行业知识的智能分析以及营销战略制定等专业内容，难度要高得多。

3）实施CRM要承担风险和改变传统的习惯

CRM系统实施不是一步就可以到位的，由于CRM的实施周期比较长，不可控制的变量比较多，因而形成了一定的项目风险，并且CRM的实施实际上是一种管理变革，既然是变革，就要为变革实施的好坏承担风险。贯彻与实施CRM的主要目的是改变企业营销人员、经理人员和支持服务人员做事的习惯和方法。比如，营销人员一直以来习惯的“这是我的客户”就需要转变为“客户是否需要我”。推广CRM的困难与其说是来自技术和管理，不如说是来自系统中的有关人员的抵制。这种抵制其实就是习惯的势力。变革过程不仅是对传统的挑战，更是对习惯的重新塑造。因此，形成一个习惯的过程，就是变革的过程，所形成的良好习惯，才是组织最强大的竞争力。

13.2.2　CRM系统实施的关键因素

影响企业CRM成功实施的关键因素主要有以下几点：

1）确立合理可行的项目实施目标

在确立目标的过程中，企业必须明确建立CRM系统的目的。是因为市场上的竞争对手采用了有效的CRM手段，还是因为企业面对网络经济的挑战，考虑引入网上销售中的CRM，又或者是为了加强客户服务的力量，考虑使用CRM中的呼叫中心服务，这些问题都将是企业在建立CRM项目前必须明确给出答案的问题。

作为CRM项目的发起者或未来项目的负责人，必须将已经形成并得到企业内部一致认同的、明确的远景规划和近期需要实现的目标落实成文字，明确体现业务目标、实现周期和预期收益等内容。这份文件将是整个项目实施过程中最有价值的文件之一，它既是项目启动前企业对CRM项目共同认识的文字体现，又是实施进程中的目标和方向，同时也是在项目实施完成后评估项目成功与否的重要衡量标准。

一旦成功地确定了CRM的目标，就会有更多的问题提出来。例如，企业的其他人员是否认同这个CRM远景？CRM目标是否与企业发展战略同步？如果没有，差距在哪里？对高层战略会产生哪些影响？底层应用人员对这一目标接受程度如何？高层人员对这一目标接受程度如何？可以提出的问题很多，而答案并不总让人感到振奋。但是，一定要问这些问题，这是十分关键的。这样，就可以进行总体的实施准备性评估，了解现实状况，并且知道整个组织是否已经准备好了。

2）高层管理者的理解与支持

CRM系统实施所影响到的部门和领域的高层领导应成为项目的发起人或参与者，CRM系统的实现目标、业务范围等信息应当经由他们传递给相关部门和人员。管理者公开表现的对项目的理解与支持对推动项目的进程是十分必要的。

一项针对十几个项目经理的调查发现，无论是什么项目，缺乏有效的高层支持都是最主要的风险因素。CRM项目如果要实施成功，必须得到企业中主要执行经理的支持和认同。高层支持能够确保各级应用人员都能深入到项目中，保证项目的实施效果。没有了高层支持，还会引发其他的项目风险因素。因此，保证CRM项目所涉及的部门高层都能够提供支持是至关重要的。

高层领导会从总体上把握这个项目，扫除前进道路上的障碍，保证这个项目的顺利开展。高层领导应该有足够的权威来改变企业，并且清楚地知道如果继续按照原来的方式方法进行销售和服务，企业将难以为继。如果缺少了高层领导的支持，前期的研究、规划也许会完成，可能会购买技术和设备，但企业出现有意义的改进的可能性很低。CRM更多的是关于营销和服务的优化，而不仅仅是关于营销、销售和服务的自动化。当CRM涉及跨部门业务时，为了保证CRM项目的顺利推进，高层领导的支持是必需的。

3）让业务驱动CRM系统的项目实施

CRM系统的项目实施是以业务和管理为核心的，是为了建立一套以客户为中心的销售服务体系，因此CRM系统的实施应当是以业务过程来驱动的，而不是IT技术。企业应当将CRM系统的实施作为改善企业销售和服务水平的一次机遇，在实施过程中主动思考现有的销售、市场和服务机制存在的问题与长处，将客户可能与企业发生关系的连接点做全盘考虑，保留自己的优势与长处，去除业务环节中没有效率、对改善客户关系不能起到帮助作用的环节，而不要以简单替代的形式实施CRM系统或者只将CRM系统的实施看作一个自动化的实现过程。这就要求企业在CRM设计阶段对现有业务流程和未来流程进行认真比较和分析，在保留原有优势的前提下实现进一步提高。

实施CRM的一种风险表现在技术推动取代了商业流程推动，追求客户的全企业视角，深入理解复杂的客户信息具有的无限潜力。虽然这些思想都有正确的地方，但是也可能偏移了企业的独特的商业需求，这些需求可以增加近期的可见的价值，并直接影响利润。为了最大限度地得到CRM投资回报，需要自始至终地保持对商业目标的关注。这些目标应当是非常明晰的，而且衡量成功的指标应当在实施之前就确定。例如，如果企业要实施一个销售自动化的解决方案，仅仅增加每个销售代表的创收是不够的，应当有一些更量化的指标。

4）软件供应商及合作伙伴的选择

在市场上，有至少500家以上的供应商提供CRM产品。对企业来说，寻找到最适合自己的产品的确是一种挑战，但也是一种机会。只有少数幸运的企业能够找到一款真正适合它们需要的直接可用的产品。更多的情况是，你必须坐下来，听完大量的产品演示汇报，在软件的细节方面来考验供应商。

CRM的软件系统有不少，各自存在不同程度上的差异，很多企业在选型过程中经过一轮又一轮的产品演示与讲解仍难以作出最后的抉择。对软件的选择要依据企业对CRM系统的远景规划和近期实施目标来进行，比较哪一个产品更能贴近自己的要求。始终关注你的商业目标，用这些标准来判断层出不穷的产品，选择那些最能充分满足这些目标的数据模型。CRM系统的最终拥有者是业务部门，因此选型工作必须有业务部门的紧密配合而不能简单地将工作分配给IT部门完成。在选择软件供应商时要考虑系统的投资保护，应注意其产品的开放性、技术支持能力和可持续开发性。

同样，一定要选择那些会持续支持你几年的技术合作伙伴。CRM软件行业正在进入快速合并的过程中，收购厂商有时会中止对已经被收购的厂商的方案的支持。这会增加CRM应用的中期风险。

例如，TurboCRM公司与和中联合投资咨询有限公司签订了《关于TurboCRM客户关系管理系统购买及实施服务协议》。和中集团创立于20世纪70年代，是最早在华办理出入境业务的公司之一。和中集团旗下的数家全资子公司全部顺利获得行业资质认证，海外合作伙伴遍及加拿大、澳大利亚、新西兰、美国、德国等国。和中集团在中国服务多年，已帮助万千家庭成功移民海外，帮助众多学子实现了留学梦想，其成功客户遍及世界各国和地区。和中集团希望通过搭建CRM系统平台，不仅能实现对客户信息的完整管理，更能全面透视每个移民或留学项目处理的全过程，以此提升咨询服务的成功率。同时，由于组织机构的不断壮大，可以通过CRM系统加强总部对于分支机构的管理，实现异地协同办公、资源共享，最终全面提升企业的品牌美誉度及市场竞争能力。

5）项目实施组织结构的建立

CRM系统的实施是需要大量的人力来完成的，只有保证人力资源的充足才能保证项目按期、保质、保量地完成。一般项目组成员会由企业内部成员和外部的合作伙伴共同组成。按照角色分配可以分为项目经理、应用模块小组、技术支持小组、项目领导小组等，其中内部人员主要包括企业高层领导、相关实施部门的业务骨干和IT技术人员。

保证项目组成员的稳定性也是项目成功的关键因素之一。项目小组的人员变动有时会对大型CRM实施产生很大的风险。如果人员变动在早期，新成员的加入不会对项目实施产生太大的影响，但随着项目实施的开展，人员变动的影响就会加剧。离开的小组成员会带走有价值的信息，例如新系统如何工作，或者为什么要决定这样的流程设计和系统设置。接替的项目小组成员往往要面临严峻的学习曲线，在承担项目报告的责任方面也会产生困难。最常见的问题是离开人员曾经参与系统的各类培训，对系统的实现功能十分了解，且参与了新系统的流程定义过程，了解流程定义的原因和理由，以及新流程与现有流程不同之处和改变原因，而新加入项目组的成员不但要花很长的一段时间熟悉系统，同时对新系统流程定义的前因后果也缺乏深入理解，由此可能会带来项目实施的延期和企业内其他人员对项目实现结果和目标的怀疑。因此，项目组成员的不稳定性会对实施产生负面影响。

6）有效控制变更管理

项目实施不可避免地会使业务流程发生变化，同时也会影响到人员岗位和职责的变化，甚至会引起部分组织结构的调整。如何将这些变化带来的消极影响降到最低，如何能够使企业内所有相关部门和人员认同并接受这一变化是项目负责人将面临的挑战。不仅如此，对于新系统的实施还需要考虑对业务用户的各种培训，以及为配合新流程的相应的外部管理规定的制定等内容，这些都是成功实施CRM项目所要把握的因素。

变更管理所包含的内容相当广泛，企业必须以积极的态度来分析、处理系统实施带来的变化，对系统上线会影响的人员和部门以及需要协作配合的部门，及时通报实施进展状况，最大限度上争取他们的理解和支持，使企业实现系统上线的平稳过渡。

例如，在一家入围财富500强的制造企业中进行销售自动化工程时，该企业的销售人员听说了业务流程的变化和相伴的新软件的时候产生了抵触心理。该企业的销售执行副总给每一位销售经理打了电话，随后向所有销售人员发出电子邮件，向他们保证新的软件可以使他们获得更好的业绩，也就意味着更高的提成。在项目的后期，他们有机会看到试用效果，因此销售人员们认同了这位副总的话。最终，销售人员高兴地接受了这套新软件。

13.3　CRM系统实施方法论及一般过程

13.3.1　CRM系统实施的方法论

每个厂商的系统都是独特的，它有自己的体系架构，有自己的核心价值点，有自己的价值理念，有自己的管理风格，而项目实施所涉及的不仅仅是技术问题，更多的是业务经营的范畴问题。因此，每个厂商的实施方法论都是不同的。SAP的过程参考模型、ASAP和Oracle的AIM方法论有着迥然不同的风格，甚至同是SAP系统，过程参考模型和ASAP侧重点也是不同的，过程参考模型主要应用于规模大、成本高、周期长的大型项目，而ASAP则是SAP的快速实施方法论，适用于中、小型项目。

CRM系统作为管理软件的一个子集，和ERP有着密切的关系。二者作为管理软件系统，都体现一定的管理理念，ERP侧重于企业内部的资源整合，中心在产品和成本；CRM侧重于企业前台的销售市场的资源整合，中心在客户。但是，作为一套功能强大的管理软件系统，其实施战略和实施方法论与ERP是有相通之处的。

1）系统方法的主要步骤

（1）明确问题与环境

过程是从问题开始的。问题就是现实工作中存在的各种各样的矛盾。要想解决问题，首先就要确定问题的性质，了解矛盾之所在，把问题明确下来。根据问题涉及的范围，确定系统的边界。

问题明确后，就要了解和认清问题所在的外界环境，环境包括对问题有牵连、有影响的系统和被问题所影响的系统。外界环境是系统行为和功能的限制因素，如果不注意考察外界环境，提出的方案就可能因经济上不可行或政治和社会不容许而行不通。因此，必须把问题和环境视为一体来处理，考察系统和环境的关系。

系统是分析对象，环境是限制因素。系统和环境的边界必须确定。系统的范围要划分得合适。划分得过宽，需要分析的因素增多，浪费时间和资金，还抓不住重点；划分得过窄，一些重要关系和变量被忽视，不能全面地、完整地认识系统。系统的边界要根据问题的性质和涉及的问题来确定。

确定系统边界，是运用系统方法的一项很重要的工作，只有确定了系统的边界，才能明确了分析的对象，才能对系统进行考察。

（2）鉴定系统及其组成部分

一个具体系统，都是由一定的结构和组织确定的。没有一定的结构，不在某种程度上组织起来，就不能把孤立的因素变成系统。系统的结构指的是系统内部构成成分以及它们之间的各种联系和关系，在很大程度上它是静态概念。组织是保证系统与其固有结构一起发挥作用的过程，它使系统处于为完成某种任务所必需的活动状态，组织是个动态概念。

系统和它的组成因素都有自己的特点以及对管理作用和各种影响的反应，这就是系统的性能。系统的结构和组织决定系统的性能。对系统进行分析，就是对系统的结构组织和性能进行分析。如果对系统的结构、组织和性能不了解，那么对这个系统的预测和计划，尤其是管理，就不会有成效。

系统的结构有个显著特点，就是它的层次性。一个实物对于包含于其中的各个因素来说，是个系统，同时它本身又是一个更大系统的组成部分。系统是一个多层次的有机整体。上层系统和下层系统之间有着密切的联系。这种联系一般表现为目的和目标的关系。一般来说，下层系统的目的，常常就是上层系统的目标。

（3）建立模型描述系统各部分的相互作用

一个复杂系统总是含有大量的因素。其中，有决定系统本质的主要因素，也有许多次要因素。对所有因素都进行分析，往往是不可能的，也是不必要的。只要把主要因素及其相互之间的关系分析透彻，整个系统的本质就掌握了。因此，在研究复杂系统时，建立与现实系统相似的简化模型，是非常必要的。当然，传统的方法有时也利用模型，但建立模型的概念都没有像系统方法这样明确和彻底。建立模型是运用系统方法最基本的一步。

模型不是对象本身，而是对象的抽象，它反映了系统的主要特征，模型是由用来说明系统本质的主要因素组成的，并集中地反映了这些主要因素之间的相互关系。因此，要想建立一个系统的模型，就必须对现实系统进行大量的、周密的调查研究，找出主要因素，分析各主要因素之间的相互关系，用一定的符号或数学方法（方程式、不等式或数学资料）进行描述。这样建立起来的模型被称为类比模型或数学模型。

类比模型是操作程序或流质运动过程的示图，数学模型是用数学形式来代表问题的模型，这两种模型是系统方法最常用的模型，尤其是数学模型最抽象，其变量也最容易改变，它是定量化的基础，系统方法要力求建立数学模型。对于无法直接了解其构成因素之间的关系，或者关系复杂、无法用数学模型描述的系统，可以建立模拟模型，就是利用一组可控制的条件来代替实体，通过模拟实验，来了解实体的本质和运动规律。

2）CRM实施的方法论

CRM实施的失败率很高，其中很大的因素在于企业对CRM没有正确的认识，它们并未明确要通过CRM达到什么样的目标就盲目上马。不同的CRM提供商会为企业提供不同的实施方法论。惠普咨询事业部（HP consulting，HPC）曾经为联邦速递、AT&T、亚马逊等知名企业实施了CRM系统。在实践的过程中，HPC总结出一套CRM的方法论。它是以被称为Focus PM的HP项目管理方法为核心而开发出来的一套方法论，按照分析→实施→评估的层次分为六个步骤来进行。HPC的方法论在不同的阶段有不同的工具和方法，并且在不同阶段要求不同的人员（包括HPC和企业）来主持项目进度。

（1）拟定CRM战略目标

企业在上CRM项目之前，首先必须明确目标，其次才是如何实现这一目标，并策划实施的步骤和方法。惠普咨询的做法是根据客户的目标要求，调用相关的商业战略专家和行业专家，采取workshop的工作方式，并依据自身以往的经验及行业标准来协助企业拟定战略目标。定义目标之后，双方还需要一起分析，找出目标和企业现状之间的差距。

（2）确定阶段目标和实施路线

CRM作为一个复杂的系统工程，其实施并非一蹴而就的，它需要分阶段来实施。

①先定位顾客的关心点。企业关心的是客户，而客户的关心点又回到了企业本身，他们会关心的问题有：产品的质量、出货的时间、响应速度，以及解决问题的能力。据此拟订出CRM实施进程中的阶段目标。

②量化评估CRM项目实施的效果。很多企业将实施CRM的目标确定为：提高客户满意度、提高顾客忠诚度、提高企业运营效率等。这些目标都很正确，但是却难以量化。HPC提供一种叫Index的量化方式——根据客户关心度定义各元素所占的比重。例如，对于顾客满意度，设定产品的质量占30%，当产品合格率达到99.9%时，该指标可得30分；出问题时的响应时间占10%，如响应时间不超过5分钟，该指标可得10分……就可以量化制定的阶段目标。

③确定CRM的入口。这需要根据企业具体的情况而定，有的企业可能从Call Center入手比较好，但是要改变一种偏见，即认为实施CRM一定要有呼叫中心。从历史的角度来看，CRM的发展是从呼叫中心和销售自动化开始起步的，人们对CRM的了解也大多数是从呼叫中心开始的。无疑，呼叫中心是CRM中的重要部分，但这不是实施CRM的充分必要条件。

呼叫中心只是CRM信息沟通多渠道中的一个部分而已，现在还有诸如PDA、手机和传真等多种切入方式。另外，有的企业可能从Web网站入手比较合适。至于选用什么样的切入方式则主要取决于企业性质、服务对象和企业规模等，同时也不是只用一种方法，它仅仅是切入而已，后面的实施过程中大多是几种方法结合使用。

（3）分析组织结构

目前，商业模式发展的大趋势是，从以前的“产品是企业的主要利润来源”“服务是为了让产品卖得更好”逐渐转移到“产品是提供服务的平台”“服务是获得利润的主要来源”，即从“以产品为中心”转移到“以客户为中心”。要想完成这样的转移，企业的组织结构就需要作出相应调整。以HP为例，它已将按产品线划分的组织结构重组为按客户划分的组织结构。此外，企业也可根据自己的情况按客户行业、客户所在区域等来划分组织结构。可以说，这几种方式都是以客户为中心的，就看哪种方式最适合于企业的运营特点。

因此，这一阶段的主要工作就是根据行业特性和企业特点，在“以客户为中心”这一根本原则的指导下，分析企业组织结构，确定要增加哪些机构，哪些机构可以合并，然后再与客户共同分析其每个组织单位的业务流程。以销售流程为例，需要分析从销售机会到正式获得订单要经过怎样一个流程以及需要哪些部门的参与。在销售机会分析中，既要分析企业销售机会的来源——是企业的Web网站、电话、销售代表，还是通过其他渠道，同时也要分析各种来源在销售中所占的比例。

（4）设计CRM架构

一般来说，CRM的功能可以归纳为三个方面：对销售、营销和客户服务三部分业务流程的信息化；与客户进行沟通所需手段（如电话、传真、网络、E-mail等）的集成和自动化处理；对上面两部分功能产生的信息进行加工处理，生成客户智能，为企业的战略决策提供支持。而对于每个企业，这三方面功能的实现需要结合企业的业务流程细化为不同的功能模块，然后设计相应的CRM架构，包括确定要选用哪些软硬件产品，这些产品要具有哪些功能等。

（5）实施CRM系统

要实施CRM系统，首先，是企业观念的转变。CRM是建立在以客户为中心的管理理念上的企业管理系统软件，CRM在企业的实施也必须建立在这一理念的基础上。其次，树立以客户为中心的经营理念。在电子商务时代，客户才是企业最为重要的资源。最后，是企业领导的重视。CRM涵盖企业的营销、销售、客户服务和决策支持等多个领域，CRM的实施不仅需要企业多个部门的协同作战，而且更需要一位能够调动企业各个部门资源的企业高层领导的参与和支持。

要正确实施CRM，首先，CRM要及时不断地提供客户希望得到的服务并保证这种服务的持续性。强调持续性是因为在企业和客户之间存在某种直接或隐含的承诺。有效的CRM就意味着整个企业需要了解承诺、了解提供这些承诺的手段或方式。其次，为了使业务运作更加有效，CRM还要求在企业内部和客户之间实现高水平的集成、统一和通信。最后，在开始时，企业不必将CRM作为一项全企业范围内实施的重要计划，可以首先利用现有的技术工具实现CRM的若干实际步骤中的一项或者几项，再逐步实现CRM的最终目标，使企业运作逐步向增强客户关系的方向转移。

（6）评估实施效果

这是很重要的一步，同时也是常常为企业所忽视的一步，可以从以下几个方面的效果来衡量：

①CRM的实施是否帮助企业实现管理观念的转变。CRM不仅仅是销售自动化、市场活动管理，或者是呼叫中心，CRM的实质是一种工具，通过这种工具，企业可以通过多种渠道为客户提供全方位的服务，实现企业管理观念的转变。

②企业的客户通过多种方式（电话、传真、Web、无线接入）访问企业并进行业务往来是否畅通有序。

③与客户交往的员工是否都能够全面了解客户关系，根据客户需求进行交易，了解如何对客户进行纵向和横向销售，并记录自己获得的客户信息。

④能否对市场活动进行规划和评估，并对整个活动进行全面透视，并能够对各种销售活动进行追踪。

⑤能否拥有对市场和销售活动的分析能力，从不同角度提供成本、利润、生产率、风险等信息，并对客户、产品、职能部门、地理区域等进行多维分析。

⑥最终的检验结果，即是否提高利润、增加收入和提高客户的满意程度。

13.3.2　CRM系统实施的一般过程

1）确立项目范围并取得高层领导的支持

这一阶段主要是为CRM项目立项做准备，目标是取得高层领导的支持和勾画出整个项目的实施范围，主要任务包括确定项目目标、界定项目范围、建立项目组织、制订阶段性的项目计划和培训计划。从某种意义上说，全面实施CRM系统其实是一种战略决策，它意味着一场深刻的组织变革。虽然CRM软件系统的应用面向的只是企业的前台，范围没有ERP这类主要侧重于企业后台业务集成的管理信息系统来得广，但是就CRM系统中蕴涵的管理思想而言，却意味着企业从以产品为中心的管理模式向以客户为中心的管理模式的转变。CRM系统的实施需要企业各方的支持，这已从CRM价值链的模型中得到证明。因此，拥有企业高层对CRM的理解、指导和承诺，以及各级管理人员的有力支持，项目才有可能取得成功。可以说，企业高层领导的承诺是成功实施CRM的首要条件。项目准备阶段主要由以下两个活动构成：

（1）确定项目范围

企业可以通过初步了解现行系统的业务以及目前已经在使用的软件系统来确定项目的范围。不同于ERP项目，CRM项目的应用范围主要在企业的前台业务部门，即市场营销管理、销售管理以及客户服务与支持等部门。

（2）中高层经理的相关培训

只有让企业的中高层管理人员真正理解CRM的概念和原理，才可能对CRM的实施给予充分的支持。

2）组建项目实施队伍并进行实施前的评估

在取得了企业高层的支持和确定了项目实施范围之后，项目进入正式启动阶段。这个阶段的主要任务包括组建项目实施队伍并明确人员权责、CRM项目实施前的评估，每个阶段的交付成果都要有相应的文档，并加以整理和记录。

（1）建立项目实施队伍并明确人员权责

这支队伍既有企业高级管理层所组成的指导委员会和咨询公司人员，也有来自信息部门的技术人员和相应职能部门的熟悉企业流程的业务人员所组成的实施小组和职能小组。整个组织结构分三层，咨询公司可以在每一层都安排相应人员予以支持。

①第一层（最高层）为项目指导委员会，具有高度决策权，一般由总经理主持，企业有关高层经理和项目总监作为成员。其主要任务是确定项目目标，控制实施进程，组织培训，协调人力资源，解决关键难题，制定组织变革的措施，对项目的成败负责。咨询公司可以为项目指导委员会配备项目高级执行经理，帮助其作出正确的决策。

②第二层为项目总监和项目实施小组。项目总监是非常重要的职位，直接关系到项目的成败。项目总监必须由企业内具备丰富管理经验、清晰的思路与大局观、良好的沟通能力、勇于创新的精神和具有一定威望的人来担任。由于CRM系统集成的是企业的前台应用，因此由主管市场方面的高层经理来担任项目总监会比较合适，而不应由IT部门的主管来担任。项目总监除了要领导项目实施小组以外，还要指导职能组，并直接向项目指导委员会汇报。项目小组成员除了要兼顾原来的工作以外，还必须在项目上投入80%以上的时间和精力。项目实施小组的主要工作包括：制订项目实施计划；指导和组织职能组的工作；数据准备，并保证数据的质量；对现行系统的分析及绘制业务蓝图；负责原型测试和会议室导航测试；主持制定保证新系统运行的规则和规程；提交各阶段的交付成果报告。在整个组织结构中，项目总监和项目小组是枢纽，起到了承上启下的作用。咨询公司的项目经理可以指导和协助项目小组的工作。

③第三层为职能组，由CRM系统所涉及的各职能部门来确定。CRM系统主要涉及企业的市场、销售、客户服务与支持部门，一般就从这几个部门挑选一些关键人员，在部门经理的领导下，组成各个职能组。职能组的主要工作包括：研究本部门实施CRM系统的方法和步骤；培训本部门使用人员；参与新规则的制定；做好新旧系统的切换和保证新系统的运行。企业的IT部门也可以作为一个特殊的职能部门，它主要从信息技术上来支持各业务部门的工作。咨询公司可安排应用顾问和技术顾问来辅助各职能组的工作。

（2）CRM项目实施前的评估

CRM具体实施前需要评估企业现有的基础，分析CRM项目的实施是否准备充分。这些内容不仅包括与项目经理相关的问题，而且包括与企业准备充分与否相关的问题，可以从以下几个方面来考虑：

①CRM资金的到位情况。如果企业仅是把CRM停留在一种构想上，那么即使制定出一个近乎完美的CRM项目的整体规划，也毫无意义。因此，首先要确保不同实施阶段资金都能到位。

②企业的CRM战略和成功标准的制定情况。在这个方面，主要检验企业对CRM是否具有一个总体的长远规划，用它作为CRM实施的方向，具体的CRM项目要与企业的CRM战略相一致。只有确立了CRM战略实施计划，才能确保不同阶段的CRM项目的衔接性，进而制订贯穿于各阶段的项目计划，其中包括交付成果。由于CRM系统实施的复杂性，通过工作任务分解，把整个项目分为不同的阶段，每个阶段都有自己的目标、任务和交付成果。各个阶段还要制定相应的成功准则，用来衡量项目目标的完成情况。

③项目团队定义企业的CRM需求的情况。CRM需求分析对于CRM以后的实施工作，以及所实现的功能至关重要。需求分析需要项目团队和企业领导层、企业最终CRM用户来共同完成。在这里经常出现一个误区，即让软件供应商单方面来定义企业对CRM的业务需求。因为软件供应商毕竟不会比企业自己更了解自己。

④企业的各个部门对关键术语的统一定义。在CRM项目实施之前，应该对类似于客户

这样的一些关键术语有一个统一的定义，不能出现不同部门（如营销部门和呼叫中心）对客户有不同的定义。这样企业才可能最终实现统一的客户信息管理。

⑤确保CRM产品与企业正在使用的软件系统间的集成性。在对CRM选型时，应预先弄清楚企业其他系统对CRM系统的影响，以及数据如何在公司各个系统间有效地传递。因此，企业应当确保所选择的CRM系统与企业其他系统间的集成性。

由于CRM倡导的是以客户为中心的管理模式，因此原有的以产品为中心的政策和流程必然面临着改变。不仅与企业前台业务相关的流程需要改变，而且企业后台的流程也要进行相应的调整。通过确定流程的需求和实现客户价值的程度，分析现有流程和政策中存在的问题，确定要改进的关键环节，可以采用流程图形建模技术和鱼骨图分析技术等进行分析。

⑥CRM信息系统应用的初步培训。针对全部项目实施小组成员，通过培训，使小组成员了解与项目相关的业务领域、CRM信息系统的技术特点和所蕴涵的管理思想以及业务流程，这对于进一步进行现有流程的分析和诊断以及业务蓝图的初步设计会有借鉴意义。

3）描绘业务蓝图

业务蓝图就是改进后的企业流程模型。考虑到将来新流程与CRM信息系统的有机结合，所以先描绘初步的业务蓝图，但并不是系统的详细设计。在经过原型测试后，再对业务蓝图进行修改，使其不断完善。新的业务流程应该符合CRM的管理思想和目标，着眼于提高客户满意度和忠诚度。

在设计新的业务流程时，必须根据企业本身的实际情况和行业的特点，同时结合CRM信息系统的优势，既不应该盲目照搬其他企业的模式，也不应该完全照搬CRM信息系统本身包含的标准业务流程。在改进企业流程结构的同时，也要对与新的业务流程运作相适应的人力资源和企业制度有所考虑。业务蓝图的设计是CRM系统实施成功的关键所在，如果不对企业原有的业务流程进行任何改进，直接把它放进CRM信息系统中进行原型测试，即使由于信息技术的引入对流程有所改进，但其程度也是有限的，这样做其实是用信息技术来迎合不符合CRM的管理思想的业务流程，从根本上违背了实施CRM系统的宗旨。这可以从ERP项目众多的失败案例中得到验证。

4）进行CRM系统的原型测试

原型测试的目的主要在于，深入理解CRM软件系统，分析与业务蓝图的差异，熟悉软件及其报表的用途，理清数据之间的关系，作为全面实施CRM系统的依据。原型测试的最终目的在于比较和分析企业的业务蓝图与CRM软件系统功能的差异，根据企业的实际情况和信息技术的特点来寻找适合的解决方案。这一阶段有三项主要任务：CRM基础数据的准备、原型测试的准备和进行原型测试。

（1）CRM基础数据的准备

数据准备是CRM实施成功的关键环节。由于CRM系统是面向企业前台应用的管理信息系统，因此其基础数据主要是一些市场、销售以及客户服务与支持的有关数据。市场营销活动的数据是体现在客户身上的各种属性。如果客户是消费者（B2C），则指消费者的性别、年龄、职业和消费偏好。如果客户是企业（B2B），则指一个企业的员工人数、总产值和主营业务等。实施CRM需要从不同来源获取大量的数据，如企业内部保存的客户数据和从企业外部取得的人口统计数据、态度数据、生活方式数据、财务数据和调查数据等。在CRM实施前，掌握大量的数据是十分必要的。数据可以帮助企业了解每位客户的有关属性，了解客户群的大体轮廓，了解并提高企业营销活动的效果，从而更好地进行客户组合分析和确定目标客户、及时满足客户需求、降低成本和提高效率、与客户建立紧密联系和提高客户的忠诚度。

在CRM实施前，企业的营销和客户服务人员从各种途径搜集了大量的原始数据，但这些数据还需要进一步地处理和加工才能变成信息。CRM的软件系统中已经根据CRM的管理思想设计了科学的数据库结构，基本上能满足企业的需求。因此，数据的准备应当在理解了CRM的管理思想和软件应用培训的基础上进行。只有经过培训，理解了CRM的管理思想，了解CRM软件系统中对各项数据的定义、概念、作用和要求，才能有针对性地进行数据的搜集、分析整理和录入工作，使数据转变为有用的信息。

（2）原型测试的准备

CRM原型测试的准备工作主要包括确定参与人员和定义将要测试的场景，即把新的业务蓝图置于CRM的信息系统中进行测试，尤其是一些经过改进的关键的业务流程。另外，CRM的软件覆盖了市场、销售以及客户服务与支持这些职能领域，由于需要对CRM软件的所有功能模块进行测试，因此还需要确定对各业务领域进行测试的不同人员，这可以在项目组内进行分工。

（3）进行原型测试

由项目实施组长或咨询公司的项目经理亲自主持，同业务相关的关键用户都应参加。按在原型测试准备活动中定义的场景进行交互式的测试。在测试过程中，找出业务蓝图的需求和软件功能的差异，研究解决方案。

第一种情况，对业务蓝图中的某些新流程，其流程设计本身是合理的，虽然标准化的软件功能不能支持，但是可以通过二次开发增加软件的功能来加以满足。

第二种情况，由于信息技术条件的限制，无法通过加强软件功能的方式来支持合理的新业务流程，那只能重新定义流程，使之在现有条件下可以实现。

第三种情况，由于对CRM信息技术更加深入的认识和挖掘，进一步改进了业务蓝图或者开拓了完全崭新的业务流程。

5）CRM系统的二次开发和确认

根据上一阶段原型测试的结果，分别视不同情况进行软件更改和企业流程更改。

（1）软件更改

通过修改软件程序和客户化报表的开发来满足企业业务蓝图的需求。其中，软件程序的修改是由软件供应商根据其特定软件质量标准来完成的，增强后的软件功能还要根据一定的标准进行测试，经审核后确认。对软件的更改要慎重，可以先尝试运用软件的现有功能，寻找非标准的方法来满足需求。

（2）企业流程更改

企业流程更改包括对业务流程、制度和组织结构等的更改。业务流程的更改主要有两个原因：一是运用信息技术的潜能进一步修订了业务蓝图；二是由于信息技术的限制（或者可以理解为重新设计的新的业务流程太过理想化），新的业务流程不可实现。对于第二种情况，如果设计的流程从业务的角度确实能达到比较好的绩效，即使有些活动信息技术不能提供有力支持，这些活动的实现方式可由业务人员的知识和经验来取代。

通过原型测试以及二次开发，完成了符合企业需求的CRM的最终设计。针对CRM整个系统的测试结果召开会议，除了项目小组的人员参加外，各职能组和前台部门的实际应用人员（最终用户）都要参加，其主要目的是：验证或测试二次开发的可执行性；测试所有修订后的业务流程和确认相关制度；调整和准备相关凭证和报表；使CRM系统真正运行起来。最终结果要经项目指导委员会审批，判断CRM系统是否具备转入实际应用的条件。如果条件还不成熟，则必须对过去阶段的工作进行完善，而不要匆忙转入切换。

6）实现从原有前台系统向新系统的切换

如果企业确定要实施CRM系统，就要考虑从原先的前台系统转换到CRM系统。切换前的准备工作必须非常细致。首先核对流程、人员、数据和规则是否就绪。由于CRM系统相对ERP系统来说比较简单，可以采取一次性切换的方法。但是，根据行业的不同，CRM实施的复杂程度有很大差别，可以采取分阶段切换的方法，如寿险行业的CRM实施就会复杂一些，这是由保险业务整个过程的复杂性所决定的。相比之下，银行的业务和技术特点要简单一些，这就降低了CRM实施过程的难度。另外，要对系统切换的方法进行计划并达成一致。系统的切换包括交钥匙、新旧系统并行和试点的方法。借鉴ERP系统的切换方法，一般可以采用试点的方法。装入各类数据之后，企业就可以直接切换到新系统。

13.4　实施CRM项目管理

CRM的实施应该从两个层面进行考虑：一是从管理层面来看，企业需要运用CRM中所体现的思想来推行管理机制、管理模式和业务流程的变革；二是从技术层面来看，企业部署CRM应用系统实现新的管理模式和管理方法。这两个层面相辅相成、互为作用。管理的变革是CRM系统发挥作用的基础，而CRM系统则是支撑管理模式和管理方法变革的利器。一个企业如果要想真正让CRM系统应用到实处，必须从这两个层面进行变革创新，缺一不可。

在技术层面上，CRM项目的实施是一种典型的IT项目实施。下面着重从项目的角度来讨论CRM项目管理本身的特性，并讨论如何按照项目管理的要求对CRM进行系统的项目管理。

13.4.1　CRM项目管理概述

1）项目管理概述

（1）项目管理产生的背景

现代项目管理是管理学科近年来发展起来的一个新领域，它与一般企业管理在原理和方法上都有很大区别，现已逐渐形成较完整的学科体系，并建立起了一些国际性现代项目管理协会，其中典型的是以欧洲为主的国际项目管理协会（IPMA）和以美国为首的项目管理协会（PMI）。

项目管理这一概念是第二次世界大战的产物，源于美国研制原子弹的曼哈顿计划。第二次世界大战后，美国海军在研究开发“北极星号”潜水艇的导弹系统时创造出项目时间管理工具——计划评审技术（program evaluation and review technique，PERT）。后来，美国国防部又创造出项目范围管理工具——工作分解结构法（work break-down structures，WBS）来处理复杂的大型项目。20世纪50年代至80年代，项目管理主要应用于军事和建筑领域。这一时期，项目管理被看作致力于预算、规划和达到特定目标的小范围内的活动。项目经理仅是一个执行者，他的工作单纯是完成既定的任务——去执行由其他人（如设计师、工程师和建筑师）制订的方案。

20世纪80年代以来，生产领域高速发展，人们用此前采用的传统项目管理法已经严重不适应现代项目的特点和社会经济发展的需要。只有采用现代项目管理的理论和方法，才能对项目管理的整个过程和各个方面实施完善的管理，才能低成本、低风险、短时间、高质量地开发出市场需要的产品，增强企业的竞争能力和应变能力，提高企业的综合效益。

随着信息技术的发展与外包的盛行，企业间业务互相依赖的程度越来越明显，传统的纵向一体化运营模式越来越被横向运营模式所代替。这就是说，传统的企业边界越来越模糊，呈现逐渐消失的苗头。在这种背景下，企业的经营活动越来越多地作为项目来运营。以项目为中心，而不是以组织结构为中心的经营活动越来越多，正是在这个意义上，项目管理逐渐风行。

（2）项目管理的定义和内容

现代项目管理知识体系是根据美国项目管理学会（Project Management Institute，PMI）于1984年制定的项目管理知识体系指南（a guide to the project management body of knowledge，PMBOK）而不断完善的关于项目管理专业的知识结构体系。这个指南已被世界项目管理界公认为一个全球性标准。国际标准化组织（ISO）以该指南为框架，制定了ISO10006标准。

项目的特点是，存在一个独特的目的，是一种一次性的工作，它需要使用资源，而且有一个主要发起人或客户，并含有不确定性。其具体的定义是，项目是一种一次性的工作，应当在规定的时间内，在明确的目标和可利用资源的约束下，由专门组织起来的人员运用多种学科知识来完成。PMI对项目的定义是，将人力资源和非人力资源结合成一个短期组织以达到一个特殊目的。对项目管理的定义是，在项目活动中运用专门的知识、技能、工具和方法，使项目能够实现或超过项目人员的需求与期望。

项目管理的主要内容包括九个方面，我们可以用图13-1来表示项目管理体系。

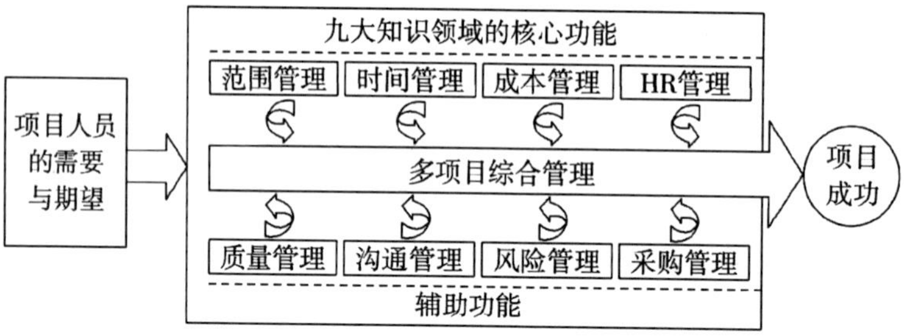

图13-1 项目管理体系

①范围管理。根据项目的目的，界定项目所必须完成的工作范围，并对它进行管理，包括立项、项目范围的计划和定义、范围确认、范围变更控制。它的首要任务是确定并控制哪些工作内容应该包含在项目范畴内，并对其他项目管理工作起指导作用。无论是新技术或新产品的研发项目，还是与客户签订的服务性项目，都必须有效地定义，并控制项目范围。

②时间管理。给出项目活动的定义、安排和时间估计，制订进度计划并进行控制。在范围管理的基础上，通过确定、调整合理的工作排序和工作周期，可以在满足项目时间要求的情况下，使资源配置和费用支出达到最佳状态。

③成本管理。确保项目在预算范围之内的管理过程，包括资源和成本的规划、成本预算和控制。在许多企业中，成本管理是由财务部门负责的。虽然这似乎是合理的，但是项目的费用管理需要紧密地与其他项目管理职能相结合。由于项目的管理要素是相互关联的，因此剥离费用与项目范围、进度和质量等之间的关系是非常错误的。

④HR管理。确保项目团队成员发挥最佳效能的管理过程，包括组织规划、人员招聘和项目团队的组建。一份优秀的组织规划应清楚地定义项目团队所包含的人员以及他们所担负的角色和责任，确保项目工作的所有责任已经确定，并已经与相关责任人达成一致，无任何遗漏。

⑤质量管理。确保项目满足客户需要的质量，主要包括质量计划、质量保证和质量控制。虽然有关产品的质量控制有大量的标准和技术可供采用，但是项目管理对质量的要求还强调另一方面，即管理的质量。近年来，国内许多企业在努力通过ISO 9000系列的标准认证。值得注意的是，获得认证的真正目的在于提高业务程序的质量，即管理质量，从而保证产品的质量，而非产品质量的直接体现。

⑥沟通管理。确保项目相关信息能及时、准确地得到处理，包括沟通计划的制订、信息传递、过程实施报告和评估报告。虽然有效的沟通对于任何项目的成功都是关键的，但是在所有项目管理的职能中，沟通管理是最容易被忽视的。在人员、各种思想和信息之间，沟通管理提供了保证项目成功所需的必要联系。每一个参与项目工作的人都应能够以项目的语言进行交流，并理解这种交流对项目所产生的影响。

⑦风险管理。确保项目能够成功实现，需进行风险的识别、度量、响应和控制。

⑧采购管理。确保项目所需的外界资源得到满足，包括采购计划、询价、资源选择、合同的管理和终结。

⑨多项目综合管理。确保项目各要素的协调工作，包括项目计划的制订和执行、项目整体变化的控制。

2）CRM项目管理简述

在PMBOK中，项目被定义为，“为完成创造一个唯一的产品或服务的一种临时性的努力。临时性是指每个项目都有一个明确的开始和结束；唯一性是指产品或服务均有区别于其他产品或服务的特点”。CRM的项目具备项目的整体性、一次性、独特性和约束性等基本属性，也有本身的一些特殊表现，主要有技术含量高、市场风险大和涉及面广等。下面利用项目管理的理论和方法对CRM项目管理进行分析和探讨。

（1）CRM项目管理的特点

作为项目的一种，CRM项目除了具有项目、项目管理的共性之外，还具有一些特性：

①CRM项目属于IT项目，而且CRM是新兴的，其理论框架和软件系统还没有完全成熟。因此，CRM项目的风险及实施难度都比较大，并没有太多的经验值得借鉴，而且各行各业的解决方案存在很大的差异性。

②CRM项目不同于其他类型的项目，它很注重与前后项目的衔接，因为在某一阶段所实施的项目只是CRM的部分模块，当企业再次需要其他解决方案时，就需要新的项目，这些项目之间都应当有一种很好的衔接和整合。因此，作为一个具有CRM远景的企业，应该对CRM有一个全局性的战略，确定各阶段的战略目标和战略步骤。

③CRM项目实施后，所实现的系统需要与企业中其他系统无缝整合。因此，在实施前就应该对该问题有所规划，这样实施过程中才能选择正确的解决方案。

④CRM项目的预算往往容易偏低。这是因为预算人员经常不能把握住CRM的潜在成本，而企业要控制成本、避免失败，就需要了解CRM的隐性成本。

（2）CRM项目管理的核心

CRM项目管理直接决定着CRM实施的命运。CRM项目管理的核心就在于，CRM项目团队在范围、时间和成本三个维度进行权衡的基础上，使用项目管理工具和技术对整个项目实施过程进行管理和控制。

①CRM项目范围。CRM项目的任务是什么？通过CRM项目实施，企业能实现什么样的目标，如营销自动化、销售自动化和服务自动化等。

②CRM项目时间。完成CRM项目需要多长时间？CRM进度计划应该如何安排？

③CRM项目成本。完成一个CRM解决方案需要花费的成本，尤其要考虑CRM的隐性成本。

以上三个因素可以看成CRM项目的约束条件，这样可以把这三个因素分别作为三个轴，画出一个三维图。在项目开始时，这三个因素都应当有各自的目标。在进行了初步的时间和成本估算后，分别在高、中、低三个层次对项目风险和可能的回报进行评估，这时CRM项目的范围就有了更为确切的定义了。

管理这三个约束因素，就是要在一个CRM项目的范围、时间和成本三者之间进行权衡。由于项目的不确定性和资源使用的竞争性，很少有项目最终能够完全地按照原先预定的范围、时间和成本的目标完成。成功的项目管理，意味着同时实现这三个目标，并确保项目的质量。

（3）CRM项目团队的组建

①CRM项目团队成员。一个CRM项目的实施会涉及企业、软件供应商，有时还有咨询机构。因此，CRM项目团队的成员除了有企业的员工外，还有软件供应商的专员，也有可能邀请资深的CRM实施专家。需要强调的是，由于CRM项目团队成员组成的复杂性，CRM项目团队成员间的协作、交流就显得更加重要。企业的员工往往与软件供应商的专员对许多问题的看法不太一致，因为他们的立场和角度不一样，因此需要进行深层次的协调和沟通。

②CRM项目经理的作用。项目经理是决定项目成功与否的关键人物，同时作为团队的领导者，他的管理素质、组织能力、知识结构、经验水平和领导艺术等都对团队管理的成败有着决定性的影响。在一个特定的项目中，项目经理要对项目实行全面的管理，包括制订计划、报告项目进展、控制反馈、组建团队、在不确定环境下对不确定性问题进行决策、在必要的时候进行谈判及解决冲突等。其中，组建团队是项目经理的首要责任，一个项目要取得好的成绩，一个关键的要素就是项目经理应该把各方人才聚集在一起，组建一个有效的团队。在团队建设中，项目经理要确定项目所需人才，从各有关职能部门获得人才，定义成员任务和角色，按任务组织成员，形成一个高效的团队。

同样，CRM项目经理在CRM项目管理中也起着非常重要的作用，他是一个项目全面管理的核心和焦点。随着全球性竞争的加强和与客户发展战略性合作需求的增长，对项目经理的要求也越来越高。项目经理的职责和工作性质决定了他必须具有一定的个人素质、良好的知识结构、丰富的工程经验、协调和组织能力以及良好的判断力。实践证明，任何一种能力的欠缺都会给项目带来影响，甚至导致项目的失败。

CRM项目经理需要具备的能力主要体现在以下几个方面：

A.个性素质。项目经理个性方面的素质通常体现在他与组织中其他人的交往过程中所表现出来的理解力和行为方式上。素质优秀的项目经理能够有效理解项目中其他人的需求和动机，并具有良好的沟通能力。CRM项目实施过程本身就是一个相互理解、互相学习的过程。这就首先需要CRM项目经理来营造一种虚心向别人学习的氛围。在个性因素中，还有很重要的问题是，CRM项目经理要能够转变观念，积极灵活地应变项目实施过程中所遇到的新问题。

B.管理协调能力。为了实现对项目的领导、计划、指挥和协调，项目经理要依靠行政手段、经济手段和法律手段等对项目进行管理，如发布命令和指示、建立健全经济责任制、制定各种规章制度。此外，还应不断提高自身的管理水平，改善管理作风，增加管理的艺术性。协调也就是将各种汇集到工程项目的指令、信息、计划、办法、方案和制度等，通过协商、调度和运筹使其配合得当，步调一致。此外，还要对各种资源通过进度计划和活动明细单等形式进行协调。协调的基础是计划和良好的工作气氛。

C.决策能力。决策是以信息为基础的，项目经理要根据信息来估计决策的最佳时机，并确保得到所需的最新信息，为稳妥地作出决策承担责任。项目经理要把项目作为一个整体来看待，认识到CRM项目各部分之间的相互联系和制约以及单个项目与母体组织之间的关系。CRM项目经理只有对总体企业战略和CRM项目有清楚的洞察力，才能制订出明确的日标和合理的计划。由于以往CRM项目的成功率不容乐观，因此对CRM项目经理的决策能力提出了更大的挑战。

D.技术能力。项目管理是一项综合性很强的工作。项目经理管理着由企业内的专家、熟练专业工程师组成的团队，因此，项目经理不但要有相当高的管理水平、政策水平和组织能力，还应具备很深的专业技术造诣。这一点非常重要，由于CRM是新兴的管理思想和管理方法，而且可以借鉴的成功案例不是很多，这对于项目经理而言是一个很大的挑战，因此CRM项目经理在领导项目团队推进项目的过程中，除了要根据自身的CRM技术能力作出判断外，更需要经常共同讨论、互相学习，共同解决从未遇见过的问题。

13.4.2 CRM项目管理内容

在项目实施过程中，原有管理模式和管理系统的正常运转必然受到影响。CRM系统实施不当，不仅会造成经济上的损失，而且会给企业正常经营带来严重的破坏。作为典型的高风险项目，CRM系统实施必须进行严格的项目管理，而项目管理的内容非常丰富，下面描述CRM项目管理中几个重要的阶段：

1）CRM项目可行性研究阶段

项日在正式启动之前，必须完成项日的可行性研究。很多企业在进行项日可行性研究时会出现很多问题，如研究深度不够、质量不高、不能满足决策的需要；不重视多方案论证和比较，无法进行优选；调查研究得不够，导致项目投资收益计算失真；可行性研究报告的编制缺乏独立性、公正性和客观性等。对此，我们要正确认识可行性研究的阶段划分与功能定位，按要求进行可行性研究，正确确定其依据，采用科学的方法与先进的技术。最后，建立科学的决策体系和管理机制。

对于CRM项目来说，需求确定是至关重要的。如果需求一开始就不明确，那么系统将面临不断的变动，导致工期滞后，成本倍增，并最终导致项目失败。只有对用户的要求有了一个非常清晰稳定的了解，需求确认才算完成了。CRM的需求确定内容不仅很多，而且需要根据不同的CRM解决方案，来确定相应的需求。例如：

①分析企业现有的管理模式和系统。

②初步了解企业和最终用户的需求。

③建立简易的交互式用户接口样本。

④改进用户样本直至用户满意。

⑤编制签署需求文件。

⑥将用户接口样本和需求文件归入项目档案。

2）CRM项目启动阶段

项目启动阶段需要界定工作目标及工作任务；获得企业高层的支持；组建优秀的项目团队；准备充足的资源；建立良好的沟通；对客户的积极反应进行适当的监控和反馈。

（1）建立项目章程

项目管理最重要、最难做的工作就是界定工作目标及工作任务，也就是确定项目的范围。缺少正确的项目范围定义，是CRM项目失败的主要原因之一。通过和项目人员在项目要产出什么样的产品方面达成的共识，结合产品描述、战略计划和项目选择标准等方面的信息，利用项目选择方法和专家判断输出项目的正式审批文件，也就是项目章程。

（2）组织项目团队

作为一个CRM项目经理人，是如何组织项目团队的？是采用什么样的组织结构类型？是垂直方案、水平方案还是混合方案？以垂直方案组织的团队由多面手组成，每个成员都充当多重角色。以水平方案组织的团队由专家组成，每个成员充当一到两个角色。以混合方案组织的团队既包括多面手，又包括专家。

（3）建立良好的沟通

建立良好的沟通这需要项目经理把75%~90%的时间花在沟通上。项目经理在沟通时需要用户参与、企业高层的支持及明确优先事项和需求的清晰表达。这些也正是CRM项目成功依赖的三大要素。

完成CRM项目章程后，项目启动要召开项目团队启动会议，团队启动会议主要是建立正式的团队，提供团队成员的角色和职责，提供绩效管理方法，向成员提供项目范围和目标。项目启动还要召开针对用户的项目启动会议，在这个会议上项目经理会与客户确立正式的交流渠道、项目综合描述，让项目参与人员相互了解，建立以项目经理为核心的管理制度。

3）CRM项目计划阶段

（1）使用WBS工具

WBS（work breakdown structure）作为有效地计划和控制建设工程项目的工具。它是由一组可交付使用的项目产品/设施组成的，表现为一种层次化的树状结构，定义了整个工程项目的工作范围。根据项目管理工作需要，进行不同层次的分解，以满足对项目产品/设施进行时间、费用、质量的计划和控制管理。随分解层次的深入，所定义的项目产品/设施也就越详细越具体，位于整个WBS分解结构的最底层是不能再进一步细分的项目产品/设施，又称工作包，由它形成造价信息库，如果还要对它做进一步分解，其分解原则就变为完成该工作包的活动顺序或者施工工序。

使用WBS工具将CRM项目分解为可管理的活动。通过对项目目的的理解，确定工作主要分为哪几个部分，自上而下将大的部分分解为下一个层次，将每个构成要素再分解为子构成要素，逐级完成，直到能够分派作业并监测，同时制定WBS词典和WBS的编号系统。通过WBS的使用，使项目成本可以估算，这不仅是项目各项计划和控制措施编制的基础和主要依据，还是项目范围变更控制的依据以及项目风险管理计划编制的依据。

（2）制订CRM项目计划

在项目管理中，一个好的项目计划提供了项目的全景描述，是项目资助者、决策小组和项目团队全面了解项目内容的最好工具。项目计划本身具有稳定性和约束性，是实施项目控制的最有力标准和依据。计划可能随着项目的深入而更新，但是任何计划上的改动都应当有严格的程序。

在CRM项目管理中，多处用到项目计划的内容。例如，我们在确定CRM范围时，需要制订范围计划编制和范围定义；在CRM项目时间管理中，需要编制项目进度安排计划；在CRM成本管理中，需要编制资源计划、成本估算和成本预算等。

制订项目进度计划是确定每项活动的开始和完成时间。如果开始和完成时间不现实，项目就不可能按进度计划完成。制订项目进度计划首先要对WBS中确定的可交付成果的产生所必须完成的具体活动进行定义，得到活动列表；其次通过前导图法、箭头图法或关键路径法工具和技术将活动顺序进行安排，决定活动之间的逻辑关系；接着利用类比法、专家估计法、基于WBS的子活动估计方法或量化估计方法对活动工期进行估算；最后依据上面提到的活动定义、活动排序和活动历时估算等数据，反复进行改进，获得适合本项目的进度计划。

（3）CRM项目风险管理

项目的风险就是在项目管理活动中消极的、项目管理人员不希望的后果发生的潜在可能性。项目风险存在以下特点：

①风险存在的客观性和普遍性。作为损失发生的不确定性，风险是不以人的意志为转移，并超越人们主观意识的客观存在，而且在项目的生命周期内，风险无处不在、无时不有。这就说明为什么虽然人类一直希望认识和控制风险，但是直到现在也只能在有限的空间和时间内改变风险存在和发生的条件，降低其发生的频率，减少损失程度，而且不能也不可能完全消除风险。

②某一具体风险发生的偶然性和大量风险发生的必然性。任何一种具体风险的发生都是诸多风险因素和其他因素共同作用的结果，是一种随机现象。个别风险事故的发生是偶然的、杂乱无章的，但通过对大量风险事故资料的观察和统计分析，发现其呈现出明显的运动规律，这就使人们有可能用概率统计方法及其他现代风险分析方法去计算风险发生的概率和损失程度，同时也促进风险管理的迅猛发展。

③风险的可变性。这是指在项日实施的整个过程中，各种风险在质和量上是可以变化的。随着项目的进行，有些风险得到控制并消除，有些风险会发生并得到处理，同时在项目的每一阶段都可能产生新的风险。

④风险的多样性和多层次性。大型开发项目周期长、规模大、涉及范围广、风险因素数量多且种类繁杂，致使其在生命周期内面临的风险多种多样，而且大量风险因素之间的内在关系错综复杂、各个风险因素之间与外界交叉影响又使风险显示出多层次性。

作为一名项目经理，该如何进行风险管理呢?

第一，风险管理计划的编制。风险管理计划的编制是决定如何计划一个项目的风险管理活动的过程。风险管理计划编制其实就是编制一个风险管理的总章程和计划的过程。

第二，风险识别。风险识别是理解某特定项目有哪些可能令人不满意的结果的过程。风险识别其实就是对一些可能会出现的风险进行了解和判别。在不知道什么情况是风险，会出现什么样的风险，哪些风险将会对自己的项目产生哪些影响之前，如果贸然开始项目，是非常危险的事情。只有在风险出现之前，先对其出现的可能拥有了预见性，作出分析认识，当其真正在项目进行过程中出现时，才不会措手不及，让其成为危害。也只有这样，才能把风险可能会给我们带来的损失降到最低。

第三，风险定性分析。风险定性分析包括评估已识别风险的可能性和概率，确定其数量和优先级。作为项目风险管理因为其分类比较多，影响的程度和产生的次数都是不同的。所以在进行了对风险的识别之后，就要去分析这些风险对项目来说有多大的影响。

第四，风险定量分析。风险定量分析经常是在风险定性分析之后进行的，当然这两个过程可以一同或分开进行。风险定量分析其实就是分析风险对项目的性质和时间、资金的可用性的影响。风险定量分析其实是对风险定性分析的一种深入。

第五，风险应对计划的编制。风险被识别和量化之后，我们就必须开始编制一项应对风险的计划。当风险被分析完毕之后，就要对风险的出现制订应对的计划，防患于未然。其中，风险应对计划包括界定扩大机会的步骤，编制处理对项目的成功构成威胁或风险的计划。可以针对不同的风险采用风险避免、风险接受、风险转移和风险减轻四项基本的措施来应对。

第六，风险监督和控制。风险应对控制包括执行风险管理和风险管理计划，以应对所出现的风险。其实，风险监督和控制就是在项目进行时，对实际出现的风险进行监督和控制，尽量使项目进行的时间与计划相符。如果一切的实施都和计划不同，那么就有可能会出现新的风险，或者把风险出现的概率和影响扩大。

4）CRM项目控制执行阶段

（1）CRM项目控制

控制是一个过程，用来衡量项目的方向、监控偏离计划的偏差，并采取纠正措施使得进展与计划相匹配。项目控制对于确保一个CRM项目沿着成功的轨迹推进非常重要。它在项目管理的各个阶段都发挥着重要的作用。

①项目进度控制是依据项目进度计划对项目的实际进展情况进行控制，使项目能够按时完成。有效的项目进度控制的关键是监控项目的实际进度，及时、定期地将它与计划进度进行比较，并立即采取必要的纠正措施。其内容包括：对造成进度变化的因素施加影响，确保得到各方认可；查明进度是否已经发生变化；在实际变更发生时进行管理；进度控制应和其他控制进程紧密结合，并且贯穿于项目的始终。

②项目成本控制是指项目组织为保证在变化的条件下实现其预算成本，按照事先拟订的计划和标准，通过采用各种方法，对项目实施过程中发生的各种实际成本与计划成本进行比较、检查、监督、引导和纠正，尽量使项目的实际成本控制在计划和预算范围内的管理过程。项目成本控制是以项目各项工作的成本预算、成本基准计划、成本绩效报告、变更申请和项目成本管理计划为依据；项目成本控制是用成本变更控制系统、绩效测量、补充计划编制等方法进行的。

（2）CRM项目质量管理

项目质量管理是一个很难界定的知识领域。不过目的很明确，即确保项目满足它所应满足的需求。而CRM项目质量管理往往是很多项目团队所不太重视的。目前，国内很少听说在实施CRM项目时，有严格的CRM项目质量管理。在这里我们只能借助于IT项目质量管理来尝试讨论CRM项目质量管理。

现在很多企业认为，企业的员工应对质量问题负责，而并不是管理层的责任，这种看法是错误的。全面质量管理强调追求客户满意、注重预防而不是检查，强调管理层对质量的责任以及全员参与，持续改进。质量控制是以工作结果、质量管理计划和操作定义以及检测列表为依据，以检验、统计抽样、核对表、排列图、直方图、散点图、控制图、流程图、趋势分析等方法为工具进行的。

CRM项目质量管理包括三个主要过程：

①质量计划编制。该步骤包括确认与项目有关的质量标准以及实现方式。将质量标准纳入项目设计是质量计划编制的重要组成部分。对于一个CRM项目，质量标准可能包括允许系统升级与集成、为系统计划一个合理的客户响应时间，或确保产生统一的客户信息。

②质量保证。该步骤包括对整体项目绩效进行预先的评估，以确保项目能够满足相关的质量标准。质量保证过程不仅要对项目的最终结果负责，还要对整个项目过程承担责任。高级管理层、CRM项目经理应当带头强调项目团队在质量保证活动中发挥作用，而且项目团队首先应当以工作质量来保证项目质量。

③质量控制。该步骤包括监控特定的项目结果，确保它们遵循相关质量标准，并识别提高整体质量的途径。这个过程往往与质量管理所采用的工具和技术密切相关。例如，质量控制图、统计抽样等。

5）CRM项目收尾阶段

（1）项目结束

项目结束时，项目经理要将最终系统方案提交给用户，完成项目所有的提交件，搜集项目全部信息并结束项目，完成或终止合约，签署项目结束的相关文件。

（2）项目完工会议

在项目结束时，依然要开会，主要有七大主题：技术绩效、成本绩效、进度计划绩效、项目计划与控制、项目沟通、识别问题与解决问题、意见和建议。同时，也要总结经验教训。

（3）客户满意度

项目团队得到客户满意评价的最好方式，是向客户提交一份项目满意程度调查报告，从客户那里得到好的反馈，作为企业项目成功完成的案例证明。

CRM是典型的IT项目之一，只不过CRM发展的时间还不长。企业在实施CRM时没有能够严格按照项目管理的要求来执行，但是CRM项目管理是一个持续改进的过程，经过一段时间的摸索，也一定会形成一个成熟的项目管理模式。

小知识13-1

东阿阿胶的CRM之路

东阿阿胶股份有限公司目前是全国最大的阿胶生产企业，1952年建厂，1993年5月改组为股份制企业，1996年成为上市公司。东阿阿胶IT高级经理沈渴望先生曾感慨："构建一个统一的CRM平台，让公司总能及时了解流向数据的信息，并据此作出市场决策，已成为东阿阿胶信息化工作的当务之急。"

在此背景下，东阿阿胶选择了具有多家医药流向数据管理项目成功实施经验的瑞泰CRM。瑞泰CRM专家自2005年6月始，历时半年时间，通过项目准备、系统调研、系统实现、系统试运行、系统上线等阶段圆满实施了东阿阿胶CRM管理项目。迄今为止该系统已经成功应用于东阿阿胶21个办事处，100余家经销商，并逐步向分销商层面推广。

CRM平台以Internet为载体，基于流行的B/S三层架构，帮助企业灵活部署分销渠道网络，将渠道中的经销商、分销商、终端门店纳入同一管理平台。流向数据采集平台整合各种技术手段，用Web录入、Excel导入、B2B自动获取、手机短信等方式，轻松采集客户需要的产品渠道流向、终端销售、渠道库存等有效数据，解决东阿阿胶决策层不能及时了解市场准确信息的困惑。利用商务智能分析平台（analyzer）来与analysis services进行互动，analyzer能够让使用者在客户端轻松地存取、分析置放于多维结构数据库中的数据；运用analyzer所提供的报表（reports）、实时查询（AD-Hoc Query）、联机分析处理（OLAP）等重要商务智能的强大分析功能，东阿阿胶可以对搜集的终端信息进行多维分析，及时了解市场动态，调整营销策略。经过半年多的实施推广，东阿阿胶CRM系统应用模式已逐步成熟，目前该系统正在被快速推广应用到东阿阿胶各办事处、经销商及分销商，并已产出巨大的效益。

资料来源：根据国际信息化管理协会网站信息整理。

本章小结

本章首先对CRM系统实施进行了概述，对现在CRM系统实施方面主要存在的问题进行了分析，强调了实施CRM系统的意义，介绍了CRM系统实施的战略。

其次，分析了CRM系统成功实施需要注意的关键因素。通过对难点问题的分析找到了CRM系统实施的关键点。

再次，具体介绍了实施一个CRM系统通常会使用的方法论，以及一般的实施过程，通过对实施一般性的描述，企业可以制定出符合自身要求的实施方法及步骤。

最后，介绍CRM实施过程中会涉及的项目管理问题，从一般项目的项目管理问题谈起，引申到具体的CRM项目管理问题。

复习思考题

13.1 CRM系统实施的意义是什么？

13.2 CRM系统实施成功的关键因素有哪些？

13.3 CRM系统实施的一般过程是什么？

13.4 作为一名CRM项目经理，需要具备的能力有哪几个方面？

技能实训题

13.1 举例分析什么样的企业适合实施CRM系统，什么样的企业不适合实施CRM系统。

13.2 如果你是一名实施CRM系统的项目经理，谈谈你需要做些什么。

第 14 章

客户关系管理运行绩效及成本效益分析

学习目标

掌握CRM系统运行的绩效、成本和效益的内涵，了解企业在进行绩效、成本和效益评价方面存在的问题，掌握对CRM实施后的成果作出正确评价的主要方法，了解保证CRM系统正常运行的维护措施。

◆主要解决的问题

CRM的绩效分析与评价方法；CRM的成本效益分析方法；保证CRM系统正常运行的主要措施。

14.1 CRM的运行绩效评价

“绩效”指的是正在进行的某种活动或者已经完成的某种活动取得的成绩，因此，“绩效”一词不但可以看作是一个过程的表现，也可以是该过程产生的结果。CRM项目的实施不是一项信息化技术的简单应用，而是在信息技术的支撑下，使管理决策者能充分及时利用信息资源，及时把握市场机遇，更好地组织企业资源，进行生产经营活动。一个CRM项目的实施需要企业全方位的融入CRM系统中，它会涉及企业的战略规划、组织结构、管理制度等多方面的因素。

CRM绩效的评价不是一种事后的结果性的反映，它不仅与最终系统实现的功能和目标有关，还应该包括系统运行过程中战略实施、管理控制、项目管理的综合能力，其中蕴含着运营的效能以及可持续发展的能力。CRM运行绩效的评价是CRM业务价值的综合体现。

14.1.1 CRM 系统的绩效评价

绩效是当今社会任何企业或组织在各种工作中都十分重视的指标。企业绩效的取得不仅意味着收益、利润和成绩的增加，也意味着成本的减少、费用的压缩，乃至企业运营效率的提高等。我们在衡量企业的绩效时不仅要注重运用绝对数字的变化来考评，更要注重运用相对比率变化来估计业绩。企业绩效评价有两大方面：一是企业经营资源投入的回报；二是资源投入回报的效率，即成果必须与效率结合起来考评。

企业不惜巨大的投入，出资建设 CRM 系统以期能解决企业所面临的问题。那么该如何评价 CRM 系统建设的效果和成绩呢？CRM 系统建设的绩效评价，即对企业实施 CRM 系统的业绩的检讨与评估。绩效评价关系到企业对 CRM 实施的初步结论，CRM 系统在企业运营的前景，是否还需要修改、完善等一系列的后续问题。CRM 系统将为企业带来长期的、可分析的真正收益。调查显示：企业回头客中的 10% 能为企业带来 10% 的收益，而增加 10% 的投入来吸引新的参观者只能为企业增加 0.7% 的价值。

在业绩评估中，既要将企业实施 CRM 后实际取得的业绩、目标和绩效指数等与过去的业绩和盈利水平进行比较，还要与预测的未来可能实现的业绩进行相对分析，只有综合考虑了历史数据与预测指标的变化，才有可能对企业进行 CRM 建设的绩效作出一个基本的判断。另外，绩效评价还能够促进企业内部顺利推广使用CRM。因为在CRM 项目实施完成后，企业会同专家共同对 CRM 项目的实施效果进行评估，让企业内部人员尤其是决策层切切实实地看到 CRM 的成效，可以赢得他们对CRM的更大支持，使企业内部人员能够更自觉地利用CRM系统，使企业获得最大化的投资回报。

所谓绩效评价，是指对照统一的标准，建立特定指标体系，运用数理统计、运筹学等方法，按照一定的程序，通过定量定性对比分析，对一定经营期间的信息化过程表现和信息化效果作出客观、公正和准确的综合评判。CRM绩效评价集中在两个方面：一方面，对CRM实施过程进行评价，评价的结果经过分析后再反馈给企业，实现实施过程的评价与控制；另一方面，对CRM实施产生的效果进行综合评价。

14.1.2 绩效评价原则

企业绩效、成本的变化以及CRM的实施效果，最终会间接反映到一些指标的变化当中。通过对一些指标的观察，往往可以测量出企业绩效、成本的变化程度以及CRM的实施效果。为了实现对CRM绩效的有效评价，确定CRM评价指标体系至关重要。CRM目标的实现程度，不仅关系到目前企业获得的经济效益水平，而且关系到企业的未来发展、核心竞争力等方面。因此，在建立CRM绩效指标测评体系时，企业应该遵循以下原则：

1）指标必须与企业CRM目标一致

从制度经济学角度来讲，在存在交易费用的情况下，不同制度安排将导致效率不同的资源配置。绩效评价指标，本质上是企业实施CRM过程中的一种制度安排，因此必须考虑它是否会引导企业作出与CRM日标相符的决策。

2）在财务指标与非财务指标间达成平衡

现在比较广泛使用的平衡计分卡，本质上是将财务指标与非财务指标综合起来对企业战略进行解释交流和控制的一种管理系统，而财务指标往往都是一种结果指标，它并不能评价达到这项结果的过程中各项工作的业绩，因此需要辅之以过程指标以及一些人性化的、能够反映人主观变化的指标。

3）兼顾短期和长期利益

财务指标往往强调短期利益，因此平衡计分卡中引入了“学习与成长”角度的若干指标，借以强调企业长期利益。

4）定量与定性相结合

此原则要求在测评指标体系中，既要包括定量的关于各项工作应该达到的目标水平指标，又要有经过一定方式量化了的和无法量化的定性指标，如工作与产出质量指标等。

5）测评结果与指导方向相结合

一般来说，测评指标体系更多地被用来评定已经完成的工作状况。实际上，作为结果评定往往又成为奖励与惩罚的依据。鉴于指标的这一作用，在设计指标体系时，应该充分关注其导向性作用的发挥，所设计的指标体系应使员工清楚企业提倡什么、反对什么。

6）关注客户与关注员工相结合

企业长期持续生存力的培养，不仅要依靠忠实、满意的客户群体的存在，同样离不开经过长期培养、训练有素和忠于企业的优秀员工群体的存在。因此，所设计的指标体系不能将员工与客户对立起来。

7）战略目标与战术目标相结合

在指标体系中，应该既包括各项具体的操作指标，又包括反映企业战略目标的相关指标。

14.1.3 绩效评价指标

绩效评价指标，可以简单地划分为财务指标和非财务指标两种。财务指标都是比较硬性的指标，一般通过搜集企业财务信息或者加以简单计算就可以得到具体数据，如收入情况、利润等。而对于某些非财务指标的使用状况的实证研究表明：一是某些非财务指标重要，但难以度量，如企业士气与文化指标；二是某些指标虽然重要，也可度量，但难以作为决策基础，如雇员参与指标。在上述原则指导下，建立的CRM绩效指标体系至少包括以下内容：

1）管理效果指标

以此类指标说明管理给企业效益作出的贡献及管理能力，可以通过资产周转率、存货周转率和应收账款周转率等指标来描述。

2）财务效果指标

财务效果指标是一般测评体系中必不可少的组成部分。此类指标用来测评企业通过运作获得的生存能力、成功状况与繁荣程度，可以通过现金流、销售收入增长率、利润增长率等指标来反映。

3）客户感受指标

此类指标说明客户通过与企业交往对企业产生的客观感受和获益情况，以及企业的客户获得和保持能力（包括客户满意度、客户忠诚度、客户盈利分析等）。

4）内部程序指标

通过此类指标评价企业在技术能力、制造水平和设计能力等方面的表现，包括创新程序、经营程序、售后服务程序。

5）学习与发展趋势指标

此类指标说明员工状况、企业发展后劲如何，可以通过雇员满意度、雇员忠诚度、雇员士气、制度、组织程序等来体现。

这其中，管理效果指标和财务效果指标都属于财务类指标，而客户感受指标、内部程序指标、学习与发展趋势指标都属于非财务类指标。根据建立的评价指标体系，并让专业人士给出评价信息，可以将各类指标按优劣程度进行定性排序。

14.1.4 绩效评价方法的介绍

1）传统绩效评价系统的局限性

标准成本制度和责任会计系统是传统企业控制成本、评价绩效的主要方法。传统的企业绩效评价体系以企业的财务评价为主，其评价方法也不可避免地以财务分析法为核心。关键业绩指标（KPI）体系就是一种很有代表性的传统绩效评价方法。在建立 KPI 指标时，通常要先由企业高层对企业未来成功的关键达成共识，在确定企业未来发展战略之后，再对每个成功的关键业务重点和相关的业绩标准所占的比重进行分析。但是，随着企业经营环境的不断变化和企业信息化的不断发展，这套体系表现出以下局限性：

①传统的绩效评价系统偏重于对过去活动结果的财务评价，并针对这些结果作出某些战术性反馈，控制短期经营活动，以维持短期的财务成果。这种过分重视和维持短期财务成果的情况，助长了企业管理者急功近利的短期投机行为，使得企业不愿用可能会降低当前盈利目标的资本去投资长期战略目标，以致企业在短期绩效方面投资过多，在长期价值创造方面投资过少。对于今天和明天为创造未来财务价值而采取的行动，财务评价系统不能提供充分的指导。

②建立在传统会计数据基础上的传统业绩衡量系统，以财务衡量为主。对有形资产的管理已经很充分，但在对无形资产和智力资产的确认、计量、记录和报告方面却明显不足。恰恰是无形资产和智力资产（包括员工技能、员工干劲和灵活性、顾客忠诚度、专利权和商标权、专有技术和商誉等）对当今企业在竞争激烈的环境中获得经营成功，起着举足轻重的作用。在目前看来，把上述资产纳入资产负债表，并成为正式的财务衡量内容尚需时日，因

此，企业的现实选择应该是把业绩衡量系统拓展到财务衡量以外。

③传统的绩效评价系统注重企业内部管理，这在卖方市场的情况下的确有效，但在买方市场条件下，厂商之间存在激烈的竞争。因此，在绩效评价系统中，除了把视野投向内部生产过程外，还必须投向外部利益相关者，关注如何吸引客户、如何使股东感到满意、如何获得政府的支持和如何赢得公众的赞誉。这是传统财务评价系统所无法涵盖的内容。

④虽然KPI指标共同指向了组织成功的关键要点，并能够发挥指标本身的成果导向作用，对于纯粹的绩效考核来说是一种有效的方法，但是由于指标之间没有明确的内在联系，考核还是主要定位在各个部门及其内部个体绩效的结果，而忽视了部门绩效之间的内在逻辑与组织战略实施之间的关系。

2）企业常用的绩效评价方法

（1）克罗斯和林奇的业绩金字塔

凯文·克罗斯和理查德·林奇提出了把企业总体战略与财务和非财务信息结合起来的业绩评价系统。为了强调总体战略与业绩指标的重要联系，他们列出了一个业绩金字塔。在业绩金字塔中，企业总体战略位于最高层，由此产生企业的具体战略目标，并向企业组织逐级传递，直到最基层的作业中心。有了合理的战略目标，作业中心就可以开始建立合理的经营效率指标，以满足战略目标的要求。然后，这些指标再反馈给企业高层管理人员，作为制定企业未来战略目标的基础。

业绩金字塔着重强调了组织战略在确定业绩指标中所扮演的重要角色，揭示了战略目标自上而下和经营指标自下而上逐级重复运动的等级制度。这个逐级的循环过程揭示了企业的持续发展能力，对正确评价企业业绩有十分重要的意义。业绩金字塔模型最主要的缺点是忽视了组织学习的重要性，而在竞争日趋激烈的今天，对组织学习能力的评价却尤为重要。这正是虽然该模型在理论上已经比较完善，但是在实际工作中利用率偏低的主要原因。

（2）卡普兰和诺顿的平衡计分卡

平衡计分卡的相关内容见14.1.5。

（3）经济增加值（EVA）法

EVA考核体系是北美Stern & Stewart咨询公司在1991年提出的，其理论基础来源于剩余收益思想。EVA站在投资者，即股东的立场，建立在企业主体理论与经济学收益理论的基础上，计算企业资本收益与资本成本的差额，其最大的贡献是，由会计利润转化为经济利润，要求资本获得的收益至少要能补偿投资者承担的风险，即股东必须赚取至少等于资本市场上类似的风险投资回报收益。目前，许多英、美国家的企业都在使用EVA系统来评价企业业绩。与传统的绩效评价体系相比，EVA具有鲜明的特点和明显的优越性——第一次有了共同的绩效评价语言，可以使企业的各种相关利益集团对企业财务目标取得一致性看法，从而有利于企业财务管理体系的协调和统一，有利于避免财务决策与执行之间的冲突，促进企业战略目标的实现。

经济增加值计算的总体思路是：首先，从经营利润开始，对报告期营业净利润进行一系列的调整得到税后净利润（NOPAT）；然后，用资本总额乘以资本加权平均成本（WACC）得到占用资本的资金成本；最后，用NOPAT减去占用资本的资金成本就得到了EVA。其计算公式如下：

EVA=NOPAT-WACC×TC

实际上，调整以上项目计算EVA并非全部目的所在。实施EVA过程对企业的重要意义在于，对经理人员的引导从过去只重视会计利润转向重视持续价值增值，而这种增值是考虑了对包括权益成本在内的全部资本成本的补偿。

14.1.5 平衡计分卡

这里我们重点介绍平衡计分卡（balanced score card，BSC）。平衡计分卡是由罗伯特·卡普兰（哈佛商学院领导力开发课程教授）和大卫·诺顿（复兴全球战略集团创始人兼总裁）发明的。平衡计分卡作为一种有效的绩效管理工具，成为目前主要的企业管理工具。平衡计分卡从四个方面综合衡量企业业绩，这四个方面包括财务、客户、内部流程、学习和成长，后三个方面是非财务目标。这一方法使企业能够一方面追踪财务结果，另一方面监视自身在提高能力和获得实现未来增长所需的无形资产等层面的进展。平衡计分卡是目前在绩效评价中最为普遍使用的方法。

1）平衡计分卡的应用

平衡计分卡摆脱了传统的只重视财务指标进行绩效评价的缺点，构建兼顾内部与外部因素、反映过去与未来绩效的战略性绩效管理系统。“平衡”的观念是这个系统的关键，主要体现了财务指标与非财务指标之间的平衡、企业组织内外的平衡以及前置与滞后绩效指标的平衡。从学习和成长指标的绩效驱动因子到体现财务维度的财务绩效改善构成的因果关系链，注重考察它们之间的因果关系。管理的注意力从短期的目标实现转移到兼顾战略的目标实现，从对结果的反馈思考转向对问题原因的适时分析。这种思想能够指导对客户关系管理绩效进行综合全面的评价。客户关系管理和平衡计分卡都强调企业战略的发展，它们的结合能够实现客户关系管理绩效的全面评价和战略改进的目的。

企业能否长期生存有赖于其长期价值创造程序能否符合市场的需要。传统绩效评价系统过分局限于财务数字和针对部门层次进行绩效管理，对于企业长期的、总体的发展不能作出合理的评价，也因此受到越来越广泛的质疑。相对而言，平衡计分卡是引导企业获得高利润的指示器，它使经理人可以最大限度地满足雇员、顾客和股东要求。因此，在20世纪的最后10年，平衡计分卡作为企业战略管理的重要手段，被西方企业大规模地采用。据美国《财富》杂志2001年的调查，世界500强企业中有50%以上应用BSC。那些将企业战略和目标与BSC有效联系的企业，其业绩远远好于那些未应用BSC的企业。

一般来说，最佳的绩效评价指标应该与企业战略紧密联系。现在，越来越多的高级经理开始询问他们的绩效评价系统是否合乎标准，并且对于一些非财务指标（如顾客满意程度、雇员满意或创新等），即对于企业的未来发展至关重要的方面更加关心。BSC理论认为，企业的可持续发展不可能单一地依靠有形资产的开发，而无形资产或智力资本越来越成为重要的成功因素。根据卡普兰模型，BSC的四个基本指标将使企业不仅能够追踪财务结果，而且可以同时监测获取“智力资本”或“无形资产”的进程，保证企业未来的成长和竞争力。

2）平衡计分卡的指标制定

在前面提到了平衡计分卡的四个指标，这里具体介绍这四个指标的内容（如图14-1所示）。

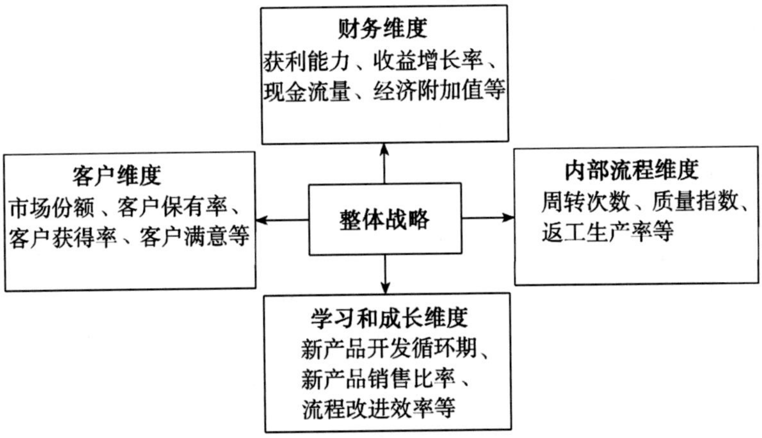

图14-1 平衡计分卡的指标

（1）客户维度

这个维度解决谁是我们的目标顾客，我们服务的价值定位是什么的问题。企业为了获得长远的财务业绩，必须创造出客户满意的产品和服务。为客户服务所期望达到绩效而采用的评价指标，主要包括市场份额、客户保有率、客户获得率、客户满意等。

（2）内部流程维度

这个维度辨认或创造出能够持续地增加顾客和股东价值的关键流程。这是平衡计分卡突破传统绩效评价的显著特征之一。虽然传统绩效评价加入了生产提前期、产品质量回报率等评价指标，但是往往停留在单一部门绩效上，仅靠改造这些指标，只能有助于组织生存，而不能形成组织独特的竞争优势。相关指标包括周转次数、质量指数、返工生产率等。

（3）学习和成长维度

学习和成长维度是实现其他三个维度目标的强化剂，通过这个维度所设计的指标来缩小现实与目标的差距，进而保证取得未来可持续的绩效。平衡计分卡实施的目的和特点之一就是避免短期行为，强调未来投资的重要性，同时并不局限于传统的设备改造升级，更注重员工系统和业务流程的投资。注重分析满足需求的能力和现有能力的差距，将注意力集中在内部能力上，这些差距将通过员工培训、技术改造、产品服务得以弥补。相关指标包括新产品开发循环期、新产品销售比率、流程改进效率等。

（4）财务维度

这个维度的指标告诉我们，在其他维度已经通过指标设计，细化的战略实施是否促使最终结果的改善。企业所有的改善都应通向财务目标。平衡计分卡将财务方面作为所有目标评价的焦点。财务维度的指标通常是传统的滞后指标，相关指标包括获利能力、收益增长率、现金流量、经济附加值等。

3）评价CRM应用水平的指标特征

不同企业在CRM应用水平的深度及范围、经营类型、规模以及管理水平上的差异，使得采用简单划一的方法难以全面、客观地反映CRM给企业带来的价值。一般来讲，衡量和评价CRM应用水平的指标应当具备下列特征：

（1）系统性

CRM系统是一个企业全局级应用，CRM实施的效益不仅表现在财务方面，还表现在企业流程、客户服务等方面。因此，指标体系应全面、准确地反映被评价系统的特征和全貌，包含多个方面或角度的评价指标。

(2) 可比性

评价模型指标体系的各项指标应可量化，指标值应采用相对值，得到的评价结果在不同企业间应具有可比性。只有按同一口径或标准搜集信息并进行比较，才能保证评价结论的真实性和有效性，从而激励先进、鞭策后进。

(3) 可操作性

选取的指标应可理解、可量化、容易获得，具有综合性和典型性。缺乏明确定义的指标可能导致理解偏差，难以量化的指标可能导致主观和随意性。指标应该尽量与企业现有数据衔接，以便于数据采集。指标并不是越多越好，应选择具有典型性的综合指标和主要指标，以降低信息搜集成本。

(4) 导向性

建立企业CRM评价模型指标体系的目的是对企业CRM工作进行规范化，从而对企业起导向和监控作用，应使CRM给企业决策层、管理层和业务层带来实实在在的价值，进而增强企业竞争力，支持企业的可持续发展。

企业实施业绩评价的目的是促进企业的发展战略管理，因此，平衡计分卡的业绩评价系统的设计和指标确定，必须和企业发展战略的制定、实施和控制结合起来，融为一体，以取得企业的长期竞争优势，实现企业的长期发展目标。平衡计分卡通过把企业四个方面各层次的业绩评价指标写在卡片上的方式，记录实际指标完成情况，兼顾财务指标和非财务指标、短期指标和长期指标的平衡，评定企业各层次管理人员的工作成绩，推动企业发展战略的实施。

4）平衡计分卡的实施过程

建立平衡计分卡的关键在于企业内部就战略问题达成共识，并弄清楚如何把一个部门的使命和战略转换成经营目标和评估手段。平衡计分卡的制定始于企业战略，反映了企业最高管理层的集体智慧和能力，如果没有最高管理层的积极参与，则无法制定出平衡计分卡。制定与实施平衡计分卡通常包括以下步骤：

(1) 为平衡计分卡计划确定目标，选择设计人员

企业高层应在制定平衡计分卡前达成共识并获得支持。企业高层应明确平衡计分卡的主要意图并在认识上取得一致。企业高层应该确定一个能够担当起平衡计分卡总体设计重任的人选。

(2) 选择适当的企业部门

设计人员必须确定出适宜于实行最高级别的平衡计分卡的业务部门。最初的平衡计分卡过程最好从一个具有战略意义的业务部门开始，这个业务部门的活动最好贯穿企业的整个工作流程——创新、经营、营销和服务。这样一个下属业务部门应有自己的产品和客户、销售和流通渠道以及生产设施。同时，该部门应容易制定全面的业务绩效评估手段，且不涉及同企业其他部门的开支和产品与劳务转让价格问题。确定该部门同其他业务部门的关系，使该部门面临的机遇和受到的限制明朗化。

(3) 对该部门的战略目标达成共识

设计人员通过对部门的全面了解，帮助部门管理人员理解企业的战略目标并了解他们对平衡计分卡的评估手段的建议，解答他们提出的问题。在充分交流的基础上，确定企业的战略目标。确定战略目标是一个重复的过程，通常需要经过反复的讨论才能最终确定。

（4）选择和设计评估手段

对每个目标设计能够最佳实现和传达这种目标意图的评估手段；对每种评估手段，找到必要的信息源和为获得这种信息而采取必要的行动；对每个目标的评价体系之间的相互影响以及与其他目标的评价体系的影响进行评估。

（5）制订实施计划，以实施平衡计分卡目标部门的下属部门为单位，成立实施小组

各实施小组确定平衡计分卡的目标并制订实施计划。该计划包括如何把评估手段同数据库和信息源连接起来，负责在企业内部传播平衡计分卡，并帮助下级部门制订实施计划，直至完全建立一个全新的执行制度。

（6）通过最终的实施计划，把平衡计分卡融入企业的管理制度并发挥作用

制定平衡计分卡一般持续3个月的时间。在制定过程之中，主管人员可以有充分的时间考虑平衡计分卡和战略、信息制度以及最重要的管理过程之间的关系和演变。制定平衡计分卡的过程，也就是企业目标在组织中进行传播的过程，如果能够让企业的各级员工参与平衡计分卡的制定过程中，将有助于战略目标的推广和得到员工的认同。

5）CRM平衡计分卡中指标权重的划分

在运用平衡计分卡的方法设定了CRM绩效评估的指标体系之后，可采用系统工程中的多层次模糊综合评价方法来计算评价值。首先，需要确定各目标因素的权重。可采用调查的方法，请相关专家就评价因素的重要性进行排序。为降低专家意见的分散度，第一次排序后，计算出各评价因素的均值，把结果反馈给专家，供专家第二次排序时使用，并可重复这一过程，直至获得较为合理的结果。其次，对底层评价指标进行评价。对于定性指标，评价人员可以依据CRM项目每个目标的完成程度设置1、2、3、4、5级，由专家组按照5个等级进行评价，统计出评估意见分布。例如，对响应速度加快的评价结果是（0，0，0，0.7，0.3），则表示专家组中认为该指标达到第5级的为0，达到第4级的为0，达到第3级的为0，达到第2级的为70%，达到第1级的为30%，具体解释为：第5级，项目比预想中要完成得好，提前或者在预算内完成目标；第4级，正好完成项目的各项目标和控制；第3级，基本上完成各项目标和控制；第2级，实施过程完成得不是很理想，距离目标有一定的差距；第1级，项目的各项目标和控制完成得很差。对于定量指标，可以划分为优秀、良好、中等、较差和很差5个区间，通过考察实际平均值的落点确定其等级。例如，假定客户信息的准确率98%以上为A级，80%以上为B级，70%以上为C级，60%以上为D级，60%以下为E级。如果客户信息的抽样统计调查结果为90%，则评估结果为（0，1，0，0，0），达到了B级。最后，从底层指标逐级合成，得出CRM项目成功度的总评分，以此判断项目是否成功，并发现待完善之处，从而实现自我检查、持续改进。

6）在实施平衡计分卡过程中需要注意的问题

（1）沟通

在平衡计分卡的实施过程中，企业内部经常、有效的沟通是至关重要的。例如，在传递企业战略目标时，管理层必须能够向员工阐明企业的经营策略并取得员工的认同；在制订绩效计划及开展具体工作之前，管理层必须先与员工讨论并达成共识，并取得下属的谅解才能使下属信服。

（2）信息反馈

绩效信息反馈是绩效管理能否取得成效的关键一步，恰恰是不少企业最薄弱的环节。绩效信息的反馈不仅局限于信息的传递，而且更重要的是企业的绩效管理系统能为员工如何进

一步改善和维持组织所期望的行为提供有益的指导和支持。不少企业试图激励高绩效的员工来改善组织的绩效管理，但仅此不够，事实上任何一个企业都不同程度地存在边际成员，即那些由于工作能力有限或者工作动机不足始终导致较低绩效水平的员工。他们更需要也更渴望通过组织的绩效管理系统理性地进行自己的职业定位和选择，了解自己实际的知识和技能，完成现有工作要求的知识和技能，学习职业发展需要具有的知识和技能，实现能力和工作需要之间的动态平衡。

（3）环境

环境的改变既可以为企业创造新的机会，也可以为企业带来威胁。这种变化改变了企业战略与环境之间原有的和谐，为企业带来重新制定战略的压力。企业根据环境来制定发展战略的行为直接影响企业的绩效。企业环境并非相对独立，只有当企业选择了适应环境的发展战略时，企业才会取得很高的绩效并获得发展。在面对环境的威胁与机会时，企业可以选择不同的发展战略，没有任何一种战略是绝对优于其他战略的。

（4）与薪酬挂钩

也许员工更关心的是考核结果对他们会产生什么影响，薪酬的影响是不可忽视的重要方面。考核结果一定要与薪酬挂钩，这样才能起到震撼作用，以后员工就会真正重视考核。

（5）行业周期

由于在企业发展的不同阶段会出现不同的特点，其财务目标也可能存在较大的差异，因此每个阶段需要注意不同的变量。根据各阶段特点设计与之相匹配的指标体系，使企业管理层在适当的时间采取合适的方式不断改善企业竞争力。

14.2 CRM的实施成本

在如今的企业运作中，成本是一个应用十分广泛的概念，它反映了产品生产过程中所消耗的各项费用的总和，包括原材料、折旧、工资和管理费用等开支。CRM系统是一个规模大、复杂程度高的系统，它的开发、使用、维护和管理等过程是一项复杂的系统工程，需要投入较多的人力、物力、财力，需要各种软硬件设施的支持，而这一切构成了CRM系统的成本。现代企业越来越关注CRM成本管理的问题，企业如何能够管理CRM软件的许可证费用、维护成本与执行成本？企业通过规划和对内部资源进行预算，以及认识到解决方案的购买价只是一个项目总体成本中的一部分，企业应想方设法降低CRM的总拥有成本（TCO）。

14.2.1 CRM中的TCO定义与构成要素

1）CRM中的TCO定义

CRM中的TCO是很复杂的，它涉及整体评估与成本汇总，其中包括资本投资、软件许可与维护费、直接的与间接的劳动力费用、培训费等。在CRM方案的整个有效周期内所涉及的费用都要计算进去，它包括企业内部的销售、营销与服务等各个方面所产生的成本，以及采用的IT方案及其技术组件方面的成本等。同时，还包括项目或方案各个实施阶段，如规划与采购、配置与管理，以及持续支持等阶段的成本。建议企业至少要完成三年期限的TCO，采取一种更长期观点的最佳管理要求，并完成一项五年期限的TCO。那些采用更短期限的企业会面临着缺乏长期支持这方面的风险，在投资于CRM时这种情况是不切实际的。

2）CRM中的TCO构成要素

（1）软件许可

软件许可包括将被安装在台式机、便携机与移动设备上的CRM软件，以及与该软件有关的服务器的许可证费用等，所有的第三方软件与服务器的许可证费用（如数据库、应用服务器、安全软件与集成软件等）都应被计算在内。例如，在销售自动化项目中，除了针对销售人员的许可证以外，还必须纳入针对所有软件类别的许可证成本。

（2）软件维护

维护成本通常是该软件的定价或折扣价的一个固定百分点（15%~25%），除非另外进行谈判，否则这些费用是按年支付给厂商的，这一数字大于最初的软件成本。通常维护中会授权企业对系统bug进行修补、升级以及接入软件厂商的支持台。厂商通常不授予新功能与新模块方面的权利，如果用户对基础软件进行定制，可能就需要对额外的维护进行预算，因为标准的维护通常适用于定制之外交付的软件。

（3）硬件购置费用

硬件上的费用主要包括便携机、手持设备、台式机、服务器及其他外设硬件等，加上针对这些设备的维修费方面的相关维护成本。如果该CRM系统建立在原有的ERP系统上，这笔费用可能会大大降低。

（4）电信成本

电信成本主要与该项目的数据及语音服务有关。有些企业在其CRM的TCO中纳入了多于它的服务成本，而这些企业正在产生这些成本；其他企业则把这种类别中的成本考虑为处理生意方面的一种必需品，并且不直接把这些成本计入CRM项目中。

（5）外部服务提供商

外部服务提供商包括咨询、系统集成与外包厂商所提供的所有服务方面的成本，这些服务包括技术配置以及支持CRM行动方面的战略规划、设计与培训、变化管理与业务流程咨询等。

（6）软件厂商专业服务

这项服务包括由软件厂商的顾问人员提供的所有咨询服务。这些服务包括设计复审、配置复审、技术服务复审，以及开发人员与最终用户的培训等。

（7）内部人员配置

内部人员配置由被分配给CRM项目的业务人员、技术人员、财务人员与客服人员等组成，要确定分配给该项目的每种资源的全部杂费，如在购买之后维护这种解决方案将会需要的人员等。

（8）其他要素

这类要素涉及上述种类中没考虑的TCO成本，以便涵盖项目评估流程期间的错误与疏忽部分和业务状况的变化。比如，项目意外事故、房地产、附加的与正在进行的培训等。

14.2.2　如何计算CRM中的TCO

1）制定战略规划

战略规划中没有采取一次整体方法来确定CRM的TCO的企业将会使其CRM预算超支

35%~65%，而没有采取一项整体方法来确定CRM的TCO的企业将会使其CRM预算超支35%~65%。那些创建了一个准确的TCO模型用来引导CRM项目决策的项目主管，将把其成功的机会提高30%（甚至80%）。在一项对251家企业的CRM进行的调查结果表明：有71%的企业声称已完成了TCO评估，有60%的企业只计算了一两年的TCO。大多数企业都没有说明其CRM在运行中的所有成本，这会使企业面临预算过低的风险。因此，事实说明战略规划是非常重要的，一定要做好CRM项目总拥有成本的规划。

2）正确计算CRM项目中的TCO

CRM项目成本的构成因素是各种各样的，并取决于针对这些因素所作出的假设与评估的结果。许多企业都不了解CRM的TCO模型的组成要素，并且由于只计算了一两年的TCO，因此这些企业遗漏了一些成本。一项一两年的TCO根本就不是TCO，相反这些短期的成本评估代表的是这些项目的收购成本或购买成本。预计这些企业在CRM项目的后续工作中遗漏了多达65%的成本费用。

CRM的TCO是对一个项目生命周期内所有成本进行的整体评估。在创建CRM的TCO时，要从两个角度考虑成本：最初的采购成本和持续性支持费用。要意识到TCO并不是静态的，应该对它持续不断地进行更新，以便反映出各种变化，从而监控整个项目周期内的费用。

3）创建企业自己的TCO

在设计一项TCO模型时，要纳入最初的采购与持续支持成本。最初的采购成本通常在一项五年期的TCO中占有55%~65%的份额，持续支持成本是企业将会在采购以后产生的成本，它通常在整个五年期的TCO中占有35%~45%的份额。通常情况下第一年到第二年内产生的成本将会与采购有关，第三年到第五年会是与持续支持及维护有关的成本。在图14-2中，列出了这些成本的百分比细目。

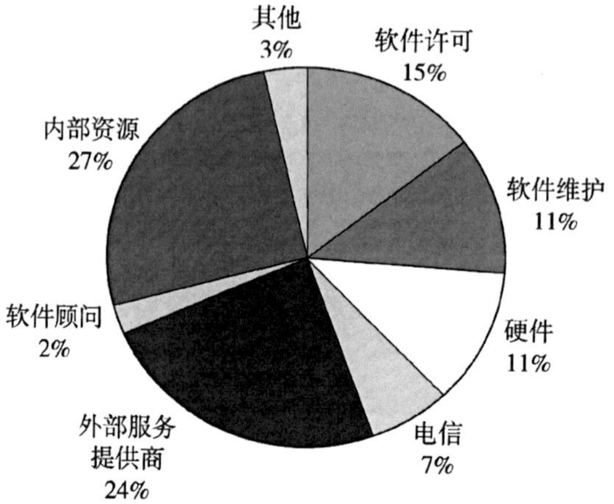

图14-2 总成本中各个成本所占比例

资料来源：Gartner公司。

在所考察的TCO中，要注意哪些内容必须保留，以及哪些内容可以排除。外部服务是较高的成本类别，它一般占25%~35%的份额。劳动力总成本（内部资源与外部资源）占了CRM项目总成本几乎一半的份额。CRM的TCO中的趋势显示，大多数企业目前都没有考虑所有的电信成本，并且在目前所研究的TCO中只有不到一半的企业在其CRM的TCO中纳入了所有的硬件成本。许多企业都在计算诸如企业基础设施之类的成本，但没有把它们分配给其CRM项目。

14.2.3 对CRM的TCO的建议

当企业在创建CRM的TCO时，要采用以下建议来计划、管理并降低整个CRM项目的TCO。

1）进行提前计划

在为第三年及以后的年份进行计划方面，企业应指定把每年的项目总成本的15%~20%用于保持系统运行方面，把每年的25%~40%用于实现竞争优势上（漏洞的修补、单点发布、版本升级、功能方面的大幅增加、技术基础结构的模块化或变化等）。

2）不要立即购买所有的许可证

只购买需要的内容，使试验性配置或最初配置能保证该项目继续进行即可。把许可证成本延伸到第二年以及以后的年份中去，根据需求情况来购买许可证以便支持扩展到试验性配置或最初配置以外的领域中去，这将帮助减少该项目中的成本费用，并把这些成本转移到更符合整体利益的其他年份中去。

3）减少外部服务成本

为了减少交付给外部服务提供商和顾问的费用，企业应该在整个项目期内为该项目配置数量适当的内部人力资源，尤其是在第二年以后更是如此。内部资源的整个杂费通常都比外部顾问人员的成本更低，为了进一步减少服务成本，要在该项目中尽可能早地培训内部员工，以便他们能够执行包括升级在内的大多数工作任务。要确保在整个项目期内都进行了知识转让，以便在内部员工学习时能够随着该项目的发展而承担更多的工作，从而及早减少对顾问人员的依赖。

4）留出应急费用

把总成本中的10%~15%分配给应急费用。这当中应该涵盖项目评估期间出现的错误与疏忽，以及所需的额外培训与针对专业咨询公司的成本费用，如技术基础设施顾问等。有些机构在考虑CRM项目的时候没有说明内部的劳动力成本，其哲学观点就是它们正在向其员工进行支付而不管他们是否参与这个项目，因此一个项目的内部劳动力基本上是免费的，这一点很危险，因为劳动力本来不是免费的。

采取一项CRM行动需要员工或顾问人员的参与。当内部人员都致力于CRM项目时，他们并没有执行其他重要的任务。一项最佳惯例就是纳入至少是增加人员（内部劳动力与外部劳动力）的全部杂费。内部员工一旦参与项目，他们就不得不在整个项目周期内维护这套系统，这就意味着企业必须为项目的持续性管理做好准备，必须为内部员工在以后的年份中一直要投入到该项目做好准备，至少要为每个员工（或顾问）的全部杂费做好准备，这些人员的工作就是要在第三年到第五年内执行持续性经营与维护。

5）考虑培训的持续性

除了为所有员工做好最初培训的计划以外，还需要为持续性培训确定时间。由于员工会在一项CRM方案的生命周期里来来去去，企业就应该把培训工作作为一项持续性成本。

6）考虑成本的分配

在硬件、软件与电信类别里，要考虑把某些项目的一定比例的成本分配到企业基础设施总成本当中。例如，如果企业为CRM项目购买自动化软件测试工具，也就能把它用于后续的项目。与企业的财务团体一起合作，企业就能同意把50%的成本分配给CRM，并把剩下的要素分配给企业基础设施。

当CRM方面的TCO模型被用做一种项目分析工具时，就要在该项目的规划期内考虑最初的与持续性的成本。单独评估许可证与最初的执行费不会向该企业提供真正的成本估计。因此，虽然TCO是一个强大的架构，但是把它用做一种单独的价值标准还不够，还要考虑投资回报（ROI）方面的问题。

7）注意CRM的隐性成本

CRM的隐性成本主要涉及以下四个因素：

（1）培训

企业所犯的最大失误是低估CRM项目的复杂性和长期性。企业通常需要培训员工，让员工理解如何运作CRM软件。因此，企业需要设立培训基金，让员工能够充分发挥新的业务模式的优越性，如在CRM系统提供信息的基础上，进行交叉销售和追加销售。

（2）数据维护

许多企业没能计算出搜集和维护客户信息的真正成本。CRM需要庞大的数据搜集来识别客户，并描绘出客户的购买行为和偏好。数据不是一劳永逸的，它需要持续维护、更新数据，以纠正条目的错误。例如，当客户改变住址或退回订单时，数据应当得到更新。根据Gartner公司的Beth Eisenfeld的观点，客户数据每个月将有2%的退化率，这样整个客户数据库每年需要改变1/4。低质量的数据会侵蚀CRM创新的有效性，因此确保数据质量是维护成本的重要因素。

（3）软件集成

CRM软件通常需要一些形式的集成，才能呈现出一幅完整的客户视图，并且能在销售和营销中充分利用客户信息。例如，CRM软件经常与ERP系统进行集成，提供交易数据的访问。

（4）项目管理

还有一项隐性CRM成本的来源是项目管理，它是正确评估和控制成本的核心。CRM项目首先是一个企业战略，然后是IT创新。其关键在于：首先，应当彻底确定企业以客户为中心的战略；然后，规划一个CRM项目来支持这个战略。Gartner公司的Beth Eisenfeld强调：一个项目管理方法应当是在整个CRM项目过程中，定期跟踪项目的进度、资源和费用。企业在CRM项目上期望的实际投资也不能一概而论，一般来说，企业计划CRM项目的总预算应当是软件实施、服务、硬件和培训成本的3~4倍。

8）进行CRM成本管理

CRM成本管理主要包括预算、会计核算以及成本分析与控制等内容。预算的编制是以预算项目的成本预测以及CRM实施的工作量预测为基础的。除了已经议定的购买成本以外，实施过程中的其他项目成本一般都是未知的，因此要以未来工作量的预测为基础，谨慎地估计不可控制的成本的变化。会计核算则是运用各种明细账跟踪监测CRM实施成本形成的过程。在此过程中最主要的工作是定义成本要素。成本要素是成本项目的进一步细分，例如，硬件可以细分为办公室硬件、网络硬件以及中心服务器硬件。这样有利于识别每一项成本，并较容易填列成本报表。对于CRM的应用而言，理想的方法是按照服务要素结构定义成本要素结构，这样可以使硬件、软件、人力资源成本等直接成本项目的金额十分清晰，同时有利于间接成本在不同服务之间的分配。在此基础上，财务人员应当将每个期间的支出项目、工作量和成本的实际数据与相应的预算、计划数据相比较，确定差额，并对存在的例外情况进行差异分析，对可以降低的成本进行控制。

14.3　CRM的效益分析

TCO是评估成本方面的一个强大架构，但在单独使用它的时候却又容易产生误导。在评估利益方面必须用一个同样严格的架构对它进行平衡。为了证明CRM行动的价值，在定义及评测利益方面用一个流程对TCO进行平衡，以便证明其投资回报。下面我们将就CRM可以为企业带来的效益进行讨论。

14.3.1　CRM效益衡量的重要指标——投资回报

Gartner公司的研究和silicon.com对CIO的一次民意调查得出相似的结论：CRM与它能获得的可测量的利益之间似乎并没有直接的联系。同时，两家权威机构在调查报告中还指出，在被调查的250家企业里，仅有5%的企业能够真正用数字来体现他们获得的投资收益。来自IDC的一次调查结果，同样也揭示了一个让人感到忧虑的ROI问题。在对一些企业CRM投资回报状况的调查中显示，19%的被调查企业能获得50%或更少的投资回报。超过一半的企业所获得的ROI介于50%~500%之间，还有29%的企业能够成功地取得超过500%的投资回报。从以上这些统计资料不难看出，不同企业取得的投资回报比率存在相当大的差距，这表明他们很难对CRM可取得的收益进行测量。的确，要测量销售自动化、呼叫中心、网络营销、销售处理，以及数据库分析等方面的费用是一件极其困难的事情。此外，费用和利益的测量还要依赖于对技术、劳动力、咨询服务，以及培训进行正确的评估。有人这样说，CRM的好处有时是无形的，因为实施CRM项目后一个组织受到的影响散布于企业各部门，甚至有的影响非常微妙，如CRM可以让业务员每周撰写业务报告的时间缩短20分钟，或在相同时间内把回复客户网络查询问题的量提高到原来的4倍，这种成本节约和生产力的增强往往很难在财务数据上精确显示。

尽管投资回报中存在很多无法量化的因素，但是投资回报是一个很现实的问题，在CRM趋于理性时，投资回报已经成为人们不得不考虑的关键因素。

1）投资回报的基本概念

投资回报（return on investment，ROI）原本是会计学的概念，早期用来判定投资工厂或购买铁路相关的成本是否合理，现在被广泛应用于各个领域。ROI的结果通常用百分比来表示，即投入产出比，是指企业所投入资金的回报程度。ROI计算公式为：

ROI=收益÷投资×100%

或

ROI=（成本降低+收入增长）÷总成本×100%

与投资回报相关的术语有资金回收期、IRR等。

当计算CRM的ROI时，需要知道：①在CRM上的投资额（总成本）；②从投资中能获得的收益（成本降低+收入增长）；③计算ROI时确定的时间跨度。然而，CRM的复杂也使得此时的ROI复杂化，成为一种复杂ROI模型。既要综合考虑长期因素（如客户忠诚和品牌形象等）与短期因素（如成本和收入等），又要考虑CRM所带来的有形和无形的收益。

2）对CRM进行ROI分析的意义

对CRM要进行ROI计算的理由有以下几点：

①企业进行的任何投入都必须带来回报，且越高越好，否则就是损失。

②确定CRM投资是否合理。企业必须预测自己的投资收益情况，这也是所有的企业决策者在作出信息化投入决策之前最关心的事情。

③ROI分析的主要作用就是企业投资决策评估，提供真实的可跟踪的数据为决策过程打基础，可以使企业的信息化投资更加趋于理性。因此，ROI是企业进行信息化的必经之路。在国外，企业的信息化投入是必须要进行投资回报率分析的，这也是企业CFO和CIO的共同工作。

④ROI分析的结果还可以作为考核企业信息化部门业绩以及企业CIO工作的一个可量化的指标。

⑤企业盈利能力的增强是检验信息化建设能够成功的重要标准，更是它的根本目的。

3）CRM有效的ROI计算

企业在业务改进和技术革新完成之后，应当定期评估这些变革所带来的效应。企业在花费巨资实施CRM系统之后，许多人经常提出这样的问题："谁动了我的ROI?"一个企业如果投入一两百万巨资来实施CRM系统，企业必须预测分析自己的投资收益有多少。

在实施CRM之前，企业对CRM投资回报的期望值往往很高，出现很多对CRM回报的定性描绘，如收入增长、成本减少、客户忠诚度增加、获得适时信息、提高员工积极性等。看似无穷无尽，但是一年过去了，企业在CRM项目上花费了很多资金，留给企业的只是一种迷茫，一种对投入产出比的迷茫。企业所期望的ROI在哪里呢？也许它已经销声匿迹了。也许出现的情况是，呼叫中心的成本降低了，呼叫等待的时间也缩短了，处理的呼叫量也加大了等。然而，这些降低成本的措施很少能够促进真正的实质性改进。企业是期望收入的增长，还是停留在基本的性能改进呢？

面对这个棘手的问题，企业都在寻求积极有效的克服办法。在此，我们借助国外几种成功的预防办法：

①在购买CRM软件之前，企业必须对自己的业务进行综合分析，对自身接受这一系统的能力进行评估。这种前期分析将减少购买计划被取消的可能性，并且有助于企业选择合适的软件和系统。

②企业应该确定业务运营需要的总体投资成本。它包括销售、市场、客户服务和支持所需要的成本，并且企业还需要明确一个基准，不断按照这个基准进行衡量，以确保业务运营能够按照预想状况进行。全部投资应该考虑的不仅仅是技术投资（如硬件和软件），还有人员和流程本身的投资。人员投资包括对企业内部人员进行教育和技术培训所需要的费用；流程本身所需要的投资也必须包括在全部投资之中，如改变管理和知识流程所需要的资金。

③对计划的投资回报进行预测计算。要想预测投资回报，必须对客户关系管理的每一个主要方面单独进行预测，然后将预测结果进行综合。按照成功经验，此步骤最好在企业财务部门的协助下进行，并且要考虑每一个销售商的不同产品，因为这些销售商在销售产品时并不经常是以企业的特定投资和收益为依据的。除此之外，这些销售商提供的产品介绍可能会太过空泛。例如，Gartner公司曾经观察过的许多投资回报模型都没有涉及适用于某一特定企业的、考虑人员和流程本身所需要的全部成本；对收益的预测也仅仅是广泛地建立在平均

值的基础之上，并不一定对每一个企业都适用。

很多关于投资回报和收益的预测都没有在客户关系管理计划中得以实现。获得一个可测量的投资回报是非常重要的，企业将通过它们自己的CRM计划来提高获得可测量投资回报的能力，以保证在经济不景气时期的持续发展。

4）CRM的ROI评价过程

ROI评价过程帮助企业清楚地了解CRM项目的实施目标以及整体实施过程，为企业衡量CRM项目的实施效果提供了一个有力的手段。ROI评价过程可以分为以下四个阶段：

（1）评价计划

在进行ROI评价之前，需要确定CRM项目的评价目标，制订详细的评价计划。评价计划主要包括数据采集计划和ROI分析计划两部分。数据采集计划用来说明数据采集类型、数据采集方法、数据源、采集时间以及相关人员的任务职责安排等；ROI分析计划主要描述数据分离、数据转换和收益评价等。

（2）数据采集

数据采集是CRM项目评价的基础，数据的准确性、代表性和时效性对于ROI的评价具有重要意义。数据采集需要对CRM项目整个实施过程进行数据的搜集和优化，使得CRM项目在建设过程中能得到及时的调整，保证项目的顺利实施。数据采集的方式主要包括调查问卷、访谈等。

（3）数据分析

对CRM项目进行评价，必须将相关的数据变化分离出来，作为评价的基础。分离CRM项目的成果，可以利用企业的趋势图分析、预测出的数值与项目实施后的实际值进行比较，建立预测模型，对项目的收益进行有效分离，还可以通过咨询项目实施人员、业务部门人员及管理人员，对项目进行评价，或者引用外部专家或研究机构进行项目收益评价，或者通过客户来反馈项目产生的影响。在对CRM项目进行评价之前，还需要将采集的数据转化为货币价值。

（4）评价报告

评价过程的最后一步就是将评价活动的成果文件化，并与不同的目标受众沟通交流，针对不同目标受众的具体需求，分别撰写相应格式和内容的报告。评价报告的内容包括评价的过程和步骤，以及评价过程的方法论、指导原则和关键概念等。

5）CRM的ROI计算方法

（1）不考虑时间价值

ROI是指投入资金的回报率，可以用公式来表示：ROI=收益÷投资×100%，根据以上对成本和收益的分析，公式也可以这样表示：

$$ROI=\frac{\text{CRM的投资收益}}{\text{IT成本}+\text{人力成本}+\text{流程成本}}\times 100\%$$

（2）考虑时间价值

①IRR。IRR表示内部报酬率或内含报酬率，是当投资项目的净现值等于零时的贴现率，在进行IRR分析时，企业必须先估计其进行CRM投资的投资报酬率，然后与计算得出的IRR进行对比，来分析是否达到企业投资的预期目标。

IRR的计算公式可以表达为：

$$\sum_{t=1}^{n}\frac{NCF_t}{(1+r)^t}-(\text{IT成本}+\text{人力成本}+\text{流程成本})=0$$

式中：NCF_t为第t年的投资收益；r为内部报酬率；n为投资年限。

在计算投资收益时可以对客户进行分析，用预计实施CRM后新增客户所带来的利润来表示。求出r值后与企业预计投资报酬率进行对比，如果r大于预计投资报酬率，则说明企业预计投资报酬率不能达到，此时企业要对CRM项目进行调整、分析，找到出现差距的原因。如果r小于或等于预计投资报酬率，则说明企业预计投资报酬率可以实现。

②利润指数分析方法。利润指数，又称现值指数（PI），是投资项目未来报酬的总现值与初始投资额的现值之比。其计算公式可以表示为：

$$PI=\frac{\sum_{t=1}^{n}\frac{NCF_t}{(1+r)^t}}{\text{IT成本}+\text{人力成本}+\text{流程成本}}$$

式中：NCF_t为第t年的投资收益；r为企业预计投资报酬率；n为投资年限。

如果PI值大于或等于1，则说明CRM项目投资达到了预期的目的；如果PI值小于1，则说明项目投资未达到预期的目标。

（3）对前面公式中所提到的三种成本（IT成本、人力成本、流程成本）的解释：

①IT成本。IT成本主要包括在IT基础设施、数据库开发和软件方面的投资。对于IT基础设施成本可以根据不同企业要实现的CRM的不同功能来确定，数据库的开发和软件方面的投资要视企业客户的数量以及企业营销活动的多少和复杂程度来确定。一般IT成本可以分为以下三个部分：

A.营销自动化。CRM创建的营销管理是可以建立在多个营销战略交叉的基础上的，能够对客户的活动及时作出反应，因而能够更好地抓住各种商业机遇。为了达到这种效果，在进行CRM建设时，电话销售、电视营销、直接邮寄、传真、E-mail和Web等方式之间应能够互相通信，以能预防渠道间的营销策划发生的交叉或冲突。

B.销售过程自动化的投资。销售过程自动化是CRM中收益的关键，此系统要包括账户管理、合同管理、定额管理、销售预测、盈利/损失分析以及销售管理等。

C.客户服务系统的IT投资。客户服务主要表现在售后服务和提供一些售前信息等，在这个系统中要建立和完善呼叫中心，建设共享/复制客户交互操作数据，并对销售力量进行操作集成。总部客户服务与驻外服务机构的集成是CRM系统中一项重要的部分，也是建立CRM系统中的一项重要投资。

②人力成本。人力成本包括了人员招聘、人员重新部署和人员培训的费用。实施CRM的企业需要一些统计师和分析师，进行客户细分分析、客户终身价值评估、客户获取计划以及客户流失分析。同时，企业还需要竞争管理和其他领域的CRM专家，此外还要对职员进行培训等。

③流程成本。实施了CRM后，原有的企业管理体系可能会产生冲突，为了使企业内部各个环节充分的协同，企业必须进行业务流程的重组，消除低效的业务与部门，减少无效劳动及提高对市场与客户的反应速度，而进行流程的重组是需要时间和资金成本的。

14.3.2　CRM系统为企业带来的经济效益

1）提高内部人员的工作效率，节省日常开支

这是一个最明显的投资回报指标，比较容易直观地进行评测，众所周知，企业每减少一笔开支，就等于增加了一笔利润，而CRM主要可以在以下方面节省开支：

①让销售人员、服务人员等共享客户信息，从而减少了信息断点，节省了很多花在客户信息搜索上的时间。工作效率的提高可以用客服人员一天内多服务了多少位客户，销售人员一天内接触多少位客户等指标来衡量。

②通过对业务流程的优化和自动化，减少了各种手工操作产生的人为错误，销售人员不必花很多时间处理各种业务管理活动，从而缩短了完成经营活动所需的时间。同时，无纸办公也可以有效地减少如打印、文具等一般性支出。

③通过使用CRM自助服务，把一般性、重复性客户服务交给客户自己完成，从而减少了呼叫中心的服务总量以及人员开支。

④通过对客户市场的分割和行为预测，使各种促销活动更加有目的，从而减少了花在错误营销上的支出。

2）增加营业收入，提高利润率

企业可以利用CRM应用系统，准确、有效地对客户行为进行分析，以获得利润的提高。

①市场营销人员利用CRM的客户分析工具，对市场按照地域、年龄、喜好和季节等行为指标进行细分，并适时地向客户提供个性化的销售建议。显然，促销成功率的提高不但使营销部门提高了其预算支出的使用效率，同时还将直接提高企业的销售额。

②销售人员可以利用CRM的各种分析工具了解客户的购买历史和习惯，利用连带销售和升级销售来提高企业的营业额。

③成功的CRM系统可以使所有同企业有关系的人，包括员工、合作伙伴、投资者等对企业的产品、价格等信息了解得更加充分，从而使他们都能成为企业的销售队伍。当然，这只是CRM的完美境界，不是只靠某种技术就可以达到的。

14.3.3　CRM系统的非经济效益

1）提高客户的满意度

客户的满意程度往往不会直接反映在企业的经济效益上，但是它却是一个不可忽略的重要指标，间接地影响着企业的效益。满意的客户一般不太会向企业讲，而不满意的客户，即有抱怨的客户则更有可能让企业知道。尽管如此，一个实施效果不错的CRM系统会通过以下方式让客户的满意度有所提升。

①各工作人员由于对客户的更全面的了解，从而可以对各种客户服务请求作出更加快速的反应，从而减少了客户的等待时间。

②企业的各种自助服务让客户可以不受上班时间的限制，提高了客户进行各种查询、购买活动的灵活性。

③客户可以根据自己的喜好和实际情况，对企业提供的多种联系方式进行自主的选择。

CRM系统的用户需要注意的是，客户满意度并不直接贡献于企业的经营目标，它通过提高客户的忠诚度扩展关系的深度，从而提升连带销售和升级销售，间接达到最终目的。

完全满意的客户为企业带来的收入是一般满意的客户的2.6倍，而完全不满意的客户为

企业带来的损失相当于完全满意的客户对企业贡献的1.8倍，因为一个不满意的客户至少向10个人谈论他的不满意经历，这10个人又会向5个或更多的人传播这个“伤心的故事”。

一个对企业的服务印象相当好的人只可能向5个人讲述，这5个人则只会向1个或2个人提起这段开心的经历。

企业如果能将客户维持率提高5%，企业的获利能力将提高25%~95%。

总体来说，如果CRM系统能成功地提高客户的满意度，收入的提高是可以确定的。由此可以看出，提高客户的满意度对企业的重要意义，进而可以理解成功实施CRM会为企业带来的经济效益。不过，满意度提高离忠诚度的提高还有很大的距离。忠诚的客户可以永久地为企业担当免费宣传员。

2）长久地和客户保持良好的关系

这一指标一直是CRM所追求的关键目标，也是最难的一个要求。一般来说，任何技术应用都比不上企业员工对客户真诚的、通情达理的态度，因为所有的关系都或多或少地会带上一些情感的因素。特别需要指出的是，在某种程度上，技术和关系的维持会呈相反方向的作用，技术越先进，人与人之间的交流就越少，培养感情的机会也就越少，关系也就越不可能长久。就像日常生活中人与人之间的关系一样，没有几年甚至十几年的交情，关系是很不稳定的。目前，大部分企业的客户服务都不尽如人意的大环境下，要保持比竞争企业更稳固的客户关系，就要做到让客户有一种离了自己企业的服务就只能得到更差待遇的感觉。在这一点上，企业通过CRM系统的应用，可以在以下三点不同程度地提高客户对企业的依赖性：

①CRM系统可以长期地、不断地培养让客户满意的经历，自始至终体现出企业服务质量的一致性。

②利用CRM系统所掌握的客户个人资料，在适当的时候自动提示向重要客户发送礼品、生日蛋糕之类的客户关怀，不过千万不要在促销活动前几天做这些事情，否则，可能会因动机太过明显而引起客户的反感。

③通过CRM里的网络用户社区功能，让客户之间产生交流，形成一种特殊的依赖关系，从而让企业从中受益。

3）提高员工对企业的满意度

企业需要明白，CRM系统的实施对企业效益作用的产生并不是孤立的，也不是简单的叠加。例如，员工通过使用能提高他们工作效率的CRM工具，也会使他们对企业的满意度适当地增加，从而在对待客户时他们的态度会变得更加友好，这对提高客户的满意度和忠诚度都有非常大的正面促进作用。据了解，很多从事客户服务的工作人员对他们自身的工作感到厌烦。试想，一个自身都很烦的员工又如何让客户满意呢？因此，利用CRM系统可以有效地降低员工的烦恼，从而有效减少部门之间推脱责任、客户一问三不知等不良现象，这对企业效益的影响将是明显的。

小知识14-1

CRM巨头纷纷迈入移动行列

移动CRM的黎明仿佛已经来临。经过多年的摸索与积累，移动CRM在2016年、2017年两年间达到了分析师所预测的40%的销售年增长率。该市场在2018年的情况也是一片大好，预计2018年中国移动CRM产品市场规模将达到13.55亿元，较2017年增长41.7%。

移动CRM的进步促进了用户在使用率和接受率上的提高。随着越来越多的客户意识到实时获取信息的重要性，他们希望能够通过移动工具来更加可靠、轻松地做到这一点。

相对用户而言，CRM软件开发商则显得比较迟缓。开发商纷纷效仿发布移动化模块，但却很少为移动用户设计定制软件套装。虽然大部分的销售和现场服务人员都是在移动环境下工作的，但是大部分的客户服务人员却是在桌面环境下工作的，这种模式绝非是一成不变的。为什么一名现场服务人员不能在面对客户时同时向他提供客户服务呢？

随着移动CRM解决方案新时代的到来，许多重要的信息都可以传递到现场工作人员的手中。Salesforce.com Inc.是托管型CRM领域中的巨头。它也拥有一套Salesforce移动模块来将其Salesforce、AppExchange和定制应用移动化。移动用户可以访问所有的数据，包括联系人、账户、任务、潜在客户、销售机会、案例、解决方案和其他CRM信息。用户甚至还可以在无须连接到网络的情况下在设备上查阅信息，这类用户界面和数据查阅完全是量体而裁的。

销售团队自动化在移动CRM中被使用得最频繁。不过，现场服务自动化也慢慢开始受到重视。根据Gartner的调查研究分析，实施现场服务自动化所能带来的投资回报普遍都在100%~500%之间。

MobileFrame LLC所开发的解决方案MobileFrame是针对现场服务而设计的一款应用产品。该产品的智能架构能让非编程人员建立并部署移动应用。该系统运行在Microsoft.NET环境之下，并预先配置了多种行业的模板，如制造业、政府机构、分销业、保险业和建筑业等。

成立于2004年的XTools，其移动CRM产品主要面对中高端企业用户市场，在移动端的代表性产品为"掌中宝"和"来电通"。新乡市万和滤清器有限公司通过对XTools产品的成功应用，使其客户服务水平和管理水平得到大幅提升。

甲骨文宣布它的Siebel CRM Mobile应用将会给黑莓手机带来CRM的功能。Siebel Wireless的客户届时将能享受到这项服务。Siebel CRM Mobile能让客户通过黑莓手机、智能手机平台上先进的安全保障系统访问Siebel CRM应用。

八百客（北京）信息技术有限公司成立于2004年6月，其提供的移动CRM旨在帮助企业管理正在洽谈的和已经成交的所有客户。

移动CRM的趋势正在向更多的手持移动平台蔓延，它能让工作人员在离线时处理更多的工作，更全面地贯彻商业流程，从而在现场解决更多的客户问题。随着这些目标的逐一实现，移动CRM的普及率也会随之提高。

资料来源　根据客户世界网信息整理。

本章小结

本章首先介绍CRM系统实施的绩效评价，对现在CRM系统实施绩效评价方面的基本状况进行了分析，介绍了常用的几种绩效评价的方法，重点介绍了CRM的平衡计分卡方法。

接下来，分析了CRM系统实施过程中涉及的各类成本，说明了如何进行TCO的计算，以及TCO中应该注意的事项。

最后，介绍了CRM系统的效益问题，将效益分解为经济效益和非经济效益进行阐述，重点介绍了经济效益中的投资回报（ROI）问题。

复习思考题

14.1 三种绩效管理的方法分别是什么？
14.2 简述对TCO的几点建议。
14.3 CRM的ROI评价过程是什么？

技能实训题

14.1 选择一家企业，使用平衡计分卡对企业实施的CRM进行评价。
14.2 举例分析CRM实施过程中的非经济效益问题。

第15章

客户关系管理案例

学习目标

本章列举了多个中外知名企业的客户关系管理成功案例并进行了具体分析，向读者系统地展示了客户关系管理在实际场景中的应用情况。通过本章的学习，读者应该了解客户关系管理如何影响企业的发展，思考客户关系管理在企业运作过程中发挥的作用。

◆主要解决的问题

如何进行CRM的选择；有哪些CRM产品；CRM应用案例的分析。

15.1 迪克连锁超市客户关系管理案例

肯·罗布是迪克连锁超市的高级营销副总裁，这是一家在威斯康星州乡村地区拥有八家分店的超级市场。罗布有一个秘密，就是当他的顾客来商场采购时，他十分了解这些顾客想要买些什么。这一点连同超市提供优质服务的良好声誉，是迪克连锁超市对付低价位竞争对手及其他类别竞争对手的主要防御手段。迪克连锁超市采用数据优势软件——一种由康涅狄格州的关系营销集团开发的软件产品，对扫描设备里的数据加以梳理，即可预测出其顾客什么时候会再次购买某些特定产品。接下来，该系统就会“恰如其时”地推出特惠价格。

该系统是这样运行的：在迪克连锁超市，每周消费25美元以上的顾客，每隔一周就会收到一份定制的购物清单，这张清单是由顾客以往的采购记录及厂家所提供的商品现价、交易政策或折扣共同派生出来的。顾客购物时可随身携带此清单，也可以将其放在家中。当顾客到收银台结账时，收银员就会扫描一下印有条形码的购物清单或者顾客常用的优惠俱乐部会员卡。无论哪种方式，购物单上的任何特价商品都会被自动予以兑现，而且这位顾客在该店的购物记录会被刷新，生成下一份购物清单。罗布认为，这对于超市和生产厂家都很有利，因为你能根据顾客的需求制订促销方案。由此你就可以作出一个与顾客商业价值成正比的方案。

迪克连锁超市还依靠顾客特定信息，跨越一系列商品种类把定制的促销品瞄准各类最有价值的顾客。比如，非阿司匹林产品（如泰诺）的服用者可以被分成三组：全国性品牌、商店品牌和摇摆不定者，而每组顾客又可以根据低、中、高的用量被分成三个次组。用量代表着在某类商品中顾客对迪克连锁超市所提供的长期价值（仅在这一个产品种类中，就有六个“模件”，产生共九种不同类型的顾客——这足以发动一次批量定制营销活动了）。

假设超市的目标是要把服用泰诺的用户转变成商店品牌的用户，那么罗布就会将其最具攻击性的营销活动专用于用量大的顾客，因为他们最有潜在价值。给予大用量顾客的初始折扣优惠远高于给予低用量和中等用量的顾客。促销活动的时间会恰好与每一位顾客独有的购买周期相吻合，而对这一点，罗布通过分析顾客的以往购物记录即可作出合理预测。

“顾客认为这太棒了，因为购物清单准确地反映了他们要购买的商品。如果顾客养狗或猫，我们就会给他们提供狗粮或猫粮优惠；如果顾客有小孩，他们就可以得到儿童类产品（如尿布及婴幼儿食品）优惠；常买很多蔬菜的顾客会得到许多蔬菜类产品的优惠，”罗布说，“如果他们不只在一家超市购物，他们就会错过我们根据其购物记录而专门提供的一些特价优惠，因为很显然我们无法得知他们在其他地方买了些什么。但是，如果顾客所购商品中的大部分来自我们的商店，他们通常可以得到相当的价值回报。例如，比较忠诚的顾客常会随同购物清单一起得到价值30~40美元的折价券。我们的目标就是回报那些把他们大部分的日常消费都花在我们这儿的顾客。”

15.2 耐克客户关系管理案例

1972年，耐克公司正式成立，其前身是由现任耐克总裁菲尔·耐特和比尔·鲍尔曼教练投资的蓝带体育公司。1973年，全美2 000米到10 000米跑纪录创造者佩里·方庭成为第一个穿耐克运动鞋的田径运动员。1978年，耐克公司正式成立，之后开始进入加拿大、澳大利亚、欧洲和南美等海外市场，通过网络、赞助体育赛事等营销手段在海外市场不断发展。1979年，第一款运用耐克专利气垫技术的Thaiwind跑步鞋诞生，第一条耐克服装生产线开始运营。1980年，耐克公司进入中国，在北京设立了第一个耐克生产联络代表处。之后，耐克公司秉承“Local for Local（在哪里，为哪里）”的观念，不仅将先进技术引进中国，而且全身心地致力于本地人才、生产技术、销售观念的培养。“取之本地，用之本地”，耐克公司在中国取得了飞速发展。1996年，耐克公司正式在中国成立了全资子公司Nike（苏州）体育用品有限公司，总部设在上海，并在北京、广州设立分公司，于2002年1月将中国香港分公司并入中国区，耐克公司在中国市场不断发展。

耐克公司不断进行网络营销的尝试，于2002年初推出了一项名为NIKEiD的运动鞋网上定制服务，使得到耐克网站购物的用户都可以根据自己的喜好让耐克为你量“脚”定制运动鞋。每个用户都能够根据网站提供的搭配方案进行选择，可以搭配不同的鞋底与色彩，甚至可以在鞋上打上不超过8个字的名字。选配好的鞋子也可以在网上预览，并且能够随时对搭配进行调整。耐克公司总裁即公司奠基人之一的菲尔·耐特说：“我们正进入一个由互联网推动的新时代。”耐克网站副总裁Mary Kate Buckley也表示：“这项服务将让我们的用户充分享受到网络带来的新鲜感，他们现在可以如此方便地展示自己的个性。”耐克公司的服务总经理Mark Allen表示：“这是一项用户从商店里的鞋架上享受不到的服务。”Mark Allen还指出，耐克公司还准备将这项服务扩大到更多的鞋型上，甚至还会推出网上服装定制服务。

耐克的名字和商标已经享誉全世界，现在想向网络用户宣传开设在全加拿大“运动员世界”中的耐克迷你店。为了达到这个目的，耐克公司利用网际网络的互动性和图形功能制作了广告和一个网站，并投入使用。耐克公司将www.athletsworld.ca/nikeshop网站的目标受众定为十几岁的青少年和稍微年长一些的青年顾客。设立网站的目的是建立知名度并传达产品信息，网站由设置在active.com、cbc.ca、ctvsportsnet.ca上的广告来推广。有四个不同版本的广告进行轮流投放，其中一个版本以赢取500美元耐克购物券为号召；其他版本截取运动员训练的一个片断并配上一句广告语：“永远没有太早/太强/太多”，这句话与网站的网址交替出现在广告上。同时，为了吸引年轻的访问者，网站使用了各种设计元素，如挖苦式的导语、嬉皮音乐、游戏式的表现方法和多彩的形象等。耐克公司在安大略Vaughan分部的广告经理Josie Seguin说：“我们试图使我们的网站充满互动性和乐趣，并以刺激的方式传达我们的信息。”耐克公司针对青年群体突出嬉皮而积极的态度。Seguin说：“我们想用他们理解的语言对他们说些有趣的话……用青少年人的口吻对他们说话。”

进入网站的访问者会受到鼓励，通过把运动员们的“泡泡”照片进行拼接来得到产品的详细信息。访问者还可以在“quick-time虚拟现实部分”操纵滑鼠，从各种角度观看产品或进行商店定位。网上竞赛和反馈问卷还提供了赢取500美元耐克代金券的机会。

在网站上，黑色背景上鲜艳的桔黄色字告诉访问者“使用网站来选出一些衣服，然后直接到离家最近的一家店去买”，并在全加拿大“运动员世界”中的18家耐克迷你店利用条幅、地板印字和店员的T恤衫来推动顾客访问网站。Seguin说：“因为我们这么多的日标顾客都在网上，而且网际网络的环境也允许我们这样做。”

如今世界经济的普遍发展，世界竞技体育的突飞猛进和席卷全球的大众体育浪潮等多股力量的交汇铸就了一个巨大的体育消费市场，体育用品业也迎来了前所未有的黄金时代。自20世纪90年代以来，世界体育用品市场被普遍看好，在1990年年销售额为1 200亿美元的基础上，每年的增长速度达到15%~25%，1993—1998年世界体育用品市场销售额每年以高出一般商品销售额32%的速度增长，全世界体育用品市场的年销售额已达到4 000亿至5 000亿法郎。自2000年以来，世界体育用品市场在1999年开始复苏的基础上继续保持着稳步增长的势头。19世纪末期，初创期的体育用品业只是地方性的小型手工业，而如今的耐克、阿迪达斯、锐步等运动用品经营公司已发展成年销售额达到数十亿美元的规模巨大的跨国公司，占据当今世界运动服、运动鞋市场的80%，在市场上开展着激烈的争夺和竞争。

互联网的主要益处很多，但是最吸引公众注意的是电子商务而非其他应用。正如营销大师菲利普·科特勒在其著作《精选营销词典》中所言，“电子商务意味着我们有机会将互联网转化为销售渠道”，针对网上消费者行为的“半人马”特点（是在Wind Mahajan和Gunther的著作《聚合营销——与“半人马”并驾齐驱》中提出的），从网上消费者购买决策过程来看，耐克公司网上推广专卖店旨在采用传统渠道与网上渠道整合的方式，充分发挥各自渠道的优越性，最大限度地满足消费者的购物需求，提高零售商吸引新消费者和维持老客户的能力，增强企业的获利能力。

15.3 屈臣氏客户关系管理案例

1）企业基本情况

在1828年，有一位叫A.SWaston的英国人在广州开了家西药房，取名广东大药房。1841年药房迁到中国香港，并用广东方言将公司名译为“屈臣氏大药房”（A.S.Wastons & Company），这就是屈臣氏的由来。这个以药店经营起家的公司至今仍保留着这一特色，在1981年成为李嘉诚旗下和记黄埔有限公司全资拥有的子公司后，凭借和记黄埔雄厚的经济实力和灵活的经营理念，屈臣氏经营的品牌涵盖之广，在亚洲迅速崛起，成为家喻户晓的零售品牌。屈臣氏个人护理店是集团首先设立的旗舰零售品牌。凭借其准确的市场定位，使其“个人护理专家”的身份深入人心，以至于人们一提到屈臣氏便想到“个人护理专家”，其品牌影响力由此可见一斑。

屈臣氏采用的是连锁经营模式。首先，连锁经营把分散的经营个体组合成一个规模庞大的网络经营结构，通过总部为各店集中采购，进货批量大，可享受较高的价格折扣，降低了进货成本。其次，连锁经营的自建网点速度远远超过其他经营模式，能有效增加自有网点规模及扩展区域规模。连锁经营从外延上拓展了零售企业的市场阵地，不仅使自有品牌较易进入广阔的市场领域，而且可以大大延长自有品牌在市场上的生命周期。最后，连锁零售企业在原经营领域内培养的信誉及带给消费者一致的服务和形象，还可以降低消费者对自有品牌的认知成本，提高消费者的忠诚度。

屈臣氏的个人护理商店以“探索”为主题，提出了“健康、美态、快乐”三大理念，协助热爱生活、注重品质的人们塑造自己内在美与外在美统一的形象。在国内，屈臣氏是第一家以“个人护理”概念经营的门店，其独特而准确的市场定位，令人耳目一新。商店的目标顾客锁定在18~35岁的女性，她们注重个性，有较强的消费能力，但时间紧张不太爱去大超市购物，追求的是舒适的购物环境。

2）企业实施CRM情况

会员制在零售业随处可见，几乎所有的超市、百货商场等都在实行会员制，以留住客户。但是屈臣氏的会员制却有其独特之处，它给予顾客更多的权利。通过会员卡，屈臣氏将顾客的信息搜集到自己的网络中心，有利于进行顾客需求的进一步分析，同时还可以为每位顾客提供个性化的服务，从而提升顾客的满意度。除此之外，屈臣氏定期推出会员独享的促销商品，屈臣氏还与第三方零售商合作，让持有屈臣氏会员卡的顾客同时还能享受其他店面的优惠，有利于扩大自己的顾客群，实现共赢。2007—2008年，屈臣氏曾在中国南方推行过会员卡，在当时，屈臣氏采用了和大部分超市一样的操作方式，在店面设置专门的会员卡推广人员，填写入会申请表格，实行积分制，每次消费都有积分。会员卡没有有效期，办卡仅收工本费1元，屈臣氏每周推出数十件贵宾独享折扣商品，低至额外8折折扣，每次消费10元积1分，满200分可以兑换礼品或抵用现金券。在投入大量的人力资源和1 000多万元的成本之后，屈臣氏的第一代会员卡却没有达到预期的效果，预期5%的销售增长也没有实现。

3）失败原因分析

①屈臣氏顾客的80%是20、30岁左右的女性，出于该年龄段女性对于年龄等个人信息的敏感和生活节奏快的特征，她们不愿意花费时间在公共场所填写个人信息。这一点与普通超市的会员有很大不同，而屈臣氏的会员又没有普通超市会员人数基数那么多。这导致在费时、费力却搜集不到完整且准确的数据之后，无法基于这些基础信息推出精准有效的促销推广活动。而且，IT部门和业务部门之间的互动不多，也无法了解会员卡能给销售带来的实质推动。基于这些原因，屈臣氏的第一次会员卡推广活动以失败告终。

②经研究发现，免费的卡很难获得顾客的珍惜和利用，而目前大多数零售企业的“低门槛”会员进入制度不仅让顾客看低所持会员卡的质量，也容易使会员制营销在众多对手中因大众化而迷失自我。一分钱一分货，来之不易的物品自然会得到顾客的重视。

③会员卡的包装和制作较为简陋，很多零售连锁企业在大规模发放会员卡时，基本没有在会员卡的包装上下功夫，而“会员须知”和顾客所能享受的优惠及会员专属政策基本上都是通过宣传单或者店员口头方式告知的，这些使得顾客对同质化的CRM缺乏重视。

4）对策

①针对年轻消费者，采用线上注册资料奖励积分的方式，搜集完整且准确的信息。基于搜集到的个人信息，IT部门开发了“促销引擎”。“促销引擎”是专门针对顾客各种消费情况而推行不同促销方式的系统。比如，根据每个购物篮内的总价值、某特定品牌的数量或数额、消费等级等，采取多倍积分、现金减免、折扣、赠品等多种方式进行促销。

②利用CRM数据分析技术，细分目标顾客。在CRM信息系统管理方面，屈臣氏应进一步按照不同的消费群体进行区分管理。针对企业客户和一些VIP会员，通过East Fax传真系统来实现对客户的一对一管理，同时该系统的使用在很大程度上减少了工作人员的工作量。

而针对大众消费群，屈臣氏主要采取POS系统进行数据采集，然后进行分析，从而了解消费大众的消费取向。

③通过对女性顾客购物习惯的分析，屈臣氏发现女性顾客喜欢在自己生日时买东西“奖励自己”，为此在会员中推出了生日月双倍积分的制度。而针对女性顾客多半喜欢结伴逛街的特征，屈臣氏也推出了买两件商品享受折扣等促销方式，还根据女性顾客的偏好，开发自有品牌，推出“hello kitty”“rirakkuma”等特有产品。

④精准有效的“个性化”短信促销，是会员卡背后CRM理念的一种体现。屈臣氏依据对会员消费行为的追踪，发现会员随着年龄的增长，其所购买商品的类别会发生变化。比如，20多岁的会员喜欢购买面膜等保养品，而随着年龄增长，她们则会对葡萄籽片等营养品更为关注。如何构建成长中的会员购物模式，和会员一起成长从而为她们提供更多的服务，这是CRM下一步关注的重点。在此基础之上，屈臣氏期待提供针对个人的美容健康服务咨询，实现对更多增值领域的挖掘。同时，为了提升会员服务水准，屈臣氏在大中华地区试图实现会员卡的跨地区使用，尽管这会涉及汇率及当地税率等诸多问题的挑战，但是为了会员享受服务的连续性，值得一试。

15.4 上海金丰易居客户关系管理案例

金丰易居为A股上市公司金丰投资旗下专业从事房地产策划与销售代理的企业。它是集租赁、销售、装潢、物业管理于一身的房地产集团。由于房地产领域竞争日趋激烈，花一大笔钱在展会上建个样板间来招揽客户的做法已经很难达到好的效果，在电子商务之潮席卷而来时，很多房地产企业都在考虑用新的方式来吸引客户。

金丰易居在上海有250多家连锁门店的有形网点，以前如果客户有购房、租房的需求，都是通过电话、传真等方式与之联系。由于没有统一的客服中心，而服务员的水平参差不齐，导致用户常常要多次交涉才能找到适合解答他们关心问题的部门。又由于各个部门信息共享程度很低，用户从不同部门得到的回复有很大的出入，因此给用户留下了很不好的印象，很多客户干脆就弃之而去。更让金丰易居一筹莫展的是，尽管以前积累了大量的客户资料和信息，但是由于缺乏对客户潜在需求的分析和分类，这些有价值的资料的利用率很低。

金丰易居的总经理彭加亮意识到，在Internet时代，如果再不去了解客户的真正需求，主动出击，肯定会在竞争中被淘汰。金丰易居与美国艾克公司接触后，决定采用该公司的eCRM产品。

经过双方人员充分沟通之后，艾克公司认为金丰易居的条件很适合实施客户关系管理系统，艾克公司的中国区产品行销总监张颖说：“首先，金丰易居有很丰富的客户资料，只要把各个分支的资料放在一个统一的资料库中，就可以作为eCRM的资料源。另外，金丰易居有自己的电子商务平台，可以作为eCRM与客户交流的界面。”

但是金丰易居仍有不少顾虑，因为客户关系管理在国内还没有多少成功的案例。另外，传统的CRM系统需要具备庞大的客户数据样本库，并且建设周期长、投资大，不是一般的企业可以承受的。最后，eCRM系统的特色打消了金丰易居的顾虑，eCRM系统与传统的CRM有很大的不同——它是模块化的结构，用户可以各取所需，用户选定模块后，厂商只需做一些定制化的工作就可以运行起来，实施周期也很短，很适合中小企业使用。经过充分沟通以后，为了尽量减少风险，双方都认为应先从需求最迫切的地方入手，根据实施的效果，然后再决定下一步的工作。

通过对金丰易居情况的分析，双方人员最后决定先从以下几个部分实施：

①金丰易居有营销中心、网上查询等服务，因此需要设立多媒体、多渠道的即时客服中心，提高整体服务质量，节省管理成本。

②实现一对一的客户需求回应，通过对客户的爱好、需求进行分析，实现个性化服务。

③有效利用已积累的客户资料，挖掘客户的潜在价值。

④充分利用资料库信息，挖掘潜在客户，并通过电话主动拜访客户和向客户推荐满足客户要求的房型，以达到充分了解客户、提高销售额的目的。

⑤实时数据库资源共用，使金丰易居的网站技术中心、服务中心与实体业务有效结合，降低销售和管理成本。

根据这些需求，艾克公司提供了有针对性的解决方案，主要用到艾克eCRM产品eNterprise I，该产品结合了网页、电话、电子邮件、传真等与客户进行交流，并提供客户消费行为追踪、客户行销数据分析的功能，实现一对一行销。另外，结合艾克公司的电子商务平台eACP，与金丰易居现有的系统有效整合。

艾克公司为金丰易居提供的客户关系管理平台包括前端的“综合客户服务中心UCC”和后端的数据分析模块。前端采用艾克UCC3.20，该产品是整合了电话、Web、传真等多渠道、多媒介传播及多方式分析系统的综合应用平台。在前端与后端之间是资料库，它如同信息蓄水池，可以把从各个渠道接收的信息分类，如客户基本信息、交易信息和行为记录等。后台采用艾克OTO2.0，它用于数据分析，找出产品与产品之间的关系，根据不同的目的，从中间的资料库中抽取相应的数据，并得出结果，然后返回资料库。于是，从前端就可以看到行销建议或者市场指导计划，由此构成了从前到后的实时的一对一行销平台。通过这个平台，解决了金丰易居的大部分需求。

在前端，UCC系统整合电话、Web、传真等多种服务，客服人员在为客户提供多媒体交流的同时，还可以服务于来自电话、Web、传真等媒介的需求，管理人员可以实时监控、管理客服人员的服务状况，实现统一管理。这个统一的服务中心设立统一标准问题集及统一客服号，利用问题分组及话务分配随时让客户找到适合回答问题的服务人员，得到满意的答复。该系统中的UCC-Approach模块可以有效挖掘客户潜在的价值。

金丰易居与艾克公司认为，实施eCRM的原则是：必须以金丰易居的现有系统和业务为前提，充分利用现有的硬件、软件和网路环境，并且与以前的系统有效地整合在一起。

1）建立多渠道客户沟通方式

建立多渠道客户沟通方式包括三个部分：UCC-Web、UCC-Ware和UCC-Approach。

UCC-Web客户通过Web进来时，客户的基本信息与以往交易纪录一并显示于服务界面，客服人员可给予客户个性化服务，并根据后端分析结果作出连带的销售建议。

UCC-Ware客户的租房、买房等咨询电话经话务分配后到达专门的服务人员，同时自动调用后台客户数据显示于客服界面供客服人员参考，而一些标准问题，可以利用IVR系统进行自动语音回复或传真回复，节省人力。

UCC-Approach根据CRM系统分析出的数据制订服务和行销计划，对目标客户发送电话呼叫，将接通的电话自动转到适当的坐席，为客户提供产品售后回访或者新产品行销服务。

2）实现OTO分析与前端互动功能的整合

利用OTO分析结果，直接进入UCC的Planer资料库，作为建议事项及外拨行销的依据。目前，金丰易居有四项主营业务，已积累了大量的客户资料。该部分针对资料进行检测，剔除无效信息，对有效信息按照业务需求类型分组，然后对分组数据进行PTP分析，找出相关性最强的两种产品，据此可以提出连带销售建议。同时，对目标客户贡献度进行分析，找到在一定时效内对产品有购买能力和贡献度最大的客户，其余客户可按照时效及重要程度进行力度和方式不同的跟踪处理。

另外，金丰易居以前的销售系统、楼盘管理系统、购房中心系统和业务办公系统，现在都通过艾克公司产品提供的界面，整合到客户关系系统内。该项目的实施总共用了三个星期，由于前期的工作准备得很充分，因此项目实施很顺利，并且很快就运行了起来。

应用艾克公司的客户关系管理系统之后，金丰易居很快取得了很好的效果，统一的服务平台不仅提高了企业的服务形象，还节省了人力、物力。通过挖掘客户的潜在价值，金丰易居制订了更具特色的服务方法，提高了业务量。另外，由于客户关系管理整合了内部的管理资源，因此降低了管理成本。

张颖说："现在回想起来，虽然项目的实施时间并不长，但是这个成功来之不易。"CRM对于中国企业来说还很陌生，没有多少成功的经验可以借鉴，所以要说动企业相信它就不是一件容易的事情。艾克公司为了让金丰易居相信eCRM，做了大量的工作，并且把试用版本给金丰易居使用。虽然金丰易居承认它能够为自己带来很多好处，但是由于害怕风险，金丰易居并不能立即决定采用，因为大家都知道应用CRM意味着巨大的资金投入和管理革新。真正让金丰易居决定采用艾克公司产品的原因是，应用艾克公司产品不需要投入大量的成本，而且以前的设备很多可以保留下来，也不用进行全方位的人事和管理的调整。

在考虑如何与金丰易居原有系统连接的问题时，双方的意见并不一致。作为艾克公司来讲，开始连接的系统越简单越好，而金丰易居则认为能把自己所有的系统和CRM整合起来是最好的——客户往往忽视过于复杂的实施会带来更大的风险。张颖指出，国内的客户与国外的客户区别很大，国外的客户很清楚自己要什么，而国内的用户很多只知道自己大概要什么，具体的需求并不清楚，而一旦厂商提供了产品之后，国内的用户又觉得很多地方要改进，使厂商又花很多精力重新调整产品。

为了防止系统在实施过程中发生意外，艾克公司和金丰易居在实施之前签订了一个协议，明确规定什么时间完成什么事情，完成到什么程度，达到什么样的效果，由谁来负责，然后在实施过程中按照这个步骤执行，有效保证了系统的顺利实施。

作为一家外资企业，能够了解中国用户的特殊需求，是其产品能否在国内站稳脚跟的关键。张颖认为，艾克公司成功的原因在于，它能够从最简单的地方入手，而不是一上来就把系统所有的功能推荐给用户。通过先实施一部分功能，然后根据客户的反馈意见进行一些改动，直到稳定之后，接着继续实施其他的功能。这种小步前进的方法适合中国的国情，也容易被中国的用户接受。

15.5 泰国东方饭店客户关系管理案例

泰国的东方饭店堪称亚洲饭店之最，几乎天天客满，不提前一个月预定是很难有入住机会的，而且客人大都来自西方发达国家。泰国在亚洲算不上特别发达，但是为什么会有如此诱人的饭店呢？大家往往会以为泰国是一个旅游国家，而且又有世界上独有的人妖表演，是不是东方饭店在这方面下了功夫。错了，东方饭店靠的是真功夫，是非同寻常的客户服务，即现在经常提到的客户关系管理。东方饭店的客户服务到底好到什么程度呢？我们不妨通过一个实例来看一下。

一位朋友因公务经常出差泰国，并下榻在东方饭店，第一次入住时良好的饭店环境和服务就给他留下了深刻的印象，当他第二次入住时几个细节更使他对饭店的好感迅速升级。那天早上，在他走出房门准备去餐厅时，楼层服务生恭敬地问道："于先生是要用早餐吗？"于先生很奇怪，反问："你怎么知道我姓于？"服务生说："我们饭店规定，晚上要背熟所有客人的姓名。"这令于先生大吃一惊，因为他频繁往返于世界各地，入住过无数高级酒店，但这种情况还是第一次碰到。于先生高兴地乘电梯到餐厅所在的楼层，刚刚走出电梯门，餐厅的服务生就说："于先生，里面请。"于先生更加疑惑，因为服务生并没有看到他的房卡，就问："你知道我姓于？"服务生答："上面的电话刚刚下来，说您已经下楼了。"如此高的效率让于先生再次大吃一惊。于先生刚走进餐厅，服务小姐微笑着问："于先生还要老位子吗？"于先生的惊讶再次升级，心想："尽管我不是第一次在这里吃饭，但最近的一次也有一年多了，难道这里的服务小姐记忆力那么好？"看到于先生惊讶的目光，服务小姐主动解释说："我刚刚查过电脑记录，在去年的6月8日，您在靠近第二个窗口的位子上用过早餐。"于先生听后兴奋地说："老位子!老位子!"小姐接着问："老菜单？一个三明治，一杯咖啡，一个鸡蛋？"现在于先生已经不再惊讶了，"老菜单，就要老菜单!"于先生已经兴奋到了极点。上餐时餐厅赠送了于先生一碟小菜，由于这种小菜于先生是第一次看到，就问："这是什么？"服务生后退两步说："这是我们特有的某某小菜。"服务生为什么要先后退两步呢？他是怕自己说话时口水不小心落在客人的食品上，这种细致的服务不要说在一般的酒店，就是美国最好的饭店于先生都没有见过。这一次早餐给于先生留下了终生难忘的印象。

后来，由于业务调整的原因，于先生有3年的时间没有再到泰国去，在于先生生日的时候突然收到了一封东方饭店发来的生日贺卡，里面还附了一封短信，内容是：亲爱的于先生，您已经有3年没有来过我们这里了，我们全体人员都非常想念您，希望能再次见到您。今天是您的生日，祝您生日愉快。于先生当时激动得热泪盈眶，发誓如果再去泰国，绝对不会到任何其他的饭店，一定要住在东方饭店，而且要说服所有的朋友也像他一样。于先生看了一下信封，上面贴着一枚6元的邮票。6元钱就这样买到了一颗心，这就是客户关系管理的魔力。

东方饭店非常重视培养忠实的客户，并且建立了一套完善的客户关系管理体系，使客户入住后可以得到无微不至的人性化服务。迄今为止，世界各国的约20万人曾经入住过那里。用东方饭店的话说，只要每年有10%的老顾客光顾，饭店就会永远客满。这就是东方饭店成功的秘诀。现在客户关系管理的观念已经被普遍接受，而且相当一部分企业都已经建立起了自己的客户关系管理系统，但真正能做到东方饭店这样的还并不多见。关键是很多企业还只是处在初始阶段，仅仅是使用了一套软件系统，并没有在内心深处去思考如何去贯彻执行，如果只是浮于表面，难见实效。客户关系管理并非只是一套软件系统，而是以全员服务意识为核心贯穿于所有经营环节的一整套全面完善的服务理念和服务体系，是一种企业文化。在这方面，泰国东方饭店的做法值得很多企业认真学习和借鉴。

15.6 马狮百货集团客户关系管理案例

马狮百货集团是英国最大且盈利能力最强的跨国零售集团，以每平方英尺销售额计算，伦敦的马狮百货集团每年都比世界上任何零售商赚取更多的利润。马狮百货集团在世界各地有2 400多家连锁店，“圣米高”牌子的货品在30多个国家出售，出口货品数量在英国零售商中居首位。《今日管理》的总编罗伯特·海勒曾评论说：“从没有企业能像马狮百货集团那样，令顾客、供应商及竞争对手都心悦诚服。在英国和美国都难找到一种商品品牌像‘圣米高’这样，如此家喻户晓，备受推崇。”这句话正是对马狮百货集团在关系营销上取得成功的一个生动写照。

早在20世纪30年代，马狮百货集团的顾客以劳动阶层为主，马狮百货集团认为顾客真正需要的并不是“零售服务”，而是一些他们有能力购买且品质优越的货品，于是马狮百货集团把其宗旨定为“为目标顾客提供他们有能力购买的高品质商品”。马狮百货集团认为顾客真正需要的是质量高而价格不贵的日用生活品，而当时这样的货品在市场上并不存在。于是马狮百货集团建立起自己的设计队伍，与供应商密切配合，一起设计或重新设计各种产品。为了保证提供给顾客高品质的货品，马狮百货集团实行依规格采购方法，即先把要求的标准详细定下来，然后让制造商按此标准制造。由于马狮百货集团能够严格坚持这种依规格采购的方法，使得其货品具备优良的品质并能一直保持下去。

马狮百货集团要给顾客提供的不仅是高品质的货品，而且是人人力所能及的货品，要让顾客因购买到了物有所值，甚至是“物超所值”的货品而感到满意。因而马狮百货集团实行的是以顾客能接受的价格来确定生产成本的方法，而不是相反。为此，马狮百货集团把大量的资金投入货品的技术设计和开发，而不是广告宣传，通过实现某种形式的规模经济来降低生产成本，同时不断推行行政改革，提高行政效率以降低整个企业的经营成本。此外，马狮百货集团采用“不问因由”的退款政策，只要顾客对货品感到不满意，不管什么原因都可以退换或退款。这样做的目的是要让顾客觉得从马狮百货集团购买的货品都是可以信赖的，而且对其物有所值不抱有丝毫的怀疑。

在与供应商的关系上，马狮百货集团尽可能地为其提供帮助。如果马狮百货集团从某个供应商处采购的货品比批发商处更便宜，其节约的资金部分，马狮百货集团将转让给供应商，作为改善货品品质的投入。这样一来，在货品价格不变的情况下，使得零售商提高产品标准的要求与供应商实际提高产品品质方面取得了一致，最终使顾客获得“物超所值”的货品，增加了顾客满意度和企业货品对顾客的吸引力。同时，货品品质的提高增加了销售量，马狮百货集团与其供应商共同获益，进一步密切了合作关系。从马狮百货集团与其供应商的合作时间上便可知这是一种何等重要和稳定的关系。与马狮百货集团最早建立合作关系的供应商，其合作时间超过了100年；供应马狮百货集团货品超过50年的供应商也有60家以上；供应马狮百货集团货品超过30年的供应商则不少于100家。

在与内部员工的关系上，马狮百货集团向来把员工作为最重要的资产，同时也深信，这些资产是成功压倒竞争对手的关键因素。因此，马狮百货集团把建立与员工的相互信赖关系、激发员工的工作热情和潜力作为管理的重要任务。在人事管理上，马狮百货集团不仅为不同阶层的员工提供周详和组织严谨的训练，而且为每个员工提供平等优厚的福利待遇，并且切实做到真心关怀每一位员工。马狮百货集团的一位高级负责人曾说："我们关心我们的员工，不只是提供福利而已。"这句话概括了马狮百货集团为员工提供福利所持的信念的精髓：关心员工是目标，福利和其他措施都只是一些手段，最终目的是与员工建立良好的人际关系，而不是以物质打动他们。这种关心通过各级经理、人事经理和高层管理人员真心实意的关怀得到体现。例如，一位员工的父亲突然在美国去世，第二天公司已代他安排好赴美的机票，并送给他足够的费用；一个未婚的营业员生下了一个孩子，她同时要照顾母亲，为此，她两年未能上班，公司却一直发薪给她。马狮百货集团把这种细致关心员工的理念变为一种企业文化，而不因管理层的更替有所变化，由全体管理层专心致志地持久奉行。这种对员工真实细致的关心必然导致员工对工作的关心和热情，使马狮百货集团得以全面而彻底的执行品质保证制度，而这正是马狮百货集团与顾客建立长期稳固信任关系的基石。

15.7 万科客户关系管理案例

在地产界流传这样一个现象：每逢万科新楼盘开盘，老业主都会前来捧场，并且老业主的推荐成交率一直居高不下，部分楼盘甚至能达到50%。据悉，万科在深、沪、京、津等地区的销售，有30%~50%的客户是已经入住的业主介绍的；在深圳，万科地产每开发一个新楼盘，就有不少客户跟进买入。金色家园和四季花城，超过40%的新业主是老业主介绍的。根据万客会的调查：万科地产现有业主中，万客会会员重复购买率达65.3%，56.9%的业主会员将再次购买万科，48.5%的会员将向亲朋推荐万科地产。这在业主重复购买率一直比较低的房地产行业，不能不说是一个奇迹。

在设计、工程、营销、物管等方面，万科经过多年的实践和反思，提出了"房地产第五专业"的理念，即客户关系管理，企业也从原来的项目导向转为客户价值导向。为适应企业对客户关系管理的更高诉求，万科主动引入了信息技术，探索实现客户关系管理的信息化。万科建立了客户中心网站和CRM等信息系统，从多个工作环节和渠道，系统性搜集客户的意见和建议，及时研究和响应，这些意见和建议，还为企业战略战术开发提供了指引。万科的"第五专业"，成为引领企业持续发展、不断续写传奇的重要动力。

万科素以注重现场包装和展示而闻名，同类的项目，每平方米总要比别人贵几百元甚至上千元。有人不理解：我没看出万科楼盘有什么惊人之处，无论技术、材料，还是设计，都是和其他房地产商差不多。其实，只要客户仔细到万科的项目上看看，基本上会被那里浓郁的、具有艺术品位的、温馨的居家氛围和某些细节所打动，客户会发现那里才是理想中的家园，于是就愿意为瞬间的美好感受、未来的美好遐想而冲动销费。万科以其产品为道具、以服务为舞台，营造了一个让消费者融入其中、能产生美好想象和审美愉悦的空间环境与人文环境，万科出售的不再仅仅是“商品”和“服务”，万科出售的是客户体验——客户在其精心营造的审美环境中，通过自身的感悟和想象，得到了一种精神上的愉悦。

万科有一个称为“6+2”的服务法则，主要是从客户的角度分成以下几步：

第一步：温馨牵手。强调温馨牵手过程中开发商信息透明，阳光购楼。万科要求所有的项目，在销售过程中，既要宣传有利于客户（销售）的内容，也要公示不利于客户（销售）的内容。其中包括一公里以内的不利因素。

第二步：喜结连理。在合同条款中，要尽量多地告诉业主签约的注意事项，降低业主的无助感，告诉业主与万科沟通的渠道与方式。

第三步：亲密接触。公司与业主保持亲密接触，从签约结束到拿到住房这一段时间里，万科会定期发出短信、邮件，组织业主参观楼盘，了解楼盘建设进展情况，及时将其进展情况告诉业主。

第四步：乔迁。业主入住时，万科要举行入住仪式，表达对业主的敬意与祝福。

第五步：嘘寒问暖。业主入住以后，公司要嘘寒问暖，建立客户经理制，跟踪到底，通过沟通平台及时发现、研究、解决出现的问题。

第六步：承担责任。问题总会发生，当问题出现时，特别是在涉及客户利益时，万科不会推卸责任。

第七步：“一路同行”。万科建立了忠诚度维修基金，所需资金来自公司每年的利润及客户出资。

第八步：“四年之约”。每过四年，万科会全面走访一遍客户，看看有什么需要改善的。

倾听是企业客户关系管理中的重要一环，万科专门设立了一个职能部门——万科客户关系中心。客户关系部门的主要职责除了处理投诉外，还肩负客户满意度调查、员工满意度调查、各种风险评估、客户回访、投诉信息搜集和处理等工作。具体的渠道有：

①协调处理客户投诉：各地客户关系中心得到公司的充分授权，遵循集团投诉处理原则，负责与客户的交流，并对相关决定的结果负责。

②监控管理投诉论坛：“投诉万科”论坛由集团客户关系中心统一实施监控。规定业主们和准业主们在论坛上发表的投诉，必须24小时内给予答复。

③组织客户满意度调查：由万科聘请第三方公司进行，旨在通过全方位地了解客户对万科产品服务的评价和需求，为客户提供更符合生活需求的产品和服务。

④解答咨询：围绕万科和服务的所有咨询或意见，集团客户关系中心都可以代为解答或为客户指引便捷的沟通渠道。

随着企业的发展，万科对客户的理解也在不断提升。在万科人的眼里，客户已经不只是房子的买主，客户与企业的关系也不再是“一锤子买卖”。

于是，在1998年，万科创立了“万客会”，通过积分奖励、购房优惠等措施，为购房者提供系统性的细致服务。万客会的理念不断提升和丰富，从单向施予的服务，到双向沟通与互动，再到更高层次的共同分享，万客会与会员之间的关系越来越亲密，从最初的开发商与客户、产品提供方与购买方、服务者与使用者，转变为亲人般的相互信任，朋友般的相互关照。

万科没有刻意强调客户关系管理，而是将客户的利益，包括诉求真正放在心上、捧在手里、落实到行动。万科深知，对客户利益的关照需要每一个子公司、每一位员工的贯彻落实，而公司对子公司及员工的考核，是检验公司对客户真实看法的试金石，是引导下属企业及员工言行的指挥棒。目前，面对市场竞争的压力，已经有许多房地产企业开始意识到具有优质的服务才能占领或保住市场，如绿地、保利等品牌的房地产企业均倡导以服务为主题。业内专家表示，从以产品营造为中心到以客户服务为中心，这将是房地产发展的必然途径。与此同时，服务营销的观念也将推动房地产市场走向更加成熟和理性。

15.8　Yorkshire Water客户关系管理案例

Yorkshire Water的前身是英国Yorkshire水务局，是由1973水法规定建立的地区性水务局之一，1989年私有化。它提供各种洁净和污水处理服务。2003年，Yorkshire Water赢得Gartner2003欧洲杰出CRM奖，以表彰它在商业和IT方面的巨大变革。

1）面临的问题

从1989年私有化后，Yorkshire Water是一个拥有25年license的垄断企业。但是，英国政府正在逐步鼓励竞争，由于历史原因，Yorkshire Water并没有准备好参与竞争。1995英国发生了大旱灾，公司与客户的沟通糟糕透顶。当时令公司颜面扫地的一桩丑闻是：CEO Trevor Newton说自己为应对旱灾，三个月没有洗澡，他建议大家也去尝试一下。但是，Daily Express却发现“Clever Trevor takes a bath at parents’ home!”1996年它被一个全国性的新闻调查评为全英国最令人憎恨的公司。1998年英国水务办公室（Office of Water Services）把Yorkshire Water评为客户服务联盟中最差的公司。当Yorkshire Water自己去咨询客户时，发现客户对公司的不满已经到了极其厌烦的程度。同时，Yorkshire Water通过了一个价格审计，被迫接受了15%的降价。

2）远景和策略

当时的远景是“被（公众）认为是全英国最好的水务公司”。管理层开始就意识到这需要整体转变并聚焦到end-to-end的客户过程。1998年，它开始推动主要的业务变革和IT投资规划，其中包括客户、职工、财务、风险和资产管理。这个CRM规划简称为ICOM（客户和运营管理集成），焦点是在客户服务组织和现场服务团队。ICOM占了整个业务转变规划的60%以上。它基于一个称为“R-Cubed”的内部策略，提供给客户可靠的服务，对需求要有及时反应，快速解决问题，这个策略覆盖商业和家庭用户。客户的定义从200万张的账单地址扩展到了450万个使用Yorkshire Water服务的个体。根据公司获取的收入来细分商业客户，最靠前的1 000个客户均有一个负责的客户经理，主动提供运营服务，并寻找交叉销售的机会。同时，还提供一些增值服务，如环保策略和渗漏监测等。

3）有价值的客户体验

Yorkshire Water让客户定义客户体验。Yorkshire Water不是先聚焦在提高内部效率和降低成本上，而是开展一个名为“Voice of the Customer”的持续的市场研究和客户调查规划。通过应用研究成果和R-Cubed原则，Yorkshire Water发展了自己的CRM策略：

①每年进行针对全部客户的调查，发现当前和未来的需求。

②让客户及时知道工作状态和完整的交互情况。

③作出和完成对客户的承诺。

④在客户定义的2个小时内完成预约工作。

⑤为客户提供从开始接触到问题解决的全程单点负责制。

⑥完成工作后，通过后续的客户满意度回访，完成闭环。

服务能够根据客户的需求进行一定程度的定制。把现场操作、影响分析和客户服务集成在一起，保证有特定需求的客户能够始终如一地接受高质量的水供应或者提前知晓存在的问题，这些客户包括依赖固定水压或者水硬度的客户，如透析病人、医院和饮用水公司。

4）内部协作

Yorkshire Water面临的内部挑战和文化变革是巨大的。这个CRM规划有很强的业务驱动和全力的高层支持，管理小组每周会有面对面的信息沟通。在外部咨询公司的支持下，设立一个变革小组，成员超过100位，来自业务线和服务合作伙伴。

为了更好地聚焦于客户，CRM小组横跨了传统的组织边界，挑战各种工作习惯，与合作伙伴紧密工作。CRM规划让文化转换变得容易，其中包括为面向客户的团队设置的逐步转变的方法、组织结构重组、全面的业务准备和沟通计划，以此管理突发事件，降低变革恐惧，建立向心力。有250个内部业务简报，还有8 000个的角色培训来加强它的作用。实施完成后，内部小组回到原有的岗位，形成一个本地专家网络，管理变革和宣传好的实践方法。直接面对客户的人员已经逐渐形成对公司和服务的自豪感。在客户服务和运营效率改进方面已不需要新的机会，客户细分方面也不需要再做重组。

5）CRM流程

Yorkshire Water尽力了解哪些过程会影响客户，哪些过程客户最关心，根据客户调查结果对这些过程列出优先级。大部分客户关心的是：得到及时可靠的信息及需要公司切实承担问题。与其他公共行业不同，付款不是客户主要关心的问题，因为水费单相对很简单。改进部分有以下几个方面：

（1）一次呼叫解决问题

现在当客户联系Yorkshire Water时，Call Center服务代表能看到与此客户联络的历史情况，也能直接访问账单系统。服务员能看到实时的已登记的事故和它们的影响，服务代表也能通过work management系统看到工作进度。因此，一旦工作分配给了某个现场工程师，服务代表应立刻知道工程师现在在哪儿，进展情况如何，预计什么时间能完成。这些实时信息让服务代表能告知客户最新信息，在首次电话接触后便能解决或者结束问题。

（2）预约调度

服务代表能够在客户指定的2个小时内调度现场工程师（工作日早8点到晚9点，周末早10点到晚6点）。如果有特殊要求，可以上网重新调度。

（3）主动管理客户需求

服务代表能够主动提供工作进度或者提醒事故的影响。这样减少了客户自己打电话来询问信息和进度的情况。

（4）形成客户满意度闭环

Yorkshire Water形成例行的电话回访，确认是否已经解决客户需求和工作是否已经圆满完成。

（5）优化现场服务

更加有效利用现场工程师的时间。工程师能直接处理第一项任务，然后按部就班处理后续的任务，很少有浪费时间的情况。工程师会通过移动设备实时通知联络中心自己的任务进度，如果现有的任务被取消或者优先级调整了，也会及时分配到新的任务。

本章小结

虽然在企业信息化过程中，CRM系统的应用不是发展时间最长的，但是经过长久以来的CRM理念创新、CRM系统研发和技术研究，以及对众多CRM案例的经验与教训的总结，CRM解决方案不断得到完善。在客户管理信息化建设上，CRM的成功案例也在不断积累，为后来者的CRM系统实施提供了充分的借鉴。本章通过对各个行业内的典型CRM案例分析，从众多成功的CRM案例中总结CRM系统实施与应用的经验，以便读者了解客户关系管理如何影响企业的发展，同时掌握客户关系管理在企业运作过程中发挥的作用。

复习思考题

15.1　耐克公司是如何通过Internet与CRM的结合持续提升公司的销售额的?

15.2　万科成功实施CRM最根本的要素是什么?

技能实训题

请考察并整理一个成功的CRM案例，并详细说明案例中CRM为企业带来的优势。

第16章

商业银行客户关系管理

学习目标

了解商业银行客户经理制度的意义；了解建设CRM系统的可行性；了解商业银行CRM系统的构成；熟悉商业银行CRM系统与功能；了解我国商业银行在实施CRM过程中存在的问题。

◆主要解决的问题

商业银行的客户经理制度；商业银行客户关系管理解决方案。

16.1　商业银行客户关系管理概述

商业银行客户关系管理的核心是借助先进的管理方法和信息技术，通过对企业业务流程的重组来整合客户信息资源，利用客户经理制度，实现客户信息和资源的共享，从而为客户提供优质的产品和周到的服务，保持和发展更多的客户，最终达到企业利润的最大化。

16.1.1　商业银行客户关系管理的内涵及实施

1）商业银行客户关系管理的内涵

客户关系管理是一种以客户为中心的经营策略，商业银行作为一种经营货币并提供与货币相关服务的特殊企业，其客户关系管理有一定的特殊性。具体来说，商业银行客户关系管理是指通过信息技术的运用，对商业银行的业务功能与产品进行重新设计，对业务流程进行重组、再造，从而为商业银行提供全方位的管理视角，使其获得更加完善的客户交流能力，实现最大化的客户收益率。它的目标是有效降低商业银行的经营成本，增加收入，寻找扩展业务所需要的新的市场和渠道以及提高客户的价值、满意度、忠诚度和盈利水平。

在实施CRM的过程中，IT技术的实施与运用只是解决CRM实施的表面问题，而如何能让企业中每位员工都能从思维和行为习惯上真正聚焦在客户身上，才是实施CRM的精髓。从本质上来说，CRM是一种以客户为导向的企业营销管理的系统工程。客户关系管理的目的是使商业银行根据细分市场进行重组，强化使客户满意的行为，从而优化银行的盈利能力，提高利润并改善客户的满意程度。

商业银行CRM的内涵大体包括以下几个方面：

（1）商业银行CRM的核心是以客户为中心

客户是银行利润的来源，以客户为中心，就是要求商业银行不断地研究客户需求，满足客户需求，提升客户的价值，从而提高商业银行利润。由于不同类别的客户需求不同，因此商业银行CRM更注重提供个性化的服务，即一对一的量身定做。实践表明，能否真正坚持以客户为中心的理念，是商业银行进行CRM成败的关键。

（2）商业银行CRM将优化商业银行市场价值链条

首先，商业银行CRM将使其更好地把握客户和市场需求，提高客户满意度和忠诚度，保留更多的老客户并不断吸引新客户。

其次，商业银行CRM将全方位地扩大其经营活动的范围，提供实时创新的金融产品，把握市场机会，提高市场占有率和效益深度。

最后，商业银行CRM将使原本各自为战的服务人员、营销人员、管理人员等开始真正围绕市场协调合作，为满足客户需求组成强大团队，同时提供一个使商业银行各业务部门共享信息的自动化工作平台，降低了运营成本，帮助其规避经营风险，达到保留现有客户和发掘潜在客户的目的，并提高了银行的盈利能力。

（3）商业银行CRM将打造商业银行核心竞争力

商业银行CRM能优化其组织体系和职能架构，形成高效运行的管理系统和信息系统，加强开发、创新和营销金融产品的能力，从而为打造银行的核心竞争力提供有力的保障。商业银行核心竞争力是指支撑银行以可持续性竞争优势开发独特产品、创造独特营销手段的能力，是银行在特定经营环境中的竞争能力和竞争优势的合力，是其现有业务资源优势与运行机制（如管理应用系统）的有机融合。CRM的实施，将为商业银行带来先进的以客户为中心的发展战略和经营理念，将优化商业银行的组织体系和职能架构，将形成商业银行高效运行的管理系统和交流通畅的信息系统，将加强银行开发、创新和营销金融产品的能力，将提升银行的信息化、电子化建设水平和全员的知识、技术和工作能力。

（4）商业银行CRM将整合商业银行的资源体系

商业银行CRM在银行资源配置体系中将发挥承前启后的作用。向前它可以向商业银行与客户的全面联系的渠道伸展，综合传统的电话银行、自助设备、网点机构以及网络银行等，构架起动态的商业银行服务前端体系；向后它能渗透到银行管理、产品设计、计划财务、人力资源等部门，整合MIS、DSS、ERP等系统，使商业银行的信息流和资源流高效顺畅地运行，实现商业银行运营效率的全面提高、全行范围内的信息共享、业务处理流程的自动化和员工工作能力的提升。

（5）商业银行CRM的实质是在满足客户需求的同时，实现客户利益与自身经营的双赢格局

商业银行CRM始终强调通过服务客户来提升客户的价值，与此同时，商业银行自身价值的提升也同等重要。因此，客户的贡献度就是商业银行CRM的关键，通过对客户贡献度的测算和考核来实现对客户的差异化服务，从而实现银行利益的最大化。

总之，CRM将为商业银行带来互联网时代生存和发展的管理制度与技术手段，为商业银行成功实现电子化转型提供基础和动力。

2）商业银行CRM的实施

（1）商业银行实施CRM的目标

商业银行建立CRM的主要目标是：通过渠道的管理，为商业银行保持已有的客户，吸引新的客户，同时分析客户需求为银行决策提供支持。商业银行主要通过CRM来加强和完善客户关系，为客户提供优质服务，并且提高客户服务效率，使商业银行能在快速变化的市场竞争中把握客户需求，赢得更多的客户，整体上降低商业银行的运营成本。建设完善的商业银行客户关系管理体系的目标可分为功能上的目标和技术上的目标：

①功能上的目标。产品/服务推广，增加银行的业务量；拓展服务项目范围以及服务的深度；降低服务成本；充分管理好银行的客户资产；为银行产品定位、市场决策提供决策支持。

②技术上的目标。统一的客户关系管理数据库；统一的客户分析和服务管理平台；统一的信息访问和交易处理平台；分类、分层查询和统计，实现对客户的全面评价；全方位的客户沟通渠道和交互服务；集中一致的服务模式。

（2）商业银行实施CRM的重点工作

①管理层重视，长期规划。CRM的选择和实施是一项极为复杂的系统工程，将涉及整体规划、创意、技术集成和内容管理等方面的工作。商业银行要建立一套高效的CRM系统，必然会遇到来自业务流程重构、组织再造和企业资源配置等方面的问题。因此，实施CRM系统要获得银行高层管理者和银行发展战略上的支持。CRM项目管理者应当有足够的决策和管理权力，从总体上控制、协调建设进度，设定明确的目标、为改造团队或达到目标合理的分配

所需的时间、财力、人力和其他资源，并推动这个目标从上到下的实施。CRM系统建设与实施是一项长期系统工程，必须制定好总体规划，分阶段实施和应用。银行要在发展战略框架内进行CRM项目规划，设计比较长远的、分为几个可操作的阶段的三至五年的远景规划很重要，从一些可以或需求迫切的领域着手，稳妥推进，效果明显。如果想短时间全面实施CRM，则给银行带来的冲击可能太强，工程投入过大，这不符合银行稳健经营的原则。

②从业务流程入手。商业银行实施CRM更要专注于流程的研究、优化和重构，要从长期战略的角度推选分步骤实施的方法。商业银行CRM解决方案必须首先去研究现有的金融营销、服务策略和模式，审视流程，发现不足并找出改进方法，以便于未来对CRM的效果作出真实的评价。在项目开展之初，不应把大部分注意力放在技术上，要根据业务中存在的问题来选择合适的技术，而不是调整流程来适应技术要求。商业银行建设CRM系统采取分步骤实施的方案较为稳妥，一般而言，应当考虑以下步骤：

第一步，制订业务计划。在准确把握和描述银行应用需求的基础上，制订高级别的业务计划，力争实现合理的技术解决方案与金融资源的有机结合。

第二步，建立CRM团队。在高层管理者的支持下及时组建有力的团队，可从将要使用CRM系统的主要部门中抽选人员，为保证其工作能力，应当进行早期培训和CRM推广。

第三步，评估金融营销、服务过程、分析客户需求、开展信息系统初建。CRM项目团队要深入了解不同客户的需求，了解商业银行与客户交互的主要环节等，并对原有业务处理流程进行分析、评估和重构。为此，应广泛地征求员工的意见，从各业务部门的角度出发，确定其所需的功能模块，要做好客户信息的搜集工作和客户信息系统的初步建设。

第四步，计划实施步骤、渐进推进。在商业银行业务中以渐进方式推进CRM方案，允许银行根据其业务需求随时调整CRM系统，且不会打断当前用户对这一系统的使用。商业银行可以开发局部应用系统，在特定部门、区域内进行小规模试验或推广，对局部实施质量测试，评估阶段成果并加以调整和改进，然后不断向系统添加功能或向更多部门部署，最后实现与其他应用系统的集成。

第五步，组织用户培训，实现应用系统的正常运转。商业银行要针对CRM方案确立相应的培训计划，根据业务需求不断对员工进行新的培训，确保CRM系统成功运行。

③基础资源的整合，包括客户基本信息的整合和客户联系渠道的整合。

A.客户基本信息的整合。建立银行CRM的重要基础就是客户基本信息的整合，即将银行各个业务系统中的客户资源全部整合起来，形成统一的客户数据中心。

B.客户联系渠道的整合。客户联系渠道的整合是指对客户联系渠道进行综合管理。银行与客户的联系渠道包括电话、呼叫中心、E-mail、互联网及面对面的服务等。

④以专业化、开放式的思路实施。实施CRM方案应当遵循专业化、开放式的运作思路。银行在实施过程中要特别注重实现与现有银行信息系统和业务系统的集成：一是对客户联系渠道进行集成，以CRM集成的功能部件保证银行与客户的互动是无缝的、统一的、高效的；二是要对工作流进行集成，把相关工作规则自动化地安排给负责特定业务流程的人员，为跨部门工作提供支持；三是要实现与财务、人力资源、统计以及金融ERP等应用系统的集成和连接。另外，CRM系统的各个部分功能的集成和整合对其自身的成功也很重要。CRM系统一定要加强支持金融网络应用的能力，Web必须成为银行CRM系统的第二特性。

⑤重视人的因素，加强推广和培训工作。为保证CRM方案实施的效果，需要在银行内部获得高层的支持、管理人员的理解协作和全体员工的认可。只有针对CRM方案推行相应

的全员培训计划，才能确保员工成功地应用这一系统。

3）商业银行客户关系管理在我国的应用现状

进入21世纪以来，我国银行业的竞争更加激烈，以数据大集中为核心的银行电子化的基本实现，以及数据仓库系统和信贷管理、绩效考核系统等各类管理系统的不断建立，使实施CRM系统的条件逐步成熟，我国大型股份制商业银行大都规划实施了自己的CRM系统。中国工商银行在率先完成数据集中后，早在2001年就启动了CRM系统的实施工作，于2004年投入运行了自己的CCRM（company CRM，法人CRM）和PCRM（personal CRM，个人CRM），2009年CRM二期陆续投入使用。其他银行也都实施了自己的CRM系统。但是，我国商业银行CRM的应用水平与发达国家的先进银行相比尚有一定差距，主要表现在数据仓库的完善程度、数据分析的深度和广度以及CRM的应用效果等方面。

16.1.2 商业银行客户经理制度

1）客户经理制的内涵

商业银行客户关系管理离不开客户经理制度的支持。客户经理制是商业银行为了达到开拓市场、争取目标客户、营销金融产品和服务、规避资金风险、实现利润最大化的目的，而为客户配备专职经理的制度。客户经理是在业务部门或分行的业务第一线工作的、全职管理特定的银行客户、全面协调客户与银行的业务关系、全力向客户推销银行产品和服务项目的业务代表。在具体操作过程中，客户经理为客户提供"一对一""面对面""一站式"的专职金融服务，并且负责了解、跟踪客户的生产、经营和财务等情况。客户经理作为银行对外服务的窗口，代表银行为客户提供存款、贷款、结算、中间业务和信息咨询等全方位金融服务，是客户与银行联系的纽带。

2）商业银行实施客户经理制的必要性

①实施客户经理制是银行提升客户关系的必然要求。

②实施客户经理制是银行有效地开展市场营销，加强自身实力的需要。

③实施客户经理制是银行有效控制风险的需要。

④实施客户经理制是银行培养人才、提高员工素质的需要。

⑤实施客户经理制是银行降低经营成本、提高经营效率的需要。

⑥实施客户经理制有利于整体营销推进、促进业务发展创新。

3）客户经理的工作机制

①商业银行要想建立一种有效的客户经理机制，首先要在全行建立一种以客户为中心、市场为导向，把握住重点客户，强化员工的营销意识和服务水平的观念，并且要求客户经理为客户提供周到的服务，而银行的其他人员要为客户经理提供一切帮助去提高服务客户的水平，这样才可以有力地保障这种制度的顺利实施。

②要明确客户经理服务客户的范围，不是所有的银行客户都需要配备客户经理，只有那些可以为银行带来较高的经济效益，对于银行运营影响比较大的优质客户才需要客户经理的服务。

③银行客户经理要具备很高的素质，要真正可以胜任客户经理的职责。作为一名客户经理要有良好的知识储备、业务素质、公关技能以及职业道德素质，同时还应具备一定的开拓创新能力和较强的适应能力，可以适应不同的客户和市场情况。

④银行对客户经理的管理，要建立有效的激励制度。例如，实行客户经理的应聘制度，

对于业绩突出、口碑比较好的客户经理给予一定的物质奖励或晋升机会；对于不能很好地尽到职责的客户经理要给予一定的惩罚，甚至是解雇。

4）我国商业银行客户经理制的发展及应用现状

由于体制的原因，在过去很长一段时间内，我国商业银行与客户之间的关系主要体现为信贷关系，并且客户只能被动地接收银行提供的产品，被称为“信贷号”的银行外勤人员，其任务也只是信贷管理，因此客户经理在我国传统银行体制中并不存在。

我国银行业客户经理的出现是在20世纪90年代末期，随着我国与国际金融市场的逐渐接轨以及我国商业银行对高端客户的客户关系管理的全面展开，中国建设银行厦门市分行于1997年率先推出了客户经理制，随后各个商业银行也纷纷实行客户经理制。中国银行在1998年专门成立了从事客户开发的公司银行部、金融机构部和私人银行部。1999年，中国农业银行、中国建设银行、中国银行等国有商业银行和光大银行、华夏银行等股份制商业银行相继制订了客户经理管理办法，全面推行客户经理制，客户经理这一岗位名称在中国银行业开始流行起来。

进入21世纪，银行经理范围更加广泛，客户经理为客户提供的产品和服务也更加完善。在分析客户利润贡献度方面，银行利用计算机软件，帮助客户经理进行产品利润度分析、客户利润度分析、重点客户的识别等工作；银行产品专家也定期以一定形式向银行的客户经理介绍新产品知识，形成客户经理和产品经理相结合，发挥团队精神，满足客户多元化需求。

客户经理制作为一种营销机制的创新，是商业银行经营管理机制变革的发展方向和必然选择，是客户营销体制和客户关系管理的全新尝试，是实施客户发展战略的重大突破，必将对我国商业银行的改革和发展产生重大而深远的影响。

16.2　商业银行CRM系统

16.2.1　CRM系统解决方案框架

由于商业银行在各地建有大量的分支机构，商业银行CRM系统一般采用分布式数据仓库环境，即所有分行均拥有自己的CRM系统，并与本地综合系统及呼叫中心连接。在总行建有CRM中心数据仓库，提供面向全行的分析决策功能，并为网上银行业务提供查询支持。商业银行CRM系统一般由综合业务处理系统、客户联系和客户关系分析中心三部分组成，如图16-1所示。业务处理部分指银行的综合业务处理系统，包括银行柜面业务系统、信用卡系统、POS机和ATM机等；客户联系部分由呼叫中心和网上银行组成；客户关系分析中心则以CRM中心数据仓库为核心，通过数据集成系统与业务处理部分连接，同时为银行的管理层和业务分析人员提供客户分析数据。

商业银行CRM系统主要提供客户基本信息的管理和分析、信用卡分析与风险监控、效益和商机分析以及个性服务等功能。同时有连接呼叫中心业务处理流程控制、网上银行业务处理流程控制、综合业务处理流程控制、银行卡业务处理流程控制、国际业务处理流程控制、中间业务处理流程控制和会计统计报表等系统的接口。

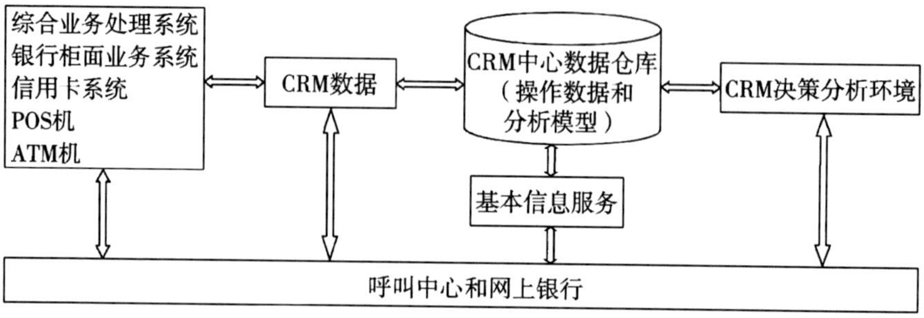

图16-1 商业银行CRM系统框架

从数据的流向来看，业务处理部分的数据由客户关系分析的数据集成系统抽取到CRM数据仓库中。客户联系部分与客户关系分析中心的数据流向则是双向的，呼叫中心（客户服务中心）在为客户服务时将充分利用CRM数据仓库的信息，同时，呼叫中心为客户的服务过程又被CRM数据仓库所记录。客户联系部分与业务处理部分的数据流向也是双向的，客户呼叫中心需要实时查询业务系统的当前数据，呼叫中心也可能需要为客户实施业务流程。最后，CRM的决策分析环境将结果反馈到客户联系部分。

在CRM数据仓库中，数据分为操作数据和分析数据。操作数据包括客户基本信息、客户财务信息和操作控制。分析数据包括客户关系管理的所有分析模型、市场分析、客户信用度分析、客户满意度分析和销售行为分析。CRM的主体部分将通过数据集成系统与业务处理部分和客户联系部分连接起来。同时，由于业务处理部分一般都采用银行的现有系统，而呼叫中心则可以成为一个相对独立的模块，因此银行CRM系统的实施主要体现在CRM数据集成系统、CRM数据仓库、CRM决策分析环境和基本信息服务接口四个部分。

16.2.2 软件技术

1）XML技术

XML是一种从SGML（standard generalized markup language，标准通用置标语言）中衍生出来的，用来定义任何一种新标记的元语言（meta-language）。它包含DTD（document type definition，文档类型定义）或XML纲要，XSL及XML文件本身三个部分。此外，XLink（eXtensible link language，可扩展链接语言）也是XML的一个组件。

XML实际上是Web上表示结构化信息的一种标准文本格式，它没有复杂的语法和包罗万象的数据定义。XML的先进特性可以归纳为三点：可扩展性、灵活性、自描述性。

另外，XML还具有简明性。它只有SGML约20%的复杂性，但是却具有约80%的SGML功能。

2）EAI技术

狭义上的EAI（enterprise application integration），即企业应用整合，仅指企业内部不同应用系统之间的互联，以期通过应用整合实现数据在多个系统之间的同步和共享。

EAI为银行提供一种方法使得现有的应用程序和数据库能够适应于新的环境，发挥新的作用，使得新加入的资源能够和原有的资源一起协调、有效地工作。

3）企业信息门户技术

企业信息门户（enterprise information portal，EIP）提供了解决问题的方案，企业信息门户已经超出了传统的管理信息系统概念，也超越了普通意义的网站，它是企业管理信息系统与电子商务两大应用系统的结合和高度集成。其最突出的特性是：在统一的企业信息平台上，实现企业的电子商务网站管理、办公自动化系统、客户关系管理、供产销管理、设备人力等应用系统的集成，并对财务等进行管理和处理，以消除企业各类"信息孤岛"。企业信息门户跨越了时间和空间的限制，并可以做到与硬件设备无关。

4）数据仓库

对于数据仓库的概念我们可以从两个层次予以理解：首先，数据仓库用于支持决策，面向分析型数据处理，它不同于企业现有的操作型数据库；其次，数据仓库是对多个异构的数据源有效集成，集成后按照主题进行了重组，并包含历史数据，而且存放在数据仓库中的数据一般不再修改。

5）数据挖掘

数据挖掘是从大量的、不完全的、有噪声的、模糊的、随机的数据中提取隐含在其中的、人们事先不知道的，但又是潜在有用的信息和知识的过程。随着信息技术的高速发展，人们积累的数据量急剧增长，如何从海量的数据中提取有用的信息成为当务之急。数据挖掘就是为顺应这种需要应运而生的数据处理技术，是知识发现的关键步骤。

6）无线客户关系管理系统

在基于互联网的eCRM逐渐成为CRM的主流后，随着信息技术和移动通信技术的进步和发展以及3G技术的普及，基于无线技术的客户关系管理成为客户关系管理软件发展的趋势。另一方面，企业营销人员的流动性往往比较大，基于无线技术的客户关系管理软件的出现，使得营销人员可以通过手持设备、笔记本电脑和手机访问企业的CRM系统，能够突破地域和时间的限制，实现"随时随地"保持信息同步的愿望。

目前包括Oracle、SAP在内的厂商都已经推出了基于无线架构的CRM系统。例如SAP推出了基于黑莓手机的CRM系统，帮助销售人员和客户采用无线的方式访问CRM系统。

7）Web 2.0技术

市场研究机构Forrester Research在2008年公布的一份报告中指出，到2013年，全球Web 2.0软件收入将高达46亿美元。而在未来5年内，企业花在基于Web技术上的开支，包括社会化网络、RSS（聚合内容）、博客、Wikis、播客和Widget，将以每年43%的速度增长。另外，以Twitter、Facebook、微博为代表的基于Web 2.0技术的社交网络，反映了部分客户的需求，必将对商业银行客户管理的方式产生深远影响。人们通过社交网站自由表达他们对产品和服务的体验，商业银行参与到这些对话中，可以帮助其更好地了解客户需求，改进客户服务。

16.2.3 商业银行实施CRM系统的过程

商业银行实施CRM时会根据银行的具体情况、不同的硬件基础采取不同的实施策略。结合银行开展电子化、信息化建设的实践情况，我们将商业银行在实施CRM时涉及的一些问题以及解决办法进行初步的介绍：

1）组织的再造与业务流程重组

作为一个有效的商业银行实施的CRM项目，银行首先要考虑的是组织再造，整合内部资源，建立功能完整、交流通畅、运行高效的职能机构，同时银行要以客户需求挖掘和满足为中心，实现基于客户交互的业务流程的重构，建立一个统一的客户沟通渠道，能够及时地针对客户需求创新金融产品和服务。只有拥有有效的组织机构和业务流程，使其与CRM系统相适应，才能发挥CRM真正的作用，否则CRM仅仅是一个摆设。根据MIT的研究，IT应用对企业信息化的影响可分为局部应用、集成化应用、业务流程重新设计、业务网络重新设计和业务范围重新定义五个层面，前两个层面是渐变性的，后三个层面是革命性的。对于商业银行实施的CRM而言，其目的是要借助于CRM系统实现银行组织体系以及业务流程的重新设计，完成银行电子化的变革。

2）借助现有的管理信息系统

商业银行的管理信息系统的主要内容可以划分为柜台业务处理与服务系统、跨行的业务与资金清算系统及决策支持系统三个层面。

①柜台业务处理与服务系统主要通过多种渠道为客户提供金融服务、信息和咨询，采集客户信息的一手资料。现有的应用系统有银行计算机终端系统、自动柜员机（ATM）、销售点服务系统（POS）、个人/企业银行、电话/网上银行等。

②跨行的业务与资金清算系统主要用于实现跨区、跨行、跨国的客户之间转账、结算和资金清算业务，以各类金融数据传输和电子资金转账系统为主，如SWIFT、CHIPS，以及中国金融网CNFN和金卡工程等。

③决策支持系统主要包括银行业务信息和决策系统（如经济环境信息、客户信息系统、统计报表系统），以及决策模型、方法库、专家系统等。银行实施CRM应以现有的银行管理信息系统的建设为突破口，提高管理信息系统的应用效果，从而充分发挥CRM通过对客户信息的搜集、挖掘、分析和利用，进而提高管理效率和效益的重要作用。

3）建设数据仓库和内部网络

数据仓库是支持管理决策、面向主题、集成、随时间更新、相对稳定的数据集合，包含查询分析型、决策支持类和数据挖掘型的工具，在银行信息管理工作中发挥着极为重要的作用，通过数据仓库，银行不仅能够提供准确及时的业务和管理信息，还能对信息进行功能性的查询、分析和提出决策建议。因此，在CRM实施过程中，银行应当注重将数据仓库与综合业务处理系统、管理信息系统结合起来，以建立统一的中央数据仓库。除此之外，银行也要加强对基于TCP/IP协议的开放型银行内部网络建设，实现其与互联网的有机结合，从而带动客户信息系统和业务信息系统，以及CRM客户合作管理子系统的建设。

4）建设网络银行和联络中心

网络银行是银行适应互联网和电子商务发展要求的产物，联络中心（多功能电话银行）则是银行在传统呼叫中心基础上建设的沟通渠道统一、功能集成的客户服务和交互平台。

16.2.4 银行CRM系统总体功能分析

银行的CRM是一个与客户相关的具有高度集成的管理系统，通过CRM维护已有客户，赢得并发展新客户，同时增进客户的忠诚度和利润贡献度。前面我们已经对有关商业银行CRM系统框架、相关技术以及实施初步构想等内容有了了解，接下来了解具体的CRM系统的功能构成，不同的银行CRM系统会有不同的功能设置。这里介绍的是一种通用结构，是每一个银行的CRM系统都应该具有的。一般的商业银行CRM系统都会由这些部分组成：接入系统、客户管理系统、客户个人理财系统、客户信息分析系统、客户业务信息管理系统、系统管理平台和数据接口平台。

1）接入系统

随着互联网技术和多媒体技术的飞速发展，银行向用户提供的接入系统也同时走向多媒体化，接入系统的建设是银行客户关系管理系统的首要环节，因为客户只有通过接入系统才可以实现与银行CRM系统的连接。当今先进的多媒体接入技术可以使客户更加方便、有效、快捷地接入银行系统。现在的银行可以为客户提供众多形式的多媒体接入渠道（如短信、E-mail、手机网络、语音服务等），实现客户与银行的互动，银行的接入系统技术已经从传统的语音服务发展到现在广泛的互联网、移动网络等多种技术的整合使用，使得银行的接入系统走向多元化。通过这些技术的使用，改变了传统的"一对一"的客户服务模式，完全自动化的客户自助服务很好地方便了用户的使用，使得用户无论何时何地，都可以通过某种接入系统实现对银行系统的访问，并且为客户提供个性化的服务。这样的接入系统不但方便了客户，而且降低了银行的人工成本和管理费用，是银行实现利润最大化的一个重要方面。

当用户通过接入系统进入银行CRM系统以后，发挥作用的就是银行CRM系统本身所具有的各项功能。银行CRM总体功能分布如图16-2所示。

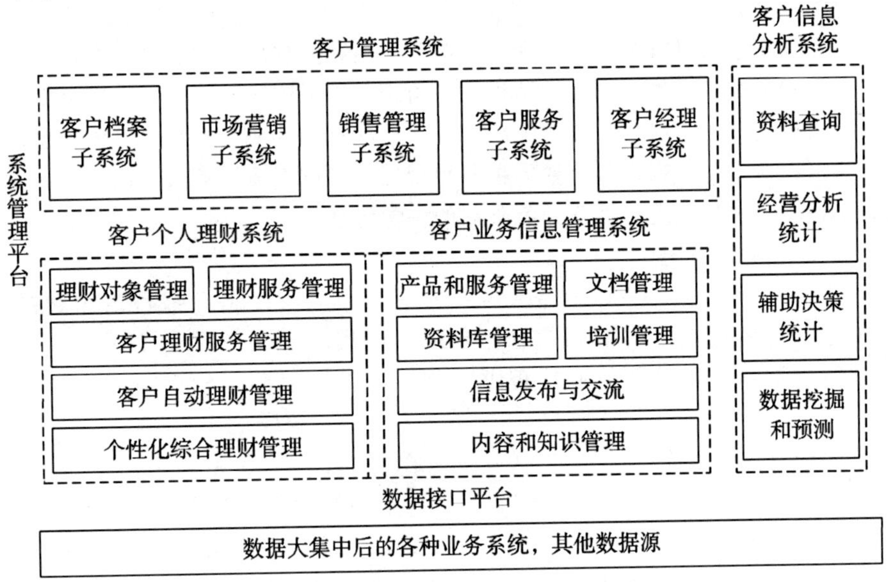

图16-2 银行CRM总体功能分布[①]

2）客户管理系统

结合银行客户关系管理的思想，客户管理系统主要实现的功能是：对与客户密切相关的各种资料进行管理、辅助银行进行市场营销、管理销售业务，以及向客户提供服务。针对要实现的功能，客户管理系统主要包括五个子系统：客户档案子系统、市场营销子系统、销售管理子系统、客户服务子系统、客户经理子系统。

①作为客户管理系统的基础，客户档案子系统主要是对客户的相关信息数据进行管理，这里的客户相关数据，有一些数据是在客户经理以及客服人员同客户接触的过程中搜集的；有一些数据是利用系统接口模块从其他营业系统中获取的。

① 王实，张胜，等. 银行业CRM理论与实务［M］. 北京：电子工业出版社，2005：71.

②对于银行来说，进行市场营销的计划、实施等活动以及对市场环境进行有效的分析和预测是一项非常繁杂的任务。而市场营销子系统可以帮助银行将其进行的市场营销活动变得更加条理清晰，执行起来更加容易，帮助银行对市场环境的变化情况进行跟踪分析并作出及时反应。

③销售管理子系统主要实现的是将专业销售人员的大部分活动自动化，从而提高销售人员的工作效率。该子系统对从销售机会的产生一直到销售活动的结束的整个过程进行控制和管理，使得客户经理可以实时关注客户的变化情况，把握销售机会，有效完成销售各项活动，提高销售效率。

④作为服务行业的一个分支，银行的命运掌握在客户的手中，如果可以为客户提供优质的服务，必将赢得客户的依赖，赢得市场，获得利润；反之，银行将面临倒闭的威胁。客户服务子系统是按照银行以客户为中心的宗旨，将原有的彼此独立的金融业务中的客户服务业务整合起来，为客户提供一个统一的服务平台，让客户感受到为其提供服务的银行是一个统一的整体，可以为其提供更好的服务。该子系统的业务是从初次客户接触到最终的服务账户管理的整个服务流程。客户可以通过各种接入方式与银行人员联系，银行通过这个子系统可以为客户提供个性化、专业化的一站式服务，并且银行可以及时地针对客户反馈的意见或投诉提出有效的处理方案。

⑤客户经理子系统可以为客户经理日常业务提供一些方便的功能，如客户资料、业绩记录、客户分析和考核、工作日志和总结报告等功能。有了这些自动化的功能可以方便客户经理查询工作需要的相关资料，有效地组织工作，提高工作效率，并且通过该子系统客户经理的主管领导可以对客户经理进行有效的控制和管理，如员工绩效考核、员工培训、在线工作审批等，实现了对客户经理标准化、流程化的科学管理。

3）客户个人理财系统

个人理财业务充分体现了银行以客户为中心的运营理念，银行运用自身专业的金融知识和经验、相对充足的市场信息，根据不同用户不同的资金情况和需求以及风险偏好，为用户量身打造适合他们的理财规划，在控制风险的情况下，尽可能提高客户的利益。

4）客户信息分析系统

客户信息分析系统充分体现了分析型CRM系统的特点，它以数据仓库为基础，利用分析的方法，以成功营销为目的，为银行的决策层及客户经理提供决策建议。该系统的核心在于将客户的价值利用自动化的技术、以数据化知识的方式充分地体现出来，供决策者参考。

5）客户业务信息管理系统

客户业务信息管理系统是CRM中的一个辅助支持系统，使得银行日常的一些业务网络化、流程化、规范化，为业务的开展提供一种在线自动化的协助，就像档案袋等办公用具一样，是一种开展工作的工具。主要涉及对产品、服务、文档的管理，在线的信息发布和网上交流，培训管理和知识管理等。除了以上五个部分，图16-2中显示了银行CRM系统还包括系统管理平台和数据接口平台。通过系统管理平台对整个系统的运行提供管理支撑，主要包括基本配置管理、权限管理、参数和模型管理等系统管理功能。数据接口平台是为了实现CRM的功能，实现与其他子系统的数据交换而建立的。银行CRM系统与银行业务支撑系统有着密切的关系，是对客户信息进行统一、规范和专业化管理的系统，需要拥有一个统一的、综合的数据接口平台。

16.2.5　客户经理子系统的设计

既然客户经理制度对现代银行的运营如此重要，那么我们在建立银行CRM系统时，客户经理子系统的建立当然也是这个系统中至关重要的一部分，能够很好地为客户经理的工作提供方便是这个子系统的设计原则。对于这个子系统所具备的功能在上一节我们已经有了一个初步的了解，这里我们再从功能实现上加以说明。

1）客户经理子系统设计原则

（1）实用性和高效性

客户经理子系统是为客户经理的工作提供方便，因此实用性是该子系统的首要特点，而高效性一般会表现在程序的执行效率、数据的存储速度及响应的时间等方面。由于银行拥有海量的数据以及客户信息，因此该子系统的数据库开发与设计是银行需要重视的。

（2）可靠性和易操作性

客户经理子系统应该具备良好的备份和恢复系统、强大的用户授权管理系统和安全保障体系，这在提高该子系统的可靠性方面是非常重要的。随着信息化的不断深入，拥有良好的计算机操作水平是一个客户经理应该具备的素质，但是客户经理毕竟不是专业的技术人员，他们的计算机水平是有限的，因此该子系统设计的人性化、易操作性是必须考虑的。

2）客户经理子系统的结构与功能

图16-3是客户经理子系统功能结构图。在该子系统中有众多功能需要实现，我们这里主要选择两种典型的重点功能，对它们的功能实现流程进行具体分析，这两个功能是客户经理经常使用的，分别是客户划分和客户级别变动。

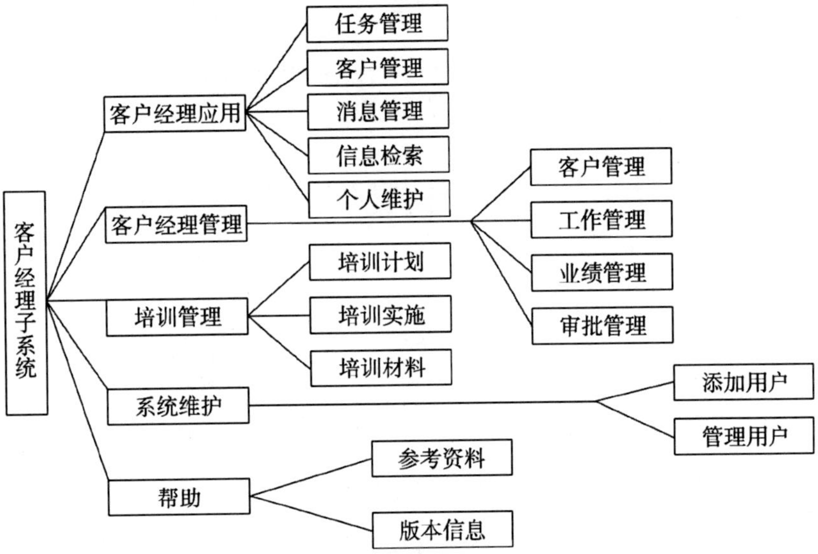

图16-3　客户经理子系统功能结构图

（1）客户划分

首先，由银行的相关部门制定客户划分的标准，并对客户的划分进行监督和协调。然后，系统管理员在系统中设定客户划分的规则，系统则根据设定的规则自动确定客户归属的机构。高级客户经理再根据相应的规则将所在部门的客户继续划分给各个客户经理。客户经理也可以自行申请转入，即客户经理通过系统查询本机构待分配客户信息，查找有无适合自己维护的客户。客户经理向高级客户经理提出申请，把某个待分配客户分配给自己进行维护。高级客户经理对客户经理提出的申请进行审批。一旦高级客户经理同意客户经理的申请，系统自动将该客户分配给客户经理进行维护。客户划分流程如图16-4所示。

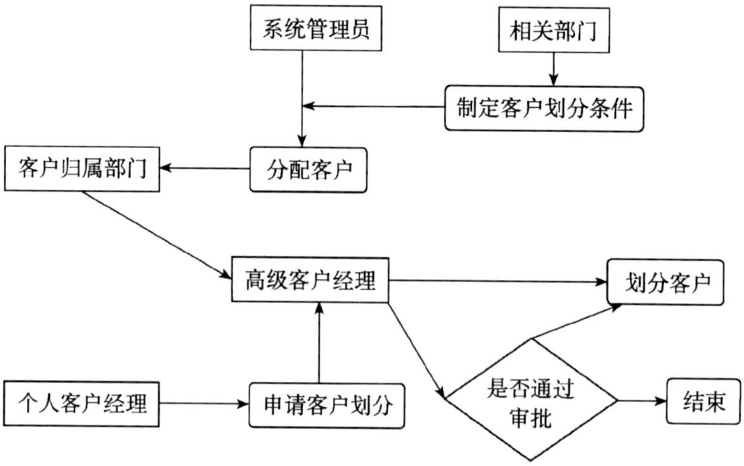

图16-4 客户划分流程

（2）客户级别变动

由于客户的业务情况变动，客户的级别也会不断变动，然而系统中客户的级别变动可以通过系统自动来完成，也可以通过客户经理的申请进行手工调整。客户级别变动流程如图16-5所示。

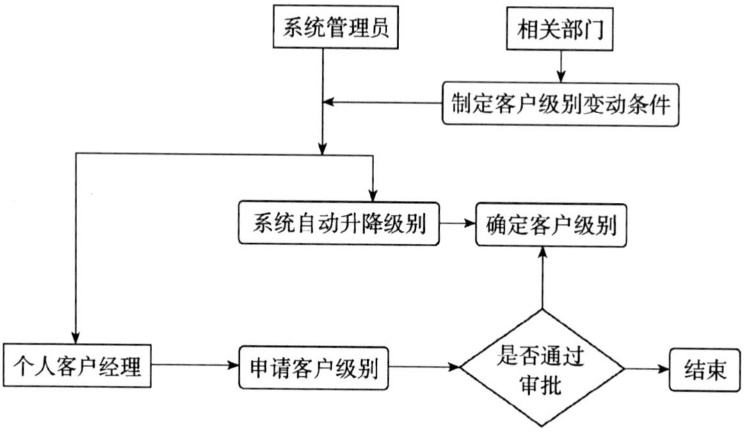

图16-5 客户级别变动流程

16.2.6 商业银行CRM与其他系统的关系

由于CRM系统的数据几乎来自银行所有业务及其管理部门和所有渠道，因此其建设和运营必然会涉及与之相关的多个系统和部门。一般凡是向客户提供产品和服务的部门和系统，都与CRM系统相关。其中关系最密切的系统是综合业务系统（核心银行系统）和电子银行渠道系统。CRM的大部分数据都来自综合业务系统和电子银行渠道系统。

综合业务系统，又称核心银行系统（core banking system，CBS），是传统意义上银行公私存贷和主要中间业务的管理运营系统，涉及与银行往来的各种类型的客户历史和现有的数据信息，经常与银行PCRM（个人CRM系统）和CCRM（法人CRM系统）进行数据交换。由银行CRM系统经过OLAP和数据挖掘得出的客户质量评价、客户偏好分析、客户行为规律等，为CRM系统和其他部门更好地开发客户资源、开拓市场潜力提供科学有力的数据信息支持。同时，CRM系统的历史数据，也可以作为考核综合业务部门一线人员工作业绩的数据，以构建更为有效的内容激励机制，使银行能应对市场需要和内部管理需要，不断完善业务管理和内部人才激励机制，全面提升银行运营效率和服务水平。

电子银行渠道系统（电话银行、网络银行、POS、ATM、客户管理中心）与CRM系统具有天然的、密切的联系。从电子银行渠道得来的客户和市场信息，通过数据工作站被采集为数据仓库的源数据。通过CRM系统对电子渠道系统的客户数据进行分析，能发现客户分布状况、客户渠道偏好和客户消费行为规律，为有针对性地进行目标客户的选择和开发，为推出迎合信息化时代用户个性化的银行服务和产品，提供了强大的数据支持和分析平台。

除此之外，银行信贷风险管理系统与CRM系统也有密切的联系。信贷风险管理系统要实现科学合理的风险管理策略目标，必须建立在对银行运营数据信息进行充分搜集和科学处理的基础上，CRM系统正好能提供关于银行运营与客户账户及其他相关行为的充足的历史数据，并能运用OLAP及各种数据挖掘技术进行科学分析，使得CRM系统可为银行风险管理部门实施科学高效的风险管理提供有效的支持。

16.3 中国工商银行CRM系统分析

16.3.1 用户背景

中国工商银行（以下简称“工商银行”）成立于1984年1月1日，目前是中国最大的商业银行，是中国五大银行之首，世界500强企业之一，是上市公司，拥有中国最大的客户群。上市以来，工商银行一直坚持长期稳定的现金分红机制，2006—2014年为股东累计创造了5 633.48亿元的现金分红回报，2008—2014年连续7年的现金分红率高于同期一年期定期存款利率，在全球上市公司中处于领先水平。作为中国资产规模最大的商业银行，经过30多年的改革发展，工商银行已经步入质量效益和规模协调发展的轨道。2007年，工商银行在世界500强中以368.329亿美元的营业收入排列第170位；2008年，工商银行巩固了全球市值最大银行的地位，并成为全球最盈利的银行；2010年，工商银行在世界500强中以2 464亿美元的市值排列第4位，在“亚洲品牌500强”中位列第5；2011年，工商银行获评”亚洲公司治理杰出表现奖”，在“2011年中国企业500强”中，以营业收入3 808.21亿元人民币列第7位；2014年末，工商银行总资产206 099.53亿元。工商银行通过持续努力和稳健发展，已经迈入世界领先大银行行列，拥有优质的客户基础、多元的业务结构、强劲的创新能力和市场竞争力。工商银行的业务跨越六大洲，境外网络扩展至41个国家和地区，通过17 122个境内机构、338个境外机构和2 007个代理行以及网上银行、电话银行和自助银行等分销渠道，向509万的企业客户和4.65亿的个人客户提供广泛的金融产品和服务，形成了以商业银行为主体，综合化、国际化、信息化的经营格局，继续保持国内市场领先地位。2014年，工商银行被英国《银行家》杂志评为“全球最佳银行”，并蝉联《银行家》杂志“全球1 000家大银行”的榜首及美国《福布斯》杂志“全球企业2 000强”中全球最大企业之一。

16.3.2 工商银行实施CRM的可行性分析

在分析工商银行如何实施CRM之前，需要结合工商银行自身特点从以下几个方面进行可行性分析，进而分析工商银行实施CRM已经具备的条件。

1）强大的分销渠道和结算网络，丰厚的客户资源

1.9万个物理营销网络遍布全国各地，主要分布在首都经济区、长江三角洲、珠江三角洲和环渤海等发达经济区；网上银行、电话银行和手机银行等电子银行网络发达，已覆盖全部营销网络的近1/3；拥有国内最广泛覆盖的结算网络，另有全国结算市场半数以上的份额；产品创新和多元化经营发展取得长足进展，已经在中间业务和新业务领域形成新的优势。

2）完备的硬件设备

近几年，工商银行电子化建设的步伐明显加快，其中一项重要的举措就是于2001年实施全行性数据集中工程，成立了工商银行数据中心，形成了工商银行南方（上海）数据中心和工商银行北方（北京）数据中心两大集约化数据中心，划分片区管理全行主机系统数据。两大数据中心汇集的大量数据为CRM的实施提供了较好的数据基础。近年来，工商银行完成了数据集中工程、数据中心整合、异地灾备系统、综合业务系统推广和全能银行系统等重大基础工程建设，投产了一个业务应用项目，确立了国内银行业科技领先的优势地位。

3）内部改革与调整

整体推进全面风险管理体系建设，积极进行以客户为中心、以风险控制为主线的流程再造和机构调整，改革人事劳动制度和绩效考核评价体系，现代公司治理结构初步确立，并开始发挥作用。独立的内部审计监督体系基本形成，管理体制趋于完善，年均发案数量和涉案金额均有大幅度下降。工商银行经营结构的调整取得积极的进展，非信贷比重、高收益贷款比重、优质客户比重都有很大的提升，存贷利差也有显著下降，同时，经营效率大幅度提升，人均有效资产、人均经营利润、网点平均有效资产、网点平均盈利水平都有大幅度增长。此外，成本收入比也有大幅度下降，达到了国际银行业的先进水平。

16.3.3 工商银行面临的问题

面对国际、国内经济金融市场变化和银行同业竞争的加剧，与国际、国内先进银行相比，工商银行的发展主要面临以下几个方面的问题：

1）缺少领先优势

①从客户市场来看，工商银行拥有数量最多的法人和个人客户，但在为银行带来收入的高端客户细分市场上并没有取得领先优势，存在客户总量多、优质客户比例低、综合贡献率低的问题，高端客户识别、价值评估、客户关系管理及差异化服务水平较低，缺乏针对高端客户的差异化营销和服务模式。

②从产品、业务市场来看，虽然工商银行的业务规模最大，但是能够带来丰厚收益的

精品业务较少。尽管工商银行的业务品种齐全，但是传统业务、低端业务比重大，中间业务、银行卡、财富管理等高端业务仍处在成长初期。

③从重点区域市场竞争水平来看，尽管工商银行在全国市场拥有经营规模、营业净收入等总量指标第一的地位，但在国内最发达的区域细分市场上却参差不齐。特别值得注意的是，北京、上海、江苏、浙江、山东和广东等发达省市，工商银行贷款余额平均占比低于全国贷款余额平均占比，竞争优势并不明显。在具有较强竞争性和较大发展潜力的大城市银行市场，工商银行的市场份额更低。与之相反，在不发达和欠发达的区域市场上，工商银行存贷款余额却保持较高的市场占有率，普遍高于全国平均水平。

2）对利率风险和金融风险的承受力不强

尽管财务重组后工商银行的资产和收益结构已有明显变化，但是尚未根本转变，投资和交易类资产收益率偏低，非利息收入比重较低，资产负债的利率敏感度高，受贷款替代的负效应影响强烈，特别缺乏对冲市场风险的风险管理手段与技术。

3）风险管理手段和技术薄弱

尽管工商银行经过前几年艰苦努力，风险管理能力有了质的突破和提高，但是风险管理文化尚未在全行形成，全面风险管理架构尚未完成，以往不顾风险盲目扩张的弊病也未完全根除，稍有放松还可能卷土重来，风险防范技术及手段相对不足。面对高成长和高风险并存的国内经济金融市场，在完成财务和资产重组后，能否保持持久的风险掌控能力和优良的资产质量，对工商银行是严峻的考验。

4）分行间发展不平衡，全行经营效率不高

由国内地区间经济发展差异决定的工商银行内部经营效率差别很大，以一级分行为例，年经营业绩最优、最劣分行的资产经营利润率相差甚远。尽管近些年工商银行各级分行经营管理水平有了质的提高，但是仍然存在一部分经营管理能力，尤其是风险掌控能力差的低效亏损行。这些分行主要依靠总行的转移支付维系生存，不仅严重销蚀了全行的经营发展成果，而且导致对经营效率高的重点分行的资源倾斜不够、激励不足等内部资源配置不经济问题，降低了全行的经营效率。

另外，尽管工商银行经营规模、营业净收入等总量指标大多排在国内第一，但是人均资产、人均营业净收入、人均拨备前利润等指标均低于国内其他股份制银行，人均效率指标低也限制了工商银行的发展。

16.3.4 工商银行的CRM系统

客户关系管理系统是工商银行整个业务系统的一部分，为了更多地了解CRM系统的运行，首先需要了解工商银行整个系统的基本情况，作为中国最大的商业银行，工商银行的客户数据、业务数据等庞大的数据量，要求工商银行必须拥有一个良好的数据仓库系统。为了更好地进行信息的存储和处理工作，工商银行还成立了专门的信息搜集和管理部门，遵循“总体规划、分步实施、步步见效、不断深化”的基本原则，正式启动数据仓库工程项目以进行信息的搜集、分析、整合。目前，已投产使用的数据仓库系统，在决策支持、经营管理和客户关系管理方面发挥了重要的作用。工商银行的数据仓库主要结构框架如图16-6所示。

工商银行的数据仓库系统主要可以分为综合统计系统、信用风险管理系统和CRM系统三个部分。下面具体了解三个系统的基本情况：

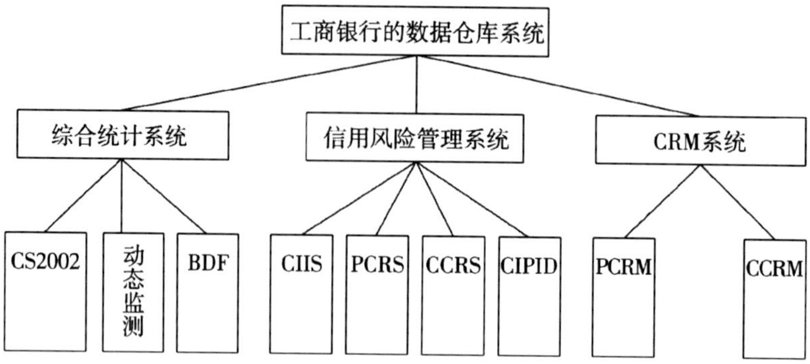

图 16-6 工商银行的数据仓库主要结构框架

1）综合统计系统

综合统计系统，简称CS2002系统，是为了及时、准确、全面地满足工商银行内部各级行、业务部门经营管理和银行外部监管部门监管统计信息报送的需要而开发建设的。它是以全行集中式业务系统为统一数据源的，自上而下、集中管理、高度共享的，具有信息采集、信息发布、信息监测和信息分析等功能的全行性通用管理信息自动化统计报表平台。为满足全行不同层次用户对自动化统计报表的需求，系统建设应用分为三个层次，即CS2002动态监测子系统、总行CS2002系统和分行数据平台（BDF）报表应用系统。CS2002动态监测子系统是为了满足总行、分行与业务部门对宏观经营管理统计信息的个性化需要；总行CS2002系统是为了满足总行、分行报表应用分析人员对全行性报表统计信息的需要；BDF报表应用系统除了满足分行报表应用分析人员对全行性报表信息的需求之外，还满足了各分行个性化报表信息的需要。

2）信用风险管理系统

信用风险管理系统主要包括特别关注客户信息系统（CIIS）、个人信用信息基础数据库系统（PCRS）、企业信用信息基础数据库系统（CCRS）和不良信用客户欠款扣收追索信息甄别（CIPID）四个系统。这些系统目前都实现了与央行数据库的对接，可以与金融同业进行数据信息交换，大大扩展了信息资源，在风险控制、维护债权方面发挥了巨大作用。其中，CIIS系统是管理工商银行不良客户信息的平台，在全行各级机构、部门新增法人、个人授信流程中，是一项不可缺少的重要环节。信用风险管理系统以降低本行市场风险、信用风险、操作风险等多种风险为目标，实现风险信息的共享，可以完整地评估客户存在的风险，为工商银行更好地适应现代化商业银行经营管理理念提供了有效的风险控制辅助手段。

3）CRM系统

为了更好地进行客户信息的管理，工商银行开发了CRM系统，该系统主要包括个人客户管理系统（PCRM）、法人客户管理系统（CCRM），以分别实现搜集整合和管理全行个人与法人的客户信息。工商银行的CRM系统主要是以客户关系管理为主题，以客户、产品为主线整合了全行的客户业务数据，属于分析型CRM系统，存储客户原始的、基础的业务数据，诸如客户识别性数据（如名称、地址、电话等）和一些客户营销数据（如交易数据等），以及加工、衍生的数据（如客户贡献、汇总、统计指标等）。

（1）PCRM系统

①PCRM系统概况。PCRM系统存储原始的、基础的业务数据以及加工、衍生的数据，如客户贡献、汇总、统计指标等。PCRM可以提供有效的分析和数据挖掘功能，为管理和决

策提供支持，并且这些功能能够最大限度地满足客户营销的需要。PCRM为个人客户营销系统提供数据支持，PCRM的一些衍生数据将传输至主机或者客户营销系统本身，供个人客户营销系统访问，客户营销系统是PCRM的前端应用之一。PCRM一期满足了分专业的个人金融业务存款类的需求和银行卡业务的主要需求。PCRM二期以客户为中心全面实现个人客户信息整合，打破专业界限，实现全行个人客户贡献度等关键指标的分析。

②PCRM系统功能作用。PCRM系统的主要功能包括单体客户查询、群体客户分析、客户贡献分析、经营指标查询、客户筛选等。通过应用系统，一是可以给中层管理者提供一套分析系统，以便了解工商银行客户交易行为和产品偏好，分析客户的需求，有效地进行客户营销、关系维护，并为决策提供信息上的支持；二是执行决策的效果也可以快速反馈到已有历史数据中，加强与顾客之间的互动关系、循环反馈关系；三是借助贡献度模型量化了客户行为，有利于科学地评价客户价值；四是功能群组设计贴近业务应用实际，如单体客户分析多角度展示某个客户的信息，并给出贡献评价，而客户筛选针对目标客户分析展现业务发展总体情况，并以客户属性展现客户分群信息；五是系统数据可以作为考核个人客户经理的参考依据。

（2）CCRM系统

①CCRM系统概况。CCRM系统是工商银行继PCRM系统之后，推出的另一个数据仓库应用主题，属于分析型CRM系统。CCRM系统定位于为各级经营决策者提供信息服务的经营分析系统。该系统集成了所有法人客户的账户和交易信息，以数据仓库为基础，采用OLAP分析技术对全行法人客户进行多维分析，定量计算客户贡献度、贷款损失概率和贷款定价。该系统的应用为目标客户营销、优质客户筛选、劣质客户甄别、客户群行为分析、贷款定价等经营活动提供了重要的量化决策依据，增强了工商银行对优质客户争夺和服务的能力。目前，该系统用户对象包括涉及法人业务的多家业务部门、决策者、客户经理和数据挖掘用户。

②CCRM系统功能作用。CCRM系统作为工商银行数据仓库体系的重要组成部分，它的建成可以大大提高工商银行信息资源的综合利用水平，进一步推动管理模式由产品、账户为中心向以客户为中心的转变，并促使经营决策由经验判断型向数理分析型转变。CCRM系统的作用体现在以下几个方面：一是确定法人客户数据采集的范围、方式，数据的清洗、存放原则；二是描述了对法人客户基本信息、业务信息的综合分析方法；三是完成各业务管理部门主要业务报表的统计、归并、输出；四是按客户、产品、机构等的分析指标体系，初步形成对法人客户信息的综合利用；五是以客户贡献度计算贷款定价流动性风险评估、利率敏感性测算等问题，初步建立相应的分析测算模型。

近年来，工商银行以综合统计系统、信用风险管理系统和CRM系统为核心的数据仓库系统日益成熟，在客户关系管理、风险控制、业务经营等方面发挥了重要作用。CRM系统经过需求整合和科技开发，系统功能显著增强，系统应用不断深化。

2005年，工商银行完成了对系统的二期改造投产。个人客户关系管理系统二期的成功投产，实现了真正以客户为中心的客户单一视图，对全行个人贷款客户、信用卡客户、理财金融客户和金融资产超过5万元的1 500多万重点个人客户的信息进行了全面整合，实现了单体客户信息展现、客户筛选、重点经营指标查询，并运用科学方法多角度、多层次地对客户群、客户贡献进行了深入分析。同时，PCRM系统二期与前台个人金融营销管理系统（PBMS）实现刚性连接，将客户贡献度、客户等级等重要指标传递至PBMS，支持全行个人客户市场营销和客户分类管理。根据系统应用过程中出现的问题，先后两次对PCRM系统二期进行了优化，增加了客户业务渠道分析和国际卡的分析功能，并实现城市分行机构提升，扩大了系统的使用范围，更加有利于分行对系统的应用。

另外，法人客户关系管理系统（CCRM）也顺利完成了二期开发投产，系统功能上有了质的飞跃，实现了单体客户信息分析、关联客户信息分析和数据挖掘分析功能，使CCRM系统真正做到了以客户为中心；数据源进一步扩展，新增了保证金账户存款、票据管理系统、信贷综合管理（CM2002）系统和客户财务报表等数据；完成与信贷管理（CM2002）系统自动刚性连接，将贷款客户综合贡献度、贷款定价等重要信息传递给CM2002系统，提高了CM2002系统更加全面地掌握贷款客户信息的能力。

16.3.5 工商银行CRM系统的实施

银行业的竞争日益激烈，工商银行要想实现可持续发展，必须建立一个良好的客户关系管理系统，该系统要以实现客户资源的优化管理和最大化客户价值为目标，并且要保持与银行发展战略完全一致。因而，就需要将CRM提升到战略高度。要想把CRM提升到战略高度，必将会带来银行新一轮的管理变革，而且这样的变革也必将对银行实现战略目标起到巨大的推动作用。为了同银行的整体战略保持一致，工商银行首先要明确以客户为中心的服务原则，在CRM的实施过程中始终保持与整体战略看齐，而不仅仅是为了实现一项CRM技术。因此，工商银行的CRM在实施过程中会涉及以下方面的问题：

1）针对CRM重组银行业务流程

CRM要成功实施首先要进行业务流程重组。工商银行的应用涉及银行各层机构的岗位、职能的重新定位，通过银行营销组织架构的重新设计，并最终建立起一套全新的扁平化营销体系。这要求逐步整合信息渠道，获取全面、准确、及时的客户信息，通过有效分析客户的利润贡献率来制定相应的市场、销售和服务策略，并以此审视各项业务流程，对不合理、不科学的部分进行优化，以达到方便客户，减少客户等待时间，提高客户服务效率的目的。只有根据业务发展的要求对组织结构进行扁平化整合，按市场细分后的不同客户群来重组新的内部职能部门，才能从组织实施上保证以客户为中心的经营理念得以贯彻落实。

2）调整和改进CRM银行业务流程

由于CRM包含的内容非常丰富，实施前应根据本行的需要，对实施方案进行总体规划，并从控制和使用新工具、新流程的业务人员角度出发，对项目需求进行细化，分阶段以渐进方式推进CRM。在实施的过程中，要能够根据业务需求随时调整系统，而不至于偏离银行实际应用的目标。可先开发局部应用模块，在特定部门、区域进行试验和质量测试，评估阶段成果并加以调整和改进，然后向系统添加功能或在更多部门部署，最后实现与其他应用系统的集成。

3）处理好信息、流程、技术和人员的关系

为了取得CRM实施的成功，工商银行应更多地理解信息、流程、技术和人员四大要素及其相互关系，并积极管理这些要素的整合，以确保在CRM实施各阶段上的信息、流程、技术和人员的完美组合。在CRM实施的不同阶段，这四个要素的重要性不太一样。例如，在建立项目团队时，人员的作用是比较突出的；在确定需求时，则希望能有一个结构化的流程来识别需求，并进行优先级排序；在考虑系统集成时，技术因素就非常重要了。

4）引入外部的技术与团队

虽然工商银行有一定的自主研发能力，但是与专业CRM软件提供商相比，其研发能力还是有限的。在工商银行的CRM应用项目中，选择合适的软件是项目成功的基石。技术在整个CRM应用项目中并不是最主要的因素，但对于银行而言，软件提供商的二次开发能力及其项目团队等都是需要考虑的因素。因为这些因素能够保证沟通的有效性、应用技术的正确性和长期服务的高品质。

5）加强推广培训以形成企业文化

为保证全行范围内CRM实施的效果，获得高层的支持、管理人员的理解协作和业务人员的认可与规范操作都是至关重要的。只有针对CRM解决方案推行相应的人员培训计划，才能使以客户为中心的思想深入人心，以获得高层的持续而有力的支持，提高相关管理人员和业务人员的认识水平与执行力，变革管理理念，形成全行上下对CRM的学习氛围，为工商银行CRM应用的顺利实施提供保障。

6）保持CRM系统根据需要调整

对于银行来说，CRM系统实施完成仅仅是个开始，随之而来的是如何运营好CRM，使CRM持久发挥效用。一方面，银行CRM的有效实施也需要高层领导的重视，而且这种重视应该是一个持续的、互动的过程，因为CRM的运营中出现一些不协调、需要优化的环节，往往需要银行管理层，甚至最高决策层才能解决；另一方面，不断改变的市场与业务状况要求CRM能够跟踪和分析客户的变化，分析CRM的运行情况，并据此及时调整运行机制，以推动银行服务与营销管理的持续发展。

小知识16-1

FreeQuery商务智能

FreeQuery在银行业应用BI通常强调技术概念，而常常忽视或者难以从应用角度描述问题。从应用中提炼并且解决问题，通过实际应用，创建一种比较成熟的、良好的BI应用模式，FreeQuery的产品设计思想体现了这种思路。让用户了解更成熟的应用方式，这才是菲奈特公司希望向用户传达的信息，而不仅是限于FreeQuery功能的介绍。

FEnet商务智能产品家族的新秀——FreeQuery作为用户灵活查询的组成模块，成为国内一家大型股份制银行灵活查询平台的最佳选择。该股份制银行的DW/BI系统，经过多年的建设，已经建成统一的EDW平台以及众多的面向主题的数据集市。银行数据仓库平台中整合了各个业务系统的数据，存储了数以千万计的数据项，涵盖了银行经营管理方方面面的信息，数据仓库系统通过多个数据集市向各种用户提供业务信息。然而，新的查询需求还是不断地被提出，如何在现有的数据仓库系统中投入最少的成本，使这些信息发挥更大的价值，从而满足日益增加的用户查询需求，成为银行CIO和管理层关注的问题。

用户经过多年的应用，已形成成熟观念，他们特别关心的是，BI工具能否适应不断变化的业务需求，是否能够让业务人员灵活、即时地查询各种信息，而不局限于预定义的报表和查询。IT技术人员关心的是，在构建查询之后，如何让用户快速学会使用，同时保证查询的正确性、安全性，并保持良好的响应性能。

FreeQuery对于银行在CRM分析、经营统计、风险监测等领域具有非常明显的价值。这些需求的突出特点是即席性很强、没有固定模式，必须根据当时的业务特点、风险模式，快速地定义新的查询。

银行通过FreeQuery可以灵活地对客户进行360度查询，随时了解每一个客户、每一个客户群的情况；对各种金融产品的交易进行任意的查询和统计，掌握金融产品的交易情况；根据业务的变动，定义各种新的风险点，并进行监控和预警等。

企业的信息应用系统不是一日建成的，业务用户日积月累的创建大量的查询，逐步丰富和完善了信息应用系统的功能，以便及时地满足业务需求。FreeQuery方案里程碑式的实施流程和角色化的人员介入，可以保持业务用户查询信息、利用信息的高度热情。每天创建并实现新的查询将会为业务部门获得新的业务知识和经验。FreeQuery帮助IT技术人员和业务用户实现动态的系统维护，帮助数据仓库系统在每天的成长中持久地实现价值，更好地为企业服务。

资料来源：根据中国商业智能网信息整理。

本章小结

商业银行主要通过CRM来加强和完善客户关系，为客户提供优质服务，并且提高客户服务效率，使商业银行能在快速变化的市场竞争中，把握客户的需求，赢得更多的客户，整体上降低商业银行的运营成本，提高商业银行的核心竞争力。

商业银行建立客户关系管理的主要目标是：通过渠道的管理，为商业银行保持已有的客户和吸引新的客户，同时分析客户需求为银行决策提供支持。商业银行主要通过客户关系管理来加强和完善客户关系，为客户提供优质服务，并且提高客户服务效率，使商业银行能在快速变化的市场竞争中，把握客户需求，赢得更多的客户，整体上降低商业银行的运营成本。

商业银行实施CRM的重点工作是：管理层重视，长期规划；从业务流程入手；以专业化、开放式的思路实施；重视人的因素，加强推广和培训工作，确保CRM的实施和成功运行。

银行客户关系管理系统所用到的软件技术有XML技术、EAI技术、企业信息门户技术、数据仓库、数据挖掘、Web2.0技术等。

复习思考题

16.1 我国商业银行客户关系管理现状如何？

16.2 我国商业银行客户经理制度现状如何？

技能实训题

16.1 我国商业银行客户经理制度的改进意见。

16.2 进一步了解分析我国工商银行CRM系统，试着给出改进意见。

主要参考文献

[1] 刘丽英，李怀斌. 客户关系管理 [M]. 2版. 大连：东北财经大学出版社，2017.

[2] 杨路明. 客户关系管理 [M]. 重庆：重庆大学出版社，2004.

[3] 韩耀. 客户关系管理：原理·技术·应用 [M]. 北京：中国物资出版社，2004.

[4] 姚国章. 电子商务与企业管理 [M]. 3版. 北京：北京大学出版社，2015.

[5] 邵兵家. 客户关系管理 [M]. 2版. 北京：清华大学出版社，2010.

[6] 杨永恒. 客户关系管理：价值导向及使能技术 [M]. 大连：东北财经大学出版社，2002.

[7] 科特勒. 市场营销 [M]. 俞利军，译. 北京：华夏出版社，2003.

[8] 李志宏，王学东. 客户关系管理 [M]. 广州：华南理工大学出版社，2007.

[9] 克里斯托夫. 关系营销 [M]. 逸文，译. 北京：中国财政经济出版社，2005.

[10] 王霆，卢爽. 关系营销 [M]. 北京：中国纺织出版社，2003.

[11] 苏朝晖. 客户关系管理——客户关系的建立与维护 [M]. 4版. 北京：清华大学出版社，2018.

[12] 王广宇. 客户关系管理 [M]. 3版. 北京：清华大学出版社，2013.

[13] 坎宁安. 客户关系管理 [M]. 刘路丹，译. 北京：华夏出版社，2004.

[14] 王永贵. 客户关系管理 [M]. 北京：清华大学出版社，2007.

[15] 朱云龙，南琳，等. CRM理念、方法与整体解决方案 [M]. 北京：清华大学出版社，2004.

[16] 何荣勤. CRM原理·设计·实践 [M]. 北京：电子工业出版社，2006.

[17] 李志刚. 客户关系管理理论与应用 [M]. 2版. 北京：机械工业出版社，2012.

[18] 杨路明，巫宁. 客户关系管理理论与实务 [M]. 3版. 北京：电子工业出版社，2015.

[19] 叶开. 中国CRM最佳实务 [M]. 北京：电子工业出版社，2005.

[20] 薛华成. 管理信息系统 [M]. 6版. 北京：清华大学出版社，2012.

[21] 张基温. 信息系统开发案例（第五辑）[M]. 北京：清华大学出版社，2006.

[22] 郑阿奇. SQL Server实用教程 [M]. 4版. 北京：电子工业出版社，2014.

[23] 高成. ASP动态网站建设 [M]. 北京：国防工业出版社，2002.

[24] 王克杰. Dreamweaver MX培训教程 [M]. 北京：中国水利水电出版社，2002.

[25] 邓文渊，陈惠贞，等. ASP与网页数据库设计 [M]. 北京：中国铁道出版社，2004.

[26] 毕意文，孙永玲. 平衡计分卡中国战略实践 [M]. 北京：机械工业出版社，2003.

[27] ROBBINS，COULTER. 管理学 [M]. 影印版. 5版. 北京：中国人民大学出版社，2007.

［28］切维顿. 关键客户管理要点［M］. 李宏志，译. 北京：北京大学出版社，2005.

［29］科特勒. 市场营销原理［M］. 14版. 郭国庆，译. 北京：清华大学出版社，2013.

［30］汤兵勇，雷铁. 客户关系管理［M］. 3版. 北京：高等教育出版社，2014.

［31］杜江萍. 电子商务管理［M］. 广州：华南理工大学出版社，2006.

［32］李洪心，马刚. 电子商务概论［M］. 5版. 大连：东北财经大学出版社，2017.

［33］戴奇. 客户关系管理手册［M］. 杨阳，等，译. 北京：中国人民大学出版社，2004.

［34］王实，张胜，等. 银行业CRM理论与实务［M］. 北京：电子工业出版社，2005.

［35］邹亚生. 银行营销导论［M］. 北京：对外经济贸易大学出版社，2006.

［36］李春葆，等. 数据仓库与数据挖掘实践［M］. 北京：电子工业出版社，2014.

［37］邵波，肖冬梅. 企业实施关系营销的策略分析［J］. 科技信息（科学教研），2007（19）.

［38］宋奎东，刘险峰. 关系营销的实施策略分析［J］. 价值工程，2006（1）.

［39］吴冬梅，王锦秋. 企业关系营销实施［J］. 河南商业高等专科学校学报，2003，16（9）.

［40］陈芙蓉. 关系营销［J］. 福建质量管理，2007（4）.

［41］聂思泉，向辉. 论关系营销［J］. 天府新论，2003（4）.

［42］张相东. 基于顾客价值的关系营销理论和实践［J］. 厦门大学学报，2006（5）.

［43］赵晓飞. 关系营销内涵与运作策略分析［J］. 市场研究，2007（8）.

［44］董雅丽，刘荣华. 关系营销理论评述［J］. 社科纵横，2006，21（5）.

［45］崔海生. 关系营销理论与实施分析［D］. 郑州：郑州大学，2007.

［46］张娣杰. 对关系营销思想的认识［J］. 科技开发情报与经济，2006（16）.

［47］郭媛媛，王季，等. 关系营销理论新发展及其思考［J］. 企业活力，2007（1）.

［48］张承江、彭加亮，等. 客户关系管理系统的研究［J］. 信息技术，2007（1）.

［49］蔡新春，郭欣. 浅谈客户知识管理（CKM）［J］. 江苏商论，2003（4）.

［50］郭欣. 客户知识管理的流程与体系［J］. 商业经济文萃，2003（5）.

［51］欧海鹰. 客户关系管理成功因素分析［J］. 软科学，2002（3）.

［52］郭朝晖，邹常青. 商业银行顾客关系管理能力研究［J］. 金融论丛，2005（11）.

［53］汪莹，李林. CRM打造企业核心竞争力［J］. 合肥工业大学学报：社会科学版，2004（12）.

［54］卢友东，宋涛. 实施客户关系管理，提升企业核心竞争力［J］. 价值工程，2004（1）.

［55］荆德刚，许正良. 企业核心竞争力理论溯源及研究现状分析［J］. 当代经济管理，2005（6）.

［56］黎枫. 企业业务流程重组理论及应用研究［J］. 商场现代化，2005（2）.

［57］陈笑雪. 企业组织结构发展趋势的思考［J］. 市场周刊：研究版，2005（4）.

［58］纪福建，唐任仲. 面向CRM的企业内部网状组织结构的研究［J］. 机电工程，2005（7）.

［59］许兰风. 浅论企业文化的基本内涵、主要功能及建设要点［J］. 江苏教育学院学报：社会科学版，2006（11）.

[60] 莫静，纪伟．论CRM战略与企业文化的整合［J］．东方企业文化，2007（7）．

[61] 周振凯，谭南林．ERP管理思想及其发展趋势［J］．广东财经职业学院学报，2005（2）．

[62] 荣烈润．ERP的现状及其发展趋势［J］．机电一体化，2006（3）．

[63] 黄莺，张金隆，等．电子商务环境下ERP、SCM与CRM的整合［J］．武汉理工大学学报：信息与管理工程版，2003（2）．

[64] 何振绮，陈燕．客户关系管理与供应链管理系统整合模式研究［J］．物流技术，2007（9）．

[65] 刘峰，孙先锦，等．基于集成化供应链ERP、CRM与SCM的整合［J］．价值工程，2004（5）．

[66] 韦琦．ERP、CRM和SCM三大信息系统的整合［J］．中国信息导报，2002（8）．

[67] 赵国杰，刘红梅．EVA，MVA，BSC评价指标体系比较分析［J］．内蒙古农业大学学报：社会科学版，2007（1）．

[68] 孔敏．客户关系管理（CRM）的ROI分析［J］．福建广播电视大学学报，2004（6）．

[69] 宋艳．一种新型绩效评价方法——平衡计分卡［J］．北方经贸，2005（9）．

[70] 魏继华，宗刚．企业绩效评价研究概况分析［J］．财会通讯，2007（1）．

[71] 孙凤芹，安雪梅，等．企业绩效评价方法研究［J］．中国管理信息化，2006（7）．

[72] 程铁信，霍吉栋，等．项日管理发展评述［J］．管理评论，2004（2）．

[73] 赵立军．CRM实施六步法［N］．每周电脑报，2001-04-09．